上海三联人文经典书库

107

十九世纪德国史

第二卷 组建德意志邦联

[德]海因里希·冯·特赖奇克 著

李 娟 译

DEUTSCHE GESCHICHTE IM NEUNZEHNTEN JAHRHUNDERT

ZWEITES BUCH: DIE ANFÄNGE DES DEUTSCHEN BUNDES. 1814—1819

上海三联书店

"十四五"国家重点图书出版规划项目

国家出版基金资助项目

总　序

陈　恒

　　自百余年前中国学术开始现代转型以来,我国人文社会科学研究历经几代学者不懈努力已取得了可观成就。学术翻译在其中功不可没,严复的开创之功自不必多说,民国时期译介的西方学术著作更大大促进了汉语学术的发展,有助于我国学人开眼看世界,知外域除坚船利器外尚有学问典章可资引进。20世纪80年代以来,中国学术界又开始了一轮至今势头不衰的引介国外学术著作之浪潮,这对中国知识界学术思想的积累和发展乃至对中国社会进步所起到的推动作用,可谓有目共睹。新一轮西学东渐的同时,中国学者在某些领域也进行了开创性研究,出版了不少重要的论著,发表了不少有价值的论文。借此如株苗之嫁接,已生成糅合东西学术精义的果实。我们有充分的理由企盼着,既有着自身深厚的民族传统为根基、呈现出鲜明的本土问题意识,又吸纳了国际学术界多方面成果的学术研究,将会日益滋长繁荣起来。

　　值得注意的是,20世纪80年代以降,西方学术界自身的转型也越来越改变了其传统的学术形态和研究方法,学术史、科学史、考古史、宗教史、性别史、哲学史、艺术史、人类学、语言学、社会学、民俗学等学科的研究日益繁荣。研究方法、手段、内容日新月异,这些领域的变化在很大程度上改变了整个人文社会科学的面貌,也极大地影响了近年来中国学术界的学术取向。不同学科的学者出于深化各自专业研究的需要,对其他学科知识的渴求也越来越迫切,以求能开阔视野,迸发出学术灵感、思想火花。近年来,我们与国外学术界的交往日渐增强,合格的学术翻译队伍也日益扩大,同时我们也深信,学术垃圾的泛滥只是当今学术生产面相之一隅,高质量、原创作的学术著作也在当今的学术中坚和默坐书斋的读书种子中不断产生。然囿于种种原因，人文社会科学各学科的发展并不平衡，学术出版方面也有畸轻畸重的情形（比如国内还鲜有把国人在海外获得博士学位的优秀论文系统地引介到学术界）。

有鉴于此，我们计划组织出版"上海三联人文经典书库"，将从译介西学成果、推出原创精品、整理已有典籍三方面展开。译介西学成果拟从西方近现代经典（自文艺复兴以来，但以二战前后的西学著作为主）、西方古代经典（文艺复兴前的西方原典）两方面着手；原创精品取"汉语思想系列"为范畴，不断向学术界推出汉语世界精品力作；整理已有典籍则以民国时期的翻译著作为主。现阶段我们拟从历史、考古、宗教、哲学、艺术等领域着手，在上述三个方面对学术宝库进行挖掘，从而为人文社会科学的发展作出一些贡献，以求为21世纪中国的学术大厦添一砖一瓦。

目 录

德文本序言

本卷将继续向专业学者提供更多的研究成果，但非专业读者可能需要更耐心一些。

这是个动荡的年代。就像第一卷中描述的那样，各种各样的事件清晰地展现了德意志历史的方方面面。一旦有机会，新发展道路的不起眼的开端，就会在和平时期显露。我这个历史学家亲身体验了这个四分五裂民族遭遇的诅咒。我不可能严格按照时间顺序，叙述发生在二十多个历史舞台上的事件。我还是将泛德意志和普鲁士的情况当成叙事核心，并且在小邦国影响祖国命运的地方附上它们的历史。本卷将详细论述南德宪法纷争和图林根的文化-政治运动，北德诸小国的情况将在第三卷中讲述，并回答这样一个问题：为何南德比北德更早加入了普鲁士的关税同盟？我已经详细讲述了德意志邦联的第一轮谈判，尽管它意义不大。如果不生动展现这个新邦联的特征，接下来的事态发展将无法理解。

脚注大多是未刊印的档案材料，如果全文引用，这本书将体量过大。实际上，这本书比我盼望的更为全面。这是一段混乱且被党派神话严重扭曲的历史，只能通过彻底全面的研究来澄清，我也不得不决心分两卷叙述 1830 年前的事件。

这些材料中包含许多痛苦的记录。如果我屈服于时代情绪，像个党派分子那样写历史，我会很愿意遮掩奥地利和德意志诸王的诸多古老罪孽，因为在当前整顿德意志事务的过程中，我们的高级贵族表现得比大多数资产阶级更加有远见、更加灵活，而且只有傻子才会破坏我们同奥地利的友谊。我的任务是如是直书。只有德意志诸侯们不曾忘记，他们的祖先在即将彻底脱离民族生活的时刻遭遇的至暗时刻，普鲁士君主国才能在祖国占据有利地位。另一方面，我们同奥地利的自由联盟将更为牢固坦诚，只要双方都承认，德意志有理由拒绝接受维也纳宫廷的统治。

　　尽管存在无数错误和幻灭，这个深受污蔑的时代不仅在科学研究上声名卓越，也为政治生活结出了果实。除非我作出了完全错误的描述，否则读者们将会发现，展现在他们眼前的，是一个正在崛起民族的历史。

海因里希·冯·特赖奇克
罗马，1882 年 10 月 20 日

英译本序言（1916）

《十九世纪德国史》第一卷追溯了德意志民族的神圣罗马帝国到 1806 年被拿破仑解散前的光景，普鲁士也在此期间黯然失色，之后叙述了 1814 年解放战争的胜利、拿破仑倒台退位、被放逐厄尔巴岛以及第一次巴黎和会。

第二卷主要描述从老帝国的废墟上崛起的德意志邦联，以及一个有序的新时代取代混乱堕落的时代中，德意志民族重新寻找自己的过程。1814 年以后，欧洲所有君主和国家都恢复自由，献身拿破仑的德意志君主们最是如释重负，他们曾经臣服于拿破仑，对他俯首帖耳，与自己的国民厮杀，还以从他手中获得王冠为荣。

现在，德意志民族希望通过政治统一来确保和巩固重新获得的独立。在最黑暗最屈辱的时光中，德意志民族认为自己不仅是为了将民族从外国统治手中解放出来而战，更是为了结成比以往更强大亲密的血肉联系、赢得民族统一而战，这种想法鼓舞着整个民族，让最沉重的牺牲都变得甘之如饴。现在，危险已经过去，人们反而要明白，这很有可能是一种幻象。德意志还没准备好成为一个帝国或者一个联邦国家，即便它已经做好准备，统治者们还不想放弃独立权力。尤其是奥地利，它已经决意用新的约束力维持古老的分裂局面，以此保证其统治地位能千秋万代。

1815 年 6 月 8 日签订了《维也纳会议最后议定书》，41 个主权国家组成了一个名为"德意志邦联"的松散组织，它没资格叫做一个联盟。这样的结果，几乎所有统治者都很满意，但德意志民族却倍感失望。事已至此，还有什么盼头呢？维也纳会议彻头彻尾是一场由君主和政府操纵的事件，他们只是颁布、委派和构想了德意志邦联，讨论中也只关心各自的利益和意愿。这是典型的旧式外

十九世纪德国史（第二卷）：组建德意志邦联

交风格，即便在一个世纪以后的今天，欧洲外交仍是如此。尽管德意志民族的政治命运对未来几代人至关重要，但在召开维也纳会议的这所庄严的法院中，在这个欧洲外交精英聚集的地方，它根本无权参与任何决策，也没有谁询问它的看法，组建新邦联的《最后议定书》中根本没有提到它。难怪刚从战场上回来的布吕歇尔会把它叫做"挨千刀的门卫和懒骨头们的会议"。

从某种意义上说，德意志邦联甚至不是这些君主组建的，他们只是接受这个结果，出主意的是梅特涅。作为手握重权的奥地利首相，他主持维也纳会议，只想着按照自己的意愿分裂这些国家，这样奥地利就能一如既往地在新德意志中维持至高无上的影响力。奥地利成了邦联领袖，但是它也不过是个领头的，没有获得任何特殊职权。建立新德意志帝国的时机尚未来临，也不可能满足热情呼吁民族统一的人们的期待，恢复古老官职和头衔。阿恩特痛心疾首地说："可怜却正直的德意志民族啊，不会有皇帝了！诸侯们希望自己可以扮演皇帝，所以现在有两打（实际三打）君主，他们永远不会在德意志问题上达成一致。"但是这正是阿恩特希望看到的。

1815年6月8日签订的《邦联法案》，规定建立邦联的任务是"维持德意志的内外和平以及各德意志国家的独立与不可侵犯"。这个目的确实非常重要，但它并没有规定邦联的职能，邦联的司法权极其有限。其执行机构是邦联议会，它有两重身份，首先是作为一个内部理事会，成员国共有17票，其中11个诸侯国各有一票，其余国家分为6组，每组有一票；其次是作为一个全体大会，主要决定邦联组织中机构调整、宣战、议和等相关问题，共设69票，每个国家最少一票，其余票数按照人口规模分配，6个王国各有4票。邦联先天不足，人们对它牢骚满腹，颇不信任，而它也的确烂得不负众望。成立后的50年中，它始终是个废柴，主要功能是充当懦夫们的堡垒，好让他们在这里壮着胆子攻击民族的各项权利；它还是一个角斗场，奥地利和普鲁士为德意志的领导权斗得你死我活。

根据《邦联法案》，结盟的主权国家相互保护领土不受攻击。由于维也纳会议给德意志造成了众多重大变化，一些国家失去领土，另一些则获得领土，因此这或许是法案最重要的条款。这项规定对普鲁士的影响尤其大，因为重新调整边界后，普鲁士国土面积并没有增加（尽管人口增加了），基本上同 1805 年以前，即被拿破仑掠夺 1/3 领土以前一样；尽管普鲁士在西方获得了一大片领土，包括增加的莱茵河流域、部分萨克森（普鲁士想整个吞并萨克森，本来也可以获得，但是由于奥地利、法国和英国的反对而失败）以及一大片威斯特伐利亚土地，但是却必须放弃一大片波兰领地。因此，普鲁士整体上更为德意志化了，但仍然是一个混杂、有不和谐因素的碎片化国度，由多个种族和文明组成，统一之路漫长艰难。

从 1805 年到 1815 年的斗争中，普鲁士遭受的磨难远多于其他德意志国家。普鲁士迫切需要内部调整，这不仅仅是为了合理化战争，更是为了在国家重组后，能吸收同化各地区的生活方式和制度。这些目标都在短得惊人的时间中完成了。在 19 世纪第二个十年，普鲁士进行了一些改革，发展扩大了地方政府，统一了法律与司法；实现了国家税收体系化；引入了关税制度，坦白承认了自由贸易原则，这在那个时代独一无二——1818 年，赫斯基森在英国下议院说，普鲁士的关税制度是欧洲最文明的——还通过一连串条款，将关税制度逐步扩展到整个德意志。普鲁士也为探索民族苦难而释放出的学术影响开设了自由通道；建设新大学，重建老大学——1810 年重建柏林大学、1811 年重建波恩大学和布雷斯劳大学，重建这三所大学之时，普鲁士仍深陷战争黑暗的泥沼——同时还实施了严格的义务教育原则，打下了现代中小学教育体系的基础。与此同时，还建立了军事体系，该体系的主要功能将持续影响一个世纪，并塑造了之后的德意志历史。

在一件事情上，普鲁士民族注定失望，那就是它所寻求的政治自由、宪法以及议会。普鲁士人幻想着，战争结束后，宪法就会像熟透的果子一样落入怀中。德意志诸侯的保证也让普鲁士为之流血牺牲。1813 年 2 月，德意志诸侯们的《卡利什宣言》呼吁德意志民族全力以赴粉碎暴君统治，宪法就是奖励。1815 年 5 月 22 日，普王在首相哈登贝格的压力下，发布法令，承诺将从省级议会中发展出国家议会。接下来的一个月，所有的德意志君主都在《邦联法案》上签字，其中第 13 条指出"在所有邦联国家中，制定体现国家内各等级的代议制宪法"。但并没有指明是哪种代议制，或者何时形成代议制。这是人们数年以来的希望和信心之源，没人料到，一个如此庄严的诺言，竟然无法被庄严地兑现。梅特涅很快让人们知道，奥地利对于第13条没有施加任何形式的影响，而且他也动用了自己所有的能量和手段阻止其他国家这样做。如梦方醒。

轮到魏玛的卡尔·奥古斯特给虔诚的德意志君主们做个榜样了，一年前他就保证会制定宪法。特赖奇克却蔑视这壮举，小肚鸡肠地嘲讽魏玛小官廷自以为是。但魏玛及其所处的地方才是文化中心，普鲁士的大部分地区还算得上蛮荒，只生产雇佣兵、奴隶和白痴乡绅的时候，那里就充满了善意和阳光。巴伐利亚紧随其后，一段时间后符腾堡也加入其中。特赖奇克始终认为，南德意志的宪法为地方主义提供了强劲支持。确实，南部诸国首先是凭借在政治教育和政治能力上的长期优势，才产生了宪法，那里的人民到今天都是最自由的德国人。整个帝国中，那里的统治者和被统治者之间关系也最为亲密和谐。

普鲁士国王从不知道自己在想什么，普鲁士首相也没勇气摆脱奥地利的影响，当其他小国朝前走的时候，这两个人统治下的普鲁士却落后了。根据1815年5月22日颁布的法令，威廉三世承诺将马上恢复那些有效能的省级等级议会，然后由此选举出国家议会代表。特赖奇克曾后悔，在颁布这项法令的时候，他居然没能选择正确的行动时机。但这项承诺从未实现，后悔也没什么意义。接下来的一个月中，22名国家参议院成员组成的委员会对整个国家展开了广泛调查。国王决定派三位部长像委员们一样四处访问，下到各省收集信息，而不是将当事人召集到柏林来。1525年，选帝侯约阿希姆一世打算改革地方行政制度时就亲自这样做过。委员和部长们的调查仅针对土地贵族，也就是说，仅针对现存条件下的等级代表制，他们很满意现存的省等级议会，不想作出任何改变。只有波兰贵族认为需要建立更高级的代表制，以反映更多国民的想法。不过这些工作都是白费力气，他们还没递交报告，国王就决定放弃颁布宪法。

后来在1819年，哈登贝格本人起草了基于现存等级代表制的宪法，特赖奇克说哈登贝格带着"认真真诚的目的"起草了宪法。

尽管文件末尾是一句感觉良好的"人民利益至高无上！"即便如此，哈登贝格还是将施泰因的指责变成了现实，即创造了"自由主义的口号和专制统治的现实"。他所提出的计划无非是，由省级议会从组成它们的特权阶层中选出一个"全体"议会，该议会将有权讨论内阁提出的立法草案，但君主保留无条件否决权，此外行政权不可分割。这份计划尽管槽点众多，但国王还是觉得它太过自由主义而拒绝实施。

特赖奇克全面研究了普鲁士政治史上的这一幕，但他的态度太冷酷了，以至于没能公正地对待那些真诚的人，许多都是当时最杰出的人物，比如施泰因、洪堡、舍恩、芬克、格奈泽瑙，更别提还有尼布尔、阿恩特和达尔曼——他们不惜声名扫地，也要同普鲁士的政治抱负同仇敌忾。特赖奇克试着表达，民族没有获得奖赏，并且将战争末期开始流传的"伟大故事"、"党派传奇"说成是，邦联君主们与普鲁士国王通过承诺建立宪法，"用虚幻的希望满足德意志人民"。他和俾斯麦一样蔑视这种观念，即爱国主义就像债务一样，需要某种形式的补偿。然而，事实依旧是，无论是不是一种奖赏，威廉三世许下颁布宪法的承诺，以及对承诺的违背，都是有意为之，而且是屡次为之，此外，光是许下这项承诺，就花费了至少一代人的时间，然后才被另一位君主不情不愿地履行。

对于这种背信弃义的行为，特赖奇克没有一言谴责。相反，他还说君主的承诺很不合适，而背弃承诺则值得称道。他辩护道，国家需要"几年政治上更加独裁的日子"。说得好像普鲁士以前不独裁似的！实际上，政治独裁延续了不是几年，而是30多年，而且直至今日也没有完全消失。特赖奇克又说，目前普鲁士是德、法、萨克森、瑞典和波兰的种族大杂烩，颁布宪法会造成危机。但反过来，高瞻远瞩的俾斯麦也是从这种观点出发，希望从一个四分五裂的国家中建立起统一。他于1866年承诺，并在次年建立了北德意志议会，并赋予其选举权——这种在任何欧洲国家都具有民主性的因素。糟糕的是，特赖奇克居然说普鲁士尚未成熟，不适宜政治解放。这种措辞曾经是寡头政治拥护者的借口，也是今天保守党派的陈腔滥调。所有这些不堪一击的托词都说明，特赖奇克本人已经意识到，这段历史很难维护。他要是从未试着去维护就好了。

十九世纪德国史（第二卷）：组建德意志邦联

这是威廉三世最后一次许下宪法承诺，整个德意志怨声四起，这位背叛 1815 年承诺的君主在镇压政治运动中终于能一展拳脚。他强制解散了兄弟会，这项愚蠢行为激发出了德语所能写出的最动人的挽歌——"我们曾建了一所大房子"；他还迫害政治煽动者，其中许多人都不是什么煽动家，而是温和节制的市民，他们唯一的错误就是全然相信君王；他还绞杀以任何形式表达的自由思想，钳制印刷出版，镇压一切渴望实现政治解放的尝试。谈到这场以民族精神为敌的可悲战争，这场 19 世纪真正的"文化战争"时，特赖奇克并没有谴责以"国家理性"为名犯下的恶行，也没有赞颂那些努力为国家和人民提供自由思想的人们。

反动派似乎胜利了，似乎彻底胜利了，但人民运动尽管被控制而且似乎被铲除了，却对后半个世纪的国家历史产生了重大影响，随着民族统一进程的推进，政治自由的事业获得了越来越多的支持。

威廉·哈伯特·道森

译者页码说明：《十九世纪德国史》第五版出版于 1894 年，这是特赖奇克生前修订的最后一版，此后基本为翻印出版，中文本根据 1927 年的德文本译出。1927 年德文版因考虑到第二卷的篇幅过大，因此将第二卷的前两章合并到第一卷，从第三章到末尾单独为第二卷。中文译本为了将这套书的各卷内容完整展现，以每一卷单独为一册，因此第二卷开头标注的德文版页码为 599，而从第三章开始又变成了第 1 页。

第一章 维也纳会议

第一节 会议性质 与会者

1814 年秋,威廉三世前往维也纳,计划逗留 3 周。但是,从 1814 年 9 月 18 日四国联盟全权大使第一次会议,到 1815 年 6 月 19 日签署《维也纳会议最后议定书》,会议整整开了 9 个月,精疲力尽的人们不能也不愿迅速了结此事。二十年动荡不安,大家都要喘口气。曾经,巴黎在恐怖统治结束后,一头栽入声色犬马之中;如今,古老欧洲的王孙贵胄们,也终能庆贺四海升平。一个伟大的庶民垮台了,他让贵族们知道,一个野性未驯的人能够对这个古老的世界做出什么;冲锋陷阵的英雄也退场了,一起消失的,还有澎湃的激情和残酷的战争。闺阁和前厅里的小能人们,像雨后的蠕虫一样从藏身之处爬出,舒服地伸个懒腰。这个优雅的世界终于风平浪静。法国沙龙里曾经的大人物冯·利涅亲王如今早已半截入土,做梦都没想到还有机会享受上流社会的荣耀与辉煌,还能编出关于维也纳会议的段子,说会议上也就舞会还过得去。

古老时代的天真公正一去不返了。那时人们很清楚,人民跟随贵族,无论是大人物的玩笑,还是自由主义的思想游戏,头脑单纯的老百姓不会从中学到一个字。现在,新一代从心底恐惧革命。 意大利烧炭党人秘密联盟、法国暗流涌动、理想幻灭的普鲁士爱国者的激愤言论、希腊阴谋、塞尔维亚人英勇反抗土耳其暴君,维也纳会议的莺歌燕舞中夹杂种种不祥之兆。就算紧闭大门,捂起耳朵,假装听不见新民主时代的钟声,也不过自欺欺人。过去的一句嘲讽现在变成时髦的信念:哪怕是贪图享乐之徒,也能随便调侃基督教和君主的神圣权力。发辫和香粉不再流行，18世纪偏向阴柔的装扮风格依旧显眼——没有胡荐、鼻烟盒、丝质长裤、异常考究的男装。社交更加自由随意，人们不再争论等级、头衔或椅子的样式颜色这种陈旧迂腐的话题，开会的地点甚至可以在哪位全权大使的住处，代表们随意落座，按照姓氏的字母顺序签署文件，或者干脆就在座位上轮流签字。国家重大庆典仪式的变化最为巨大。中世纪庆祝宗教节日，路易十四时代庆祝宫廷节日，新时代则展现出一种强烈的军国主义特征。举行阅兵式是现代国家秀肌肉的固定招式，就连当时欧陆列强中最不好战的奥地利，也不敢全然无视新式军队的强大力量。50年前，人们讥笑普鲁士宫廷的军事化倾向；如今，这种特征已经处处生根，即便是有武器恐惧症的弗兰茨皇帝，也时不时身着戎装。

外交会议从来没有什么建设性，只能差强人意地安排战争结果，并为这些安排提供保障。维也纳会议也不例外，所有人都已经精疲力竭，就像结束路易十四残酷统治的乌得勒支会议。腓特烈王储曾痛惜欧洲各国政治技艺堕落，如今疲惫混乱的外交世界胆怯地回避新观念，再次沉浸在旧时代舒适的政治观念中，将国家仅仅视为土地和居民的混合体。维也纳的氛围也有推波助澜之效，那里是奥地利家族的财富中心，领土和民族错综复杂，从没有一星半点维持民族国家结构的精神力量。也正是在古老的哈布斯堡政治精神中，奥地利与巴伐利亚争论，给宗主国带来一点点收益的被吞并国臣民，应该被算作半个宗主国人还是1/3个。被解放的民族愤怒地得知，他们居然再次被视为牲畜，价值仅仅在于数量。格雷斯在《莱茵之星》上怒斥维也纳外交家"冷血的统计学方法"；在给吕歇尔的信中，布吕歇尔也怒气冲天地写道："维也纳会议就是个农贸市场，各家都把牲口赶来交易！"乌得勒支会议的核心目的是防止强制领土分配引爆法国反扑，维也纳会议也是如此。在乌得勒支会议上，卡斯特·德·圣皮埃尔（Catel de St. Pierre）①曾梦

---

① 卡斯特·德·圣皮埃尔（Catel de St. Pierre，1658—1743），法国作家，或许是历史上首个提出通过重新组织国际关系实现永久和平梦想的人，对卢梭和康德都颇有影响。——译注

想通过强制重新分配领土,实现永恒和平;如今的维也纳会议又想起了这个没出息的永久和平梦想,而这个梦想正是这个政治疲惫、精神贫乏时代的明确特征。各阶层的杰出人士,都希望世界历史停下脚步,而只要顺从维也纳会议的安排,似乎就能遏制世界历史的变化。

普鲁士的外交能力不如它的军事战略,没有一位普鲁士政治家拥有格奈泽瑙般大胆、独立和敏锐的洞察力。但维也纳谈判的不充分和低效是事态发展的必然,不能归咎于个人。解放战争没能治愈古老国家体系最严重的疾病,阿恩特在《时代精神》的最后一卷警告人们要关注这种疾病——德意志和意大利的分裂状态。在这两个国家中,民众意识依然十分幼稚,维也纳会议主要结果就是在某种程度上恢复其原状:意大利回到1795年领土状态,德意志重建1803年革命产生的小诸侯松散联盟。由此奥地利则在阿尔卑斯山两侧获得了某种温和的、精明掩饰着的宗主权,远比拿破仑的世界帝国稳固,剥夺了意大利和德意志民族和平崛起的任何可能。德意志邦联包含着奥地利和一群口是心非的拿破仑爪牙,注定了永无休止的混乱;归顺奥地利、教皇、波旁家族和大公们的意大利,也必然软弱不堪。德意志和意大利,两个命运如此相似的民族,还要经受漫长的苦难,直到它们恢复古老骄傲的传统,直到它们发现这些不幸的根源,明白至今占据统治精英头脑的二元和平只是个幻觉。普鲁士的命运此时尚仰仗敌人和对手的意愿,维也纳会议不可能同意出现一个防范周全的北德国家。一位大胆且有才干的普鲁士政治精英也许让盘根错节的维也纳谈判游戏更加简单,也许更快引发危机并迫使会议作出决定,但是环境如此糟糕,除了已经获得的成就,无法再有奢望。

普鲁士作为一个中欧国家,当时还很弱小,在它看来,维也纳会议建立的欧洲新制衡体系就是权宜之计,它能存活下来不是因为自身的实力,而是因为大家都已经疲惫不堪、渴望和平。许多最困难和危险的国际法律问题仍悬而未决,而与会成员却总是说"这是个空洞的问题",这种言论很快变成潮流。但是,在经历痛苦的战争岁月之后,至少有一个伟大的新观念成为了政治世界的宝贵共识:即便是外交界的平庸之辈也开始明白,国家并非像上个世纪

602

3

幻想的那样,只是权力的化身,国家生活也不仅仅是警惕邻国并想方设法超越它们。古老的国家纷争已经为革命和民族英雄开辟了道路,这一胜利景象终将激发欧洲共同意识。这个被解放的世界急切地决定建立国际和平社会,认识到民族之间尽管志趣不同,但都有无数文明使命要完成,而且只能通过彼此的友好理解才能完成。即便古老的机械国家观念依然占据主流,传统内阁寡廉鲜耻的国家理性政策也开始失去信誉,维也纳会议的一项永久性历史功绩就是,为国际社会关系提供了新模式和规则。与会者最终一致同意,要建立有关国际关系和外交等级的准则,以及有关其他琐碎但却是建设有序国家关系不可或缺的前提条件,这的确是一项进步。当然,海洋事务如旧,海上没有什么国际法,只有英国霸权,骄傲的海洋女王甚至不允许统一旗礼。

一直以来,许多国家都有共同河流,那么这些河流上的航运协议就是个重要的问题,这是项繁琐的工作,洪堡厥功至伟。18 世纪的商业政策,原则上是通过伤害邻国而获益,如今首次有欧洲协议诉诸政治经济学原则,承认便捷交往对于所有国家都至关重要。此外,一项展现基督慈悲的伟大事业也进入日程:列强赞同废除奴隶制。当然,由于西班牙和葡萄牙不愿意许下具有约束力的承诺,这项协议一开始仅仅是原则上的。但是,一连串协议却打断了废奴进程,不过这些协议将各国间的对话交流前所未有地紧密联系在一起,并为外国人合法权利提供了更可靠保障。刚被唤醒的民族骄傲绝不会破坏古老德意志世界公民心态的健康核心。皇帝刚被推翻,普鲁士法学家泽特(Sethe)就在给施泰因的备忘录中指出,对于外国人的严苛和敌意正是拿破仑统治的原则之一,[1]学商两界都要求德意志外交保护外国人权益。维也纳会议开启了国际法的新纪元,一个更加人道的时代即将到来,它会逐步建立起卓越的国家关系,最终给国际法注入积极的内容。

毫无疑问,在国际法的发展上,世界贸易的增长比维也纳会议参与者的眼光更重要。维也纳会议可是自从康斯坦茨会议[2]以来,

---

① 泽特写给施泰因的信,杜塞尔多夫,1814 年 5 月 13 日。
② 康斯坦茨会议:天主教第 16 次普世会议,在神圣罗马皇帝西吉斯蒙 (转下页)

4

最杰出、参与人数最多的会议,怎么可能产生严肃、长远的政治意识?所有欧洲国家,除了奥斯曼土耳其,都派代表参会。护城河上、老维也纳城堡中,奥地利皇后酒店这所外交家进行伟大交易的大厅里,到处都聚集着一大群诸侯和王位争夺者、政治家和官员、神职人员和教授、投机者和骗子。维也纳最恭维的国家,所受的掠夺也最严重。外交人员日常工作的原罪——国家大事和鸡毛蒜皮混在一起,阴谋和喧嚣都在茂盛成长。鬼话连篇变成了精致艺术,甚至比这场诸侯狂欢中的荒淫无度更让人恶心。想要在这个舞台上博得掌声,就必须学会在早上缔结军事同盟对抗老友,下午又要若无其事地打招呼。

604

哈布斯堡早就给维也纳形成了浅薄无脑的氛围,维也纳会议上所有看起来轰轰烈烈的动作,都在这种氛围中展开。很早以前,维也纳还是虔诚的德意志城市时,威武勇敢的市民就建起了一座座宏伟的教堂,可自从这座多瑙河岸边的城市变成神圣帝国的首都,三个世纪过去了,几乎毫无建树。最多可以说,卡尔教堂的天花板和美景宫表达了点风格,其他所有地方,包括城市里难看的房子,暴发户的宫廷,都一样没品味。城里有些艺术品,可没人去看。阿姆布拉斯宫的宝藏已经被人遗忘,是魏玛的卡尔·奥古斯特让它们重见天日,因为他实在受不了枯燥乏味的社交活动,只能在城里闲逛,寻找更加精致有趣的东西。席勒曾讽刺这座老维也纳城是费阿刻斯人的城市,永远都是星期天,欢饮达旦。这里丝毫没有科学发展的痕迹,除了有几位能干医生的医院还说得过去,你还听过哪所著名高校吗?秘密警察无孔不入,政治生活沉闷压抑。在这样一个寻欢作乐的民族中,没人会关心维也纳会议上的政治活动。整整 9 个月,奥地利观察家们才写出了一篇讨论会议的文章,而且没人觉得这有什么奇怪。只有剧院的繁荣让人们觉得,也许维也纳还生活着一群高度文明的人类,也许腐朽的精神生活会再次觉醒。奥地利圈子的文化全然是法式的,他们只跟普鲁士人说德语,

---

(接上页)德的要求下,1414 年在康斯坦茨召开,解决三位教皇鼎立的局面,并宣布胡斯为异端分子,处以火刑,激化了捷克语天主教会的矛盾,成为 1419 年胡斯战争的开端。——译注

605 以表达对北方条顿民族的亲善。古老波旁贵族的精气神已经丧失殆尽，即便是杰出的犹太银行家也因此失去了活力，不过他们还是要感谢奥地利家族的财政危机，阿尔恩斯坦因（Arnstein）、艾斯克勒斯（Eskeles）和赫兹公司（Herz）的成员才有可能获得权力，进入这个高贵的世界。

大环境的精神萎靡必然影响会议气氛。刻意追求享乐只是为了打发无聊，一茬茬的化装舞会、出游、宴饮，外交工作几乎无法开始。利涅亲王的尖酸评论、梅特涅的桃色新闻（据说他身边的女士从不少于两名）、挖苦几句德莱斯男爵（Drais）①新发明的手摇车（它摇摇晃晃步履蹒跚的样子就跟这场会议一样），或者高等法院那些口味精致的人，在塔列朗举办的宴会上郑重宣布，布里奶酪才是奶酪之王——都是因为人们实在太无聊了。这个重建的欧洲古老王权等级制社会似乎是在向世界宣布，它兴盛得如此空洞。卡尔·奥古斯特刻薄地说："我们从拿破仑身上学到了许多，尤其学会了厚颜无耻。"

维也纳会议的主持人弗兰茨皇帝已经快 74 岁了，仍扮演身份崇高的贵族大家长。他不在乎帝国每天 5 万古尔登的开销（维也纳会议总共花费 1 千 6 百万古尔登），而没有拿到报酬的老兵却只能沿街乞讨。他是个精明的人，非常懂得从会议主人的身份中获利。他身着寒酸的蓝色外套，举止有着中产阶级式的和蔼可亲，这让客人们，那些高贵的王公深受触动。弗兰茨皇帝生于佛罗伦萨，成人后才来到多瑙河，但脸上那副老实诚恳的奥地利人面具却宛若天生，因为他本身就是个迟钝冷淡、生性粗鲁的人。没人能让他真正热情仁慈一回，可时代的巨大变化会将他这种愚蠢自私的人清扫干净，不留一丝痕迹。他从不会赦免某人，除非犯人自求一死；他亲自监督虐待政治犯，选择多重枷锁，几天不给他们吃喝；他唯一的消遣就是截留偷阅他人信件；他已经失去了两任妻子，很快将埋葬第三任，然后心平气和地迎娶第四任；原则上，他只让有历史污点的人留在身边，因为这些人他可以随意打发。然而，尽管他

---

606 ① 德莱斯男爵（Karl Freiherr von Drais, 1785—1851），德意志发明家，发明了有车把可控制方向的木轮车，一种早期自行车。——译注

冰冷眼神中流露邪恶,尽管他无论形神都酷似西班牙的菲利普二世①,整个世界还是坚信这位冷酷多疑的暴君如孩子般天真。弗兰茨皇帝的政治制度非常简单,在经历兵荒马乱的岁月之后,他希望能保住和平,希望能像一个勤勉的内阁大臣一样发挥些作用,比如在官方文件的空白处写上些无关痛痒的评论,在业余时间拉拉小提琴,剪剪纸,给鸟笼子上上漆,参加些其他皇室消遣活动。弗兰茨皇帝就跟他木头脑袋的先辈一样,连开始理解新政治思想都做不到,认为新世纪活跃的一切革命和民族观念都是又愚蠢又邪恶,是妄图颠覆虔诚的高门大族,都该死。他是个精神贫瘠的人,又带着农民式的狡猾,却对政治未来有着一种近乎粗暴的直觉。弗兰茨皇帝非常真实地感觉到,他的家族已经获得了梦想的一切,因此必然将国际社会的任何变化视为威胁。因此,从根本上说,他才是一切创新的死敌,也是两个野心勃勃的邻国——俄国尤其是普鲁士的死敌。

　　不过这位好皇帝还是不愿离开他淳朴的日常生活,参与到会议社交中来,因此精明的梅特涅才能真的如鱼得水,悠游自在。自从青年求学时代的放荡岁月之后,他就再没过上这么开心的日子。没人知道他会在晚饭和面具舞会之间展开一场政治阴谋,也没人知道他会在约会之前发出一封快速起草的政府公文;他美丽的蓝眼睛可以一边流露出最温和亲切的神情,一边欺骗朋友。因此,当他的普鲁士朋友认为他比实际要更草率,而将他造的那些孽归结于他的健忘和疏忽,梅特涅根本不会生气。即便在自己的宅邸里,他也一直是个谨慎的主人,极力避免奢华,因此在觥筹交错间仍能坚守政治计划。梅特涅将这场盛会上取得胜利视为哈布斯堡-洛林家族治国术的胜利,将会议上的决议视为自己的功劳,并幻想着以此为民族生活一劳永逸地设定边界。他和弗兰茨皇帝一样,都认为奥地利只能延续保守主义政策,希望通过严格监视控制革命观念,并以最温柔的态度安抚东部两个年轻的国家,遏制它们的野心。因此,梅特涅与感觉相近的英国汉诺威托利党人紧密团结,还

607

---

① 菲利普二世(1527—1598),统治期间击败法国、击退奥斯曼帝国军队,使西班牙国力达到顶峰。同弗兰茨皇帝类似,他也有四任妻子。——译注

和波旁宫廷达成许多协议。普鲁士的民族政策是与莱茵联邦国家达成协议的障碍,因此梅特涅要做的第一件事是,通过挽救萨克森,将这些德意志小诸侯更加紧密地团结在奥地利家族周围,并保卫土耳其免受俄国攻击。正是在与土耳其人的协同作战中,奥地利人才首次上战场,并首次形成一个真正的国家。奥地利不成熟的国家智慧盲目地热爱和平,因此觉得自己的神圣责任就是保卫奥斯曼帝国最后的地盘。塞尔维亚和希腊的非穆斯林土耳其人哭声震天,可他们的痛苦在霍夫堡无关痛痒。这个新奥地利只能以武力保卫在意大利的领土,因此与土耳其宫廷联系密切。1813年初以来,根茨就同瓦拉几亚君主杨科·卡拉加(Janko Karadja)秘密通信,保证让"最忠诚盟友"——土耳其政府确切了解世界局势以及维也纳宫廷的意图。但这毫无用处,因为同年秋天,梅特涅就为同样的目的,努力说服沙皇让土耳其苏丹进入欧洲君主群体,让所有国家共同捍卫苏丹的领土和财富。

维稳政策的鸿沟现在即将被填平,一旦实现,沙皇的波兰计划就会被挫败,因此在梅特涅看来,维也纳会议的成果也将会被永久捍卫。在他心中,世界就该如此运转。他觉得,轻松愉悦才是政治生活的最高目标,只有当他担心和平会受到干扰时,才会痛下决心。德意志持续的分裂状态,让这些有主权的小诸侯们自愿倒向奥地利,以遏制普鲁士和"危险的德意志统一观念"。面对意大利人的质问,卡斯尔雷子爵曾冷冰冰地回答,为了欧洲的和平,意大利必须永久虚弱,而这在霍夫堡看来,不过是意大利地理状态决定的;法国周围是一群二等和平国家,它们包围着这个危险的邻国,阻断它和其他大国的联系;俄国也因欧洲将土耳其纳入保护而受到了遏制;梅特涅心目中的新欧洲,是在奥地利的领导下,镇压一切时间地点产生的革命。但这实际上是个非常脆弱的体系,是没头脑的产物,对历史动力没有任何理解,却符合奥地利皇权的暂时需要,也符合这个精疲力竭的世界对和平的普遍渴望。这个体系的运作需要精心的算计、对人性动机的深刻认知,需要各种虚伪狡诈的花招,而这些东西在很早以前就植根于哈布斯堡的治国理念之中。

维也纳会议的所有外国宾客之中,英国人最受瞩目。穿着打扮

608

土气、难看、没品味的"卡斯尔雷女士"已经很久没有在大陆现身了。这些岛民长期与欧洲大陆不相来往,看起来像是另一个世界的人。他们极端反复无常的性格处处惹人嘲笑,荒谬的傲慢更是处处招致不满。有一次,维也纳的马车夫在查尔斯·斯图尔特将军(Charles Stewart)背后,用官方文件证明众所周知的有关英国人谦逊的俗语时,整个文明世界都笑得不怀好意。维也纳会议快结束的时候,作为海上强国的重要代表,威灵顿公爵姗姗来迟,但他也明白这些德意志的事务远没有自己可怜的同事卡斯尔雷子爵和卡斯卡特重要,而且和这两位一样,威灵顿公爵也要听取奥地利和汉诺威的意见。

沙皇与他们不同,仍然乐于扮演一个相貌英俊的年轻人,人们有时会看见他和波西米亚或匈牙利贵族卫队中漂亮的年轻骑士们并肩散步。与此同时,他仍然维护着救世主和解放者的神圣形象,高谈阔论着如何推进人类的幸福。在一封他从维也纳发给所有俄国大臣的备忘录中,沙皇的语气不禁让我们想起《莱茵之星》。他颇费笔墨地说明,拿破仑的垮台是因为民意战胜绝大多数内阁成员的看法;未来每个国家都必须有权捍卫独立,因此国家绝不能继续分裂下去,每个地方都必须引入代表制度。现在,沙皇幸运地发现,他解放世界的理想与个人利益不谋而合。在前往维也纳的路上,他在普瓦维逗留了几天,下榻在恰尔托雷斯基的漂亮城堡里,享受着迷人的波兰女子的殷勤款待。然后他带着他的萨尔马提朋友一起去了维也纳,公然展现自己作为新波兰立宪君主的身份。

涅谢尔罗迭伯爵是梅特涅的朋友,很不受人待见,相比恰尔托雷斯基和卡坡迪斯查斯,他说的话几乎没人关心。这位颇具才干的科孚岛人,毫不隐藏自己以俄国为垫脚石的想法,他希望以此成为希腊祖国的英雄和解放者。一切受奴役民族都是他想帮助的对象,尤其是不幸的意大利,在他心里,意大利和希腊是一对难兄难弟。新近成立的敖德萨友谊会(Hetärie)①和雅典腓罗迈卢斯联盟(Philomusenbund),都将他视为保护人。很快,一些俄国贵族就戴

---

① 1814年成立于敖德萨的秘密组织,目的是推翻土耳其对希腊的统治,建立独立国家。——译注

609

上了这两个希腊团体的金色戒指，就连年轻的伊普西兰蒂斯王子（Ypsilanti）①也在为希腊独立而积极奔走。德意志的诸侯、政客和学者们，很多都成了亲希腊阵营的成员。人们争相传阅哈克斯特豪森（Haxthausen）②收集的当代希腊民谣，优美的歌谣唤醒了对古典时代的记忆和对基督-罗马的热情。在这个保守的时代，德意志的理想主义者也不可能将那个土耳其人视为合法君主，当时大批塞尔维亚人正在被他鞭打、穿刺和火烧。梅特涅遗憾地发现，他的土耳其门徒所期盼的欧洲各国的全面保证还远在天边，而他也越来越不信任沙皇身上的革命精神，后者已经同施泰因重拾友谊，并期待德意志能组成一个有活力的联邦。可惜的是，施泰因男爵当时没有任何职位，因此他虽然可以自由地表达意见，但在谈判的关键时刻却插不上话。

　　腓特烈·威廉三世天生谦逊质朴，很快就受不了这没完没了的浮华场面。他急切地想要回到自己平静的城堡，投入日常工作之中。他不想再参加任何宴会，费了好大劲才羞怯地向美丽的朱莉·齐奇女爵（Julie Zichy）求爱。威廉三世仍坚信普俄必须结盟，但又不敢公然反对哈登贝格和洪堡，甚至和敌视俄国的克内泽贝克相谈甚欢，而后者一直是热情的亲奥分子，如今又和梅特涅一样，热烈追捧土耳其苏丹。生性逍遥的哈登贝格首相很享受这花样繁多的活动。梅特涅在青年人中备受赞誉，哈登贝格也被维也纳会议的老者们称赞优雅和蔼，这让他很高兴。但是也不难看出，610　他的精力因不断分散而削弱。洪堡比他好一些，更能忍受疲乏，在喧嚣的社交活动中仍能保持勤勉。普鲁士政治家们机智文雅，敏捷正直。洪堡和哈登贝格的私人顾问施特格曼、约尔丹和霍夫曼是维也纳会议上最优秀的人，他们独立得出了截然不同的统计数字，为重组欧洲版图提供了基础。对于他们提出的冰冷数字，其他国家总觉得枯燥无味，尤其是法国人，因为他们总是视地理学为无

---

① 亚历山大·伊普西兰蒂斯（Alexander Ypsilantis, 1792—1828），是一位希腊民族主义政治家，拿破仑战争期间担任沙俄帝国军官，也是友谊会领袖之一，在希腊独立战争中发挥了重要作用。——译注

② 奥古斯特·冯·哈克斯特豪森（August von Haxthausen, 1792—1866），是德国农学家、经济学家、法学家、作家和民谣收藏家。——译注

聊之物。塔列朗有一次提起优秀的统计学家霍夫曼时,曾愤怒地说:"那个计算所有人头,却唯独忘了算上自己的那个小个子男人,他到底是谁?"但是这些优秀人士却缺少从外交阴谋的迷宫中脱身的决断力。总体而言,威廉三世的小跟班中,包括喜欢享乐的奥古斯特亲王和哈登贝格,都是正直体面的人。那些精致浪漫的维也纳女性绝对不可能明白,面对敌人像雄狮一样勇猛、相貌堂堂、追求者颇多的威廉亲王(威廉三世的弟弟),为何在女人堆里那么局促紧张,为何永远忘不了自己的爱妻。

伟大的维也纳会议上人数最多、花样最多的部分,自然由德意志诸侯组成。从巴伐利亚的马克西米利安·约瑟夫到罗伊斯的海因里希[①],无一不争求外国君主的青睐。俄国人赤裸裸地嘲笑说,这些德意志贵人们的求助信堆满了沙皇的城堡。他们称自己那冒牌统治权神圣不可侵犯,而且由于去年秋天达成的协议,他们更确定自己已经占据了拿破仑的赏赐,最小邦国的君主都敢对施泰因说:"我知道我的统治权不正当,但它很适合我。"这些主权国家同被吞并国家联系紧密,而后者的命运尽管在里德和富尔达就已经注定,但他们还是希望能恢复之前拥有的权力。孀居的福斯坦堡公爵夫人是一位果敢睿智的女性,不辞辛劳地为同样不幸的人们的利益奔走,还拉拢了盖特纳(Gärtner)。

此外,还有来自德意志各个地区的代表,他们要求恢复各自的古老王朝:男爵冯·祖默豪(von Summerau)和施拉尔博士(Schlaar)代表布赖斯高的亲奥地利派;杜塞尔多夫的代表团要求回归普法尔茨-巴伐利亚。德意志天主教的三位演说家,万博尔特(Wamboldt)、黑尔费里希和席斯(Schies)也强烈呼吁重建被摧毁的教会诸侯国,或者至少交出被窃取的教会财产。机智能干的教廷大使红衣主教孔萨尔维是他们的保护人,还有皈依天主教的施莱格尔,歌德的侄子,来自法兰克福的顾问施洛瑟,还有一大群神职人员,其中不乏有才之士,都汇聚在这三位演说家周围。即便在宗教氛围中,德意志仍表现出令人绝望的分裂。除了罗马教廷代表,

611

---

① 罗伊斯是德意志历史上的国家,位于今天的图林根,统治者罗伊斯家族中所有的男性均叫做"海因里希"(英语"亨利")。——译注

十九世纪德国史（第二卷）：组建德意志邦联

康斯坦茨的副主教、韦森贝格男爵（Wessenberg）也列席会议，他可是上个世纪温和、高贵、开明的教会诸侯之一，甚至得名于教皇的一头牛。他希望建立德意志民族教会，感谢他的不懈努力，被废黜的法兰克福大公达尔贝格才成为了德意志的大主教。此外还有一群来自汉萨同盟的共和派政治家，他们的领袖是不莱梅的斯米特，他可是冬季战役中大本营里的硬汉，因谨慎可靠广受赞誉。法兰克福的雅各布·巴鲁赫（Jacob Baruch）也代表德意志犹太人参会；还有斯图加特的书商科塔（Cotta），这个人很精明，知道德意志事务的决定权掌握在奥地利手中，因此便让自己的《汇报》为霍夫堡服务。此外，还有无数投机倒把、窃听消息、溜须拍马的人。

中等德意志国家的统治者似乎代表着法国所谓的"第三德意志"。这些国家都是拿破仑创造的，它们无比妒忌普鲁士的胜利，怎么可能忍受普鲁士再给德意志一个祖国，让德意志再次自信起来？拿破仑的这些爪牙随那只秃鹰一同坠落，落入德意志软弱、倾轧和贫瘠的精神泥沼里。在它们看来，只有削弱普鲁士这个唯一能捍卫祖国的国家，才能保卫德意志的自由。萨克森的马克西米利安·约瑟夫是他们之中最有品位的君主，每天都在维也纳街头闲逛、谈笑风生，所有人都认识他，他行事作风粗犷开朗，属于旧式法国军官和巴伐利亚阴谋家。可是就连他都在近乎病态地开展反普鲁士运动，要求会议全权大使什么都不要同意，除非恢复萨克森君主的权力。而他的儿子，清醒古怪的王太子路易，尽管是狂热的条顿民族主义者，激赏条顿精神，但在普鲁士问题上，却和他父亲一样，认为普鲁士是个大麻烦。

612　　　符腾堡暴君的态度更气人。他是这群君主中的老前辈，因此处处有优先权，再加上德意志小诸侯近乎天真的傲慢，他便认为自己真的是其中最伟大的君主。他出手阔绰，以彰显新士瓦本王国的富足慷慨。还在说话和姿态上模仿被废黜的帝国皇帝，真别说，他壮观的腰围还是挺像的。他无耻、愤怒、粗暴地表示，对莱茵联邦的陨落非常失望。他的继承人，就像巴伐利亚太子一样，也敌视父亲身上的波拿巴主义。符腾堡太子野心勃勃，在冬季战役中就已经是个英勇能干的军官了，渴望领导德意志联军。他挚爱的太子妃也支持他的梦想，这对年轻夫妇知道怎样散发出一种圣洁的精神力量,即便是谨慎的人都会因此相信,斯图加特宫廷将开辟德意志的新纪元,不少人已经在他身上看见未来的德意志皇帝,但这位太子被高估了,那些德意志地方主义分子们肯定还没听说过普鲁士将领的丰功伟绩。

德意志小宫廷的政治家中,有三位尤为突出:弗雷德、明斯特和加格恩。他们分别用自己的方式表现了小国家妄自尊大却虚弱无力的特征,这种病态的性格曾给德意志带来奇耻大辱,半个世纪后仍在德意志各级议会中扮演重要角色。弗雷德从领导奥登山农民国民兵对抗那些"无套裤汉",到奥布河畔阿尔西的"大决战"(巴伐利亚报纸谄媚的说法),一直扮演成英勇的战士,实则没什么军事才能,不太像贵族,文化也不高,那些可怜的蒂罗尔起义者已经全面领教了他的残暴。[①] 有眼光的巴伐利亚军官都看不上他,他们认为弗雷德的同事德罗伊(Deroy)才是无与伦比的伟大战士,后者是巴伐利亚步兵的改革者,现在正在俄国。他们也知道,巴伐利亚军队的荣誉不在去年的冬季战役,而在莱茵联邦的战争中。但弗雷德这个幸运儿及时放弃法国,并签订了极有利于奥地利的《里德协议》。从那以后,维也纳宫廷就对他青眼有加,而且这个自吹自擂之辈也比老奸巨猾的蒙特格拉斯伯爵好相处。此外,奥地利军队本身也没几个有才之士,因此许多奥地利外交官也真的将弗雷德视为军事将领。弗雷德抵达维也纳时,盟国仍在赞扬他在哈瑙的战功。他吹嘘自己会用武力严惩贪婪的普鲁士,却为巴伐利亚争取大量赔偿,甚至声称要获得美因茨、法兰克福和海瑙。弗雷德现在是巴伐利亚的贵族和陆军元帅,宣称"弗雷德元帅只用剑签字!"

同虚张声势、张牙舞爪的弗雷德形成奇怪对比的,是刚毅、值得尊重的明斯特,他极其自信,自信到让外行人很容易相信他。身形高大的明斯特有着一张长脸,很容易让人想起哈布斯堡家族举

613

---

① 本卷最初的两版中,这里还引用了一段话,描述弗雷德1807年在厄尔斯(Oles)犯下的抢劫罪行(摘录自阿恩特:《与施泰因男爵同行》第218页)。但是在这一版我删掉了这一段,因为通过相关研究证明,阿恩特讲述的这个故事有误。参阅本卷附录1。——原注

世闻名的"遗传美貌"，相比本性谄媚的公爵和大公外交官而言，这张脸很有魔力，尤其是当他以天真正直的口气表达赞美时更是如此。实际上，明斯特伯爵确实多才多艺，不过都很肤浅。他迎娶了比克堡的一位公主，多年以来都是最骄傲的贵族家族的伙伴，他也很愿意扮演大贵族的角色。此外，他也很有理由蔑视莱茵联邦的小人物们，因为他曾为英王服务多年，经验丰富，并且在同拿破仑的战争中表现出极大的耐性。但与其说明斯特是个政治家，不如说他是个廷臣，是个容克而非贵族。他处理起皇室事务游刃有余，让韦尔夫家族几乎离不开他。这种大内总管的工作，无论是骄傲的施泰因还是恭顺的哈登贝格都不可能胜任。明斯特对于本世纪最伟大的战役的理解，也没有超出简单阶级偏见的水平，总是说"这个时代最严重的斗争无非是前厅的人想登堂入室"。作为一名合格的布伦瑞克官方代表，明斯特要求恢复帝国尊严，归尔甫派从未承认帝国被废除，绝不允许伟大的韦尔夫家族随之暗淡。明斯特对莱茵联邦"小王国"的公开蔑视并没有阻碍他在维也纳会议上，在摄政王不知情的情况下，为他的韦尔夫家族争取一顶汉诺威王冠。[①] 但过分自负的汉诺威王国的无理要求，将在接下来的日子里，让这个小王国背上沉重的负担。

　　小国家不可能产生民族骄傲，这是它们背负的诅咒。尽管明斯特到处谈论德意志的伟大，但他引以为豪的，却是在英国的童年。尽管他总是说起，真正的贵族有着自由的精神，但因地方主义史学的弄虚作假而在德意志小国中泛滥的奴隶思想，还是让他深陷其中。在明斯特看来，这个自从狮子亨利时代就对德意志民族无甚贡献的韦尔夫家族，才是这世界上最辉煌灿烂的存在。他就像那些是非不分的哥廷根大学教授一样，赞颂英国议会制度的辉煌（议会制能存在只是因为韦尔夫·乔治家族天生无能，损害了家

---

① 汉诺威家族源于韦尔夫家族，母系祖先可追溯到萨克森和巴伐利亚公爵狮子亨利(1129—1195)。1692年布朗史维希-吕讷堡公爵成为汉诺威选帝侯，1714年由于英国斯图亚特君主绝嗣，汉诺威选帝侯以母系统治英国直至1901年。1803年，汉诺威选帝侯国被法军占领，后在维也纳会议上被提升为王国，与英国组成共主联邦。1866年，普奥战争期间，普鲁士攻占汉诺威王国，从此汉诺威王国灭国，英德矛盾激化。——译注

族权威），认为这完全是出于布伦瑞克家族的智慧，并在汉诺威领地僵化的容克统治中重新发现了备受爱戴的"韦尔夫自由"。六百年前，狮子亨利犯下重罪，因而受到了公正的惩罚，眼下德意志即将重新作回自己，明斯特希望利用这个时机为狮子亨利翻案。可是他却认为，普鲁士要求补偿七年前遭受伤害的想法简直荒唐至极。

　　这位韦尔夫政治家从来都不想理解普鲁士，就连表面理解都不曾尝试，却莫名其妙地仇视普鲁士。阻碍不幸的普鲁士走上富强自由道路的政治错误有许多，其中最可怕的就是人们普遍误解了祖国新历史的真正伟大意义。一个开化民族犯下这种错误简直不可思议。普鲁士国家军队的功绩及其促成的德意志解放，带来无数巨变，而这些几乎不闻于诸小国。莱茵联邦国家流传着有关勃兰登堡奴颜婢膝的愚蠢农民的夸张传说，汉诺威则轻蔑地谈论柏林官僚体制的多元政体。即便是最聪明的汉诺威人也不免如此狂妄。就在汉诺威国家不存在的那些年中，汉诺威最著名的行政官员雷贝格写作了一本书，阐述君主统治下的行政工作，以及站在普鲁士奴隶制度对立面的韦尔夫贵族的辉煌统治，却无人关注弗里德里希·冯·比洛基于对两国国情透彻理解提出的恰当反驳。因此，明斯特也仅从当前的讨论中得出了对普鲁士国家的看法，或许他还参考了威廉明妮的回忆录，无比轻蔑地表达了自己对柏林行政灾难的看法。1804年，心胸狭窄的明斯特就曾阻挠普鲁士大业，而这大业若成，本可以挽救他的故乡。解放战争前夕，他更是相信普鲁士即将成为历史，美梦惊醒时，他忧心忡忡地给加格恩写信说，如今奥地利在东方没戏了，一只脚也被赶出了德意志，普鲁士的强大是个巨大的威胁。恐惧和嫉妒，是这些小诸侯国制定德意志政策的驱动力。明斯特在维也纳起初很谨慎，写信给摄政王，希望不要惹恼普鲁士政治家们，希望不要在有关韦尔夫家族领地的一波三折的谈判中设置任何障碍。他本身是个容易满足的人，朋友们都叫他"画家"。总是懒得活动，长期因病待在室内，可一旦有机会就狂热地对付普鲁士。不幸的是，阴险的流言散布者，汉诺威的哈登贝格刚好将首相的意图一五一十地告诉了明斯特。

　　汉斯·冯·加格恩是一位立宪联邦主义者，呈现出另一种亲外

615

15

国的地方主义精神。有谁不认识这个到处走动、眼神明亮、笑容和蔼的小个子大忙人呢？哪里有娱乐活动和宴会，有关于人和土地的谈判，哪里就有他。加格恩完全是不请自来地硬是将自己塞进了维也纳会议的所有事务，嘴里还不停说着有关欧洲均势和保护弱国的宏大言论。拿骚家族著名的酒窖和塔列朗的友谊，让他在各大国外交使节之间获得了容身之地。数年前，这位繁忙的帝国骑士还狂热地捍卫着神圣帝国；后来，他又以同样的热情服务于莱茵联邦，并博爱地挽救十多个有罪的小诸侯免于一死。如今，他建议在奥地利帝国保护下，由平等的国王、大公、公爵组成联邦，不过他也建议为德意志民族保留相当多的基本权利，因为这个思想年轻的伟人依旧是个坚定的自由主义者，更是法国启蒙运动之子。

616   明斯特将中欧政策的重心放在英国，加格恩则放在荷兰。由于他最近碰巧进入荷兰军队，于是就在变幻不定的想象中构想出了奥兰治家族欧洲命运的理想画面。就像明斯特总是说"韦尔夫自由"，加格恩也时常谈及"奥兰治的中庸政策"。古老而英勇的奥兰治家族很久以前就消失了，新的拿骚-迪茨家族一点都没继承先祖的伟大，加格恩在意这些事吗？总的来说，尽管有时也会有点担心，但他基本不介意尼德兰新王对领土的贪婪。他尤其纵容对于德意志土地的贪婪，因为根据王室家族的英明政策，他已经预见了美好结局，该家族的座右铭是"坚持不懈"！他在陶醉中已经无法区分荷兰和德意志的利益，将自己最喜爱、最能干的儿子送进荷兰军队，丝毫没意识到那是外国军队；也鲁莽地为主人要求一块又一块莱茵河左岸的德意志领土。他的君主不会听到有关德意志邦联的任何消息，而且按照哈登贝格的意愿，整个尼德兰将作为德意志邦联的成员并入德意志，但加格恩认为这项政策很可疑。于是，他提出了一项荒唐提议：尼德兰要像奥地利、普鲁士和丹麦一样，只有部分领土，即卢森堡加入德意志邦联。加格恩绝不会将这个折衷办法视为无奈之举，而是视为日耳曼治国术的一场胜利。因为在他看来，德意志的组成越是复杂、愚蠢、暧昧，就越符合古老的德意志自由精神。在古老帝国的诸多事务中，他最仰慕的就是西里西亚和老普鲁士夸张的法律关系，没有人能据此确定它们是否属于德意志。加格恩正是从如此荒唐的结构中，预见了德意志统一的本质，欣喜地希望能用类似的杰出德意志国家结构装点西部边疆。

地方主义的大孩子们兴高采烈地骑上竹马，精心修补打磨国家结构，直到德意志的组成变得如同老帝国那样虚弱空洞。面对普鲁士，加格恩既恐惧又尊敬，他天生善良，灵魂里没有仇恨。面对生命中的一切人和事，他都能从最友善的一面去看待。当他回想威廉三世时代，甚至幻想勃兰登堡和荷兰是天生的盟友，并大胆向普鲁士友人保证，现存国家体系很大程度上依赖柏林和海牙之间的相互理解。但这个惹是生非的邻国不能太接近他钟爱的荷兰，此外，由于加格恩一贯拥护小诸侯国，因此普鲁士吞并萨克森的要求也是不可理喻的。他热情地捍卫德意志高等贵族"最神圣的权利"，并给普鲁士政治家们写了一封封充斥着滑稽教诲语气的信，这个矮子对待经受漫长苦难的伟大国家惯常使用这种语气。有一次，他给哈登贝格送了一份亲笔撰写、充满善意却混乱晦涩的小册子，借此表达了这样的批评："阁下的性格中有许多高贵之处，以至于尽管发生了一些本人无法赞同之事，本人也总是重新抱有最美好的希望。"哈登贝格则借此温和地影射他身上地方主义爱国者的善变本质："我必须就您的意见发表一些看法，尽管本人很重视您的赞同，但并不认为必须承认您对本人公共行为之批评，就像本人也不敢与您在不同时期的杰出政治举措一较高下，或者说也不敢说我们之中哪个人对德意志的和平、和谐与内在信心的建设贡献最大。"哈登贝格如此出言讥讽，但他生性善良，不可能真的恼火这位可敬的正人君子。朋友们都带点幽默感对待这个不屈不挠的人，阿洛佩乌斯说得好："加格恩是个一刻也不消停的政治家，一旦他表现出很忙碌，那么究竟致力于什么事情就不太重要了，他现在已经变成了一个荷兰人。"[①]

在这样一群政治家中，塔列朗的影响力必然很快显现，因为维也纳会议所有外交官中，塔列朗是普鲁士最明确、最能干的对手。在沙龙光滑的地板上，泰然自若而步伐坚定的人总是比礼貌温和的人更容易获胜。梅特涅和塔列朗依靠优雅迷人的手段取得巨大

① 加格恩写给哈登贝格的信，1814年11月12、18日；哈登贝格写给加格恩的信，1814年11月16日；阿洛佩乌斯写给洪堡的信，1814年10月11日。

成功，而愤世嫉俗、胆大妄为的塔列朗却更加势不可挡。他身材笨拙，因足部畸形而跛行，当他身着过时的督政府时期服装，走进明亮的宫廷大厅时，给人留下的印象非常深刻：一张巨大的嘴，满口黑牙；灰色的小眼睛深深嵌在脸上，眼神空洞；相貌奇特，冷漠；不可能脸红或者泄露内心活动。彻头彻尾是个魔鬼的形象，哈登贝格在日记里总是说"塔列朗长着山羊角"。当他带着谄媚的微笑，讲出几句一语双关的评论，或者坏坏的笑话，女士们就欣然陶醉了。对于外交问题，他总是镇定地给出油滑的答案。他那些不卫生的习惯，放在另一个人身上肯定会被说成粗俗不堪，可是在他身上却被视作淳朴。他是出身古老佩利哥家族（Perigord）的杰出人物，是欧洲所有美食家的顾问，是最熟悉宫廷的行家，亲自给出了社交规则。他曾眼见一个混乱时代的英雄你方唱罢我登场，熟悉旧制度的贵族、革命演说家和帝国宠儿。他在负责莱茵联邦领土交换政策的日子里，看透了德意志小国随时准备掠夺财富的本质，但本质上还算善良，为人仗义，坚信孤木不成林。结果，在同属旧制度的人中，唯有他保住了命运的青睐，可以吹嘘瘸腿的乌龟最终跑赢了拿破仑的兔子。他熟练地传播这一观念，即他参与了拿破仑的所有丰功伟绩，并且出言反对皇帝的所有错误。塔列朗举止从容，拥有十八世纪教会贵族特有的关于人性的可靠知识，更是被认为掌握了维也纳会议上所有人的秘密。他曾服务于各个党派，著名的《政治风向标辞典》中，塔列朗的大名位列第一。他担任主教的岁月里，曾冷漠地为法国的解放祈祷，如今像个高级管家一样，同样冷漠地站在合法君主身后，在波旁王室的加冕礼上挥舞王旗。塔列朗曾骄傲地说："我抽身而出的每种体制都在不久后崩溃，每次都是这样。"他的灵魂深处仍然是个彻底的贵族。因此，他渴望古老的奥地利和英国结盟，因为他可以同这两国的骄傲贵族和谐共处。但是他难以忍受俄国暴发户的统治，更看不上普鲁士公民-军人的正直。

因此在维也纳，他满意地扮演着法国宫廷利益让他扮演的角色。他就像最合法王朝的代言人一样，在百日王朝前几个月，就夸耀法国王室的力量是多么强大，波旁王室庇护所有受威胁的权利。他还聪明地创造出了"正统性"一词，取悦领导王朝政策的那些没

618

619

脑子的家伙。客套一番之后,他马上宣布了波旁王室的三大目标:废黜"那不勒斯统治者"(塔列朗的金口从未说出过"缪拉"这个名字);防御俄国进攻波兰;萨克森国王复位,这一点最重要。正是在有关萨克森问题的谈判中,目光敏锐的塔列朗发现了促使联盟分裂的契机。他充满激情地将腓特烈·奥古斯特的事业称为"所有君主的事业",哀叹欧洲之不幸,因为其公共法律已经受到了普俄两国的严重威胁。

与此同时,在整个莱茵联邦中,尤其在巴伐利亚,掀起了一场激烈的论战,这绝对是白费力气,萨克森的卡尔·冯·诺斯蒂茨(Charles von Nostitz)恰如其分地称它是"小册子作者的纵火案"。这些小册子绝大多数出自内阁成员之手,或者是受其指使,唯一的目的就是煽动情绪、激化矛盾。册子里汇聚了一切恶毒的武器,从那时往后的整整一代人,都用它们对付普鲁士。

644

第二节　领土谈判

这场五花八门的多头会议仅仅拥有表面上的领导力,这造成了极大的困难,尤其是因为会议上的这些领导基本上只是各自君主的谦逊助手。由于俄奥已经特意将所有有争议事件的决定日期推迟到了会议期间,因此大国之间此刻并没有团结一致的基础,就连谁有权参与商讨都没有达成一致。因此会议正式召开时,不仅所有与会成员无法坐在一起,就连授权书都没有审定,只有当个别协议被签署时,谈判者才会交换授权书。

为了让如此混乱的局面有些秩序,四盟国的首相们决定在9月中旬,即法国人入场之前,先期举行碰头会。普鲁士政治家们心怀嫉妒地强调国家刚刚获得的大国地位,坚决主张抵制法国,不仅反对拿破仑家族,更要求强制实施秘密条款,不允许波旁宫廷参与任何有关领土分割的谈判。正因如此,他们也极力避免小国家参与重要会议,因为它们的参与将不可避免地增强法国的影响力。正是在这种意义上,洪堡起草了"四国委员会"议事规程计划。[①]根据

---

① 洪堡:《会议运作建议书》,9月18日开始起草。

19

这份文件,维也纳会议根本不是和平会议,因为已经和平很久了;也不是欧洲协商会议,因为欧洲并不作为一个已成立的整体而存在。维也纳会议要处理一堆各种各样的、必须按不同方式处理的事件,其中领土分配问题尤为重要,而制度问题更是关乎整个欧洲。在领土问题上,波兰问题根据协定交由三个瓜分波兰的国家来决定,英国以这三国都欢迎的方式居中调停。根据《巴黎和约》,德意志领土分配的主要原则只由这四国决定,法国、荷兰、丹麦和瑞士必须回避,因为这些国家不会从欧洲视角来看待这个问题;而巴伐利亚和符腾堡则只能等到这些结果尘埃落定才能参与。意大利的领土分配由奥地利、皮埃蒙特、教皇、西西里的波旁家族及其保护人英国商讨决定,缪拉被排除在外。在那些"特别重大"的问题中,德意志的体制问题最为关键,只能由德意志诸国加上丹麦(因为荷尔斯坦因)、尼德兰(肯定有发言权)和瑞士(因为德意志邦联和瑞士联邦的永久性联盟"极其值得拥有")来决定。因此需要所有国家共同商议决定的事务所剩无几:最主要的是瑞士宪法问题,因为其内战迫在眉睫;然后是那不勒斯事务,所有国家都不承认那里的统治者,因此必须被废黜;还要将拿破仑从厄尔巴岛转移,不能将这个祸端继续留在离欧洲这么近的地方;最后还要废黜奴隶贸易,规范国际航行以及外交官优先权。这些事务关乎整个欧洲,因此交由一个委员会讨论,将结果提交维也纳会议。

尽管普鲁士的这些提议严格遵守《巴黎和约》确立的合法基础,但还是马上遭遇激烈反对。塔列朗始终觉得霍夫堡应该支持他的秘密建议书中的提议,而且奥地利人应该满怀感激地接受杜伊勒里宫有关萨克森和波兰问题有价值的规划。奥地利认为实在不应该将法国排除在任何重要协商之外。因为英法关系一直在改善,卡斯尔雷子爵也同意奥地利的意见,他在前往维也纳的途中还拜访了杜伊勒里宫。法王路易对韦尔夫家族的尊敬甚至超过了洛林家族,因为后者同那个科西嘉人的联姻是不可饶恕的罪恶。只有俄国支持普鲁士,这样一来就形成了二对二的僵局,最终在9月23日通过一条不幸的中间道路,双方暂时达成和解:德意志的体制问题将由5个德意志宫廷组成的委员会规划;所有欧洲事务必须由4个盟国和2个波旁王国(法国和西班牙)共同决定。但是根据《巴黎和约》，领土分配计划首先由 4 个盟国决定，随后将决议内容同法国、西班牙交流，最后通告给其他小宫廷。

这种让步明显让法国有机会推翻之前达成的所有决定，而早已登上前台的塔列朗迅速利用了这个错误。9 月 30 日，塔列朗及其忠实的朋友，西班牙波旁王室大使唐·拉夫拉多尔被邀请参加四国委员会以便了解其决定，一向面无表情的塔列朗流露出胜利者的神采。这个厚颜无耻的法国人全然无视《巴黎和约》的秘密条款，要求所有国家都参与维也纳谈判，并且大声宣扬国际公法的神圣性，这把四国首脑弄得晕头转向，结果会议没有达成任何决议。没有一位大使镇定冷静地援引巴黎和会的决议，将塔列朗违背协议的想法掐死在萌芽状态。麻木的哈登贝格面对此等意外不知道说什么好，洪堡和俄国全权大使则完全没想到有人胆敢违背刚签订的协议。最终，卡斯尔雷子爵和梅特涅通过与杜伊勒里宫的秘密协商，亲手撕毁了《巴黎和约》。塔列朗在一份言语夸张的报告中向路易十八描述已经获得的胜利，一字一句都精心彰显着他的优势。他骄傲地对莱茵联邦的朋友们说："我知道该坐在哪儿。"

一开始，塔列朗并没有获得决定性胜利。在接下来的会议中，他提议所有在位君主，包括没有正式退位的萨克森的腓特烈·奥古斯特，都应该列席会议，然后由这些国家代表组成委员会。这两条提议都被否决了，因为它们赤裸裸地表现了法国宫廷想要作为小诸侯国的支持者，领导维也纳会议的狼子野心。最终决定从签署《巴黎和约》的 8 个国家中选出一个执行委员会。这个委员会从未被召集过，只是虚有其名，因为其中三国在国际上无足轻重。四盟国根本无视八国委员会，自顾自地开始秘密讨论波兰问题。

塔列朗的名望在短短几天内迅速上升。一开始，他紧张地避免进入休息室，他的同伴达尔贝格公爵也是如此，后者是个叛节者，在德国声名狼藉，只有善良的加格恩愿意同他们讲话。可现在，外交官们竞相取悦这个聪明的法国人，麻烦重重的萨克森外交人员最是谄媚。塔列朗很有可能像梅特涅一样，已经从萨克森宫廷获得了大笔贿赂。在这些外交圈子中，这种行为被视为无伤大雅，根茨在日记中颇有良心地记录了法国大使贿赂他的数目。普鲁士政

622

21

治家们很清楚塔列朗同被羁押的萨克森国王的秘密来往，[①]也知道塔列朗的友情从来都不免费，但很可能永远拿不到塔列朗贪污的书面证据，因为萨克森国王绝对有理由将这些证据付之一炬。此外，只有散布丑闻的人或者少数卫道士才关心这个问题，严肃的历史学家并不在此列。塔列朗的贪赃行为众所周知，就算他的支持者加格恩也不否认，因此他从谁手中收受多少贿赂，也就无关紧要。但这却是萨克森宫廷的耻辱，因为这等于延续了其古老的叛国行为，就此而言，是否行贿反而不重要了。不过这些肮脏的谈判者还未影响到维也纳会议的进程，因为奥地利和波旁家族的态度并不取决于阿尔伯特家族的金钱，而是他们对各自国家利益的理解。这位法国大使曾在柏林公开宣布，萨克森的腓特烈·奥古斯特是法国最忠实的盟友，法国绝不会背弃他。

与此同时，塔列朗还一定程度上扮演着德意志君主们慷慨的保护者角色。这些小君主们的心态很不健康，他们在维也纳根本看不到领土扩大的可能，而大国的天然优势地位又让小国更加被动。塔列朗手段灵活地利用了中等规模国家的这种弱点，宣称如果巴伐利亚和符腾堡的统治者在重整欧洲问题上，不能获得普俄的那种发言权，那么整个国际公法就是有问题的。这样一来，塔列朗在很短时间内就让他屈辱的祖国重返传统国际地位，成为德意志诸小国的领头羊。法国人绝对应该尊重他们这位手段了得的谈判专家。法王路易更是不吝赞美之词，而且当他读到塔列朗在信中痛心疾首地说，在维也纳，三四个国王和一群王公贵族居然同时出现在某个私人宅邸的舞会上，这实在很不得体；还说"人们应该去法国看看什么是君主的高贵尊严和崇高可爱！"法王感到非常满意。但沙皇亚历山大认为，"塔列朗正在扮演路易十四的首相！"这句话恰如其分，自此以后就经常被用来形容新法国政治。

就在那次激烈的会议召开两周后，根茨就同胆大妄为的塔列朗统一战线了。沙皇也数次召见这个危险的敌人，秘密商讨波兰事宜，塔列朗因此获得了介入波兰谈判的权利。更要命的是，德意志诸小国都热情地围绕在塔列朗周围，他公开支持施瓦茨堡-松德豪

---

① 洪堡写给哈登贝格的信，1815 年 1 月 27 日。

森王国同俄国权利平等。胜利的德意志名誉扫地，因为这些王公贵族竟然如此热切地寻求一个法国大臣的青睐，谄媚程度甚至超过德意志战败时的表现。这些小君主就像求职者一样，1803 年求助马蒂厄，3 年后倒向老普菲费尔，现在又自降身份地在一间狭小的屋子面见塔列朗的秘密顾问拉贝纳尔迪埃，7 年前就是这个人在波兰练习了德意志建国术。巴伐利亚人动静最大，塔列朗在前往维也纳途中，在巴登会见了蒙特格拉斯。魏玛的奥古斯特起先也无法超越血浓于水的感情，直到后来看穿了萨克森的蝇营狗苟才脱离了阿尔伯特家族。法国谈判人员到处大放厥词，可人们却认为普鲁士阵营更为放肆。巴黎的报纸报道，"普鲁士垂涎领土，其将领在维也纳的狂妄让最温暖的友人退避三舍"，但普鲁士所有高级将领中，唯有谨慎体面的克内泽贝克出席了维也纳会议。

后来的历史学家们反对普鲁士的萨克森计划，但这在 1814 年并无异议。今天看来，被囚禁的君主非但不能简单废黜，反而还要在别处获得土地和人口作为补偿，这种想法实在荒谬，但在当时这种补偿是理所应当的，如果普鲁士没有提出补偿计划，那么在其他宫廷眼中就太冷血了。今天有头脑的人都会觉得，腓特烈·奥古斯特并不比巴伐利亚国王更应受到谴责，后者在今天越来越受青睐，但在当时，无论是马克西米利安·约瑟夫还是塔列朗都没有为他们的萨克森门徒开脱。维也纳谨慎的政治家们也并未考虑韦廷家族对德意志文明的重大贡献。党派纷争在维也纳表现得相当单纯：一方是年轻的德意志强国，它要求为其破碎、受威胁的领土获得牢固的南部边界，同时震慑不忠的莱茵联邦诸宫廷；另一方是心怀嫉妒的诸小宫廷以及奥地利、法国，它们对前者始终怀有敌意，因为它们从它身上看到了德意志统一的文化基础。韦廷家族就像维特尔斯巴赫家族、符腾堡家族一样，都是个"家族"，最关心的问题就是保存家族权力。塔列朗迅速意识到要如何将所有反对力量团结在自己周围，他也毫不隐藏自己的看法，即比起波兰的未来，他更关心腓特烈·奥古斯特的命运。《莱茵之星》提醒人们，拿破仑的走狗们还隐藏在波旁王室之中。曾经站在法国麾下的欧洲联盟让萨克森谈判人员拥有了超越波兰的历史重要性。普鲁士现在明白了，此时此刻一如西里西亚战争时一样，整个世界再次团结一

624

致与自己为敌。

与此同时,那位被囚禁的奥古斯特还演技高超地扮演着无辜可怜的受害者。终其一生,他都坚持站在实在法(positiven Recht)的基础上,只要神圣罗马帝国持续,他就一丝不苟地履行帝国诸侯的职责,但他无法理解为何萨克森获得主权是对德意志的戕害。1814年夏,奥古斯特提交沙皇的备忘录中,严肃认真地提出萨克森有权从普鲁士获得补偿。这位无地王宽厚地只要求从占领者手中获得一块普鲁士飞地,贝思科-施托科夫(Beeskow-Storkow),希望普鲁士能支持萨克森谈判人员,还要求对华沙进行补偿。这份备忘录似乎非常荒谬,却刚好构成了第二份备忘录的序言,后者于7月在纽伦堡公布,并带有巴伐利亚政府的赞同。其中的内容是,萨克森国王万分震惊地听闻联盟打算废黜他的世袭王位,如果证明这并非谣言,他担心自己会对这些高贵的国家作出什么错事。接下来萨克森的一切行为都被合理化了,所有的错误都推到了"优势力量"头上——这位伟大盟友就是这样说的,再加上德意志小诸侯自以为是的天真,事实就变成了"只有大国能直言不讳"。腓特烈·奥古斯特随后向所有宫廷宣布,他绝不会同意退位,并在9月19日的一封亲笔信中向法王路易十八求助。他在维也纳的大使舒伦堡伯爵并未被允许参会,委员会商讨德意志体制问题时,也根本没有考虑过萨克森国王。但弗雷德向萨克森报告了一切有价值的消息,安东尼亲王也和自己的小舅子弗兰茨皇帝暗送秋波,萨克森的兰格瑙更是根茨最亲密的朋友。阿尔伯特家族的事业逐渐有了基础。

萨克森臣民之中的情况也很不同于首相的想象。一些有远见的萨克森贵族已经站到了列普宁亲王领导的政府一边,包括卡洛维茨(Carlowitz)、米尔蒂茨(Miltitz)、奥佩尔(Oppell)和菲特(Vieth),以及一些高级官员,比如席勒的朋友,特奥多尔·克尔纳的父亲。俄国政府在他们的帮助下已经取得了不俗的成就,在很短的时间中铲除了诸多弊端。因为莱比锡商人们久已不满这些贵族的统治,这群人中有一个小小的亲普鲁士团体。正是由于这些友好人士的存在,施泰因和哈登贝格才对民族性格充满了希望。现实中的老百姓无精打采,被战争消耗得精疲力尽,又在贵族统治期间丧失了政治理想，就像历史上所有的德意志人一样，将某个王公的家族视为狭义上的祖国的精魂所在，但他们仍保持着被动而温和。围绕萨克森的未来曾展开过激烈的外交斗争，而只有两个著名的萨克森人参与了伴随这场斗争的口诛笔伐：一位是站在普鲁士立场的卡尔·穆勒（Carl Müller），另一位是代表恭顺官僚的科尔许特（Kohlschütter）。只有高级贵族的寡头集团在积极活动，他们已经统治了这片土地数个世纪，而普鲁士王权的强盛却有可能让他们降级为普通臣民。只要战争继续，这些宫廷贵族和高级官员就会同德累斯顿的法国囚犯保持亲密关系，他们通过密使对莱茵地区的萨克森军队施加影响，还同维也纳会议上友善的外交官们联系活跃，长期的统治经验让他们知道，要如何吓唬恭顺的老百姓，才能让他们众口一词地哀求，"让国王回来吧！"人们开始诽谤临时政府的领袖都是卖国贼。数年前，瓦伦（Wahren）济贫院还有一位老人，嘴里总是说着"那个叛徒"，在默肯血战中，他曾沿着一条隐秘的小道指挥一支普鲁士军队。

在人们的记忆中，近来事件的画面逐渐扭曲。他们遗忘了君主的罪恶，莱比锡战役中萨克森军力的变化只被当成有点丢脸的开小差，似乎分割领土还不如让普鲁士吞并。他们向俄国沙皇请愿，沙皇也多次向萨克森代表团保证"其国土完整"。老百姓缺乏政治意识，因此不可能明白，只有前国王不回来，才有可能保住领土。从维也纳传来的好消息大大增加了这些地方主义者天性中强烈的自尊心；萨克森人满怀喜悦地期待，整个欧洲都会拿起武器帮助被囚禁的阿尔伯特收复最后一寸领土。当然，地方主义集团的领袖们看得更远，但他们宁愿在一个版图缩小的萨克森维持自古以来的贵族特权，也不愿意臣服于普鲁士普通法之下。列普宁亲王在劫难之后，迅速而适时地给助手梅里安（Merian）写信："我谴责那些高官们，他们和我都知道，如果不肢解他们的领地国王就回不来。可这些自私的人宁愿祖国大难临头，也不愿意失去一点利益。那些愿意君主回归的萨克森人，用自己的行为给予这一目标以道德支持，将分割萨克森视为好事。"[1]

626

---

① 列普宁写给梅里安的信，维也纳，1815 年 2 月 15、25 日。

以上就是四国开始就波兰问题展开无休止谈判时的局势。哈登贝格仍然不明白，如果在波兰问题谈判中，他始终同奥英携手并进，那么他在萨克森问题上的一切希望就必定破灭。沙皇要么屈服于另三国的联合抵制，那样的话，普鲁士将再次被盟国及波兰领土所拖累，同时还将失去在萨克森的一切补偿；或者这两方将彼此妥协，而且这种情况发生的概率更大，因为当时奥英都不希望打仗，那么几乎可以确定的是，一旦沙皇受不了普鲁士的反对，就不再会支持普鲁士对萨克森索赔。一旦普鲁士被所有国家所抛弃，如果它不愿意同整个欧洲为敌，就不得不止步于只获得沿瓦尔塔河的一小片土地以及卢萨蒂亚的一小部分。道理就是这么简单。梅特涅首先要诱骗哈登贝格相信，波兰问题和萨克森问题不可割裂而谈，此刻需要联合普英共同抵制沙皇的计划。一旦普俄联盟破裂，普鲁士势必一败涂地。不过这个陷阱也实在太粗制滥造了，根茨早在9月就充满希望地写信给卡拉贾，声称只有将俄国的扩张限制在之前普属波兰领土的范围内，才能清除兼并萨克森的唯一理由。

实际上，普鲁士政治家当时只关注波兰问题。将领们一直要求获得军事上站得住脚的东部边界，洪堡希望普鲁士致力于维护摇摇欲坠的欧洲均势。施泰因告诉沙皇，建立一个俄国保护下的波兰帝国只可能导致波兰彻底脱离或完全臣服俄国。哈登贝格的随从中有不少人都是能言善辩的亲波兰人士，包括和蔼可亲的安东·拉齐维尔亲王、私人顾问泽尔博尼（Zerboni），后者是一位自由主义者，也是萨尔玛提亚自由的狂热支持者。对于哈登贝格本人而言，俄国的西进远没有波兰王国的重建以及威胁性的波兰舆论宣传来得危险。这些因素尽管各不相同，却都同意一个想法，即必须抵制沙皇的计划，他们甚至都没有认真讨论过，一旦如此要怎样保住普鲁士的诉求。

圣彼得堡宫廷的一致反对让沙皇警惕起来，他开始怀疑自己是否真的想要吞并立陶宛和波兰。尽管如此，他还是顽固地坚持重建波兰王国。他马上在维也纳公开提议，远至普洛斯纳河的整个华沙，包括托伦和克拉科夫应作为独立王国移交沙俄帝国。同时还温和地支持普鲁士对萨克森的要求，并迅速在9月28日向普鲁士政府提交了正式保证书。在德意志体制问题上,沙皇也支持普鲁士计划,公开鄙视自私自利的莱茵联邦宫廷,但他谨慎地回避一切干涉行为。卡坡迪斯查斯也热切期待德意志联邦的统一,沙皇的驻柏林大使,年轻的阿洛佩乌斯也是普鲁士军事声望的狂热支持者。因此,尽管普鲁士尚未保证坚决支持沙皇的波兰计划,但俄国对普鲁士的态度整体上仍是友好的。毋庸置疑的是,哈登贝格通过公开迎合沙皇,已经获得了在托伦和库默尔兰问题上的共识,也让普俄无条件团结起来。但哈登贝格还同梅特涅保持一致,希望英奥会像俄国一样,同意普鲁士临时占领萨克森。

普鲁士国王对首相的政策有些担忧,他认为现在占领萨克森可能太早了,而且他没有哈登贝格那么乐观,根据弗兰茨皇帝的行为,国王得出正确的结论:奥地利不太可能赞同驱逐阿尔伯特家族。其实一年前莱比锡战役刚一结束就应该占领萨克森,那样就能为彻底吞并铺平道路。当前局势下,如果在维也纳会议作出决定前实施占领,将不再具有优势,而且一旦不能证明自己有能力长期占据萨克森全境,反而会让普鲁士暴露在敌意之中。国王因此反对占领计划,但他对自己的判断也没有多大信心,尤其是关于那些外交焦点问题。他不想让首相听从自己的意见,只是在首相提议委派威廉亲王担任萨克森总督时立刻拒绝,因为他不想让任何王室成员承受这屈辱的挫败。首相的计划失败时,他以自己一贯的方式愤怒地说:"我早就告诉过你,可你总是自作聪明。"

君王合理的担忧并没有让首相感到不安,他在日记里轻蔑地写道:"真是沙皇说啥他都信",[1]还向梅特涅公开表达了反对沙皇的外交战略。英国应参与瓜分领土的三国邀请,担任调解之职,现代历史上就没有哪个调解人像英国那样蠢,他的政治伙伴还总是说:"一切好事都要感谢上帝和卡斯尔雷子爵。"他应该居中调停,马上提出超出普奥希望的要求,最起码要表现温和,因为根据条约规定,英国无权插手波兰谈判。然而卡斯尔雷子爵一开始非常激进,这让君主们,尤其是极端自负的沙皇无法容忍。他在 10 月 4 日的意向书中激烈指责沙皇,声称俄国的做法彻底违背了条约内容和

629

---

[1]　哈登贝格日记,1814 年 10 月 1 日。

精神。这项指控不实,因为沙皇明智地防止自己给予任何盲目保证。他甚至胆大妄为到伪造上意,谎称普奥应该欢迎重建完全独立的波兰王国,这彻底违背了维也纳和柏林宫廷的意愿。

卡斯尔雷之所以能有如此惊世骇俗之举是因为无知,他显然不知道波兰独立意味着什么。他还自鸣得意地从巴黎给威灵顿写信,说自己的激昂言辞一定会让沙皇印象深刻。[①] 这位调停人在 10 月 14 日的第二份备忘录更加直接地表现出了他的无能。他要求奥地利向沙皇提交如下提议,最好普鲁士也能配合行动:要么重建独立君主治下的自由波兰王国,恢复其 1772 年以前的情况;如果这无法办到的话,就恢复 1791 年的国家状态;实在不行的话,瓜分华沙公国,普鲁士获得远至维斯图拉河的所有领土,同时俄国仅保有至维斯图拉河东岸的狭窄领土。哈登贝格从未为普鲁士要求超过瓦尔塔一线的领土,但这个英国人,自以为以普鲁士之名发声,居然希望让我们的国家再次背上整整一块古老的波兰领土,甚至宣称普鲁士已经准备好"付出一切必要的牺牲",以重建 1771 年的波兰——也就是说,再次将条顿骑士团国的马林堡和维斯图拉河领土拱手让给萨尔玛提亚人! 这还不算完,这位英国贵族还宣布,波兰谈判中交换的所有文件都要呈交维也纳会议,还要求所有欧洲国家反对俄国的波兰计划。盲目狂热的卡斯尔雷子爵重申了塔列朗的提议,期待在违背条约的情况下,将所有小国家拉入波兰谈判,而这意味着法国将被抬升为欧洲仲裁员! 在 11 月 4 日的第三份备忘录中,他居然使用了只有在战争爆发前才会有所听闻的语言,称沙皇的目的是"打破一切公认的国际忠诚原则",称统治范围远至普罗斯纳河的俄国沙皇,可以任意挥舞武器威胁多瑙河和奥得河,彻底控制奥地利和普鲁士。

卡斯尔雷子爵似乎在挑战沙皇的耐心。沙皇的确被深深冒犯了,在 10 月 30 日和 11 月 21 日的两份备忘录中,他直接拒绝这些提案。沙皇还用相当夸张的字眼提出了至今都占据半官方俄国史的一些观点:1813 年春,俄国就已经准备好缔造伟大和平,也将继续为欧洲利益而战;俄国的扩大不是对邻国的威胁,而是为了满足

---

① 戈尔茨的信件,1814 年 10 月 21 日,巴黎。

俄国人和波兰人的必须之举。"只有能让人们更加彼此靠近的调停人才是有用的调停人!"卡斯尔雷子爵随后即遭冷落,实在是活该。照此局势发展,渴望和平的世界将很快被拖入另一场战争。

与此同时,身处陌生盟友中的普鲁士首相也处境艰难。他眼睁睁看着英国调停人提出与普鲁士的想法没有任何共同之处的要求,而他却还不确定奥地利朋友是否会支持他的萨克森计划。哈登贝格决心有个答案,10 月 9 日给梅特涅写了一封言辞恳切的信:普鲁士渴望对"欧洲调停"体系保持忠诚(即三个"德意志"大国组成的紧密联盟),但当前普鲁士的处境并不安全,因此必须首先考虑自身利益,因此请明确回答以下三个问题:奥地利是否同意普鲁士兼并萨克森全境?奥地利帝国政府是否同意将腓特烈·奥古斯特转移至公使馆?奥地利是否放弃将美因茨割让给巴伐利亚的想法?(两个月前,洪堡还尚未得知奥地利的想法,此时哈登贝格已经有了清晰的理解。)哈登贝格说,如果奥地利帝国政府能明确回答这三个问题,同时承诺支持普鲁士对美因茨和萨克森的计划,那么"在波兰问题上,我将竭诚与您合作"。最后,他要求梅特涅马上同意普鲁士临时占领萨克森,同样的请求也递交卡斯尔雷子爵。哈登贝格仍希望他的奥地利朋友能慷慨地给他整个萨克森,以及之前承诺的替代萨克森的波兰领土。

10 月 11 日,卡斯尔雷子爵同意普鲁士临时占领萨克森,宣布英国也将支持其吞并萨克森全境。英国希望重建普鲁士国家,也谴责腓特烈·奥古斯特在政治上的寡廉鲜耻,但是卡斯尔雷子爵以相当蹩脚的法语说道:"如果吞并萨克森将补偿普鲁士在俄国危险举动中可能承受的损失,如果吞并萨克森将让普鲁士及其不设防的边界处于对俄国的依赖中",那么他看不出英国支持这项吞并有任何前途。这堆废话用意何在?普鲁士宣布,首先保证我们占领萨克森,然后我们才敢打破同俄国的联盟,支持你们的波兰计划。卡斯尔雷答复道:"首先保证俄国不会继续向西推进,然后我们才同意你们兼并萨克森。"他就这样颠倒了普鲁士的要求,此外普鲁士还要完成这个不可能实现的额外条件,才能获准吞并萨克森。当时三大国都不想同俄国开战,因此不止是普鲁士想要俄国降低要求,可普鲁士扩张尚且依赖这个不明智的条件,奥地利在意

631

29

大利的收获却已经得到英国无条件的赞同！这种差别对待让人觉得英国的态度模棱两可，于是人们不禁怀疑是梅特涅或者明斯特在背后操纵了英国调停人。不过这位笨拙的英国政治家绝对是个正派人，不可能对普鲁士心存敌意。他和哈登贝格都不太清楚在目前的条件下，普鲁士不得不在华沙和萨克森间进行选择，而且绝无可能同时对两者提出要求。

哈登贝格直截了当的要求让奥地利陷入窘境。根茨坦率地希望奥地利斩断同普俄的关系，前所未有地怒批普鲁士改革者的贪婪，攻击沙皇的导师拉阿尔普，后者大胆地散布自由主义原则；根茨还更为秘密地接触塔列朗和朗根奥。梅特涅目光更长远，他意识到现在还不是撕下面具的时候，要让容易受骗的普鲁士友人继续做梦，直到普俄断绝关系，彻底孤立无援再说，因此他倾向于同意普鲁士暂时占领萨克森。10 月 14 日，根茨被卡斯尔雷说服。奥地利同意普鲁士军队进入萨克森——就像根茨满意地补充的那样，"不承认原则"。奥地利的示好让普鲁士首相更加自信，梅特涅也就可以从容地作出最后决定。

哈登贝格的三个问题都不好回答，梅特涅直到 10 月 22 日才准备好回复。奥地利的答复中忽略了第二个问题，即有关移送腓特烈·奥古斯特的问题，根据传统外交惯例，这形同无条件拒绝。同时奥地利也明确否认了第三个有关美因茨的问题：1797 年，弗兰茨皇帝曾为了交换威尼斯而将美因茨割让给法国，现在梅特涅则宣称美因茨是唯一一座抵抗兵临多瑙河的堡垒，是奥地利通往北海的通道和唯一经济中心——这种说法简直太令人发指了，可能只有这位地理和经济观点更加令人发指的帝国政治家才能想出来。他说"皇帝永远不会放弃美因茨"。如果德意志邦联顺从奥普施加的影响，如果北德的合法诉求得到满足，普鲁士必然不能越过摩泽尔河左岸。因此现在就连科布伦茨都将被剥夺，给了普鲁士德意志最不稳定的一条河界！至于第一个问题，梅特涅最终答复道，若目睹最古老的皇族之一惨遭废黜，皇帝陛下只觉悲痛；吞并萨克森不符合奥地利的利益，而且一定会造成德意志诸侯不信任普鲁士，并引发对奥地利的批评；皇帝希望普鲁士可以给被囚的萨克森君主至少留下波西米亚的一块领土。"如果吞并萨克森不可避免"，那么奥地利将保留有关要塞和边境地区、商业和航海事务的自行决定权。皇帝指望普奥可以就波兰事务达成"无条件同意",可以就共同实施卡斯尔雷子爵的"清晰"备忘录达成共识。此外,梅特涅还自以为是地认为,不应该让普王威廉的个人感受影响这个合理政策。

　　如果一位果断的普鲁士政治家收到这样的答复,马上会明白普奥联盟已经没有任何指望,紧紧依附俄国阵营是当务之急。普鲁士提出的三个条件,梅特涅直接拒绝了两个,任何人只要知道这个人嘴里哪怕果断赞同的话都不能当真,就会知道梅特涅不情不愿的、含糊其辞、三心二意的赞同到底有什么价值。"一旦无法吞并萨克森",普鲁士还能保住大部分华沙吗?但梅特涅指望普鲁士友人的盲目信任,欣喜自己精明地隐藏了真实想法。根茨也赞同友人的成就,并预言欧洲联盟将在两周内瓦解,这意味着奥法将恢复友好关系。

　　正是根茨说服梅特涅断然拒绝普鲁士的美因茨计划,只要能让美因茨逃出普鲁士的魔爪,甚至不惜与法国结盟。德意志小诸侯们欣然支持这种观点,他们永远只会帮倒忙,总是将祖国备受威胁的领土转交给最软弱的人。10 月 25 日,欧内斯特家族、拿骚和黑森宣布,美因茨是重大要塞,不能转交给任何强国,无论是巴伐利亚还是普鲁士,美因茨属于整个德意志。他们还决定再建一个条顿骑士团国,保护莱茵河上的这座要塞。很多人都反对在莱茵河中段建立普鲁士国家,施泰因男爵不得不最终构想出一个计划,让符腾堡王储以德意志陆军元帅的身份管理美因茨。任何愿意看清事实的人都会从其他线索上明白奥地利对普鲁士的敌意。呈交梅特涅的一份绝密地图上显示,普鲁士要求获得汉诺威南部地峡以连接东西省份,而正如明斯特所言,这份地图已经被这位奥地利政治家泄露给了韦尔夫外交官。

　　梅特涅答复哈登贝格的同时(10 月 22 日),还给卡斯尔雷子爵发了一封急件,明确表达奥地利极其不愿看到一个缓冲国的毁灭,这个缓冲国曾数次有助于德意志和欧洲维持均势,但如果联盟国家认为吞并萨克森不可避免,奥地利准备付出巨大牺牲以保证:普鲁士向摩泽尔河以南推进不会打破德意志均衡;吞并萨克森"不会成为普鲁士继续扩张的前奏"。这句含含糊糊的话和卡斯尔雷子爵 10 月 11 日的说法几乎完全一致,表明深陷阴谋旋涡的卡斯尔雷也不过是梅特涅的一枚棋子。梅特涅自信已经赢了这场游戏,在 11 月 2 日的笔记中,他确信普鲁士首相一定会盲目赞同他的提议,即普鲁士应该同奥地利共同支持卡斯尔雷荒谬的波兰计划。普鲁士应该提议,要么恢复波兰 1771 年领土,要么恢复 1791 年的国家状态,或者至少沿维斯图拉河瓜分波兰!"至少"才是霍夫堡的真正目标。普鲁士的政治家们如果还没看到,奥地利正在萨克森、在波兰、在莱茵河、在所有地方追寻完全违背普鲁士利益的目标,那么这种盲目必定让他们追悔莫及。

我们的首相和洪堡还需要些时间才能睁开眼,这两个能人兜兜转转,就是不愿看见霍夫堡在他们眼前上演的这场背叛游戏。普鲁士内阁收到奥地利 10 月 22 日的答复后,马上开始讨论。次日,洪堡将讨论中的主要意见汇总起来回应奥地利。[①] 他依然没有任何怀疑地重申吞并萨克森的各种理由:普鲁士的补偿要求依据条约规定和一种必要性——"政治经验告诉我们,任何君主如果与其臣民所属国家的利益相违背,必定遭受惩罚。"我们都不希望看到《卡利什条约》和俄国在波兰的扩张,但这是"错误的国际体系"不可避免的结果——"东方利用这个体系打垮了过分强大的西方,为了避免这种情况重演,中欧国家,尤其是普鲁士必须增强实力。"普鲁士在波兰、德意志或比利时获得的零散领土不足以增强国力,国家的强大不是仅仅看数值的。因此,吞并萨克森就不是奥地利为盟友普鲁士作出的牺牲,而是为维持欧洲均势付出的代价。同时,普鲁士完全无法接受瓜分萨克森。洪堡接着讨论了美因茨问题,宣称:"普鲁士将美因茨视为德意志抵御法国的要塞,因此要求巴伐利亚完全退出美因茨事务,除非它公开且忠实地依附德意志邦联,放弃独立发动战争的权利。"不久前,弗雷德在讨论德意志宪法的会议上,已经大张旗鼓地宣布巴伐利亚作为一个欧洲国家享有的不可剥夺的权利。但洪堡以一贯的冷静克制,宣布如果巴伐利亚对德意志邦联展现出更好的态度,"我们肯定会努力争取这个国

---

① 洪堡关于梅特涅信件的备忘录,1814 年 10 月 23 日。——原注

家,而非对它狐疑满腹"。最后,摩泽尔河边界的问题变成了纯粹的统计学问题,只要奥地利愿意接受普鲁士同德意志诸小国就领土问题的一系列谈判结果,那么这个问题就很好解决。

因此,事到如今洪堡仍指望着霍夫堡里忠诚但不幸有些软弱的朋友,相信后者肯定需要一些合理的理由来支持自己这些值得称道的解决办法。他本人希望能感化巴伐利亚,尽管后者毫不掩饰自己要与普鲁士开战的意图。最终,为了取悦奥地利,他愿意放弃美因茨、放弃摩泽尔河右岸,不过这些让步中并不包含科布伦茨。

两天后,普鲁士内阁的氛围就没那么友好了。很明显,通过认真学习英国和奥地利的文件,他们肯定多少明白了根茨和塔列朗之间的秘密交涉。很可能国王本人也提醒外交官们,霍夫堡对吞并萨克森的赞同意见非常模糊,卡斯尔雷的波兰计划更远非普鲁士的希望。尽管这只是个猜测,但洪堡发给哈登贝格的第二份备忘录相当焦虑[①]:它展现了洪堡不凡的头脑和渊博的学识,这两者却最终没能形成一段直接、清晰、明确的话。洪堡已经看过了卡斯尔雷子爵的方案,最终明确提议必须区分边界问题和宪法问题。普鲁士不好反对沙皇的波兰立宪计划,因为"如果沙皇希望将他对波兰人民许下的承诺变成现实,就会发现自己身处极大的窘境;而且如果各国没能对沙皇的想法提出过于直接的反对意见,情势就会更窘迫。这样看来,沙皇提出的波兰宪政计划或许还能缓解俄国成功扩张带来的不利局面"。至于边界问题,他说普鲁士迄今为止要求的,不过是瓦尔塔河以及托伦和克拉科夫,也许偶尔也说过要获得维斯图拉河,但只是说说而已。唯有谨慎温和才能避免"造成裂痕,法国人总能从这种纷争中占到便宜,他们特别希望各国内阁永远争吵下去,这样就能渔翁得利,一旦法国的利益得到满足,就会牺牲我们,并且同俄国和解"。

洪堡接着开始解释普鲁士的危险处境。除了俄国提供的领土之外,普鲁士只要求托伦和一些半德意志地区,奥地利则要求获得波兰永远不会拱手相让的重镇克拉科夫。因此奥地利的收获无比巨大,而普鲁士,则为了一些琐碎的好处,要冒着与俄国决裂的风

636

---

① 洪堡关于《卡斯尔雷子爵备忘录》的备忘录,1814 年 10 月 25 日。——原注

33

险,将自身置于极其窘迫的境地。此外,"奥地利赞同吞并萨克森的方式也值得认真思量。奥地利并没有公开声明,帝国政府将保护普鲁士的利益不受任何伤害,而是同意得勉勉强强,还希望我们能以其他重大的牺牲作为回报。普鲁士是否应该牺牲真实和永久性的利益,在波兰事务上与奥地利保持一致,以换取暂时优势,这很不好说。普鲁士可以在欧洲事务上牺牲自己的利益,但我们只能根据原则行事,永远不会寻求简单的'权宜之计'"。他继续说,普鲁士的要求是,在俄国建设其所谓的边界时,各盟国应认真考虑普鲁士的困难局面;因此"盟国应该保护普鲁士一直以来以及新建立的目标,公开积极反对其他国家伤害普鲁士;应该承担起责任,有意识地履行条约规定,保障普鲁士完全重建,甚至有限扩张领土;最后,还应该正式同意普鲁士吞并使自身独立于俄国的那一块领土"。如果盟国拒绝答应上述条件,普鲁士倒也不会彻底撕破脸,而是非常失望地被迫"首先考虑自保"。最后说道:普鲁士肯定会在宪法问题上让步,只要求瓦尔塔河一线;如果沙皇拒绝,那么其他三国不能和俄国缔结任何条约,必须悬置该问题,并明确宣布不会放弃自己的观点,并在这个问题上尽可能回避法国。

637

洪堡颇具才干,却一次次在关键时刻收手,这实在令人百思不得其解。他明白,这些所谓的盟国有着与普鲁士截然不同的计划,普鲁士在外交领域不可能占到任何便宜。他也知道,奥地利的承诺不值一文,普俄争斗只会让法国得利。当我们读这份文件时,都能想象到,唯一可能的结论几乎已经在这位有远见的思考者唇边呼之欲出。可是不知经过多么令人费解的思考过程,他居然荒谬地认为,每个普鲁士政治家不证自明的首要任务,即守卫家国居然是不光彩的、是为"普鲁士一己私利"的事业! 这样冷静的人居然会被英国虚情假意的"欧洲大业"冲昏头脑! 在我们的历史上,这种超人般的慷慨以及过分受教育者的软弱意志,带着一种邪恶的规律性,总是缠绕着勇敢果断的伟大时代。博学的霍夫曼面对其他所有国家对普鲁士流露的恶意,也仅仅是空发牢骚。[1] 他和洪堡一样没有得出这个简单的结论:必须分散对手的压倒性力量,至少

---

[1] 霍夫曼关于其数据研究的评论,1814 年 10 月 30 日。

要和一国达成共识。

已经不能指望奥地利了，可单凭善良柔弱的天性看不出这一点。就在此刻，梅特涅、施塔迪翁和施瓦岑贝格奉皇命齐聚内阁，决定普鲁士无论如何要推进至维斯图拉河一线。同时，梅特涅又秘密知会沙皇，只要俄国不再支持普鲁士吞并萨克森，奥地利就准备在波兰问题上让步。沙皇明确向腓特烈·威廉保证，奥地利提出了如此建议，但梅特涅照例概不认账。由于奥地利后来的政策完全与此相符，我们可以肯定撒谎的绝对不是沙皇。

普鲁士正面临着前所未有的奇耻大辱，幸亏我们还有威廉三世，他作出了一生中最重要的外交决定。11 月 6 日，他和沙皇私谈良久。[①] 双方达成了相互理解，普鲁士国王终于冒险将他想了几个月的、也许是唯一安全的政策向外交官们和盘托出，命令首相在未来遏制任何敌对俄国的行动。威廉三世从来不想获得大批不忠的波兰人，而且可能也因此愤怒地得知，英奥是多么固执地想要获得维斯图拉河。他比哈登贝格更清楚什么才是阻碍兼并萨克森的障碍：从他和沙皇的秘密沟通中，他明白沙皇至少比善良的弗兰茨皇帝对普鲁士更诚实友好。为人刚直的普鲁士国王无法理解，普鲁士为何不惜失去最好盟友也要反对组建俄-波王国的美妙理想，因为这一计划其实对俄国更危险。如今，他看着自己的政治家们反复纠结，不知所措，决定私人访问沙皇。这位战士再次展现了自己的清晰远见，在库尔姆，在去年冬季战役的战场上，这种远见屡次显现。个人气质也许发挥了一些作用，但审慎的政治考量同他的情感冲动相得益彰。

君主登场，坚毅的表情深深伤害了哈登贝格，他开始认真地考虑提交辞呈，梅特涅和卡斯尔雷努力怂恿他下定决心。普鲁士国王的转变让狡猾的敌人有了可乘之机。法国马上流传起一则谣言，说沙皇如何甜言蜜语地哄得朋友晕头转向，然后从毫无疑心的国王那里获得了重大承诺。由于普王的决定打乱了所有人的算盘，于是这个故事在居心不良的外国大使中很有市场。沙皇在腓

638

---

① 根据哈登贝格日记中的说法，这次会面发生在 11 月 5 日，不过他的记录往往极不准确。

特烈大帝墓前的表现人尽皆知，因此大家也都明白，通过精心设计的步骤，他能对普王产生多大的情感影响力。11 月 7 日，塔列朗得意洋洋地将普鲁士的背叛行为告知根茨，还说普鲁士放弃了"欧洲事业"，也就不可能拥有萨克森！前半句很快被梅特涅和卡斯尔雷子爵重复。抛弃坏朋友不是普王的错误，而且毫无疑问，无论他做什么，未来几周内都会发生同样的事，有没有沙皇参与，事情都一样。普王的贡献在于，面对同奥地利以及西方列强不可避免的冲突，他为普鲁士保住了同俄国的合作，也因此至少保住了一笔过得去的赔偿。

639 　　不幸的是，普王并没有坚持到底。他只想挽回唯一的盟友，然后便一如既往地将剩下的工作交给首相。在上面提到的会谈中，两位君主只在两个问题上达成一致：沙皇保证普王获得萨克森，普王则不再反对沙皇获得波兰王冠，同时拒绝奥英提出的对维斯图拉河的要求，这项提议对普鲁士伤害极大。但是关于瓦尔塔河与普洛斯纳河之间领土的未来，俄普君主分歧很大。于是哈登贝格的任务就是马上通过秘密谈判的方式，摆脱这项边界问题，处理好横亘在俄普之间所有有争议的问题，确保两国由相互承诺而彼此保护，步调一致地对付西方列强和霍夫堡。普王的明确命令彻底改变了局势。首相无法继续扮演调停人，必须变成参与者。诡计多端的梅特涅、空话连篇的卡斯尔雷、敌意满满的塔列朗以及所有小宫廷都认为，普鲁士只想自保，于是普鲁士又背上了"背叛欧洲"的诽谤。

　　除了俄国提出的普罗斯纳河一线，只有托伦和古老条顿骑士团国的邻近地区是普鲁士不可分割的领土。维斯图拉河上的这些关键位置及其德意志内陆领土必须还给我们伟大的祖国，这是不可放弃的国策。再次统一的明确消息刚一传来，恩格斯堡和雷登（Rheden）政府马上向首相表达了衷心的喜悦，他们激动地说在七年漫长的岁月中，是如何戴着外国暴君的枷锁，眼巴巴地望着边界那头普鲁士人的幸福生活。[①] 事实证明，尽管沙皇认为托伦要塞关系重大，但收复这些忠诚的德意志领土并非绝无可能。普鲁士需

---

① 　呈交哈登贝格的请愿书，1814 年 11 月 5 日。

要做的是，坚决放弃卡利什和琴斯托霍瓦（Czenstochowa）附近的波兰领土，尤其不能再支持奥地利获得克拉科夫。如果普鲁士能获得克拉科夫，这座城市将成为价值难以估量的边境要塞，更是上西里西亚贸易的重要市场。我们可以预见，在普鲁士的统治下，克拉科夫，德意志市民精神的古老温床，将很快被再次打上德意志烙印。可是按照当前的局势，只有奥地利和俄国在争夺这一地区，普鲁士为何要支持奥地利呢？或者说支持霍夫堡占领扎莫希奇和尼达（Nida）的平原地区？一旦普王作出决定，首先要确保马上同俄国就边界问题达成共识。

但是哈登贝格太受英国和奥地利的影响了，无法克服对俄国的怀疑，对德意志未来的一切希望都建立在"三个德意志大国联盟"的基础上。他甚至打算在两个阵营中走个中间路线，并且在上述11月7日的会议次日，就给卡斯尔雷子爵写了一封密信。不过他的确忍着没透露普王的要求，只是叙述在会谈中他如何确认了必须承认沙皇拥有波兰。他再次为普鲁士争取瓦尔塔河和托伦，为奥地利争取远至尼达、克拉科夫和扎莫希奇的领土，尽管梅特涅本人都认为最后那块地方没什么价值。这项举动愚蠢至极，他承认了波兰王国，这就让霍夫堡抓住把柄，谴责普鲁士背信弃义；他又违背沙皇的意愿，为普鲁士要求一条俄国无法接受的边界。

对于君主的要求，洪堡既没有遵循，也没有抗议。在11月9日的第三份备忘录中，他注意到了当前的险境，即由于普俄的盟友关系，奥地利会在所有德意志问题上对普鲁士充满敌意："但由于这些都是对普鲁士至关重要的事务，因此俄国不可能给予我们任何补偿。一旦普鲁士脱离天然政治体系，即同奥德英荷的盟国体系，又缺乏最为合理和重大的动机，那么平静、均衡和安定的局势也就难以企及了。"[1]德意志二元体系的美梦再一次萦绕在普鲁士政治家的头脑中。更重要的是，头脑过于敏锐的洪堡居然还找到了一个相当令人震惊的理由支持哈登贝格的政策，即根据当前局势，威胁普鲁士和欧洲和平的最大的两个敌人，法国和巴伐利亚，都同俄国有冲突。按照我们普通人的想法，普鲁士如果同这两个敌人联

---

[1]　洪堡就波兰问题的备忘录，1814年11月9日。

手,极有可能遭到背叛,但洪堡的想法与众不同,他认为:"一旦普鲁士在波兰事务上与他们同一阵营,法国和巴伐利亚将马上对这个问题丧失兴趣!"

洪堡从如此魔幻的前提中得出结论:普鲁士应该公开同英奥同仇敌忾,但必须要求这两个国家马上明确认同普鲁士的合理要求,尤其要保证普鲁士兼并萨克森;如果它们意外地拒绝了普鲁士提出的条件,"刚好证明自己并非真心关心欧洲利益,也不愿意让普鲁士获得维持独立的力量。这样一来,普鲁士就可以合理地当着全欧洲的面与它们脱离关系,走上与俄国结盟的道路"。

实际上,指责普鲁士外交官盲目相信俄国实在是欲加之罪,因为他们直到最后一刻还在相信奥地利的友谊。没过几天,事态已经很明显,奥英都不可能对重建普鲁士提供任何明确保证。在那之后的几周内,哈登贝格还在徒劳地周旋,而普鲁士则由于自己的"背信弃义",收获了外交立场转换一贯会获得的敌意。随后谈判愈加艰难,自然而然地产生了两个分裂的阵营,目光远大的普王一开始就意识到这种分裂不可避免,但这全然不是出自普鲁士的本意:一派是普俄,另一派是奥英以及所有嫉妒普鲁士发展的小国,当然还有这场大阴谋的领袖,法国。普鲁士已经千疮百孔,能从这样一场斗争中站起来,没有一败涂地,都要归功于普王。

11月8日,列普宁亲王将萨克森政府移交普鲁士全权大使,冯·戈迪(von Gaudy)将军和冯·雷克(von Reck)部长。莱比锡市长希格曼(Siegmann)和商业代表团马上以全市以及商人阶层的名义,表达对新政府的完全信任,感谢首相为他们挑选的高级官员。[①]尽管如此,普鲁士极其严苛的管理制度突然介入萨克森陈腐的封建统治,也招来了许多不满。心思敏捷的弗里泽被委派管理财政事务,他曾在柯尼斯堡积极配合施泰因改革,可萨克森国家经济的糟糕程度,就连他都觉得无力回天。实际上萨克森的负债并不比几近枯竭的普鲁士财政更加糟糕,却因为懒惰、沉重、罪无可赦的

① 11月13日莱比锡商业代表团呈交首相的请愿书,由希格曼呈交哈登贝格,1814年11月16日。

管理而彻底走向崩溃。于是弗里泽同萨克森财政官员发生严重冲突。① 那些迄今为止一直掌控政府部门的萨克森贵族，已经同资产阶级官僚密切协作，比如私人顾问克吕格尔（Krüger）就是严苛高效的老普鲁士官僚学校的忠实学徒，还有萨克森政府委员费贝尔（Ferber），长期同封建统治作斗争，他们被贵族们污蔑为煽动家。矛盾情绪一触即发。公私利益的混淆滋生出地方主义的狭隘思想，心存不满的贵族们认为"萨克森国家"的神圣权利危在旦夕，甚至将个人的问题摆到了议会上。施泰因一向公正地对待贵族和官僚之争，也埋怨普鲁士太粗暴了。但首相并不接受这些批评，反而严肃地说："决不能让纯粹的私人恩怨上升到萨克森国家事务的高度，因为谁都不能代表整个国家。"

在莱比锡，理性的商人很快对严格公正的新政府有了信心，国库券和萨克森纸币的价值迅速上升。商业顾问格鲁纳诚挚地感谢首相反对贵族统治，指出"行政管理低效笨重"的原因就藏在贵族统治中。银行业巨头赖兴巴赫家族的首领，也坚定地表达了自己的想法。② 不过即便对于这些勇敢的莱比锡市民而言，也有一些难以割舍的古老弊端。当时的莱比锡已差不多成了个国中之国，有自己的城市军队，不允许国家军队进入；市议会享有特权，无需向任何人解释公共开支账目。莱比锡要求保留这些特权，但首相只允许保留古老的贸易特权以及一部地方法律。他还承诺"只有得到萨克森选出的等级议会的同意"，才会征收一些必要的新税，并且和平时期不会在莱比锡驻军。③ 仅此而已。普鲁士王国的普遍法不会允许这些寡头特权继续存在。

普鲁士的确在萨克森犯了一些错误，可是如不采取一些强硬手段，这些新获得的省份不可能自动走出狭隘的地方主义。老百姓尽管也有地方主义情绪，但没想过抵抗。曾作为维滕堡政府代表的冯·策绍后来担任萨克森财政部长，对于局势有着清醒的认识，

643

---

① 关于此事，有财政部长写给首相的快报，柏林，1814 年 12 月 8 日。
② 格鲁纳写给希格曼的信，1814 年 11 月 27 日；赖兴巴赫写给哈登贝格的信，1814 年 11 月 2 日。
③ 哈登贝格给米尔蒂茨的信，1814 年 12 月 12 日；哈登贝格给比洛的信，1815 年 1 月 25 日。

十九世纪德国史（第二卷）：组建德意志邦联

坦言道，别指望"萨克森人彻底忘记他们的君主，在他治下，他们直到 1806 年以前都过着幸福的生活"；不过温和的现政府也正在获得人民的承认；普鲁士完全不需要担心任何动乱，人民很快会适应新统治。① 我们都知道后来在萨克森北部，这个预言实现得多么完美。但正因如此，正因萨克森必然同普鲁士熔为一炉，德累斯顿的贵族俱乐部，高等贵族和官僚们的集会地，群情激昂地维护自己即将失去的古老特权。护林员也许是这个国家中唯一见识过君主仁慈一面的人，没受过各种礼仪的管制，他们急切地拿出奥古斯特及其代理马尔科里尼（Marcolini）的信件。动荡的未来不断滋养着容克贵族的各种阴谋，他们焦急地搜寻每一条来自维也纳的消息和来自腓特烈地盘上的一切线索。11 月，布伦瑞克公爵途经德累斯顿，他觉得作为韦尔夫家族的一员，有责任向所有人说明正在卷土重来的部落统治。克吕格尔发现王宫内情绪迅速高涨，写信给首相说："这场面让官员们瑟瑟发抖！"②

与此同时，整个莱茵联邦中掀起一阵激烈论战，巴伐利亚的动静最大。这种手段居心叵测，就连萨克森的卡尔·冯·诺斯蒂茨都将其形容为"传单纵火案"。这些小册子大多出自内阁成员之手，或者是他们授意写作，就是为了煽动情绪、激化矛盾。此后一代人中攻击普鲁士的恶毒武器，都出自这些小册子。这些东西还有一个目的，就是促使普王开始怀疑解放战争及其英雄，这个计划在随后迫害煽动者的岁月中，获得了极大的成功。韦尔夫家族的萨托里乌斯（Sartorius）和倡导教皇至上的《蒂罗尔报》的编辑亚当·穆勒展开竞争，后者是根茨的朋友。穆勒是博学的哥廷根派历史学家，在驻维也纳大使的前厅同根茨秘密会谈后，写作了《论萨克森与普鲁士的统一》，署名"普鲁士爱国者"，以一位悲痛羞愧的忠诚普鲁士人的口吻，描绘了这样的谣言：盲目的顾问们希望用偷来的东西玷污君主之手；各种诱惑蠢蠢欲动，国家站在十字路口；难道要像之前在西里西亚、西普鲁士和汉诺威那样，"各宜得其所应得"又要作为普鲁士黑鹰勋章上的格言？在这关键时刻，《奥

① 策绍发给萨克森临时治安长官冯·比洛的信件，1814 年 11 月 18 日。
② 克吕格尔写给哈登贝格的报告，1814 年 11 月 29 日。

40

格斯堡汇报》又站在了普鲁士的敌对阵营,一如普鲁士近代史上的每次危机。

阿雷廷(Aretin)和赫尔曼(Hörmann)的言辞更加激烈,他们是慕尼黑阿勒曼尼亚地区久经考验的波拿巴主义帮凶。阿雷廷的《萨克森与普鲁士》提出了一个迄今为联邦主义者所青睐的观念:膨胀的普鲁士必须始终是个二流国家,如果它成为一流大国,欧洲的安宁和均衡就不复存在了。这里还伴随着一个拥趸众多的观念,即渴求土地的普鲁士将把贪婪的双手伸向汉堡、波西米亚和摩拉维亚。当时,还从蒙特格拉斯的圈子以及巴伐利亚政府流传出一本名为《普鲁士和德意志》的小册子,它在一阵猛烈的口诛笔伐之后,严肃地请求"萨克森人、莱茵兰人和美因茨人"反抗普鲁士黑鹰的魔爪,捍卫自由。这波口水战的高潮是巴伐利亚秘密印刷的《德累斯顿无记录时代的萨克森文件》,这是一份伪造文献,内容极其荒谬,今天很难理解当初怎么会有那么多人相信它。这份文献中有科堡的恩斯特公爵的一封信,言辞恳切地为被囚禁的亲戚求情,实际上这封信是拉贝纳蒂埃(La Benardière)在塔列朗的授意下创作的。还说普鲁士将领(约克、比洛、克莱斯特、格奈泽瑙和马森巴赫)敲击着军刀,要求马上吞并萨克森,威胁首相道:"如果我们盲目服从懦弱的内阁,将王权置于何地?"在哈登贝格的一则备忘录中,他提醒君主注意军队中蔓延的失控情绪,以及那些曾经用来对付拿破仑的秘密社团的危险计划。威廉·洪堡在给尼布尔的信中,得意洋洋地说,普鲁士已经完全理解了如何效仿他笔下辉煌的强盗民族罗马:"现在除了巴伐利亚及其顽固政府,没有谁能阻挡我们!"面对强悍的巴伐利亚波拿巴主义者,萨克森那些微不足道的示威运动似乎都显得温顺无害。萨克森一家名为"圣·土地渴望"的出版社,传出了一本匿名册子,悲哀地"呼吁所有德意志民族",其中包含一些官员和律师的信件,并且反复保证这些作者都是完全出自"内心的确信"——仅此而已。即便是萨克森出现的少数几份支持合并的小册子,都流露出政治衰落的气息。无论怎么看,萨克森都没有个伟大民族的样子,只有可怜的中间阶层谴责任人唯亲的贵族造成的破坏和天主教宫廷的顽固不化。普鲁士就大不一样了,公主贵妇们佩戴露易丝勋章,王室对一切宗教派别一视

645

41

同仁！

外国报纸也加入了这场论战，几乎一致针对普鲁士。托利党内阁一开始似乎支持普鲁士，按照英国党派政治的古老原则，辉格党马上援助被囚禁的君主，而且无论在议会还是媒体上，后者都受舆论支持。英国最近的两代人虽然没有闹出法国那么大的动静，但已经同法国一样敌视北德的强大。英国人当时的观点是，普鲁士威胁着他们最珍贵的贸易利益，莱比锡是英国贸易的核心所在，绝对不能同某个大国结成关税同盟。辉格党演讲者愤怒地谴责暴君们对"萨克森民族"施展的阴谋诡计，疯狂地污蔑热那亚同皮特蒙特的合并是对意大利自由的"绝杀"。法国报纸一致支持拿破仑的忠诚盟友。11月7日，巴黎尚未得知威廉三世的决定，半官方性质的《日报》就公开了组建莱茵河波旁联盟的计划，声称法王是信仰最虔诚的君主，他领导的政府也许是欧洲唯一一个有可能获得民意一致支持的政府。"法国具有的强大正义、合法且不可被剥夺的力量，都植根于它的国家角色——受压迫者的捍卫者、弱者的保护人、神圣契约的卫士"。因此，法国必须要求波兰完全独立，因为波兰作为一个已经存在的国家，仅要求获得更稳固的基础；考虑到萨克森、巴伐利亚和其他德意志国家，德意志各国必须获得不受限制的国家主权；"这样的话，一个自由强大的联邦将成为法国和普奥两国间永远的战略缓冲带"。

《莱茵之星》大胆反对莱茵联邦的众口一词的言论，因此被蒙特格拉斯的记者叫做德意志报业中的忒耳西忒斯（Thersites）[①]。格雷斯言辞生动地警告高卢雄鸡羽翼下的那些小暴君，但是即便他们这些人，也未必完全理解了国家面临的巨大问题。《莱茵之星》不光面向支持普鲁士诉求的友人，也向温和的反对者开放，这其中就有雅各布·格林，他因黑森选帝侯的回归而欣喜，因此也希望萨克森人也能有幸如此。一篇饱含深情的文章恳求日耳曼尼亚的子孙放过萨克森，"这个精神上更加神圣的兄弟，一直在独自学习"——难道在普鲁士的监护下，这个兄弟就没法继续学习了吗？

[①] 忒耳西忒斯，《伊利亚特》中希腊联军里喜欢嘲笑、诽谤他人的一名普通士兵。——译注

面对这场舆论战，普鲁士的防守策略整体上是由那些接近政府立场的人领导的。瓦恩哈根应首相要求出版了一份小册子，他是个业余政治爱好者，笔下的政论文一向肤浅，这本册子也不例外，充斥着空洞的词句，比如"激励普鲁士人建功立业的自由精神"。相形之下，阿恩特、艾克霍恩和霍夫曼的作品就严肃得多，也更有价值。统计学家霍夫曼的《普鲁士和萨克森》相当审慎适度却又精彩地回应了指责普鲁士狂妄傲慢的各种言论。他开诚布公地说，普鲁士在实施施泰因和哈登贝格法律的时代，从未受到德意志世界如此整齐划一的敌视，但正义必定在普鲁士占据上风，因为这个国家曾为重建这个千疮百孔的集体付出了巨大的牺牲。这本书通过冷静的推理和文献证明了被囚君主的各项罪过，在腓特烈家族领地范围中引发了强烈反响，以至于萨克森首相艾因西德尔（Einsiedel）伯爵都壮着胆子要求普鲁士君主查禁霍夫曼这本书，不过他的要求自然是被驳回了。

这场笔战中最重要的作品是尼布尔的《普鲁士对萨克森宫廷的权利》。人们普遍认为这本书是那个时代德意志出版史上最著名的作品，它融合了阿恩特式的贵族激情和华丽修辞，以及根茨式的丰富观念和渊博政治知识。这位伟大的历史学家，以如此大胆和自由的风格，前所未有地清晰阐释了我们国家政治中的两个核心观念，从那以后，它们就变成了所有思想高尚的德意志人头脑中的重要组成部分。他说，一个清楚意识到自身统一的伟大国家，应该重惩一切背弃、荒废国家事业的人，即便他没有触犯任何法律条文。他像先知一样预言道，德意志地方主义的日子已经没几天了，那些虚弱的、无法依靠自身力量站立的小群体，"将不再是国家"。这些观念都是硬生生从这位保守主义思想家脑中产生的，因为在莱比锡战役中，他曾眼见德意志小诸侯们一再追随法国而去。普鲁士外交官的秘密通信中，更加激烈地表达了对地方主义复兴的担忧。阿洛佩乌斯写信给洪堡称："莱比锡战役后高呼'活该'的人，现在居然在对那位虔诚的主子表示同情；6月份还只能自保的波旁家族，现在竟然有能耐救别人了。最让人气到发狂的是，被自家封臣抛弃的德意志皇帝，现在居然在帝国城市中，用主权者才配享有尊贵礼节，接纳了那群身负叛国罪的封臣，这种毫无必要的屈

647

43

尊俯就背后是不是有什么猫腻？"

　　当然，无论是尼布尔的愤怒言语，还是霍夫曼的合理考量，对维也纳会议都没有任何影响。奥地利原本的计划是，联合英普将俄国逼到角落，然后就能协同俄国决定普鲁士的生死。但是普王插手挫败了这项计划，梅特涅马上改变策略。对他或法国而言，萨克森问题远比波兰的未来更重要。早在 11 月 11 日同卡斯尔雷和哈登贝格会谈之时，他就收回了对首相说过的话，宣称现如今普遍反对合并萨克森的抗议行动根本压制不住，而且至少要将德累斯顿和萨克森南部地区留给那个阶下囚。于是，早在夏季就由施塔迪翁提交给奥古斯特谈判代表的瓜分萨克森计划，就这样最终被公开宣布为奥地利的政策目标。其实霍夫堡根本不关心古老萨克森被粗暴破坏，也不在意新的关税壁垒会扰乱传统交流渠道。奥地利只是要重建忠诚的阿尔伯特家族，使之成为普鲁士的心腹大患及其盟友身上不能触碰的伤口。由于洛林家族从未试图唤起臣民心中的奥地利民族意识，自然也就无法理解普鲁士的民族力量，只是希望被瓜分的萨克森成为普鲁士的第二个波兰。弗兰茨皇帝曾秘密告诉魏玛公爵："有什么好担心的？就算那个国家被瓜分，也会很快再次统一。"

　　哈登贝格直截了当地拒绝了梅特涅的提议，同时表示，阿尔伯特家族应该获得补偿，但不是获得教皇国地区，而是天主教威斯特伐利亚的一部分。在维也纳，哈登贝格终于注意到奥地利希望将教皇国北部留给自己，因此希望自己的这个提议能讨好霍夫堡。当时，整个德意志没人能让这些普鲁士政治家明白，将德意志北部的两座天主教要塞，明斯特和帕德博恩，当成一个独立的国家交给一个顽固的天主教王室，对于普鲁士意味着什么。在崇尚自由的那一辈人看来，教皇已经不值一提；但在浪漫主义者眼中，教皇则被视为革命之敌。此外，爱国主义者们也刚刚意识到，根据哈登贝格的最新提议，他们的国家已经在萨克森问题上颜面扫地。萨克森是拿破仑最忠诚的跟班，如果要在德意志的土地上重建萨克森，那么是否要给它巨人山山口，或者部分下萨克森？毫无疑问，这个问题同普鲁士的军力关系重大，但也不能指望民众对它有多大热情。就连阿恩特都承认，从今以后他不再关心萨克森问题。梅特涅称这个计划极其糟糕，还越来越肯定地说，只有让那个囚犯拿回部分领地，才能平息德意志诸侯的怨愤。

英国也收回了承诺。卡斯尔雷现在可以收获他的傲慢无礼结出的果实。他严重冒犯了沙皇，同时由于普鲁士拒绝与俄国为敌，这位英国政治家自然而然被抛向了猛烈攻击普鲁士和俄国的阵营。11 月 15 日，尊贵的查理·斯图尔特会见施泰因，又悲又耻地抱怨道，英国现在居然被迫投入了法国怀抱！英国内阁害怕面对议会反对党的激愤言辞，加上摄政王对那个囚犯的同情，加速了事态变化，卡斯尔雷收到国内指示，要他彻底放弃普鲁士。他最愚蠢之处就是，从未清楚理解这种"放弃"蕴含的背叛意味。这位贵族大老爷在议会上解释自己的态度转变时，也只是说德意志民意不赞成吞并萨克森——这位高级托利党人嘴里居然也能说出这么个理由，他可是在其他任何场合都公开蔑视民意。

正是卡斯尔雷的愚蠢和梅特涅的狡猾让英奥突然出尔反尔。之前他们一直反对沙皇获得波兰王冠，现在这却成了让沙皇作茧自缚的"圈套"；之前含含糊糊承认的吞并萨克森，现在却被说成对国际法的严重侵犯。他们都意识到，只有战争才能让俄国放弃波兰计划。12 月 1 日加格恩写道："只有大家都打不动了，波兰问题才能终结。"由于几乎没什么人支持普鲁士，因此梅特涅有着十足的把握挫败其诉求。他现在同塔列朗同气同声，共同检验并批准了给那位囚徒的新权益保护法案。

面对如此令人振奋的成功，塔列朗的要求也日益明确。他授意达尔贝格和拉贝纳蒂埃写一封给奥古斯特的道歉信。他让忠实的加格恩相信，法国不会再容忍普鲁士出现在莱茵河左岸以及萨克森。《法国视角下的萨克森问题备忘录》细数了普鲁士对德意志祖国犯下的罪行：《巴塞尔和约》《帝国代表重要决议》《1805 年中立条约》，这些在法国眼中居然都成了罪行！《通报》庄严宣布："法王是唯一有权谴责腓特烈·奥古斯特的君主，法王撤回对他的控诉。"文章继续说，永恒的分裂状态才是德意志民族光芒："我们在德意志的性格中发现了对神圣习俗的强烈热爱，这其中最神圣的习俗就是尊重每位君主。"

649

45

这种提法完全符合《通报》的历史哲学。按照塔列朗的要求，《通报》将发布一份共同的抗议书，反对兼并萨克森，只有沙皇的警告能阻止这项行动。塔列朗为每个小诸侯都准备了很有诱惑力的承诺，他们也都希望在维也纳广阔的领土市场上分得一杯羹。德意志地方主义情感在黑森-霍姆堡的无数备忘录中找到了最忠实的表达，它们阐释了这样一个光辉主题:"由于所有的邻国都扩大了"，为了不失去自己的历史地位，霍姆堡也必须扩大，而且绝对有必要从杜克海姆兼并上乌勒瑟(Ober-Uresl)和上罗斯巴赫(Ober-Rossbach)的村庄! 杜克海姆的达姆施塔特使者甚至胆敢在这个高度正统主义的社会中，通过正式诉诸不可剥夺的"人权"，来为他主子的补偿要求提供理由。[①] 如果塔列朗的计划行得通，如果普鲁士无论在莱茵河还是萨克森都没有获得领土补偿，那么就还有足够的土地满足这些小诸侯的欲望。因此，他们无一例外地倒向法国，这个被占领的敌国就这样再次以德意志强大的保护人面貌出现在世人面前。

关于萨克森问题的持续争执让会议的其他议题陷入停滞。讨论德意志问题的委员会解散了，一无所成。在此期间，个人纠纷层出不穷。梅特涅竭尽所能地让沙皇怀疑普鲁士首相，包括给他展示哈登贝格在会议开始时写下的反俄言论。虽然奥地利友人这般作为，首相还是被梅特涅说服，一再居于俄国和英奥两大阵营之间。11 月 23 日，哈登贝格不顾普王一再要求不和俄国相悖，还是旧话重提:瓦尔塔河一线归普鲁士，克拉科夫和扎莫希奇归奥地利。幸亏施泰因及时出手相助，我们伟大的首相马上意识到他已经完全站在了反对沙皇波兰计划的方向上。他立刻决定弥补之前的错误，倾尽全力为普鲁士保住萨克森。正是因为他卓有成效的工作，沙皇才作出了相当有利于我们的回应。11 月 27 日，沙皇宣布永远不会放弃普鲁士盟友，后者给予了他"如此有力、高贵和持久的支持"。沙皇要求普鲁士获得整个萨克森，德意志联邦获得美因茨;他放弃波兰计划中的托伦和克拉科夫这两个中立的自由

---

① 霍姆堡王储向洪堡提交的申请书，杜克海姆向哈登贝格提交的申请书。(1814 年 1 月、2 月)

城市。

　　沙皇的宣言解决了美因茨问题。梅特涅放弃了将美因茨移交 651
巴伐利亚的计划,因为在美因茨问题上,俄奥配合了小诸侯的地方
主义嫉妒心理。哈登贝格不会将莱茵兰的这个要塞交给可疑之
人,小诸侯们也担心,就像符腾堡全权大使说的那样,一个拥有美
因茨的强大国家"将掌控其他德意志国家的命运"。① 因此人们接
受了一个折中方案,尽管这个方案既不自然也不合理,某种程度上
却是德意志邦联混乱局势下的必然结果。富饶的美因茨曾是德意
志最伟大君主的王座所在,现在归属达姆施塔特大公所有,因为他
绝不可能给邻人造成威胁,此外这座要塞由德意志邦联和一支普
奥联军驻守。普鲁士无论如何都要对美因茨保持警戒。没人能料
到,围绕美因茨展开的无休止纷争竟然以普奥联合占领结束了,这
个民族仍怀揣和平二元主义的美梦。由于俄国提议让托伦和克拉
科夫成为自由城市,因此极端危险的波兰政治宣传必定将大肆渲
染组建克拉科夫共和国的计划,这对于奥地利而言尤为危险。然
而此时的霍夫堡根本无暇顾及,只想着确保上维斯图拉河的战略
位置不要成为俄国人的前沿哨卡,因此梅特涅并没有反对沙皇的
自由城市建议。

　　波兰问题的谈判如今不再是难题,尤其是因为沙皇放弃了合并
立陶宛和波兰的计划,只要求华沙并入新的波兰王国。面对恰尔
托雷斯基的抱怨,沙皇私下安抚道,这个残缺不全的王国不过是一
块"踏脚石"。萨克森问题依然是各国争论的核心所在,反对普鲁
士计划的抗议行为也越来越暴力,哈登贝格迷迷糊糊地犯下了一
生中最严重的外交失误。12月3日,他写信给梅特涅,言辞恳切地
想要打动这位奥地利友人:"亲爱的亲王,普鲁士身陷困境,救救我
们吧!"他还援引了《莱茵之星》上的几句漂亮话,力邀双头鹰同普
鲁士黑鹰在同一棵橡木上筑巢!

　　12月10日的密信中,梅特涅几乎难掩鄙夷之色。他正式收回 652
了之前的承诺,只给普鲁士友人 1/5 的萨克森领土,卢萨蒂亚的一
部分以及大约 40 万人口;如果被囚禁的阿尔伯特拿不回王冠,德

① 文森格罗德和林登写给哈登贝格的信,1814年12月8日。

47

意志邦联就不可能存在,法国将重新成为小诸侯的保护人。12 月 16 日,在弗兰茨皇帝的授意下,梅特涅将这份秘密备忘录拿给塔列朗,就是为了让法王知道奥法在萨克森问题上"多么协调一致"!与此同时,他又提醒普鲁士警惕法国的阴谋。霍夫堡厚颜无耻到了这个地步,格雷斯愤怒地写道,普鲁士不如干脆将奥地利在 10 月 22 日和 12 月 10 日的两份备忘录公之于众。哈登贝格收到"这个绝对出乎意料的回答"时,感到如坠深渊,在日记中绝望地写道"就不该信守承诺"。[①] 他终于看清,所谓正直的观念在这场权力斗争中一文不值。12 月 16 日普俄联合声明,哈登贝格对霍夫堡的态度转变深感震惊,而且由于威斯特伐利亚的补偿计划没有通过,因此他提议让腓特烈·奥古斯特获得莱茵河左岸的部分领土,连同特里尔和波恩。今天人人都看得出这份提案有多荒唐,这是极端痛苦窘迫的局势造成的:将阿尔伯特放在法国边境附近,只能为法国打开一扇进攻德意志的方便之门。梅特涅马上发现了普鲁士提案中的薄弱环节,油腔滑调地说莱茵河左岸肯定不会再次向法国开放,但他不过是说说罢了,他早就同这块危险的法国领土达成了亲密共识。为了分化敌人,哈登贝格同时要求,巴伐利亚应该归还法兰克尼亚侯爵头衔。尽管残暴邪恶的巴伐利亚政治家应受惩罚,但这是一步烂棋。首相虽尚未在正式条约中放弃安斯巴赫-拜罗伊特,但已经数次口头宣布,准备接受贝格公国地作为补偿。如今旧话重提,普鲁士成功的希望极其渺茫,哈登贝格还给了梅特涅、弗雷德和塔列朗一个极佳的借口,谴责"普鲁士耍花招"。在声明最后,他相信普鲁士依然要依赖俄奥的支持。

653　　　实际上双方阵营都在计算开战的可能性。普鲁士人民的愤懑之情愈发高涨,柏林的一封请愿书希望国王发动正义之战,施特格曼(Stägemann)愤怒地高唱:"勃兰登堡的旗帜,我的歌,再次飘扬,再次愤怒,拿起武器……卑劣法国,不得天佑——拿起闪电,拿起长矛短棒,痛击法国疯狗!"据戈尔茨所说,法国在塔列朗的建议下,已经默默增兵了。根据情报,驻扎摩泽尔北部听命于普鲁士的一支萨克森部队,将在约定时间同巴伐利亚及奥地利军队在摩泽

---

① 　哈登贝格日记,1814 年 12 月 10 日、12 日。

尔河右岸汇合。奥地利将领中,施瓦岑贝格对胜利最有信心,因为在最后一战中,他就已经足够老辣,开始瞧不起布吕歇尔和格奈泽瑙。12月16日,梅特涅向明斯特伯爵透露了自己的意图:组建不含普鲁士的德意志联邦,除非普鲁士放弃萨克森;奥地利仅要求在联邦众多平等国家中占据一个适度的地位。这位韦尔夫家族的政治家马上意识到,这意味着战争和维也纳会议的结束。尽管奥地利的权力欲望和汉诺威的不利地理位置让他有些担忧,但明斯特伯爵还是准备面对各种情况,同时要求英国延长补贴协议,以武装韦尔夫家族军队。

　　普鲁士国防部长马上着手抵抗。12月26日,格罗尔曼向首相提交了他和博延、格奈泽瑙及舍勒共同起草的作战计划:按照老腓特烈式的优良作风,两股大军将在萨克森和莱茵河上同时进攻,同时还要有一支军队保卫西里西亚。① 局势万分危急,已经顾不得考虑什么军事级别了,布吕歇尔和格奈泽瑙被任命为两支大军的指挥官;由于约克、克莱斯特、陶恩岑都只是优秀的带兵人员,因此另一支部队只能考虑比洛将军。克劳泽内克上校正带领一支普鲁士军队驻守美因茨,受奥地利总督弗里蒙特(Frimont)辖制。他收到命令,一旦接到信号就占领右岸诸城堡;有这几处城堡就足以守住阵地,但克劳泽内克的人马不足以占领整个美因茨要塞。莱茵河上的萨克森部队秘密向北移动,接近普鲁士军团。博延认为,人数更少的北德部队,除了汉诺威军队,都必须追随普鲁士。普鲁士王国终于决定以北德主人的身份现身,在这场生死存亡的较量中,它会关注小诸侯们对主权的强烈要求吗?

　　局势一片混乱,塔列朗看到了要收获的果实。梅特涅正式告知他奥地利有关萨克森问题的最终决议后,塔列朗认为自己现在有权插手萨克森问题,并在12月19日答复梅特涅:波兰问题不过是个边界问题,而萨克森则是关乎欧洲的原则问题,牵扯正统性和国家均势两大原则;如今一些令人憎恶的说法正在四处传播:君主可以受到审判,应重新引入没收财产的惩罚机制,国家可以像牲口一样被瓜分,不存在普遍法这回事,"强权即真理";但欧洲憎恨这些

654

---

① 格罗尔曼提交哈登贝格的计划,附带一份执行计划备忘录,1814年12月29日。

观念，"它们在维也纳、圣彼得堡、伦敦、马德里和里斯本激起了类似的反感"（当然，这里面没有柏林）；兼并萨克森还会破坏欧洲国家均势，将"一个强悍的进攻型国家"引入德意志邦联。因此，萨克森必须复辟合法君主，如果为了补偿普鲁士而不得不割让一些领土，那么法国将在这个意义上给合法君主一些建议。

塔列朗就这样撕毁了《巴黎和约》的秘密条款，并将碎片扔在四国脚下。此前很长一段时间，塔列朗都在暗中抵抗和约，现在他光明正大地带着一份官方备忘录进入领土谈判，参与法国本来无权参与的谈判。塔列朗支持奥地利瓜分萨克森——虽然这并不妨碍他同时表达对瓜分政策的厌恶。12月26日，塔列朗递交卡斯尔雷的第二份备忘录流露出正统观念的腔调，这是高级托利党人无法抵抗的。维也纳会议的目标是"中止革命"，从前是共和国和王国之间彼此攻伐，如今却是革命党王朝和正统王朝之间的斗争；革命党建立的王朝已经消失了，除了那不勒斯；正统王朝都已经重新建立，除了可怜的萨克森；"所以说革命还未被彻底终结"；法国期待维也纳会议能完成自己的使命。接下来几天的事态表明，法国违反和约的行为得到了奥英的支持，于是法奥英三国拧成了一股绳。早在12月14日，梅特涅就对即将形成的三国联盟信心满满，他让萨克森代表舒伦堡伯爵写信告诉他的主子，萨克森得救了。

这些非正式谈判无果，因此最终决定再次召开四国委员会，将领土问题隆重地交由四国磋商。12月29日，委员会被召集，不出所料，会议进程如下：四国都同意有关美因茨问题的处理；都同意有关波兰问题的基本原则；唯有在萨克森问题上，没有任何决议。哈登贝格向梅特涅提交了新备忘录："你们希望普鲁士在未来必须为扩张而斗争吗？"这句话激起了公愤，因为人们听出了谴责中隐含的真相。施泰因的备忘录（12月20日）只是巩固了梅特涅的观点：新萨克森很可能成为在北部孕育骚乱的温床，就像巴伐利亚在南部那样，但他没意识到这正是霍夫堡梦寐以求的。

四国委员会第一次会议上，奥地利的秘密意图就已经昭然若揭，当时梅特涅要求让塔列朗出席，还宣布萨克森问题要得到腓特烈·奥古斯特的同意才能确定，这意味着奥古斯特将主宰局势。

卡斯尔雷不会想这么远,但也支持塔列朗出席会议。根据这个英国人的逻辑,法国出席是必然的,"因为按照《巴黎和约》的秘密条款,《卡利什条约》和《赖兴巴赫条约》都对法国有合法约束力"——但这个秘密条款却让法国无法参与领土谈判中的一切合作事项。俄普两国屡次反对这些提议,无论如何都不会允许奥古斯特参会,而且只有四国达成协议,才允许塔列朗参会。双方言辞激烈,甚至彼此威胁。正是在这种混乱的氛围中,卡斯尔雷首次提出了允许法国参会的糟糕主意,而塔列朗已经为此多方奔走了数月之久。卡斯尔雷还秘密提议组建英法奥战争同盟(包括小跟班们)。要追问卡斯尔雷这样做的动机简直就是徒劳,他就是他的同胞口中的"老顽固",像一头盲目热情的公牛,萨克森问题就是红布,梅特涅和塔列朗这两个娴熟的斗牛士在他眼前一晃,他就冲上去了。卡斯尔雷也刚刚得知,英国的根特已经同美国缔结和约,因此英国军队能腾出手了。实际上,导致英普开战的原因不止一个,数周以来,外交官们一直在煽动对普鲁士的负面情绪,声称它背叛了欧洲,"法国疯狗"点燃的火种也将再次呈现燎原之势。加格恩努力为英国的疯狂举动找借口,最后也只能无奈地说,"水沸则溢,无可奈何"。

656

正当梅特涅同西方各国讨论进攻普鲁士之际,外交界的社交活动仍然风和日丽。弗兰茨皇帝像个主人一样,带着一贯的高贵性情招待王公贵族们,计划着从背后发动攻击。1815 年 1 月 2 日,梅特涅给哈登贝格发了一条友好的消息,声称有紧急事务,请求他将当天的会议延迟到次日。① 几小时后,他亲自来见哈登贝格,讨论有关托伦和克拉科夫的条款。1 月 3 日的会议报告只记录着,奥地利基本同意俄国的主张,并要求获得更多波兰土地。就在当天,梅特涅同卡斯尔雷以及塔列朗缔结了针对普俄的战争同盟,同盟条约同发起人的目的一样模糊,但这样做理由很充分:"鉴于当下的这些诉求",英法奥保证相互支持,任何一方因提出公平合理的提议而遭受攻击或威胁,其他两方应至少提供 15 万人予以协助;攻击汉诺威或尼德兰等同攻击英国。这三国的目标是"尽可能按照

---

① 梅特涅写给哈登贝格的信,1815 年 1 月 2 日。

657 《巴黎和约》真实的目标和精神履行其条款"。其他国家,尤其是尼德兰和汉诺威,都被邀请合作。《巴黎和约》禁止法国插手领土问题,奥英则为了履行和约同法国结盟!三国同盟表面上是防御性同盟,实则是进攻性的。因为一旦谈及与"当下提出的诉求"相悖的要求,普鲁士对萨克森的要求必定首当其冲。此外,还有一个包含明确威胁的秘密条款,即如果巴伐利亚、汉诺威或尼德兰不接受邀请,将"失去根据现存条约所能获得的一切好处"。

按照三国同盟主要发起人塔列朗的观点,结盟的明确目标是以压倒性力量进攻精疲力竭的普鲁士,颠覆其刚获得的大国地位。这个法国人大获成功,"我为法国争取到了哪怕谈判五十年都不一定能获得的地位";他从巴黎叫来里卡尔将军,同施瓦岑贝格和弗雷德商量春季作战计划。军队集结在波西米亚,弗雷德鼓吹必胜,但心浮气躁的明斯特却泄露了这个不义之举的本性,"我们正在玩一场三角游戏,一旦敌人被打垮,我们势必彼此攻伐"。自此以后,施泰因不再对韦尔夫家族有任何信心。被囚禁的奥古斯特宣布,一旦三国联军进入,就让兄弟安东尼亲王全权摄政萨克森,亲王高兴地回信道:"我姐夫弗兰茨皇帝一定会好好款待普鲁士!"舒伦堡伯爵期待着普鲁士覆灭的日子,想象到时汉诺威就能获得北部领导权——韦尔夫家族吹的牛皮就能实现了。

1月3日签订的条约产生了间接的持续性影响,法国再次被纳入国际社会,西方国家之间建立也起睦邻友好关系,除了几次短暂的破坏以外,这种关系一直持续到今天。在维也纳,这导致人们再次讨论舒瓦瑟尔公爵提出的天主教大国联盟政策,自此以后,这种观念在霍夫堡始终不乏强大的支持者。同时,它还预示着天然国家群体的出现:一组西方国家,奥地利和土耳其;一组新出现的国

658 家,普鲁士、俄国和美国。普鲁士终于明白了奥地利甚至在二元和平时代就盘算的事。尽管哈登贝格宽宏大量地忘记了奥地利友人"不幸的鲁莽行事",但政府中的年轻一代却清楚记着奥地利的背信弃义,古老光荣的腓特烈传统让他们勇敢地面对事实。政治家艾克霍恩曾以尖锐的笔触参与萨克森谈判,他根据自己在维也纳会议上的经历形成了对奥地利的判断,也是这个艾克霍恩在后来漫长平静的和平岁月中谨慎追随君主的政策,成为关税同盟的主

要奠基人。

但是，秩序良好的国际社会永远无法跳过一个极端愚蠢的阶段。卡斯尔雷担心，制定如此非英国式的政策将无法面对议会的质疑，这让三国条约差点无法签订。英国已经同法国打了 20 多年的仗，难道现在要让 15 万拿破仑老兵在百合花旗帜下再次穿越莱茵河？塔列朗尽管在维也纳矢口否认，但法军中的波拿巴主义情绪一目了然。以鲜血为代价换来的和平难道要再次被打破，居然还是为了拿破仑的一个总督？这个英国人开始明白这个举措又蠢又坏，就连梅特涅都开始关注法国和莱茵联邦的幸灾乐祸。接下来的几周，撒丁王国、巴伐利亚、汉诺威和达姆施塔特都加入了三国同盟，奥兰治政府反应太慢了，导致了悲喜参半的后果——尼德兰直到 4 月才正式加入对抗普鲁士的战争同盟，那时的世界已经因为拿破仑的回归而天翻地覆，普鲁士已经出兵保卫尼德兰对抗法国。实际上，三国同盟计划胎死腹中，战争的威胁仅存在了 6 天。

1 月 9 日的会议上，奥英两国在卡斯尔雷的劝说下准备和解。他们正式宣布，有关萨克森问题谈判的主要目的是按照约定补偿普鲁士，因此其决议不必经过腓特烈·奥古斯特的同意。在这种情况下，普俄同意塔列朗参与谈判。1 月 12 日，塔列朗正式参会。四国委员会扩大为五国委员会，这五国组成了真正的代表大会。① 659
著名的维也纳会议竟然花了 4 个月时间才组建完成！这五大国有力量压倒一切反对者。现在就连塔列朗都找不出五大国的领导权同"普遍法"之间有任何不兼容之处，他现在已经无法再谈论那些颇有道理的理由，而在会议伊始，他正是用这些理由保卫欧洲所有国家的平等权利。

普鲁士政治家们也开始承认，有必要作出一些让步。实际上，他们对 1 月 3 日发生的事一无所知。普鲁士全权大使发现边界谈判陷入僵局，他威胁尼德兰首相纳格尔，如果荷兰还是这么不听话，普鲁士就倒向法国，这个荷兰人马上将此报告给了他的英国朋友。由此可见，哈登贝格的这位手下根本不知道对手已经结成了

---

① 见洪堡的手稿《维也纳会议谈判"系统概要"》，1815 年 6 月 15 日。

战争同盟。不过普鲁士早就明白战争不是打不起来,威胁性的信号层出不穷,其中决定性的消息是,奥英两国在塔列朗的煽动下,正努力引土耳其进攻俄国。人人都明白,兼并萨克森只能以欧洲战争为代价。奥古斯特能否在明斯特、特里尔或德累斯顿重建国家,是个相当重要的问题,因为它决定了精疲力竭的普鲁士是否要再次开战。看着令人绝望的谈判进程,普鲁士官员们势必陷入爱国主义的耻辱之中;4个月无休止的争论,竟然没有给德意志争取到任何好处! 幻想破灭,不满之情迅速攀升,就连歌德都从隐居中怒气冲冲地现身:1月2日,耶拿的一份报纸刊登了这位大师的一首诗:"说,第二天的第二场庆典有多热烈? 祖国和帝国要建立了吗? 没有!"这位老人用这句强硬的"没有",平静地前往庆典,祝愿"崇高而正直的"哥达使节弗兰肯贝格快乐幸福。瓦恩哈根让我们相信,这位诗人的不齿,深深影响了德意志最优秀的外交官,他们无比痛苦地承认空忙了一场。维也纳会议的本意是为这个世界纷乱的一角打造永恒秩序,难道结局竟是一场新的欧洲战争吗?

　　哈登贝格马上意识到自己担不起这个责任。1月12日的会议上,他要求获得整个萨克森。但是他已经同霍夫曼秘密讨论了数天,关于是否要拒绝获得部分萨克森的意见。1月13日,他起草了一份高度机密方案,承认有可能将84万萨克森人口归还奥古斯特。作为交换,他要求获得"祖先的摇篮"——拜罗伊特,"出于政治和军事考量,我们不能让法国、巴伐利亚和萨克森结成一线,从法国边界横穿德意志直抵波西米亚和普鲁士"。莱茵河上新联邦的威胁一如既往地决定着普鲁士的政策。

　　五国委员会一旦得知这个决定,就为达成谅解铺平了道路。萨克森问题不再关乎原则,人们开始就一块块萨克森领土展开令人厌恶的谈判。但普鲁士谈判代表的任务依旧极其艰难,他们首先要求萨勒河上的通道以及维滕堡和托尔高的要塞。这些地点的战略意义已经在1806年和1813年战争中表现得足够明显,哈登贝格和洪堡毫不掩饰地表明,在接下来的多年中,普鲁士不可能同阿尔伯特家族保持友好。他们还要求获得卢萨蒂亚的一大部分,包括富庶的格尔利茨及莱比锡。这块地方不仅是上萨克森的精神和经济生活中心，而且如果莱比锡仍旧是萨克森的边界城市，很可能成为活跃的走私地点，严重威胁普鲁士的关税系统。1月3日，同盟强烈反对以上所有要求。塔列朗为德意志力量平衡焦心不已：如果普鲁士获得托尔高，奥地利将被迫耗费巨资维持一支大军。梅特涅希望将普鲁士的收获限制在下卢萨蒂亚，甚至愿意让出塔诺波尔，只要哈登贝格降低在萨克森的诉求。卡斯尔雷则希望让阿尔伯特家族保留莱比锡，也就是为英国保住这个走私地。

面对如此普遍的反对，普鲁士很有可能在萨克森谈判的最后阶段，勉为其难地拿起武器走个捷径。但是，普王转换立场的行为尽管饱受批判，其好处现在也变得明显：沙皇公开坚定支持朋友的一切要求，除了法国，所有对手都不希望开战，因此他们最终同意了绝大多数普俄要求。塔列朗灵光一闪，又发现了一件可以离间普俄关系的武器。据说沙皇曾怒吼："天啊！我怎么走到了这一步！要是没有做出那些承诺有多好！"无数类似的故事广为流传。很有可能恰尔托雷斯基曾劝说沙皇放弃普鲁士，塔列朗将这个波兰人描述为自己最优秀的调停人。但俄国的利益同普鲁士密切相关，超越了沙皇的反复无常，也超越了这位波兰顾问的反德精神。只有普鲁士获得足够的赔偿，沙皇才能获得垂涎已久的普罗斯纳河边界。因此，沙皇仍然真心对待普鲁士，就像根茨给卡拉贾的信中愤怒地写道，沙皇竟然如此热情地拥护普鲁士的诉求，就好像是他自己的一样。最终，普俄谈判全程同仇敌忾。如果最终沙皇从这场纷争中获得的利益超过普鲁士，也不是因为俄国有任何背信弃义的行为，而是因为普鲁士的诉求比起俄国，更让奥地利和西方诸国头疼。正是由于普王的明智政策，才让普鲁士经历艰苦谈判，获得了萨勒河上的通道、图林根北部、易北河上的要塞和格尔利茨。只是因为英国顽固的商业保护政策，才在莱比锡问题上失手。普鲁士用尽办法也无法同英国就莱比锡达成共识，鉴于卡斯尔雷的激烈表现，沙皇决定作出严重违背常理的"牺牲"。2月8日，沙皇提出以托伦要塞及其周边替代莱比锡。

这是个不公平的交换，但也证明了沙皇的善意。他的俄国臣民已经在维斯图拉河上的托伦生活了很久，很久都无法原谅沙皇的让步。考虑双方阵营实力相当，并且都不愿意开战，因此尽管会给

661

萨克森造成伤害，但瓜分这块争议中的土地是唯一的解决之道。正是因为有了沙皇的协助，普鲁士才在瓜分中获利，阿尔伯特家族不得不交出大半领土。

662　　接下来要寻找其他德意志领土以完成对普鲁士的补偿。哈登贝格马上放弃了重启拜罗伊特问题的糟糕想法，梅特涅也放弃了坚持已久的摩泽尔河边界，普鲁士获得了科布伦茨以及萨尔河与纳厄河之间的山地。普鲁士人毫不掩饰地表明，普王是为了德意志，为了"大家的幸福"才占领莱茵河左岸；普鲁士就这样进入了一个危机四伏的位置，如同奥地利之前获得比利时时那样。普鲁士进入南德引发众人不安，在梅特涅眼中，让对手陷入这种危险是唯一的安慰。他对密友说，"好的一面是，现在普鲁士要直接同法国'妥协'！"此外，他甚至不愿意看到普鲁士在莱茵河左岸拥有一块足够完整的领土。因此，萨尔河流域的一部分被保留下来，以便在这条危险的边界附近，满足奥尔登堡、科堡、霍姆贝格、施特雷利茨和帕彭海姆的诉求。在奥地利看来，卷入尽可能多的小国保卫这条莱茵河边界是相当明智的举措。霍夫堡似乎想通过展现德意志地方主义日复一日的悲惨景象，让旁边的阿尔萨斯-洛林地区相信法兰西民族统一的好处。卡斯尔雷也同意，汉诺威和尼德兰提出的领土要求应该为了普鲁士有所调整。

最后几周，波兰问题的谈判也达成一致。1815 年 3 月 3 日，会议决定成立中立的克拉科夫共和国。参与瓜分波兰的三个国家组成委员会前往克拉科夫起草新宪法，约尔丹和施特格曼代表普鲁士。但这个国家是维也纳会议众多创造中最荒谬的一个，从一开始就注定无法存活。一旦这个年轻的国家成为混乱的中心，这三个国家就会插手干预。

英国全权大使再次无法克制地担任起那个极其符合英国人胃口的角色，扮演廉价的萨尔马提亚自由的保护人，希望以此平息辉格党因牺牲波兰而燃起的怒火。在 1 月 12 日那份冗长啰嗦的备忘录里，他说既然建立波兰王族统治下的独立波兰已经不可能，那么瓜分波兰的三个国家至少要保证"将波兰人当作波兰人对待"。这

663　个天真无知的贵族认为可以同等对待三个瓜分国，从来没想过普鲁士与半德意志化的波森关系很特殊，不同于奥地利占领区与混

居波兰人和鲁塞尼亚人的加里西亚之间的关系,也不同于俄国占领区同古老波兰共和国主要地区的关系。如果东部国家希望以牙还牙地反击英国的无礼干涉,就应该敦促英国内阁,"将爱尔兰人当作爱尔兰人对待"。但他们忍住没有挑起无谓的斗争,而是写了一封礼貌空洞的回信。1月30日,哈登贝格回复道:普鲁士已经准备给予波森地区符合其居民传统和精神面貌的宪法,以证明在任何政府统治下,民族都可以不受干扰地存续下去,他不会同意普鲁士政府实施任何限制。奥地利和普鲁士一样,当务之急是确保手脚不被捆住,因为谁都无法预见沙皇波兰事业的进程;沙皇本人也不希望有人监督他推进民族幸福的计划。结果,无论是维也纳会议闭幕式,还是3月3日瓜分国会议,都没有包含任何有关波兰政治独立的词汇。这三国说:"他们的波兰臣民将根据瓜分三国各自觉得适合的政府形式,保留各自维持波兰民族性的制度。"他们还通过了有关贸易自由的协议,规定之前所有波兰领土上的产出最多缴纳10%的关税;交通自由,但需缴纳适度的关税,波兰所有河流直到海港的航行自由,不受任何限制;瓜分国只保证尊重波兰的语言和习俗,在适度的范围内支持商业;在其他方面仍有随时插手的权利。

　　2月中旬,大国间有关领土的谈判基本结束。人人都渴望和平,塔列朗的战争计划搁浅,他在五国委员会上无关紧要,而莱茵联邦合伙人的疾呼则干脆被无视了。的确,德意志体制问题至今模糊不清,但由于霍夫堡不认为快速解决这个问题有多重要,根茨起草了一份浮夸的声明,向全世界宣布"维也纳会议的伟大工作全面结束。"就在此刻,拿破仑从厄尔巴岛卷土重来,曾被塔列朗吹嘘为壮美的波旁王朝纸片屋,被这位凯撒大帝轻轻一吹就散架了。塔列朗刚刚才保证,数百万法军将踏平那个科西嘉人,但一夜之间他就一无所有了。1月4日,他满怀胜利的喜悦写信给法王:"反法联盟已经被永远瓦解了!"而现在,共同的危机让四国又走到了一起,遗留的领土问题迅速解决。拿破仑竭尽全力地破坏新组建的联盟,他在杜伊勒里宫路易十八的书桌里发现了1月3日的三国条约,于是马上将原件副本递交沙皇。沙皇当着施泰因的面,当着梅特涅羞愧的眼神,烧毁了这份肮脏的文件。我们已经没时间再想

664

57

过去的不忠了。

有关意大利未来的谈判已经持续了很久，拿破仑的回归让他们马上有了结论。在意大利南部以及其他地方，英国都是霍夫堡最值得信任的盟友。但是在俄国的帮助下，皮特蒙特的政治家们，达格力（D'Aglié）和布鲁萨斯科（Brusasco）挫败了梅特涅组建奥地利领导下意大利贵族联盟的秘密计划。奥地利希望将萨伏伊-卡里尼昂一支排除出皮特蒙特王位的继承序列，但在俄法的坚决反对下失败了。霍夫堡坚决要求获得教皇国，奥地利军队已经完全占领该地，非常有理由希望至少保留直至亚平宁山脉北部的区域。在维也纳会议上，梅特涅拒绝了波旁宫廷的提议：仿照德意志委员会组建意大利委员会，解决领土问题。因为他担心被票选出局，尤其因为波旁家族已经要求获得托斯卡纳。此时，意大利半岛开始陷入骚乱，由于泰德齐（Tedeschi）介入而兴奋的伦巴第人很快严重不满，罗马涅人开始密谋对付奥地利军队，一小撮爱国主义阴谋家秘密联系上了厄尔巴岛的那位囚徒。正当意大利人冒险开战，正当那不勒斯的缪拉厉兵秣马，维也纳的人们正在担心无法预知的复杂局面。于是，人们马上调整政策，同所谓的意大利半岛合法统治者达成共识：托斯卡纳大公保留其领地，波旁家族暂时获得卢卡，教皇国完全归还教皇，奥地利只占有波河三角洲上富庶的波莱西内。普鲁士几乎没有参与这些谈判，但普王为了刚刚获得的天主教臣民，觉得重申重建教皇国是自己的光荣使命。根据浪漫主义时代的普遍观点，罗马天主教会的存在同教皇的世俗权力有着不可分割的关系。罗马教宗正式反对缩小教皇国的面积，但无人关注。现代欧洲已经习惯看到，所有伟大的和平决议都伴随着罗马教廷的诅咒。教皇使节向普鲁士代办皮科（Piquot）转达了教皇真诚的谢意，感谢哈登贝格对天主教会的善意。[①]

关于东方国家的问题尚未达成共识。不管外表有多漂亮，奥地利王朝在此处承受的内在腐败被清晰残酷地展现了出来。土耳其是个大国时，曾保护基督教世界抵御伊斯兰，现在土耳其统治已经被推翻，这个国家完全看不清时代的信号，怯懦地将本该属于自己

---

① 皮科的报告，维也纳，1814 年 9 月 29 日。

的工作交给俄国。沙皇在 2 月向诸国提交了一份全面计划,各国据此将保证各自的介入行为以非伊斯兰土耳其人的利益为重,俄国保护东正教,奥法保护基督教。沙皇声称"有一部非文字的国际权益法,我们应该全面发挥它的力量,捍卫所有国家的平等权利。"梅特涅激烈反对这部革命性计划,但沙皇早就不愿按照霍夫堡的想法保证土耳其的存在,英国也不愿意背负如此沉重的责任。结果,在维也纳会议上,土耳其问题没有达成任何决议,东方问题被默默搁置在大量有待解决的问题之中。

　　列强认真商议的时候,哈登贝格完成了另一项艰巨的外交任务——同汉诺威、瑞典以及丹麦达成协议。这是一场三重谈判,持续数月,其中错综复杂的关系说明,普鲁士政治家必须有多么广阔的视野,而且由于地处中欧,即便最遥远的欧洲事务都会影响普鲁士。他们要为祖国永久保留一项收获,即将波美拉尼亚从外国统治中解放出来。根据《基尔和约》,丹麦获得佩讷河北部地区,但哈登贝格坚持要求普鲁士保留西波美拉尼亚和吕根岛。霍亨索伦家族曾为了这块祖先的世袭领地,口诛笔伐、刀剑相向地斗争了两个世纪,这场纷争现在终于彻底完结了。可普鲁士没有对丹麦提出任何要求,哈登贝格巧妙地利用了斯堪的纳维亚世界日益激化的矛盾,让西波美拉尼亚的合法拥有者,丹麦出让了这块领地。

666

　　要让丹麦人情愿放弃这块领土,首先要重建同这个刺头小邻居的友好关系。在哈登贝格的运作下,1814 年 8 月 25 日迅速同丹麦签订和约。一些人嘲笑哈登贝格一家都签订和约,他为普鲁士签订,他的儿子雷文特洛伯爵为丹麦签订和约(父子二人非常疏远)。普丹两国几乎没有发生过严重冲突,因此这份和约也只是巩固《基尔和约》,重申对丹麦的承诺,即为了弥补失去挪威,除了瑞典属波美拉尼亚,丹麦还应获得其他补偿。但普鲁士保留了一项权利,即可以索赔丹麦海盗船造成的损失。至于黑尔戈兰岛,《基尔和约》已经明确割让给英国,因此无论是波兰谈判还是维也纳谈判都未置一词。德意志无权要求这个岛屿,因为它从未属于老帝国。德意志内陆政策的局限性,让人们普遍忽视这块地方的价值,但在大陆封锁期间,该岛同德意志贸易的重要关系已经非常明确了。英国悄无声息地将这里打造成了北德的直布罗陀海峡,由于慷慨的英格兰人缘不错，因此英国的行为没有遇到任何阻碍。

丹麦国王对这份和约深信不疑，于是前往维也纳，希望除了部分波美拉尼亚之外，还能获得吕贝克和汉堡，或者至少获得吕贝克。他在社交场合很受欢迎，身上有趣的水手马甲也频频引人打趣，但却无人支持他的政治要求：拿破仑忠实的盟友孤零零地站在一群主张正统的政治家中间。尽管英国曾两次袭击丹麦，但卡斯尔雷并不认为有责任遵守对这个小国的承诺。最终丹麦国王只获得了继续征收过路费的权益，而这实际上对丹麦财政很重要。梅特涅安慰他说："陛下，您夺走了所有人的心！"这个遭到背叛的人回答道："但是唯独没有打动那个重要的人。"就连西波美拉尼亚也与丹麦无关了。挪威人在丹麦总督克里斯蒂安亲王的领导下，无视《基尔和约》，成立独立政府，推举总督为国王。因此，贝纳多特带着瑞典军队入侵挪威，历时两周的战役后，签订《莫斯条约》（1814 年 8 月 14 日），克里斯蒂安亲王放弃头衔。接下来，瑞典国王同挪威议会通过谈判，斯堪的纳维亚半岛上的这两个王国实现合并。直到今天，我们都不清楚忠诚的丹麦在挪威起义中起了多大作用，但那个指引瑞典命运的狡猾法国人，肯定是哥本哈根宫廷的同谋，他宣布丹麦已经撕毁了《基尔和约》，不能获得西波美拉尼亚。

普鲁士并没有义务公正判决北方诸国的这些谈判，但国家政策要求我们充分利用外国有关德意志领土的争论以收复失地，这个任务简直就是为灵活机变的哈登贝格量身打造的。奥法两国曾激烈反对霍亨索伦家族的波美拉尼亚政策，但幸运的是，此刻他们已经对此漠不关心了。首相先同瑞典达成协议，贝纳多特已经准备好不再和普鲁士争夺西波美拉尼亚，以此交换一笔钱。1815 年 3月 13 日，明斯特向摄政王报告，普瑞已达成协议。在瑞典的保护下，哈登贝格提出了反对丹麦海盗的要求，并努力劝说丹麦放弃西波美拉尼亚。由于丹麦无疑是这块领土更加合法的拥有者，因此势必要拿出一些土地和人口作为补偿，但适合割让给丹麦的或许只有一块领土：易北河右岸的劳恩堡公国。但是用 19 平方英里的劳恩堡交换 75 平方英里富庶的西波美拉尼亚，用捣蛋鬼蒂尔墓碑那么大一块地方以及 2/3 拉策堡（因为大教堂广场属于特里尔），交换海军要塞吕根岛、斯特拉松德和格拉夫瓦尔德大学,这也太过分了!如果不是因为哥本哈根内阁遭遇多方威胁,根本不会同意,丹麦从这场交换中获得的唯一好处就是完善了荷尔施泰因领土。

从法律上说,劳恩堡属于汉诺威家族,因此普鲁士要获得西波美拉尼亚还需要同韦尔夫家族达成协议。此外,由于《赖兴巴赫条约》规定的领土扩张,普鲁士还欠汉诺威 25 万到 30 万人口。普鲁士已经决定用希尔德斯海姆进行补偿,同时普王拒绝割让东弗里西亚,自此这一小撮忠诚的臣民在他心中就变得格外宝贵。国内争执之声不绝于耳,但人们都相信肯定会给韦尔夫家族割让土地。芬克写信给首相:一个东弗里西亚比 20.5 个法国化的莱茵联邦邦国更重要,因此绝不能牺牲这些德意志人;此外,占据埃姆斯河就能拥有通向北方的唯一自由出口,这也是逃避荷兰在莱茵河上收航行税的唯一方法。

因此,有关波美拉尼亚问题的争论让韦尔夫家族有借口重启在赖兴巴赫没能完成的事业。首相向韦尔夫家族提出转让劳恩堡,而且根据和约规定还必须为汉诺威的进一步扩张提供空间。明斯特很快嗅到机会,要求用东弗里西亚和哥廷根"地峡"作为补偿,根据哈登贝格的计划,后者将连接起普鲁士的东西省份。普鲁士无法拒绝最后提出的要求,但也永远记住了韦尔夫家族的邪恶,因为如果汉诺威人有一点点高尚情操,如果真的渴望同普鲁士达成协议,那么韦尔夫宫廷就不应该将被普鲁士包围视为威胁。割让东弗里西亚严重伤害了普王,在这个不幸时代诸多破灭的梦想中,还没有哪个如此沉重地打击了他。数月以来,他一直坚决反对,屡次派克内泽贝克同首相商议此事,但韦尔夫家族坚持自己的权益。从汉诺威商业政策的角度来看,埃姆斯河口并没有任何实际的意义,在韦尔夫家族贵族政府眼中,下萨克森诸河的重要性仅仅在于可以提供大量关税。但东弗里西亚毗邻荷兰,就像在伦敦、汉诺威和海牙一样,一个不曾中断的、位于西北的韦尔夫-奥兰治国家,被视为均衡普鲁士力量的重要保证。因此,明斯特坚持不肯松口,普王最终只能在西波美拉尼亚和东弗里西亚之间做出抉择。哈登贝格倾向于保留前者,因为失去华沙以后,东部边境变得极为脆弱,普鲁士至少要能在海岸线上自保,而且应该掌握所有奥德河出海

668

口,东弗里西亚尽管也很重要,但最多是个前哨。

669　　哈登贝格更看重民族政策:为解放波美拉尼亚展开的长期斗争,不可能因为丹麦人定居施特拉尔松就结束。另一方面,汉诺威始终被视为德意志领土,即便与英国合并期间也是如此。当时夏洛特公主还在世,汉诺威完全脱离英国似乎指日可待,而且有希望随着摄政王的逝世而继续推进。因此东弗里西亚就算割让给汉诺威,也依然属于德意志世界。哈登贝格此举不算是罪大恶极,可还是招来爱国者的严厉指控。他尽职尽责地考量这个复杂问题的利弊,用他良好的政治感觉,两害择其轻。早在2月15日,他就在柏林的报纸上发表文章,让读者为割让东弗里西亚做好心理准备,同时指出,西波美拉尼亚对于普鲁士有着无可比拟的重要意义,而牺牲东弗里西亚是获得它的唯一办法,但同时代人和后来的历史学家忽略了这篇文章。到了3月,普王勉强同意割让领土。可随即产生了一个出乎意料的大麻烦:按照韦尔夫家族荒唐的传统观念,东弗里西亚是该家族世袭领地,普鲁士是通过巧取豪夺获得的。因此摄政王极为愤怒地得知,为了拿回一块本来就属于韦尔夫家族的领土,他居然要割让劳恩堡。于是他断然拒绝,这个最没心肝的儿子现在突然变得孝顺起来,宣布他绝不可能在神志不清的父王在世时,就"软弱地"割让一个省份。明斯特不得不费尽心思说服暴怒的摄政王,解释劳恩堡对于普鲁士的波美拉尼亚计划至关重要,如果事有不济,快要崩溃的普王很可能掀翻整个谈判;此外,就算割让出去前景也不坏,因为一旦同拿破仑再次开战,普鲁士又会需要英国的资助,这样劳恩堡就能再次脱离反法联盟!这种说法有些道理,起码安抚了韦尔夫家族脆弱的神经。

　　3月29日,普鲁士和汉诺威正式签订领土交换协议:劳恩堡交换希尔德斯海姆、戈斯拉尔(Goslar)、东弗里西亚和部分林根伯爵领地;此外普鲁士将获得两条穿越汉诺威的军事道路,以此补偿哥廷根"地峡"。就这样,韦尔夫家族之前在《赖兴巴赫条约》上提出的要求,被萨克森问题谈判减少了大约5万人口。6月4日,丹麦将瑞典属波美拉尼亚割让给普鲁士,以此交换劳恩堡以及2百670万塔勒。但普鲁士国库枯竭,不得不同丹麦达成协议,分4次还清这笔钱,从1816年起每半年还一次。6月7日,瑞典也放弃了对德意志领土的最后诉求,将西波美拉尼亚归还新宗主国,交换 3.5 百万塔勒。于是,普鲁士用东弗里西亚和超过 5 百万塔勒交换了一块年盈余不超过 22.4 万塔勒的领土。以纯粹商业眼光来看,这绝对不是一笔好买卖,而且只有瑞典从如此复杂的交易中获利,但德意志民族绝对要感谢首相完成了这个艰巨的任务。

这是西波美拉尼亚彻底脱离斯堪的纳维亚的关键时刻。两个世纪以来,这里始终依附于三个北方王国。哪怕是阿恩特这样的人,也是在不惑之年才重新意识到自己身上流淌的德意志血液!无数次,吕根岛的人民要在古老的瑞典歌谣《古斯塔夫赞歌》中过自己的节日!19 世纪初,施特拉松的商人曾唱着:"就让政治家们折腾吧!管他获胜的是法国还是英国,只要我们的船只不受劫掠,这场纷争与我何干?"后来,当黄蓝旗帜不再飘扬在施特拉松的船只上,他们才从阴柔变得阳刚,但乡绅和城镇里的贵族从瑞典王室获得很多重要特权,因此心情相当复杂地看待公平正直的普鲁士官员。随后,这里的民族情感迅速转变。瑞典王室本身也意识到,普鲁士的进入重建了事物本来的秩序。卡尔十三世割让波美拉尼亚时说,瑞典通过挪威获得了"岛国地理位置",也不再需要保护这个遥远德意志省份。几年后,这块顽强的德意志领土证明了波伦伯爵的承诺:"我们将向世人证明,即便在外国统治下,我们也没忘了如何当一个德意志人。"

东弗里西亚却弥漫着哀愁。人们很久都不相信这个坏消息,官员也屡次保证,并没有收到有关割让的官方消息。东弗里西亚勇敢的后备军团仍然在普鲁士的旗帜下,在利尼和佳姻庄英勇作战。1815 年 7 月,一支代表团前往巴黎,祈求普王不要割让这个省份。东弗里西亚是商人和自由农的省份,普遍不满汉诺威的领土贵族,因此当地官员直到 1815 年底才敢完成割让,即便到那时仍不乏坚持抵抗的忠诚之士。哥廷根大学的东弗里西亚学生始终在帽子上戴着黑白帽结,每当唱起《腓特烈·威廉万岁》都会眼含热泪。直至普王逝世,东弗里西亚人仍继续庆祝"古老光荣的节日";1830 年 8 月 3 日,在诺德奈洗温泉的游客还惊讶地看到,岛上每一间渔夫小屋都飘扬着普鲁士旗帜。

在上述这些事务中,哈登贝格灵活地保住了国家利益,但在同

671

尼德兰的谈判中,却为之前的鲁莽付出了代价。尼德兰是英国的宠儿,在冬季战役中曾被许下的诸多承诺,如今已无人再提及。哈登贝格在维也纳也丝毫没有察觉,普鲁士军队重建的奥兰治家族统治,却对德意志怀恨在心。他继续将尼德兰视为德意志坚定的外援,还为卢森堡加入德意志联邦而欣喜。尽管尼德兰还弥漫着战争激情和反法情绪,但奥地利拉图龙骑兵和步枪军团的记忆也很鲜活。在萨克森问题谈判上,奥兰治家族代表显示了正统主义狂热,普鲁士外交官并没有表示厌恶,而是展现出"非比寻常的温和气质",这也让加格恩吃惊不已。

于利希以及在巴黎达成的其他承诺都不再是问题,普鲁士却宣布准备割让一部分格尔德恩(Geldern)和要塞芬洛(Venloo)的周边地区,于是我们再次见识了英国政治家的敌意。加格恩还要求获得"默兹河河岸":普鲁士属格尔德恩应该同其天然水道默兹河相隔离,整条普鲁士边界将从默兹河向东后撤至少 2.5 英里。他求助威灵顿公爵,后者坚信 18 世纪的国家制衡原则,错误地相信普鲁士的野心不可遏制,于是作为一个军事专家,却说出如此反常的观点:如果尼德兰没有这条河岸,将永远受普鲁士威胁。哈登贝格本是出于好意,希望以此让奥兰治家族成为普鲁士永远的盟友,但居然软弱到同意了这么得寸进尺的要求。德意志的西北边界就是这样形成的,这样的事在全欧洲绝无仅有。

接下来几个月内,普鲁士目睹了荷兰商人的感恩精神。所有的邻邦中,奥兰治家族最有敌意也最贪婪。尼德兰违抗《维也纳条约》的精神和规定,重新征收臭名昭著的莱茵河通行税,荷兰共和国曾以此让德意志内陆饱受其苦。那个时代数据资料相对简陋,因此哈塞尔特(Hasselt)的《地理手册》就被外交家们视为重要资料,带入了维也纳会议所有领土协议中,因此也带入了一些错误,而只要对于所牵涉的国家状况有一点点理解,就能马上修正这些错误。这些疏忽导致有两条从亚琛分别通往奥伊彭和盖伦基尔欣的普鲁士道路,各有一小段路程要经过荷兰,于是荷兰暂时性地在道路上设置关卡,将普鲁士的国内交通纳入其税收范围。一个委员会前往确定最终边界时,荷兰恨不能将这点土地上的每个人、每

672

棵树、每英寸土地都划为己有。① 至于阿尔滕堡的锌矿更是不可能达成共识；比利时-普鲁士边界上的这块"中立领土"至今提醒我们，荷兰是多么"友善"的邻居。这桩桩件件，尤其是莱茵河上的航行越来越受阻，终于耗尽了柏林内阁对海牙宫廷的情谊。

　　巴伐利亚也是普鲁士的小对头，曾经有机会悔过自己愚蠢的敌对行为。如果说德意志诸侯家族有哪个依赖普鲁士的友谊维持其王朝利益，那么非维特尔斯巴赫家族莫属，霍亨索伦家族就曾屡次挽救它于危亡。1814 年，普鲁士政治家们尽管完全不信任蒙特格拉斯，但对巴伐利亚仍无敌意。他们的确不愿意将美因茨要塞交付给不信任的人，但在巴黎，哈登贝格还是倾向于将巴登境内和莱茵河左岸的普法尔茨伯爵领地划分给巴伐利亚。即便到了维也纳，洪堡还建议如果巴伐利亚对德意志联邦展现出任何形式的善意，都应该获得一些通融。蒙特格拉斯的合伙人的厚颜无耻，弗雷德的狂妄无礼，以及慕尼黑宫廷利用文字的煽动行为，迫使首相不得不转变态度。蒙特格拉斯按照传统惯例倾向于法国，本人仇视北德爱国者领袖，尤其是施泰因和格雷斯。弗雷德却希望通过自己的喋喋不休，为奥古斯特保住奥英法的感激之情，在其帮助下为萨尔茨堡和因河地区获得重要补偿。即便从纯粹王朝政治视角来看，这也是个严重的政治错误。英国从来不太关心南德的领土问题，而维也纳会议尾声，法国丧失了所有影响力，奥地利也很快证明自己不是个忠实的朋友。

673

　　列强关于萨克森问题达成协议后，弗雷德惨遭厌弃。甚至在莱茵联邦的外交官之中，巴伐利亚人竟被称为"南方普鲁士人"。沙皇最为气愤，很高兴听到施泰因男爵屡次强调，允许莱茵联邦的这个中部国家壮大是极其危险的行为。普王从普鲁士大使屈斯特（Küster）处震惊地得知，慕尼黑爱国者正在讨论一场针对普鲁士的战争，"就好像这是世界上最自然最容易的事情"。② 怎么能允许这样一个国家楔入整个南德？但巴登属普法尔茨伯爵领地并入巴伐利亚，在哈登贝格眼中却有另一番意味，因为这样一来，奥地利入

---

① 扎克的日常报告里就是这样说的，1816 年 3 月 31 日。

② 屈斯特的报告，1815 年 5 月 17 日；在其他函件中也有类似的表达。

主上莱茵河的计划就泡汤了。梅特涅曾主动且秘密地给巴伐利亚许下一些轻率承诺,难道普鲁士要遵守这些承诺吗?如果普鲁士不能获得之前被承诺的连续完整的领土,为何巴伐利亚不能同样放弃呢?为何对德意志毫无威胁的巴登和黑森要承受残忍掠夺,以满足莱茵联邦中最强大的国家?

674 　　这些简单的政治和合法性考量,让普王和首相最终决定慕尼黑宫廷获得的补偿不能超出它割让给奥地利的省份。巴伐利亚谈判人员整个冬天都在跟列强的一个委员会讨价还价,1815 年 4 月 23 日终于达成协议,规定巴伐利亚割让萨尔茨堡和因河下游地区,从而获得莱茵河左岸一大块普法尔茨伯爵领地、哈瑙和东奥登瓦尔德的大片领土,同时还被承诺,一旦巴登王室绝嗣,维特尔斯巴赫家族将有权"收复巴登的普法尔茨领地"。自此以后,"收复普法尔茨领地"就成了贯穿巴伐利亚政策的一根主线。王储路德维希就心存执念,他已经交出了钟爱的萨尔茨堡,他不久前还在那里修建了宫廷,于是希望至少获得"先祖的摇篮"作为补偿,不过这个要求基本没有合理根据。数年前,巴伐利亚割让莱茵河右岸的普法尔茨领地,由此获得了过量赔偿;并没有理由可以解释,为何巴登的继承顺序转移到霍赫伯格宫廷,维特尔斯巴赫家族就可以收复这片土地。其实仅仅是因为列强们不满巴登卡尔大公荒废政事,才同意了巴伐利亚这些荒谬的要求。不过 4 月协议还是流产了,因为它明显取决于"参与国的认可",而符腾堡、巴登和黑森马上强烈抗议。此前,巴登全权大使马沙尔写信给首相:"路易十四在位期间经历所有血腥厮杀,没有给法兰西王朝带来 1 百万人口,而巴伐利亚现在通过一次政变,一场简单谈判,居然可以获得 40 万臣民!"①他现在再次抗议。普王也发现,没有任何合法理由就让哈瑙脱离黑森选帝侯国,实在很不公平。4 月协议最终没有被批准,维也纳会议的最后决议也没有解决这个问题。

　　在如此混乱的局势下,普鲁士王朝重建。维也纳谈判的结果证明了普鲁士政策的部分失败,因为无论在莱茵河、萨克森还是波兰

---

① 　马沙尔写给哈登贝格的信,1815 年 3 月 5 日。

边境,我们都没有达到目的。相比 1805 年,国土至少缩小了 6 百平方英里,增加了不到 50 万人口;也没有获得被承诺的连续领土,仍然是两块相距甚远的国土。①此外,一个仇视霍亨索伦家族的王室又复辟了,形成了一个中等规模、无法独立生存的国家,永远不可能获得健康的政治环境。4 个小君主统治着莱茵联邦将近 1/4 的土地;拿破仑创造的那些中等国家,平安挺过了一切风雨。整个普鲁士都对外交斗争深深不满,布吕歇尔写道:"我们将一头健壮的公牛带到维也纳,换回了一头麻麻癞癞的老阉牛。"普鲁士的敌人们都在幸灾乐祸,他们不满意自己获得的结果,于是到处散播无稽之谈:普鲁士被迫背上萨克森南部的莱茵河地区,而哈登贝格本来渴望获得莱茵地区和整个萨克森。所有人都相信,普鲁士这种不合理的国家结构迟早崩溃。

675

普鲁士的敌人们高兴得太早了。普鲁士国家结构的不合理处,不在于领土的东西两端相距甚远,而是它尚未获得连接东西两省的领土。尽管存在诸多细节错误,普鲁士还是通过维也纳谈判获得了健康繁荣发展的可能性。在维也纳会议上颇具威胁的新莱茵联邦,也随着拿破仑的回归和再次失败而烟消云散。波旁王朝的软弱众所周知,普鲁士曾激烈反抗法国对小宫廷的影响,但在接下来的数十年间,法国的影响不值一提。凡尔赛宫廷曾豢养一些卑鄙的教会诸侯,既然北德大国已经在这些土地上承担起捍卫莱茵河的重任,那么德意志与这个永不消停的邻国的关系也就发生了巨大变化。普鲁士摆脱了棘手的波兰领土,前所未有地同德意志生命密切联系;莱茵文明的古老领土也带着强大的城镇和发达的手工制造业,走向了新获得了跨易北河殖民地。从此以后,德意志的一切利益都与普鲁士有关。就像普王所言,普鲁士没有获得整个欧洲同意之外的任何一座村庄,也因此为形形色色的新领地融入普鲁士精神和体系提供了保障。如果我们能完成这个艰巨的任务,如果我们能证明国王所说的"普鲁士的就是德意志的",那么维

---

① 维也纳会议结束后,普鲁士领土横跨德意志北部,但是汉诺威、布伦瑞克和黑森在其"萨克森省"和"威斯特伐利亚省"之间形成了一个缺口,因此普鲁士的领土仍是两部分组成的。——译注

也纳谈判的一半成功，就会像大选帝侯在威斯特伐利亚和会上的外交失败那样，变成彻底的好事一桩。说真的，哈登贝格问对手是
676 否希望普鲁士武装扩张，并不是因为傲慢。只有傻傻的霍夫堡和小宫廷们才相信，普鲁士的国家结构不可能持久，不可能维持如此难受的局势。半个德意志都在普鲁士麾下，如果一个统一的德意志国家首先在这里被牢固地建立起来，那么迟早有一天，腓特烈的宝剑会再次出鞘，收复另一半有着明显两百年外国统治后遗症的领土。

第三节　德意志邦联

　　一代人后，国民代表们在没有君主配合的情况下，讨论重建统一的德意志国家，将宝贵的时间浪费在了有关基本人权的问题上。同样，维也纳会议上的外交官们也被如此令人困惑的动机挟持，在没有全民族配合的情况下商讨德意志的未来。在早期阶段，组建德意志的工作停滞了，因为有关韦廷家族利益的谈判持续数月，占据了所有时间。直到维也纳会议尾声，一切都快来不及了，才匆匆起草了《德意志邦联法案》，前景肯定不会太光明。什么是"德意志"？它的边界在哪里？要赋予这样一个国家稳定的政治形式，本质上是不可能的。北美各州曾在现实无情的压力下被迫反抗领主，而这在当下却是行不通的，因为全世界都盼着长期和平。因此，推动所有国家尽最大可能实现自保和独立政治的天然法则，以最粗糙直白的方式展现了出来。千万别指望拿破仑的奴隶们能崇拜伟大祖国、感谢解放者、悔恨自己犯下的罪孽。

　　此外，这片土地上也没有能吸引足够强大且有教养的公共观念和热情民意，这一代人所有的政治创造力已经在解放祖国的巨大斗争中消耗殆尽了。爱国者的希望确实高涨，阿恩特说他们期待着长久未见的光芒再现，但法国大革命的宪法观念已经静静地扎
677 根在德意志大地上，"宪法"和"代议制"成为同义词。同时，文化程度不同的各色人等中流传着充满信心的预言：就像16世纪的宗教改革一样，19世纪的政治改革也必将从德意志扩展到全世界。来自德意志古老历史的浪漫记忆同现代观念产生了关联：雷根斯堡

岁月中难忘的耻辱已被清除,随着皇帝和帝国的重建,奥托家族的国家将重返德意志。有天分有教养的一代人绝不会在意如此幼稚模糊的政治观念。这个时代有关国家的一切思想都源于情感,源于内在狂热的渴望,这种渴望无论过去还是现在,都只根据个人喜好追求理想。古老事物同新生事物不加限制地结合在一起,《莱茵之星》推崇沙恩霍斯特的战争思想,提倡废除德意志所有国内关税,这篇文章还挖出了但丁的《论世界帝国》,希望用 13 世纪的观念安抚这个新无帝时代的痛苦。大多数政论家还不了解,政治家应该坚守哪些观点和立场;人人都单纯地在报纸和宣传册上表达各自的想法和计划,同时也准备接受哪怕最对立的观点。阿恩特宣布:"这个时代就是这样,一个有头脑的人可以仅凭传播热情来传播观点,因为他已经明白,当务之急就是催动在诸多方面都太懒散的德意志精神。"费希特对同时代人的判断太对了,他说我们德意志人从来不会只渴望一件事,我们肯定也渴望着这件事的反题!

　　舆论呈现出病态自信。报刊不断向人民保证,除了一些细节问题,我们的国家很完美,明白什么对国家有利,我们有权要求什么;报刊还无休无止地蔑视政治家的危险游戏和外交官的所谓战斗。这一代人有理由为解放战争而骄傲,而新德意志的组建又大大落后于解放战争的期待,因此我们犯下了一个严重的错误,它像诅咒一样困扰着整整两代德意志人:我们错误地认为,祖国的分裂是诸宫廷的错误,而不是冲突的目标、有缺陷的意愿、在爱国主义和地方主义之间徘徊不定造成的。评论文章流露出一种混合着痛苦和安慰的特殊味道。《莱茵之星》专栏最为直白,早在 1814 年就被莱茵联邦南部诸国禁止传播。格雷斯威胁说,君主们要认真想想,如果他们带回一个四分五裂的祖国,人民怎么可能接受他们,到那时我们只能在耻辱和起义中选一个了。《莱茵之星》甚至公布了未来帝国的徽章:双头鹰温柔拥抱黑鹰,巴伐利亚雄狮静立一旁。很明显,对大多数爱国者而言,眼前的德意志与这幅画面相去甚远。歌德说"睡者昏沉,一下是摇不醒的",他肯定不只是失望。

　　大量优秀方案和狂热渴望彼此混杂,不过还是有可能从中辨识出一个明晰的政治观念,在老普鲁士省份之外重建哈布斯堡帝国的计划依然最受支持。对于奥地利家族一直扮演的悲剧性角色,

678

69

小诸侯国的人民又知道些什么呢？许多人看不出施瓦岑贝格和格奈泽瑙、久洛伊和比洛之间的重要差异。《莱茵之星》赞颂皇帝弗兰茨的真诚动人，说他不是奸诈残暴之人，即便有时会批评梅特涅不够善良，但从未怀疑过他的德意志情感。相比重返千年以前的神圣国家形式，更自然的想法是：唯有一位皇帝能唤醒沉睡的德意志精神。人们在散文和诗歌里表达着对古老帝国的幻想："大声喊出渴望：吾皇啊，永远不会选择她吗？德意志啊，被抛弃的新娘，没有骑士娶你回家吗？"

伴随着一些狂热的爱国主义宣言，人们回避了是否能重新试着结合德意志和外国利益的问题。格雷斯直言不讳地说："头顶外国王冠的德意志君主决不能让德意志领土卷入外国事务！"吕克特回忆哈布斯堡雄鹰时说的话最令人动容："外国酸橙不属于你，帝国苹果在德意志大树上繁盛！若不栖息于此，苹果、权杖和王冠，都会枯萎。"博物学家奥肯（Oken）是个热情的爱国者，受到某种强烈但有限的激进主义影响，在耶拿的《正义女神》上宣称，随着帝国重建，国家的一切要求都会被满足，德意志也将因此重新成为欧洲一流强国。两年后，天才语言学家韦尔克（Welcker）在《基尔报》上，将祖国的所有不幸都归咎于"没有一位拯救德意志的皇帝"。可见，有关帝国的理想多么生动，可谁能赋予它现实的形式？这些爱国主义者们真是一点也不担心德意志二元统治的现实。如果洛林家族真能如《莱茵之星》所说，同霍亨索伦家族建立密切关系，那么在某个时候可能会自动建立起真正的统一。到那时，普鲁士肯定仍是一个国家，依附于奥地利帝国。《莱茵之星》的一篇文章建议，组建一个弗兰茨皇帝担任首脑的双边帝国议会，其中普鲁士领导北德-新教选民，奥地利领导莱茵河-天主教选民。在这个二元帝国中，普鲁士将提供创造性和推动性力量，因为它自从重获古老力量，帝国中处处流传着这样的说法：普鲁士注定要将其他德意志人从高压政治下解放出来，这种说法在 18 世纪就出现过了。至于奥地利，格雷斯赋予其更加愉悦的任务，给德意志帝国提供"温暖滋润的内在因素"，因为这符合奥地利的"家族性格"。希尔德堡豪森的私人顾问施密特在《德意志复兴》中也拥护类似的观点，认为如果说奥地利是世袭皇帝，普鲁士则是帝国北部代理人，同时也是忠

679

诚的顾问和保民官。

阿恩特在施泰因的诱导下写道,"有关未来的代议制"表明皇帝还没有认真考虑过国家法律的主要概念。他要求有一位皇帝,一个由各省代表组成的帝国议会,不考虑贵族权利;尽管他不像科布伦茨的浪漫主义者们那样过分,但也要求恢复古老等级会议。浪漫主义者要求等级会议由担任教化、守卫和生产的三个等级代表组成,阿恩特则用更加现代的术语表达了这些观念,并提出部长们将承担起这些古老封建等级组织的责任。这些政治观念不是沙滩上的贝壳,不可能孤立存在,而是同深厚的道德、历史和民族观念密切相关。时代文化仍然是相当非政治的,所有德意志政论家中,只有两个人展现出了有条理的政治思想和逻辑表达:尼布尔,他从未对德意志宪法问题表达过任何观点;根茨,霍夫堡的发言人。即便是当时最优秀的德意志人,也缺乏一个伟大民族平静而持久的民族自信。一方面,人们疯狂仇视法国,即便战争结束,阿恩特还赞美这种仇恨是神圣之光,是人民的宗教;另一方面,人们又盲目崇拜英国,称它是唯一的自由国度,在当代诸国之中,唯有英国拥有诸多熠熠生辉的名字——歌德、施泰因、布吕歇尔和格奈泽瑙都这样说。维也纳会议上,韦尔夫家族的计划最终曝光,阿恩特才明白过来,在《从现在看未来》中真实描述了英国的卑鄙和汉诺威的狂妄。

即便是颇有见识的政论家们,也在作品中传递一个不容反驳的事实:地方主义是德意志之光,是德意志自由和文明的肥沃土壤;自由和多元政体之间古老不幸的纷争,以多种多样的方式再掀战端。但由于我们渴望混合地方主义和民族国家,就为各种政治戏法敞开了大门。德意志诸邦国的现实情况限制了政论家的想法;至于等级议会的权利,人们有着普遍一致的看法;人人都要求有请愿权、投诉权和税收同意权;大多数人要求有权参与立法。与此相对,大一统的德意志也为业余人士和专断独行提供了便利的试验场地。在我们伟大的祖国,好像无论多愚蠢的做法都不算太荒谬。埃朗根的利普斯教授建立帝国的提议,五年内传遍了德意志所有君主。一位汉诺威政治家向维也纳会议提交了德意志邦联宪法草案,其中七个条款提出了下列明智观念:"核心问题是,德意志未来

680

71

将会发生什么？会有怎样的宪法？简直就是戈尔迪乌姆之结。"

伴随着爱国主义者的狂热，地方主义者的贪婪也再次复燃。天分卓越且勤奋工作的卡尔·扎洛莫·察哈里埃（Karl Salomo Zachariä）是恭顺的老教授群体的优秀代表，这些人现在已经很少见了，他奉命调往海德堡大学后，马上就从谦卑的萨克森人变成了谦卑的巴登人，按照卡尔斯鲁厄宫廷的立场写了《德意志邦联基本条约提案》。这份提案中没有德意志民族千年历史的蛛丝马迹；德意志统治者们的联合仅仅是为了保障国内和平、抵御外国侵略；其他一切事务都由自由投票决定，也就是说邦联的一切决定只能依靠那些投支持票的人；维也纳的邦联议会管理一切，由奥地利领导并担任保护人，普鲁士担任首相。明斯特的助手萨托里乌斯说得更直白，他在一份宣传册中推荐所有中小国家单独组成一个联邦。这种观点在外交界秘密流传的《论维也纳会议》中达到了极端，这很可能是在拉贝纳尔迪埃的协助下创作的，公开拥护组建南部和西部诸国的莱茵联邦，普鲁士占据北部。但是即便在爱国主义作品《论自由德意志联邦的形成》中，居然也提议小国组建联邦，由巴伐利亚领导，这本书很可能出自莱比锡书商鲍姆格特纳（Baumgärtner）之手。如此不可思议的观念混乱，成为接下来二十多年的时代特色，也证明解放战争刚一结束，这些德意志人就已经无任何恶意地将普鲁士视为半个外国。

老普鲁士省份没有参与这场笔战。经历力量相差悬殊的苦战之后，要求权利是人的天性。许多目光远大的人都意识到，建立普鲁士帝国的梦想尽管被反复讨论，但现在还不是时候。只有莱比锡书商布罗克豪斯发出的声音，在一定程度上合理化了普鲁士的要求。他凭借当时罕见的审慎态度，在《德意志的重构》中提出下列观点：统一国家仍然是我们的目标，但时机尚不成熟；恢复所谓自由的古老联邦体制，除了让懒惰时代再次降临外一无是处，在那些时代，德意志是"全欧洲的旅馆、征兵地和妓院"；此时此刻，摆在德意志面前的唯一任务就是确保国内自由良性发展，按照这种观点，唯一能寄希望的国家只有普鲁士。但作者也不敢直接表明，他期待普鲁士有一天完成国家统一。

魏玛大公卡尔·奥古斯特的副官，年轻的托伦，为德意志未来付出了无数努力。他即将担任魏玛财政部长，在关税同盟的历史上发挥重要作用。他曾参与吕措战役，在维也纳会议期间始终不失战时的骄傲爱国姿态。他反思维也纳谈判中的严重错误时，写下一篇简洁深刻的文章《未来将带来什么？》），①表明未来只可能建立一个群龙无首的松散联盟；老帝国已经死透了，国家的一切希望只能仰仗普鲁士的发展壮大；如果普鲁士能获得内在力量，有朝一日就能足够强大，将德意志从奥英这些外国力量中拉出来，摧毁拿破仑创造的中等国家，统一全德意志于普王王座之下。这就是一个德意志战士在 1815 年 3 月的想法，他的同代人仍毫无知觉。如果卡尔·奥古斯特能看一眼副官的这篇文章，也许就能从中发现自己年轻时组建诸侯联盟之梦的回响。但是相比快速流动的个体思潮，国家发展速度缓慢得令人生恨。150 年前，普芬多夫就预言了德意志联盟，现在预言终于要成真了。现在，年轻无名的托伦是同代人中唯一预见了德意志将脱离奥地利，在普鲁士领导下完成统一，他的预言又要经历多少年的痛苦、耻辱和坚持，才能实现呢？

　　舆论如此混乱，内阁无法从中得出任何明确目标，唯一可以确定的是，应该存在一个德意志联邦。梅特涅在《特普利兹条约》中就已经有意识地通过组建防御联盟联合德意志诸侯。战争期间，梅特涅得出了一个结论：根据德意志民族的迫切希望，有必要同意一种更加牢固的联邦形式。出于对革命的恐惧，他同意了哈登贝格的意见，承诺为德意志国家组建"一个联邦"。此外，维也纳会议上没有一个外国要求直接插手组建德意志的谈判，这也证明了新德意志力量的增强。这项工作对于施泰因而言恐怕是世上最神圣的事，他为此付出了一切。有一次，一些小诸侯们恐惧地看着这个不羁的男人在巴伐利亚王储面前挥舞拳头，双眼炯炯有神，鼻子里喷着怒火。但是由于大国的二元主义，莱茵联邦的恶意以及当时人们普遍混乱的政治观念（甚至施泰因本人也存在这个问题），已经让这个任务变得无法完成，光靠热情和顽强又能怎样呢？

　　当这个帝国骑士相信，奥地利已经断然拒绝肩负起帝国尊严，

683

①　1867 年首印于魏玛，名为《亡者书信》（*Aus den Papieren eines Verstorbenen*）。

十九世纪德国史（第二卷）：组建德意志邦联

他马上放弃了特普利兹计划，并于 1814 年 3 月 10 日提出了新邦联方案，将邦联行政权赋予 4 个德意志大国。他的首要目的是防止这些小暴君的"苏丹化"；因此，基本权利，即"德意志人的权利"由选举出来的统治者保障赋予每一个德意志人，还要组建一个混合的邦联议会，由各君主代表和各地方等级会议代表组成。次年夏天，这项提案被重新起草，7 月在法兰克福召开的会议上，施泰因、哈登贝格和佐尔姆斯·劳巴克（Solms-Laubach）全面讨论了该提案。施泰因非常不愿意将各等级代表排除出邦联议会，他痛苦地争论道，如果邦联议会完全由君主组成，那么各等级的权益将毫无保障。但面对奥地利和莱茵联邦诸宫廷的反对，不可能形成一个德意志全体议会，而且一个庞大的邦联议会如果没有领袖，也必然是一团乱麻。此外，从君主权力的角度来看，似乎也不太可能让君主代表淹没在人民代表的海洋里。当时还没有人想到为君主组建国家院/上议院（Staatenhaus），为人民代表组建人民院/下议院（Volkshaus），也没有人认真研究美利坚合众国的宪法。

9 月 2 日，在哈登贝格的建议下，佐尔姆斯伯爵将这个完全走样的提案呈交梅特涅。多奇怪啊！北德爱国者们绞尽脑汁居然是为了将圆的变成方的，将只有一半属于德意志的奥地利变成真正的德意志。他们明白，奥地利不可能服从任何有效的邦联权威，但由于他们的出发点是奥普完全平等，就好像这是一条不可亵渎的教义，因此不仅希望恢复洛林家族在古老帝国世袭的特权和地位，还提议奥地利带入邦联的领土不超过因河西岸，普鲁士不超过易北河左岸，但两国要以全部领土同德意志结成永久同盟。他们认为奥地利理所应当占有上易北河诸省，还邀请瑞士和尼德兰加入这个永久同盟。命运的嘲弄太悲惨了！勃兰登堡人、波美拉尼亚人、普鲁士人和西里西亚人向其他德意志人发出解放战争的信号后，我们的政治领袖居然认真地建议将这些地方排除出德意志邦联，而这些地方正是新德意志的心脏地带。施泰因的主要目的是为莱茵联邦诸国保留其等级会议，为他们提供一些保障以抵御统治者的"苏丹化"。但施泰因也知道，在老普鲁士省份中引入宪法非常困难，而在奥地利几乎做不到，因此不得不尽量利用这份讨论

684

因河和易北河边界的提案。[①]

普鲁士政治家希望将老帝国的区域组织法重新引入易北河以西的德意志地区以及波西米亚森林地区，这样一来小型国家的代表团也能结合在一起，组成能够有所作为的大团体。最终将形成 7 个区域，如果尼德兰加入的话就是第 8 个（勃艮第区域）；奥普分别管理两个区域，巴伐利亚、汉诺威和符腾堡分别管理一个区域，领导军事并监管立法；巴登和黑森分别担任一个区域的二把手。但仍有一个棘手的问题：能否将被强化的权力赋予野心勃勃的慕尼黑和斯图加特宫廷。面对腓特烈国王贪婪的领土欲望，所有小邻国都瑟瑟发抖；黑兴根政府哀求普鲁士政治家们做点什么，[②]以免这个小国被符腾堡蚕食完毕，从而拥有穿越巴登领土自由进入康斯坦茨湖的权力。于是施泰因将巴伐利亚和符腾堡划分到巴伐利亚-士瓦本区域；这些小国则作为一个整体归属德意志三巨头直接领导——奥地利、普鲁士和英-汉诺威。七个古老的选帝侯国将联合组成一个区域政府会议，拥有行政权、制定外交政策并处理军事事务；邦联内所有国家都无独立外交权。老帝国的选帝侯会议就这样被重建了。施泰因就像所有普鲁士政治家一样，希望尽可能恢复 1803 年贵族革命创造的合法性基础。区域政府会议领导职位将由奥普共同担任，奥地利担任主席，普鲁士掌握实际领导权，就像老帝国的美因茨选帝侯担任帝国议会"话事人"。立法权由君主和等级代表组成的会议承担，包括所有小国君主、自由城市以及被剥夺主权地区。如果一个等级代表拥有一块超过 5 万人的土地，无论是不是主权国家，都将获得 1 枚选票，其他所有人共同获得 6 枚集体选票。

施泰因提议公平对待 1806 年政变的受害者，但并不恢复其领土主权。他反复提醒普鲁士友人们，不能平等对待所有被剥夺主权的国家，它们的重要性差别很大。[③]霍恩洛厄拥有 10.6 万人口，

685

---

① 佐尔姆斯伯爵的信件和回忆录中揭露了这一动机，见鲍姆格特纳的《新帝国》（*Im neuen Reich*），1879 年，第 549 页。

② 霍亨索伦-黑兴根君主也屡次向哈登贝格请愿。

③ 施泰因给洪堡的信，1814 年 12 月 20 日。

菲尔斯滕贝格有 8.3 万人口，最小的阿斯普勒蒙只有 195 人。这份提案最好的部分是关于人民权益的条款：每个邦联国家都拥有等级会议以及税收同意权、代表权和合作立法权；每个德意志人都有财产权、出版自由、投诉请愿权、迁居其他德意志国家以及在德意志任何教育机构受教育的权利。

9 月 13 日，哈登贝格和梅特涅在巴登讨论了这个计划，他很快发现奥地利无意推行如此全面的计划。正如根茨所说，霍夫堡倾向于在维也纳会议上制定邦联一般性原则，将其他一切事务交由法兰克福邦联议会，也不期待统治者们能有别的作为。梅特涅要求奥普带着所有原来的"德意志土地"加入邦联，但奥地利决不承担保卫上莱茵河的责任。奥地利计划重建 1803 年的合法基础，因此哈登贝格准备作出一切比较容易的让步。奥地利外交官们高兴地宣布，从此以后，在一切战争事务上，除了意大利事务，这个帝国都要依赖德意志的义务兵役；加利西亚有两块古老的西里西亚采邑，扎托尔（Zator）和奥斯维辛公国，因此德意志邦联将保证捍卫奥地利属波兰领土！在神圣罗马帝国，没人能决定普奥两国的哪些省份属于德意志，如今这个问题也没有准确答案。直到 4 年后，这个问题也只是在纸面上被确定了。唯一可以肯定的是，一旦大部分内莱塔尼亚（Cisleithanien）①进入邦联，就不可能建立任何严格的邦联体制，而这恰恰是梅特涅希望看到的。

梅特涅最后向哈登贝格急切表达了二元领导体制的笨拙本质。奥地利不可能放弃所有古老帝国权利，那么如果由奥地利独自领导，事情就简单了；当然，一切德意志事务还是要由普奥两国事先商量一致；奥地利的领导权应该被"单纯理解为一种形式上的领导权"。哈登贝格让步了，他从一开始就认为施泰因的计划不过是个实验，而非确定性的方案。在外交生涯的开端，他盲目相信了法国，如今他又盲目信任了奥地利。他不想承认普奥两国展开竞争的可能性，也就无法意识到，领导权将给这场竞争带来多大的好

---

① 内莱塔尼亚是奥匈帝国内奥地利部分的名称，并非是一个官方名称，继承了过去奥地利帝国的土地，由哈布斯堡家族以奥地利皇帝之名统治。内莱塔尼亚意为莱塔河以西，与莱塔河以东的匈牙利王国外莱塔尼亚相对。——译注

处。[1] 由于明斯特也曾坚决反对双头领导制,因此普鲁士的提案也就按照奥地利的心愿被弱化和缩减,41 个条款变成了 12 个。10 月 14 日,这 12 条由普奥提交五国委员会,根据欧洲各国的决定,该委员会负责商议德意志体制问题。德意志邦联的命运被彻底放在奥地利、普鲁士、英-汉诺威、巴伐利亚和符腾堡手中,其他国家仅保留补充赞同权。

很明显,建立德意志五头统治的想法是个尴尬的权宜之计。因为根据历史权利以及古老选帝侯会议特权,巴登和黑森不应被排除在外。为了粉饰此举的专横之处,梅特涅援引邦联准入条款,即自巴登以下的小诸侯国都要保证默许未来的邦联制度,但这样一来,所谓的联合商讨权就是空话。普奥两国之所以如此专横,仅仅是出于外交便利的考虑,因为如果要所有德意志国家共同谈判,基本不可能获得任何结果。但这也表明,在一团混乱的德意志政治中,表面看起来容易的事往往很棘手,不切实际的看法倒是有可能成真。直到所有小国代表汇聚开会,德意志邦联才算成型。但五国委员会的谈判一直延长到 11 月 16 日,其间召开了 13 场会议,最终一无所获,因为这五国中有德意志统一的两个劲敌,巴伐利亚和符腾堡。

这两国都保有完全主权,普奥两国对它们毫无理由的纵容,让其得意忘形,就像施泰因愤怒地说,它们的制度"孤立于联盟,欲染指诸小国,在国内实施独裁"。普鲁士政治家们很快明白,它们的目的是推迟德意志宪法问题的解决,直到它们的领土要求被满足。[2] 弗雷德马上以他一贯的直白,宣布巴伐利亚作为一个欧洲国家,可以凭借依附法国获得更大的好处,因此在德意志邦联内没有任何"个人利益",只是出于友情,也是为了满足大家的愿望,才加入德意志主权国家联盟。甚至在维也纳会议落幕后,蒙特格拉斯

687

---

[1] 时常有人认为,梅特涅曾口头承诺将来会分割领导权。但是始终没有证据证明该观点,档案文献也迫使我们不得不接受相反的结论。1816 年联邦议会召开前夕,联邦二把手冯·黑莱因主动提出保障普鲁士的共同领导权,不过为时已晚。他和哈登贝格之间信件来往颇多,在一封秘信中详细陈述了支持黑莱因请求的一切理由,但没有提到奥地利是否同意。

[2] 见洪堡的《维也纳会议谈判"系统概要"》。

688

还向普鲁士大使宣称,他对德意志邦联毫无兴趣。"为什么德意志国家就不能生活在一起呢? 就像意大利一样,享有完全独立,仅仅依靠睦邻友好和相互协调而连接在一起。"[①]

没什么比一个激进的合并政策更偏离普鲁士政治家们的观点。施泰因认为统一国家仍是个理想,哈登贝格和洪堡全盘接受了人们对地方主义文化影响力的普遍信仰。克内泽贝克屡次表达这样一个思想,即只有通过各种各样的政治条件,德意志才能变成欧洲的支柱;他希望"这个支柱能像化学元素钯一样,能自由联合并保持力量平衡,并将这两种属性展现在自身之中"。[②] 尽管普鲁士人的渴望已经很节制了,但弗雷德对德意志的轻蔑还是让他们怒火中烧。这个巴伐利亚人四处宣扬,他的君主不愿"放弃任何属于主权的政府权力",最不愿放弃同外国结盟的权力。独立结盟权是巴伐利亚民族骄傲所在,一旦被放弃,"将在国际上声名扫地"。他还要求 5 个区域政府完全平等,主席国一年一换。弗雷德还希望尽可能少地允许普奥两国的省份进入邦联,普奥提供给邦联的军队不能超过巴伐利亚。

就这样,中等国家因嫉妒而削弱德意志军队的意图被首次披露。数年后,将有一种嫉妒性政策降临德意志邦联荒唐的军事制度,这种政策即便在波兰历史上都难有匹敌。符腾堡的全权大使比巴伐利亚还要无耻,用煽动性演说让老莱茵联邦情感又一次沉渣泛起,就因为斯图加特宫廷不承认存在一个德意志国家,因此他们听不见任何有关国家基本权利的讨论。符腾堡还无耻篡改历史,不承认德意志人已经知道了数个世纪的历史,认为除了拿破仑时代的八年无政府时期,没有历史靠得住,这股篡改历史的风潮已经开始在莱茵联邦的学校中传播。冯·林登宣称:"邦联的目标是对抗将不同人群,比如普鲁士人和符腾堡人,捏成一个国家的意图!"但另一方面,斯图加特宫廷却对军事组织表现出极其可疑的热情。它希望只有区域政府才能成为邦联成员,所有其他君主都应被排除在外,在等级上低于五国,还强烈建议扩大西南部的德意

---

① 屈斯特的报告,慕尼黑,1815 年 8 月 28 日。
② 克内泽贝克的回忆录,1814 年 1 月 7 日。

志区域,这样他们的君主就能迂回地保住自己新获得的领土,还能挥舞着区域政府的宝剑,直接或间接领导四百多万臣民。

普鲁士全权大使领导了针对这些小花招的斗争,就连梅特涅也不无担心地看着,在里德和富尔达播下的种子居然生根发芽,他有时也忍住不约束一下他的南德门徒,特别是当它们打算染指被剥夺主权地区的利益时。最终,明斯特抓住机会向全世界宣布了韦尔夫家族的自由权益。摄政王傲慢地向欧洲诸宫廷宣告了汉诺威王国的基础,并坚持问题重重的观点:"由于汉诺威和英国的联合,韦尔夫家族可以给予德意志祖国强大的保护和支持。"明斯特也以类似狂妄的语气,写了封短信攻击符腾堡的苏丹主义,他说等级议会的权利决不能被小君主们剥夺。当时的舆论高度赞扬他的贵族自由精神,但实际上明斯特仅仅是在辩护汉诺威贵族统治的等级制。五国委员会上的事态发展令人绝望,施泰因不得不求助沙皇。沙皇说自己真心赞同德意志大国的提案,提醒德意志诸国想想《卡利什声明》中的承诺。但斯图加特那位暴君不可能容忍他的绝对君主权受到严重攻击,据说他说道:"人们将很快羞于承认自己是符腾堡人。"11月16日,符腾堡宣布脱离五国会议,于是德意志五头统治就这样由于内部矛盾而在欧洲的嘲笑声中分崩离析。

与此同时,饱受五国高压手段的小国们也开始采取行动。就在符腾堡宣布脱离的当天,巴登正式抗议,要为大公保留无限主权下的一切权利。巴登首相冯·哈克(von Hacke)一点也不鄙视这些居心叵测的话语,比如他们的大公脱掉外国枷锁不是为了在家里再戴上一副枷锁。加格恩将黑森以下的大多数小国代表聚集起来,告诉他们有必要"让大国知道,我们就在这里,我们知道自己的能耐"。由此形成了一个人员极其混杂的社团,包括:体面有学识的爱国者,如梅克伦堡的施密特和普勒森(Plessen);杰出的地方主义者,如拿骚的马沙尔;还有加格恩这种有远见的人,他们害怕的不是莱茵联邦的巴伐利亚或符腾堡情感,而是"被掩盖的普奥二元统治"。社团许多成员只是嫉妒那些主权被剥夺贵族,他们不允许这些被废黜的人压过自己一头,那些人都是顽固的正统主义者,热爱神圣帝国杂物间里的一切宝贝,围着弗兰茨皇帝请求恢复加洛林皇冠。这些小国家唯有在一件事情上有共识,那就是破坏这五国的统治。

690

不过这些小宫廷有一次表现得比中等国家还爱国，这在帝国历史上也非罕事。一些小国明白自己力量弱小，于是严肃请求强大的帝国权威能保护他们免受强大邻邦的野心侵袭。施泰因马上决定利用这个机会，他一方面灵活地推动大忙人加格恩，在符腾堡脱离的当天，诱使29个小君主和城市向普奥提交联名信，要求两国向所有德意志国家提交新的组建计划，"该计划以邦联所有成员的平权和全体代表制为基础"，但邦联必须由皇帝领导并"担任德意志自由的保护人"。尽管这份计划相当空洞模糊，不少签署人只是利用这个契机摆脱五国统治，但可以确定的是，这份小国宣言包含了一些有意识的让步，特别是，他们将某些由邦联决定的微弱宪法权利割让给等级议会。

内外受敌的德意志五头统治就这样溃散了，数月后，德意志组建委员会也不见了，于是各种计划跃入眼帘。加格恩和普勒森提出组建中小国家联邦，不包括普奥，但包括丹麦和尼德兰。明斯特以大国的名义回复这些小国家，慈爱地肯定它们的爱国心，同时也宣布，没有奥地利的同意，重组帝国完全不可能；但大国们也不会轻易饶恕符腾堡和巴登表现出的莱茵联邦情感。奥地利和英-汉诺威仍然时刻希望离间普俄，因此在德意志谈判中表面配合普鲁士的观点，实际上并没有保证任何重要问题。明斯特为普奥起草了一份发往的巴登联名信：严厉谴责卡尔斯鲁厄政府犯下的桩桩错事，细数他们对自己人民施加的各种压迫手段，"可以位列法国大革命暴行中最残暴的一类"。然后阐释了一个重要原则：加不加入邦联不是德意志各国说了算的。列强不会援引存在千年且从未被合法废除的德意志帝国，而是紧紧抓住手里的资源，抓牢刚签订的邦联准入条款。所有加入邦联的国家都受《卡利什声明》制约，它同意德意志民族重建德意志，但要进行"必要的改动"。"邦联国家共同赋予巴登主权，不代表同意其拥有绝对权力，这从未被赋予国王殿下，而且也直接违背了邦联告知德意志人民的战争目的，而正是由于人民的爱国热情以及由信心生发的勇气，这场战争才能有幸运的结尾。"①梅特涅觉得这封信里的语气太直接了，因此一直

①　明斯特就如何回应巴登提供的建议，1814年11月16日。

犹豫到最后一刻,他认为同巴登首相口头交流一下大国的想法就够了。但是对于符腾堡,大国在 11 月 24 日发送联合回应,这份回应由明斯特起草,言辞相对温和,但却极为肯定地宣布,所有德意志国家都保证加入邦联。这份回应就好像是施泰因亲自写的,不过可惜的是梅特涅和明斯特都不想以实际行动认真支持说过的话。

　　五国委员会的解散影响了之后多年的历史,刺激了南德建立宪政。出于最卑鄙的动机,出于统治者的狂妄以及地方主义者惧怕邦联权力的介入,南部三个中等规模的国家决定采取必要行动,建立代议制。此外,它们比普鲁士更容易完成代议制,因为拿破仑的地方行政体系已经在这些地方存在十年,整个国家都已经服从共同的秩序,并抑制了所有离心力。9 月初,巴伐利亚的马克西米利安·约瑟夫下令修改 1808 年宪法文案;10 月,他在维也纳得知列强希望从邦联角度强迫统治者同意最低限度的宪法权利,他马上要求修订小组尽快完成工作。11 月 24 日,符腾堡的腓特烈要求首相再次捍卫士瓦本王冠不可侵犯的主权。列强的行为让他忍无可忍,一怒之下,在圣诞节离开了维也纳。这么骄傲的人,根本看不到专制独裁的岁月快要结束了。尽管他复辟后表现得如此慷慨仁慈,尽管他努力地同人民保持和平,但士瓦本人已经不太可能继续承认这个野蛮暴君。他再也听不到有关拿破仑的只言片语,却仍公然宣布,永不服从维也纳的任何指示。[①] 1815 年 1 月 11 日,他宣布将迅速召集议会,举国震惊,国王此举是为了证明"自己不是被任何外部力量所迫,或为了加入任何联盟"。他相信这样就能让德意志邦联的计划落空,却不知道饱受虐待的人民很快就会狠狠报复十年间犯下的罪恶。巴登大公卡尔就很有自知之明,列强的敦促让他猛然惊醒,12 月 1 日向普鲁士首相说明,他已经准备好按普鲁士的计划,将要求的宪法权利赋予人民,还说自己已经指定了一个宪法委员会。南德宪法运动就这样开始了,由于这场运动符合事物发展的规律,因此即便它们不再害怕德意志邦联,运动也依然在继续。

690

---

① 代办茹弗鲁瓦的报告,斯图加特,1815 年 1 月 12 日、3 月 7 日。

693　　　中等国家并非杞人忧天，因为普鲁士政治家们并没有因五国委员会的解散而打退堂鼓，反而继续热情地组建德意志邦联，为政治发展付出了全部心力。面对巴伐利亚和符腾堡的不爱国言论，他们一次次反驳道："普鲁士国王作为统治者，认为自己有责任将人民再次带入一个政治统一体，让他们同德意志结成一个国家。"洪堡曾打算起草一个新计划，但遭遇了出乎意料的困难——之前支持区域组织的梅特涅突然变脸了。梅特涅认为，依附于普鲁士区域政府的北德军队，极有可能消融于普鲁士军队中，而且他认为德意志邦联组建工作现在唯一的目的就是限制普鲁士，因此宣布反对一切区域划分。梅特涅描绘的北德霸权吓住了明斯特，于是他也同意前者的看法。

　　　结果，洪堡必须同时起草两份邦联法案，一份有区域，一份没有，但两份草案都保留了之前 12 条款的基本精神。12 月 9 日，他在一份备忘录里解释了区域组织的优点：区域组织可以保证最小国家实施有序的司法程序，让它们准备好在战争甚至和平时代，充分利用其军事力量；但相反的计划只能在"波拿巴体系"中才能实施，这种体系处于持续战争状态，行事不择手段。他还努力应付小国家对压迫的抱怨，提出除了巴登和黑森，再选三个君主会议的成员加入区域政府。① 两天后，他将完成的草案提交首相，再次坚称，区域组织对于普鲁士的分裂局面极其重要，但欲速则不达，因为普鲁士在德意志也是一种精神力量，"肯定不能成为小诸侯的威胁，而要当他们的保护人"。就这样，经历三个月的无果谈判后，天才洪堡终于开始有点明白奥地利对邦联的企图，不过也就仅仅有点

694　明白。他写道："在德意志问题上，人们很高兴将我们推到前面，我们也很容易做出各种让步，因为我们爱这些君主（众所周知，我们也的确渴望建立一个牢固而有活力的组织），他们却将邦联约束视为负担，视我们为麻烦和威胁。"不过洪堡还是没能清楚地认识到，霍夫堡一点也不渴望"一个牢固而有活力的组织"。他还希望快速同奥地利和汉诺威就这两份草案达成协议，然后在一周内同巴伐

---

① 洪堡有关两份联邦法案草案的备忘录，1814 年 12 月 9 日。

利亚、符腾堡进行谈判。① 正当这个正直没心眼的普鲁士政治家在德意志做着无用功时,梅特涅正同明斯特就排除普鲁士的德意志邦联计划展开秘密谈判。

施泰因对洪堡的工作提出了建议,要求被剥夺主权国家和帝国骑士领获得更大的权益,同时也要更多地考虑人民权利,尤其要在全德范围内废黜农奴制、强制劳役和法定劳役。但洪堡出于对奥地利的尊重,削弱了有关等级议会的条款,使其降低到咨询会的地位,这让施泰因相当生气:"这就是开倒车,在所有国家中,普鲁士最有理由建立等级议会,并说服其他国家建立。只有各种元素统一起来,一个国家才能朝着有活力、有组织的代议制迈出和平理性的步伐。这些元素包括,民族精神、习俗、纳税和牺牲的意愿、审慎健康的理性、普及教育。由于很多理由,比如国民组成的多样性、较低的民众文化水平、政府和统治者的原则,奥地利不可能展现出类似特性,也使得奥地利成为一个例外,我们就随他去吧。"②因此,即便是洛林家族帝国的热情支持者,一旦开始讨论邦联的实际运行,也觉得有必要将奥地利另当别论。

12月这几周艰苦的工作并没有下文,因为有关萨克森和波兰问题的纷争愈加激烈了,迫在眉睫的战争吸引了所有人的注意,1月上半月,组建德意志邦联的工作没有任何进展。一旦情况有所缓和,洪堡马上重启议程。他同魏玛首相冯·格斯多夫(von Gersdorff)多次交流,更多地理解了小国的愿望,也坚定了一个看法:自帝国垮台以后,德意志各宫廷便产生了一种狂妄情绪,必须引起注意。老帝国的阶层和权利等级已经被遗忘,新的统治者们彼此平等以待。如果最终要颁布一部邦联法案,一定不能将过分明显的从属身份强加给这些小国。格斯多夫天真地说(这种天真一直是小国大使的特权):"人民热爱自由的感觉,哪怕不能拥有真实的自由。"③洪堡从一开始就宣布,邦联只能是多个国家的联邦。此外,如果霍夫堡不同意区域划分,那么组建区域政府会议的计划

695

---

① 洪堡给哈登贝格的信,1814 年 12 月 11 日。
② 施泰因对无区域组织的草案的评论,1814 年 12 月 26、29 日。
③ 格斯多夫写给洪堡的信,1814 年 12 月 6 日。

也就无法展开。根据中等国家在五国委员会和萨克森谈判上的态度，它们似乎非常怀疑，五国、七国甚至十国会议能否比所有国家组成的邦联议会，更和谐有效地管理行政事务。

因此，早在 1 月，洪堡就同哈登贝格商议，根据小国的态度，是否要放弃组建两个议会的想法，只组建一个邦联全体大会，以委员会的形式讨论当前事务，以全体大会的形式处理重大问题。在全体大会上，每个成员国至少有一票，被剥夺主权的国家也应该有一定数量的集体票。鉴于所有国家之间永无止境的彼此嫉妒，绝对平等似乎是维持邦联统一的唯一方式。于是，他们写信给梅特涅，请求帝国宫廷最终表态是否接受区域组织，是否赞成组建单一邦联大会；一旦他们得到回复，就会起草新提案，普鲁士准备做出任何让步，"关键问题只有三个：强大的军事领导、邦联司法权和邦联章程规定的代议制。没有邦联司法权，德意志法律大厦将失去最后也最重要的基石"。[1] 早在巴黎，哈登贝格就指出这三点是组建邦联的首要任务。

696　　爱国人士都很担心这项毫无希望的工作。在所有德意志国家中，只有普鲁士孜孜不倦地建造德意志，现在普鲁士政治家指出了唯一一条至少有可能达成一些共识的道路。普鲁士正直、毫无心机，被剥夺主权的国家尤其要感谢普鲁士的慷慨保护。[2]

为了加快进程，2 月 2 日，普鲁士政治家们决定将洪堡 12 月制定的两份提案再次递交梅特涅。他们在概括性评论中，重申洪堡有关支持和反对区域组织的看法，宣布只要保证那三个关键之处，普鲁士愿意接受任何改动。普鲁士的态度如此谦恭，是为了尽早同霍夫堡达成一致，因为洪堡的两份提案只是细致地阐释了之前的 12 项条款，而梅特涅在 10 月就亲自将这些条款呈交五国委员会。普鲁士人也很愿意看到德意志诸侯和城市同盟能再次采取行动。由于巴登和其他小国的加入，邦联成员达到 32 个，2 月 2 日邦

---

① 哈登贝格和洪堡，呈交梅特涅亲王，有关联邦议会新形式的提案。草案时间不明，但肯定写于 1 月，因为其中很多字句都在 2 月 2—10 日的普鲁士文件中被逐字引用。

② 佐尔姆斯·劳巴克写给哈登贝格的信，1815 年 4 月 4 日。类似的材料还有很多。

联邀请两个大国尽快开始讨论所有国家都关心的问题。哈登贝格和洪堡马上宣布他们已经准备好了,而且梅特涅也同意了。2 月19 日,他们向奥地利内阁派发公文和两份备忘录。

去年秋季还和普鲁士携手并进的梅特涅,现在却顾虑重重。萨克森谈判期间,他懂得了中等国家是对付北德的一杆枪,因而希望避免一切可能伤害其骄傲、侵犯其主权的行为。12 月,韦森贝格男爵在新的邦联计划中,就已经泄露了霍夫堡对德意志邦联的态度。这已经是有关德意志问题的第五份提案了,完全是胡闹:邀请德意志国家酌情加入邦联,邦联将保护共同的内外安全;没有其他成员的同意,加入者不得脱离;所有成员国都将拥有平等权利,由各国代表组建常设邦联议会,奥地利担任主席;丝毫没有提及联邦军队的问题;邦联议会的唯一功能是"关照"每个国家都能保有足够的代表;费用将按照等级赋税的多少分摊;各成员国具有外交权,但不能同外国缔结针对邦联的同盟;每年召开一次等级议会,其组织形式由统治者决定。还有一个条款涉及主权被剥夺者及其臣民极其有限的自由,但不包括出版自由。提案最后承诺,邦联将"关照"商业和航海自由。① 霍夫堡终于露出了真面目。10 月,霍夫堡接受 12 项条款不过是希望和普鲁士搞好关系。梅特涅的真实想法是,为了保卫奥地利家族在欧洲的利益,必须限制德意志各国的主权。普鲁士认为对于邦联至关重要的三个问题,韦森贝格的计划中彻底忽略了邦联司法,又用花言巧语回避了其他两个。普奥的目标天差地别,可哈登贝格依然努力调和双方利益。

韦森贝格的方案是所有提案中最空洞苍白的,但它成了德意志邦联的基础,又从中诞生了法兰克福议会。当时,梅特涅精明地避免将他的私人顾问的提案当成奥地利政府正式提案呈交,只是宣布洪堡的计划不可行。由于普奥两国无法达成一致,也就无法依照承诺探讨所有国家关心的问题。

施泰因为了终结混乱的局面,又抛出了一个不和谐的声音。这

697

---

① 施密特的观点是,梅特涅希望利用该提案将普鲁士排除出德意志,这种观点未得到证明,我也相当不赞同。参阅《德意志联邦宪法问题史》(*Gesch. d. d. Verfassungsfrage*),第 373 页。

位帝国骑士不可能马上放弃美好的帝国梦想，霍亨斯陶芬时代的辉煌记忆对他影响颇深。当他得知小国家希望重建帝国，马上重启特普利兹计划，甚至一度说服了沙皇。过去几周的经验让沙皇明白，奥法将很快形成同盟对付普俄，他相信只要拥有德意志帝国皇冠，就能在霍夫堡和杜伊勒里宫之间造成麻烦。但他仍像在维也纳会议上一样扮演威廉三世的忠诚友人，因而不可能支持组建帝国的计划，除非普鲁士点头。2月9日以后，施泰因分别同卡坡迪斯查斯和洪堡频繁交流，这让哈登贝格很恼火。施泰因首先提出了一个令人费解的观点：因为奥地利不是一个纯粹的德意志国家，因此必须经由人为的制度纽带联接德意志。施泰因还提出了坚实理由证明君王是比议会更加有活力的国家首脑。洪堡也证明，奥地利没有能力利用王朝力量造福国家："奥地利的僵化无可匹敌，数个世纪的历史没留下一点痕迹，德意志拒绝服从这么僵化的国家。"权衡利弊，必然得出建立普鲁士帝国的结论，但当前的局势不可能承认这种观点。洛林家族再次被稳稳建立起来，他们觉得好像能将普鲁士从德意志战马上彻底掀下！帝国计划最终一无所获。普王没有被施泰因说服，不过他的密友们却难掩重建哈布斯堡帝国的渴望。洪堡宣布，只有建立邦联才是正途，他是对的。

这些无果的插曲又耗费了4周，3月7日传来了拿破仑回归的消息，欧洲战争同盟和备战问题压倒一切。德意志问题好像彻底没救了，就连普鲁士主张建立、符腾堡王储掌管的德意志军事委员会，也毫无建树地垮台了。吕勒·冯·利林施特恩拂袖而去，他曾经多么希望通过军事委员会将普遍兵役引入整个德意志。普鲁士建议召集的有关德意志河道航行的会议也失败了，因为会议提出德意志河流应该像多个欧洲国家共有的河流一样实施通航自由，韦尔夫家族无法接受这种观点。明斯特给摄政王的信中称，汉诺威绝不会作出任何财政牺牲，"以取悦空洞的商业自由观念"。那些有头有脸的德意志外交官都觉得羞愧，刚刚才因战争名满世界的德意志，在这6个月里都干了些什么！除了争吵，除了敌视普鲁士，一无所成！格斯多夫相当郁闷地告诉普鲁士，一点有用的都没干，巴伐利亚人的不满已经遮不住了。普鲁士最好同南部结成松散联盟，同北部小国结成牢固同盟，这样祖国的前景才可能更为明朗。①

　　大多数有争议的领土问题都被解决了，君主们都不耐烦地等着会议结束，同时紧张地关注西面来的消息。莱茵联邦再次傲慢地昂起头，不少中等国家盼望着拿破仑再次获胜。这种环境的确不适宜建设德意志邦联。哈登贝格对时代很有信心，他想要推迟建设邦联，等打败拿破仑再说，那时莱茵联邦就不敢嚣张了，氛围又能变得平静。但即将再次付出重大牺牲的普鲁士，怎么能接受君主大臣们空手而归呢？这简直太丢脸了，就连根茨都警告我们当心民众的愤怒。梅特涅迫切希望，维也纳会议的最终决议能包括一部德意志邦联法案，并且在整个欧洲的担保下建立邦联，尽管在他眼中，德意志邦联不过是个欧洲事务。接下来几天，他将此事视为重中之重，并愉快地表达了一个特殊观点：德意志邦联将是一个永久性邦联，因为"它是欧洲各国和德意志诸王共同努力的结果"。② 奇怪的是，所有普鲁士政治家，包括洪堡都赞同这个观点。他们希望欧洲联合保障可以更加有效地束缚中等国家，却忘记了，这些好管闲事的外国担保人曾让老帝国吃了多少苦。结果，普鲁士决定在这个最不利的时机重启谈判。

700

　　洪堡早就不指望建立有秩序的德意志事务，面对中等国家的卑鄙和奥地利的精明，逻辑再严谨有什么用？用他的话说就是，现在唯一可能就是建立一个邦联，无论哪种方式都可以。4月初，他再次挑起重任，重新起草了一份简短的邦联组建提案，这已经是第六份提案了。但谈判被推迟，中等国家不想讨论任何事。4月下旬，气氛似乎又有利了，洪堡马上鼓起勇气投入工作，③5月1日提交更加详细的第七份提案。

　　霍夫堡宣布这两份提案都不可行。奥地利家族一贯忠于帝国，自然准备作出任何牺牲，肯定会听信奥地利政治家的大胆誓言。梅特涅只是担心小国家激起反抗，才又拒绝了普鲁士的提案，不过这让他很后悔。梅特涅外交经验丰富，知道漫长痛苦的纷争最终

① 格斯多夫写给洪堡的信，1815年4月7日。
② 梅特涅写给赫鲁比的信，1817年12月11日。
③ 见《维也纳会议谈判"系统概要"》。

会因为大家都疲惫不堪而得到解决。现在就是如此，于是当他宣布现在还不是考虑邦联问题的恰当时机，只有所有"要素"齐备才有可能，大家纷纷表示同意。然后他再次抛出韦森贝格去年12月的混账提案，进行了一点扩充，作为第八份提案在5月7日提交普鲁士，有关细节问题的谈判最终在梅特涅和哈登贝格之间展开。奥地利根据普鲁士的意愿加入了一些加强条款，哈登贝格主动补充了一条有关被剥夺主权国家的条款，这样就形成了第九份提案，也是最终提案。5月23日，梅特涅以普奥两国的名义，向德意志各国全权大使公布这份提案，征求同意。尽管经历双方修改，但奥地利在12月1日提出的主要条款都保留了，因此韦森贝格肯定也是德意志邦联法案的起草人之一。这位和蔼有教养的男爵，被誉为奥地利政治家中头脑最开放的人，他们兄弟都被天主教会所憎恶，他甚至对德意志祖国有着某种程度的热爱。但是在德意志政治问题上，奥地利政治家之间不可能存在任何分歧，任何服务于奥地利家族的人都势必努力让统一的德意志国家拥有松散的国际联盟性质，这样奥地利在其中才能有立足之地。

5月22日，普王签署了一份有关人民代表的重要法案。正如洪堡所说，在维也纳，没有人比他们更拥护德意志议会的权益，而普鲁士政治家以此为荣。那么，普鲁士怎么可能在组建议会方面落后于南德？谁又能想到，代议制在普鲁士遭遇了最严重的阻碍和延迟？至少要有一个正式承诺才可以，而哈登贝格习惯了用夸张的承诺补偿艰难的立法工作。1808年以来，普王就已经赞成宪法改革，同时也盼望给忠诚的人民释放值得信任的信号。但首相再次犯下了粗心大意的错误！他让普王承诺重建地方等级议会，没有等级议会的地方将建立等级议会，并且从等级议会中通过间接选举的方式选出国民代表。他就这样先捆住了专制统治者的手，但当时他对于新进入普鲁士的各类地区的宪法权利甚至没有最肤浅的认知！多亏了所有头脑开放的人，民众高兴地接受了君主的承诺，尤其是听说即将颁布成文宪法，更是喜出望外。哈登贝格犯了严重的政治错误，他承诺得太早了。

我们祖国大失所望的悲剧中从来不乏幽默感。德意志邦联的组建工作已经毫无进展地折腾了 7 个月，如今却要马上完成。因为当人们终于按照屡次承诺的那样，开始讨论各国都关心的问题时，根茨已经差不多完成了维也纳会议的最终决议，如果德意志邦联法案还打算位列其中的话，就必须加快脚步。从 5 月 23 日到 6 月 10 日一共召开了 11 次会议，包括开幕和闭幕式，最棘手的德意志问题就这样被安顿下来了，再没有哪个大国的命运被这般儿戏以待。符腾堡缺席开幕式，冯·林登男爵从法国来信称因国事访问而缺席，他的同僚文森格罗德（Wintzingerode）借口染病也缺席，符腾堡缺席了后来的所有会议。巴登首相已经离开维也纳，于是派代表出席，但这个人完全不够格，几天后就离开了。其他所有人都露了个面。一开始，小国家一共由 5 名全权大使代表，但是从第三场会议开始，要求每个国家都必须有自己的代表。

702

　　5 月 6 日开始正式讨论。巴伐利亚马上要求将"主权君主"这个表述写进邦联法案中，全然不顾普鲁士的激烈反对。讨论细节问题时，几乎每个条款都引发了剧烈争议，无数根本性的利益分歧吵成一锅粥，小山一样的信函、请求和意见堆在主席案头，似乎根本不可能达成任何共识。这次会议不欢而散，次日哈登贝格和洪堡绝望地写信给梅特涅和明斯特，声称鉴于时间紧迫以及昨日会议的情况，不太可能继续讨论；大家分歧严重；此外，他们认为奥普汉始终有盟友情谊，不可能错误地为了和平而支持削弱邦联权威。"在前期讨论中，我们完全赞同梅特涅亲王的看法，只要能马上建立邦联，之前提案中的内容都可以被牺牲；我们也承认，仅仅是为了避免阻碍或推迟邦联建立，才万分痛苦地提出这份提案，而它同德意志解放甚至会议一开始的重要目标都相去甚远；这将给民众造成相当糟糕的印象。如果这份提案经过讨论而被进一步削弱，那么之后的法兰克福会议也不可能有任何好结果。"①普鲁士要求三大国应该给德意志诸国下最后通牒：昨天会议上对提案的修改似乎已经无法避免，三大国也只能接受，但下次会议上不允许任何修改；所有君主都要准备接受这份提案，建立德意志邦联；法兰克福邦联议会将决定细节问题。信件结尾说，如果奥英同意这样做，

703

----

① 哈登贝格和洪堡写给梅特涅和明斯特的信，1815 年 5 月 27 日。

大多数国家将很快同意这份提案,其他人只要明白无论同意与否邦联都会建立,也就不会坚持太久。

最终普鲁士按照古老的腓特烈方式迅速抓住了时机!如果奥汉接受普鲁士的提案,成功就有保障;邦联司法、更加精确的条款以及普鲁士在奥地利提案上进行的一切改进,就都能实现,因为不到 3 周后,佳姻庄之战就爆发了,经历这场战争后,中等国家怎么敢远离德意志邦联?此外,普鲁士的提案完全符合其坚实的合法立场,去年 11 月三国同盟曾以此立场反对斯图加特和卡尔斯鲁厄——小国根据准入条约保证加入邦联。但是现在看来,当时的奥地利和汉诺威只是在耍外交花招。梅特涅不再承认小国必须加入邦联的合法理由,就像韦森贝格提案中只是说"邀请"德意志诸侯酌情加入邦联。梅特涅宣布,不应向君主们施加任何压力,甚至是间接压力,迫其加入邦联!邦联司法和等级议会是普鲁士提案中的两大重点,梅特涅对此一半漠视一半怀疑,怎么可能真的关心?奥地利又怎么可能因为这些事失去中等国家的支持?

梅特涅拒绝了普鲁士的提案,5 月 29 日,继续吵吵闹闹地开
704 会。前景似乎更加暗淡了,因为萨克森大使格洛比希(Globig)加入会议,于是会议的分裂倾向就更强了。格洛比希肯定已经同梅特涅秘密讨论过,萨克森是否应该加入奥地利领导下的南德联邦,但这个想法很快就被放弃了,因为奥地利认为在当前局势下,统一的德意志邦联是遏制普鲁士野心的最佳方式。5 月 30 日,会议开始讨论有关地方议会的条款。由于奥地利已经破坏了普鲁士提案中的一切宪法权益,因此这个条款现在只是简单地规定所有德意志国家都必须建立代议制宪法。一直热情支持宪政观念的加格恩,认为这个条款太苍白了。但对于其他人,这个条款却太严格了,因为谁敢向主权君主发号施令?多数与会者坚决认为,"所有德意志国家将建立代议制宪政"——这是预言而非要求!不少人都私下觉得这不可能实现。

6 月 2 日灾难来临,地方主义大获全胜。德意志世界都明白了阿尔伯特家族的复辟对整个德意志意味着什么。由于大家都承认,有关未来邦联的各个问题都需要被讨论,邦联法案宣布,法兰克福议会的首个任务是:"确定邦联基本法及其组织机构。"因此还

有一点点希望,在推翻拿破仑以后,法兰克福议会上的大多数人能头脑清醒,纠正维也纳会议的一些错误。萨克森却要求"自由否决权",要求邦联会议成员的所有决定都要获得全体同意。但凡有点羞耻心的人都会拒绝接受,但第二天,大多数人通过了一项决议:即有关基本法、邦联组织机构、个人权利和宗教事务的所有决定,都必须获得一致同意。这等于又建立了一个波兰国会,永久阻碍着未来德意志统一国家的出现。改革派被迫走上了革命道路,这是重建萨克森王国的第一个信号。邦联基本法还未建立,其各个要素刚刚齐备,却将由共同决议来决定。这等于宣布,新德意志从一开始就可以仅凭武力而建。"组织机构"又是什么意思?对此没有任何普遍观念,人们也回避一切解释。

705

这项决定的破坏力不止于此。地方主义和小国纷争仍然处处占据上风,它们当然要宣布有独立的外交权和结盟权,唯一的限制就是它们不能和外国结盟对付邦联或邦联成员。但这并没有完全排除德意志人被外国当作工具对付德意志人的可能,这种危险始终蠢蠢欲动。古老卑鄙的士兵买卖又开始了,甚至在会议期间,就有一支拿骚军队被卖给荷兰,或者按照官方的说法,"借给"荷兰。"如果邦联宣战",任何成员国都不能同对方单独谈判。但什么是邦联战争?如果成员国的外国领土受到攻击,邦联是否要采取行动?诸如此类的关键问题并没有一致意见。唯一确定的是,地位还不如三流国家的邦联,不能主动挑起战争,因为邦联法案仅仅承认防御入侵。当会议讨论地方议会权时,小国君主开始针对主权被剥夺国家。普鲁士徒劳地想要为被废黜的君主保住几张集体票,中等国家则提议,这个问题应交由邦联议会处理,毕竟在每个人眼前作出决定也是一种安慰。有关犹太问题的讨论就更糟糕了。最初提案保证犹太人"继续享有在各自国家的权益","在各自国家"后来改成了"从各自国家"。如此,汉诺威和黑森就能撤销威斯特伐利亚王国的法律,恢复犹太人的人头税;法兰克福的犹太人也丧失了刚刚从达尔贝格手里获得的解放。

重建德意志天主教会的希望也一点点破灭。拿破仑时代的世俗化和无数暴行已经严重破坏了德意志等级制度。天主教会的政治力量大大削弱,以前是一群教会诸侯,现在只有德意志邦联高等

91

会议上的 6 位天主教君主:奥地利、巴伐利亚、萨克森、两位霍亨索
伦和利希滕施泰因。两派神职人员围着这些政治家请愿:红衣主
教孔萨尔维和奥拉托利会(Orator)都要求恢复教产,以及在一切可
能的地方恢复教会的古老政权;要求教会代表参与有关邦联问题
的谈判,由教皇恢复被废黜的主教职位。海因里希·韦森贝格在
备忘录中反复提及,支持组建由一个主教长领导的德意志国家教
会,但他仍是一个反对新教的教皇派,根本不希望邦联承认新教权
利。这两派斗争非常激烈。在奥拉托利会眼中,韦森贝格就是个
异端。施皮格尔伯爵是一位杰出有学问的教会诸侯,但也是个老
派人,焦急地提醒普鲁士警惕奥拉托利会:"他们是纯粹的教皇派,
同康斯坦茨会议、巴塞尔会议上信仰永恒真理的神父们截然不
同。"他想要重建天主教会,但也渴望教会能在"自由政府"的影响
下向前发展。①

　　巴伐利亚和符腾堡对这两个教派同样敌视,都希望能通过和罗
马协商的方式,建立地区教区,而且在这件事上也一如既往地完全
不考虑德意志邦联。最终,普鲁士又展现出了公正、开明和国家意
识,要求邦联赋予全德意志的天主教会一个共同组织,但也要保证
新教教会拥有其古老权利。教会问题上分歧如此之多,唯一达成
共识的是,奥地利必须自己做主,不受宗教生活束缚。好像一旦涉
及具体实践问题,奥地利就远离了德意志。因此,渴望自由世界的
韦森贝格可以生活在维也纳,甚至可以享受霍夫堡的生活,他目标
所指都是帝国其他国家,帝国的等级制度万万不能动摇。为了解
决教会问题,召开了无数次会议,请愿书和提案堆积成山。最终,
很可能是在韦森贝格的兄长,梅特涅的私人顾问的提议下,奥地利
的邦联提案中包含了一个条款:为天主教会建立共同组织,并承诺
新教保留古老权益。大多数人都表示同意,但巴伐利亚反对并坚
持立场。6 月 3 日,韦森贝格写信给首相,声称德意志的教会问题
依然被严重忽视,会议也不关心他提出的细节问题,以及在两个月
内,相关统治者(天主教国家君主)应派代表前往法兰克福。② 后来

---

① 施皮格尔写给洪堡的信,1815 年 12 月 2 日。
② 韦森贝格写哈登贝格的信,1815 年 6 月 3 日。

在法兰克福会议上,这个不屈不挠的人仍希望建成心目中的国家教会。

就在此时,奥地利也觉得这些事情必须有个了断。如果谈判继续,很可能连奥地利的提案都保不住了。6月5日,梅特涅宣布,邦联法案将根据绝大多数宫廷的意见形成;奥地利将根据现有的组织原则加入德意志邦联,并请求其他国家同样如此。但他并没有暗示,德意志邦联无论所有国家同意与否都会成立,而是让各国自愿选择。于是,普鲁士、汉诺威、丹麦、卢森堡和若干小国宣布加入。普鲁士补充说,"一个不完美的邦联也强过啥都没有";汉诺威的意思差不多;卢森堡说,这个纽带"必定随时间、经历和信心的增加而加强"。诸如此类,不一而足。但当雷希贝格伯爵宣布,他觉得有必要出席会议以阻止巴伐利亚加入时,会场上顿时喧闹起来。他还补充了几句神神秘秘的话,让人觉得慕尼黑宫廷拒绝加入邦联。大家都很错愕,但没想到加格恩居然此时犯下了严重错误。他作任何事都没忘了自己是个热爱帝国人士,因此当宣布卢森堡加入邦联时,也补充了一个条件,即邦联必须包含整个德意志。拿骚一向和奥兰治家族统一战线,加格恩的附加条件无疑部分出于一个联邦主义者的觉悟,因为这位卢森堡大使曾在一封信中说道,除非所有德意志国家组建邦联,否则他的君主不会同意任何事,因此只能由邦联部署位于卢森堡的联邦要塞的兵力,也就是说,所有国家轮值。这种空想并没有任何恶意,但他不知道自己树立了一个多么糟糕的榜样。如果还有别的国家宣布,只要其他国家加入邦联自己才加入,那么势必混乱再起。现实也的确如此。德意志的未来风雨飘摇,最终还是要取决于那些心系祖国的人。

6月8日的会议上,愿意加入邦联的国家宣读宣言,然后就结束工作。间隔的这两天实在令人悬心不已。雷希贝格伯爵没有动静,大家都相信巴伐利亚肯定不会加入。一向镇定的洪堡都快承受不住压力了,无比沮丧地开始计划同巴伐利亚建立临时联邦。①加格恩的错误造成了严重后果。萨克森、达姆施塔特、丹麦和梅克伦堡等等在5号那天宣布毫无保留加入邦联国家,现在也宣布它们

708

---

① 洪堡提议为加入联邦的国家起草临时条约。

只可能加入包含整个德意志的邦联。其中一些国家还公开请求,应该通过出台新的承诺让那些仍在外围的国家有可能加入邦联。这就是无休无止的折腾。只要巴伐利亚拒绝加入,一切就完蛋了。

6月8日一早,雷希贝格伯爵宣布接到新指示。他虽然这样说,但这个巴伐利亚人绝非没有可能为了保住维特尔斯巴赫家族的利益,凭借创造性的想象力,将自行安排整场阴谋的荒谬高潮。但是每个人都松了一口气,奥普马上同他秘密会谈。除了一些无关紧要的事,伯爵要求废黜邦联司法权和有关天主教会的条款。哈登贝格在5月27日的警告就这样应验了。两大国实际上被置于相当不利的位置,不得不同意削弱邦联权威以确保和平。尽管如此,梅特涅也没有牺牲什么。洪堡一再强调,邦联司法权是德意志法律体制的基石,但最终还是被放弃了;有关教会问题谈判产生了大量文件,最终也一无所获,除了一个很小的法令,规定教派差异与公民和政治权利的扩大无关,但这早已经在全德范围内被视为法律了。随后会议开始,梅特涅"高兴地"宣布,巴伐利亚只是希望进行一些微小的改动。这些修改已经被批准,事情也就大功告成,因为至此这项法案也就没剩下什么了。6月10日又召开了一次会议签署邦联法案,所有外交要员齐聚一堂庆祝德意志统一体彻底被埋葬。它何时复活呢?

提案的前12条在6月8日就已经被包含进了会议的最终决议,自此以后,胜利的德意志必须将欧洲所有君主,除了教皇和苏丹,视为德意志基本法的保护人。德意志各国不乏抗议活动,所有被剥夺主权的地区都在宣扬自己的权利,就连伊森堡(Isenburg)和克尼普豪森(Knyphausen)的统治者都大胆地昂起头颅,自视为主权君主,宣布加入德意志邦联。这实在有些多余,只要有38个德意志国家就能满足德意志文明的需要,而且根据一般人的看法,德意志文明已经扎根在多样复杂的民族生命之中了。人们突然想起似乎还有第39个国家,黑森-霍姆堡伯爵领地。它已经被全忘了,但由于爱国的老伯爵父子都颇受普奥两国青睐,德意志人也希望邦联议会能可怜一下它。罗马教皇的批评最为激烈,红衣主教孔萨尔维,模仿曾抗议《威斯特伐利亚和约》的教皇使节基吉(Chigi),用拉丁文激情澎湃地表示抗议,因为无论神圣罗马帝国还是教会诸侯国都没有被重建。

这些政治家们只是为了让邦联包含整个德意志，才答应了巴伐利亚最后的过分要求。在经历了各种讨价还价后，包含所有的国家的邦联还是没有建立。巴登和符腾堡没有参与，直到拿破仑第二次被打败，才分别于 7 月 26 日和 8 月 1 日宣布加入。

邦联法案就这样诞生了，这是一群德意志统治者为这个伟大民族建立的最没价值的东西，在许多方面甚至比不上即将灭亡时的老帝国。奥托帝国即便在衰落期都萦绕着一种伟大历史的高贵之感，这正是德意志邦联所缺乏的。这个政治人造物赤裸出镜，被一种短命自私的外交政策所创造，全然忘记了民族的所有记忆，身上也没有历史的灰尘掩盖其寒酸丑陋。人们谈论着皇帝和帝国，但从未有一颗德意志心脏以德意志邦联之名跳动。邦联中只有 6 个最小的国家，其领土在近二十年中没有变更，即便是最宽容的国家都不相信如此粗暴的领土分配具有合法性。导致老帝国毁灭的外国统治，现在又来压迫新邦联。由于奥地利的力量已经在腓特烈时代大大增长，现在更是强大无比，无帝国之名却有帝国之实。外国外交官们幸灾乐祸地说道，用这种方式将奥普两国绑在一起简直太好了，这样就能同时削弱它们。老帝国法至少始终坚持说德意志是一个国家，所有德意志人都忠诚热爱着皇帝，随时准备为他服务，这种想法从未完全消失。新联邦法案根本没有提及一个德意志国家的观念，仅仅承认巴伐利亚、瓦尔德克人、施瓦岑堡-松德斯豪森人，都是自由加入德意志邦联的德意志君主的臣民。德意志不得不忍受这奇耻大辱。符腾堡曾言，不可能从多个民族中打造出一个国家，如今看来，此言不虚。德意志人不愿意同邦联权威有任何关系，也不愿意服从它。除非一个统治者愿意将某条邦联法令视为本国法律，他的臣民才会被迫遵守。德意志国家被诸侯同盟剥夺了主权，就像 1803 年革命一样，德意志新组织完全是由这些统治者创造的。

新的邦联议会基本上就是雷根斯堡帝国议会的现代翻版，一样繁冗一样没用，只是一个正式的投票程序。德意志邦联比神圣帝国更明显地显现出表面权利和真实权力之间的差异。因享有主权

710

711

95

而变得傲慢自大的小诸侯们，在维也纳会议上占据了很多张选票，远远超过了古老帝国法律规定的范围，这些选票让它们狂妄到了邪恶的程度。在一定程度上照顾邦联中较弱小的成员，在任何联盟体制内都是合理的。但在邦联全体会议上，7大国、奥地利、5个王国和巴登（总共拥有超过 5/6 德意志人口）一共占据 27 张选票，其他只拥有 1/6 人口的国家却有 42 张选票，不公平的程度已经远远超过了可容许的范围。这等于公开邀请大国规避邦联法令，或者恐吓这些小成员国。再加上萨克森送上的大礼——所有重要决定都要全体一致同意（神圣帝国只用这个办法对付宗教和个人权利问题），邦联绝不可能取得任何发展。代议制的普遍建立也进一步阻止了邦联的发展。因为如果邦联想要拥有任何有效的生活方式，就必须首先限制军队力量并控制各个国家的外交政策，但这些都属于各君主不可消解的国家主权，不可能主动放弃。

多头制的邦联会议群龙无首，既没有法律责任，也没有道德义务。会议由代表组成，他们严格遵守主子的指示，因此也就可以轻易将所有责难甩锅给统治者；另一方面，这些小国君主们也很快学会了如何躲在邦联背后回避愤怒的民意。德意志内政变成了一团乱麻，谁都不知道是哪个在暗箭伤人。这种虚伪无耻的行为很快在宫廷和民间造成了极大影响，一些人敢怒不敢言，另一些人则用幻想逃避痛苦。由于邦联中央权威相当专制，就是一个君主组织，而在各个邦国，地方等级议会的权力很快起效，因此邦联及其成员国之间的矛盾无法避免，这让原本就令人绝望的混乱局面变得完全无法忍受。

德意志接受了这项包藏不幸的成果。任何发表评论的人都火冒三丈。舆论已经准备好接受民权，少数几篇谈论民权的文章却包含着如此空洞的承诺，以至于善良的德意志人开始被迫相信其统治者的险恶用心。奇怪的是，除了有关出版自由、贸易自由和等级议会的模糊词句之外，法案居然详细列举了有关主权被剥夺地区的特权以及图恩-塔克西斯家族的邮政垄断特权。最令人遗憾的是，这部邦联法案根本不是法案，只是包含了一些有可能在将来形成法案的因素。4 年后，加格恩给一位朋友的信中不乏悔意地写道："你说最好维持现状，我徒劳地寻求稳定。我看到了一部邦联

712

法案，就是那部我们最初在维也纳就要完成的邦联法案。"

在领土谈判上，多亏了普王的坚持，普鲁士政治家至少取得了一半胜利。在邦联谈判上，他们彻底失败，没有达到任何目标，但他们没有玷污普鲁士的荣誉。我们的国家精神将我们从外国压迫中解放出来，也在维也纳会议上羞辱了其他德意志国家——如果说在这场无耻透顶的利益斗争中还有什么廉耻可言的话。哈登贝格和洪堡比施泰因更加顽强正直、坚定不屈，他们牢牢抓住一个明确计划，面对其他德意志国家的共同反对，寸步不让。他们的计划无疑也受到了当时普遍政治意识模糊的影响，但无论如何也比维也纳会议上提出的其他提案更加合理。他们的提案一直被改动，这不是他们的错，而是令人绝望的斗争不可避免的后果，要说服敌人，不能靠嘴，只能靠拳头。他们的错误是太相信奥地利和汉诺威，但即便再完美的政治家，在这场斗争中都未必获胜。德意志的命运已经不可避免地走向悲剧：拿破仑倒台后，德意志国家的结构不是取决于拿破仑的死敌普鲁士，而是取决于首鼠两端的奥地利及其莱茵联邦盟友。

现在这个结果，沙皇明显不满，就连根茨都没想到能糟糕到这个地步。尽管如此，德意志事务的新秩序还是取得了三大成就：保住了1803年革命的历史影响；荒谬的神权体系没有被恢复，新德意志呼吸着世俗国家的健康空气；尽管邦联没能彻底阻止建立新莱茵联邦的可能，但也让其变得更加困难。就因为这个原因，可以说是普鲁士政治家们选择了这项不完美的作品，但他们对其缺陷也有清醒的认知。普鲁士加入邦联是为了防止中等国家再次背叛，而这些国家却将邦联视为钳制普鲁士野心的工具。最后，德意志邦联太松散虚弱了，以至于在内外发展中有些扰乱了普鲁士本身。只要普鲁士能克服这个问题，阴霾密布的邦联体制就能用无数种方式，让小国家分别同普鲁士结盟，还能向它们展示，奥地利实际上对德意志毫无贡献，只有普鲁士能公正对待德意志民族的渴望，能正确理解小宫廷的利益。回望德意志邦联的历史，就能发现它的历史意义：它没有本事阻止一个充满生命力的、真正的德意志国家成长，而这个国家注定将摧毁这个邦联，赋予我们不幸的祖国一种有价值的全新秩序。

713

第二章　佳姻庄战役[①]

第一节　比利时战役

714　　　即将发生的事情会有预兆，这是个日常经验，但已经完结时代的英雄重新出现在新历史阶段，这种情况却极少发生。昔日伟人的回归往往蕴含着一种神秘的力量，因为这与历史发展必然永恒的进程相背。命运的奇妙在百日王朝身上体现得淋漓尽致，战争时代的人和狂热像一列幽灵列车，就这样突然出现在一个明媚的正午，扰乱了热爱和平的一代新人的生活，拿破仑皇朝的华丽冒险也终于找到了合适的、风暴般的结尾。3月1日，拿破仑带领忠诚的九百随从登陆夏纳海岸；3月20日夜，那天也是罗马王的生日，拿破仑乘坐马车风尘仆仆地穿过沉默的首都驾临杜伊勒里宫，一群老兵在废弃的皇宫门口饮酒欢庆英雄归来。拿破仑傲慢地写信告知外国使节，"皇帝驾临，皇家政府不再存在"。天才和荣誉的巨大能量从未获得如此辉煌的成功，拿破仑让欧洲君主们相信，这场兵不血刃的胜利似乎"代表着不可阻挡的力量，代表着一个明确知道自身责任和权利的国家，上下一心的愿望"。

715　　　但这种魔幻般的革命进程只发生在军队中。军士长们控制着整支部队的精神状态，他们是拿破仑教的信徒，狂热崇拜这位民族英雄，这部宗教般的宏伟史诗在战败期间抚慰了这个骄傲的民族。拿破仑恢复了三色旗的荣誉，废黜了流亡贵族委派的令人厌恶的新军官，他曾服役的第四炮兵团怎么可能反抗这位魅力无穷的"胖

---

①　佳姻庄战役是普鲁士对于滑铁卢战役的叫法。——译注

98

爸爸"？疯狂的喜悦和光辉的记忆征服了所有军团，它们相信那个伟大的时代要回来了，在那个时代，执政官就是一切，老百姓什么都不是。但是，法军已经不是雾月十八日那时的法军了。部分军官，包括几位最能干的将军，比如乌迪诺和麦克唐纳都很不愿意参与其中，热爱和平的中间阶层更是对这位暴君的回归困惑不已，他既出类拔萃又反复无常，让人又爱又怕。拿破仑复辟并没有对制度产生重大影响，就像波拿巴主义者坚持的那样，这套制度建立在第一执政留给后继者的"权力资本"之上，地方行政也在持续有效运作。但被保王党拱上王位的善良君主，却始终远离新民主社会的情感和习惯，被一群贪婪的流亡贵族包围，后者迫不及待地要复辟古老贵族统治。人民对波旁王朝的憎恨不仅源于王室的错误，更源于王室支持者的邪恶计划。

除了围绕在百合花旗帜下的军队以外，资产阶级也将归来的拿破仑视为民族英雄，认为他就是1789年理想的化身。但同时，拿破仑的名字也代表着战争。商业世界本能地意识到，这个男人绝不可能维持和平，邻国也绝不会让他维持和平。他回归后，波旁王朝马上就丧失了塔列朗处心积虑为其保住的有利国际地位，法国彻底被孤立，而且在急切盼望和平的世界眼中，它带来了新一轮战争风暴的滚滚阴霾。再者，议会制度已经在法国迅速生根发芽，军事荣誉的时代已成历史，法国已经令人钦佩地走进了政治和文学生活的党争时代。这个国家已经学会从谈判室里的雄辩术和自由出版业里的喧嚣吵闹中自得其乐，宪政法则再一次获得真诚拥护。无数人真心相信，被解放的法国的命运就是以英国为榜样，建立宪政政府，再配合举世无双的拿破仑式的行政官僚体制，成为一个教科书式的宪政国家。但是相较于拿破仑的铁腕统治，这些理想似乎在软弱的波旁王朝中更容易实现。于是有教养的富有阶层满腹狐疑地疏远拿破仑，没几天国家证券的价格就跌到了53。的确只有南部和西部的几个军团坚决支持王室，就连爆发在旺代省的正统主义起义都毫无威慑力，因为发动者是贵族而非农民。拿破仑回来得太早了，如果再过几年，那时人们对战时的悲惨记忆已经褪色，对流亡贵族的仇恨愈加强烈，他或许有可能获得成功。但现在，大多数人仍深陷怀疑、焦虑和困惑，欢迎这位平民皇帝的，只有

716

东部几个省份的好战农民以及若干大城镇的工人。在巴黎郊区，一个雅各宾党同盟已经成立，但其集体记忆同军队奉为神明的凯撒主义没有任何共同点。

拿破仑马上发现法国已经发生了翻天覆地的变化，他恶狠狠地说，"波旁家族把法国惯坏了"。为了争取中间阶层的支持，他不得不表面赞同所谓的自由主义观念。拿破仑在一份精心撰写的宣言中，将自己描绘成人民之选，强调法兰西帝国的平民性质，声称这个国家已经完成了民主制，完善了平等机制，铺平了通往自由的道路。但光有承诺是远远不够的，拿破仑发现自己必须从大革命人士中组建一个内阁，用一部补充法案扩大帝国宪法，以此保证召开选民大会、出版自由、请愿权，甚至要限制军事管辖权。也就是说，拿破仑必须自缚双手，而在此时，只有独裁统治才能迫使这个强烈渴望和平的国家进行重大军事活动。他身着紧身衣和复古式外袍出现在巴黎战神广场，用一场盛大的阅兵式取悦巴黎人民，并公开宣扬他的民主信念："我是皇帝，是第一执政，也是一名士兵，但我的一切都来自人民！"他钟爱的女儿奥滕西娅也携幼子出席活动，但那位奥地利公主却没有返回杜伊勒里宫，以为她只忠于幸运儿，而非伴侣。

拿破仑逐渐意识到，自己只是一大群叛乱将士的头领，不再是威震寰宇的国家首脑。当他被迫站在窗前回应雅各宾劳工阶层的致意时，觉得无比羞愤。他不止一次地问自己，是否应该直接披上红斗篷，接过领导革命党派的重任，解散巴黎市民国民卫队，组建由劳工组成的人民军队。但他太憎恶雅各宾党人了，也不可能放弃专断独行的作风。他发布放逐者名单迫害政治对手，重建相互监视的秘密警察。于是，尽管他发布补充法案，发表自由宣言，冷酷对待雅各宾党人，但依旧无法赢得资产阶级的支持。虽然容易轻信于人的本杰明·康斯坦特欢迎拿破仑归来，宪政主义者的喉舌，迪努瓦耶（Dunoyer）主办的《批评家》也赞扬补充法案是对法国自由主义的完善，但这绝对是美好的自我欺骗，因为在之后的几十年中，"完善法国自由"也是反对派的口号。绝大多数宪政主义者还是对拿破仑疑心重重，他们私下里将希望灌注在奥尔良的路

717

易·菲利普①身上,长久以来他为了成为市民国王而一直忙于秘密联盟。6月,代表们开会时,拿破仑的反对者之一,国民公会的前主席朗瑞奈当选主席,革命领导人们用无情的暴力反对拿破仑皇帝。

最糟糕的是,拿破仑为了缓和资产阶级对战争的恐惧,必须展现出维持和平的虚假信心,他还说自己特别不想打仗。因为直到帝国的大集团军再次组建,才能重启争夺古老神圣国界线的斗争。他向欧洲宫廷多次保证,法国不会有任何变化,他已经拒绝了一切战争扩张计划,只会为了国民的幸福而战。没人相信他。欧洲开始准备歼灭这个篡位者,拿破仑一度不得不努力维持帝国和平的景象。但是没过 3 周,他就胆敢要求增兵。他刚回归时,军队有11.5 万人,6月初已经增加到了 19.8 万人。不安全感迫使他采取极端冒险的作战计划。根据之前的经验,在法国境内打一场激烈的防御战不是不可能,但拿破仑不能指望一场向着他的全民大起义,也不敢在国内战败,只得进攻邻国。供他冒险的军队只有 12.8万人,其余军队被安排在边境线上,这么分散的兵力完全无用,但民众的猜忌将迫使拿破仑冒险让任何法国领土全然无守。当拿破仑撕下和平的面具,战争势在必行,国防部长达武不得不从莱茵河左岸召集所有老兵。对军队的讲话中,他一如既往地扮演德意志地方主义的保护人,号召同贪得无厌、吞噬德意志诸小国的大国联盟展开斗争。后来,人们从拿破仑在佳姻庄战役中乘坐的马车上发现了一份声明,他向比利时人和莱茵兰人宣布,他们有资格成为法国人!

拿破仑再次执掌大军,世界霸权和民族自由之间的古老冲突又迫在眉睫。根据国际法惯例,拿破仑发动的战争,不过是厄尔巴岛统治者对绝大多数基督教君主展开的战争,根茨在《奥地利帝国观察家报》上用诡辩术徒劳地诠释这是个无可争辩的合法权益。但国际法对这个独裁者有什么用呢?他一生都玩弄忠诚和信仰,践踏国际社会的一切神圣权利。对于上百万德意志人、俄罗斯人和英国人看来,这位回归的暴君不是什么发动战争的君主,而是一个

718

---

① 　路易·菲利普(1773—1850),出身奥尔良公爵家族,1830 年七月革命后,被拥上王位,被称为"市民国王",1848 年二月革命中逊位。——译注

犯下累累血案的罪人，他背叛誓言，威胁着刚刚才获得的、代价沉重的和平。普鲁士上下怒不可遏，死敌又现，就像一头饿狼，踏入被解放的国家形成的和平世界。德意志之剑必定再次将这个篡权者赶下王座！那位暴君曾经给德意志带来无穷的痛苦，德意志不可能也不愿意看见任何美化其回归的行动或事件，也不可能体谅让法国陷入窘境的政治混乱。在普鲁士人眼中，法国人就是一群叛徒组成的乌合之众，法国军队尽是些背弃誓言的人，他们正在同那个强盗头子密谋挑起新一轮掠夺战。这种情况下，普鲁士的仇法情绪上又添加了一抹民族骄傲。老布吕歇尔不止一次告诉同胞："这绝对是天赐良机，我们的军队这下可以清扫那些外交官留下的一片狼藉了。"正是维也纳会议上塔列朗的阴谋诡计，让北德爱国者看到了《巴黎条约》的软弱无力，看到了我们的西部边境是多么不安全。随着新一轮战争迫近，以《莱茵之星》为首的报刊马上宣布，终于到了将高卢野兽打到满地找牙的时候了！无数人发出比以往更加坚定的声音："复我河山，复我阿尔萨斯和洛林！"

　　各国宫廷也马上意识到，不能容忍破坏《巴黎条约》的行为。施泰因在3月8日决定将扰乱和平的行为视为违法。3月13日，签订和约的八国开会决定向欧洲各国发布宣言：拿破仑·波拿巴已经将自己置于公民和政治权利之外，必须被视为公敌和扰乱世界和平的违法者。波拿巴家族对于这个前所未有的严重指控表示抗议，但这表达了所有德意志人和俄国人以及大多数英国人的强烈要求。3月25日，《肖蒙条约》的四个签署国更新盟约，支援法王以及一切可能被拿破仑进攻的地方，并邀请所有欧洲国家加入，坚持斗争，直到拿破仑不能再发动任何动乱，无法再攫取任何法国权力为止。上述八国宣言并没有直接排除法国国境变动的可能，因为宣言公开为各国保留了完成和增强《巴黎条约》的权力。但是就像3月25日战争同盟一样，他们的出发点就错了，即假设波旁王室至少掌控部分法国，联军只是作为辅助军队支援皇家军队。

　　几天后，消息传到维也纳：法王路易已经撤离，这位合法统治者现在是住在根特的无国之主，身边尽是满腹仇恨的流亡贵族；与此同时，那位扰乱和平的罪人却平和地给头戴王冠的兄弟们写信，说自己兵不血刃地征服了法国，还宣布马上承认《巴黎条约》。可是局势马上发生了变化,英国议会里的辉格党迅速加以利用。惠特布雷德和伯德特大声质问,英国人是不是又要流血牺牲,只为了给一个自由民族强加一个政府、一个王朝,而我们都已经见识了这个王朝是多么软弱不堪。

　　托利党政府觉得有必要安抚一下反对党,因此在维也纳宣布,虽然摄政王完全赞同 3 月 25 日签订的条约,也将尽其所能讨伐拿破仑,但不保证为法国组建任何明确政治组织。5 月 9 日,奥普俄宣布,英国对于条约的解释是合理的,同时保留安排法国未来政府的权力。于是八国委员会开始商讨,鉴于拿破仑成功占领法国及其和平信念,是否有必要发布一份新宣言。塔列朗冒险向委员会提议,建议八国温和宣布,欧洲将如同保卫自身安危一样保卫法国,只要拿破仑退位,我们马上放下武器。[①] 但是无人理会。被委派研究这个问题的调查团认为,拿破仑的保证不可靠。调查团还用最温和的语言表示,一个国家变换政府的权利绝非是无限制的,滥用这项权利将让所有邻国陷入危险,在这种情况下,邻国有权阻止其滥用;它还重申了一个众所周知的事实:只有那个科西嘉篡位者退位,联盟才会给予被占领的法国一部温和和约;如果法国正式同意拿破仑复辟,等同与全欧洲宣战。其实,就在 5 月 12 日调查团的报告递交八国委员会的同时,法国就已经正式宣布承认拿破仑复辟。125 万人投票赞成,只有 5 千人反对,大多数人袖手旁观。因此,法国无疑承认了这场王朝革命。对于八国而言,根据调查团的报告,明显应该放弃之前只针对拿破仑个人的宣言,转而对法国宣战,因为这个国家已经发生了蜕变。

721

　　英国托利党政府虚情假意地保证,不会给法国强加任何政府组织,这不过是议会游戏招数。托利党内阁始终是顽固的正统主义者,在他们眼中,无地王永远都是法国的合法君主,欧洲的任务正是通过王室圣战的方式,让法王夺回他父亲的王冠,而英国作为波旁家族的保护人,就能保住对杜伊勒里宫的绝对影响力。威灵顿也继续重申:"法国没有敌人,这场战争是一场包括法国在内的全欧洲针对拿破仑及其军队的战争。"结果没有人要求获得法国领

---

① 《塔列朗和路易十八未公开信件》,巴黎,1881 年,第 383 页。

土。托利党人的道德虚荣心得到了满足，他们拍着自己满满的钱袋子，开始指责普鲁士又穷又贪。德意志的强大让他们嫉妒难耐，就连天真的普鲁士爱国者最后都看清了英国商业政策的嘴脸，许多人曾多年钦慕英国的强大，现在也作出了相反的判断。虽然托利党的政策如此狭隘虚伪，但在八国之中，也唯有他们明确知道自己想要什么，并坚定地追随目标。

霍夫堡也不乏天真的正统主义者，他们相信英国人的说法。亚当·穆勒认为，路易十八已经在位 42 年，拿破仑只是个叛乱者，这是毋庸置疑的事实；如果不是这样，就等于否认君主的神圣权利，"就会承认民族拥有自我意志的荒谬要求！"梅特涅更加清醒，他并不青睐波旁家族，准备随机应变，但因为热爱和平而回避一切可疑的革新，同时由于他将《巴黎条约》和《维也纳条约》视为不可侵犯

722 的外交智慧结晶，托利党人也希望逐步争取到这位奥地利友人。另一方面，沙皇和普王不可能原谅波旁王朝的 1 月 3 日战争同盟。普鲁士将领纷纷声称不该复辟那个可耻的法国王室，沙皇也愤怒地支持自由主义的奥尔良公爵。但圣彼得堡和柏林迄今没有形成重建法国王权的明确方案，而且两国的意见也很难一致。普鲁士政治家们从一开始就忙于保卫德意志西境，沙皇却已经开始乐善好施了。一次偶然的机会，沙皇泄露了自己慷慨大方的真正原因："我要是分不到一块蛋糕，就干脆别烤了！"既然俄国从这场战争中一无所获，而又能利用自由主义的纤细情感压倒英国在法国的影响力，沙皇怎么会管德意志死活呢？5 月 25 日，沙皇命大使发表声明：现在存在一个法国，损害其合法利益的行为必定遭到惩罚；因此，现在既不能重建不堪一击的古老秩序，也不能羞辱法国，这对于欧洲的长治久安必不可少。

观点分歧如此严重，哈登贝格和洪堡所期待的明确一致的对法宣战就成了泡影。反法联盟决定不再发布公开宣言，维持现状，随战争过程再看有没有机会作出明确决定。全世界都相信将有一场漫长的消耗战，欧洲军队的领导权被再次交给施瓦岑贝格和朗根奥。就这样，列强从一个在国际法角度看来极端模糊的立场上开战了，一开始宣布讨伐"波拿巴"，后来又宣布不以重建波旁王室为目标。他们现在无疑处于对法作战的状态，因为国际法只承认国

家间的战争；但是按照这些前后矛盾的宣言，他们是否将自己视为法国的敌人，就相当可疑了。此外，施瓦岑贝格在军队进入法国时发表的宣言也相当模糊，加格恩费力地从"欧洲渴望和平"这句话中，读出了一个危险的结论："只会实施和平"。

战争初期模糊的合法性并不足以解释和谈的不幸进程，因为德意志提议联合抵抗，却遭到欧洲其他国家的反对，于是这个要求让德意志谈判人员在和谈中举步维艰。可以说几乎所有二流国家都逐渐加入了这个反抗波拿巴的暧昧联盟。缪拉在意大利过早动武，这一愚蠢行径被拿破仑迅速镇压，但也让各个宫廷坚信根本不可能同拿破仑和谈。德意志似乎在战争伊始就完全团结起来了，这是三个世纪未有之体验。尽管在有关军需问题的争吵中，慕尼黑和斯图加特还存有敌意，但没有人再敢公开反叛。不过这个民族将痛苦地明白，观点一致不代表真正统一。宣战时德意志邦联尚未成立，各邦只能以各自的名义加入反法联盟，它们将很快发现自己视为王权最重要代表的独立外交权实际毫无用处。

联盟中拥有优势力量的国家认为此战必胜，几乎所有著名将领，像布吕歇尔、格奈泽瑙、威灵顿、托尔和迪比奇，都这样认为。布吕歇尔说："迟疑只会让拿破仑有喘息之机，让我们付出鲜血的代价。"格奈泽瑙则认为，5月1日三支大军就应该准备完毕，各率领20万人，分别从莱茵河上、中、下三处入侵法国。只有他预见到拿破仑将主动出击，于是敦促联盟采取主动。如果三支大军同时进攻巴黎，俄国的第四支军队同时在法国背后集结，拿破仑就不可能出动比其中任何一支军队更强大的兵力，一旦哪支军队遭遇不幸，就可以马上撤回后备军中，其他两支继续进攻巴黎。格奈泽瑙一如既往地认为拿下邪恶巴黎是战役的唯一目标，但即便是洪堡都不太相信历史会重演，于是格奈泽瑙像一年前一样警告各国不要分散兵力。一旦推翻拿破仑，所有问题都将迎刃而解，包括意大利的命运。

霍夫堡却将意大利看得无比重要，拉德茨基宣布奥地利必须将瑞士当作行动中心，以保持同意大利军队的交流。此时在意大利半岛上，事态正在发酵。米兰正在后悔去年不成熟的革命，人们越来越抱怨"德意志大棒"的统治。缪拉在宣言中称意大利统一，这

723

724

份宣言肯定起到了一定作用。此外人们对于自己伟大同胞的天然热情也再次被唤醒，弗兰茨皇帝觉得有必要将兄弟约翰送去新建立的伦巴第-威尼斯王国，那里在 6 年前就已经开始号召意大利人为自由而战。约翰大公是个正直的人，却给饱经考验的南方人留下了极其糟糕的印象，维也纳宫廷觉得已经无法保住亚得里亚海领地了。再者，奥地利将领和克内泽贝克都偏爱迂回曲折的行事作风。还有最重要的一点，奥地利希望将战争所有危险留给其他国家，这样一来，当费尽千辛万苦获得和平后，奥地利就可以全身而退。

这般重重思量下，奥地利最终拿出了一份复杂程度远超 1814 年的作战计划：布吕歇尔和威灵顿在尼德兰率 21 万军队；巴克莱·德·托利率领 15 万俄国士兵驻守莱茵河中游；在莱茵河上游和瑞士驻扎 20 万奥地利军队；在皮德蒙特驻扎 6 万人。到 6 月底又增兵 17 万，于是联盟大军共 80 万，远超敌军 3 倍之多。施瓦岑贝格认为里昂是当前目标，而拿破仑很可能扑向最近的敌人，尼德兰或者莱茵河中游，因此奥地利军队将免遭进攻。根据奥地利的计划，俄军将成为第一作战部队，因此施瓦岑贝格要求将进攻推迟到 6 月 16 日，后来又推迟到 6 月 27 日，最后推迟到了 7 月 1 日。其他国家都认为给拿破仑 3 个月准备时间实在太愚蠢了，但这个拖延者总有权拖延。奥地利坚持认为法国的准备工作不可能更早完成，于是在 4 月 19 日联盟战争会议上，各国基本接受了霍夫堡计划，同意推迟作战。外交界和哈登贝格都相信，决定性事件将在725 联盟军队中心爆发；很多人也认为，尼德兰军队会像两年前的西里西亚军队一样担任辅助部队。现实将狠狠打这些预言家的脸。

深入讨论这份作战计划时，人们开始争论德意志其他军队的分配问题。中部国家的小君主们总是以外国领导本国军队为荣。明斯特伯爵认为，实现英-汉诺威对北德霸权的时机已经到来，警告周围小国不许加入普鲁士。实际上，分配给英国军队的不仅有尼德兰人，还有汉诺威人、萨克森人、拿骚人和布伦瑞克人；分配给普鲁士的只有一小队主要由黑森人组成的北德联军。南德军队随奥俄两军进入莱茵河上、中游地区，因此此时不可能产生任何家国同袍之情。

第二章　佳姻庄战役

　　拿破仑率领着自领兵以来最精良的军队,主力是从军事监狱和德意志各个要塞返回的老兵。老百姓崇拜地打量这支精锐部队,战士们也前所未有地充满爱国骄傲和战斗激情,但他们对将领没什么信心,因为部分军官仍忠于波旁家族。可如果幸运女神再次青睐拿破仑,也别指望这些曾背弃入伍誓言的人能奋起抵抗。

　　普鲁士军队的精神风貌就大不一样了!普王号召人民说:"欧洲不可能容忍那个占据法国王冠的人,他居然宣布新一轮战争的目标是夺取世界霸权!"忠诚的人民坚定地回应他们的国王。就像两年前一样,年轻人积极拿起武器,国民军和步枪志愿军团都被重建,必胜的信心鼓舞着所有战士。尽管近年来普鲁士已经付出了巨大的牺牲,但还是征召了 25 万人,就连更小的北德国家都热情输送了 7 万人。我们的军队在经验和稳定性上不如敌军,因为当时军队正处于危险的过渡阶段。《兵役法》和新获得领土都要求我们重建配比合适的军队,甚至尼德兰战场上的单个营都要从原来的军团中分离出来。骑兵整体被重建,炮兵缺乏人手,布吕歇尔有 304 门炮,炮兵只有 5,303 人,平均一门炮配 11 人,但根据惯例至少要配 30 人。大部分前线部队直到去年底还驻扎在莱茵河,不久前才被国防部长送回东部省份,一来是因为他不想再让深受压迫的莱茵兰人承受驻扎费用,二来是担心同奥地利发生摩擦。现在战争阴云在西方集结,尼德兰国王恳请普鲁士马上救援,因此必须将手头能动的军队派遣上战场。我们在比利时驻扎了 11.6 万后备军,其中很大一部分来自易北河后备军,比利时的半数后备军组成了曾属于威斯特伐利亚王国的新省份的军队。其中不少人需要适应普鲁士军队,还有不少人曾在拿破仑军中服役。

　　3 月,普王授予头发花白的布吕歇尔元帅陆军最高指挥权,格奈泽瑙也承担起他身边的机要之职。为了避免将领们再生争执,即将开展比利时战役的三支军队的领导权,分别被授予齐藤、博施特勒和蒂尔曼,他们在军阶上低于格奈泽瑙。比洛看不惯格奈泽瑙,因此被派去指挥作为后备军的第四军团,这样就不会同格奈泽瑙发生冲突。克莱斯特领导的北德联军集结在莱茵河下游,正好位于布吕歇尔部队的后方。克莱斯特是个温和克制的人,非常适合承担联军指挥官的各种外交任务。约克和陶恩岑指挥东部省份

107

的两支军队。格罗尔曼将军进入布吕歇尔的司令部担任军需总长,同时指定了 4 位最能干的军官担任比利时军队的参谋长:赖歇(Reiche)、阿斯特尔、克劳塞维茨和瓦伦蒂尼(Valentini)。瓦腾堡战役的英雄现在非常伤脑筋,他多次要求免职,而且在角色分配中,他只看到了"美德会"的党派仇恨。改革派在军中的反对派同约克的观点一致,谴责随着博延和格罗尔曼上任,空想家和煽动者控制了军队。在宫廷中,秘密针对西里西亚司令部的恶毒阴谋再起。军官们确信,梅克伦堡公爵卡尔恳请在布吕歇尔军队中指挥一个旅的希望必然落空,尽管他曾以柏林守军的名义为元帅壮行,但他肯定会被隔离于格奈泽瑙的危险影响之外。克内泽贝克甚至建议布吕歇尔主动回绝最高指挥权,但当他考虑到对方的年纪而委婉开口后,这位老人却大笑不止:"你在胡说什么啊!"

事情就是这样,谁能将民族英雄从属于他的位置上挪下来呢?就在这最后一段闲散时光中,布吕歇尔的确已经变成了一位虚弱的老人,更是遭遇了命运的残酷打击:他最钟爱的儿子弗兰茨,一位勇敢卓越的骑兵将领,在最后一场战役中因头部严重受创而精神失常。可是一旦决定开战,这位伟大的英雄马上整装待发,就像听到号角的高贵战马,一扫多年重负和痛苦带来的影响。他再次预言了一切:一年前他就说过,那个科西嘉无赖一定会挣脱牢笼,那些天杀的外交官为什么就不信他?军队进发途中,大批民众蜂拥而来瞻仰这位平民英雄。他身处气势昂扬的部队中,精神抖擞,信心满满。他太高兴了,因为麾下这支新东弗里西亚军团里都是爱妻的同胞。面对心存不满的萨克森军官,他发表了庄严的演讲,说他不知道什么普鲁士人或萨克森人,只知道必须为伟大祖国而战的德意志人;他说率领这样一支部队,要是没有大海挡路,他可以占领突尼斯、的黎波里和阿尔及尔。他已经等不及开战了,他相信我们必胜,在给海涅的信中写道:"法国在前,荣誉在后,一场大战,迫在眉睫!"①

他发现军队管理陷入困境。尼德兰国王知道自己安全了,就不再关心联军的处境。他知道图林根战役以来普鲁士军官有多看不

---

① 布吕歇尔给海涅的信,列日,1815 年 5 月 6 日。

起他，于是报以不加掩饰的厌恶。他的恶意太明显了，以至于格奈泽瑙谴责他，而且由于他对法国的同情，谴责得相当激烈。威灵顿手里有大量现金，但普鲁士没钱，军队快一个半月没发薪水了，总军需官里宾特洛甫这次也束手无策。布吕歇尔愤怒地给首相写信："尼德兰国王是个最不肯合作、深藏不露且贪得无厌的人。"[①]为了解决燃眉之急，他强制发放汇票，由埃尔伯费尔德（Elberfeld）的商人买单。同时为了提供粮草，他还被迫将军队分散在弗勒吕（Fleurus）、那慕尔、锡奈（Ciney）和寒尼（Hannut），比建议路线更加向北偏离默兹河和桑布尔河。不过这些困难并没有扰乱他的信心，因为他一眼就发现了新法兰西帝国的软肋："法国人不可能像报纸上说的那样忠于波拿巴。"带着这样的信心，他宣布决战就在比利时战场。布吕歇尔在给首相的信中写道："一旦我们获胜，所有大人物就都欠我的情，所有的事情也都会向好的方向发展，因为这证明了，那些过分紧张的人头脑中拿破仑拥有的强大力量，不过是个幻觉。拿破仑已经失去了一切，尤其是失去了对自己和民众的信心。"[②]

对于战后德意志凌驾于法国之上的诉求，布吕歇尔从一开始也很清楚。早在 5 月初，他就写道："我希望这场战争结束后，法国不再对德意志构成威胁，我们还必须收回阿尔萨斯和洛林。"有趣的是，布吕歇尔是北德民族骄傲和勇气的化身，但也是个高贵的世界主义者。我们始终要记得，伟大的德意志世界主义精神尽管滋养了我们的文化，却也伤害了我们的政治生活，但它最终在最极端的环境中，在我们的政治生活中大放异彩，让德意志指挥官迈着如此高贵的步伐，走入了欧洲政界。在布吕歇尔眼中，这是一场欧洲兄弟国家为共同的自由而进行的圣战，必须并肩而战、血战到底。他带着只有德意志理想主义者才会有的不计后果的大公无私，宣布将动用麾下所有军队为欧洲而战。他充满信心地同英国部队会师，相信威灵顿也会被这种感情所打动。他很喜欢威灵顿身上坦率且值得信赖的军人性格，满意地写道："威灵顿很热情，是个相当

728

729

---

① 布吕歇尔写给哈登贝格的信，那慕尔，1815 年 5 月 27 日。

② 布吕歇尔写给哈登贝格的信，那慕尔，1815 年 6 月 2 日。

果断的人,我们肯定能相处得很愉快。"尽管布吕歇尔不断要求,但开战的时间还是被维也纳战略家们一再推迟,他愤懑地写信给首相:"如果进攻的命令迟迟不下,如果法国的局势进一步棘手,我会做我在西里西亚做过的事,将事态掌握在自己手里,威灵顿肯定和我共进退。"但格奈泽瑙却对威灵顿有另外的看法:威灵顿肯定会顽强英勇地抗敌,但绝不可能违抗军令,也不会为联盟作出任何牺牲。格奈泽瑙的判断是对的,因为尽管布吕歇尔的司令部里弥漫着为欧洲自由而战的狂热情绪,但威灵顿是个彻头彻脑的英国人,拥有英国人的一切优缺点。

短短 6 天的比利时战役,通过战事不停地发生戏剧性变化,通过极其激烈的战斗和几个小时内接连发生的命运翻转,不仅唤醒了最高级的政治和人性共鸣,也让我们清晰地看到了西方各国多样且不平均的发展情况。就在布拉班特平原上,同时展现出了欧洲军事史的三个基本发展阶段:18 世纪老英国的雇佣军;大革命时代拿破仑的职业军队;新时代普鲁士的全民武装。每支军队都发展出了适合大战的特殊战争艺术,也都由合适的将领领导,他们是代表民族之怒的布吕歇尔和格奈泽瑙,头戴王冠的平民,被明斯特和托利党人誉为时代最伟大将领的威灵顿,不过在我们这些后人看来,威灵顿是那种完全过时的战争艺术的最后一位伟大代表。

威灵顿属于那样一种稀少的人类,他们没有创造性天才,没有天赋,仅仅依靠性格力量、意志力和自我约束,获得了空前的历史荣誉。谁能想到竟然是他最后获得了世界范围内的声誉,他没有敏锐的理解力,总是老气横秋,在头脑上也比不过兄弟理查德和亨利。威灵顿出身高派教会的托利党家族,这个家族很早就作为入侵种族的成员定居爱尔兰,在敌意满满的凯尔特人中顽强地保留着种族和阶层骄傲。威灵顿拥有英国人所有优良和卑劣的品质,按照英国家族中青年人的传统路径,靠着金钱和关系迅速通过了军队中的低级军衔,25 岁就在大革命战争中指挥一个团。接下来在东印度,在兄长理查德·韦尔斯利(Richard Wellesley),英国在东方军队杰出的建立者手下,学到了军事指挥艺术。威灵顿律己律人,毫不动摇地服从命令,正直体面,冷酷但值得信赖,在所有事情上都很讲理,完全有能力胜任印度生活给军事指挥官造成的一切艰难的军政任务。他为人谨慎，谋定而后动，在阿瑟耶之战击败兵力6倍于己的印度军队，还在马拉地山地取得骑兵战役的胜利。返回欧洲后，他参与劫掠哥本哈根，还是那么勇敢高效，但同时也对惨遭进攻的小国的悲剧命运漠不关心——再没有哪个英国人像他一样贯彻这样的国家观念："祖国就是祖国，无论好坏！"他随后被委任为葡萄牙驻军的最高指挥官，冷冰冰地说："誓死守卫阵地。"新法国军队的辉煌形象对他没有任何影响，他相信一定能推翻拿破仑。经过6年的半岛战争，他已将麾下的雇佣兵团训练成了熟稔传统战争艺术的行家。

　　威灵顿从不进行任何创新或改良，从不偏袒任何军官，也从不提议破格提拔。那些头脑独立的将领们跟他合不来，而他思想更加自由的兄长理查德却允许有天分的下属按自己喜欢的方式做事。威灵顿需要的是值得信赖的趁手工具，而且他凭借对人性的可靠知识找到了这些工具。他的大多数副官都是年轻人，他们骑上世界上最好的马，准时传达指挥官的命令，谨慎地避免形成任何个人观点。他知道自己的价值所在，直白地在托利党内阁告诉友人："除了我，你们一无所有"。他的权力巨大，尽管从未滥用，但这些权力让他可以根据自己的判断将任何军官停职或遣送回国。他手下的军官们，在战场上可以做一切他们认为适合的事，但是他们面前最直接的障碍却是军事法庭。军官们都不爱他，因为他从未展现过任何同袍之情和仁爱慷慨之心，即便在完全没有必要的情况下依然很严苛。他冷冷的双眼闪着寒光，骄傲的面庞配着鹰钩鼻，嘴唇紧闭，下命令的声音尖锐，拒人于千里之外。所有人都服从他，所有人都以让这个苛刻的人满意而骄傲，军官们即便私下都不敢妄自批评或谈论他，他们盲目地追随他，仿佛他的命令是神秘的命运法则。威灵顿很少跟军官们说什么，除了同他们交流自己的意图，他的语调缓慢、冗长、粗糙却清晰。

　　如此绝对的依赖只有在旧时代的小军队里才可能存在。实际上，威灵顿本身就最爱当个16世纪雇佣兵的首领，站在队伍中央，周围是排着紧密队列的战士，他一眼就能将整个队伍尽收眼底。大批粗野的普通士兵同那些花钱买到军衔的军官们之间，隔着一道不可跨越的鸿沟，威灵顿将前者称为"英国人里的浮渣"。这群

731

111

人只要酬劳丰厚、有吃有穿,干什么都行。他们体格强健,配上老英国拳击手的勇气,的确很有杀伤力,只要教官好好训练几年,也能展现出强大的力量和耐力。这些看门的巨人势不可挡,这些灰色战马上的巨龙令人颤栗。但这些部队所过之处民不聊生,在胜利的狂喜中,九尾鞭没了威力,军纪崩坏,烧杀抢掠,兽性失控。因此,军队就像一架运转精密的仪器,有时甚至不止是一架机器,因为军官们始终存有骑士般的风度和英国贵族的骄傲。但野蛮大兵们,在无敌的将领领导下取得这么多辉煌胜利后,就会全身心地热爱他、追随他、信赖他。

732　　　威灵顿在西班牙时相当珍惜军力,只有在万无一失时才发动进攻,从不会置军队于险境。他从未在战场上遭遇拿破仑,没见识过那种骇人的作战风格,那种凭借重兵猛烈进攻的获胜方式。因此他继续延续在西班牙战场环境中取胜的传统谨慎的作战方式,并认为这就是唯一正确的方式。以他职业军人的眼光,根本瞧不上这支国家军队,觉得这些部队就和西班牙游击队差不多,在战场上就是废物。他从未承认,如果没有这些没规矩的狂热分子在敌人后方不停捣乱,半岛战役绝不可能获胜。他给卡斯尔雷的信中写道:"狂热,实际上毫无用处,不过是混乱和军纪废弛的借口。"威灵顿的这些军事观点同时也受到了高级托利党人反革命情绪的鼓舞。之后数年中,当他察觉到绝对有必要进行改革时,就马上远离政治盟友,不受托利党人的干扰,非常高明地完成了曾经一直视为危险的革新。年迈的威灵顿,德高望重,眼界更为高远,只追寻爱国主义的静谧之声。他曾说:"如果能挽救祖国免于哪怕一个月的内战,我也愿意赴汤蹈火。"1815年,他仍是一位彻头彻尾的保守党人,那些战争于他而言,不过是合法统治者和革命党之间的斗争。

　　威灵顿半是怀疑半是轻蔑地打量着席卷欧陆各国的民族热情。他在爱尔兰人、印度人、西班牙人和葡萄牙人之中度过了大半人生,经验让他相信,没有哪个国家比得上英国。瞧不起外国人是英国人的老毛病,这在威灵顿身上体现得尤为伤人,就连亏欠他良多的西班牙人都没法不讨厌他。他同卡斯尔雷一样认为议会自由只能是英国特有,根本不适合尚未成熟的欧陆人。他在印度和西班牙时，既是政治家也是战士，在巴黎和维也纳当大使时也是如此，深得各部大臣信任，实际上成为了内阁一员。他和托利党人都不信任崛起的普俄，相比布吕歇尔的司令部，他更熟悉内阁的各种秘密，自从接到指挥任务，他就有了一套确定、清晰、经过全盘考虑的政治计划，其目的是要让合法王权重新回到先祖的家族。

威灵顿麾下有 9.4 万人，其中大约 3.2 万英国人，3.7 万德意志人，2.5 万尼德兰人。德意志部分仅有 7 千人属于战场历练过的德意志军团，其中普通士兵没有英国大兵那么粗野，军官更是颇有教养。另一方面，汉诺威和拿骚军队中绝大多数人都未经训练，新组建的尼德兰军队也是如此，比利时军队更不可靠，因为他们太亲法国。这样一支五花八门的军队让威灵顿很头疼，于是他努力让其拥有更强大的道德力量，为此他将年轻军人同老兵分开，以增强前者的信心。他也不是很重视普鲁士军队的好战品质。的确，布吕歇尔强大的人格魅力和高尚的精神动力不时打动着威灵顿，有一次，看着布吕歇尔外出的背影，他以罕见的热情说道："多棒的老小子！"但普鲁士军队的"共和精神"让他不安，这支国家军队的热情、民族骄傲和动力让所有宫廷疑心重重，就连沙皇都认为有朝一日他要保护普鲁士友人对付他们自己的军队。

尽管威灵顿同大多数同胞私下都认为，西班牙战争已经推翻了世界帝国，但首次正面遭遇拿破仑，还是让他有些焦虑。他不愿意也不敢面对失败的风险，因为一旦战败，英国怎么可能顶着其他宫廷的压力让波旁家族复辟？因此威灵顿就更谨慎了。由于维也纳的战争委员会已经决定推迟进攻，他也就服从命令，准备谨慎防御。布吕歇尔则由于军需物资严重不足，不得不将军队分散在桑布尔河西北的广阔区域（一旦需要，这支军队还是可以在 42 小时内集结完毕），威灵顿却毫无必要地、故意将军力分散在更为广阔的区域。他无视拿破仑的性格和战争艺术，假设法国将派遣若干纵队，从不同地点同时入侵比利时，于是将军队分散在从夸特布拉斯向西到根特附近的漫长战线上，而不是同普鲁士军队驻扎在一处。此外，他还将后备军安置在布鲁塞尔，以便随时支援任何受威胁地点。他相信已经做好万全准备，可以通过安特卫普和奥斯坦德保障同英国的交流，而且还能保护流亡在根特的法王和波旁家族在埃尔斯特的小股军队。但如此分散的兵力让他无法迅速同布吕歇尔联合行动，兵力超过单支军队的拿破仑仍有可能突然插入两人之间，击败距离更近的普鲁士军队，而威灵顿则无力回援。

就在正式开战前不久，德意志军队刚刚又经历了一场灾难。这是德意志完全协同一致参与的第一场战争，但即便在这场战争中也不乏兄弟阋墙的古老仇恨。倒霉的萨克森谈判在比利时引发了悲剧性后果。列强就萨克森的命运达成一致后，马上决定允许被囚禁的国王前往维也纳附近，方便接受决议。普鲁士政府从德累斯顿得知，萨克森高等贵族打算利用转移君主的机会发动游行。首相也在柏林获悉，腓特烈·奥古斯特决定不惜一切拒绝维也纳的一切安排，然后重新谈判。① 哈登贝格要马上采取行动。奥古斯特将于 2 月 22 日动身前往普雷斯堡，途经西里西亚。他在奥地利边境受到了君主应得的礼遇，弗兰茨皇帝只能做到这一步了，因为法国新一轮的攻击迫在眉睫，必须赶紧摆脱萨克森这个大麻烦。普鲁士很高兴地看到，当初只有哈登贝格孤军捍卫的国际法原则，现在获得了奥英法的正式承认。各国一致宣布，占领整个国家意味着它被"彻底征服"，因此没有理由同被废黜君主达成协议。所以，占领国只是出于善意才准备归还给奥古斯特一半的领土和人口，但他要先解除另一半臣民的效忠誓言，接受维也纳的决议。直到那时，整个萨克森的统治权依然掌握在普鲁士手里。3 月 12 日，梅特涅、威灵顿和塔列朗带着以上这些提案会见腓特烈·奥古斯特。

奥古斯特要求重启谈判时，他们严厉地指出，他完全误解了自己的处境。塔列朗更是指出，奥古斯特曾服侍"德意志最残酷的敌人"，不值得任何怜惜！接下来游移不定的谈判唤醒了一种病态的兴趣。两个月的时间里，奥古斯特不断地要求以华沙和卢萨蒂亚作为赔偿，诉诸法律、诉诸正式提议和无数替代方案，只求拖延各国的决定。直到 5 月 18 日，普鲁士和萨克森之间关于五国委员会的决议展开的纷争才算平静下来。各宫廷都怀疑奥古斯特是在故

---

① 萨克森政府和格尔茨提交哈登贝格的报告，1815 年 1 月 2 日、2 月 19 日。

意延长谈判,等待获胜的拿破仑助其复辟,这并非无稽之谈。德累斯顿贵族和平民中的暴民都在欢呼期待伟大盟友的回归:"波拿巴助我,普鲁士傻眼!"普雷斯堡宫廷的态度则非常不同,老君主不可能欢迎拿破仑恢复统治,因为这将使其失去强大的保护人。阿尔伯特家族对正统主义的坚持以及对形式的拘泥,解释了为何最后的谈判如此漫长疲惫。为了他那狭隘的王室尊严,将这种已经持续了一年半的,尚能忍受的国家局面再延长几个月,又有什么关系呢?

　　普鲁士政府在萨克森官员中发现了类似的情绪。当瓜分档案和登记簿的命令下达后,最高长官坚决反对,要求普鲁士说明理由。德累斯顿的枢密院甚至在一份冗长而荒唐的备忘录中坚持736"不管有多少人同意,都决不能瓜分"。他还援引卡斯尔雷的议会演说,不过一切都是徒劳,这位英国贵族的大名也没对哈登贝格产生任何影响。他下令采取严厉手段,瓜分萨克森已经被列强决定,不可撤销,向被占领地区的官员提供理由"毫无必要"。① 因此普鲁士仍暂时掌握萨克森,瓜分所需的一切准备工作都已就绪,奥古斯特的犹豫不决只能造成无果的纷争。当萨克森正统主义者亲眼看到自己的所作所为造成的结果时,竟然没有一丝悔悟。他们从未意识到,正是他们对普鲁士的敌意,极大地促成了对萨克森的瓜分。

　　腓特烈·奥古斯特的顽固给萨克森军队造成了严重后果。他在普鲁士手里当了一年半阶下囚,他的军队在联军担任辅助军团,这种身份既复杂又别扭。他们是长期服役的职业军人,却无法分享联军的军功,也不理解普鲁士军队的情感,更觉得后备军就是胡闹。和平降临后,他们很长一段时间仍属于西德军队,远离故乡,却因信件和使者持续为德累斯顿所影响。军官们由于祖国未来的持续不确定而骚乱,不顾普鲁士指挥官的强烈反对,起草了支持奥古斯特的演说;正统主义者无法再忍受胸前俄国政府颁发的绿十字勋章;在科布伦茨,格雷斯和萨克森军官之间多次发生摩擦。普通士兵开始怀疑自己被出卖了,因为就连他们都懂,军队突然被调

① 首相的指示,1815 年 3 月 24、27 日。

115

动到邻近的普鲁士守军,其中肯定有政治因素。这支军队承受了党派纷争的所有罪孽,任何头脑清楚的人都惊叹,在如此糟糕的条件下,这支正直的德意志军队居然没有早早崩溃。

737　　　整个冬天,萨克森军队的军纪都无可指摘。策绍和乐卡克这两位将军受到最高礼遇,他们都是正统主义者,不能留在军队里。于是普鲁士犯了一个致命的错误——将萨克森军队的指挥权交给了蒂尔曼将军。他的老战友们都怀疑他是个逃兵,而他油腔滑调地劝说军官们站到普鲁士一边,这又进一步坐实了对他的怀疑。当瓜分萨克森的消息从维也纳传来,他马上要求战友们在普鲁士军队和萨克森军队之间做出选择,这在军官中引发了纷争,加剧了军队的不满情绪。所以,蒂尔曼没脑子的官僚行径要为萨克森军队的军纪混乱负部分责任。

　　　终结这场令人绝望的纷争,是普鲁士国王不可推卸的责任。早在3月,博延就预见了萨克森军队的混乱局面。一旦阿尔伯特家族愿意放弃愚蠢的抵抗,事态还会维持现状吗?3月14日,普王命令格奈泽瑙马上从附属普军的萨克森军队中组建新军团,并补充道:"我将很愿意一视同仁地对待他们。"①萨克森军官们可以自由选去处,普王的良知让他免于面对一个棘手的问题,即萨克森军人之前对军旗发下的誓言,是否随其进入联军而被解除。他仅命令重建萨克森军团,并希望奥古斯特宣布解除其旧誓言后,再举行这支队伍的新宣誓仪式。4月1日,哈登贝格向格奈泽瑙下达指令,
738　要求严格贯彻王令,因为根据谈判进程来看,奥古斯特肯定妥协。各国也都同意哈登贝格的判断,于是派遣仍属于萨克森王室的军团加入威灵顿的军队。普鲁士将军们又宽限了几周才执行命令,布吕歇尔为了展示对萨克森人的信心,将总部设在列日,但他真诚的讲话无人倾听,军队日益不满,列日军团所在地的东道主们都是亲波拿巴主义者,这又进一步增强了萨克森军队的敌意。

　　　最后,普王又发布一道命令,才开始分割萨克森军队,这让军队中酝酿已久的不满情绪全面爆发——德累斯顿的使者们推波助澜,一些没有道德的军官也煽风点火。一群喝醉的士兵闯入指挥

① 发给格奈泽瑙的内阁令,1815年3月14日。

官的住所，哭喊着"我们不想被分开"。老英雄布吕歇尔不得不从他自己的士兵之中脱逃，依靠英勇的萨克森警卫员才幸免于难。在这种暴乱的局面下，只能依靠军官的意志力和道德威望。布吕歇尔门前的萨克森警卫员光荣地完成了使命，骑兵和炮兵部队仍然井然有序，容易控制的步兵也大多保持稳定。决定加入普鲁士的军官们无论何时都是很有效率的人，他们维持住了在军中的权威。可惜的是，在登讷维茨战役中已经投入普鲁士的萨克森营，却在列日变得军纪散漫。①

　　在这样的叛乱面前宽宏大量几乎等于软弱可欺，军法自有处置：枪决罪魁祸首，公开烧毁萨克森军旗。博施特勒将军同情这些不幸的人，因此违抗军令，拒绝烧毁旗帜，因此被关押在一座要塞中，由皮尔基将军接手第二军团。因为普鲁士军人不愿与萨克森人共同作战，威灵顿也不接受这支造反的队伍，萨克森军队只能开拔返乡。有罪的人和无辜的人都丧失了利尼和佳姻庄战役的荣光。在返回途中，萨克森军队遭遇了曾降临在德意志士兵头上的严重挑战。莱茵河沿岸和威斯特伐利亚，处处可见对叛徒的怒火和诅咒，他们路过亚琛时，武装起来的市民警惕地占领了岗哨和大门。整个德意志都在欢呼布吕歇尔和格奈泽瑙的辉煌胜利。加入胜利大军的普鲁士志愿兵，无法掩饰自己对"萨克森狗腿子"的蔑视；数次血战之后，为了不遇上这些可耻的人，他们决定避开主干道。军官们也很懊恼，因为他们本来有可能参与佳姻庄战役，而且肯定能不辱使命。当然，所有人责备的对象都是普鲁士将军们，而他们只是依照王令行事，没有让这些萨克森人发下新的效忠誓言。整个德意志都在为普鲁士军队的胜利兴奋不已，萨克森却被深深的阴霾笼罩。萨克森军队被一分为二后，剩下的这小股人马在之后的几十年中都不得不承受瓜分带来的恶果：军官冗余，军队发展完全停滞。正是从这些人之中，对于普鲁士的刻骨仇恨被当成神圣遗产传给了年轻一代。

　　老陆军元帅悲伤到了绝望。55年以来，他利剑在手，杀敌无

739

---

① 这段材料源于我父亲的描述，他曾经是列日附近萨克森军团中的一名年轻军官，而且当时维持住了军队秩序。

117

数，如今居然要在自己军队中实施惩罚，他后来尽其所能地保护那些叛徒免遭暴怒的普鲁士人伤害。当军事法庭执行判决，枪声响起的时候，他就好像染了疟疾般浑身颤抖。但布吕歇尔给萨克森国王的信却一如既往地坦率，说出了一位军事将领从不敢向一位君主说的话："尊敬的陛下，您的臣民是德意志民族的尊贵分支，可您之前的行为给他们带来了巨大的灾难，您接下来的行为很可能让他们彻底名誉扫地。终有一天，在上帝面前，曾经喷洒鲜血会出现在罪魁祸首身上。请陛下明白，一个 72 岁的老人别无所求，不过是希望真相被听到，正道被奉行。这就是我给您写这封信的原因。"[1] 布吕歇尔在盛怒之下可能说得过火了，因为没有证据表明叛乱是事先有计划的。但他大体上是正确的，如果不是奥古斯特有意拖延，如果不是他的手下数月以来的无耻煽动，萨克森军人不会血染列日。

740

6 月的第二周，巧妙隐藏行军路线的拿破仑向比利时边境进发，试图在沙勒罗瓦穿越桑布尔河。那里有一条路向北穿过夸特布拉斯抵达布鲁塞尔，接着向东经过一条巨大弧线穿过松布雷夫抵达那慕尔。拿破仑大概知道联军的位置，也明白威灵顿的队伍就在布鲁塞尔附近，普鲁士军队在那慕尔。因此，联军自然会在沙勒罗瓦、夸特布拉斯和松布雷夫构成的三角地带汇合，一旦成功会师，两位联军将领带领的 21 万人必定战胜 12.8 万法军。于是拿破仑决定插入两军之间，逐一击破。尽管拿破仑被国内的不安情绪所感染，也头疼如此艰难的军事处境，而且就像他自己承认的那样，不可能像过去那样镇定自若，但他仍然一如既往地蔑视对手。让他始料未及的是，普鲁士会在接近边境的地方马上开战。格奈泽瑙一发现敌军正在接近沙勒罗瓦，马上于 6 月 14 日深夜命令所有军队向松布雷夫进发，于 16 日完成汇合。6 月 15 日黎明，法军开始行动，右翼进攻齐滕的军团，后者浴血奋战后回撤松布雷夫。

在这些争斗中，两个民族的困窘局面都显露无遗。去年，从德意志要塞返回的拿破仑老兵遇到普鲁士军团时，总是会发生冲突；

---

[1] 布吕歇尔写给腓特烈·奥古斯特的信，1815 年 5 月 6 日，参阅附录 2。

如今,他们更是希望痛击"普鲁士野狗",而后者也回应以赤裸裸的仇恨。拿破仑的左翼同时沿着通往夸特布拉斯的道路向北进发,由于英军的前哨比普鲁士的更靠后,因此法军轻而易举地抵达弗拉讷(Frasnes)。因此,位于松布雷夫的普鲁士军团右侧便受到威胁。此外,比洛的军团不一定能在次日准时抵达。为了不伤害老将军的感情,格奈泽瑙措辞极为礼貌地下达了一道命令,听起来像个建议。比洛向来喜欢采取主动,而此时他并不知道法军的动向,还在列日按兵不动,决定推迟到 6 月 16 日再让军团在寒尼会师。结果,第二份催促进发的紧急军令发到寒尼时,他还没到。每一分钟都很宝贵,第四军团失去了整整一天,也就无法在 16 日同大军汇合。因此,在松布雷夫会师的三支普鲁士军队的处境极其严峻,布吕歇尔司令部的成员强烈要求马上发动决战,16 日清晨,人们都在激烈争论,是否让军队向北移动,贴近英军右后侧,因为在那里可以不受干扰地完成会师。

格奈泽瑙立刻看穿了拿破仑的计划,威灵顿还在坚持之前的观点,即敌军会分若干纵队进发,担心右侧会遭遇大举进攻。他完全不理会沙勒罗瓦附近发生的小规模冲突,因为他相信那里只有一部分拿破仑军队,甚至到 15 日下午,他才从布鲁塞尔下令军队会师,比布吕歇尔晚了整整一天。威灵顿不仅要求军队全部向左侧进发,也就是朝夸特布拉斯的重要战略位置进发,那里是从沙勒罗瓦和那慕尔通往布鲁塞尔的道路交叉点,也是有可能同普鲁士会师的地方;他还要求军队拉开一条东西长达 5 英里的战线,从昂吉安(Enghien)穿越尼韦尔(Nivelles)抵达热纳普(Genappe),因此英军只有最左侧挨上了沙勒罗瓦的道路。英国指挥官下达的所有命令,不过是害怕侧翼在西面被敌军包围,而这种担忧毫无根据。他本来应该派遣后备军通过沙勒罗瓦抵达热纳普,却因为担心后备军走得太靠西,而在 16 日让其在佳姻庄逗留了 5 个小时。幸运的是,15 日下午,魏玛的伯纳德亲王率领拿骚的一个旅主动占领了夸特布拉斯的道路交叉口。但即便是英军左翼的这支弱小的先遣队,也落后于普鲁士军队右后方数英里,很难追上布吕歇尔部队。

更糟糕的是,威灵顿不仅骗了自己,也骗了普鲁士指挥官。15 日午夜,他写信给布吕歇尔,称 2 万英军将于次日 10 点抵达夸特

741

742

布拉斯，但根据英军的实际情况，这根本不可能。16 日破晓前，他离开里士满公爵夫人为英国军官举办的热闹舞会，骑上马，沿沙勒罗瓦道路向南经过夸特布拉斯，抵达弗拉讷高地，正对法军左翼。十点半，他在那里写信给布吕歇尔，称后备军将于中午抵达热纳普，距离夸特布拉斯大约 2 英里，同一时间英国骑兵将抵达尼韦尔，距离夸特布拉斯大约 6 英里。如果这些数据准确，布吕歇尔会坚信英国援军将于下午到达。1 点钟，两位指挥官在普军后方，比西（Bussy）的风车山碰头，威灵顿承诺下午将参与战斗，看准时机从后方和侧方进攻法军。他离开时说："4 点我准在这里。"

布吕歇尔和格奈泽瑙相信了他的承诺，决定开战。齐滕和皮尔基的两个军团在布里（Brye）的山地面南而立，远处低洼潮湿的草场沿山脚延伸，草场右面是圣阿曼德村（St. Amand），左面是利尼村，两个村落都被占领了。率领第三军团的蒂尔曼没有在中午抵达战场，艰苦行军后他让军队停在松布雷夫和通格林耐（Tongrinelle）之间，作为面向西的左翼部队，因此中部战线和左翼战线几乎形成直角，作战队形组成了一个向南开的角。一旦法军从西面，也就是弗拉讷附近发动进攻，位于瓦涅莱（Wagnelée）的最右翼军队将彻底暴露在炮火中。普鲁士指挥官竟然让右翼守在如此不利的位置，支持右翼坚持下去的，唯有对威灵顿准时抵达的信心。他们希望能坚持战斗挺过下午，傍晚时分 4 万英军能抵达战场一决胜负。

威灵顿食言了。他自己在夸特布拉斯遭遇重兵袭击，到下午 3 点那里只剩下 7 千英军。增援部队开始抵达，但直到晚间才有 3 万多人聚集在夸特布拉斯，刚够击退拿破仑的进攻，也就不可能按承诺实施援助。威灵顿承诺不可能之事，无疑是出于好意，但好心办了坏事。他的错误让盟友遭受重创，可这于他而言又有什么重要的呢？他们不过是德意志人，威灵顿从未对外族有过一丝一毫的尊重，那些同他并肩作战的人不过都是些武士，管他是印度人、葡萄牙人还是普鲁士人。他眼下的任务是保存英军，如果友军能承担起主要进攻使命，他就有更多的时间召集军队。正是由于威灵顿公爵没能按时集结兵力，承诺了不可能完成之事，才导致本来应该联合打响的一场战役，变成了两场同时进行、相隔 5 英里的战役,而且兵力都远远弱于敌军。[①]

6月16日早晨,拿破仑误以为两支联军已经分别撤往布鲁塞尔和那慕尔,决定让疲惫不堪的军队好好休整一下。可是到了中午,他得知普军仍守在利尼和圣阿曼德的拉艾庄园(La Haye),于是下令主力、右翼和后备军发起进攻,率领左翼的奈伊则奉命向右方进发,进攻普军右侧。这样打到晚上,就能差不多全歼布吕歇尔的军队。这个作战计划的前提假设是,英军已经撤到布鲁塞尔了,奈伊在行军途中不会遇上大股兵力。

利尼战场上,拿破仑军队约7.5万人,布吕歇尔军队约7.8万到8万人。普军的位置极其不利,因此拿破仑动用几乎全部兵力进攻拉海和利尼,那里驻守着齐滕和皮尔基的两个军团,约5.6万人,只能孤军抵抗拿破仑的强力进攻。法军的数次佯攻让蒂尔曼自顾不暇,虽然可以派出部分军队支援那两个军团,但不可能率全部兵力加入主战场。为了占领拉海和利尼,主要战役打响了。决战将在这块狭小空间里进行,而普军左翼无法参与。双方展开殊死搏斗,发泄积年的仇恨。双方都没有营地,一位法军将领甚至威胁下属,谁敢带回普军俘虏,就枪毙了谁。整体上,法军表现得更为冷静镇定,军官们的控制力也更强,而德意志民族军队被煽动起来的狂热却时常导致普军将领贸然出击。肥沃的布拉班特平原,地势起伏如海洋,庄稼有一人多高,其间穿插马铃薯田,这让法军有无数机会发动突袭,而年轻的普军并非每次都能从容应对。天气炎热,普鲁士步兵已经孤军奋战了6个小时,他们中一部分在前一天就开始行动,另一部分已经行军了一整夜,不少人嘴上起了燎泡,有人在舔舐从肥料堆流出的臭水,有人虽说没有受伤,但也快累死了。

接近3点时,旺达姆开始进攻位于拉海的普军右翼,激战两小时后占领拉海。随后布吕歇尔率兵夺回拉海,但由于附近普军骑

744

---

① 这也是克劳塞维茨提出的重要观点,威灵顿在他那篇反驳《战争论》的著名文章中,也没有试图反对该观点。克劳塞维茨一带而过的问题已经被马克斯·莱曼(Max Lehmann)详细论证了(见《历史杂志》第二编,第274页),以及德尔布吕克(Delbrück)的论文(《普鲁士历史杂志》,1877年,第645页)。

兵的失误又再次落入敌手。双方在这里暂时休战,法军也被拦截在拉海。傍晚时分,拿破仑派出一支卫队支援旺达姆,但徒劳无功;齐藤的部队坚守阵地 6 个小时,分毫未退。如果此时英军支援右翼,胜负已分。同一时间,热拉尔(Gérard)正率法军右翼前往利尼。那里的普军利用城堡和庄园进行防御,炮兵有效控制了前方的平原地带。法军的 4 次进攻都被击退,最终他们进入庄园占领了半个村庄。另外半个村庄一直掌握在普军手中,由于双方都因后方大批步兵的增援而实力大增,于是爆发了始料未及的残酷巷战。城堡和大部分村庄很快陷入战火,尸横遍野。每座房屋和马厩都变成了小型要塞,士兵们手持刺刀在楼梯和屋子里搏斗。战事就这样又延续了 5 个小时,胜负未分。普鲁士已经赔上了几乎全部兵力:1.4 万人,超过 19 个营,都被投入利尼保卫战,最后只剩下一个步兵团能参与决战。然而最终还是打赢了,因为英军的出现扭转了局势。下午,威灵顿再次给布吕歇尔写信称,他刚刚获得增援,将马上采取主动进攻援助普军。傍晚 7 点,英军在布吕歇尔司令部的代表,哈丁上校(Hardinge)也坚持声称,最多再有半个小时,威灵顿就会抵达。一个小时后,格奈泽瑙给克拉夫特将军(Krafft)消息,让他在利尼再坚持一会儿,因为英国援军一定会到。

日落时分,拿破仑亲率由老兵和大批骑兵构成的后备军进攻利尼,试图攻破普军中路。法军近卫军团高呼"皇帝万岁"进入利尼,迫使疲惫不堪的守军撤退。数个营的兵力趁光线昏暗悄悄从东面包围了村庄,跟在他们后面的是 7 个重装龙骑兵团,约 5 千人,是帝国骑兵的精锐。他们跨过利尼直扑风车山,进攻普军的第二条战线。布吕歇尔发现危险,迅速组织抵抗。就在刚才,这位老人似乎已经精疲力竭了,此刻又精神抖擞,派出驻扎在利尼后方的一个骑兵旅。布吕歇尔挥舞着军刀,跨上白色战马,冲在队伍最前面,骑兵高呼口号追随而去。他身边是 1813 年的志愿军首领,现在的陆军中校,第六骑兵团指挥官吕措。西普鲁士龙骑兵、勃兰登堡龙骑兵、易北河后备骑兵紧随其后。战马穿越高高的庄稼地,突然被一道深深的沟壑阻碍,正当骑兵们努力跨越障碍,两发火炮准准落在队伍头上,米约(Milhaud)的胸甲骑兵进攻,普军撤退。随后,一个普军营发动进攻,胸甲骑兵马上后撤,威斯特伐利亚人清楚地看到，这些重装龙骑兵是如何从自己的战马上摔下来，双手捧着自己的胸甲，落荒而逃。骑兵和后备军整顿好阵型继续前进，格奈泽瑙身骑战马，拔出军刀，欢快地对身旁手臂负伤的巴德莱本（Bardeleben）说："跟着我，我给你开路！"与此同时，被迫撤出利尼的军团开始边打边向布里撤退，但队伍已经乱了。中路战线至此彻底失守。

　　普军最后撤离了圣阿曼德村，法军继续向比西高地挺进。黄昏时，战场上雷雨交加，闪电持续了半个小时，雷声几乎掩盖了战场轰鸣。就在这么昏暗的环境中，战争继续。疲惫的军队在布里和比西山稍作休息后，在此处拦住了敌军的脚步。但布吕歇尔失踪了，在骑兵第一轮进攻中，他的战马就被击中了，现在他正躺在沉重的战马身下，失去了意识。敌友双方都多次从他身边经过，却都没注意到他，只有忠诚的副官诺斯蒂茨（Nostitz）一直守着他，最后还是易北河后备骑兵少校布舍（Busche）路过时，才用战士的马将他带走。当人们知道指挥官获救时，这场夜间战斗已经打了数个小时。

　　格奈泽瑙现在全面指挥军队，他已经在布里附近地区沉思良久。他表面平静，内心早已狂风暴雨。他曾那么单纯地相信了威灵顿的承诺，相信能速战速决，愤怒地抱怨背信弃义的英国人。可是眼下，还有比学着英国人的样子，保障自己军队的安全，安全地向德意志边界行进更为自然的想法吗？战场后方有一条罗马古道，向东北方插入默兹河流域，是最便捷的撤退路线，还能迅速同比洛会师，后者正从东赶来，这样军队就能获得来自德意志的增援。部分军队已经本能地踏上了这条路，乍一看这似乎是唯一的出路，但如果朝默兹河进发就会远离盟军，而且普军也认为谨慎的英国指挥官很可能已经撤到了安特卫普，或许已经登船了。果真如此的话，比利时战役就这样结束了，只留下了有关战争委员会及其纷争的痛苦记忆，还有施瓦岑贝格领导下懦弱的司令部。在两位顶尖指挥官都放弃游戏后，联盟是否还有勇气继续对法作战呢？实际上，还有另一条出路。如果威灵顿不赶来加入普军，普军可以主动回撤同英军会师。如果普军不惧危险地踏上不好走的北路，向瓦夫尔（Wavre）进发，就能更靠近英军，有可能在两三天内，在布

123

鲁塞尔附近某处重新开战。这个几分钟内作出的重大决定,决定了欧洲接下来数月的命运。格奈泽瑙看了一眼地图,命令军队北上,穿越蒂利和梅勒里(Mellery)前往瓦夫尔。

黑夜中,副官们忙着给军队传达正确的前进方向。雅戈将军(Jagow)掩护军队撤退,直到凌晨2点还留在战场上。法军无法确定是否获胜了,整夜保持警惕。他们不敢冒险追击,甚至不敢确认对手的撤退方向。普军牺牲了1.2万人,比敌军损失大一些,齐滕几乎损失了四分之一兵力。但这支军队的精神力量无比强大,夜间休息几个小时后,破晓时分就已然整齐有序,丝毫感觉不到沮丧。全军上下都盼望再打一场,一雪前耻。新组建的威斯特伐利亚军团分散在通往默兹河和莱茵河的罗马古道上,几乎没有一个人掉队。参与1813年战斗的若干战士,在夜间不小心脱离了队伍,他们决定一旦遇上比洛的军团,就加入其中,参与佳姻庄战役。

748　　　在这炎热的一天,英军过得更顺利。下午2点,奈伊率法军左翼向北朝夸特布拉斯进发,他很快发现,他面对的英军比拿破仑设想的要强大得多。尼德兰将军贝尔庞彻(Perponcher)意识到了所处地点的重要性,违抗威灵顿的指示,将队伍留在了夸特布拉斯,①击退了第一轮进攻。一开始,奈伊的兵力是此处拿骚和尼德兰士兵(7千人)的两倍,他还让步兵悄悄穿过左侧的博苏(Bossu)树林,联军遭到多次重击,几乎快要守不住道路交叉口的重要战略位置了。3点到4点之间(比威灵顿算的要迟数个小时),驻扎布鲁塞尔的第一批后备军团抵达:它们是皮克顿将军(Picton)领导的一支英军和威廉公爵率领的布伦瑞克黑骑兵。此前他们正前往支援左翼的战斗,已经路过夸特布拉斯,而法国炮兵的猛攻让他们陷入混乱。多亏战马够快,威灵顿才死里逃生。威廉公爵战死沙场,他死得其所,从此以民族英雄、黑骑兵领袖的身份永远活在人民的记忆里,而他短暂统治时期表现出的韦尔夫家族极端顽固和傲慢的臭毛病,将被很快遗忘。

危急时刻,阿尔滕将军带领的英-汉诺威军团接上了联军右翼。威灵顿只能从尼韦尔分出这么小一支队伍,因为他依然幻想着拿

---

① 格奈泽瑙在给普王的信中赞赏这个勇敢决定的重要性,1817年6月12日。

破仑会在西面包围他。阿尔滕在博苏树林中排兵布阵，协助击退了奈伊的第二轮进攻。久攻不下，奈伊几乎放弃了征服英军、奔赴利尼战场的希望，只要能将英军从此处逼退就行了。奈伊此前一直以超越各路对手的坚韧不拔而著称，此战却总是烦躁不安。他明显被数周前废除效忠誓言的行为所干扰，为一个充满耻辱的未来感到恐惧。他恳请莱茵同胞克勒曼（Kellermann）力挽狂澜，因为整个法国的命运危在旦夕。因为皮克顿将军麾下英国老兵冷静顽强，奈伊的第三轮进攻也失败了。阿尔滕的军团也进入博苏树林，其他增援部队，即英国守军和剩下的布伦瑞克部队，也正向布鲁塞尔大道赶来。威灵顿现在以 3 万人对敌 2.1 万人。黎明时分，整条战线开始向前推进，战斗几乎就在开始的地方结束了。

　　威灵顿赶上了个好运气。埃尔隆将军（Erlon）的部队已经被分配给了奈伊，但在下午埃尔隆加入夸特布拉斯战役之前，拿破仑就命令他加入利尼战场。因此当奈伊让埃尔隆的军队赶赴夸特布拉斯时，他们已经接近普军右翼了，所以这支本来该给威灵顿致命一击的部队，整个下午却奔走于两个战场之间，直到晚上才加入奈伊的军队，而那时大局已定。奈伊元帅尽管没有完成拿破仑派给他的不可能完成的任务，但还是取得了重要成功，因为他暂时阻止了两支联军会师。威灵顿却以一种令人不快的傲慢说起这场勉强算得上的胜利："英军征服，普军挨打。"他还是没理解拿破仑的计划，在 6 月 17 日，甚至 18 日还相信拿破仑会从西边包围他的侧翼，所以他不可能察觉，正是他自己让联军陷入这种毫无必要的双线作战局面，也不可能对普鲁士的无私牺牲说一个谢字。可如果没有后者，他不可能在夸特布拉斯开战。

　　深夜，布吕歇尔被他的参谋官发现躺在梅勒里的一位农夫家中，位置就在通往瓦夫尔的路上。这位老人躺在稻草上，平静地抽着烟，四肢都摔伤了，但依然充满信心。他马上表示支持格奈泽瑙的所有命令，他们两个本来就交往密切，因此格奈泽瑙也相信，自己的每一个决定都符合元帅的想法。清晨，布吕歇尔骑着马在队伍最前面，向瓦夫尔进发。战士们看见他的时候，都高兴得欢呼起来。当他问是否愿意明天再打一仗时，战士们都雀跃着回答"是

750 的！"前一天还阳光毒辣，现在却阴云密布，不时还有雷阵雨，瓢泼大雨下了一整夜。已经持续行军或交战的士兵们，费力地在泥泞的土地上推着沉重大炮。露天营地中无法睡觉，但士气依旧高涨。18 日早晨，西里西亚步兵还伴着战地音乐跳起了欢快的华尔兹。布吕歇尔真诚地请求将士们在新的战役中贡献全部力量："别忘了，你们是普鲁士人，你们的口号是'不胜则亡'！"

　　格奈泽瑙给普王的报告中公开批评威灵顿，"辜负所有期待，违背承诺"，没有准时集中军队；他在秘信中说得更露骨。但布吕歇尔司令部发表的报告谨慎地回避了这个问题，而且在战后，格奈泽瑙也大度地避免了任何针对英国盟友的口诛笔伐。直到 20 年后，克劳塞维茨身后出版的历史著作中才首次披露了这段秘史，他肯定利用了格奈泽瑙透露的信息。那时格奈泽瑙根本没工夫为过去的错误争论不休，他向普王报告，眼下决不能各自为战，必须马上同英军会师。司令部里的气氛越来越乐观，因为敌军的犹豫态度清楚表明，对于普军而言，6 月 16 日战役的结果只是打输了一场战役，绝不是彻底失败。布吕歇尔更是信心满满，他希望，如果拿破仑没有进攻英军的话，普英军队能马上会师，共同迎战。就连狂风暴雨的天气，都被他称为"卡茨巴赫战役的老朋友"。俄军随员托尔还打算安慰普鲁士人几句，说施瓦岑贝格领导的大军将马上扭转局势，布吕歇尔的副官诺斯蒂茨毫不客气地回应道："你回到沙皇身边之前，我们要么彻底输了比利时战役，要么赢了第二场仗，根本不需要你们的大军！"

　　威灵顿在给布吕歇尔的回复中宣布，如果能获得 2.5 万普军支
751 援，他将在 6 月 18 日重新开战。布吕歇尔回复称很愿意率全部兵力前往。在一场短暂的骑兵交火中，阿克斯布里奇勋爵（Uxbridge）率领的英国龙骑兵彻底粉碎法国轻骑兵，随后威灵顿率军于当天折返，将英军集中在圣让山（Mont St. Jean），穿越布鲁塞尔大道，向南进发。即便此时，他仍没有完全摆脱从右侧被包围的恐惧，在距离战场以西 9 英里的地方留下了 1.7 万人，因此决战时英军缺了将近五分之一。6 月 17 日到 18 日夜间，普军全部集结在瓦夫尔附近，距离圣让山以东大约 9 到 10 英里，焦急等待的弹药输送队也到了。但是这么短的一段距离，一位副官骑着马一个多小时就

能跑完,却因为糟糕的路况给大军移动造成各种麻烦。再者,迄今还没接上头的比洛大军要当先头部队,不得不穿过更远处的部队,肯定会造成队伍严重迟到。如果像格奈泽瑙怀疑的那样,威灵顿不过是想证明一下自己,那么左翼已经暴露的普军将非常危险,他们只能寄希望于英军坚不可摧。威灵顿只是希望普军能增强英军左翼,但格奈泽瑙选择了一条更加大胆和艰难的道路——袭击法军后方和右侧,一旦得手,就能歼灭拿破仑军队,一举结束战斗。

只有胜利者的疏忽大意,才会让战败者生出如此大胆的计划。对拿破仑而言,用主力追击普军肯定是棘手的任务,但危险的处境让他必须兵行险着。如果他能紧紧跟着对手的脚步,这支败军必定在撤退途中陷入混乱,因为持续不懈的追击会放大胜利的效应。威灵顿不太可能进攻奈伊,更有可能撤退到安特卫普。拿破仑之所以没有采取这样的战略,不是因为懦弱,而是因为一贯的傲慢。就像德累斯顿战役和香槟战役之后一样,他太轻敌了,完全相信普军将一片混乱地撤退到莱茵河,甚至没有监视其撤退。如果事情真像他想的那样,那么他绝对有足够的时间击败英军。6 月 17 日清晨,拿破仑命令大军休整。他脑子里想的更多的是巴黎而非战场,他询问将军们,法兰西帝国打赢这一仗后雅各宾党人将有何举动。直到中午他才命令格鲁希元帅向东朝着让布卢(Gembloux)和默兹河方向追击普军,一定要彻底击溃普军。为此他派给元帅 3.3 万人,这支人马用于侦查的话太多了,但要同全部普军作战又太少了。后半天里,格鲁希元帅向东到了以勒(Irre),一直没碰上普军。直到 18 日早晨,他才发现普军的踪迹,并转向瓦夫尔。他猜不透格奈泽瑙的计划,认为普军正在向布鲁塞尔撤退。他和拿破仑一样,根本没想到一支败军居然能马上恢复纪律,重新开战。普鲁士向北撤退完全出乎拿破仑的意料,他也就不再想着插入两支联军之间。17 日下午,拿破仑亲自同奈伊在夸特布拉斯附近会师,随后追着英军向北朝布鲁塞尔进发,希望能在 18 日或 19 日迫使英军在布鲁塞尔与之交火。

6 月 16 日战役进程一片混乱,18 日则简单干脆。兵法卓绝的威灵顿按照西班牙战场的经验,选择了一处绝佳的防守地点。圣让山有一连串东西走向的低矮丘陵,威灵顿将军队驻扎在这些丘

752

陵的中心附近,路况良好的布鲁塞尔大路正好横跨村庄,径直穿越这片丘陵地带。丘陵间的这块地方非常狭窄,宽度不足1英里,军队紧紧团缩其中。有3万多德意志人,2.4万英国人,1.3万尼德兰人,共计6.8万余人。希尔勋爵(Hill)指挥右翼,奥兰治亲王居中,皮克顿将军率领左翼。前方是一处被障碍物包围的低洼的十字路口,军队背后的地势缓缓向下倾斜,因此大部分人马都隐藏在敌军视线之外。再向北一些,靠近布鲁塞尔大路的地方,坐落着稀疏的苏瓦涅森林(Soignes),无数小径从中穿过,为撤退提供了绝佳掩护。威灵顿公爵带领中路军在圣让山待了数个钟头,他站在靠近主路的高地的一棵榆树下,那里可以一览整个战场,这样就能亲自指挥一切。距离前线数百码远的地方,作为要塞的外垒,是三处重兵镇守的地点。右翼前方是乌古蒙堡(Hougomont),坐落在茂密的古老森林中,高墙环绕;中路前方是位于主路上的拉艾圣(La Haye Sainte)农场;左翼前方是拉艾和帕普洛特(Papelotte)庄园的白色房屋。道路从圣让山开始向南缓缓下降,然后一马平川地穿过开阔地带,再向南爬升3英里,穿越佳姻庄附近的另一处高地。战场形成一处开阔低浅的盆地,所有军队都有机会一试身手。

拿破仑驻扎在佳姻庄附近的高地,让雷耶(Reille)和埃尔隆分别驻守道路左右,后备军留在罗森姆(Rossomme)。他的计划很简单,通过一次或多次正面进攻敌军薄弱的左翼,撕裂英军战线。当时的火枪可以让进攻方通过连续开火逼近防守方,因此拿破仑希望用重火力击溃对手。过去十年间,他的战术变得越来越残暴,最终变成了一个赌红了眼的赌徒,将数以千计的骑兵和全部步兵组成一支大军,就像亚历山大大帝的方阵一样,碾压眼前的一切。正因如此,这场战争一开始就是进攻方一连串的进攻,直到普军出现在拿破仑后方和右侧,才彻底打乱了他的作战计划。整场战争就像一出精心安排的悲剧:简单的开头,激烈的高潮,最后是命运的捉弄,所有现代战争中唯有克尼格雷茨(Königgrätz)①与之类似。在全世界眼中,决战的结果似乎是必然的,因为强大的命运已经分配给这三个国家和每一位指挥官恰如其分的角色:英军在防御上

---

① 即萨多瓦战役,1866年7月3日爆发,是普奥战争的决定性战役。——译注

128

的坚韧顽强；法军在进攻上的勇敢无畏；普军风暴式的猛攻以及最为关键的自我克制精神。

　　拿破仑相信普军还远在那慕尔，觉得可以速战速决。法军 7.2 万人，人数上超过了威灵顿的军队，在骑兵和炮兵方面更占优势，用 240 门火炮对威灵顿的 150 门。在这种情况下，将进攻时间延迟到中午似乎也没什么问题，而且中午时分的阳光也有助于烘干泥泞的地面。拿破仑为了威慑对手，也为了提振士气，就在英军眼前举行了一次盛大阅兵。拿破仑无疑也想在忠诚追随者的目光中获得鼓舞，因为强烈的自我怀疑和焦虑已经让他疲惫不堪了。无论如何，一天以后，当他孤独地待在小岛监狱里时，总会回想起那一刻，他兴奋地大声宣布："能承载如此之多的勇士，是这片土地的荣耀！"那也是最后一次，经历埃及战役、奥斯特里茨战役和博罗季诺战役的老兵们在统帅面前犹如置身天堂，他们曾是这个世界的噩梦，却一朝覆灭，除了战士的尊严、复仇的渴望以及对英雄拿破仑至死不渝的热爱，他们一无所有了。战鼓声声，旌旗猎猎。掷弹兵头戴熊皮高帽，胸甲骑兵头盔上飘扬着马尾，散兵的平顶军帽上流苏摇晃，枪骑兵的燕尾旗随风摆动——这是历史上最壮观、最勇敢的军队之一。帝国辉煌再现，拿破仑恍如战神临凡，欢呼声不绝于耳。英军则是一片肃静，责任感和对悲剧命运的预感重重压在大多数人心上。十个多小时后，德意志战略家的大胆计划就变成了现实，这支傲慢强大的法军被彻底歼灭。

　　大约 11 点半，拿破仑将左翼派往乌古蒙堡，同时计划一举歼灭敌军右翼。4 支步兵分队组成一支庞大的纵队，位于佳姻庄的一支炮兵连持续开火，为进攻开辟道路。1 点半，埃尔隆率大批步兵进攻英军左翼。行动之前，拿破仑已经被一条坏消息扰乱了心神。他通过一封拦截到的信件得知，1 点比洛将军正朝向法军右翼进发。他在罗森姆的一座小山上研究地图，认为在圣兰伯特教堂已经可以辨识出消失在地形起伏间的部队踪影，马上派一名副官前往证实。拿破仑努力控制不安的情绪，一下派出两支骑兵向东穿越战场右翼。如果单凭比洛的人马，那么还没等普军加入，威灵顿肯定已经败了。拿破仑自信地对军官们宣布，格鲁希元帅正前往支援右翼。此时，埃尔隆正率领 4 个步兵师继续推进，第一轮进攻

754

755

中他在英军炮兵火力下损失惨重。这轮进攻的第一个结果是一个尼德兰旅叛逃,只有部分军队还坚守阵地。老布吕歇尔曾说,这些比利时人"不可能是猛兽",所言非虚。但英-汉诺威步兵从战壕后方出现,包围了这支不可征服的法国大军。经历一番激战,法军撤退,皮克顿将军阵亡。庞森比(Ponsonby)带领的苏格兰骑兵继续追击,直到法国骑兵迫使其转向。

法军的这一轮大举进攻失败了。此时此刻,拿破仑肯定已经意识到,至少有一支相当规模的普军正在向位于法军右翼后方的普兰切诺瓦(Planchenoit)进发。此时拿破仑还能抽身退步,可骄傲如他,怎么可能作出如此耻辱的决定?他将洛博(Lobau)的部队派往普兰切诺瓦,可是这样一来,法军的战线就无法保持笔直,而是形成了一道向右后方弯曲的曲线。普军不费一兵一卒就毁了拿破仑的全部作战计划。正在与英军作战的法军还全然不知右侧即将出现的危险,拿破仑不会允许洛博继续东进,但如果他继续前进,就可以在宽阔的拉森(Lasne)山谷边缘轻易拦住比洛的大军,将其拖在普兰切诺瓦附近。只要能尽可能久地拖住比洛,法军必胜的决心就不会动摇。由于害怕普军进攻,拿破仑不敢再派 24 个营的后备兵力对付英军,决定用全部骑兵摧毁威灵顿的中路。此举必定失败,因为联合步兵的主力坚若磐石。

布吕歇尔一早便率军离开了瓦尔夫,他前一天摔得太重了,肯定还没恢复,可是谁敢劝这位老英雄休息呢?他喊道:"我宁愿拴在马上也不想错过战斗!"他很有劲头地骑着马,随大军在泥地上艰难行进,但瓦尔夫的一场大火严重拖延了行程。布吕歇尔所到之处,战士们无不欢呼致意,看着他,轻抚他的膝盖。他鼓励每个人:"孩子,我已经答应了威灵顿兄弟,一定会赶到,咱们可不能食言。"蒂尔曼带领第三军团留在瓦尔夫,防止格鲁希进攻我军后方,实际上格鲁希在下午已经离瓦尔夫不远了。另外三支军团向拉恩河畔的圣兰伯特教堂进发,先遣队和主力分别在 10 点和 1 点抵达。随后这些军团被分开,齐滕带领第一军团径直向奥海因(Ohain)进发,进攻法军右翼。比洛和皮尔基分别带领第四和第二军团左转,向西南方向直插法军后方。幸运的是,拉恩河谷中难走的窄路尚未被敌军占领,下午 4 点,比洛在弗里施蒙(Frichemont)

树林及后方找到了一个隐蔽地点,等到大军抵达再奇袭法军。他悄无声息地守在这里,将领们在树林边缘密切注视战局。一位军官说,敌人有可能放弃进攻英军,为了保护撤退,应该会集中火力对付普军。格奈泽瑙回应道,"你不了解拿破仑,他会不惜一切代价撕裂英军战线,不会在我们身上多费一丝力气。"

事实果真如此。甚至在下午三四点之间,普军还没到弗里施蒙树林,法军就已经对英军发动了第二轮猛攻。奈伊率领 14 个炮兵团沿公路西侧奔袭而来,进攻位于中路的英军和阿尔滕部队的方阵。双方打得难解难分,但步兵坚守住了阵地,最终击退了法军的进攻。于是,奈伊将兵力纳入克勒曼的骑兵队伍,用 26 个骑兵团再度进攻。在一个地点投入如此庞大的骑兵,即便在这个战火频仍的年代,也是绝无仅有。上万匹战马蹄声隆隆,军刀长矛林立,双方纠缠了一个小时。英德步兵始终占据上风,这次进攻一无所获,龙骑兵已经开始撤退,英-汉诺威后备骑兵的大胆出击让他们方寸大乱,可即便是胜利者,此时也已精疲力竭了。

战场上其他部分的情况对拿破仑就有利多了。秋特(Quiot)的部队刚刚参与了埃尔隆的猛攻,现在又再次沿公路奔袭,进攻拉艾圣农场。驻守此地的是巴林少校(Baring)及其麾下的一个步兵旅,由德意志人和一些拿骚人组成。中午时分,他们已经击退了埃尔隆的纵队。这支队伍无比忠诚,上至军官,下至最下级的列兵,都誓死捍卫阵地,决不后退一步。多艰巨的任务!农场的屋顶起火了,一些人必须去救火,而另一些人则躲在花园的篱笆和围墙后,向兵力远胜自己的敌军开火。子弹快要打完了,巴林一遍遍向圣让山派信使,请求增援弹药。直到打完最后一发子弹,这支顽强的小分队才撤离。法军愤怒地冲进来,一边搜索房屋和谷仓一边高喊:"一个都别放过!"因为就在这个下午,就在刚才,他们的无数战友都死在德意志神枪手的子弹下。英军中路外围受到攻击,敌军很快向圣让山进发,撕裂了威灵顿的战线。他派遣基尔曼塞格(Kielmannsegg)带领的汉诺威旅前往,一度成功补上了中路的裂缝。但只成功了一下,因为后备军已经用完了,中路前方的关键位置拉艾圣此刻仍在敌军手中。同一时间,位于左翼的伯纳德面对杜鲁特的进攻,也快守不住拉艾和帕普洛特了,开始撤退。威灵顿

757

758

更加焦虑了，不断派副官催促布吕歇尔速速支援。他冒着严寒站在军官们中间，握着表说："布吕歇尔黄昏就来了！"如果拿破仑此刻派兵攻打圣让山或者英军摇摇欲坠的左翼，必胜无疑。

就在这千钧一发之时，普军发动了进攻。枪炮之声从东侧响彻整个战场，这意味着在布吕歇尔后方的瓦夫尔，蒂尔曼和格鲁希交上火了。同时，在弗里施蒙树林前方，战斗也打响了。下午 4 点半，威灵顿已经独自坚守阵地 5 个小时。比洛率领的军队在树林前方的高地上占据了一个有利位置，刚好能看见一幅壮观的场面：第四军团战鼓声声、战旗飘扬地走出树林，直插普兰切诺瓦平原。在格奈泽瑙年轻依旧的心灵中，此刻这首狂野的战争诗歌堪称迷人，以至于他在官方作战报告中都难以自拔地沉浸在这辉煌的场景中。

登讷维茨战役的英雄比洛，竭尽全力弥补 6 月 15 日和 16 日的错误，镇定自若地指挥作战。战斗刚一开始，备受喜爱的什未林上校就阵亡了，一年前，正是他将胜利的消息带回了首都。洛博的部队被迫后退，普军势不可挡地冲向普兰切诺瓦平原。6 点左右，齐滕将军率领第一军团的先遣队抵达切恩（Chain），一听到英军左翼战事吃紧，迅速前往拉艾和帕普洛特，杜鲁特的部队刚刚插入此处。普军援军抵达的时候，魏玛的伯纳德亲王刚刚率残部撤退进了隐蔽的苏瓦涅树林，他麾下英勇的拿骚战士苦战良久，再也无力继续作战了。施泰因梅茨正将法军赶出这两处前哨，勃兰登堡龙骑兵负责对付撤退中的部队，第一军团的炮兵火力横扫敌军右翼，右翼全线失守的消息很快传到了法军中路。

759 7 点，拿破仑的败局已定。法军左翼一次次徒劳地进攻乌古蒙堡，中路骑兵展开的猛攻也失败了。右翼和后方，普军正从两个方向不断逼近，之前战斗的唯一收获，拉耶圣农场也保不住了。如果拿破仑能赶紧撤退，至少还能保住一半兵力。但他的个性和绝望的政治局势决定了他肯定瞧不上撤退这条路，而是冒险发动第三次全面进攻，双线作战。7 点，拿破仑召集麾下的 24 营卫队，只留下 2 个营作为最后的后备军，派遣 12 个营前往普兰切诺瓦平原对付比洛，奈伊率领剩下的 10 个营再次进攻英军中路，不过这次要从公路西边进攻，尽可能远离齐滕的部队。拿破仑在佳姻庄为这些将士壮行，他们将决定鹿死谁手。这支队伍进入了可怕的盆地，那里堆积如山的尸骨仿佛引导着这些法国骑兵走入地狱。战鼓声声，他们冒着英军的炮火登上英国卫队面前的山坡，梅特兰（Maitland）近卫步兵团就藏身此处的草丛中。第一顶熊皮帽出现在山坡上，威灵顿迅速下令："卫兵们，冲锋！"惊慌失措的法军眼前马上出现了一堵红色的墙，正是英国近卫军团。短暂而激烈的贴身肉搏后，法军被赶下了斜坡。奈伊的战马中弹，刚好压在了他身上，法军立刻溃不成军。奈伊奋力脱身，怒吼着召集残兵败将，但已是徒劳，因为其他几营也战败而归。拿破仑的卫队崩溃，他游荡在战场上，握着残剑，想要找到一发子弹，了结无尽的悔恨和绝望的未来。

布吕歇尔全歼了拿破仑部队。比洛的人马分三个纵队风暴般席卷普兰切诺瓦平原。村庄及周围是拿破仑的 12 个近卫营，他们誓死抵抗，全部葬身于此。普军在没有任何掩护的情况下，暴露在开阔的战场上，面临法军的枪林弹雨，后者藏身于一栋栋房子里和教堂高墙之后。最后的战役简直称得上这个野蛮时代中最血腥的一幕：3 个半小时里，比洛牺牲了 6,353 人，超过所率兵力的五分之一，相当于英军的全部损失。头两次进攻都被击退了，最后格奈泽瑙亲率西里西亚和波西米亚军团展开第三次进攻，直到 8 点，终于获胜。法军残余在乡村街道上继续抵抗，随后全面溃散，少校凯勒（Keller）率领第 15 步兵团追击。整条战线上都能听到普鲁士军号嘹亮悠长的进攻信号。在北方，洛博的军团分别被比洛和齐滕的部队从前方和侧翼进攻，最终溃败。这两支普军也正好在此地胜利会师，于是即将从三面包围法军右翼的绞索形成了。英军从北面推进，普军从东面和南面袭来。格罗尔曼给齐滕指出了通往法军中路后方高地，即佳姻庄农场的路线，那个农场有着白色的围墙，就像灯塔一样醒目。普兰切诺瓦平原的胜利者们也向着那里进发。

4 万多普军参与作战，战斗接近尾声，皮尔基将军的军团才从普兰切诺瓦平原后方的高地上下来。在最后一小时中，拿破仑火速前往拉耶圣，让秋特的队伍再次尝试进攻圣让山。当他得知奈伊的溃败和右翼全线失守的消息，绝望地说道："全完了，各自逃命

760

133

吧!"随后沿着公路往回跑,而这条路已经被英军和齐滕的交叉火力全面控制,拿破仑也身陷险境。

威灵顿冷静地思考着眼前这混乱的局面,他的部队几乎快打不动了,战略部署也被全盘摧毁,这漫长的战役让全军士气低迷,庞森比和萨默塞特麾下的两支骑兵旅被打散,残余力量只能组建起不到两个骑兵中队,这样一支部队绝对打不起另一场大决战。威灵顿明白,现在只有普军能让他免于灭顶之灾,于是不断敦促布吕歇尔支援,但最终他却将胜利归因于英军的英勇无敌。此外,作为一个精明的政治家,他也早就预见到,如果人们相信英军才是这场战斗中的决定性力量,那么英国的态度将在和平谈判中具有举足轻重的作用。因此,一看到法军右翼完全暴露在普军炮火之下,他马上带领所有能用的残部向前推进了一点点。在这次前进中,汉诺威上校哈尔克特(Halkett)驱赶了他面前唯一阵容整齐的两个法军卫兵方队,并亲手俘虏了其将领康布罗纳(Cambronne)。但这支部队没追出佳姻庄多远就精疲力尽了,威灵顿将追击远方敌军的任务留给了普军,不过普军也的确离敌人最近。

法军现在一片慌乱,军纪彻底崩坏,人人都只想着自己有多倒霉。步兵和骑兵混杂一处,残兵败将们潮水般沿着公路向南流动。追击的普军骑兵切断道路,缴获了法军240门大炮中的213门。生病的拿破仑几乎无法坐在椅子上,但也不得不骑马逃亡。只有少数忠勇之士还在坚持作战,历史上从未有如此勇敢的军队如此突然地一败涂地。经过白天异常艰苦的奋战,无论肉体还是意志都无法继续支撑。昏暗夜色中,凶猛的胜利者、沉重的打击和无休止的追击,让局面愈加混乱。法军还有一个致命弱点,它缺乏道德力量,能团结起这群乌合之众的只有对英雄的信仰,如今星辰陨落,他们就又成了一群乌合之众。

英普两位指挥官在佳姻庄农庄南部不远处汇合时,太阳已经隐藏在厚厚的云层背后。两个同样坚毅勇敢的男人热情拥抱,一个春秋正盛,一个头发花白。格奈泽瑙终于彻底打败了拿破仑,终于洗刷了以往的一切耻辱。他的心脏剧烈跳动,腓特烈战场的壮观场景浮现在眼前。他目光炯炯地对巴德莱本说:"像不像鲁腾会战?"他还想起了耶拿战役后的恐怖之夜,那时他们被打败了,惊恐地躲避法军的夜间追击。他说："我们已经展示了如何获胜,现在我们要展示如何追击。"他命令巴德莱本用一个炮兵连紧跟着那些残兵败将,在黑夜中不断用炮声恐吓,让敌军不得休息。随即命令勃兰登堡枪骑兵和龙骑兵、第 15 和第 25 步兵团以及波美拉尼亚第 1 步兵团拿起一切可用的武器进攻,威廉亲王也率比洛军团的后备骑兵加入。

　　这场残酷的追击战沿公路进行了整晚,敌军无处休息。拿破仑的残余部队直到热纳普还在尽力回击枪骑兵,但是 11 点左右,他们发现普军步兵加入攻击,马上四散而逃,洛博将军和 2 千多人被俘,装着拿破仑帽子和佩剑的马车也被缴获。马车座位垫子被掀起,里面盛满了黄金珠宝,这是那位伟大的冒险家给自己预备的,我们穷苦的波美拉尼亚农民小伙子们困惑地看着这些耀眼的东西,许多人为几个硬币就卖了宝石。第 25 步兵团的军官们获得了拿破仑精美的餐具,后来他们送给了普王最钟爱的小女儿装点餐桌。

　　短暂休息后,格奈泽瑙和威廉亲王继续追击。穿过戴尔河(Dyle)以后,法军自觉安全,于是安排露营,后来他们至少 7 次被普军赶离营地。步兵已经不能继续追击后,格奈泽瑙命令一名鼓手骑在马上,全力击鼓,引导枪骑兵和大约 50 名还能前进的枪步兵继续追击。单凭一面鼓,就让无数法军小队逃亡,道路上处处丢弃着武器、背囊等物品。黎明时分,追击者抵达夸特布拉斯战场,走过这片土地,太阳升起,他们才疲惫地停下脚步。在他们的追击下,法军已经彻底解体,参与佳姻庄战役的法军只有 1 万人逃回巴黎。

763

　　布吕歇尔自豪地赞美麾下的军队无与伦比,完成了所有指挥官都认为不可能完成的任务:"你们的功绩流芳千古,你们是普鲁士王国不可动摇的基石,捍卫着君主和王室的福祉。如果你们的子孙后代都如你们一般,普鲁士将千秋万代!"他写信给施泰因说:"我尊敬的朋友,我希望您能对我感到满意,也希望我能作为您的邻居,平静幸福地在这个国家度过余生"。他下令将这场战役命名为"佳姻庄战役",也就是两位将领会师的那座农庄,"纪念英普之间的天然联盟,纪念两支队伍的会师以及两位将领的相互信任"。

但是威灵顿不想接受这个美好的想法，让两个国家都获得应有的荣誉，这场战争只能是他一个人的胜利，他将其命名为"滑铁卢战役"，那里根本没有打过仗，只是 6 月 17 日在那里过夜，自从西班牙战争起，他就习惯用司令部最后所在地命名战役。格奈泽瑙的军事报告中坦率而克制地描述了事情的原委，但是在威灵顿的报告中，就好像他最后那场微弱的进攻决定了战争的结局，就好像普军只是承担了可有可无的辅助工作。幸运的是，英国盟友的这般德行眼下还藏得不错，双方战士依然相处和谐。

764 　　利尼战役的不幸消息给国内造成巨大影响，人们开始想象另一轮无休无止的战争岁月。因此当胜利的消息传来，人们欣喜若狂，普英两国的关系也突然逆转。德意志如今在境外作战，半数普军和部分北德军团联合 6 万英军和尼德兰军，足以防御法国。同时，一种观念也不可避免地复活了，即只要其他德意志国家加入普鲁士，那么不需要奥地利，普鲁士就能独自掌控这个糟糕的邻居。格奈泽瑙满意地宣布："法国现在不仅是害怕而已，他们已经明确知道，我们比他们强大。"普鲁士意识到了自己的力量，要求不遗余力地利用这场胜利，彻底解放德意志的河流。当时的一首诗写道："法兰西，法兰西，窃我财富，占我城池，夺我边疆；终悉数夺回，戴胜利之桂冠，享和平之岁月！"

　　人性之恶也在战争中暴露无遗。普军本来有可能参与决战，但还是完美错过了，就像不少军官认为的那样，这和那两位杰出的军事家不无关系。格鲁希的部队没有被全歼，6 月 18 日他朝瓦夫尔进发，晚上蒂尔曼在戴尔河截住了他。次日清晨，格鲁希再次出击，蒂尔曼手里只有三个旅，不敌格鲁希，于是撤到了鲁汶。蒂尔曼部队的主心骨是天才克劳塞维茨，他认为鲁汶更危险，于是继续向北撤离。结果，当法军收到佳姻庄惨败的消息，迅速折返桑布尔河时，普军早就追不上他们了。同时，主力部队也发动了对格鲁希的进攻。18 日深夜，皮尔基将军抵达普兰切诺瓦，战斗已经结束

765 了，于是他的头号智囊马上有了个绝妙的点子，让第二军团马上向东追击格鲁希或断其退路。这是个艰难的任务，第二军团在之前的战斗中损失严重，只剩 1.6 万人，不到三天前的一半。战士疲惫不堪，也不清楚格鲁希的确切位置。这样一支部队夜间行军必然

缓慢,而且军官们也不够机灵,否则他们本应在 19 日就知道格鲁希的位置,但是他们直到 20 日才得到消息,而在前一天晚上,格鲁希已经悄悄抵达桑布尔河,幸运地从皮尔基和蒂尔曼之间溜走了。皮尔基迅速追击,在那慕尔遭遇敌军的后方守军,经历血战拿下那慕尔,可格鲁希的主力已经在安全地带了。现如今,法军仍有 3 万大军,完全有可能以之为核心组建一支新军。

布吕歇尔和威灵顿迅速达成共识,在普鲁士带领下联合入侵法国,但双方的目的截然不同。布吕歇尔希望彻底打垮邪恶的法国,直到各国君主对其作出进一步的安排。威灵顿则希望能尽快恢复法国的合法君主。威灵顿的政治处境相当有利,布吕歇尔则根本不清楚普鲁士宫廷的计划,不得不禁止麾下将领们同波旁家族有任何官方往来。威灵顿完全无视盟友的愿望,悄悄地向目标迈进,并要求在根特的法国宫廷跟随英军。

决战以迅雷不及掩耳之势爆发了,速度快到各国都几乎没有准备好面对已经变化的局势。各国承认路易依旧是法王,整个外交部门都随他去了根特,外国代表们也幸运地克服了布拉卡(Blacas)伯爵的危险影响,劝说法王采取更加温和的态度。6 月 28 日法王一改之前的愚蠢傲慢,发表了一份善意满满的声明,承诺从今往后将立于盟国和法军之间,"以求盟国对他的尊重可以变成法国的优势";并庄严承诺不会恢复十一税和领主权利,不要求返还国家资产。威灵顿则毫不迟疑地向巴黎派来的和平使团宣布,如果法国不请回国王,占领国的条件将更加苛刻。奇怪的是,俄国大使波佐·迪·博尔戈竟强烈支持威灵顿,而且这完全是他的个人行为,因为当时沙皇正在考虑支持奥尔良公爵即位法王。博尔戈打算通过支持波旁家族,在未来几年内成为杜伊勒里宫最有权势的人。一部分有产阶级也倾向于认为,一场新的王室复辟可能是挣脱眼下绝望处境的唯一办法,而且也将有利于法国在欧洲的处境。因此,波旁家族复辟就是一场算计,与忠君爱国情结无关。

拿破仑很快明白,法国容不下一个不幸的他。在随从的建议下,6 月 20 日他离开军队,赶往巴黎。但是在巴黎,他发现自己彻底被全世界抛弃了,于是两天后退位给了儿子。富歇领导的临时政府也不再听话,焦心不已的拿破仑在马尔梅松(Malmaison)待了

766

好几天，约瑟芬离婚后曾独居在那里。最后，他终于明白游戏已经结束。对于这位独裁者而言，在城外雅各宾党人的帮助下重新控制法国是个太懦弱的主意。随着普军逼近巴黎，6月29日拿破仑匆匆前往罗什福尔（Rochefort）海滩。这位伟大的演员向英国摄政王宣布，他现在就像特米斯托克利（Themistocles）①一样，前来寻求强敌的庇护。7月15日，拿破仑登上英国舰船"柏勒罗丰"。哈登贝格满意地得知，所有国家都毫不迟疑地赞同了他之前的提案，将这个危险的男人监禁在尽可能远离欧洲的地方。拿破仑将在森林密布的圣赫勒拿岛上独自谋生，这项惩罚就连他的死敌都未曾想到过。这位巨人的一生有个恶作剧般的结局：生命的最后几年，他不停地为鸡毛蒜皮的事情吵架，满口谎言。他曾是那么勇敢，胆敢扼住世界的喉咙，现在却亲手撕下面纱，露出了粗俗下流的面目。

767 　　威灵顿和布吕歇尔费了一番工夫，才就拿破仑的命运达成共识，但也暴露了英德政策的矛盾。威灵顿希望尽可能地照顾法国情感，而且因为他生性冷酷，所以正确地认识到，作为占领者，暴力事件会让胜利蒙尘。但在布吕歇尔的司令部，古老的仇恨正在熊熊燃烧，就因为这个男人，无数德意志人命丧黄泉。布吕歇尔甚至决定，一旦抓住这个罪魁祸首，直接就在文森堡枪决了他。否则维也纳将这个扰乱和平的人宣布为法外狂徒的意义何在？在威灵顿的热切恳求下，布吕歇尔才放弃了这个想法，格奈泽瑙痛苦地写道："我们过分的宽宏大量，是因为尊重公爵，也因为软弱。"此外，普军指挥官坚持让军队行进至巴黎，英国则更愿意保护巴黎免于兵祸，只希望他们的波旁门徒单独入主巴黎。布吕歇尔态度坚定，向巴黎和平使团提出了许多苛刻的条件，这让战事的延续不可避免。

　　普军遥遥领先英军，继续推进，沿途实施包围战，14座要塞开门投降。法国老百姓都充满敌意，他们认为这一次反法联盟战争是不义的暴行。普鲁士也比去年更加严厉。格奈泽瑙希望在瓦兹

---

① 特米斯托克利（Themistocles，约公元前524—前460），雅典著名军事家、政治家。曾于萨拉米斯海战中打败波斯舰队，后被雅典公民放逐，客死小亚细亚。——译注

河（Oise）截断格鲁希的队伍，他没能成功，但是由于持续追击，格鲁希的队伍最终溃不成军。普军的弗兰肯豪斯少校（Frankenhause）是个大胆的军事冒险家，他让敌军不得休息，尽管普鲁士骑兵在此次战争中已经没什么机会立功了，但还是在他的带领下保住了古老的骑兵荣誉。在贡比涅森林（Compiègne）和维莱科特雷（Villers-Cotterets）的两场战斗中，法军都组织了微弱抵抗。法军七零八落地回到了巴黎，这样一来，达武控制的巴黎军政府的武装力量就超过了 7 万人，可这样一群残兵败将，又有什么可指望的呢？布吕歇尔的军队从比利时战场出发，持续行军 11 天，中间只休息了 1 天，于 6 月 29 日抵达戈内斯（Gonesse），距离巴黎北部只有几个小时的路程，迷人的塞纳河盆地就在眼前。

　　格奈泽瑙在戈内斯的司令部不太好过。我们之所以关注这位德意志伟人，是因为他在任何方面都是个简单的人，因此也很可能展现出人性的痛苦和不公。他知道自己才是这场战争真正的指挥官，知道是自己想出了两军合并的主意才力挽狂澜。可现在人们却赞颂着英雄威灵顿，这个英国人的确在战场上表现出了极大的慎重和坚韧，但作为指挥官却错误连连。格奈泽瑙回想着自己那些不为人知的军事行动，回想起多年来沉默压抑的生活，心情极其痛苦。从童年起，他就承受着命运的试炼。他生于萨克森阿布得拉（Abdera）的希尔达（Schilda）帝国军队混乱的军营中，生于普鲁士的敌人中间，普鲁士的炮声是他的摇篮曲。图尔高战役之后的夜间撤退中，他差点被冻死，幸亏一位好心的掷弹兵救了他。随后便是一段贫穷枯燥的时光，这个穷小子在希尔达放鹅，直到维尔茨堡的亲戚最后接济了他。这个无家可归的人从来都不知道自己属于哪块德意志土地，属于哪个教区。接下来，他在埃尔福特度过了一段放荡不羁的学徒岁月，又在奥地利骑兵中短暂地服役，还跟着被安斯巴赫侯爵卖到英国的可怜人们去了一趟美国。然后他进入普鲁士军队，一开始怀揣着伟大的梦想，后来在极端枯燥的下级军官岁月中变得自怨自艾，差一点就甘于平庸。但普鲁士危急存亡之时，正是格奈泽瑙让士气低迷的军队取得了第一场胜利，自从沙恩霍斯特逝世后，无人能与格奈泽瑙相提并论。他有何奖赏？在日常交往中感受过他的魔力的军官们，都知道他对于德意志有多

768

么重要。他们看到这个天生的领袖,居然手里拿着帽子,谦逊地站在沙皇身侧,觉得命运真是擅于嘲讽。战士们向老布吕歇尔欢呼致意时,几乎没人看到元帅身旁这个沉默的将军。比洛已被历史铭记,格奈泽瑙却还不为人知。他自信比所有步兵将领都有资历,却仍不过是个中将,从未独立领导部队,也没有获过黑鹰勋章,更别提铁十字勋章了。国王不喜欢他,宫廷中恶毒的流言蜚语从未停止过。他觉得自己在军队中的地位岌岌可危,因此不久前还恳求哈登贝格,让他在和平岁月担任邮政大臣。他绝非虚荣之辈,无数次说自己只是运气好,但也表达过不满。有一次,他在盛怒之下一连给首相写了三封信发泄怨气,甚至谴责施泰因和布吕歇尔都是忘恩负义之辈。[①] 没过多久,普王就给了他足够的公正,他后来还戴上了从拿破仑的马车中发现的徽章。但绝大多数同辈人并没有给他应得的历史荣誉,直到下一代人才承认他的伟大,而直到今天,法国人还不明白谁才是欧洲联盟最伟大的将领。

　　格奈泽瑙的坏情绪转瞬即逝。6 月 30 日他就又心平气和地向两位指挥官提出了自己的攻占巴黎计划。比洛不停用佯攻骚扰防御良好的巴黎城北,布吕歇尔率领其余部队向右进发,穿越塞纳河,从南部进攻巴黎。7 月 2 日,英军终于抵达,这让比洛如释重负。最后的交火发生在巴黎城南的开阔地带,又被完全留给了普军。达武在信中言辞恳切地请求停战。威灵顿认为,只要拿破仑彻底垮台,就没有任何理由继续战争,而这在德意志指挥官听来简直就是嘲弄,他提出强烈抗议,要求压迫德意志人民的暴君投降:"难道你愿意让汉堡曾经的灾难降临到巴黎头上吗?"布吕歇尔最钟爱的部队遭遇的一次冲突深深震撼了这位老人:佐尔(Sohr)领导的勃兰登堡和波美拉尼亚轻骑兵,一共 650 人,遭遇莱克塞曼(Excelman)将军带领的 11 支骑兵团,全部落入后者在凡尔赛设下的包围圈。他们开始战斗时,发现自己已经走进了一个昏暗巷子,两边都是高墙,只有大约三分之一的人死里逃生。元帅最钟爱的儿子,年轻的志愿兵海因里希·冯·约克也在这支队伍里,当敌人打算放过他时,他一边高喊"我是约克",一边继续战斗,直至战死。

---

① 格奈泽瑙从戈内斯写给哈登贝格的信,1815 年 6 月 30 日。

就这样，亲手开启了德意志战争的铁人，在最终的胜利前夕，再次付出了血的代价。

7月2日，齐滕的军团经历一场激战后，开始前往默东高原（Meudon）。次日夜间，他努力想从伊西（Issy）重新占领这片高原，但彻底失败了。普军兵力呈碾压式优势，次日清晨达武宣布准备投降。布吕歇尔派穆弗林（Muffling）前去谈判，他曾以布吕歇尔的名义签署了臭名昭著的《拉特考投降协定》，自从那时起，布吕歇尔就对他有一肚子火，现在派他签署另一份投降协定，正是希望他能一雪前耻。法军必须在3天内撤离此地，达武也必须带领剩下的部队撤出卢瓦尔河。布吕歇尔带着胜利的喜悦写信给克内泽贝克："大功告成！巴黎到手！这一切都归功于我们英勇的战士，归功于他们的坚韧和钢铁般的意志！"接下来联军占领了整个法国西部和北部，沙恩霍斯特的女婿弗里德里希·多纳（Dohna）兴奋地让他的骑兵饮马卢瓦尔河，骄傲地回想曾在胡格诺战争中立下汗马功劳的祖先们。

这一次，巴黎市民不再夹道欢迎布吕歇尔，他们将知道战争的含义。联军部队各自进入巴黎，尽管市民们强烈抗议，但士兵都被安置在民宅里。官员和市民都被严重激怒了，普军只用了4天就终结了法军的光荣历史，真是奇耻大辱。占领者要求法国为军队提供两个月的费用，并且马上支付2百万战争赔款。第一天，普鲁士火枪手就把但泽的绘画从卢浮宫拿下，由此开启了收复赃物的行动。布吕歇尔说，哪怕是一根头发都要交出来，他迅速推进这项工作，那些讨厌的外交官们根本没机会插手。正是因为布吕歇尔的强硬态度，这座臭名昭著的巴黎赃物库才被终结。阿尔滕施泰因、艾希霍恩和年轻的科隆艺术品鉴定师德·格罗特（de Groote），向普军展示了被盗走的珍品，可是尽管德意志专家们积极地搜寻，还是流失了一批珍宝。普鲁士开始着手获得补偿，其他国家也坐不住了。海德堡的珍贵手稿很早以前就被送去了罗马，后来拿破仑将其带到了巴黎，终于物归原主。佛罗伦萨的艺术家们唱着赞歌，手捧鲜花列队欢迎诸神的雕塑，维纳斯和阿波罗终于被送回乌菲齐美术馆。布吕歇尔还希望炸毁耶拿大桥，如果炸的时候塔列朗能在上面就再好不过，最后还是普王插手他才打消了这个主意。

141

十九世纪德国史（第二卷）：组建德意志邦联

司令部设在圣克劳德，普军的制服裁缝们在橘园，也就是雾月政变爆发地设置了作坊。布吕歇尔离开时，带走了大卫绘制的那幅《拿破仑翻越阿尔卑斯山》，将其献给普王，悬挂在柏林宫殿中。穆福林手段强硬地控制着巴黎、军队以及家里安置着军人的怨声载道的房东们。普菲尔（Pfuel）是他的副手，非常擅长体操和游泳，在北德青年人中很有声望，一套花剑就能让那些骂骂咧咧的法国人闭嘴。但他在陷入狂热的法国人中处境艰难，普军的岗哨夜间频繁被攻击。有时普鲁士卫兵在咖啡馆里越说越难听，甚至要依靠武力才能躲进巴黎皇宫的拱廊。

普军的行为尽管严酷但绝非暴力，可比起威灵顿精心表现出的宽厚，还是对比强烈。他让军队驻扎在布洛涅河畔的露天营地，极力避免刺激巴黎人的情绪，同时像一个最熟练的伦敦股票经纪人一样，冷静地使了一出外交绝活。威灵顿认为，英国理所应当在这次联盟战争中扮演决定性角色。因此，他甚至在没有获得联盟宫廷认可的情况下，就让波旁家族在英军的护送下入主杜伊勒里宫。7 月 10 日，三王齐聚巴黎，已经当了两天法王的路易热情地款待了他们。富歇迅速认清局面，大力拥护波旁家族，并建议不要重组帝国议会。因为布吕歇尔拒绝了法王的一切邀请，也因为杜伊勒里宫的普军压根不曾关注宫廷动向，所以才形成了如此局面。英国一力完成了法国的第二次复辟，其他国家也未曾认真想过驱逐波旁家族。但这一既成事实损害了德意志的正当要求。如果英德率先就割让阿尔萨斯-洛林一事达成共识，然后再召回波旁王室正式宣布缩小领土，那么仍有可能完成割让一事。可现在必须要同态度友好的法王就此事进行谈判，因此也就变得不可能了。哈登贝格谴责威灵顿的专断行为让同盟陷入"进退两难的局面"。[①]

对于沙皇和奥地利皇帝而言，比利时战役的胜利是个意外，但绝非好事。俄军根本没有参与战争，奥地利和南德在斯特拉斯堡打了一场无关紧要的仗后，就开始对阿尔萨斯要塞展开枯燥的包围战。奥地利约翰大公兵不血刃地占领了许宁恩（Hüningen），感恩戴德的巴塞尔人称他为第二个拿破仑。但其他地方仍在坚持抵

772

---

① 哈登贝格日记，1815 年 7 月 3 日。

抗,各地人民都满腹仇恨,虐杀了联盟军队中不少掉队的战士。山地守军在孚日山集结,塞莱斯塔(Schlettstadt)人们战后在市政大厅悬挂一幅幅内容悲惨的画作,以纪念那场极其温和的包围战。简言之,奥地利军队保持了一贯温和的特点。弗兰茨皇帝对布吕歇尔司令部的人说:"你们普鲁士人就是一群魔鬼。"梅特涅告诉施泰因,利尼战役后,奥地利军队至少需要6周时间休整,施泰因直接回怼道:"那么你现在知道精神有多重要了。"这些交锋基本还算礼貌,亚当·穆勒充满敌意的信件则更真实地表现了霍夫堡的真实想法,无论怎么描述"昂首阔步走在巴黎林荫大道上,将自己想象成罗马人的布吕歇尔麾下的战士",都是不够的。

　　沙皇也毫不掩饰地表达自己对盟友取得军事胜利的妒忌之情。当他得知波旁家族的复辟已成定局,马上放弃了奥尔良计划,转而支持波佐·迪·博尔戈,并再次争取在法国心目中超越英国。但他曾经展现的慷慨同情,如今却染上了一层怪诞的色彩。因为沙皇在海德尔堡时永久落入了狂热分子冯·克吕德纳(von Krüdener)夫人设下的圈套。她是一位本质极其肤浅的女预言家,她去世的时候,歌德都讽刺道:"多浅薄的灵魂啊!就像一片刨花,燃尽的灰尘熬肥皂都不够!"但她很会用浪漫主义时代流行的修辞和情感包装自己,而沙皇渴望着爱,渴望着更温柔的抚慰,他冷静理智的私人教师拉阿尔普(Laharpe)显然无能为力。在巴黎,一群充满基督教热情的女士马上包围了沙皇,向世界的新救世主表达敬意,称他将在大地上建立上帝的和平王国,也会忘记和原谅一切,这些慷慨的意图自然地同公认的俄国利益完全吻合。尽管沙皇确实是西方邻居的忠诚盟友,但他也决不希望普鲁士可以强大到摆脱俄国友谊的地步,因此德意志西部边界必须保持脆弱。于是沙皇比之前更加积极地支持法国,继续远离施泰因的建议。梅特涅也迅速适应了由于威灵顿的草率而造成的新局面,放弃了扶植拿破仑二世的主意,热情地支持波旁家族。他一如既往地认为,奥地利决不能占据上莱茵河的危险位置,希望马上缔结温和的和约。维也纳宫廷关心过德意志人民的正当要求吗?

　　普鲁士诸位将领的通信最强烈地表达了德意志人的希望。决战后第4天,格奈泽瑙给哈登贝格写信称:"悲哀属于他们,耻辱属

773

143

于他们，如果他们没能抓住让比利时、普鲁士和德意志永保和平的机会！"他要求将法国弗兰德斯的一些要塞割让给比利时；普鲁士获得美因茨、卢森堡、拿骚和安斯巴赫-拜罗伊特；巴伐利亚从阿尔萨斯-洛林获得补偿，拿骚家族将从法国卢森堡获得补偿。布吕歇尔也请求普王："您比我更加清楚，普鲁士能用且必须用哪种语言说话，普鲁士以前从未站得这么高！告诉外交官们，他们决不能再次丢了战士们用命换来的东西！"这位老人，就像整个德意志民族一样，天真地相信，只要外交官坚持立场，列强们就不可能拒绝给予我们应得的奖赏。普王私下里也很理解将军们的想法，并派遣格奈泽瑙协助哈登贝格和洪堡担任和会全权大使，这让格奈泽瑙非常满意，因为曾煽动歼灭普鲁士的塔列朗肯定会作为谈判人员和他狭路相逢。性情谨慎的普王也承认，这场激烈的权力斗争不可能建立在理性的基础上，其结果也不可能符合普鲁士的正当要求，他语重心长地写信给老元帅："我们追求利益，其他国家也在追求利益，因此只考虑我们的利益一定会遭到挫折。"

774

实际上，普鲁士谈判人员在这一次和会上的处境还不如上一次，在所有重要问题上都遭到了其他四国的一致反对。不过这一次尼德兰、巴登和符腾堡倒是支持普鲁士，因为削弱法国东部边界对于他们的意义远远重于普鲁士。但五国体系已经获得了显著发展，在大国看来，二流国家的诉求不过是纯粹的文字游戏，根本不值得回应。普鲁士孤立无援，它已经为欧洲共同的事业做出了英勇牺牲，却从未为自己获得过什么。

第二节　第二次巴黎和会

7月15日，哈登贝格一到巴黎就遭到了沙皇的严厉斥责，批评普军军纪散漫。但布吕歇尔军纪严明，普军中个别的违纪行为都受到了严厉惩罚，不守规矩的只有尼德兰人和巴伐利亚人，有时家中寄宿士兵的房东难以遏制的恨意也是造成行为不端的重要原因。巴黎警察局局长本人都煽动爱国者仇视盟军。穆福林将威尼斯四驾马车从凯旋门上搬下来时，工人们屡次受到暴民和波旁家族卫队的驱赶，直到最后一支奥地利军队前来维持秩序。哈登贝格马上意识到,沙皇针对普鲁士的指责别有用心,他把普鲁士说成被胜利冲昏头脑的酒鬼,这会暗中削弱和玷污普鲁士的军事荣誉。

出席高级部长会议的有:涅谢尔罗德、卡坡迪斯查斯、波佐、卡斯尔雷、威灵顿、斯图尔特、梅特涅、韦森贝格和施瓦岑贝格,没有人对普鲁士的三位全权大使流露友善。德意志邦联一开始持观望态度,它不敢公然违背德意志民族的共同愿望,再者也不愿意支持归还孚日山地区的要求。根茨恶毒地嘲笑普鲁士心胸狭窄,居然想从一场对抗革命的战争中牟取私利。施泰因及其友人将阿尔萨斯分给卡尔大公的提议毫无作用,唯独让弗兰茨皇帝心生敌意,因为后者始终对他的兄弟卡尔大公疑心重重。

英俄这对老冤家又开始竞争谁更慷慨,考虑到东方的复杂局势,两国都希望保住法国的友谊。大多数英国人还记着1月3日签订的协议以及那时建立的英法友谊,但英国人行为的主色调依然是高等托利党人特有的心胸狭隘,这些岛民根本无法领会大陆政治的高瞻远瞩。卡斯尔雷公然宣称:"如果要为接下来5到7年的事情做好准备,最好指望外交。"占领者们决定先达成共识,再同法王谈判。法国手无寸铁,仇恨四处蔓延:巴黎人敌视法王,认为他是外国走狗;法国南部已经上演白色恐怖造成的激烈内战。此外,在沙皇建议下,拿破仑军队残部已被解散,因为他想向联盟证明已经没有敌人了,现在到了该原谅的时刻。法国现在根本无力反对占领者提出的条件,最棘手的问题反而是占领者内部难以达成共识。第一次巴黎和会的谈判有多容易,这一次就有多艰难。普鲁士政治家们同整个欧洲展开了整整两个月的外交斗争,最终却不得不让步,随后列强们决定同法国开启和平谈判。

早在7月15日,卡斯尔雷就提出了谈判基本原则:"损害或削弱法王路易的声望,就等同于削弱联盟本身。"[1]各国有义务以宽容抚慰的态度对待法国,支持法王重建军队和镇压反叛,佳姻庄战役的胜利者是最虔诚君主的忠诚警察,但哈登贝格在7月22日发表了截然不同的观点。[2]他说此次和谈必须达成三个目标:一份欧洲

---

[1]　卡斯尔雷备忘录,1815年7月15日。

[2]　哈登贝格关于四国委员会行事原则的备忘录,1815年7月22日。

和平的保证；战争赔款；落实第一次和谈的各项承诺。只有削弱法国东部边界才能保证世界和平，因为军队一旦撤退，法国立刻就会原形毕露。最后一战暴露了尼德兰的弱点，就像拿破仑战役证明了南德的软弱。因此，尼德兰必须获得若干法国要塞以增强实力；阿尔萨斯必须归还德意志，并由奥地利守卫其各要塞；普鲁士必须获得萨尔河和上摩泽尔河诸要塞；瑞士必须获得侏罗山边境要塞；皮埃蒙特应占据整个萨伏依。首相府流出的一张地图上，详细标明了沿整个东部边界，从敦刻尔克到尚贝里以及萨伏依湖的一块数英里宽的土地，包括沃邦（Vauban）建设的三条要塞链，都必须被割让。

在这场战争中，普鲁士为整个欧洲无私付出，因此现在哈登贝格要为祖国争取一点战利品：梅茨（Metz）、迪登霍芬（Diedenhofen）和萨尔路易（Saarlouis）。就连格奈泽瑙都马上察觉外界对普鲁士的普遍怀疑，建议要更多地为尼德兰、奥地利和南德争取利益，而非普鲁士自身。人们肯定会把英国拉进来，这样就能从西面防住普鲁士，最好能使其转而对付俄国。① 最终，哈登贝格竭力建议，勃艮第的弗朗什孔泰地区应该脱离法国，因为这里对其古老自由有着相当狂热的渴望。在这些混乱的日子里，一些早就被认为失效的离心力死灰复燃了。里昂大使请求弗兰茨皇帝让里昂作为独立共和国脱离法国；在弗朗什孔泰，老哈布斯堡的传统依然活跃；贝桑松（Besançon）的每条街道都保留着查理五世黄金岁月的记忆；保守党针对各省发动的奸灭战已经终结于统一国家的全面胜利之中。哈登贝格要求归还的地区中，大多数人都仇视联盟，萨尔路易在情感上盲目支持法国，唯一的例外是萨尔布吕肯，那里已经两次欢迎哈登贝格造访，并且热切地请求并入普鲁士。②

在战争赔款问题上，哈登贝格担心普鲁士又像上一次那样展现出徒劳而愚蠢的慷慨，宣称："傻子才会重蹈覆辙。"谨慎的阿尔滕施泰因劝他，8亿法郎就差不多了，③但他要求12亿，首先支付给

① 格奈泽瑙写给哈登贝格的信，1815 年 7 月 27 日。
② 哈登贝格日记，1815 年 7 月 11 日。
③ 阿尔滕施泰因关于赔款的备忘录，1815 年 7 月 21 日，巴黎。

占领巴黎的普英各 2 亿法郎。首相府提供的账目表明，从 1806 到 1812 年间，法国从普鲁士就拿走了 12.28 亿法郎，实际数目肯定还要多 3 亿法郎。[1] 最终组建了一个欧洲委员会，负责追回艺术珍品以及落实之前未能兑现的其他承诺。考虑到拿破仑的军队已经彻底崩溃，以及法国对普鲁士失控的敌意，普鲁士的提案虽严苛但相当公正。很不幸，正是普鲁士的无私让他很难保住自己的战利品。除了普鲁士，还有哪个国家能在艰难的过渡时期控制住难缠的阿尔萨斯人，直到新一代优秀的德意志人长大成熟？由于奥地利坚决拒绝接受其古老遗产，因此提出了最匪夷所思的提案，其中一条就是组建由 40 个成员组成的联邦国家，由符腾堡王储领导。加格恩甚至提议，阿尔萨斯加入瑞士联邦。这样一来，法国附近就有 10 万满腹仇恨的拿破仑老兵！

但针对哈登贝格的提案，对方阵营几乎没有任何有效反对意见。由于俄国不可能挑明真正的政治意图，因此 7 月 28 日由卡坡迪斯查斯提交的重要备忘录等于进入了政治浪漫主义地带。这个狡猾的希腊人发现油腔滑调的语气更合沙皇的脾气，正好他本人也很喜欢夸夸其谈。于是他动人地说道，没有人想对法国开战，我们的敌人只有拿破仑，因此除非我们牺牲法国合法王室，并向子孙后代宣告大革命一切暴行具有合理性，否则就不能实施占领者的各项权利；为此必须恢复巴黎和平，并且为了阻挡未来可能爆发的革命，重申《肖蒙条约》；最后，法国必须在短期内服从军事占领，直到付清邻国用于修筑边境要塞的赔款。

这些提案，有个好听的标题——"兼顾道德和现实保障"，却仍在普鲁士引发了极大的愤怒。8 月 4 日，洪堡写信给哈登贝格："俄国的计划对我们是场难以想象灾难，一旦被采纳，我们能从这场战争、从我们的损失和巨大牺牲中获得的，不过是一笔战争赔款，而且这笔钱还要用于修筑防御法国的要塞。再者，由于不能用这笔钱缓解紧张的国内财政、加强东部边界防御，我们也将处于不利地位，不得不在接下来的数年中，继续忍受俄军穿越普鲁士和德意志；在所有同法国的谈判中，我们也将继续受俄国钳制。"无论如

778

---

[1] 见第一卷，第 321、391 页。

何，我们必须说服所有盟国缩减法国领土，并因此消除外界的谴责，即"普鲁士只追求自身利益。实际上，相比扩大领土，普鲁士目前更关心守卫本国边界"。① 在第二份秘密备忘录中，洪堡继续解释他已经同梅特涅反复讨论过的"欧洲斡旋体系"，也就是英奥普缔结的牢固同盟，以此控制颇具威胁性的法俄两国。维也纳会议上，这个体系已经因为俄国的不当扩张而动摇，如果再让普鲁士边境不稳，独自面对心怀敌意的法国以及明确仇普的波旁家族，这个体系就更脆弱了。②

779　　洪堡向四国委员会激烈抗议俄国的提议，这项任务简直就是为他那无情的辩证法头脑量身打造的。他说尽管这场战争的目的不是征服，但实际上已经形成了征服的局面；法国必须弥补自己的错误，反法联盟拥有自卫权，但无权干涉法国内政；邻国有权从法国获得实施军事保护所必需的物资，但之后必须马上让法国恢复独立，因为普鲁士根据自身经验知道，没有什么比和平时期出现在国土上的外国军队更能刺痛一个民族；如果欧洲将法国纳入羽翼之下，大革命将永不停息。哈登贝格还重申了 8 月 4 日的详细备忘录，提出自从路易十四时代，法国就越过了天然的防御边界，而且正是由于占据了这些前哨，才诱使法国不断发动征服战争。这一点就连克内泽贝克都很赞同，他相信就算我们以相当仁慈的方式缔结和约，也无法保证波旁家族的统治长治久安，因为法国人永远不会原谅在布拉邦的失败。

　　施泰因也在哈登贝格的请求下抵达巴黎。在来的路上，他还在莱茵河畔同歌德共度了几天。阿恩特激动地发现，德意志民族最杰出的两个儿子如此友善地对待彼此，尽可能照顾对方的立场。施泰因在巴黎竭尽所能地说服沙皇。在一份日期为 8 月 18 日的简短备忘录中，他否认了俄国将法国视为同盟的观点。他反问道，如果法国是朋友，我们为什么要占领它？为什么要向它索取军需供给？他总结道："英俄不应该认为，继续让德意志处于不安而痛苦的状态，对于它们是件好事。"但是在冯·克吕德纳夫人和冯·莱

---

① 洪堡写给哈登贝格，1815 年 8 月 4 日。
② 洪堡，秘密备忘录，1815 年 8 月 4 日。

绍伊-马尔内西亚夫人（von Lezay-Marnesia）的眼泪和乞求面前，施泰因又算得了什么呢？他再能言善辩也无法刺穿环绕在沙皇周围的宗教浓雾。如果施泰因都无能为力，那些第二等级国家的代表就更指望不上了。巴伐利亚大使雷希贝格不敢说话，因为巴伐利亚还需要奥地利的协助以达成扩大领地的计划。这个巴登人态度极其谦卑，声泪俱下地描述巴伐利亚的莱茵河边界有多么不安全，法国最近还试图从斯特拉斯堡架桥通过莱茵河，因此他们要求至少单独占据凯尔大桥，同时拆除斯特拉斯堡要塞。[①] 符腾堡王储和文森格罗德的言论就大胆得多了，他们在信件和备忘录中多次提及，诸大国将在接下来几年中扰乱德意志生活，还威胁性地说道，欧洲不太可能像之前忍受拿破仑暴政那样忍受新的四国暴政。王储还预言，德意志西南边境的脆弱局面迟早会迫使南德联合成新的莱茵联邦，四十多年后，同样的话他又对俾斯麦说了一遍。

加格恩不知疲倦地工作，因为此时尼德兰的利益同德意志完美契合。他留下了大量备忘录，利用对帝国历史的了解，积极出谋划策，详细论述了自从亨利二世和萨克森的莫里斯（Maurice）以来，法国如何一步步变得专断独行。他是孟德斯鸠的信徒，尽管怀揣不切实际的联邦主义梦想，但并不接受浪漫主义的国家正统论那一套。他反对这场战争只是针对拿破仑的说法："陷于战争的是整个国家，幸或不幸由国家承受。"他自然也反对大国对小国的霸权。西班牙大使唐·拉夫拉多尔（Don Labrador）也正式要求参会。[②] 很明显，在这么多国家面前不可能完成这些艰难谈判，于是四国委员会在 8 月 10 日宣布，之后将允许第二等级国家与法国谈判，也就是说，要在法国问题被彻底决定之后。

普鲁士和南德诸国现在同仇敌忾，莱茵联邦岁月中所有不好的记忆似乎烟消云散了，普鲁士承担起了德意志保护人的天然角色。普鲁士外交官同来自各小国的同事们，竭尽全力地说明重建德意志古老西部马克地区的法律和政治理由。他们明智地强调军

---

① 哈克写给哈登贝格的信，1815 年 8 月 19 日；哈克和贝尔施泰特写给哈登贝格的信，1815 年 10 月 21 日。

② 唐·拉夫拉多尔写给哈登贝格的信，1815 年 9 月 15 日。

事安全这个观点，因为这是能引起他国外交官们关注的唯一理由。布特博士（Butte）阅读了各种和平条款和大量德语报纸后，再次采取了阿恩特的观点，要求将语言边界视为国家的天然权益。只要阿尔萨斯回归德意志邦联，那么按照两边人民友好的天性，利益分割不太会产生激烈纷争。但这个问题的决定权完全属于各大国，而且洪堡关于组建"欧洲斡旋体系"的梦想，很快在巴黎变成了一场空梦。曾被他视为盟友的英奥，现在连同俄法反对德意志的要求。

8月6日，梅特涅首次正式宣布：这是一场针对武装雅各宾党人的战争，决不能蜕变为一场占领战。因此，他认为只要合理安排法国内政和临时军事占领，就能保障欧洲安全；绝大多数边境要塞必须割让给邻国，"或至少被拆除"。在细节问题上，他宣布德意志只能获得兰道要塞，以补偿被摧毁的菲利普斯堡；至于其余问题，拆除阿尔萨斯的诸要塞，只保留斯特拉斯堡的城堡应该就足够了。对于四国委员会中有经验的外交官而言，"或者至少"才包含着梅特涅真正的意图。根据他在过去三年中孜孜不倦推行的政策，他不可能希望德意志拿回阿尔萨斯。只有那些仍对梅特涅抱有希望的普鲁士政治家，才听不懂他的意思，只会谴责维也纳宫廷"摇摆不定"，但英俄首相立刻意识到，奥地利已经脱离了德意志的共同事业，因此才将收回阿尔萨斯称作"普鲁士的要求"。

哈登贝格曾一度寄希望于英国的帮助，但谁都知道卡斯尔雷和威灵顿绝不可能配合普鲁士的愿望。不过伦敦的报纸都在大声呼吁好好利用佳姻庄的胜利，卡斯尔雷的政治伙伴托利党，本就坚定地反对法国，现在更强烈反对任何愚蠢的仁慈。利物浦伯爵以内阁的名义写道，不能忽视显而易见的民族情绪。摄政王赞同德意志的要求，并听从明斯特的建议，后者还在巴黎力挺支持普鲁士，这让施泰因大感意外。但卡斯尔雷和威灵顿并没有受到国内意见的干扰，威灵顿公爵坚持认为，这场战争的唯一目的就是终结大革命，因此唯一的结果不过是占领法国几年。卡斯尔雷同意这个观点："法国的持续动乱无疑会让欧洲在未来瓜分法国，只要从人道主义的角度考虑，瓜分法国是个必要且正义的手段，欧洲必将重新进行领土分配,尽力实施并态度一致。"①但刚结束的这场战争并非出于这个目的,所以"如果反法联盟有信心证明自己受到了欺骗并看穿了法国的战争野心,就可以重新拿起武器,他们的力量不仅在于军事优势,更在于将他们凝结在一起的道德力量"。

于是,一心渴求和平的德意志,不得不放弃这绝无仅有的巩固边境的机会,无奈地等着未来战争的爆发!那些有关同盟道德力量的豪言壮语,在德意志人听来简直就是讽刺!德意志越来越愤怒,两个阵营之间的社交活动都停滞了,英国激烈批评洪堡的尖酸刻薄。谈判在这样的氛围中进行了一个半月。最终,哈登贝格决定让一步。8月28日,他提出放弃上阿尔萨斯,德意志只要求获得迪登霍芬、萨尔路易、兰道、比奇以及斯特拉斯堡。

8月31日,格奈泽瑙应普王要求,向沙皇提交了一份备忘录。普王希望他的激烈言辞能给沙皇留下一定印象,并希望在次日的私人会晤上完全改变俄国朋友的态度。②格奈泽瑙并没有详细阐述普鲁士的要求,而是努力争取让沙皇同意领土割让的基本原则。他指出,法国要为这场不幸的战争负责,如果不是因为法国有热心人士支持,如果不是因为愚蠢民众的冷漠,"那个卑鄙的投机者"根本无法从戛纳到巴黎。"整个欧洲都在等着我们惩罚这些罪行,如果最终只是缔结了另一份《乌德勒支和约》,德意志的悲愤将永远无法平息,各国政府会绝望,各个民族也会痛苦不堪。相邻的两个国家,如果一个拥有统一的国家权威,无论在物质还是精神上都有能力承受打击,而另一个则因为邦联体制的天然缺陷和边境的地理特征,仅仅能自保,那么哪一个国家将任人鱼肉,不是显而易见的吗?波旁家族除非完全屈服于民族的冒险和复仇精神,否则就无法赢得民心。法国经历如此挫折,边境依然毫发未损。如果无论何种处境,精心算计的政策都可以保住完整领土,这样的经验必然让法国得寸进尺。难道我们要让德意志内的亲法人士相信,支持法国占领计划获得的好处,远远大于承担国家责任和支持欧洲和平大计获得的好处吗?沙俄站得太高了,看不到这些考虑,而且

_783_

---

① 卡斯尔雷给哈登贝格的密件,大约写于8月。
② 博延写给格奈泽瑙的信,1815年8月31日;格奈泽瑙提交沙皇陛下备忘录。

这也不符合沙皇慷慨的性格。如果法国边境分毫不动，人们肯定会认为英国希望欧陆深陷新一轮混乱，那么欧陆各国就没空对付英国的经济政策了。"这就是那份长篇备忘录的大体内容，是用法语写的，尽管语法有缺陷，但字里行间激情满满。格奈泽瑙毫不犹豫地要求皮埃蒙特、尼德兰和德意志诸小国参会，但这个要求在其他大国眼里简直匪夷所思。

784   沙皇装聋作哑，同普王的会面没有任何结果。他干巴巴地感谢格奈泽瑙为欧洲付出的辛勤努力，①并且让卡坡迪斯查斯回了一封详细的信，信中没有任何合理的考量，充斥着大量道德的陈词滥调："我们推翻军事独裁，消灭占领野心，难道是为了牺牲法国君主，是为了准备再一次亵渎法国王权吗？这样做难道不会从政治谈判中消灭一切道德伦理吗？那样的话，力量就会成为治国的原则、手段和目的！如果法国被贬低，并且因为我们的强势手段而变得道德败坏，它肯定会被迫投入最强大者的怀抱。只要暂时占领一段时间，就能让法国的邻国获得渴望的安全。"最后他总结道："危急时刻，我们要看清上帝的神圣计划，它已经设下了宗教、道德和正义的重重界限，只是为了让信仰、道德和正义的事业取得胜利，只是为了让君主和人民获得强大而珍贵的精神动力。"②

9月5日，这篇杰出的东正教布道文传到普鲁士政治家手中时，后者已经被迫放弃了对英国的最后希望。卡斯尔雷的兄弟，查尔斯·斯图尔特勋爵已经急赴温莎，并在8月31日带回一个好消息：他已经压过了明斯特的影响力，成功说服摄政王完全同意卡斯尔雷和威灵顿的立场。8月31日，威灵顿简短而坚决地回复哈登贝格上一份备忘录，强调任何领土割让都是非政治的和非法的，因为违反了维也纳会议宣言，只要占领法国几年就可以了。③ 9月2日，卡斯尔雷以摄政王的名义，表达英国完全同意俄国的提案。于是出现了观念上无法调和的分歧：英俄从原则上反对普鲁士所有领土要求；奥地利温和地希望拆除阿尔萨斯各要塞，似乎持中间立

---

① 沙皇写给格奈泽瑙的信，1815年9月5日。
② 卡坡迪斯查斯回应格奈泽瑙将军的备忘录，1815年9月5日。
③ 威灵顿发给哈登贝格的备忘录，1815年8月31日。

场,但实际上非常接近英俄观点。财政和兵力都已耗尽的普鲁士,可能依靠武力实现愿望吗?

　　沙皇觉得不能让自己最好的盟友陷于如此无望和屈辱的境地,还希望延续普俄联盟。9 月 7 日,他决定稍微让点步,派涅谢尔罗迭告诉哈登贝格,俄国完全赞同临时占领,但一些微小的领土割让也无伤大雅。可以把兰道割让给德意志,萨伏依给皮埃蒙特,一些边境要塞给尼德兰,或许还能把欣宁根给瑞士,但普鲁士一无所获。这份备忘录也充斥着智慧和道德教条:"目的单纯、大公无私、谦逊温和,是迄今为止欧洲同盟坚不可摧的力量所在,因此只有同盟国家在和平谈判中如此表现,才能实现欧洲和法国共同稳定的双重目标。"①尽管这样说,沙皇还是背叛了他两天前描述的信仰和道德事业,放弃了他曾如此热情拥护的法国领土神圣性,也因此开启了达成共识的大门。涅谢尔罗迭在一封密信中恳求哈登贝格,"赶紧结束这场不幸的事件,这将是献给沙皇的最好的生日礼物。普俄宫廷本来亲密无间,如今却意见相左,没有什么比这更让沙皇和我们难过的了。"②

　　梅特涅马上抓住时机扮演调停人的角色。在 9 月 8 日的备忘录中,他愉快地承认所有宫廷温和一致的态度,不过也发现,由于各自地理位置和民族性格的差异,观点不可能完全一致。奥地利希望以法国的最小牺牲换来最大和平,因此提出"永久性和暂时性保证的混合体系",法国据此应首先回到 1790 年的国家状态;"1790 年边界"是当时外交界惯用的标语之一,在这里却成了一项可喜的发现。这份备忘录中进一步的提案却同这些听上去美好的词句格格不入,它们表明梅特涅并没有秉承一颗公心,而是倒向了英俄阵营。梅特涅并没有提及 1790 年还属于德意志的部分阿尔萨斯,相反,除了沙皇已经首肯割让的兰道和尼德兰要塞,奥地利只补充割让萨尔路易,但这并非是无条件的,因为它还建议法国付款给普鲁士在萨尔河修建另一座要塞。最终,算出了一笔 12 亿法

----

① 涅谢尔罗迭写给哈登贝格的信,关于卡斯尔雷 9 月 2 日备忘录,1815 年 9 月 7 日。
② 涅谢尔罗迭写给哈登贝格的信,1815 年 9 月 7 日。

郎的战争赔款,威灵顿带领 15 万人组成的"欧洲警察"占领法国数年。①

　　既然已经被奥地利出卖了,哈登贝格最终在 9 月 8 日宣布,普王为了确保和谐,将接受 1790 年边界,放弃额外的领土要求。但他相信这条原则将得到合理的解释,并且要求除了兰道、萨尔路易、比奇和阿尔萨斯北部,还要获得魏森堡和哈格瑙。如此微不足道的领土要求,就连英国现在都不好出言反对了,于是谈判结束了,就像之前关于萨克森的谈判那样,伴随着涉及一个个城镇和要塞的琐碎讨价还价结束了。哈登贝格顽固地捍卫最后的要求,但是没有任何国家支持他,最后也只为德意志保住了兰道、萨尔路易和萨尔布吕肯的煤田。梅特涅尽管提出了"1790 年状态"这个提案,但也不过是个说法而已,他本人也没有认真对待这个提案。9月 19 日,四国决定开始同法国谈判。次日,他们提出了联合最后通牒。他们认为和平已经尘埃落定,因为手无寸铁的法国凭什么反对如此仁慈的和平条件呢? 俄军已经准备撤退了。9 月 23 日,布吕歇尔的家信中称:"和平了,不过不幸的是,和平的条件并非那些已经唾手可得的条件,不是我为之浴血奋战的理由。多亏了哈登贝格的强硬立场,目前的和约比我们想象的要好。我们不得不同时对付所有国家。"②

　　在法国看来,这份最后通牒代表着正式谈判的开始。整个巴黎摩拳擦掌,似乎要通过精心的算计,就能让高尚的沙皇脱离其盟友。一时间大量令新救世主愉悦的谦虚虔诚的演说涌现,不停赞颂塔列朗的那句名言:"最不贵族的做法就是缺乏信仰。"一连串的吹捧马上征服了沙皇,当他集合军队准备离开时,巴黎的报纸恭维道,这位高贵的指挥官在这片纯洁的土地上必定感到温暖如家! 相比之下,威灵顿就没这么幸运,尽管他也很保守,却没有逃过巴黎人民的怒火,有一次甚至被从剧院的皇室包厢中赶了出来。但所有人都对普鲁士有着刻骨仇恨。当 8 月 3 日普军为了庆祝民族节日而装饰营房哨所时,当普王的宅邸悬挂"御降人以柔,制强梁

---

① 梅特涅呈交四国委员会的备忘录,1815 年 9 月 8 日。

② 布吕歇尔写给海嫩(Heinen)的信,1815 年 9 月 23 日。

以威"时，巴黎人民简直怒不可遏！有关军队的临时占领和费用的争论琐碎枯燥。一开始由于社会普遍不安，波旁家族不得不接受强加在他们头上的义务。但是当哈登贝格从普鲁士拿出 5 百万法郎支付欠薪，布吕歇尔则拒绝接受同胞如此牺牲，他写道："我们的军队不是唯利是图的雇佣军，它就是国家的一部分！"最后双方达成协议，法国将承担起被占领地区的行政管理，同时仍继续供养占领军。但是就像去年法国也没有按照承诺归还艺术珍品，这一次他们也没能履行承诺。沙皇的慷慨滔滔不绝，马上允诺法国可以延迟支付未到位的赔偿金；富有的英国也没有施压；奥地利则没胆量与俄英叫板。只有财政枯竭的普鲁士无法再忍耐。法国财政大臣路易草率而傲慢地写信给洪堡称，法国不可能支付普军的置装费，洪堡回信称，如果普鲁士不得不自己动手的话，路易要承担一切责任。普军将领们收到命令，在各自辖区征收物资，波旁家族终于决定履行义务。①

　　9 月 21 日，塔列朗顽固傲慢地回应了最后通牒。俄军即将撤离的事实，让这位狡猾的阴谋家又看到了希望，于是言辞倨傲地表达，最虔诚的基督君主并无意同四位盟友开战，因此也不同意他们拥有占领权；他绝不会割让"古老法国"的一寸土地；如果四国提出如此要求，他命令法国全权大使们不予理会。但是盟友们现在要求的不过是萨尔路易、兰道以及沿默兹河的一块土地，作为交换，波旁王朝将获得阿维尼翁和德意志占领的阿尔萨斯，这样一来"古老法国"反而多获得数十万人口。两天前，塔列朗宣布不允许归还艺术珍品，因为这会加剧人民对波旁家族的憎恨。一个完全被解除武装的国家竟然如此狂妄，即便是英俄都无法容忍。威灵顿之前还对归还艺术品的要求有所保留，现在也宣布必须归还艺术品，"为了让法国好好长个教训"。次日，四国均表示强烈不满。这些要求无关征服，不过是为了维护欧洲和平的手段。拿破仑已经利用法国边界的非确定性原则造成了无数不幸，难道法国王室还打算继续支持这一原则吗？英俄一开始还油腔滑调地维护法国领土不可侵犯，如今也放弃了。

788

---

① 　路易写给洪堡的信，1815 年 8 月 23 日；洪堡的批注，1815 年 8 月 24 日。

四国的回应让杜伊勒里宫深感忧虑，法王路易打算通过私人关系再次从情感上打动沙皇。9月23日，他写道："尊敬的陛下，四国提案让我无比痛苦，只能向您倾诉一番。陛下，您是我的希望，可您似乎也已经同意了这些提案，这让我心绪不宁，并对不幸法国的未来感到绝望。我向您保证，绝不会充当毁灭自己国家的工具，面对史无前例的羞辱，我宁愿退位也不会玷污王冠的古老荣誉！"根据签名可知，弗兰茨皇帝和威廉三世都看过这份绝望的信件。[①] 退位不过是个威胁，但由于四国正打算扩大法国领土，这封信中的悲愤交加就显得莫名其妙。就连沙皇都搞不清他的跟班怎么有这么多牢骚，不过他也并非完全没动心，他保证取消最后要求中微不足道的部分。四国宣布放弃默兹河上的要塞吉维特（Givet）和孔代，后者对于卡佩王朝太有纪念意义了。

杜伊勒里宫官员的更换让和平工作有了更牢固的基础。由于极端保皇党利用白色恐怖的强制手段，在内阁选举中获胜，因此弑君者富歇和调停人塔列朗被迫离开内阁。在此过程中，沙皇也帮了一把，因为他认为富歇同英国的交往很可疑，他甚至认真想过给博尔戈在政府留个位置，因为后者是个土生土长的法国人。但沙皇最终更为谨慎地将这个心腹留在了安全的俄国大使职位上。9月26日，黎塞留公爵组建了新内阁。他是一位善良的政治家，但对法国一无所知，在漫长的居俄岁月中获得了沙皇的青睐。他毫无权势，只能看沙皇的眼色行事，于是很快屈服于局势。10月2日，法国和四国达成最终和解。议定书上的话说得非常漂亮，承认以1790年边界作为基本原则，但实际上法国只丧失了比利时边界上的一块领土、马林堡以及菲利普维尔、部分萨伏依、兰道、萨尔路易以及萨尔布吕肯。

沙皇一心想用自己高尚的情操震惊世界，不达目的不会罢休。包岑战役爆发后，焦虑的普王同沙皇骑马散心时曾说："现在只有上帝能拯救我们，如果我们能打赢，我们会当着全世界的面赞颂主！"从那时起，沙皇曾无数次回忆起那个神圣的时刻。现在，他被冯·克吕德纳夫人的预言所打动，又被德意志预言家巴德尔

---

① 路易写给沙皇的信，1815年9月23日；写给弗兰茨皇帝，1815年9月23日。

(Baader)的小花招所迷惑,决心用自己的方式转换普王的想法,亲自写下神圣同盟的篇章——一份个人信仰声明,向世界展现欧洲新三足星座的光芒完全源于我主。这份杰出的作品中,沙皇全面展现了他高贵的信仰,也暴露了他的多愁善感和狂妄自大。欧洲各国现在组成了活跃的共同体,这个古老但快被遗忘的原则,经过恐怖的拿破仑岁月后正在迫切追求复兴,却在这个感恩上帝的沙皇嘴里,发生了奇特的理论变形。奥普俄君主自认为被真实且不可消解的兄弟情谊连为一体,并扮演着各自臣民的慈父,自认为是受上帝的旨意实施统治,承认上帝才是唯一基督教世界的唯一统治者。所有认同这些神圣真理的国家都被视为兄弟,从而受邀加入神圣同盟。①

　　命运是个谜题,沙皇的情感爆发竟然同他的优势配合得天衣无缝。所有欧洲国家都将接受这番兄弟般的邀请,除了被俄国一贯视为死敌的两个国家。教皇必定保持冷漠,因为基督在凡间的代理人绝不可能承认一个凡人治下的"上帝之城"。还有土耳其苏丹,沙皇宣布他被永远排除在伟大的欧洲兄弟联盟之外。沙皇在提案中极度狂热且庄严的神谕般的语句,引起了普王的强烈反感。但这件事本身不会给普鲁士带来任何负担,他为何要拒绝自己的老朋友呢?因此,正如沙皇所愿,普王于 9 月 26 日签字同意。弗兰茨皇帝发现掩饰自己的想法没那么容易,他预见了神圣同盟将给他在君士坦丁堡的好朋友造成很大的困扰。但由于梅特涅已经微笑着宣布这份神圣章程不过一纸空文,奥地利也就在同一天表示同意。欧洲所有国家随后都加入了神圣同盟,大多数是为了讨好沙皇,但也有一些是因为那些关于君主慈父般统治的虔诚话语,非常适合复辟年代的极端保守潮流。

　　只有三个欧洲国家表示拒绝:梵蒂冈、土耳其和英国。英国摄政王本来打算签字,但卡斯尔雷直言不讳地说,议会里都是务实的

① 利物浦勋爵在某次议会演讲中的一个变化,引发了人们反复说起的观点,即《神圣同盟法案》包含秘密条款。虽然从内在原因来看,这种假设明显不可行性,但本书也保证,保存在柏林历史档案馆中的原始文件并未包含任何超出大众所知的内容。

政治家，他们会赞同国家间的外交条约，却不可能同意让英国退回克伦威尔和圆颅党人时代的宣言。卡斯尔雷的真实动机并非为了尊重议会，而是出于对俄国的不信任以及对苏丹的尊重，后者已经因神圣同盟的缔结而深感不安。文化史家一定会对这个特殊的历史片段深感兴趣，因为从中折射出了当时的浪漫主义氛围以及欧洲社会的活跃情绪。但神圣同盟除了在所有国家反对派报刊上的诗歌小说中以外，从未拥有任何政治意义，它们很快开始谈及"神圣同盟体系"，并将对于东方各国政治的批评纳入了这些幻想的言论中。

　　11 月 20 日，和约最终签订。但这份和约并没有终结德意志内部有关领土问题的争论。兰道被割让给奥地利，又被奥地利转给巴伐利亚，但这满足不了维特尔斯巴赫家族的胃口。由于奥地利一口回绝了收回阿尔萨斯，因此也就放弃了让慕尼黑宫廷完全满意的最简单的方式，梅特涅为了继续有筹码讨价还价，让各国保证未来将"收回"布赖斯高和巴登的普法尔茨领地，该承诺绝对非法，却暂时中止了巴伐利亚和奥地利之间不愉快的领土纷争。英国就幸运多了，不仅禁止了奴隶贸易，托利党人还获得了对印度尼西亚群岛的保护权，因此英国在地中海的权势比以往更加牢固了。法国被迫接受对其西北诸省为期 3 到 5 年的军事占领，时长取决于它的表现，并支付 7 亿法郎赔款。其中 5 亿分配给诸国，四大国各占 1 亿，其余小国共占 1 亿。英普还因为占领巴黎而各获得 2.5 千万。剩下的钱专用于加强与法国接壤的边境地区，巴伐利亚获得 1.5 千万，德意志邦联获得 2.5 千万加强莱茵河要塞；普鲁士由于获得了萨尔路易和驻防卢森堡的权利，只拿到 2 千万赔款。

792　　当天四国就更新了老同盟协议。英国希望能将《肖蒙条约》再延长 20 年，但俄国坚持只能在占领时期的特殊条件下将法国视为敌人，并担保四国将维护合法王室的权益，不过时间长短并不明确，①因为沙皇认为法国最大的危险可能源于流亡者的党派狂热。四国相互庄严承诺，通过君主和首相的经常性会议维护欧洲安全。这样一来，整个欧陆，尤其是法国，都将处于该同盟的监视之下。

---

① 俄国关于同盟条约的备忘录，1815 年 10 月 9—21 日。

这简直是对骄傲法国的严重羞辱,除非法国安然摆脱当前这种局面,并加入大国同盟,否则波旁家族肯定心怀不满。四国都很担忧流亡者的狂热情绪,因此离开巴黎时,特意嘱咐黎塞留要宽严并济,严格遵循宪法,对抗一切危害公共安全的人。同盟政治家们忧心忡忡地离开了巴黎,没人相信法国古老王室的生命力,怀疑波旁家族恐怕统治不了几年。法国的未来曾祸福难料,但如今却被欧洲同盟牢牢地重建在了德意志上莱茵河地区!

现代历史上,只有 1866 年的《布拉格条约》在宽厚仁慈上可以同 1815 年 11 月 20 日缔结的和约媲美。但《布拉格条约》中由自由决议和占领者的明智克制造就的一切,在 1815 年和约中却是由同盟中其他成员对最勇敢活跃成员的普遍怀疑引发的。在 1815 年的这个伟大时刻,本来有可能恢复自红衣主教黎塞留时期就被人为打破的欧洲均势,德意志本来有可能拿回古老遗产,但时机被白白浪费了。因为东西方各国一致决定,欧洲中部应该持续受到抑制。正是这种痛苦的经历,让德意志民族明白,他们只能靠自己手中的剑弥补古老的错误。哈登贝格、洪堡和格奈泽瑙的阴暗预言逐一成真。法国人认为外国军队在本国驻扎数年是奇耻大辱,这很好理解,但他们甚至将这份史无前例温和宽厚的和约视为残忍的错误。他们难以忘怀的不是失去萨尔布吕肯或兰道,而是佳姻庄战役的失败。"雪耻佳姻庄"成了接下来十几年中法国人的座右铭,从这个理想中迸发了 1830 年革命、1840 年战争危机和帝国的重建,直到半个多世纪以后,这个古老强烈的愿望还出现在那场邪恶的占领战中,而德意志终于用这场战争的胜利,弥补了 1815 年的疏失之罪。

德法两个民族的关系在数十年中都保持着病态的不安和紧张。签订如此软弱和约,德意志人满腔怒火。布吕歇尔以全民族的名义宣布:"普鲁士和德意志再次在世人眼前被出卖了。"他还怒责外交官们,"这个统治其君主的特殊臣下群体"还要存在多久?无数对政治局势懵懂无知的德意志人希望,巴黎谈判不仅能恢复祖国古老疆界,更能纠正邦联体制的所有错误。申肯多夫仍想着,利奥波德家族和斐迪南家族的继承人,现在能被迫披上古老的紫袍。他等不到弗兰茨皇帝再次被加洛林诸王拱上皇座的时候了,于是吟唱道："事到如今方才悟，羊群怎少牧羊人；速速选出凯撒王，紫袍加身称万岁！"

当得知一切都没有改变，帝国的光辉被埋葬，拉波尔特斯韦勒（Rappoltsweiler）和奥伯雷恩海姆（Oberehnheim）又成了里博维莱（Ribeauvillé）和奥贝奈（Obernai），德意志文明古老强大的故乡又沾染了法国肮脏的血液，而且还有可能永远沉溺在这污浊之地，怒火在具有条顿精神的一代人中迅速传播。有诗为证："孚日山重重，深埋我宝藏；愿我德意志，永离此囹圄！"最令人痛心的是，被夺走的德意志领土上，居然还在庆祝外国外交官的胜利，而德意志人却还在一心期盼它们能获得自由。吕克特绝望地说："白白获胜一场，法国人人嘲笑；可恨阿尔萨斯，居然也在此列！"

格雷斯在《莱茵之星》上怒气冲天地说，高卢鸡下了个邪恶的蛋，德意志居然蠢到孵化了它。他被愤怒遮住双眼，看不到造成错误的明确原因，将一切归罪于哈登贝格的软弱和"德意志缺乏统一"，而后者正是希望破灭的爱国者们谴责、抱怨的永恒理由。但普王及其政治家们已经竭尽所能了，也获得了绝大多数中等国家首相们的支持。并不是德意志不愿展现出团结，而是奥地利已经脱离了德意志。哈布斯堡的传统政策就是牺牲德意志帝国领土给外国，以获得家族世袭领地，这一次它干脆将德意志推入险境，因为洛林家族从德意志已经没什么想要的了。

普鲁士又因为奥地利的罪孽而受舆论谴责，奥地利政府仅仅为了不冒犯自己亲爱的盟友，就从原则上拒绝公平正义，这就是和平二元主义的诅咒。霍夫堡厚颜无耻、满腹邪恶地向德意志民族撒谎！根茨从此完全丧失了道德底线，在《奥地利帝国观察家报》上公然宣布，各国在和约问题上没有任何分歧，还说如果不是这样，"我们肯定是有意无意地向大众传达了错误的信息！"在这样的政治宣传面前，爱国者的话语自然变得日益激烈，格雷斯愤怒地写道："旺多姆圆柱代表着我们永恒的耻辱，《莱茵之星》则应该是永恒的民族捍卫者，这样后代才能知道我们这一代人绝非都赞同所做的一切！"

1815年和约不仅大大激怒了民族情感，以至于从一开始就没有一丝明亮的光线照向年轻的德意志邦联。和约进一步激增了

"民族"自尊;"民族"本来可以比外交官们更加出色地完成所有事。
大众很快背弃了所有政治理想,沉溺家庭生活,参与宗教事业以治
疗心灵的巨大创伤。仍心存解放战争坚定理想的人,会自我安慰
道:人民肩负起德意志国家事业的时候已经到了。年轻一辈中的
翘楚,历史学家达尔曼在胜利纪念日发表的演说,从形式到内容都
是时代精神的典型代表,他的话就像一则预言,预示着接下来十数
年的纷争和悲痛:"和平喜悦不可能重返人间,除非战争变成民族
的战争,并取得胜利,和平才能变成民族的和平;和平和喜悦不可
能重返人间,除非在和平岁月,民族精神达到顶峰,除非优秀的宪
法之光驱散内阁的昏暗光线。"

第三章　和平初年的思潮

第一节　文学风格

不是每个时代都能理解自身的特质,特别是在经历生死攸关后的疲惫岁月中,那些勇敢高尚的个人往往会误解时代的驱动力。战前,没人知道北德民族沉睡着多么强大的勇气、公民意识、自我牺牲精神和贵族激情;如今,所有这些隐含的品德光芒万丈地展现,受到极大触动的爱国发言人们根本不会相信,解放战争的伟大激情会随着目标的实现而消散。邦联法案和和约的失败仅仅是因为人民无法参与外交谈判,有谁会质疑这个观点? 更加确定的是,这个民族一旦组建宪政政府,就会热情理智地专注自身事务,并引导不安的内阁回到治理民族国家的轨道上来。1816 年初,阿恩特正是在这样的意义上写道:"必须在今年建立起统治者和人民之间无法撕裂的纽带。"他看到新时代的大门已经敞开,1816 年美丽的新生儿,宪法自由,将走进所有的德意志国家,"逝者终将安息,独居闺中的未亡人也会得以慰藉"。

阿恩特是个乐观的人,他很快就会知道自己全面误解了这个民族的性格和情感。德意志已经在一个充满错误和幻灭的政治教导下生活了太久,阿恩特所谓的"民族生活最强大的王后",也就是舆论,对于宪政政府的问题没有丝毫认知,甚至没有任何兴趣。那些未亡人和返乡务农的战士,被贫穷压弯了腰;他们辛苦劳作,艰难度日,在满目疮痍的战场上重新搭建茅屋。德意志又成了西欧最贫困的地方,勃兰登堡的许多地区,开始了第五次争取公民福利的激烈斗争。普通民众怀揣对上帝的巨大信心,从事繁重的日常劳作,耐心地忍受贫困的生活,难道这就是胜利的奖赏? 民众在经历艰苦斗争后,总会在很长一段时间内变得骚动而残忍,但这种性情在参与过神圣战争的虔诚审慎的人身上几乎看不到。可是经济上捉襟见肘,让人们失去了政治热情。就连过去三年的所有辉煌记忆都很难找到公开表达,尽管它们长久地存在于忠诚之士心中。10 月 18 日,山顶上接连燃起了两三次篝火,此后就没有了,有时是被警察禁止,有时是民众漠不关心。这一代人普遍喜爱写作,但没有产生多少描述民族近代史上伟大岁月的通俗书籍和木版画。我们偶然在一户富余的中产阶级宅邸发现了一幅名为《年轻英雄归来》的图画,这家的儿子们都曾当志愿兵上过战场。但在集市上、在乡村旅馆里,布吕歇尔的雕像都极其少见。

　　有教养阶层大体只有三个截然不同的圈子,在和平岁月还长久地保持着战争年代的高昂情绪和骄傲的爱国乐观主义:普鲁士军官、在校大学生、爱国作家和学者。普鲁士军官们活在战争回忆中,以积极的自我肯定精神尊重重建的军事荣誉,同时激烈批评德意志邦联的松散结构以及和谈中的灾难性事件。战争期间,他们学会了尊重资产阶级的斗争精神,并吸纳了许多出身志愿兵的战友加入自己的圈子。现在根据新《军事法》,他们还要负责教育适合服兵役的年轻人。于是军官们接触到了各个阶层,同时仍保持着沙恩霍斯特在他们身上唤起的自由科学精神,只有在极个别的例子中才流露出过去的阶层傲慢。尽管外国和德意志小宫廷们十分怀疑这支人民军队中的民族骄傲和崭新的思想生活,但军官们严苛的君主制情感让他们不可能生出任何党派野心。俄国守军在法国期间最先熟知了大革命理念,并将其带回了祖国,这些理念后来将在愚蠢的阴谋中结出果实。相反,法国将领的虚伪和党争的野蛮让普鲁士军官无比反感,他们依然为反对大革命而骄傲,依然为忠于王权的古老忠诚而骄傲,蔑视新宪政原则,仅仅因为其源于法国。就连一年前还要求迅速制定普鲁士宪法的格奈泽瑙,态度都发生了转变,强烈建议三思而后行。① 军官们在信件和谈话中热烈讨论的唯一政治话题,是希望开启第三次布匿战争,让德意志保

---

① 格奈泽瑙给穆福林的信,1816 年 3 月 25 日。

住古老西部边界、恢复在民族之林的高贵地位。

从部队重返大学课堂的青年志愿兵的情绪最为高昂。爱国热情、宗教信仰、对耻辱和平的怨恨,以及源自法国的、对自由和平等的模糊认识,在这些青年人的头脑中蒸腾混合,产生出一种高贵而粗暴的观念,只承认公民道德,公然拥护费希特的观点,即没有科学的生命要好过没有生命的科学。这种夸张的民族骄傲很明显会同抱持世界主义主张的自由宽博的人发生矛盾,后者绝不可能永远对某个外国保持不公正的看法。蔑视一切典雅精致事物的行为不是德意志该有的,这个傲慢的学生群体时而如孩子般令人怜惜,时而愚蠢荒谬,他们因政治狂热而过于具有党派性,影响范围极为有限。古老的规则依然在运行:这个世界由五六十岁的人统治。呼吁战争的爱国作家有时也许会在个别老人那里获得肯定,但他们绝不可能唤起那种引发行动的强大激情。

6 黑格尔比阿恩特更为准确地理解了时代精神,他说国家的草创工作已经完成,现在应该再次转向上帝之国。古典诗歌时代表达出的那种庄严和谐回响不绝,前两代人的智力成就展现的丰富宝藏绝不可能被耗尽。完全远离政治的一代人不受任何外部事件干扰,全神贯注于精神建设。对于其中最杰出的那些人,拿破仑战争充其量是个插曲,就像一阵摧毁德意志艺术和科学花园的冰雹。老百姓重新拿起锄头,有教养的人也重新拿起笔,但这次他们并不似之前般埋头书斋,而是满心喜悦地回归自我和最深邃的精神生活。新文学浪潮兴起后,民族性格中隐含的内在矛盾逐渐变得显而易见:勇敢的条顿民族,曾在古老异教徒的英雄史诗中梦想战争和胜利,曾在之后的每个世纪捍卫这个世界,如今却比其他任何民族都轻视战争荣誉,深信德意志最锐利的武器是德意志思想。

推翻拿破仑后,全世界都迎来了科学艺术的大繁荣。那些曾彼此激烈争斗的民族,现在开始竞争智力生活:欧洲从未如此接近歌德的自由文学世界理想。德意志在这场和平竞争中独占鳌头。自路易十四时代起,德意志民族就被迫谦卑地学习所有西方民族,如今歌德受全世界尊崇。魏玛王储和阿德勒古色古香的贵宾厅总是站满了杰出的英国人,他们慕名而来,向新诗歌之王表达敬意。亚历山大·洪堡在巴黎获得了任何本土学者难以企及的声望。如果一个陌生人登上一辆出租马车,报出这个伟大旅行家的地址,车夫一定会满怀敬意地抬起帽子说:"啊,去洪堡先生那里啊!"当尼布尔作为普鲁士大使前往罗马时,这座世界之城中没有人敢和他争夺最杰出学者的称号。

外国人不太讨论我们的国家和战事。对他们而言,欧洲腹地的突然复兴不是件好事,他们努力忘却普鲁士为解放欧洲作出的贡献。许多外国军事史家在描述近期战役时,都没有公正评价布吕歇尔司令部的贡献。腓特烈大帝时代,普鲁士军队的赫赫威名曾让世界战栗,如今登讷维茨和佳姻庄大捷也无法让我们重现雄风。因为很难对联盟战争的过程有全景式的看法,因此欧洲舆论也就满足于一个简单结论:因为普鲁士曾独自在耶拿战役中被击溃,因此也就只能在外国的协助下被拯救,出于同样的原因,外国人对赋予普鲁士自由的政治制度也没有任何兴趣。就这样,普鲁士依然是最不被理解,受误解最多的欧洲国家。再者,法兰克福召开的新帝国议会也因徒劳无功的争吵而备受欧洲讥讽。于是,就在德意志民族崛起后,那个古老而随意的观念又沉渣泛起,声称根据神圣计划,德意志民族注定弱小而分裂。人们更愿意承认这个弱势民族的智力能量,西方其他文明民族仅仅是因为德意志的艺术家和学者,才承认德意志称得上伟大民族,他们将德意志称为诗人和思想家的国度。他们认为,德意志尽管四分五裂,但有这么多诗人也该心满意足,我们应该陶醉于神圣的光芒,不该介意领土的丧失。

自从马丁·路德以后,德意志思想再次传遍世界,而且比宗教改革思想更使人乐于接受。只有德意志全面超越了 18 世纪的世界秩序观,唯心主义哲学取代了启蒙时代的感觉主义,深邃的宗教情感取代了理性的统治地位,民族地方主义代替了世界主义,民族历史生命代替了自然权利,从灵魂深处的自然力中萌发的自由诗篇取代了正统艺术的法则;新的历史-美学文化取代了精确科学的优势地位。经过三代古典诗人和浪漫主义诗人的努力,这个崭新的观念世界慢慢成熟,终于走上征服世界之路。

法国在经历漫长昏睡的帝国时代后,又以极大的韧性承担起了智力任务。拿破仑的审查员曾查禁斯塔尔夫人有关德意志的著作,认为它侮辱了民族骄傲,如今这本书人手一册,在各地都出现

7

8

了拥护德意志观念的人。感觉主义哲学在教条主义的批判面前一败涂地,一小群天才人物为法国开启了理解世界历史的道路,他们是米涅、基佐和梯叶里。尽管 18 世纪的革命思想家们仍将路易十四时代奉为具有古典美的时代,但也就是在那时,法国开始丧失尊严,随后很快诞生了一个新的诗人流派,将法国从学术规则的暴政下解放出来,因此维克多·雨果有句话说得很有道理:文学上的浪漫主义就是政治上的自由主义。德英之间的思想交流要更为活跃和直接,德意志开始向英国反哺他们从莎士比亚和劳伦斯·斯特恩那里收获的一切。当时最多产、最受欢迎的诗人沃尔特·斯科特也向毕尔格和歌德学习,从德意志挖掘并奉献给全世界的英雄史诗和民间歌谣中汲取养分,他的历史小说让大量欧洲读者首次被浪漫主义理想所征服。以曼佐尼(Manzoni)为首的一些意大利人也走上了新诗歌之路,但浪漫主义诗歌就像哥特式建筑风格一样,在这里很难获得无可争议的地位。

处处都有精神的觉醒。在德意志,这个硕果累累的时代产生的财富似乎比不过邻国,因为我们诗歌的古典时代快要终结了,绝大多数年轻诗人都认为,相比伟大时代的大人物们,他们不过是一代蹩脚的模仿者。德意志创造力在科学领域的成就要强大耀眼得多。萨维尼、格林兄弟、伯克、拉赫曼(Lachmann)、葆朴(Bopp)、迪茨(Diez)和里特尔几乎是同时创作出了那些划时代的作品;尼布尔、洪堡、艾希霍恩、克罗伊策(Creuzer)和赫尔曼则沿着他们已经开辟的道路继续前进。新观念的浪潮处处涌动,天才成群而来。新一代学者们充满激情,怀抱追寻真理的伟大抱负。

9 　　长久覆盖在德意志学术作品上的灰尘被一扫而空。新科学是艺术的姐妹,新科学的学徒们畅饮艺术的美酒,许多人甚至从诗人那里获得了最深刻的启示。迪茨一直保留着一本论文,封面上是歌德为他写下的题目《雷努瓦的普罗旺斯语研究》,就此为这个年轻人指出了学术之路。许多夜晚,伯克和克罗伊策曾与海德堡的浪漫主义者们共同虚度、陶醉和畅饮;贝克尔(Bekker)和乌兰特(Uhland)曾在巴黎图书馆翻找宝藏;淘气的贝蒂娜·阿尼姆(Bettina Arnim)数次在萨维尼和格林兄弟的研究中闹恶作剧。他们都崇拜歌德,以他为核心形成了一座无形的教会。歌德从真理之手获得了诗歌的面纱,并且在生命和作品中形成了时代理想,即艺术和科学的结合。所有人都努力以更高贵更有价值的方式表达研究成果,萨维尼的风格纯净简洁,雅各布·格林文笔洗练,情感充沛,有着大量自然、生动和贴近直觉的形象,让后来许多浮夸造作的诗人无地自容。要取得这些成就,除了勤奋和敏锐,一颗炽热的心和富有创造性的想象力同样重要。

前一代的诗歌激励了成长中的下一代,前一代的卓越作品也融入了新科学的血肉之中。正是因为德意志精神长久地沉浸于知行合一的问题,它才能散入整个历史世界,而又没有变得肤浅,没有在大量的细节中迷失。所有年轻的律师、语文学家和历史学家都曾拜倒在哲学家脚下,这绝非无益之举。他们希望探求人类精神之谜,他们就像威廉·洪堡一样,努力获知人如何成为现在这个样子,由此获知人的或然性和应然性,更加贴近人类的终极问题。只有到此刻,历史领域的广袤领域才得以首次开发,开垦这片处女地的人都毫不吝啬地播撒种子,因此也就播撒到了邻人的土地上。几乎所有重要学者都同时研究数个领域,哪怕他们专注于某个领域时,也时刻关注着各学科之间的重要关联。这代学者硕果累累,提出了精彩的理论,照亮了接下来两代学者的学术研究之路。 10

科学之花绽放,大学也就进入了民族精神生活的前沿阵地。大学曾经为德意志思想的斗争和转型作出巨大贡献,如今就像在人文主义时代和宗教改革开始时那样,承担起精神领域的领导角色。大学教授逐渐对民族的行动和观念有了决定性的影响,这在其他国家绝无仅有。在接下来的数十年中,重要作家们几乎都或长或短地承担过学术职位。在这些年中,柏林大学活跃着德意志科学最大胆的革新思想,但它也非一枝独秀,因为国家不支持文化集中化。我们的大学从未享受过这般真正的自由,这般发自内心的喜悦。喜爱争吵的年轻人们,不仅从战场上带回了刚毅的条顿精神、骄傲的政治梦想,更带回了一种热情,一种对理想的感同身受,却洗去民族早期的粗野放纵。由于科学上的一切仍处于蓬勃生长的状态,因此教育并不受制于集体意识和倾向。如果一位哪怕已是不惑之年的学者,突然转换领域,没人觉得讶异。比如语言学家达尔曼,从未受过历史学教育,却获得了历史学教席。如果一个人展

167

现出某个领域的专业天分，没人会问他以前是学什么的。绝大多数大学讲师都以令人钦佩的热情完成自己的专业工作，不过若是晴朗春日适合踏青，最勤勉的人也会毫不犹豫地在教室门上写上"今日休课"。

所有专业的学生都纷纷围绕在哲学、历史学和语言学的名师周围，不少人又继续攻读了数年，才考虑找个教职。文理中学回避了摧毁心智的博学，也知道如何唤醒学生对古典时代的永恒热爱以及对自由人类文化的向往。枯燥的考试是今日大学之弊，但在当时还没有出现。萨克森的贵族学校和符腾堡的修道院学校是享有盛誉的古典学殿堂，那里的教师一旦觉得时机成熟，就会把毕业生送到大学里，我们的国家允许他们按自己的意愿行事。诸小国的大多数公务员和教会职位也由大学毕业生占据，但很多人都是按照古老的家长制统治方式，凭借推荐获得职位。只有在普鲁士，在威廉一世的制度改革后，诞生了常规国家教育体系，而且也正是从普鲁士，这种明显更公正的、更符合大国复杂社会关系的有序制度，逐渐进入了其他邦国。但是由于国家的新省份需要大量年轻官员，因此也就实施了宽松的教育标准。当时的理想主义潮流，不允许年轻人急功近利地为谋生而学习。年轻人依然享受着无拘无束的学术自由，如果他不愿意在吃喝玩乐中度过宝贵的学习岁月的话，就要如饥似渴地学习。

这个小小的学者共和国就这样享受着绝对平等和自由的生活，超越于狭隘琐碎的日常之上。那些天才人物如果在其他国家，肯定需要一个广阔的活动舞台，但他们却在这些小小的大学城里安贫乐道，那里有古老的城堡和狭窄曲折的街道，那里的每间房子都住过一些聪颖的学生或者杰出的教授。科学在这里至高无上，饱受赞誉的教授们非常自豪。这里也时常爆发激烈的德意志式的学术争论，因为每个人都全心全意地热爱自己的研究，科学对手就被视为科学圣殿的亵渎者。他们坦诚而固执，却并不在意物质生活，甚至以蔑视物欲为荣，坚定地践行席勒的名言："我们最终都是理想主义者，如果被人说成是事物造就了我们，而不是我们造就了事物，这将是一种侮辱。"

数十年之后，图宾根的人们也时常说起富有的书商科塔，是他将那种前所未闻的奢侈沙龙引入了这座朴实的小镇。我们的文明年轻且不完美,还不知道大城市五光十色的生活,但正是这种不完美让它平心静气地追求科学事业。我们的科学研究就像之前的古典诗歌一样,丝毫不受宫廷和官员喜好的干扰,即便是那些妖言惑众之人的检举都无法干扰平静的科学研究。尽管几乎所有德意志国家都争先恐后地保证各自大学中学术领军人物的活动,但在宫廷和官僚眼中,哪怕一个拥有欧洲声誉的教授,如果没有宫廷身份,也就是个教授而已。另一方面,研究者们也以理想主义的骄傲蔑视经济生活的一切目的,所有教授都请求自己最聪明的学生全情投入科学研究。军人和官员,尤其是被轻视的商人,他们的生活最多称得上平庸。德意志民族的大部分精神力量都投入了学术研究,这也解释了为何这代人中尽管有大量饱学之士加入了官僚队伍,但科学成果依旧丰硕。

六十年前,国家的政治生活分裂成无数支流,只有作家和学者作为一个整体发出声音。如今也是如此,他们认为自己是人民以及至高至善的代表,但一些政治家也慢慢获得了并驾齐驱的声望。整个时代展现出文学时代的一切好坏特征。甚至到了现在,歌德的一首诗,一句尖锐的批判,或者一桩学术公案,都会引起大学者们强烈兴趣,远远超过政治世界里的任何事件。卡尔·伊默尔曼说出了这个浪漫主义时代的真正精神:"我无法专注于议会争论,因为面对如此空洞的抽象概念,我无法形成任何精神画面。"这一代人厌恶为了服务国家而丧失个人自由,也厌恶政治党派生活,厌恶它的故步自封和有失公允的仇恨。德意志的最高使命依旧是按照自身的特点,在一切可能的方向上,活出自己的生命,发展自我意识,就像威廉·洪堡所说,致力于行动而非事件。

尽管浪漫主义一代的主流全面对抗大革命之前启蒙年代的世界主义,但仍保留了一些人道主义的可爱品质。德意志青年可能傲慢地嘲讽法国人鸡毛蒜皮,科学和艺术的领袖却继续依照古老真诚的德意志方式,尊重一切精致的诗歌和研究成果,即便它们出自法国人之手。尽管不可思议的狂热盛行,但古老的宽容心态依然顽强。不同宗教信仰之间的差异尚未被锐化,也尚未如今天一样,对政治生活产生虚假而令人痛苦的影响。一个自由主义者也

12

13

169

可以同时是个虔诚的基督教徒，这在当时很正常。大家都认为，天主教牧师应该出席新教的授职礼，哪怕是施莱格尔、施托尔贝格和克林科夫斯特伦（Klinkowstrom）这些狂热的改宗者，都同一些新教老友保持着热忱的友谊。文学流派之间的纷争不能让我们否认对手的价值，也不能淹没对任何成就的由衷喜悦。热衷争执的年青人们以德意志式的严苛道德为荣，成熟的人则在道德判断中展现出精致而自由的温和态度，这反而更像德意志。在今天的迂腐之士看来，行为正确似乎是道德的唯一证据，但当时的人们考虑到人性的弱点，反而不太重视这一点，他们愿意让一个热血沸腾的朋友走自己的路，只要他能在追求自由的事业中团结一致，只要他不丧失对我们种族神圣命运的信仰。

诗人和学者轻视庸俗散文并非没有原因，他们生长在一个崇尚智力的自由社会中，这个社会知道如何依靠平静的艺术游戏让生活变得高尚，也极其接近席勒有关美学教育的理想。人们还是用信件和对话交流思想，这些天然日常交流方式还没有因报纸变得过时。由于女性整体能跟得上男性的思想，因此两性之间坦诚的日常交流，即一切社交活动的魅力之源，依旧鲜活。每个城镇都有鉴赏家、收藏家、批评家以及戏剧和艺术同好会。更小的城镇上，快乐的老百姓在昏暗摇曳的烛光下享用粗茶淡饭时，也会尽其所能地说谜语、讲笑话、唱歌、祝酒，每个有教养的德意志人都知道如何以自己的方式为家庭生活增添诗意。社交生活愉悦温暖，人们大大方方地允许游戏以吻作为惩罚。尽管姑娘们还是被精心养得宜室宜家，但她们也承认很喜欢海尔布隆的卡塔琳娜①这个人物形象。在更加亲密的私人圈子里，幽默诙谐、风趣雅致的谈吐更是风靡一时，就像路德维希·德夫莱茵特（Ludwig Devreint）和卡洛-霍夫曼（Callot-Hoffmann）在卢特（Lutter）和韦格纳（Wegner）的酒馆里通宵饮酒作乐时的场景，或者像洛贝克和柯尼斯堡的哲学家们举办希腊式的饮宴，头戴玫瑰花环，用希腊语谈论荷马笔下的英雄和费阿刻斯人的财富。当时的社交尽管有时也不免放纵，但还是

① 即德意志剧作家海因里希·冯·克莱斯特（Heinrich von Kleist，1777—1811）的作品，中文译名为《海尔布隆的小凯蒂》。——译注

展现出了大量高雅乐趣，比如音乐，这几乎是枯燥无聊的现代社会中唯一保留的高雅乐趣。那个时代的青年女性，似乎比呆板的后辈们，更早地接受了诗歌的洗礼，她们温柔通透，善解人意。

当然，这其中也明显透露出衰败的迹象。文学开始走向消极：作者向读者提供他们认为读者想要看到的，而早期古典诗歌却自觉表达着民族灵魂中被隐隐意识到的事物。大量流行文学利用读者的猎奇心理，由于文学的任何分支都尚未形成一种民族风格，因此那些深沉的本质便堕落成了刚愎造作，歌德将这一时期称为"被勉强的天才时代"。当时流行诗歌和批评相混合，这让浅薄的业余爱好者大量涌现。他们被浪漫主义深深感动，重复这个流派的口号，有时还假装自己是个诗人，绞尽脑汁地创作戏剧或史诗，在不断的自我安慰中忘记自身毫无才华的事实：艺术家是思想和抱负的产物，拉斐尔就算天生没有双手，也能跻身最伟大的画家之列。"天才"一词被严重误用了，成了每个蠢货、每种奢侈行为的专用词。那些吸引眼球的新鲜理念很容易摧毁简单直白的人类理解力，有人相信主权个人拥有无限权利，有人渴望卓尔不群，于是一些人走向了道德无政府主义，另一些人则变得空虚自负。人们神经质地注视着自己美丽的灵魂呼出的每道气息，在根茨的信件和拉埃尔·瓦恩哈根（Rahel Varnhagen）的回忆录中，天才的心境随舆论的晴雨表起起落落。

文学全面占据民族思想，就连政治和宗教生活的巨大分歧也不时会在学者的争论中有所表达。这就是萨维尼和蒂鲍、沃斯-布赫和施托尔贝格争论的本质。当赫尔曼抨击克罗伊策和符号主义者时，他自认为是在代表自由进攻国家和教会中的害虫。甚至一些纯粹的政治党派也直接诞生于文学。现代历史区别于更加天真的古代和中世纪的一大特征是，政治理论直接干预国家命运，而这在这个学者国度格外显著。德意志自由主义并非产生于富裕且有自我意识的资产阶级的阶级利益，而是源于教授们的学术理念。外国统治期间，文学圈子里第一次诞生了对伟大旧帝国的无限追思，这种渴望逐渐同有关自由人性之天然权利的新哲学教条混合，后来又添上了若干源于孟德斯鸠和卢梭的名言，最终加上了大量源于有识阶层的无意识偏见，由此诞生了一个观念体系，人们认为它

15

符合理性法则,能引导民族通过自由重返古老辉煌。在罗特克的作品中,这套观念被建构得如一个哲学体系般精致,并提出这套观念将凭借理性的巨大力量及其理论本身的无懈可击而与世长存。拿破仑的世界帝国是被观念的力量单枪匹马推翻的,这些观念诞生于学者之中,传到了整个国家,最终让心怀敌意的君王难以忍受,导致了神圣战争——文学政治家们认为这种观念无可争议。因此,似乎只要所有党派都接受新宪法理论的神圣真理,以学者或殉道者般的虔诚坚守信条,德意志的内在解放就唾手可得。这一代善良的空想理论主义者还不懂国家拥有权力,国家属于权力意志的领域。直到十数年后,在彻底的混乱和深层的幻灭中,德意志党派生活才离开理论的摇篮,从信仰走向行动。

在拉丁语国家中,诗歌在达到古典完美后,便长久地赋予民族精神以形式和方向。德意志人太顽强了,即便在魏玛黄金时代,都从未屈服于某个规则的统治。席勒和歌德还站在创造性活动的顶峰时,浪漫主义已经开始猛烈攻击古典理想。解放战争中止了文学争论,忧国之思压倒了一切想法,几乎没有作品胆敢呼吁宗教和爱国热情应该合二为一。可是还没等和平条约缔结,德意志复杂生命中蕴含的激烈冲突就再次迸发,就连已经快被遗忘的大革命初年的理念都再次浮现。看到昨日重现,看到死者的阴影加入生者的斗争,这实在是一切文学之福。理性主义和宗教情感、批判和神秘主义、国家的自然权利和历史原则、拿撒勒人和希腊人的民族主义与世界主义理想、自由和封建,在无休止的变化中争斗缠绕。

谨慎的根茨警告德意志人,盼望已久的和平时代将让我们陷入一场所有人针对所有人的战争。不仅是他,就连一向乐观的阿恩特,在普鲁士王储的宫廷中看到拥护纯粹科学无国界的亚历山大·洪堡,以及支持基督-德意志宗教狂热的格拉赫(Gerlach)兄弟,都难掩鄙夷之色。他忧心忡忡地问,在观念分歧如此严重的情况下,我们的民族要怎样实现内部和平。不过在漫长的时光中,健康的头脑还是成功抓住并维持了普遍无政府混乱中真诚可靠的一切。不过许多有识之士还是在观念的混乱中屈服了,任何有勇气加入德意志精神纷争的人,都要作好放弃许多事物的准备。每个高贵的知识分子,哪怕是那些已经远远超越了党派精神的人,也被迫参与文学派别的纷争,被一帮人夸大其词地赞美,又被另一帮人口不择言地指责。只有那些曾经见识过伟大时代的人,比如萨维尼和乌兰才希望获得其他所有人,甚至是对手的认可。

第二节　诗歌和艺术

即便在古典文学纯净和年轻的岁月,放纵的批判也经常妨碍诗歌的自由生长。在过去七十年间,德意志已经尝试了几乎所有可想象的艺术风格,并试验了各种美学理论。艺术创造感染了过分精致的学者式疾病,显得如此矫揉造作,病得最重莫过于戏剧,因为戏剧需要民众的喜爱就像花朵需要太阳。歌德称浪漫主义傲慢的发言人"疯狂渴望着无法企及之事",是很有道理的。尽管他们也不乏思想的闪光和高尚的意图,但完全没有建筑家的天分,也就是创造性天才的建构力和说服力。他们虽然声称已经用一种大众诗学取代了古典理想,但他们的作品终究只在一小撮人之中流传。他们认为艺术是一种具有魔力的春药,俗人无力享用,只有拥有上帝恩赐的人才能陶醉其中。后者在艺术的魔力下,忘却现实,自豪于"视戏谑为真诚,视真诚为戏谑",严重违背普罗大众的健康心态。

浪漫主义的艺术批评家们,在老一辈德意志剧作家之中,可能只会给歌德打高分,但歌德从未想过将最成熟的作品搬上舞台。只有阅读原著的读者才能全然领悟,《伊菲格尼亚》和《塔索》的平静深沉并不适合搬上舞台。莱辛不再被视为诗人,席勒的悲剧激情被嘲笑为空洞的修辞,就连天才剧作家克莱斯特也很久得不到浪漫主义阵营的重视,尽管他的观点与后者极其接近。当时最受欢迎的两位剧作家是伊夫兰(Iffland)和科策布,他们在逝世后十多年中依然统治着戏剧舞台,可浪漫主义者对他们还是相当不公,声称年轻的天才都被他们的戏剧吓跑了。浪漫主义者从这些作家身上看到的不过是自己的庸俗下流,从其他人身上看到的也只是自己的枯燥平庸。他们既看不到卓越的技术天才,也看不到发明创造的天赋,而这些刚好让他们那些模糊的批评无地自容。浪漫主义者自己创作的戏剧作品中,只有很少几部搬上舞台,其他的都品

17

位糟糕。浪漫主义的领袖们很快放弃了舞台，转而轻蔑地说着有关戏剧成就的陈词滥调。戏剧理论完全无视现代剧场的核心条件，自顾自地建构宏大蓝图，提出就连富丽堂皇的希腊剧场都无法满足的过分要求。

18　　杰出的古典诗人从不像莎士比亚和莫里哀那样，同舞台有着如此密切的关系。现在，剧作家和演员之间的私人交往变得更加稀有。戏剧艺术忘了，戏剧不同于其他艺术形式，它的真正使命是建立社会上下层的纽带。德意志民族逐渐产生了重要分裂，到如今已经成为德意志文明之恶：识字民众自认为比只能听和看的民众高贵。剧场日常票房的很大一部分是由文字工作者提供的，华丽的大制作和蹩脚的法语译制剧吸引着民众好奇的目光。谁自认为是真正的诗人，谁就背负沉重的美学教条，不敢大胆尝试，不敢真心大笑，但这些正是舞台需要的。他们还将自己的戏剧理论纳入这些匠气十足的作品中。过分精致的现代文化无法摆脱的混合型诗歌，在德意志成长得格外茂盛。于是，任性的德意志头脑中各种复杂的命题和华丽的观念得到自由表达：各种格律重重叠叠地歌颂妙龄女郎的悲喜剧；只有诗人自己和密友才懂的隐语；以艺术为艺术对象的讽刺文学；还有各种翻译腔十足的外国诗歌。

在所有外国榜样中，西班牙的卡尔德隆最受业内推崇。德意志世界主义者们没有看到，这位纯粹的民族诗人能跻身经典作家行列，完全是因为他用艺术形式表达了其时代和民族的理想。他们盲目模仿他的南国艺术形式，尽管这在我们北方语言中听起来过于歌剧化和平淡，他们还将天主教骑士荣誉这种保守主义观念引入自由的新教王国。我们为此浪费了大量头脑和精力，最后这些自负的行为不过导致了所有传统戏剧艺术形式的崩溃。但诗人们习惯了用骄傲的苦涩回报这个不知好歹的世界，德意志变成了被误解的天才之国，大量不得志的作家形了一股社会负面力量，滋养了吹毛求疵和绝望阴郁的民族问题。所以，当政治热情觉醒时，这些问题进一步加剧了党争的痛苦。

扎哈里亚斯·维尔纳（Zacharias Werner）动荡不安的一生，恰好反映了浪漫主义蹩脚学徒的道德和美学弱点有多么荒谬，他的戏剧天分无法带给他荣誉，因为如此强大的艺术需要一个完整的

人。终其一生,他都在放浪形骸和宗教狂热之间,在愤世嫉俗和多
愁善感之间摇摆不定。由于他孤独的灵魂无法在上帝那里得到安
慰,最终选择于罗马寻求庇护,在古老教堂的怀抱中,紧紧抓住圣
彼得的衣角。尽管他偶尔也会有东普鲁士人批判性的理解力,尽
管他觉得雅努斯节就像某种秘鲁的偶像崇拜仪式,但他还是用狂
热混乱的生活麻痹了自己的怀疑精神。随后他去了维也纳,那时
神父霍夫鲍尔(Hoffbauer)刚建立起了一个严格教派,吸引了大批
教众。维尔纳欣然接受了这个教派的一切观念,对抗北德年轻人
的自由之声。维也纳会议期间,他成了备受青睐的布道者。文雅
的维也纳人半是悔过半是消遣地听着这位瘦瘦高高、眼神阴鸷的
牧师,时而嗓音低沉地描述地狱里的硫磺池,时而绘声绘色地谴责
好色贪淫者的罪过。无论是他的作品还是生命,都缺乏成熟高贵
这种东西。他的戏剧展现出强烈的现实主义色彩和对历史力量的
生动感知。在《力量的奉献》的个别场景中,维尔纳栩栩如生地展
现了马丁·路德的伟大形象以及 16 世纪高贵绚烂的生活场景,但
其中混杂着对恐怖和野蛮的病态热爱。未开化民族的原始宗教
中,狂热和信仰、纵欲和嗜杀,令人困惑地结合在一起,正因如此,
我们才对它们心生厌恶,但这种混合却在不幸的维尔纳身上重现
了。他皈依新教会后,带着忏悔者的狂热,作废了他最精致的戏剧
作品,又写了一部相当糟糕的作品,名为《无能者的奉献》。创作最
后一部作品《马卡比之母》时,他已经有些精神错乱了,极力用浮夸
的赞美诗和糟糕的殉道者形象掩盖宗教情感的贫乏。

　　维尔纳创作的命运悲剧比历史悲剧更有影响力,1815 年出版
的《第二十四个月》就是关于这个主题的一本杰作。悲剧命运并不
源于主人公性格的内在必然性,而是源于一次重大庆典上的巫术。
被震惊的读者们尽管也能获得对道德世界合理性的一些洞察,但
终究只能收获一种难以言喻的恐怖印象。这部小说非常博人眼
球,浪漫主义也倾向于在病态中寻找深意,于是头脑灵活的创作者
自然会以典型的德意志式顽固,将一个念头升华为一个体系。魏
森费尔斯(Weissenfels)的律师阿道夫·米尔纳(Adolf Müllner)创
作了戏剧《罪》,然后通过无数批评文章发展出了一套新的命运悲
剧理论:存在一套更高级的世界秩序,远比古人心中盲目的命运更

为神秘，它干预世俗生活，利用某些愚蠢的时机，某些邪恶的地点或日子，摧毁毫无戒备的凡人。于是，新教世界关于命运悲剧及其责任所构想的一切，由于浪漫主义对创新的狂热而再次受到质疑，我们的悲剧艺术终将自我毁灭。米尔纳马上在三份期刊上大肆自我宣扬、党同伐异，这个平庸的人才不配位却占位多年，德意志诗歌的名声传遍世界，就连外国期刊都在谈论戏剧艺术的新面貌。不过很快这种新的命运悲剧就走到了尽头：公众心生厌烦，开始追捧其他流派。

戏剧创作的衰落也影响了戏剧表演艺术。戏剧舞台应该作为国家教育的工具，围绕这个观点有无数优秀论文，然而在所有德意志政治家中，只有施泰因提出了关于这个问题的看法，并得出结论：照料舞台是国家的责任。施泰因退休后，起草了普鲁士政府重组计划，将剧场以及艺术研究置于公共指导部门的管理之下。但仅仅两年后，哈登贝格就将它们带回公共娱乐领域，而且除了宫廷剧院，其余都受警察监管。赞助宫廷剧院一般被认为是统治者的个人义务，人们很快发现，这些剧院可以从热爱艺术的慷慨王侯那里获得更多赞助，但新议会中节俭的资产阶级就没这么大方了。1816 年，斯图加特剧院没成为国家剧院，也就无法获得国家资助，因为议会谴责铺张浪费，并且愉快地同意，三年后国王将宣布不再从公共开销中为宫廷剧院拨款。大多数君主都热衷于装饰宫廷剧院，雇佣天才演员，因此旧社会对演员的歧视也就因为他们同宫廷的密切关系而得以缓和。

尽管如此，表演艺术在宫廷剧院也所获甚少。伊夫兰逝世后，腓特烈·威廉就让布吕尔（Brühl）伯爵管理柏林宫廷剧院。布吕尔是个温和且极有教养的人，但不是戏剧诗人也不是演员，只是凭借天才鉴赏家的热情，承袭了魏玛戏剧学派的严格古典原则。这个危险的榜样很快有人追随，几乎所有宫廷剧院的管理者现在都出身高等贵族，控制德意志最伟大剧院的不再是有经验的专家，而是出身高贵的外行。

不过早年优良传统还是持续了一段时间，优秀新作品的匮乏一时半会还不明显，古典戏剧依然很叫座，莎士比亚的作品也首次全部搬上了德意志舞台。柏林、慕尼黑、卡尔斯鲁厄和布伦瑞克的宫廷剧院都因拥有众多杰出演员而声名大噪,久负盛名的汉堡剧院和新建的莱比锡大剧院也是如此。在柏林,弗莱克(Fleck)的作品掀起的现实主义潮流,通过路德维希·德弗里恩特(Ludwig Devrient)获得了天才般的表达:他塑造的理查三世多么阴险狡诈,福斯塔夫又是多么富有喜感。他塑造配角的能力尤为令人震惊,《海尔布隆的小凯蒂》中的克内希特·戈特沙尔克(Knecht Gottschalk)是如此忠诚可靠,让观众们在刹那间领会了古老德意志的纯净伟大。尽管如此,僵硬的舞台艺术教条还是逐渐变得松弛。浪漫主义道德规范鼓励任何有天分的人大胆走向前台,彰显个性。但剧院的管理者既缺乏维系集体风格统一的技术知识,又没有足以让成员服从约束的威望。漂亮的新宫廷剧院再也无法重现埃克霍夫(Ekhof)时代汉堡剧院或者伊夫兰时代柏林剧院的高雅和谐。戏剧批评像毒菌一样攀附在戏剧艺术上,每个有抱负的高中生或大学生,似乎都应该从戏剧批评中获得文学灵感,这几乎已成定律,几乎所有文化人都在戏剧批评的泥潭中一试身手。绝大多数批评者只是想用那些傲慢的批评为自己挣得名声,或者激起戏剧领域中的党派纷争,这些纷争吸引了许多小城镇里的普通人。当政治举报开始上演,这个问题就变得更加严峻了。此后,只有报纸作家才能自由地发表戏剧批评,因为伯恩斯托夫伯爵说了,"至少得给疯狗留根骨头!"

　　这个时代,只有两位诗人用适合舞台且拥有永恒艺术价值的作品,丰富了戏剧舞台。这也是三十年战争以后,首次有两位奥地利人为他们的国家在德意志诗歌史上赢得了一席之地。早在13世纪,多瑙河流域这些偏远地带幸运地保留了古老的德意志史诗。当德意志其他地方早已转向骑士诗歌时,这些地方仍未触及新精神财富,也就未染上文学革命中过于精致的理想主义疾病。如今,当奥地利的一些精英知识分子开始理解德意志已经开启的新观念世界,他们马上占据有利位置,没有牵扯进我们的文学流派纷争中来。于是,他们在德意志土地上,却更加超脱地理解了这场权力运动中真正重要的东西。奥地利观众热爱大场面,乐于接受新鲜事物,他们自然纯粹地热爱感官享受,这种热爱并没有被研究者的戏剧批评所败坏。他们也见识了奥地利伟大的音乐家们,后者掌握了音乐的精魂,却仍愿意配合舞台演出。

就是在这种情况下,城堡剧院在施赖福格尔(Schreyvogel)的管理下,开始超越德意志其他剧院。维也纳人在这座剧院中领略了德意志最精美的戏剧,它们充满艺术性仍不失简洁。编剧们有本事将所有戏剧作品改编得接近德意志人的精神,哪怕是莫雷托(Moreto)的《狄安娜夫人》这种外国作品,都能在他们的笔下变得像本土作品,那种矫揉造作的东西在这里并无容身之处。结果是,就连弗兰茨·格里尔帕策(Franz Grillparzer)都被德意志浪漫主义自命不凡的理论所感染,不过只有一次。他的第一部作品,《太祖母》是一出命运悲剧,剧中的悲剧不是源于英雄人物的自由行动,而是源于"隐秘的力量"。但是剧中优美的台词、炽热的情感、激烈的行为以及杰出的技术保障,让我们几乎忘了它荒谬的基本逻辑。不过格里尔帕策很快就摆脱了米尔纳美学理论的束缚。悲剧《萨福》和《金羊毛》展现出了纯正的形式、精准的人物刻画、德意志式的谨慎以及老奥地利人优雅而真实的对感官享受的热爱,是古典理想和浪漫主义理想的结合。自此以后,于他而言,歌德仍是备受崇敬的大师,魏玛还是德意志生活的神圣中心。格里尔帕策后来创作了一系列历史剧,在他塑造的众多人物中,最成功的莫过于《金羊毛》中的美狄亚。尽管他在艺术上很勤奋,但是也就止步于此。当时有许多天才人物,一步步势不可挡地,用思想的光芒照亮更为广阔的世界。格里尔帕策并不属于此列,但他有温和克制的艺术家天性,是真正的诗人,即便在艺术衰落的时代,仍忠诚于戏剧理想主义的古老原则,是新德意志诗歌在奥地利的重要引路人。

很快,另一位奥地利人费迪南德·雷蒙德(Ferdinand Raimund)占领了德意志戏剧艺术的一块新领地。多年中,他的喜剧作品在利奥波德城剧院的舞台上大受欢迎。我们现在可以毫不夸张地说,雷蒙德倾尽一生为他的小舞台贡献了他精心创作的新事物,那并不同于绝大多数编剧的作品——精心设计的一栋大房子,里面充斥着各色人物,而是一种属于我们民族的艺术——滑稽剧。他也成了自汉斯·萨克斯以来的第一位知道如何迷住所有受众的德意志诗人,他为舞台创作的诗歌不仅取悦了大众,甚至一度受到有教养群体的追捧。这个维也纳之子天生就会用故事逗乐别人,他从丰富的民间生活中获得灵感,塑造出了那些可爱的角色,他创造的那些温暖的笑话和愚蠢的自负,总能让奥地利人和上萨克森人捧腹大笑,"天啊,太搞笑了!"可是,就在这些无拘无束、调皮肆意的表演背后,却半藏着一种深沉的幽默,一种笑中带泪的气质。在一团和气的社会生活中,古老的德意志道德理想主义也依旧坚守!雷蒙德不停地回到一个问题:什么才是真正的幸福生活? 在所有道德问题中,哪一个对于普罗大众中受压迫者才是最重要的? 无论他表现的是挥霍无度者、愤世嫉俗者还是一贫如洗者,他都让观众明白,只有平静的灵魂才能获得幸福。大众信赖他,颂扬可爱穷人的古老德意志民歌还没被遗忘。无数人模仿这位朴实无华的民间诗人,但无人与之比肩。但这种民间喜剧很快变得粗俗堕落:简单直白变成了随意邋遢,温和智慧变成了令人厌倦的谐音梗,天真坦率变成了低级愚蠢。直到很久以后,在一个政治和社会斗争都相当激烈的时代,北德才又诞生了新滑稽戏,它无论在风趣机智的语言、幽默而充满诗意的风格方面,都大大超越了前代。

24

人们开始关注叙事诗以后,便热切地想要书写和理解时代特征。从未有如此众多的作家同时在所有文学分支上进行创作,莱比锡书商出售的书籍目录越来越厚,每座城市都有供读者借阅书籍的图书馆。富裕地区的习惯在这片贫瘠的国土上尚未成型,德意志人热爱读书但买得很少,且并不以此为耻。尽管如此,一些作品还是卖出了前所未有的高价,比如罗特克的《世界通史》、乔克(Zschokke)的《虔敬时刻》以及沃尔特·司各特小说的译本。1817年,发明滚筒印刷机的弗里德里希·柯尼希(Friedrich König)返回家乡,在维尔茨堡附近的上采尔(Oberzell)建立印刷厂,印刷面向民众的图书。随着读者们逐步习惯了阅读科学和艺术领域的一切新鲜事物,对于滋养德意志文明的古典教育的不满也就浮出水面。它无法提供一种严格规范的文化,无法让学习者从有限的可靠知识出发,通过独立研究获得新知识。凭借高调的"现实主义文化"之名,人们要求阅读大量各式各样且互不相关的备忘录,所有人都可以借此谈论任何事情。人们羞于承认自己的无知,谈话的内容从命运悲剧到西班牙宪法、从颅相学到英国新式蒸汽机,而谁都不想插不上话。

布罗克豪斯（Brockhaus）是个经验老到的书商，从 1818 年就开始致力于编纂一部百科全书，按字母顺序编排有文化的德意志人"想知道的一切"。这本百科全书传播范围很广，大量模仿者迅速涌现。那一辈人由于承担着多个世纪的遗产，必须有这些书籍傍身。尼布尔厌恶这些转变，他预言道，如果这种一知半解和博而不精的傲慢风气蔓延，如果对不断变化的渴望占了上风，那么现代世界必将变得动荡、空洞而散漫。

社会风气如此热爱阅读，对形式的敏锐感受迅速变得迟钝，内容刺激的作品最受欢迎。每个时代都有符合时代要求的作者，因此当时涌现了一大批浪漫主义作家，创作时髦的作品，并在文学批评类杂志上活跃数年。不过，真正优秀的诗歌中还是展现了新世纪特征，这些作品就像一颗颗珍珠，散落在一大堆无甚价值的文学作品中，很久之后才为人所知。尽管如此，引导这么多人走进文学殿堂的并非是金钱，而是虚荣和文学潮流。传奇和小说创作领域中，具有诗歌天分的人很难展现才能，就像能写出引人入胜作品的人也往往没什么诗歌天分。

面对残酷的战争现实，让·保罗的作品滋养出的多愁善感也不得不暂时隐退，但现如今又卷土重来，北德许多地方都流行着低俗且甜得发腻的语调。眼下这辈人就成长于那种感伤的氛围中，许多人对此无比憎恨，终其一生极力避免表达任何脆弱的情感。克洛林（Clauren）的乏味作品最适合当时读者的品位，摩登女郎喜爱那些精美的插画和动人的口袋本小说，当时流行在封面上印上天文缪斯、曙光女神、阿尔卑斯玫瑰、勿忘我或者雪松，书籍还要镀金镶边。上萨克森之前曾多次凭借活跃的改革活动介入民族的精神发展，在十数年中都是这类轻文学的重镇，年轻的歌德曾讥笑它是文学界的泥石流，如今再次袭来。在德累斯顿，弗里德里希·金德（Friedrich Kind）和特奥多尔·黑尔（Theodor Hell）还有一小撮同样温和礼貌的诗人，每周举办一次"诗人茶会"，相互表达钦佩之情，吹捧对方根本配不上中国茶的愚蠢小说，然后这些作品就会被发表在有大量读者的《晚报》上。而当时最高产的评论家卡尔·伯蒂格（Karl Böttiger），就像歌德说得那样，忙着"将这些愚蠢笨拙的东西吹成杰作"。

　　同样住在德累斯顿的路德维希·蒂克(Ludwig Tieck)极力远离这种无聊的活动,他觉得所谓神秘的"诗歌的诗歌"本质上不过是个鉴赏力问题,却成了浪漫主义者引以为豪的资本。尽管钦慕者认为他在诗歌上仅次于歌德,但他的伟大之处在于天分而非作品。自从他为莎士比亚强大的创造冲动所折服,便带着无限的热情和被高度赞扬的"迅速领悟力",投入了莎士比亚戏剧研究。他对莎士比亚进行了一系列阐释和效仿,这些作品远比他年轻时创作的不成型的浪漫小说和戏剧化的文学讽刺寓言,更有利于德意志文化,而后者之所以不像是荒诞想象力的产物,正是因为它们有意识地宣布自己是"彻底非理性的"。在广受好评的夜读会上,他为听众们感同身受地展现了莎士比亚作品人物的整个世界,无数年轻诗人和剧作家都在他的老房子里获得了第一枚艺术灵感。蒂克成名很早,声名最盛时被奉为德意志诗界领袖。他身患痛风,却有着诗人的明亮眼神,用富有同情的理解力温和地接待这些朝圣而来的年轻人,虽然他的作品不时传达全新的事物,但始终朝着人道的高度。他多次让年轻的追随者们关注新艺术四圣——但丁、塞万提斯、莎士比亚和歌德。多年后,他才又开始写诗。比蒂克更远离诗歌创作的是施莱格尔兄弟:弗里德里希·施莱格尔完全醉心于教皇权威政治,威廉·施莱格尔在波恩大学研究历史和语言学,这可是波恩大学的金字招牌,这个有点学究气的老绅士也被学生们奉为新科学诞生时代的代表之一。

27

　　只有在那些聚集在海德堡的青年诗人身上,诗脉还尚未断绝。没有人比克莱门斯·布伦塔诺(Clemens Brentano)更深入浪漫主义梦想生活的迷宫。他半是顽童半是狂热分子,忽而兴奋发疯,忽而崩溃忏悔,无论对他自己还是这个世界,他都是个难解之谜。他在南方天主教地区的城镇间流浪,如今又现身柏林向德意志基督徒宣读他的文章,代表浪漫主义者向现实世界宣战。他盛赞解放战争,却无法迎合北德新教徒的口味,他的战歌太生硬造作了,就像是为了赞颂奥地利而写:"蒙上帝和弗兰茨陛下之福,奥地利心想事成!"布伦塔诺的神秘主义倾向很快让他滑入粗俗肤浅的境地:他在迪尔门那位修女的病床边虚耗数年,以观察记录这位神秘的女性。不过纯净、壮阔的诗歌之光还是一次次穿透包裹着他残破灵魂的迷雾，当他重新振作后，几乎完全放弃了在《布拉格的建立》中的扭曲幻想，转而成功地完成了有识之士一直要求浪漫主义完成的任务——以民众接受的形式为民众创造作品。他创作的《正直的盖希什特和美人阿奈尔的故事》是一部杰作，开创了德意志乡村故事的原型。弗赖利格拉特（Freiligrath）公正地赞扬了他："布伦塔诺非常理解下层民众的情感，从未有作家如他一般诚实坦率，赋予普通人的精神生活以质朴而伟大的力量——被压抑的质朴情感突然迸发出了炫目的光芒。"浪漫主义评论家们称赞他描写的家禽故事，这些作品将造作之气赶尽杀绝，以孩童般天真的目光将家禽和人类的生活交织在一起，这种创作方法是怎么样夸奖都不为过的。布伦塔诺在状态更好的时候，还创作了许多童话，关于母亲莱茵河、女水妖、绿波下的水晶城堡，这些故事透着孩童般纯真的魅力，就像莱茵河夏夜那般如梦似幻。

布伦塔诺的朋友，阿希姆·冯·阿尔尼姆的头脑更强大清晰，并不满足于停留在童话世界。早些时候，他就在《多洛雷丝伯爵夫人》中展现了高超的现实主义天赋，如今又在小说《王冠卫士》中大胆潜入历史深海，将德意志古代人物同现实主义热情观念相结合，入木三分地向读者展现了古老德意志的真诚坦率、露骨放纵、战士的粗鲁残暴、帝国城市中自治区的反抗精神。他算得上是浪漫主义学派备受青睐的学徒，可即便如此，他也无法获得掌控大千世界的有序艺术感。他的小说中，简单和奇特往往没有任何过渡地互换，就像在生活里那样；叙事总是被冗长且枝节横生的片断所妨碍；有时他像是彻底失去兴趣一样，将人物从棋盘上一把扫落。阿尔尼姆的确有着伟大的思想和深邃的情感，但他的作品缺乏最高级艺术的平衡与和谐。

阿玛迪斯·霍夫曼（Amadeus Hoffmann）更受读者的青睐，他可能是唯一一位在作品数量上可以同口袋书的作者们一较高下的作家。他吸收了充满矛盾的浪漫主义道德，在嬉闹中打碎了理想和现实之间的一切桥梁，从根本上蔑视利用艺术赞美生活的做法。白天，他审问被羁押的政治煽动者，尽职尽责地研究上诉法庭的犯罪记录；夜幕降临，他的梦想世界升起太阳，忘却现实生活的一切，通宵达旦地同密友饮酒作乐,或者同爱好音乐的朋友们即兴创作。他模仿卡洛将幻想写下,创作了《恶魔的灵药》和《暗夜碎片》,都是关于妖魔鬼怪、梦境幻觉、疯狂犯罪的故事。霍夫曼妙笔生花,面孔狰狞的滴水兽好像从古老教堂上爬下,恐怖的妖魔似乎近在眼前,读者们好似梦魇一般欲罢不能,深深拜服于这位故事大师的邪恶魅力。可是到最后,这场疯狂的盛宴除了让人对恐惧变得麻木之外,什么都不会留下。

　　戏剧和小说活跃时,路德维希·乌兰特完善了浪漫主义抒情诗。1814年他的诗歌出版,但浪漫主义批评家并没在意。这个小资本家似乎与浪漫主义渴求的天才刚好相反,他曾在巴黎勤奋研读古代法国诗歌手稿,晚上沉默地陪伴同样沉默的伊曼纽尔·贝克尔散步,默默地观察生活,丝毫不为周围的各色诱惑所动。后来他在家乡内卡过上了简单有序的生活,从不参与符腾堡乏味的宪法争论。正是这种健康的心态和资产阶级的效率,让这个士瓦本诗人明智地遵循艺术形式的限制,为浪漫主义理想提供了有活力的、同时代精神相和谐的组成部分。作为一个有头脑的艺术家,乌兰特完全不关心各个学派的文学争论和美学教条,耐心地等待诗歌黄金时代的到来。他将其他诗人浪费在文学报纸上的敏锐批判力运用到自己的作品中,德意志作家中唯有他展现出了真正艺术家的风骨:不发表任何未完成的或不完善的作品。德意志民族古老诗歌中的英雄人物、瓦尔特·冯·德尔·弗格尔瓦伊德(Walther von der Vogelweide)和《尼伯龙根之歌》唤醒了他的诗歌天分。他谴责古代诗歌缺乏深沉的背景,无法让我们神游历史,但天生且经过严格训练的形式感,又让他远离了中世纪诗歌的喧闹隐晦,这位浪漫主义古典学家用清晰的线条为我们勾勒出了一个个人物。

　　早期浪漫主义者关注德意志早期历史,是因为那个陌生而遥远的时代散发出梦幻般的魅力,乌兰特在历史中寻求的却是纯粹的人,曾经活生生的平凡人,质朴热忱的未开化的条顿人。于他而言,研究古老德意志的英雄史诗和歌谣,"是真切地走进了德意志民族生活的本质"。他说诗人在处理遥远过去的事物时,一定要感同身受,就好像在同时代人的灵魂中寻找回声,同时又要时刻注意巨大的时代距离。他热爱多姿多彩的中世纪,但从未因此远离新教和新时代的民主观念。他动情地歌唱十字军的英雄，也热情赞颂穿过僧侣房间、向着太阳生长的维滕堡的大树，也愿意同解放战争中的军营歌手相提并论，并在伟大的新生祖国面前谦卑地说："没有什么歌配得上如此伟大的牺牲。"

他极其蔑视那些甜言蜜语的浪漫主义领袖、韵都押不好的骗子以及技法拙劣的诗人，他始终坚持最古老的作家信条："只有率真的词句和美好的情感才能创作出真正的德意志诗歌。"这位语言大师也很善于使用流行表达，他的诗歌真挚上口，他笔下的人物清新自然，读者们几乎注意不到，这位艺术家为了这简单纯净的形式下了多少苦功，探索了多少知识。他选择了戏剧性民谣的形式进行表达，这种形式非常适合性格外向的德意志人，只有在偶尔有需要的时候，他才采用平静细致的南国小说形式。他并不看重细节，在意的是细节对读者的影响。他理解德意志性格中最隐秘之处，只用简单几个字眼就能揭示民族的某些秘密。在他描述忠实战友的诗歌中，简单明了地描述了好斗的德意志人，从辛布里战争一直到法国战争，时刻准备开战，他们热情又忠诚，渴望战斗也无比虔敬。

乌兰特创造的叙事诗也不乏强大的情感力量，因此许多他自认为是民谣的诗歌也迅速变成了流行歌曲。特别是由于他写的歌谣，深受人民喜爱，一开始是士瓦本人，到最后全德意志的人都热爱他，他也就成了所有伟大诗人中最受欢迎的一个。他用质朴深刻的语句描绘了爱情的欢愉和悲哀，流浪的幸福与分离的痛苦，煮酒论剑的欢畅，每个人，无论雅俗，都能从中找到自己的影子。南德人会更有感触，因为这些让他们想起了故乡，想起了士瓦本的土地，覆盖着藤蔓的山丘和波光粼粼的溪流，还有能歌善舞的人民。这些酷似民歌的简单诗句，让读者们不由自主地哼唱，所有年轻人都在传唱，德意志士兵所过之处，学生、歌手和运动员举办庆典之地，都能听到乌兰特的歌，这些歌有力推动了新世纪刚刚繁荣起来的民间生活。经历过战火淬炼的年轻一代，挣脱了旧时代令人窒息的牢笼，奔向自由；德意志人要求四处漫游的权利，快被遗忘的古老民间节日也再次浮现。这些新民歌沟通了有教养阶层和未受教育阶层，让不识字的民众第一次参与欣赏当代诗歌。尽管现代受教育群体都仍未抵达曾存在于霍亨斯陶芬时代的民族文化大统一，但当时这股回归本质的浪潮，在一定程度上，至少让整个民族熟悉了最优秀的德意志诗歌。当乌兰特看到他的歌在民间传唱，这位士瓦本诗人是多么激动啊，他满怀信心地鼓舞同胞："在德意志诗歌之林尽情欢唱吧，所有枝叶都发出共鸣，这就是欢乐，这就是生活！"

乌兰特生性宁静，不可能参与喧嚣的民间庆典，可是莱茵兰的青年人用清澈的嗓音唱着他的歌，图宾根大学毕业生走过内卡大桥，别离歌《那男孩走向远方》一直回荡到诗人在奥斯特贝赫（Oesterberg）的葡萄园，这就是对诗人的最高褒奖。

乌兰特的诗歌包含的观念的确相对狭窄，就像金色竖琴伴奏的骑士诗歌一样，只会歌颂"上帝之爱，英雄的勇气、温柔的爱、甜美的春日花朵"。即便在悲剧中，他也更愿意赞美古老德意志的坚贞友情。他的剧作缺乏戏剧张力，爱国诗歌也没有他最爱的瓦尔特·冯·德尔·弗格尔瓦伊德所传递的丰沛政治情感。人类究竟从何而来，又要去往何处，这些有关存在的最高问题，从未触及他的头脑。因此，歌德也许不会在意这个士瓦本诗人笔下的玫瑰和桂竹，金发女郎和哀伤骑士，也就没有意识到，在歌曲和民谣创作方面，乌兰特也许是最能和他一较高下的人。歌德还尖刻地评论道，乌兰特的作品根本无涉人类命运的起伏。不过早就习惯遵从歌德教诲的德意志人，也秉承他的名言"我爱你与你无关"，仍然爱着乌兰特。乌兰特也知道不可能让歌德明白错在哪里，歌德不公正的判断并没有影响他，他还是不停地致敬歌德，不知疲倦地告诉整个民族，很久以前的一个春日，正是这位王子唤醒了沉睡的德意志诗歌公主。当年轻诗人登上斯特拉斯堡大教堂的螺旋楼梯，石刻的枝叶沙沙作响——"这就是歌德，吟唱美丽世界半个世纪的伟大诗人"。

而立以后，乌兰特的诗作就很少了，他作为天才投资人和收藏家参与了重新发现民族古老时代的伟大工作，但他作为诗人的名望依然与日俱增，年轻时的作品从未过时。他极有教养，却朴实无华；是帝国古老光辉的赞颂者，也是民主人士，总是怀疑"君主顾问和宫廷管家"；在政治斗争中无畏忠诚到了固执的地步。对于士瓦本人而言，乌兰特是家乡的典型代表，是最优秀的同胞，"乌兰特说过的每个字都经过了事实的证明"。

一大群年轻诗人追随他的脚步，很快形成了所谓的士瓦本诗派。这是现代德意志诗歌历史上首次尝试打造独立的地区性文化，而且采取的是完全无害的地方主义形式。这些诗人只想着如何巧妙地将自己从大同小异的民族作品中剥离出来，为自己属于醇酒歌谣的土地，属于神圣帝国的战争基石，同中世纪的辉煌记忆有着千丝万缕的联系，而深感喜悦和骄傲。他们创作了大量歌谣，温和宁静、清新自然，他们仍是纯真的德意志人，即便后来世界主义的革命力量入侵德意志诗歌，扰乱了高贵的艺术形式和单纯的思想观念，他们也保留着抒情诗的纯净形式。但乌兰特歌谣中绝妙的诗情画意和狡黠的幽默感是无法模仿的，因此大多数士瓦本民谣歌手逐渐堕落到只会押韵，他们苍白的温柔对这个新世纪没有任何贡献。

到此为止，诗界翘楚是尤斯蒂努斯·克纳（Justinus Kerner），一个天生的诗人，机智幽默，敏感深刻。他的家位于维斯贝格附近的葡萄园中，邻近韦伯托古堡，总是充满欢歌笑语，是杰出知识分子的聚会场所。他们被诗人夫妇热情接待，边喝酒边听他讲故事或者吟唱他创作的优美而深邃动人的诗歌，大家都会发现，这样一位彻底的新教徒和现代人，也受到了浪漫主义神秘趋势的影响。就像布伦塔诺崇拜凯瑟琳·埃梅里希（Katherina Emmerich），克纳则追捧女预言家普雷沃斯特（Prevorst），相信通过她的操作，自己就能偷听到两个世界的和谐之声。促使他走进神秘领域的，并非是一个被束缚的不安灵魂的焦虑，而是无法在启蒙时代冷冰冰的现实主义世界中平息的孩童般的激情。

德意志民族现在才开始完全理解，它最伟大的诗人拥有什么样的力量。随着战时激情消退，以及《诗与真》前三卷的出版和传播，歌德的形象以前所未有的高大威严出现在人们眼前。自圣奥古斯丁的《忏悔录》之后，还没有哪部自传如此深刻、真实有力地描绘出人类最美丽的秘密——天才的成长。对于那位圣徒而言，面对一切造物皆有原罪的冲击性观念，这个世界的所有生活形式似乎都彻底消失了。但《诗与真》却充满在现实中找到欢乐的诗人气息，他在创造性生活中努力思考什么才是永恒的爱，从思想的天顶飞回艺术家的朴素信仰："如果一个幸福的人最终不能发自内心地为自己活过而高兴,那么这些日月星辰、已成型的世界和尚未成型的世界,又有什么意义呢?"歌德像卢梭一样坦率地承认自己年轻时的错误,但歌德的风格感极佳,因此没有像卢梭那样刻意造作,甚至到了无耻的地步。卢梭露骨地展现了那些朦胧冲突的情感激荡,这些情绪正是因为转瞬即逝才为人铭记,一旦进入细节分析就显得无理取闹。歌德则克制地展现了他生命中的部分底色,只关乎他如何成为诗人。

卢梭的《忏悔录》最终不过是一个男人痛苦的悔罪书,他无助地在本心和扭曲的灵魂之间,在上帝和野兽之间徘徊不定。《诗与真》的读者则会幸福地感受到,歌德从双重意义上履行着弥尔顿对诗人的要求:将自身的生命转换成一件真正的艺术品。歌德继承了母亲的天才和父亲的性格,他一点一滴、坚定不移地将精力分散在人类沉思、想象和认知的一切领域,在成长的每个阶段,都展现出健康且符合自然的精神,因此他的每一次伟大转变也就随之显得极其简单。天才音乐家范妮·门德尔松曾预言:"上帝不会早早地召回这个男人,直到他长命百岁,直到他告诉世人,什么是生命的意义。"我相信这也是所有读者的感受。在这个散乱的民族中,对歌德的崇敬将最优秀的人们联接了起来,越是有教养的德意志人,就越尊重歌德。《诗与真》的语调表达了歌德年轻时曾表达过的情感:如果人们要为他加冕,他丝毫不感震惊。几乎所有的忏悔者都会不自觉地表现出自负,但歌德境界太高了,全然不受这种趋势影响。这些回忆所表达的强大自我意识,实际上是一个灵魂与自身完美契合后的宁静通透。这个幸福坦诚的诗人,终其一生都在写作自己的忏悔录,面对那些挑剔嫉妒的人,他总是会淡淡地说:"我只是顺其自然。"

歌德带着最高级的东西介入了德意志民族生活。现在,歌德从记忆中召唤出的人物,已经被一颗颗火热的灵魂照亮了。赛森海姆(Sesenheim)牧师宅邸照射出的爱之光芒穿透了每个德意志人的青春梦想,每个人回忆自己快乐的童年时光,都会想起歌德故居那所凌乱的房子,庭院里的喷泉,歌德母亲笑意深深的双眸。老年歌德曾说:"那时我们漫步在阴影中,就好像离开了地面。"歌德的另

35

一重命运是注定的，因为《诗与真》太迷人了，以至于今天我们说起歌德，都会首先想起那个王子般闪光的年轻人。他没有为我们描绘他的成年岁月，因此那段岁月相比明媚清晰的年少时代，就好像处于阴影中一般。

卢梭将个人生活同当代历史缠绕在一起叙述，歌德也以无与伦比的深刻呈现了一幅腓特烈时代精神生活的全景历史画卷。这个老人为我们讲述了青春的火焰如何再次燃烧，讲述了德意志艺术的春天，到处都是欢乐的希望，一切都在发芽成长，空气中散发着泥土的芬芳，一棵树光秃秃的，旁边一棵却已经抽出了嫩芽。与歌德同时代的历史学家尼布尔，曾否认诗人具有历史感，因为他们总喜欢沉浸在自然之中。歌德却承担起了历史学家的两项最高任务——艺术和科学，而且证明了这两件事其实是一件事。因此，他对于过去的生动描述，既让读者身临其境，又能让他们理解已经发生的事，理解事件的必然逻辑。这部作品创作于拿破仑霸权时期，那时歌德似乎已经失去了从政治上重建祖国的希望，但书中的每个句子都诉说着充满信心和希望的腓特烈时代。没有一个词语表明，在饱经挫败后，歌德放弃了对德意志美好未来的信念。即便是现在，全世界都放弃了普鲁士，即便是随着腓特烈形象淡化，德意志热情也逐渐消散，歌德却用激动的言辞表达，新艺术同普鲁士的英雄主义光辉有着多么密切的关联：德意志从不缺乏天才，但腓特烈的功绩首次赋予了我们的想象生活以一种民族力量，一套坚实的内容。因此，诗人歌德从未从内心背叛民族。在疲惫的岁月中，他曾说现在唯一的神圣使命是维持强大的精神力量，在一片废墟中保住我们文学的圣殿！

不幸的是，歌德完全没有信心欢庆民族的政治声明。他痛苦地体验了自己说过的真理：诗人天生不属于任何党派，因此在政治狂热的年代，也就无法逃脱悲剧命运。有那么几次，歌德似乎预感到美好的未来。一次是法国大军借道德意志前往俄国，许多灰心丧气的人都觉得世界帝国已经建成，他反驳道："再等等，看有多少法国人能回来！"拿破仑大军最终只有少数残兵败将逃回国内，普鲁士也终于团结一心，强力崛起，可歌德却在"野蛮志愿兵"的狂热面前战栗不已。他还记得，就在前不久，还没几个德意志人能理解

《赫尔曼与窦绿苔》中高贵的爱国情感；他也不相信，他的同胞们拥有这种持久的政治意志力。歌德从一开始，就同西方古代文明交流着思想，现在带着不祥的预感看着东方民族穿越和平的中德——"哥萨克人、卡舒比人和扎姆兰人等等。"他严禁儿子加入反法联盟部队，于是不得不眼睁睁看着这个热血青年在羞愧和绝望中转变立场，公然崇拜拿破仑。

最终，和平的消息将大诗人从压抑沮丧中拯救了出来。歌德心中犹如大石落地，为和平庆典创作了《埃庇米尼得斯的觉醒》，以诗人的方式解除了心灵的重负。民众此时有理由期待他创作一部通俗易懂的作品，可是却对埃庇米尼得斯这个寓言人物一无所知。但那些有能力理解这则寓言的人，无一不被埃庇米尼得斯所深深打动，"在梦中经过恐怖的黑夜的我"，向胜利的战士们致敬，也为自己长久的麻木羞愧，"经过苦难淬炼的你们，将成为比我更加伟大的人"。这是诗人的自我忏悔，但绝不是自我贬低，因为埃庇米尼得斯也感谢神明在苦难中让他保住了纯粹的情感。自此以后，歌德以更加宁静祥和的目光回望解放战争。梅克伦堡议会为布吕歇尔在罗斯托克立了一座雕像，歌德题词道："平时抑或战时，失败抑或胜利，清醒伟大的布吕歇尔啊！拯救我们于敌手！"

战争结束后，歌德前往"莱茵河畔连绵的山峦和美丽的平原"，在1814年和1815年夏天居住在自由的莱茵兰，那里阳光明媚，比德意志其他任何地区都让歌德有故乡之感。老莱茵河流域的快乐精神苏醒，两岸人民恢复了友好往来，欢聚一堂庆祝宗教节日，这一切都让歌德心潮澎湃。他记录下了这些快乐的时光，字里行间都透露出"生活的喜悦"，而这曾笼罩着他在斯特拉斯堡的学生岁月。同样让他想起那段黄金岁月的，还有同贝尔特拉姆（Bertram）和布瓦瑟瑞（Boisserée）兄弟的友谊。他开心地参观了科隆大教堂，以及美因河与莱茵河畔的所有古老建筑，还在海德堡逗留很久。那里有布瓦瑟瑞兄弟收藏的古代德意志绘画，以及圣巴塞罗缪和圣克里斯托弗的祭坛画，这可是所有德意志青年的圣地以及新艺术研究的摇篮。丢勒笔下人物"十足的精气神"曾深深吸引了年轻的诗人，如今他又从老尼德兰画家和科隆学派的作品中，领略到了德意志祖先的勤勉、丰富的内涵和简单质朴。歌德说："我们太蠢

37

189

了，居然觉得祖先们不如我们美丽！"他特别强调自己对《尼伯龙根之歌》的喜爱，反对科策布之类的庸人随意取笑德意志古代的伟大英雄。歌德在科隆的三位友人，贝尔特拉姆和布瓦瑟瑞兄弟"都勇敢地面向过去"，他给他们送上了自己的画像，还附上了友好的致辞。歌德的这些举动让德意志基督教狂热分子兴奋不已，他们欢呼着风水轮流转，异教国王终于向科隆大教堂低头，甚至认为歌德已经成了他们的一分子，还希望他能赶紧写出一部基督教的《伊菲格尼亚》。

38　　　　他们根本不了解歌德，即便在这种时候，歌德仍自信地写道："那些不懂三千年历史对他们有何意味的人，只是日复一日地活着，活在黑暗浑噩之中！"歌德虽然坦率认可了德意志浪漫主义的核心理念，但他的意思绝不是要重返《铁手骑士》中的理念。他始终是个古典主义者，曾翻译了本韦努托·切利尼的作品，并在有关温克尔曼的作品中宣布了德意志文艺复兴的降临。丢勒和他极为相似，因为这个聪慧的艺术家同样结合了德意志的精神财富和南部的形式美感。歌德总是自称为"思想狭隘的人"，但他太知道各种权利主张会让人误入片面性的陷阱，因此他也忧虑地看着德意志浪漫主义运动中有意识、有目的的片面性将败坏我们最宝贵的财富、最自由的世界观和最开放的接受力。年轻一代用狂妄的净化运动摧毁歌德珍爱的语言，剥夺德语同其他文明的融合互动，歌德暴怒。新一代"令人不满、偏执和任性"的做法让他心生厌恶，他们笨拙凌乱地将德意志原生的粗糙同雅各宾党人的造作傲慢相结合，形成了一种古怪而混乱的杂种。尤其是那些已经在奎利那雷山建立工作室的年轻画家们，歌德很快从他们身上发现了这种缺陷。中世纪热已经过去，现在的口号是"虔诚和天才"。他们瞧不起勤奋，拿撒勒学派的许多作品就像圣伊西多罗的僧侣房间一样单调空洞。歌德强烈反对这种趋势，他甚至没有感谢彼得·冯·科尼利厄斯（Peter von Cornelius）为《浮士德》绘制的插图，因为他认为这位大画家只理解了其中的一个层面，完全没有注意到第二部分中阐发的古典理念。

　　　　歌德是个拥有自由灵魂的古典主义者，尤其厌恶浪漫主义在堕落中产生的造作的新天主教品位，他称其为"婴儿食物"。歌德从

未接触过基督教积极信仰的自由而属灵的形式,这对于德意志文
明直至今日都影响巨大。他年轻时,曾经同虔敬运动中的佼佼者
们有过联系,但后者狭隘的视野不可能长久地吸引这个天才。在
德意志战火频仍的岁月中,基督教也逐渐成熟起来,变得深刻、宽
广和高度有教养,但暮年的歌德从未亲密接触过这样的基督教及
其教徒。否则,以他那种敏锐的洞察力,一定能发现像施泰因和阿
恩特这样的人,主要是从强大的信仰力量中获得了坚定的信心和
高尚的情操,这是他们同哈登贝格或根茨的重大区别。于是,德意
志古典时代最后也是最杰出的代表,居然丝毫没有注意到民族宗
教生命的觉醒,而且在数十年中,最有教养的人群始终将蔑视宗教
视为自由思想的核心标志。拿撒勒派画家笔下板条状的人物及刻
意的简洁,以及这些浪漫主义叛徒时而甜美时而夸张的表达,必定
让歌德怒火中烧;看到克吕德纳夫人扮演受上帝启示的预言家,歌
德神圣的新教血液就更按捺不住了。他看不惯宗教情感和神秘主
义倾向造成的伪科学,于是高举赫尔曼的"批判、希腊主义和爱国
情操",声讨克罗伊策的象征主义。他强烈地感觉到,一旦我们彻
底放弃世界主义意识,德意志民族的一切品质都将消亡。他不断
讲述建立世界性文学的必要性,不断表扬外国作品中真诚美好的
东西。俄罗斯天才乌瓦罗夫(Uvaroff)提出,每种科学都只有一种
适合表达的语言,比如考古学就只能用德语表达,歌德甚至赞同这
种观点。

歌德不支持夸大其词的条顿主义,也不赞同新的宪政原则。他
在简单的社交关系中保持着对普罗大众的善意和体贴,真诚地相
信普通人情感中强烈和可靠的本能。他总是说,在上帝面前,那些
说话像低等级的人才是最高级的等级。在创作《伊菲格尼亚》时,
阿波尔达纺织工的悲惨境遇总是让他心绪不宁。但在国家、艺术
和科学层面,他始终是一个有着贵族气质的贵族知识分子,积极捍
卫文化特权。他在《埃格蒙特》中就表达了对大众政治能力的看
法。自由主义发言人曾满怀信心地宣布,民众的智慧万无一失,他
们知道如何解决德意志政治生活的一切问题。对此,歌德回应道:
"听信群众会造成混乱。"拥有德意志情感的歌德,厌恶这些追随法
国教条的自由派人士身上的非德意志特征,他们对理性的推崇让

他想起克里斯托弗·弗里德里希·尼柯莱（Christoph Friedrich Nicolai），这让他忧心忡忡，因为他相信以理性为基础的文化必定倒向无政府，因为理性并不拥有权威。很快，他就发现年轻的自由主义者们也染上了排外的精神疾病，斥责所有异见人士是君主的奴隶。为了反对这些被党派束缚的人们，他坚定地提出只存在一种真正的自由主义，那就是思想的自由主义，是情感的自由主义。

新闻业的发展让歌德深恶痛绝，每日新闻不过是流言蜚语和政治消息的丑陋混合，对于这种新闻的渴望将对大众文化产生多么肤浅乏味的影响。那些闭门造车、对人物事件大加评判的不负责任的匿名作家们，又是多么傲慢空洞。在歌德看来，这段被高度赞扬为出版业自由时代的光景，只培养出"对民意的强烈鄙视"。面对这些时代偶像，他耸肩道："生活在世界历史中的人会关心转瞬即逝的时刻吗？"歌德变得越来越孤僻，赫尔德和维兰德都已经过世，他和魏玛大公的友谊也岌岌可危，因为他无法忍受一条训练有素的狗，"在缪斯女神点燃内在世界神圣火焰的地方"卖弄把戏。魏玛大公坚持如此，歌德只得给这条狗让路，从此不再掌管魏玛剧院。

但是没什么能破坏他天性的自在宁静。歌德在他新创办的期刊《艺术和古代》上热情地捍卫古典理想，他认为这是一场针对"新虚假艺术"的战争，而且获得了许多魏玛艺术家朋友的支持。事实上，歌德站在两个时代的分界线上，慷慨激昂的自信言语掩盖了他的不安。温克尔曼曾同时热爱着阿尔巴尼别墅的古典雕塑和拉菲尔·门斯冰冷高贵的画作，歌德也没有彻底同老朋友蒂施拜因（Tischbein）断绝关系，还亲笔题词赞美后者的一副无聊画作。不过歌德也同所有德意志艺术天才有着密切的关系，热情赞美克里斯蒂安·劳赫（Christian Rauch）的大胆创新。

41　　1817年歌德出版了《意大利游记》，这部作品比他批判性的活动更具影响力。他游览意大利期间的这些回忆录在朋友之中传播已久，现在被收集、修改出版，歌德的意图非常明显，就是要照亮罗马，照亮古典古代的作品，照亮文艺复兴的成就。这部游记让德意志民族分享了驱使歌德前往永恒之城的感受和渴望，也知道了维纳斯神庙的柱廊如何让歌德挪不开眼，以至于没能在佛罗伦萨逗留,也没看看圣弗朗西斯大教堂阴沉的穹顶,最终在阿波罗城门下获得了罗马带来的安全感。随后读者们将跟着他走过那些丰饶的岁月,那些他生命中最美丽高产的时光:清晨太阳在萨宾山锯齿状的顶峰上升起,诗人沿着台伯河散步;罗马广场的废墟中,诗人作为命运陪审团的一员,学会了自内而外地理解历史;在冰冷荒凉的大厅中,古代艺术品触发着他的灵感,伊菲格尼亚、埃格蒙特、塔索和威廉·迈斯特的形象浮上心头;最后,在陶尔米纳的橘子树下,他似乎看见了瑙西卡和奥德赛正在他面前游荡。歌德一次次承认,他在这里获得重生,因为在这里他首次获得了清晰的视野和艺术家的平静,也是在这里学到了要在更宽广的领域耕耘。后来歌德很高兴地得知,青年艺术家中最有天分的一些已经全情投入了古典研究。但厌恶古代异教成就的不仅仅有拿撒勒派,尼布尔以及许多享有世界声誉的自由主义知识分子,都尽可能远离古典时代。这种纯粹美学意义上的世界观,从原则上回避政治生活,表达了 1780 年代的情感。尽管最近文学有所复兴,但这无法满足参与莱比锡战役和佳姻庄战役的一代人。

　　没过几年歌德就创作出了他最朝气蓬勃的歌谣,比如欢快的《干杯吧!》,但随着接近古稀之年,一种岁月感,温和的沉思,平静的顺从,对说教、符号和神秘事物的倾向,开始在他身上变得活跃。他正是在这样的心态下阅读了哈默(Hammer)翻译的哈菲兹(Hafiz)作品。浪漫主义推崇的世界旅行在德意志人身上唤醒了对远方的向往,也攥住了歌德的心灵。他发现这位同时代东方人有着平静祥和的智慧,波斯的天然宗教同他对大地的热爱是如此和谐。不过他不可能在作品中“马上接受任何事物”,不会也不可能像席勒那样,生搬硬套外国事物。歌德一点点地熟悉了波斯诗歌的形式和内容,甚至能不由自主地想象东方土地上的某种香气。

　　就在这个节骨眼上,歌德结识了玛丽安·冯·魏尔玛(Marianne von Willemer),于是两年前写下的悲伤词句似乎已经不应景了。歌德又变得年轻了,在阳光和煦的秋日里,这位美丽的女士陪着他走过海德堡城堡旁的林荫道,他把她的阿拉伯语签名苏莱卡刻在喷泉底部:“歌德再次感受到了春日的气息和暖阳。”不过这一次歌德心中的幸福感不再是那种难以控制的激情,就像他曾

42

经对施泰因夫人的情感，而是对一位有魅力的女性发自内心的温暖而深沉的爱恋，而沐浴在诗人之爱中的这位女性自己也成了艺术家。她很容易就理解了歌德对东方的热爱，创作出充满甜美渴望和柔软谦逊的诗歌，甚至在将近半个世纪里都被当作歌德最优美的作品。歌德的回应时而充满智慧，时而点亮激情，在热情而神秘的诗句中，他唱出了最美好的神力——在两个世界中来去自如，让两个属于彼此的人终成眷属的爱的力量："真主不再需要造物，我们自己造出了他的世界！"

歌德的最后一部抒情诗《西东合集》就这样诞生了，其中有情歌和酒歌、语录和观察、新旧忏悔，东方诗歌的形式是它们唯一的共同点。其中不乏有争议的言辞，就像大师自己说的那样："我始终是个人，也就始终是个战士。"他不惜笔墨地描写人类的根本力量，并且通过对比瓦本诗人狂浪的情歌，预言了对歌曲的过分热爱将最终让德意志生命幻灭："是谁从世界中驱赶出了诗歌艺术？诗

43 人！"但这部诗集的核心观念是："犹有足够的思想和爱。"这部诗集的艺术韵律深刻影响了下一代更具思想的抒情诗人。的确，这部诗集缺乏摄人心魄的魅力，而歌德年轻时的作品正是凭借这种特质才引人入胜；一些僵硬的起承转合似乎过于刻意，而许多造作的阿拉伯风格好像就是为了给普通的画面增添几抹异域风情。《东西合集》《神秘原词》以及无数晚年言论中，歌德打开了一座智慧宝藏，为情感和文化生活中所有关键问题提供合适的解答，只有当前的一代人才明白了这座宝库的价值。歌德晚年的许多诗歌中启用了条顿古代的神秘符号，古代英雄总是会反思或梦到这种符号。他也多次探究最幽深晦暗的终极存在问题，思索一切可表现之物的局限，而当清晰流畅的词句无能为力时，音乐就派上了用场，比如，天堂般的幸福光芒照进我们贫瘠的生命，灵魂中总会轻柔地响起美妙的歌声："死亡和生存都不会太久，你只是苦海中悲哀的过客。"

就这样，歌德的生命孤傲而伟大，永不停歇地思考、收集、探索和写作，不断触及并超越各个方向上的界限，他爱春华秋实，也爱人类知识领域的一切新发现和一切新鲜的艺术作品。席勒更加精致的框架在履行康德的道德律令时就早早耗尽，幸运的歌德有着

更为健康的天性,他丰富多彩的实践活动似乎仅仅是出于本能。没接触过歌德的人也会相信,他严格遵循自己的格言:"只有一直工作的人才能工作;黑夜即将降临,没人能在黑夜工作!"他们也同样会想象,这个异教徒在晚年是多么坚定地信仰上帝,他曾多么小心地防备总是先下手的天命,在生命的每个偶然中,他都能立刻发现上帝之手——只有对于这位大艺术家而言,世界的神圣计划才昭然若揭。尽管歌德的思想日益深邃,就好像他的生命永无终点,但青春对他而言,依旧珍贵异常。即便年轻一代有时出言不逊,看着这些年轻热忱的眼睛,他也不会生气。他真诚地说,让这些青年"过来,当个和我一样的老人",是愚蠢的事。他知道如何将自己从自然中获得的经验传授给青年诗人:他们应该首先努力装满自己的心灵和头脑,也应该保持开放敏锐的心态。"诗歌的内容就是诗人生命的内容,我们必须随年岁而进步,必须时刻检验自己,确保自己还真正地活着!"

一些狂热的离经叛道者,像威廉·施莱格尔,曾狂言要推翻旧神歌德,但天性更为高贵的人们都知道,攻击他就是对民族生命的内耗。施泰因男爵曾谴责歌德还留在拿破仑时代,还温和地补充道:"不过歌德太伟大了,也不必如此苛责。"歌德在柏林的知识分子中拥有最热诚的拥护者,他们对歌德的崇敬甚至到了宗教崇拜的地步,狂热的高级女祭司拉埃尔·瓦恩哈根曾在布道中宣布歌德拥有神圣荣耀。歌德远远而平静地看着他的祭坛后升起的浓烟,不时以他那种正式而私密的建议者的方式,作出一个公民的回应。但他不允许崇拜者接近他本人,他认为他们正在将自然赋予他的东西变成一种狂妄的信条。拉埃尔的小小胸膛中跳动着一颗充满感激、虔诚和友善的心,她是个半吊子艺术家,虽然狂喜里有做作的成分,但仍保有女性对伟大强壮事物的可靠直觉,她也曾一度像崇拜歌德一样崇拜费希特。但除了这些可爱性情,她还展现出一种半清醒半迷糊的状态,以及由此造成的强烈虚荣心,于是她对德意志最伟大诗人们的崇拜,实际上不过是自我满足的源泉:面向无限世界的歌德鄙视将精力限于语文学的做法,她也以此为自己的空虚浅薄开脱——"我为什么就不能顺其自然?"但这个美学茶会圈子中的所有对话都没有几分真实可言,其中许多被称为天

44

195

才的人,不过是不好好说德语的人,不过是滥用辞藻的人。比如,拉埃尔说起某个乐章华丽而热烈,就像"一阵有学问的风暴",其他人居然会啧啧称赞,她的丈夫还会用最优美的字体将这句话写在自己的日记本上。不过歌德非常清楚知行的鸿沟,对于具有创造力的仰慕者,他也非常和善。比如对待费利克斯·门德尔松·巴托尔迪,他就犹如慈父,为这个充分结合了教养和天分的孩子感到骄傲。

因为精致艺术的繁盛,诗歌便开始走向没落。只要战争岁月的激情还在延续,哥特艺术就会被普遍视为唯一名副其实的德意志艺术。德意志青年似乎已经放弃了古典理想,申肯多夫大声疾呼:"别再在德意志的墙上描绘任何异教形象了!"许多来自东部的志愿者在向莱茵河行军的过程中,见识了德意志早期丰富的形式特征。对他们而言,这些古老教堂才是祖国艺术唯一的榜样,几乎没有注意到,在法国教堂中也能处处碰见同样的"老德意志"风格。他们抬头凝视科隆大教堂未完工的尖顶时,也会觉得"直到真正的主人降临,这项工程才会完工"。最终还是由于王储担心这座庞大建筑摇摇欲坠,才将申克尔派到科隆,并宣布保存这样一栋建筑就意味着要完成它。

威廉三世也深受时代氛围的感染,第一次巴黎和会后就决定在柏林修建一座宏伟的旧式德意志教堂,以纪念胜利。这个消息很快传遍老普鲁士,人们决定翻修被波兰人和腓特烈军官们糟蹋过的马林堡,以纪念古老的条顿骑士国,是它唤醒其他德意志人打响圣战。舍恩作为老普鲁士本土荣誉的狂热代表,领导了这项工程,希望将这座德意志中世纪最精美的神圣建筑打造成普鲁士的西敏寺。威廉三世批准了这项提案,于是巨大的厅堂中薄薄的隔断墙被拆除,大厅纤细的柱子上升起古代哥特式拱门的石雕花饰。城堡的装饰由全民完成,我们不要捐款,任何想帮忙的人都要亲身参与工作。贵族、市民和一贫如洗的地方政府,纷纷投入其中,来自全国各地的爱国者们也功不可没。很快,三十年战争期间连同其他许多文明成果一道湮没的彩色玻璃艺术再次复兴,展现普鲁士古往今来历史画面的彩色玻璃窗完成了:在黑白相间的旗帜下,站着条顿骑士团和解放战争的战士；大卫的宝剑竖琴上刻着："不能战者非上帝之牧羊人。"浪漫主义一代所有最隐秘的秘密都在这些活动中表露无遗；德意志人又能亲眼看见这些伟大的历史英雄，别提有多幸福了。全民欢腾中，年轻的王储在马林堡大厅举行了盛大庆典，祝酒道："祝愿一切伟大珍贵的事物都像这座建筑一样冉冉升起！"

　　尽管如此，艺术中的哥特潮流就像士瓦本诗歌一样很难取得优势，温克尔曼和歌德的观念依旧占据主流，在柏林尤为如此。那里有德意志文艺复兴晚期最杰出的作品、宫殿、武器库和选帝侯纪念碑，这些痕迹既是古典的也是民族的，比中世纪建筑更容易为现代人所理解。柏林是德意志近现代历史的核心，在这里复兴 14 世纪的建筑形式必定显得不知所谓，而且现在德意志人也首次开始熟悉希腊时代的艺术。温克尔曼之前所了解的几乎都是希腊艺术的罗马仿制品，也没观察到，从多利安时代和伯利克里黄金时代直到哈德良执政期间的二次繁荣期之间，是一段多么漫长的历程。19 世纪伊始，古希腊宝藏重见天日，1816 年，埃尔金大理石雕进入伦敦，同年埃及雕塑被运至慕尼黑。我们越是了解古代，越是钦慕不已。与此同时，一个古希腊人出现在罗马，他生活在古典形式的世界中，与其他现代人泾渭分明，似乎被神秘莫测的命运传送到了新世纪。但托尔瓦德森（Thorwaldsen）①强大的精神中也奔涌着日耳曼人的血液，他的艺术对德意志人有着直接的吸引力，他们将这位冰岛艺术家当成半个德意志人，他本身也受到德意志人阿斯穆斯·卡斯滕斯（Asmus Carstens）的巨大影响，从这位学院艺术的大胆反叛者身上学到了，古典作品中真正有生命力和永恒价值的东西是什么。

　　不过老德意志和古典艺术潮流的斗争仍胜负未分，这场斗争也源于发生在柏林的重大变化。那些年，普鲁士财政濒临破产，无力建设艺术纪念品，只有为王后树立纪念碑这个计划是普王无法放弃的。尽管他总是说自己是个缺乏艺术感的人，但在这件事情上，

47

---

① 托尔瓦德森（Thorwaldsen，1770—1884），丹麦新古典主义雕塑家，代表作有大型浮雕《亚历山大攻陷巴比伦》。——译注

自然诚挚的情感让他作出了正确的选择。他希望给挚爱的妻子选个合适的纪念物，也隐约感觉到，哥特艺术似乎过于梦幻缥缈，并不适合表现人性的伟大，因此并不考虑修建一所老德意志式的陵园教堂。申克尔在战争年代被日耳曼精神彻底迷住，劝说君主道，异教建筑很冰冷，古代宗教不可能代表基督教爱和静穆的死亡观念，不过终归徒劳。威廉三世将一座矗立在夏洛腾堡公园阴冷松林里的多立克式小神庙，改建成了王后的陵寝，并委派克里斯蒂安·劳赫负责具体工作，他曾是王后的侍从，在王后的引导下走上艺术之路，于是他带着艺术家的热情和私人的仰慕投入了这项工作。1815 年春天，陵墓建成之日，成千上万的人前来。很多人开始只是为了能再看一眼王后亲切的面容：一座平静肃穆的雕像，栩栩如生，像古代希腊妇女一样美丽，也像基督徒般虔诚平和，手上的每根血管和衣服上的每条褶皱都极其精细，就连根本没见过艺术雕像的北方佬，也被这古代艺术的精魂所震撼。自此，每年都有大批民众前来朝圣，每个人都觉得德意志艺术已经迈出了最重要的一步。受过古典艺术训练、遵循严格现实主义表现形式的劳赫获得了决定性的胜利，对于哥特艺术的狂热从柏林社会消失了，就连支持浪漫主义的王储也逐渐走向了古典理想。

普鲁士政治家们在巴黎时，哈登贝格被卢浮宫的精美所震撼，阿尔滕施泰因和艾希霍恩在返程中参观了布瓦瑟瑞兄弟在海德堡的藏品。他们都坦率地表示，相比西方，柏林的艺术生活太贫瘠了。他们同国王一道决定，决不能让国家重新堕入上个世纪的庸俗沉闷。阿尔滕施泰因担任了教育体系领导人，提议继续洪堡通过建立柏林大学而展开的工作，将柏林打造成德意志艺术之都。艺术资助者腓特烈一世最先想过让艺术成为宫廷之光，如今威廉三世再次致力于推进艺术事业，普鲁士最终清楚地明白了艺术是国家重大的教化职责，是国家教育的重要组成部分。一种关于艺术家自由的高尚观念受到推崇，即要让那些有创造力的天才从事有价值的工作，同时又不要限制他们运用自己的天赋。但是枯竭的财政跟不上君主的眼光，普鲁士再次被迫在捉襟见肘的形势下，在正确的人即将出现的正确时刻，肩负起艰巨的事业。

卡尔·弗里德里希·申克尔是德意志艺术领域继丢勒之后最

伟大的天才,同时是建筑家、雕塑家、画家和音乐家,还是用词最为高贵准确的作家,但他的目光永远坚定地朝向最高尚的目标:一件艺术作品就是"时代道德理想的化身"。他不停地投身创作,鄙视懒惰,常说懒惰是文明时代的罪孽,是蛮荒时代的兽行。申克尔全心全意地爱着勃兰登堡故乡,当他看见这个国家在胜利的光芒中熠熠生辉,当他看见我们终于抵达了光明与黑暗斗争的辉煌终点,他觉得是时候将一种有魅力的成熟文明引入普鲁士,将柏林转化为缪斯的圣殿。帕拉迪奥曾将自己的天分镌刻在维琴查,他也希望将自己的印记留在柏林:市中心是王宫、大学、剧院和博物馆;周围不应该是低矮的房舍,应该簇拥着大厦别墅,树木葱郁,喷泉点缀其间;城门雄伟,莱比锡广场前有一座哥特式大教堂,还有一座解放战争纪念碑。幸运的帕拉迪奥在一群富有贵族的资助下完成了梦想,维琴查就像他手中的一捧陶土,被他随心所欲地塑造;申克尔一辈子所能获得的就只有君主及其官员相当紧张的资金。无论何时,只要他提出新的要求,威廉三世都会笑着说:"我们不能太惯着他!"最终完成的只有原计划的二十分之一,费了好大力气才保住了王宫顶上残破的雕塑群,只能用瓷砖替代高级原石,用锌替代铜。尽管如此,他完成的这一小部分计划以及施吕特(Schlüter)时代的作品,还是给柏林建筑打上了永恒的印记。

　　申克尔很快摆脱了战争岁月的日耳曼狂热情绪,他意识到当代具有多样性的文化不可能被限制在单一建筑风格里,在位置和风格有需要的地方,也应该运用中世纪艺术形式。他在文艺复兴的新形式中找到了自己的理想,这种新形式密切依赖古典作品,尤其是古希腊艺术作品,但申克尔仍然知道如何公正评价现代建筑的风格和目的。他的第一件大作是一座新卫兵所,他用严肃紧凑的多立克风格淋漓尽致地展现了这座建筑的军事功能,旁观者甚至会忽略这座建筑的小巧规模,而不自觉地想起意大利建筑师桑米凯利(Sanmicheli)的宏伟堡垒。1817年,柏林剧院被烧毁,节俭的官员们坚持利用以前的剧院墙壁重建,他索性干得更彻底一些,在御林教堂的两个穹顶之间,树起一座装饰大量石雕的爱奥尼亚式神庙。整个建筑是这个时代的忠实写照:精神富足而物质贫乏,设计精巧而落实有限。

申克尔自此深得普王青睐,尽管他的天才之翼总是被贫瘠财政拖累,但他仍是普鲁士艺术活动的领导者,他的古典风格传遍整个北德直至斯堪的纳维亚。由于财政问题,不得不放弃柏林大教堂的原设计,不过胜利纪念碑还是按原计划树立在了克罗伊茨贝格。按照申克尔的规划,大教堂和纪念碑都是哥特风格,也就是德意志民族风格,只有在劳赫和蒂克装饰柱子的雕塑上,新古典艺术才得以自由发挥。但在普鲁士军队奋战过的各个战场上,这个贫穷的国家都树立了哥特式圆柱,上面的铭文是:国王和祖国永远铭记每位倒下的英雄,愿他们安息。申克尔深知,只要人民的日常生活仍然简陋粗糙,就只有这种纪念艺术扮演艺术的温床。他痛苦地打量着脏乱差的住宅,德意志艺术的生存环境是多么悲惨,可它曾能与意大利相媲美。任何一项重大艺术工作都需要从国外招募人手:卡拉拉的石匠,米兰的铜雕工,法国的青铜铸工。但申克尔也自豪于我们是北方诸邦国中的美学使徒,1821年柏林工业学院建成时,他曾联合天才工程师博伊特(Beuth)设计了一系列标准家具类型,后来被无数人效仿,最终走进每个工场,也唤醒了德意志手工业的形式感,尽管一些设计在现代艺术家眼中可能过分简陋了。

劳赫也建了工作室,训练出一批批学生和匠人,德意志艺术就这样慢慢摆脱了外国援助。劳赫自己并没有受过任何科学训练,一开始也是通过艺术品熟悉观念世界,因此他也看重学生的能力,更偏爱心灵手巧的铁匠、石匠和木匠,而非年轻学生。就这样,雕刻艺术回避了总是引导德意志诗人偏离正轨的过分学究气。

劳赫的步伐从一开始就相当稳健,日耳曼梦想并没有让他误入歧途。他觉得自己同普鲁士及其统治家族同气同声,能将艺术创作中珍视的一切纳入政治理想,更是他的福气。整个国家能再次为一项壮举而欢呼,这场面是多么激动人心。曾经,只有统治者不停地树立纪念碑,如今民众也生出了纪念民族英雄的愿望。首先,梅克伦堡人共同请求戈特弗里德·沙多(Gottfried Schadow)为同胞布吕歇尔树立雕像,这是德意志青铜铸造艺术复兴以来的第一件重要作品。接着,西里西亚人也出钱,请求劳赫为西里西亚军队指挥官设计纪念碑。威廉三世随后也要求为逝世的沙恩霍斯特和比洛树碑。于是劳赫就有了一连串重大工作,还同时为申克尔的建筑进行装饰工作,用他最擅长的青铜和大理石建造雕像。他雕塑的英雄人物高贵肃穆、自然真实又雄浑威风,即便是有些僵硬的风格也没有遭到诟病,因为这恰巧符合普鲁士军人的形象。劳赫最有力的作品是沙恩霍斯特和比洛纪念碑上的浮雕,它们达到了难以超越的艺术高度,用最简单的手法和线条勾画出了一段壮丽的斗争岁月:从普鲁士青年砍下树枝做武器,到普鲁士黑鹰骄傲地翱翔在尼德兰和法国要塞上空。劳赫成了德意志解放战争的历史学家,就像伦勃朗、范·德·赫斯特和霍弗特·弗林克一样,让尼德兰八十年战争的精神和意义流传下去。

与此同时,我们也开始按计划修建柏林博物馆。威廉三世甫一登基就构思了这个想法,威廉·洪堡任教育部长时又认真谋划了一番。国王为了节省国库,自己出资购买了朱塞佩提尼亚尼(Giustiniani)和索利(Solly)收藏的绘画。他要求官员们对采购活动严格保密,因为最初只有一小撮鉴赏家支持普鲁士政府鼓励艺术的计划,而且也担心在普遍消沉的公共氛围中,人们总是倾向于用昏暗的色彩描绘当前国家状态,会因此指责王室挥霍而非感激其慷慨。他还打算购买布瓦瑟瑞兄弟的藏品,但未能实施,因为重建柏林剧院已经让我们捉襟见肘了。但我们还是用塞尼费尔德(Senefelder)新近发明的平面印刷术复制了其中最优秀的作品,还让它们广为传播,装饰贫穷的德意志家庭。

德意志画家们也在罗马找到了一位有野心的资助人巴托尔迪,他是天才家族门德尔松的一员。他允许他们在自己位于西斯蒂纳大街的宫墙上创作壁画,而这项艺术从拉斐尔·门斯时代就荒废了。科尼利厄斯(Cornelius)、奥弗贝克(Overbeck)法伊特(Veit)和威廉·沙多(Wilhelm Schadow)在尼布尔的鼓励下,争先恐后地创作源自圣经故事的画作。科尼利厄斯高呼壁画是"宣告一种高贵新艺术觉醒的灯塔",因为它能让画家们有空间绘制不朽之作,因为无论是贫瘠的精神还是拙劣的技法,都绝对无法表现出它惊心动魄的魅力。他用年轻德意志人特有的恐怖声音嘶吼道:"艺术,必须停止成为王公贵族的懒散女仆,必须停止成为一场交易或者低级的时尚贩子。"他也像申克尔一样预见,终有一天,艺术将装点城镇、美化家园,改变且有益于整个民族生活。科尼利厄斯有着改革民族文明的理想,一收到年轻王储巴伐利亚的路德维希的召唤,马上就踏上了翻越阿尔卑斯山、返回家园的旅程。

富有的维特尔斯巴赫家族一直热爱大兴土木,路德维希相信自己注定要在巴伐利亚为近来重返国家精神生活的缪斯修建一座宏伟的宫殿。纯粹的艺术热情和爱国理想激励着这位有天分但不切实际的王子。外交官们总是有些失望地说起他:在罗马,同危险的煽动家吕克特手挽手参观博物馆和教堂;口无遮拦地赞美德意志画家;亲自参与他们的欢庆活动,庆祝消灭庸俗和统一德意志。路德维希所有的艺术计划都配合他的王朝野心:一定要胜过他打心底厌恶的普鲁士暴发户,通过大规模的艺术资助,为家族保住德意志领头羊的角色。这与柏林的艺术活动形成鲜明对比。柏林的艺术活动不过是历史的必然后果和一个拥有巨大精神力量的国家的重大需求,伟大艺术家们的作品无一不展现出这种必然性。但是在慕尼黑,在这样一块没什么好纪念的地方,艺术家们只是为了建设而建设。从国外找来的艺术家享受着王室的慷慨大方,却感到自己始终是个外人,须得忍受本国人怀疑的目光。他们受制于王储反复无常的意愿,他总是不耐烦地从一个计划跳到另一个,天真地认为自己可以买到想要的一切。柏林和慕尼黑的竞争促进了德意志艺术的多方面发展,最终使纪念性建筑和雕刻艺术在具有历史气息的柏林大获成功,而不太依赖于环境的绘画艺术则在慕尼黑繁荣昌盛。

王储路德维希曾承担希腊的挖掘工作多年,还在意大利购买了他能买到的最好的古代雕塑,可以说他的藏品冠绝阿尔卑斯山以北,他还有一座颇具价值的大理石神庙,由克伦泽(Klenze)修建,就在老慕尼黑城门外,展现了南部建筑的壮美。这座建筑在整体上比不上申克尔的作品,但科尼利厄斯却在大厅的墙壁和天花板上首次展现出他的全部天才。他在这里用色彩写下了一首史诗,勾画出希腊神话世界中的一个个人物。慕尼黑民众嘲笑王储的这个疯狂建筑,不理解其中蕴含的象征主义。但理解的人会非常欣赏,因为理想主义者可以通过这种象征主义,如实地再现古代的纯洁高尚,并呈现出古人难以理解的激情。罗马艺术家圈子里的德意志基督教狂热分子,极为不满地看着他们的代表人物正在一步步接近可恶的异教徒温克尔曼和歌德,源于柏林的新古典主义也正在步步为营。曾经盛极一时的圣伊西多尔学派逐渐崩溃,成员返回故乡,其中绝大多数人投身于纯粹的宗教艺术。只有奥弗贝克留在了罗马,继续遵守拿撒勒学派的传统。他深邃温暖的信仰足以让他理解基督教人物的狭隘世界,最后就连意大利人都尊他为"弗拉·安吉利科"再世,他也有幸用自己的作品装点圣方济各在阿西西的小礼拜堂。慕尼黑和柏林都有重要的画廊,普鲁士买不起的布瓦瑟瑞兄弟的藏品,最终落到了巴伐利亚手中。这些作品连同在革命年月非法获得的杜塞尔多夫画廊的作品,构成了慕尼黑美术馆的基本藏品。

就这样,短短数年中,一种多面向的新生命在艺术领域蓬勃起来,几乎所有德意志宫廷都渐渐拥有了这种年轻的力量,用一切可能疗愈政治伤痛的方式补偿国家,似乎成了一种责任。上个世纪启蒙狂热中饱受摧残的古代希腊艺术遗迹,如今也得到了各方面的重视守护。1820年戈斯拉尔(Goslar)的大教堂被推倒,那可是萨克森土地上最具历史意义的建筑,人人都斥责这是难以置信的暴行。

德意志浪漫主义时代,音乐的进步最为巨大。人们往往认为音乐最贴近德意志人的天分,德意志人的形式感在音乐中表现得淋漓尽致,其他艺术领域总是被主张创作自由的各路批评所困扰,但音乐领域几乎不为所动。即便在民族文化生活瘫痪时,即便在马丁·路德的激情演说响彻大地时,音乐始终忠于德意志。后来,新民族文化尚未启动时,亨德尔和巴赫就创作了古典音乐作品。随着诗歌的繁荣,在格鲁克、海顿和莫扎特的努力下,德意志音乐上升到了其他民族从未抵达的高度。所有创作人几乎都同诗人携手并肩,他们都将当前环境中的神秘力量归功于伟大的创造力。莫扎特的命运多么单纯又自然,他拥有着大量接受能力极佳的听众,同许多可靠的歌手和音乐人关系密切。因此他的每件作品都成了经典,就连歌德在困顿中都难以避免的各种失败尝试,他都得以全然回避。音乐比文学更能将所有德意志人团结在愉悦的情绪中,大多数生于或长期居住奥地利的伟大作曲家们,最终在这里找到

54

55

了归宿。

所有艺术门类都存在质朴与激情的对立，这是艺术本性使然，因此即便在莫扎特时代，这种对立也显露无遗，就像米开朗琪罗和拉斐尔，席勒和歌德，贝多芬和莫扎特。贝多芬是个情感充沛的天才，用无穷无尽甚至超越艺术界限的能量，歌唱自由和人类的骄傲，歌唱人权精神。他曾为大革命的继承人拿破仑创作《英雄交响曲》，可是后来听说拿破仑加冕为王，便撕碎乐谱踩在脚下。在《命运交响曲》中，贝多芬最富激情地描述了自由日耳曼人的宝贵精神，描述了宁静的灵魂终将战胜无常的命运，而他本人也亲眼见证了强大意志力奇迹般的力量。他创作的《费德里奥》甚至打动了维也纳会议上沉闷无聊的社交活动，但是要到下一代人才能彻底理解《命运》中不屈不挠的斗争精神。

德意志音乐从一开始就展现出纯粹的民族特征，因此不可能全然不受浪漫主义气氛和重大事件的影响。战争刚一结束，卡尔·马利亚·冯·韦伯（Karl Maria von Weber）就为诗人克尔纳的《剑歌：吕措狩猎之歌》和其他诗歌创作了音乐，这让后者的音乐剧变得永垂不朽，让无数青年人感受到解放战争的激情。韦伯全情投入爱国情感和文化，于是领导了新建成的德累斯顿德意志歌剧学会，成功战胜了曾被宫廷认为更为文雅的意大利歌剧，他还利用报纸帮助同胞深入理解德意志艺术。韦伯生于荷尔斯泰因，但无论血缘还是脾气都是地道的奥地利人，在四处周游的岁月中，熟悉了德意志的每个角落。他从民族灵魂深处创作出了第一部德意志浪漫歌剧《魔弹射手》，生动描述了德意志森林的迷人魅力，以至于我们这些后辈们都相信曾经存在那样一个时代，德意志猎手和着法国号角的曲调，唱着"猎手的快乐无与伦比"。与此同时，通过虔诚温和的维也纳作曲家舒伯特的作品，德意志歌曲获得了巨大成就。不久后，乌兰特的诗歌也找到了合适的作曲家，士瓦本的康拉丁·克罗伊策。

尽管浪漫主义学派的许多诗人都受到宗教化趋势的影响，尽管不少杰出作曲家都是天主教徒，但浪漫主义音乐本身没有受到宗教影响。它坦诚直接地表达所有人共同的东西，它承认浪漫主义诗人赞扬的、但只有乌兰特抵达的大众艺术理想。因为没有艺术门类像音乐一样如此宽宥业余爱好者,所以很多人迅速走进了自由演出。在 18 世纪 90 年代,就有许多音乐爱好者齐聚柏林声乐学院,组成合唱团表演亨德尔的作品。1808 年,歌德的好友策尔特在柏林组建了第一个德意志合唱协会,成员是一小撮诗人、歌者和作曲家,不少北德邦国纷纷效仿。战争期间,普鲁士军队从未停止过唱歌,吕措志愿兵有一支专业合唱团,战后许多普鲁士军团都效仿组建了合唱团。

　　1817 年,瑞士音乐家那格里(Nägeli)出版了《男声合唱团赞美诗作品集》,将合唱称为"存在于更高级艺术领域中的民族生活形式",号召全民族参与其中。7 年后,斯图加特合唱团诞生,它是南德和中德众多合唱团的原型。比起北方合唱团,它们更加重视团体身份,更专注于公演和合唱节演出。音乐成为了新世纪的社交艺术,成为任何德意志节日不可或缺的装饰,成为整个民族的骄傲。人人都热爱唱歌,在这种高贵的新社交形式协助下,一股更为自由的气息进入民族生活,甚至有人吹嘘道:"在歌曲的强大力量面前,荒谬的等级界限一败涂地。"正是通过歌曲,无数普通人隐约 ⁵⁷ 接触到了一个纯净而妙趣横生的世界,高高凌驾于粗俗的日常生活之上。

　　年轻一代积极投身民族战争的举动并非徒劳,同样,在新诗歌发展的每个阶段,回归自然、回归单纯人性的努力也不是徒劳。各种民族习惯都变得更加刚毅自然,也在不知不觉间变得更加民主,过于关注家庭生活和私人封闭圈子的时代终结了。和平的降临,让人们有可能恢复中断已久的旅行,富有的外国人开始环欧洲旅游,容易满足的德意志人则更愿意参观德意志中部山脉地区的风光。梅森(Meissener)高地的峭壁被誉为萨克森的瑞士。戈特沙尔克(Gottschalck)为哈尔茨山地所写的指南向登山者提供了很多建议,赖夏德(Reichard)也出版了《行者》,之后又有许多旅游指南陆续出版。之前两个世纪的旅行者寻找人类的功绩,寻找一切稀有之物;新时代的旅行者则偏爱自然的旖旎风光和祖国的历史遗迹。曾经人们普遍骑马旅行,如今这也变得罕见。阿恩特年轻时徒步穿行德意志,极少有人同行,如今徒步远足成了有教养年轻人的向往。暑期游的学生和艺术家们行走于整个图林根、法兰克尼亚和莱茵河地区,德意志的年轻人们就走进了一个纯粹而愉悦的新世界。他们造访每座要塞废墟,攀登一切风景如画的山顶,晚上就睡在农舍的稻草堆上,或者借宿在热心的牧师家。游吟诗人奥古斯特·冯·宾策尔背着吉他周游德意志,每到一地都会引来众多青年人围观听唱。

58   这种欢乐的漫游生活逐渐改变了新一代的政治态度。他们越来越熟悉民族统一的概念,觉得德意志处处是故乡,理解了虽然生活具有多种形式,但我们民族性的核心在整个德意志都如出一辙,越来越不满于各种政治形式在民族内制造的障碍。不幸的是,只有北德才有这种认识。这是因为北德没有什么符合浪漫主义光芒的东西,而对于这一代人而言,似乎只有这种东西才值得尊重,但南德却从未走出它美丽的山地。很快,在北德任何有教养的人都不会无视南德的土地和人民,但是在地方主义盛行的南德,孩童般的无知继续大行其道。在接下来的很长一段时间中,南德都是部族仇视和偏见的大本营,认为北德除了柏林以外,净是些拒绝南德文化的蠢货。南德总是谴责北德人尖酸刻薄,甚至许多优秀的南德人都相信,美因河以北是荒凉的干旱平原,永远如冬日般寒冷,只有沙子和一些草药,只有批判争吵和容克贵族。

第三节　科学

    始于德意志科学之中的普遍世界观大变革,以及新旧世纪的整体性差异,在一场学术辩论中得到了全面展现,但这场争辩的重大意义根本不为外国所理解,即便在德意志,懂得其中三昧的也是凤毛麟角。重建德意志帝国的渴望被迅速变幻的战局阻碍,失望的爱国者们于是转向在德意志邦联下仍有可能实现的愿望,其中最合理中肯的莫过于统一民族法律的要求。统治者和被统治者都赞同废除《拿破仑法典》,可是要重新启用古老的普遍法吗?那可是罗马法学家的发明,被日耳曼主义者视为阻碍自由精神的死敌。还是启用纷乱如麻的地方法?那种纷繁复杂的法律根本不合爱国59 者和哲学家的胃口。是时候引入一部民族法典了,借此一举推翻外国制度和地方主义。上个世纪的哲学法学家们已经奠定了自然法的诸多重大基本观念，只要找到才能卓越的立法者，这些观念就能被运用到德意志。杰出的法学教师蒂鲍曾在一本充满爱国激情的小书中详细阐释了，四分五裂的国家现状将带来怎样糟糕的后果，以及"建立一部德意志民法的必要性"，他还提出，德意志未来的法典应该像国家宝藏一样，受到联盟国家的共同保护。几乎所有爱国报刊都表示同意他的观点。

1814 年秋天，萨维尼出版了意见相左的《论立法与法学的当代使命》，这也成为了历史法学派的范本。这本著作的影响极其巨大，就连反对者都认为它并非表述个人观点的作品，而是阐释了一些更为深刻、自由且完善的民族生活概念，这些概念首次出现在赫德尔和莫泽尔天才般的预见中，以及根茨和威廉·洪堡早期反对大革命的作品中，后来又经历了尼布尔和艾希霍恩的科学阐释，并在施泰因和沙恩霍斯特制定的法律中被实践。哥廷根大学的民法学教授古斯塔夫·胡果（Gustav Hugo）率先坚决反对 18 世纪的法学教条，他眼光锐利，无法安然对待自然法权原则中无法化解的二元对立，在他看来，一部确定无疑且不可变更的自然法不可能同具有可塑性的成文法相冲突。他将法律和国家视为历史世界的现象，排除出了理论推测领域，指出法学的任务是，回溯成文法的变化过程直达其根本，并由此理解成文法的历史性。在广泛研究了为德意志法学界所不知的大批原始材料后，他开始阐述罗马法的历史，并提出德意志接纳罗马法的举动不应被视为偶然或迷茫的产物，而是德意志精神的自然举动，是德意志文明复兴的自然结果。但胡果并没有提出更为深刻的问题：成文法的构成为何如此多样易变？

胡果停下的地方正是萨维尼的起点，他可是深得浪漫主义历史哲学精髓的人物。萨维尼的头脑异常平静，能将最晦涩的事物变得清晰，他提出控制法律发展的并非主观观念，而是在世界历史中展开的民族精神。法律并非一蹴而就，而是像语言一样，随着民族、信仰、习惯和整体精神状态而产生发展。因此法律体系并非像 17、18 世纪相信的那样，完全或大部分诞生于立法工作，而是诞生于民众本身持续不断的合作，他们先是积极参与习惯法的建立，随着文化变得成熟，便参与到法学的谨慎工作之中。也正是在最年

60

轻的民族中,成文法的能量才最强大,而且法律活跃的个体性也尚未因模糊的普遍性而萎靡,而后者恰是年迈民族法律的典型特征。萨维尼通过类比艺术史的发展情况,指出万物皆有其时,并进一步论证了德意志法学极端不成熟的现状。德意志法律科学无论在观念的丰富性上还是在专业术语的发展上都极为落后,而在条件如此不完善的情况下,设置的法典将多么笨重冗杂!萨维尼在结论处说道,我们需要的是,全民族共有的、整体上进步的法学体系,其以追溯现存法律之源头的研究为基础,以区分法律中仍然鲜活和已然过时的成分,由此实现德意志法律可能的暂时性统一。

　　正是由于萨维尼的这部著作,成文法科学获得了同其他精神和道德科学同样平等的立足点。上个世纪,只有哲学家的法律观点才为人重视,研究实际法则的工作被轻蔑地丢给吹毛求疵的法学匠人。现在法理学承认自己承担着哲学任务,必须传授有关历史理性在法律发展过程中如何呈现的知识,也因此势必参与当代最重大的智力工作,努力使人类意识到自己的历史性发展,并由此理解人性本身。从更长远的意义上说,这最终将变成一项更重大的使命,不过萨维尼只是有所提及,而将解决它的工作留给了下一代人。如果能在每个案例中揭示法律体系的内在必然性,揭示法律同国民经济和各民族文明之间的因果关系,那么我们也就能最终发现法律规律本身。萨维尼的这本小书抛出了历史科学最艰难的几个问题,这些问题在这个哲学世纪也仍是难以理解的。迄今为止,没有人能说清楚,过去的岁月如何影响了当下的生活,哪怕在对过去一无所知或者违背当下人们意愿的情况下也是如此;个人的精力和意愿如何服从时代的大众习俗;文明的每次进步为何总有一定的代价;大革命时代广为人知的骄傲原则——人性的永恒进步——为何不过是一句未加证明的论断。从前无人像萨维尼一样,如此有力地驳斥在政府形式中寻求自由的时代幻梦。他说,自由和专制在一切体制下都是有可能的:只要国家权威尊重人民生命力中的自然和历史,就能实现自由;只要政府根据主观专断实施统治,就会产生专制。

　　11年前,萨维尼的第一本著作《财产法》就能与16世纪法国民事法学家最杰出的作品相媲美；如今，一部《中世纪罗马法历史》让他踏入了一块学术处女地，首次向世人揭示了古代和现代法律之间的密切关联。似乎科学领域只要有伟大的新发现即将诞生的信号，命运神秘却又并非随机的青睐就会降临在研究者头上。1816年，尼布尔在维罗纳发现了盖尤斯（Gaius）《法学阶梯》的手稿，于是，迄今为止只能从《罗马法汇编》残缺不全的文字中略知一二的古罗马法学的经典时代，就这样突然活生生地展现在了目瞪口呆的世人面前。无数学者重建了罗马法的历史，与此同时，艾希霍恩继续研究德意志法的历史，雅各布·格林及其他年轻学者则投入研究日耳曼法的原始材料。萨维尼和艾希霍恩创建的《历史法学杂志》成为历史法学派的阵地，萨维尼是该学派公认的领袖和最积极的支持者。他身上难得一见地结合了学者的雄辩口才和天才的创造力，一开始接触他的人可能会被他盛气凌人的态度吓退，但很快就会被他温暖中肯的评价所鼓励，他让他们明白，在科学里只要避免非科学的臆测，哪怕天分最普通的人都有一席之地。德意志法学就这样沿着萨维尼开辟的道路不断前进，再次成为成文法领域的前沿阵地，两代人之后甚至强大到可以反驳这位大师，用实际行动证明了"立法乃时代天职"。

62

　　法律的历史性原则与当时的流行观念直接冲突。爱国者们不愿意看到自己珍爱的美梦被扰乱，就连哲学家都觉得受到了伤害。黑格尔称萨维尼的作品是对时代的冒犯，自由主义者舍恩在历史法学派的厚重作品中只看到了"抄自编年史的草记"。此外，官僚们听到有关民族精神中建构法律的能量也面露惧色，因为这样一来，会议室里的权谋智慧就没什么用了。巴伐利亚官员根纳（Gönner）甚至用恶毒的讽刺文章谴责历史法学派妖言惑众。实际上，新原则的基本观念远远凌驾于党派纷争之上。历史法学派的确也可以同样有力地谴责那些忠于现存制度的人和大革命立法中的疯狂想法，即便如此，它的批判力和清醒审慎也决然不同于新天主教浪漫主义者的神秘梦想。可萨维尼却不能否认他的浪漫主义同志们。我们的民族生活正处于朦胧黎明之际，一切科学鄙视清晰清醒的文化。格林兄弟更青睐民间歌谣而非高雅诗歌，阿尔尼姆宣称："要尊重自发成长，而这是任何人都无法据为己有的东西。"历史法学派的大师自然也更愿意投身于这个半自觉的立法时代,那时法律和习俗尚未完全分开,法律就像语言一样在自发地成长。整个时代都被美学世界观所占据,因此萨维尼才自动将艺术方法运用于法律,对立法者提出了歌德在《克塞尼恩》中对艺术家的要求。他没能明白的是,在政治生活中,冷硬的现实需求决定了政治家必须要提供的不是完美的东西,而是不可或缺的东西。达尔曼恰当地回应萨维尼道:"如果房顶落在我头上,我的使命肯定是修好它。"

63 　　萨维尼就像所有浪漫主义者一样,在同大革命观念的斗争中获得了自己的主张,尽管作为政治家,他从来不极端,但也无法对最近的时代做出历史性判断,也无法公正看待《拿破仑法典》。他厌恶现代世界推崇的肤浅的爱,因此也就无法意识到,最终决定法律的并不是民族的智识而是民族的意愿,这种意愿在更高级的文明阶段,只能从国家身上得以体现。他也没有注意到,对于历史学家而言,具有某种必然性的民族生命巨大转变,究其根本也仅仅是由行为者的意愿决定的,由自由思考和选择决定。盲目追随萨维尼的人可能要准备好滑入一种阴暗的宿命论,从历史中抹去历史世界最珍贵的力量,即意志力。所谓"宪法不是制定出来的,而是成长出来的",还有对"有机发展"这种模糊词句的赞扬,以及其他历史法学派的名言,其实鼓励了一种未加反思的心安理得,让人们心安理得地回避一切实践活动。结果就是,德意志科学研究的这项成就本来可以让整个民族无比骄傲,却迅速跑偏,陷入了无休止的琐碎论战。自由主义阵营尽管有个别人展现出了超越对手的历史意识和对时代信号的理解,但整体上仍忠于过时的自然权利原则。保守派多多少少真诚接受了历史法学派的观点,以科学优越感的眼光打量自由主义的肤浅教条。在一场本质上毫无意义的论战中,双方分别打着"理性法"和"历史法"的大旗,这场持续十数年的论战让公共生活变得愈发艰难,论战本身也一度迷失在混乱的术语中。只有1848年的惨痛教训才能让一个阵营学会将历史理解为一种永恒的形成过程,让另一个阵营明白国家生活中唯有具有历史根基的事物才是合理的。那时,历史法学派才能丢掉咄咄逼人的党派标签,该学派坚不可摧的核心精神才能逐渐成为所有温和政治家的共同财富。

在新历史文化的先驱中,尼布尔的涉猎范围最为广博。他学识渊博,了解欧洲在政治、科学和艺术上的每一次运动,因此很看不起坐井观天的旧式学派,认为其成员只从书本上学习,对现实一无所知。过去几十年中,不太热衷政治的一代人更尊重席勒的浪漫主义历史传奇和赫尔德及施莱格尔的历史哲学实验,而不是施皮特勒的客观政治现实;尼布尔则不仅是新批判性历史研究方法的奠基人,更是将国家置于合适的位置,即历史发展阶段的中心,由此实践希腊人的观念,即历史学家要比其他人更拥有政治智慧。他知道只要一个民族缺乏让世界尊重的力量,它的文明和道德力量就会迅速萎缩。他严肃指出,德意志品格的衰落就是由于地方主义空洞的本质。他也明白这一代人已经变得心胸狭窄、热衷飞短流长,觉得"体面让人极端压抑"。在古代和中世纪的狭小世界中,小国家可以安心扮演文明传送站的角色,但如今"只有在结构同质化的大国中才有生命的圆满。"尼布尔根据生活经验,对家乡历史悠久的农民自由的沉思,在英荷的旅行以及担任银行经理和管理人员的漫长生涯,形成了自己的国家观。正因如此,他像施泰因一样,公开反对寻找任何政治体系;也像施泰因一样,从自治政府中找到了自由的基石,正是这块基石让市民习惯于自立自足,习惯于按照古人的方式,通过自我掌舵来学习统治的艺术。尼布尔还说,每个社群中的成员是否处于被监护的状态下,这件事重于权威型政府或代议制政府之间的分界线向哪边移动。因此,他马上意识到,尽管波旁王朝颁布了宪章,但法国依然是专制国家,因为拿破仑式的行政制度并没有改变。为了警告同胞们不要对宪政抱有偏颇或过分的尊重,为了提醒他们记住施泰因改革的基本理念,尼布尔在和平降临后很快出版了芬克就英国宪法撰写的专题论文,施泰因也看过这篇论文,[①]前言部分直白地谈论自由世界的恐怖,"自由更加依赖行政而非宪法"。

尼布尔的《罗马法》在很大程度上也是一部基于个人经验的作品,证明了他作为研究者的能力,因此即便是同代人也将其奉为经

---

① 见第一卷。

典,认为这部著作尽管在细节上问题重重,但具有难以磨灭的光
彩。他在将过去唤入当下的过程中体验创造的快乐,调动全部的
领悟力和郑重的道德判断,解释罗马历史上的斗争,而这些在前辈
手中不过是枯燥的材料;伟大且原创性范式的每一次剧烈变革,都
反映了一种伟大精神的深层次运动。尼布尔亲口说过,如果不是
亲身观察过英国,就不会有《罗马法》第一卷的诞生。后来,爆发在
故土的巨大变化更让他深受震撼。这些经历不断更新着他对罗马
史的理解,而后者就像大海一样,早已汇合了所有民族的历史。随
后,尼布尔因外交工作前往罗马,在那里生活数年,尽管他始终怀
念故土,但罗马却不断强烈地刺激着他产生历史想象。尼布尔喜
欢用眼前熟悉的事物解释遥远陌生的事物,古代世界由此变得具
体起来:耕地面积和形状让他意识到古代土地测量人员的技术实
力,现代佃农的悲惨生活让他理解了持续存在的罗马庄园制度的
贻害无穷;在梵蒂冈他看见了古代石棺,上面雕刻着忠贞配偶的动
人形象,他觉得好像正在凝视自己和自己的第一任妻子。

因此,《罗马史》是一部慢慢成熟起来的,具有温度的历史著
作,即便是干巴巴的人物名单和长篇大论的附录都充满魅力。在
此以前,古代世界似乎与我们的世界彻底脱节,但如今其中的一切
好像变得熟悉且容易理解。尼布尔凭借简单的人道精神描绘了彼
拉多和皮洛士的命运,而在不久前,他也是用这种精神以大师般的
手笔叙述了他的父亲,伟大的旅行家卡斯滕·尼布尔的生平。尼
布尔是大胆的批评家,打破了有关罗马王族的传统历史叙述,旧式
文献学者于是视他为眼中钉。当他以政治家的洞察力,追溯导致
平民统治的缓慢革命具有必然性,甚至证明了臭名昭著的土地法
也有其合理性时,风暴骤起。他甚至毫不迟疑地将浪漫主义者的
新理念运用到古罗马诗人身上,即只有民族诗歌才是真正鲜活的
东西:"如果形式注定消亡,那么外来形式尤为如此;因此,罗马文
学在某种意义上便是个死胎!"

然而,如此自由的灵魂也不免胆怯,这让他不时彻底误解了时
代的鲜活力量。心态糟糕的时候,尼布尔强烈谴责崇尚享乐的时
代精神将摧毁一切科学研究,他实在太敏感了,以至于为大革命破
坏文明的力量战栗不已。学生时代的尼布尔曾听闻费希特保卫大

革命的言论,那时他就说过:"如果这些原则成为主流,留给我们的就只有死路一条。"尼布尔有位伟大的父亲,他本人也是罕有的少年天才,从小就习惯了周围人仰慕的神情,即便在还没有作品问世时,他就已经颇有声望了。他还是个性情温柔的人,终其一生都和许多杰出人士保持着亲密友谊,比如毛奇(Moltke)、达尔曼和德瑟雷(Dessere)。他也无法忍受普通人或卑下之人的靠近,这个具有贵族精神的人认为,这世上最令人恶心的东西,莫过于总试图在民主时代占据统治地位的广大庸人。这是不是挺意外的?

他谴责民族政治的不成熟以及当前宪法教条的琐碎,似乎于他而言,我们已经偏离施泰因的政治改革太远了。他也批判性地同意达尔曼的观点:"组织和行政并非相互平行的事物,二者终将合二为一。"尽管他承认意大利政府毫无用处,公开承认罗马在拿破仑治下比在复辟教皇治下幸福得多,但当饱受摧残的民众奋起反抗时,对大革命的仇恨之情还是让他愤怒地说,在意大利谈论自由的人非蠢即坏!尼布尔是个有远见的思想家,曾准确预言了美国南北战争,但在有关尼德兰宪法的计划中,他也证明了,即便拥有对历史的全面知识,也可能彻底误解现实。他无比熟悉这个七省共和国基本结构的来龙去脉,也知道它为何会四分五裂。但当1813年奥兰治亲王请他起草有关尼德兰重建的议案时,这位大革命之敌却没有意识到,尼德兰自1794年起已经发生了翻天覆地的变化。尽管是法国军队打造了统一的尼德兰,但走向统一的历史道路早就铺平了。可在尼布尔看来,尼德兰展现出一种革命的统一性,他极其认真地提议重启失灵的联邦制度,重建古老的国家联盟。对历史的敬意让他提出了一个不可能实现的计划,而且在本质上,该计划同雅各宾派匆匆构建的宪政制度同样是非历史的。

尼布尔的研究从根本上动摇了对古代未加批判和限定的崇拜,古代世界由此被重新展现给当下。同时,有关中世纪历史的新观念也开始流行。中世纪文明在哲学世纪遭受猛攻,却又被年轻的浪漫主义者们大加赞扬,现在人们则要努力理解它。公共情绪依然受理性主义的影响,人们还需要一段时间才能接受对中世纪的科学判断。年轻的新教徒约翰内斯·福格特(Johannes Voigt)写作的《教皇格里高利七世及其时代》,因为承认格里高利七世的人格

67

伟大,被报纸严厉批评其天主教情感。此时弗里德里希·冯·劳默尔正在为《霍亨斯陶芬家族史》进行准备工作,施泰因则热心地收集我们早期历史的资料,1819 年他组织人手开始出版《德意志史料集成》,这项伟大的工作的座右铭是"以对祖国神圣之爱为魂",并逐渐产生了一支历史研究者队伍,为德意志中世纪历史研究打下了宝贵基础,但现在这一切尚在萌芽。和平后的第一年,只有尼布尔展现了历史上的政治活动。

相较之下,最先清醒理解自身历史任务的语文学家取得了更为广泛的成功,他们奉行伯克的名言:"没有语文学是非历史的。"突然之间,曾无法触及的印欧语系诸民族的遥远历史被科学研究揭示,并且照亮了近代欧洲文明的根基,因此语文学家实现了浪漫主义者许下的承诺,诺瓦利斯曾预言的时代到来了,"人们将从寓言和诗歌中发现世界历史的永恒进程"。弗里德里希·施莱格尔的大胆言论,即"历史学家应该被称为朝后看的灵验预言家",也具有了合理性。同样的趋势也控制着历史政治学和历史法学,这促使语文学家将语言理解为一种连续发展的事物。他们也像尼布尔和萨维尼一样,开启了反对上世纪抽象理念的论战,为一种没那么专断也因此更自由的世界观开辟了道路。语言学指出,语言的历史唯一能证明的事情是,人类只能生存在民族中。这个观点一诞生,有关历史伟大客观进程的自负幻想(历史源于个体自由选择),对自然权利的信仰以及理性的普遍有效性,这些想法就不攻自破了。威廉·洪堡在一篇精彩的短文中已经表达出了这种尚在孕育中的思想,即语言的形成就像民间诗歌一样,是由个体造就的,但却以整体的形态向前发展。这无疑在本质上包含着一个永远无解的谜题,引发了雅各布·格林的不断追问。格林展现出了源于民谣的、更高级的、"也是自发形成的"诗歌形式,他发现古老民间史诗中包含一类内容,既不是纯粹的神话也不是纯粹的历史,而是展现了神明历史和人类历史的融合。

在这个问题上,奥古斯特·施莱格尔反对格林的观念。这位老浪漫主义者不可能同上个世纪的理性主义完全断绝,理性主义要求从历史中寻找因果关系的证据,不同于格林,他认为民间史诗也是诗人们有意识的作品,是为了在艺术竞争中胜过他人。实际上,年轻的德意志科学有可能屈从于更年轻一辈浪漫主义学派中盛行的神秘主义倾向。格林也是如此,他被民间天才的创造力所震撼,心甘情愿地推崇智力活动中无意识、发自天性的东西,以至于几乎完全忽略了艺术天才的创造活动。那些脑子不太好使的人最终陷入愚蠢的幻想,哈根竟然想象自己可以从《尼伯龙根之歌》中重新发现创世与末日的神话。

　　但雅各布·格林是个头脑清楚的人,不可能长期逗留在科学的梦幻沼泽,他很快转向一个将诞生更清晰结果的研究领域。1819年,随着《德语语法》的出版,他建立了历史语言学。其他人已经对语言进行了哲学化处理,或者努力建立语言规则,格林则研究语言的发展过程。由于他已经意识到了原始日耳曼诸语言的统一性,因此对比研究了日耳曼语系的所有分支。他也受威廉·洪堡影响,区分包含词义的重读根音节和纯粹的形式组成部分。因此,语言发展研究很快用上了规则和生命力这样的概念,而此前,语言似乎是某种谜一样且随机的事物。在一个天真、诗意且充满青春活力的民族中,语言也展现出一种蓬勃的力量,它热爱形式本身,沉迷于悦耳的节奏。随着文明的成熟,语言也变得更加智性抽象,以简明为目标,发音变得笨拙,失去形式之美,人类严谨的理解力不再关注词句背后的感官形象,凡是无法立刻呈现清晰意义的东西,都被抛弃或被改头换面。由于格林本人极有诗人气质,因此更偏爱讲究形式的古老语言,且随年岁渐长,他本人的风格也愈加倾向于感官愉悦和形象丰满。但他也明白,一场彻底的革命不可能开倒车,于是他积极抵抗那些试图"净化"语言的无聊企图,这种企图往往打着爱国旗号,他认为这种做法就是将我们古老的语言视为某种随机产物。

　　《德语语法》出版一年后,格林发现了辅音变化规律,最终为词源学建立了坚实的科学基础,而此前这门学问很不可靠地依赖于发音的类似性。同时,他通过孜孜不倦地研究,发现了所有印欧语言的原始亲缘关系,并欣喜地认为这个领域大有可为。如果梵语和所有更年轻的语言中都有同样的词汇,就可以证明这个词所指的对象必定已经为印欧诸原始民族所知。这样一来,神秘的印欧诸民族摇篮就可能逐渐走出黑暗,就有可能弄清欧洲民族分散和

69

向西迁徙之间，已经达到文明的发展阶段，就有可能发现欧洲诸民族一开始的共同之处，以及在各自的发展阶段又获得的新特征。历史学马上面临着无穷的新任务，包括研究所有民族和时代最深层的精神生活。这些问题对于此前的两代人而言，都只刚刚碰到了边缘。

幸运的研究者雅各布·格林取得了一个又一个发现，而他的兄弟威廉·格林却满足于更安静的研究工作。他喜欢将古代诗歌修订完善，并附上颇有见识的注释，奉献给新一代。作为诗人，他有时也喜欢沉迷于美梦之中，正是他的温柔笔触，童话故事才和蔼可亲。格林兄弟有着同样宝贵的科学意识。兄长雅各布的格言是"学到什么比教了什么更重要"，他只关心作为创造性活动的学习和研究，弟弟威廉则并不介意为教师们提供急需的知识。他们收集了大量童话故事，由此获得了严肃研究者很难获得的大众喜爱。整个国家都流传这两兄弟的轶事，说他们只要用魔杖敲敲地面，就能变出古代传奇的宝藏；说他们兄友弟恭，终生彼此陪伴；说他们热爱祖国，也从未抛弃温暖的黑森故乡，从未远离富尔达峡谷的红色山脉。他们是如此谦和而犀利，严肃批评当时流行的偶像崇拜，明确谴责一切自大、造作和虚假的东西。据说他们的书桌并排摆在一起，毫无芥蒂地分享一切新发现。任何谜语、老妇人讲述的故事和孩子的摇篮曲，在他们看来都不是无关紧要的。从德意志语言神龛中产生的一切都在他们眼中重获生命。尽管工作繁忙，他们始终同友人热情往来，观点的相异从未破坏真诚的友谊。这是一幅多么简单而伟大的图景，即便是未受教育者也能感受到些许科学研究的道德力量。

雅各布·格林是因为事物才重视词汇。他的工作有效补充了卡尔·拉赫曼的研究，后者是受过古典教育的形式语言学的杰出代表，是因为词汇才重视事物，并且赋予了这门凌乱的科学领域以严格的研究方法。拉赫曼在古典语言和日耳曼语言上也很有建树，是古德语文献批判和韵律学的奠基人，也是眼光敏锐而严谨的编辑。拉赫曼将沃尔夫有关荷马史诗起源的观点运用到德意志史诗上，努力将《尼伯龙根之歌》分解为一系列独立的诗歌，尽管这其中不乏牵强之处。1815 年，奥古斯特·措伊纳（August Zeune）向志愿兵们赠送了便携本《尼伯龙根之歌》，这项对于古老德意志诗歌的肤浅研究引发了日耳曼青年的热情。幸运的是，拉赫曼用严肃冷酷的批评吓跑了门外汉，也因此很快将业余爱好者清扫出了德意志语文学。同时，贝内克（Benecke）开始编纂词典，弗里德里希·迪茨为他罗曼语系的宏大语法结构收集一手材料。迪兹和拉赫曼都是随德军进入法国的志愿兵，迪兹在吉森时常同福伦（Follen）等最激进的日耳曼运动人士在一起，但始终保持着自由的灵魂，而且像个天生的普罗旺斯人一样，能一眼看穿法国游吟诗人漂亮语言的本质。

不断变化的外界喜好无法解释不同代人共同的精神武器。时代教育天才，而非创造天才。一旦精神生活的伟大变革准备就绪，一种凡人难以理解的天命就会降临在更具天赋的一代人头上。正确的人出现在正确的时刻，发现接着发现，一个热情的灵魂为另一个的研究提供材料，而前者对后者一无所知。就是在这样的时刻，历史哲学的伟大时代降临。

格林兄弟还沉浸在有关欧洲语言起源的模糊推测中时，美因茨的弗兰茨·葆朴已经独立为比较语言学奠定了基础。威廉·洪堡一直相信，语言哲学和历史哲学必然交融在人性最深邃之处。在给席勒的信中，他多次表达，语言作为有机体，同说话者的人性存在活生生的关联。他也很早就明白，语言的特殊性主要表现在语法结构上，但繁重的外交工作让他无暇旁顾。葆朴受类似观点启发，很早就获得了有关古典语言和大多数现代欧洲语言的知识，希望找出我们种族语言宝库中隐藏的一致性。首先要超越各种纷争，建立多种语言的谱系，这项工作只能依赖精确研究一种古代语言，其相对纯净地保留了已消失的原始语言的特点，可以作为原始语言的替代物。

葆朴决定从梵文开始，因为梵文的古老性无可置疑，而且随着弗里德里希·施莱格尔《印度的智慧》一书出版（尽管该书是一本业余之作，也缺乏确凿的论证），研究者们逐渐意识到了梵文和波斯文、古典语言、日耳曼语言之间的关系。1816 年，葆朴出版了有关梵文动词变化的小册子，通过细致研究古老梵文的语法结构，指出一个辅助动词和一个根音节如何组合形成了未来时态等等。葆朴还提出了颇具争议的观点,即动词"sein"(be,是)在梵文和古代日耳曼语言中具有相同的词形和词根。他还发现哥特语言中古代印度语和德语的联系:"当我阅读乌尔菲拉时,①眼前好像就是梵文。"这是个具有决定性的想法,之后的研究便如巨石滚滚而下:划分印欧语系的界限,确定各个语言的亲疏远近,并由此建构各民族的亲缘关系。就这样,比较语言学之于历史科学,逐渐具有了比较解剖学之于自然科学的意义。接下来要用比较研究确定语言的其他相似性,将词汇简化为最简单的要素,由此也就提出了语言起源的重大问题,以及如何触及自然智慧给人类研究设下的诸多界限的问题。

1795年,古典语文学的自由生命就被唤醒了。此前不久,沃尔夫刚刚在《荷马引论》中指出,荷马史诗是民间诗歌,经历数世纪口耳相传不断发展而来。歌德高兴地说,荷马史诗又有了新的生命力。该假说大有模糊之处,引发了大量过于精致且学究气的偏颇说法。所以沃尔夫的永恒价值并不在该假说,而在于他关于语文学本质和目标的全新观念。他从唯美主义者手中抢救了古典文学,并将其转移到历史学。他认为语文学应该尽一切努力让古典世界的全部生活变得生动可知,语言和文学不过是这种全部生活的个别表现。

73　　接受了历史学新概念的年轻人中,柏林大学广受赞誉的教师奥古斯特·伯克可谓个中翘楚。海德堡浪漫主义者举办的酒神节上,他非但没有变得懒惰颓废,反而由此拓展了视野和对人类的理解。他曾投入数年精力,要从各个方面展现古希腊的生活场景。不幸的是,这项宏大的工作并未完成,仅在1817年出版了一小部分成果,《雅典的公共财政》,这部作品首次成功地从现实生活的视角理解古希腊历史。伯克从被遗忘和忽视的史料中,挖掘出了雅典家庭生活和政治经济的复杂活动,并展现了这些活动中的密切关联。历史学家们欣喜若狂,可经济学家们还不懂得利用这位天才语文学家的归纳方法。在所有历史学门类中,政治经济仍然是

---

① 乌尔菲拉(Ulfilas,310—383),曾任哥特主教,也是哥特字母的创建者。——译注

最落后的,还停留在亚当·斯密的错误理论上,还幻想着只要遵循自然权利的法则,就能用具有永恒合理性的抽象规则掌控民族的历史生活。

就像拉赫曼旁边有雅各布·格林一样,伯克身旁也有形式古典语文学派,该学派在将近半个世纪的时光中,在莱比锡哥特弗雷德·赫尔曼创建的希腊语学会中占据核心位置,产生了大量语法研究、韵文学和方法考究的文献批判。其中最杰出的教师都呈现出古老上萨克森学术研究的一切特征:博学且敏锐,孜孜不倦且谦和宽容,坚持理性主义,从原则上拒绝承认历史生活的神秘层面。这两个学派都从沃尔夫的研究中获益匪浅,有许多共同之处。伊曼纽尔·贝克尔是沃尔夫看着长大的,是沉默寡言的批判大师,校订详注了大量希腊古典文献。

除这两种趋势以外,还有克罗伊策领导的浪漫符号主义学派。从青少年时代起,克罗伊策就难以抑制地想象着超感官和神秘的世界。18世纪80年代初,距离浪漫主义的诞生还有很长一段时间,这位天生的浪漫主义者在参观了伊丽莎白教堂高耸的哥特式柱子时,就已经狂热不已。克罗伊策同诺瓦利斯、格雷斯以及海德堡的诗人圈子保持友谊,同时也和萨维尼、伯克是朋友,同时比任何专家都深入自然哲学的梦想世界。他像谢林一样,深深自豪于“顿悟”天赋,这种神秘天赋可是教不来也学不来的。他相信“顿悟”可以带他发现隐藏在民族神秘宗教符号中的自然语言,也幻想着这将揭示神话和所有时代之间的纽带。他的符号主义为后来的研究者提供了无数灵感,就连神学家都要感谢他,因为他展现了被遗忘的新柏拉图主义的重要意义。克罗伊策率先揭示出,美丽的古代神话背后隐藏着一个悲惨恐怖的世界,他全情投入这些恐怖的秘密,以至于被古希腊人奉为信仰的快乐生活都与他无缘。他也率先研究了希腊文化开端中古代东方僧侣智慧的残留,但他在东西方架起的空中桥梁当时还缺乏足够坚实的基础。尽管他学识渊博,却从未取得可靠的成果,因为他总是带着先入为主的观念探究历史事实,他尤其喜爱研究佩拉斯吉人和其他未知的原始民族,因为只有在这些人身上,他才能肆意挥洒自己的“顿悟”。

克罗伊策身上的神秘主义引起了启蒙世界的敌视。赫尔曼最先用他一贯的高贵平静批判克罗伊策的《符号学》，接着海因里希·沃斯发动了恐怖进攻。时间如白驹过隙，沃斯翻译的《荷马史诗》被誉为先驱杰作似乎已经是很久之前的事了，德意志天才们已经提出了大量新观念，将僵硬的老理性主义者抛在身后。沃斯的理念依旧源于沃尔夫式的哲学，认为整个世界都可以通过足够理性的原则被完全理解。康德也不免受到攻击，因为他承认直觉信仰具有合理性，并认为对世界的科学解释最终什么也没有解释。如今，在海德堡，在浪漫主义者的大本营，这种枯燥的理性似乎被背弃了。沃斯认为，一切有关大众精神无意识创造力的空谈都是幻觉，只要证明道德中包含着一切宗教的内核，谁还谈论教义和符号？他坚信，僧侣和容克正密谋颠覆德意志，格雷斯和克罗伊策这两个流氓将带领路德的孩子返回罗马。愤怒的沃斯用他粗糙的辩证法对抗符号主义者时，所有鼓吹启蒙和自由之名的人都大声叫好。正是他最先让自由主义者们习惯了一种恐怖主义式的仇恨态度，习惯了在观点对立中寻找卑劣阴谋的证据。在这场争论中，正误观点古怪地混在一处，就像同时期发生的政治党争。沃斯和赫尔曼吹嘘自身观念的清晰明确，而克罗伊策明显技高一筹。前者证明自己是更犀利的批评家，后者则展现出对宗教以及民族隐秘情感生活的无与伦比的深刻理解。浪漫主义者们带着了不起的跳跃，匆匆行进在诸多道路上，而就在这些道路之上，今天更加完善的科学正在稳步前进。

语文学家争执不休，几乎没注意到一个共同的敌人正在壮大，即这个商业世界的商业精神。战后，改革呼声不断高涨，古典教育不再能满足日益增长的经济生活需求。对于功利主义的狂热信徒而言，只有在商业和交流中立刻用得上的东西才值得学习。现代世界对表面博学的偏爱，以及对传统的"被启蒙"的仇恨，在其中扮演了重要角色。在巴登，限制古典教育的要求马上成为自由党纲领的原则之一。在普鲁士，舍恩热情拥护这项威胁德意志文化基础的运动，而且该运动在接下来许多年中都没有缓解之势。

新一代学者的创造力似乎用之不竭。正是在历史法学、历史语法学和比较语言学出现的同时，卡尔·里特尔（Karl Ritter）创造了比较地理学。尽管有 16 和 18 世纪的地理大发现，但里特尔之前的地理学仍不过是数据、历史材料和物质材料的大集合,缺乏内在统一。斯特拉博(Strabo)曾呼吁用哲学处理地理学,并且在对比相对单一的亚洲海岸线后,向"多样性的欧洲"表达敬意,但没人问他的这些举动有何用意。直到历史意识不断增长,人们才开始意识到地球也是人类的学校和舞台,地理科学的首要目标是弄清地球的形态对人类历史产生了何种影响。1817 年里特尔在《比较地理学》第一卷中详细解释了这些新观念,并且将地理学提升为了一门独立科学。萨维尼和葆朴的作品中都表达了历史决定论的观点,里特尔同样有承认这种观点的倾向,他也像那两位学者一样,频繁引用比较解剖学的案例。地球形态在他眼中变得具有生命力,就像雅各布·格林眼中的字母单词一样。里特尔在不同大陆看到了地球的多样性,认为每块地域都代表一种道德力量,控制着其上居民的教养,也产生各自具有必然性的历史进程。他异常勤奋地工作,汇总博物学家、旅行家和历史学家有关土地和民族的一切报告,从中揭示自然和历史永恒的互动关系。如果里特尔的研究目标达成,那么人类的整个进化过程就可以被表达为受地域限制的自然现象。头脑不甚清明的人,很有可能会由此误入物质主义的历史观,但里特尔并没有屈服于这种诱惑。这个成熟学者的内心深处,始终怀揣一颗赤子之心,希望通过研究揭示的,并非盲目的自然法,而是上帝的意志。每当他感受到这项伟大任务的崇高意义时,一股神圣热情就油然而生,他也总将自己的著作叫做"给上帝的献礼"。

　　很少有科学门类像地理学这样同国家实力和财富密切相关。地理学总是跟随着征服者和冒险商人的脚步,即便在更为文明的时代,地理研究者也依赖王室赞助。只有德意志,曾经有两次仅仅依靠天才之力就抢占了地理学的领军位置。西班牙和葡萄牙瓜分印度领土后,曾经强大的德意志贸易衰落了,哥白尼获得了同哥伦布一样的地位。自那以后,无数环球航行者和探险家从英、法甚至俄国政府手中获得了慷慨资助。但在没有殖民地,也几乎没有国际贸易的德意志,一切如旧。德意志政府几乎看不到平静国内生活之外的东西,亚历山大·冯·洪堡和利奥波德·冯·布赫不得不自费冒险旅行。阿德尔贝特·冯·沙米索(Adalbert von

Chamisso)结束环球旅行返乡途中,曾被斯维内蒙德灯塔的景象震撼,觉得自己成了个德意志人,挚爱的故乡正在此迎接他,可即便此时,他头顶飘扬的也是俄国旗帜而非普鲁士旗帜。然而正是这个内陆之国的子民重建了地理学的基础,这也是德意志唯心主义最惊世骇俗的成就。

德意志在历史科学上远超邻国,自然科学却大大落后英法。很长一段时间,巴黎都被誉为精确科学之乡。的确,深受上一辈人诗歌和哲学文化熏陶的人中,一些顶尖学者能认识到自然研究的最高目的,也能将自然视为一个整体进行理解。歌德在《植物变形计》中具体阐释了,思想渗透在自然现象之中,无需扭曲现象就能清楚解释。亚历山大·洪堡也总是承认,多亏歌德他才有了理解自然的新武器。正是由于歌德大量阅读了从耶拿和魏玛流出的材料,才能在自然科学研究中呈现如此令人震惊的多样性。同样,如果没有自然哲学家,里特尔也想不到要将所有历史和实证研究统一在地理学之中。但是对于天分不高的大多数人而言,哲学冒险是个灾难。

谢林曾狂言,自从理解了光的本质,牛顿有关色彩的纯粹经验性理论就过时了。亨德里克·斯特芬斯(Hendrik Steffens)更加大胆地要求,自然研究要上升到沉思的高度,所有感官经验中,唯有精神存在能直接获得承认。这些大胆言论绝非徒劳,头脑中发酵着新观念的青年人都认为自己有理由根据某种预构的计划,让世界走上正轨。刚刚进入医学院第四学期的洛伦兹·奥肯(Lorenz Oken)发表了《自然哲学基础》。那时人们不尊重现象,化学家不愿做实验,物理学家们不屑于测试实验中获得的"感官"数据,含混的形象取代了清晰的概念。谢林以预言家的口吻谈论黑夜和光明这两种原则,称其中的关窍是火,钻石是有意识的卵石,森林是地兽的毛发,赤道是自然鼓鼓的肚子。奥肯却始终坚持观察和比较,全面研究了哺乳动物的进化史,可是许多有头脑的人却彻底屈从于那些夸张的幻想。年轻的尤斯图斯·李比希(Justus Liebig)尽管最后控制住了自己的浪漫主义情怀,像无知者一样诚实地对待现实世界,可在此之前却浪费了大量精力。

　　自然哲学在自然中看到了无意识的精神,努力证明有意识和无意识的生命处处相互作用。在迷雾重重的自然科学边缘地带,自然哲学触碰到了时代的宗教热情,也遇到了技法高超的魔术师和骗子。1815年,老梅斯梅尔(Mesmer)仍居住在瑞士,拉瓦特尔(Lavater)已经将他的学说传遍了所有觉醒者的圈子。梅斯梅尔曾认为磁流体具有神秘的自然力量,能治愈各种疾病并预防其发生,沃尔法特(Wohlfahrt)重新传播了这条快被遗忘的"自然福音"。一时间似乎到处都有梦游的女性和磁力治疗师,绅士淑女们组成磁力链条似乎成了风尚。

　　生物磁性学说隐藏的荒谬很快滑入了迷信的沼泽。对神秘事物的病态冲动将科学引入歧途,直到科学将自己定位于可研究之物才回到正轨。天马行空的书籍谈论"生机"的秘密,认为"生机"是一种特殊物质。加尔(Gall)颅相学获得无数拥趸,特别是宫廷自然哲学家卡鲁斯(Carus)还深谙使之流行之道。年轻军官进入柏林军事学院后,穆弗林将军就会派颅相学家检查他们的头骨,以确定他们有何种天分。如果某个肖像画家要出名,就要给自己的画添上高到不合比例的前额,因为这是天才的标志。歌德的某个英国粉丝曾送给他一尊半身像,头大得像得了脑积水。所有派别的人似乎都沉浸在这种梦幻之中。犹太医生科勒夫(Koreff)引诱普鲁士首先走入催眠术的迷宫,邦联议会的自由派领袖旺根海姆(Wangenheim)也是自然哲学高级祭司之一。但理性主义统治着自由主义世界,信仰神秘之物的人主要来自保守党派。在法国,最狂热的两个催眠倡导者,博古斯(Bergosse)和皮塞格尔(Puységur)也是狂热保皇党。学术团体始终对自然哲学家的幻想心存疑虑;柏林大学曾坚决拒绝给一位自然哲学拥护者教职;哈登贝格强硬地授予科勒夫和沃尔法特教授职称时,政府权威和年轻大学的第一次斗争爆发了。与此同时,海因里希·舒伯特却全然无视全世界的掌声,谦卑前行,他是自然哲学最可爱诚实的学生,是基督教爱和宽容的榜样,用自己充满思想却又和蔼可亲的方式,写出了引发巨大反响的《梦的符号》和《自然科学的黑暗面》。

　　浪漫主义自然科学如雾海茫茫,亚历山大·洪堡就是一座山峰高高耸立,峰顶已落满新时代的阳光。很年轻的时候,亚历山大就已经远远领先于时代，自发地从审美世界观走向了科学世界观。被自然科学遗忘，又被历史学家重新拾起的精确归纳研究，就刻在洪堡的骨子里。他强烈热爱客观知识，从一开始就认为只有事实才是有效的，敏锐区分了已经被证实的东西和仅仅是假设的东西。自大的空想家们从未承认自己无知，也从未谦虚地承认有些现象无法解释，这些人让洪堡异常难受。因此，在美学唯心主义圈子里，洪堡一开始就显得像个异类，因为这个圈子蔑视现实，认为现实是强加于自由精神之上的重重限制。在席勒眼中，威廉·洪堡只是个收藏家，亚历山大·洪堡更是个完全没有想象力的愣头青，毫不羞耻地认为自己能丈量自然。此时的德意志尚承认想象力对于经验科学有着强大的推动力。事实上，亚历山大·洪堡也无法掌控研究的进程，但他能将大量研究细节结合成一个统一体，因此兄长威廉也时常骄傲地说："从如此出色的观测结果，你就能编织出一条绳索，将全世界揽括其中！"亚历山大比席勒所认为的更接近威廉的理想主义，因为这对兄弟都从人类精神发展中发现了唯一真实的世界历史内容，唯一的区别是，在亚历山大看来，沉思、建构和想象都不及研究重要。他也像威廉一样，推崇"自由的精神绝不会为当下所限"，自由精神是永远奋战在伟大战线上的精神，是身处无数细节中却从未丧失整体视野的精神。威廉曾说弟弟"努力理解整体是为了理解只能通过整体才能理解的个体"。在亚历山大眼中，没有比知识更好的东西了，对知识的渴求占据了他的全副精力。无论爱情还是其他强烈的个人情感，都未曾扰乱他的探索工作。如果一个人不能同他在伟大研究事业上并肩合作，也就不会成为他的朋友。

洪堡兄弟不仅是志同道合，更是灵魂共鸣。他们之间的信任与日俱增，尤其随着威廉从美学转向比较语文学，就更加贴近弟弟的观念世界。他们的联合让"知识汇总"的理念获得新生，他们的联合向世人展示了精确科学和历史科学之间牢不可破的关系，而那些小肚鸡肠的人总是喋喋不休地说着这两者的对立。亚历山大不可能像威廉一样深入精神生活的隐秘深渊，因为后者的精神更加厚重强大，也不可能像后者一样勇于攀登思想的高地，因为纯数学根本不在他的思想范围内。但亚历山大在思想的灵活性和接受力上远超他的兄长和同时代的人，这种能力让他可以接受和消化人类迄今研究和思考的一切。

亚历山大·洪堡比莱布尼茨更加全面地展现了德意志精神中的世界主义倾向。他认为自己的使命就是汇总掌握当代的全部知识，作为人道主义教师服务所有民族。他孜孜不倦地将毕生心血和研究所得奉献给所有人，歌德曾将他比作一座有众多喷孔的喷泉，无论身处哪个喷孔之下，都能获得源源不断的清凉泉水。即便是他身上的弱点都有助于他的使命。他像个灵活的侍从，不用溜须拍马就能让每个人如坐春风，于是不断有好心人和资助者支持他的世界文化事业，而这项事业只能通过所有人通力合作才能发展壮大。亚历山大享受并培养着世界赞誉，他的名字也吸引了许多伟大人物关注他热心支持的科学事业。一旦有需要，他会比莱布尼茨更勇敢地插手保护受到威胁的研究自由，尽管他获得了全世界的尊敬，可是在心底他仍旧是个德意志人。没人比他更明白德意志文明的缺陷——贫穷和狭隘，也没人比他更有信心地看着德意志人一步步接近周边民族的发展水平。

亚历山大像所有伟大旅行家一样，从儿时起就盼望去往极远之地。还住在波兹坦时，巨大的篱笆就让他想起热带奇景。成年后，梦想成真。亚历山大在邦普朗（Bonpland）的陪同下，历时五年遍游南美洲和中美洲，攀登钦博拉索山，在人迹罕至的奥里诺科河原始森林中与世隔绝数月。他成了拿破仑时代唯一一个受到其他国家普遍赞扬的德意志人，即便在法国征服者中，他的名望也保住了德意志民族的体面；邦普朗的同胞对他的最高赞誉，就是将他称为"德意志探险家的同伴"。亚历山大现在住在巴黎，在那里同拉普拉斯（Laplace）、阿拉戈（Arago）、居维叶（Cuvier）和盖-吕萨克（Gay-Lussac）交流观念，德意志可没有如此有利于自然研究者的环境。每当他结束一天繁忙的工作，出现在沙龙上，大家都簇拥过来，听他妙语连珠地讲研究发现、旅行轶事、奇闻怪谈和无伤大雅的笑话，往往到深夜都舍不得离去。

随着战后德法关系逐渐正常，亚历山大的名望更高了，甚至被巴黎人视为德意志科学的代表人物。所有在法国的德意志同胞都寻求他的庇护，他说话往往比外交官们的更受追捧。在 29 卷本的

82　巨著中,他逐一向世人讲述了自己游历美洲的发现。这部游记堪称严格科学描述的典范,首次阐述了东西半球的地质构造差异,首次教给世人如何绘制海拔地理区域图,如何确定大陆的平均海拔高度,让读者们了解到,相比大陆的平均海拔,山峦的高度是多么微不足道。洪堡还建立了植物地理学,并且由于1817年发现了等温线,开辟了通往新气象学的道路。就发现和创造力而言,不少巴黎友人都能与他比肩,但没人比他的视野更为开阔。亚历山大不仅用细致精确的海拔气压观测数据让专家震惊,也让历史学家深入理解美洲土著文明,还提供了有关西班牙殖民政策的清晰图景,此外还研究了贵金属可用供应量,由此完成了一部比较统计学的杰作,足以让政治经济学家们自愧不如。就连里特尔都认为正是以洪堡为榜样,自己才走上了地理学之路。

　　洪堡的同胞利奥波德·布赫身处时代的哲学迷醉之中,但也赞同观测现实。布赫是个贵族,财富让他避免了德意志学术生活的小肚鸡肠,但在巴黎沙龙上那些睿智的保守主义者中间,他也是个异数——一位自然坦率、坚定可靠、直言不讳的容克贵族。他遍游从拉普兰到阿布鲁奇的所有山脉,他和洪堡的研究彻底改变了地质学:他们驳斥了共同的导师魏尔纳遵循的水成论,转而支持火成论。歌德曾哀叹,自己深爱的"波塞冬之国"被"疯狂突入"的火成论摧毁了。歌德对地球的热爱源于他的情感,他超越了一般自然哲学家的幻想,正是他对宇宙的诗性观念促使他研究自然。尽管歌德的地质学观点和颜色理论不乏先验预构,但他始终诚实地观察每个自然现象,因此最终不可能接受与他智慧头脑中的基础理念相矛盾的东西。正因如此,他不太能接受火成论,因为他感觉地表肯定是从生命的潮湿气体中慢慢形成的,不可能经历突变。

83　　　如果德意志自然科学能将哲学压制在合理的范围内,还是有希望超越邻国科学研究的。我们不缺少天才,哈雷大学的梅克尔(Meckel)在比较解剖学上已经远超法国的居维叶,慕尼黑大学的塞梅林(Soemmering)早在1810年就提出了电报的可能性。哥廷根大学的数学家高斯(Gauss)不喜欢枯燥的教学工作,全情投入纯粹的理论问题,就连洪堡都对他颇为尊敬,他知道数学是科学的皇后,而他的数学理论就是数学的皇后。

黑格尔曾提出,哲学提出适合时代的理念,他这样说的时候确实正确理解了所处时代的特征。谢林理论几乎影响了当时所有学术领域,比如自然科学和历史学,他的哲学教条持续统治德意志思想,直到 19 世纪 20 年代才被黑格尔体系取代。可即便是这一代高傲的学者们都总是怀念这位骄傲的哲学家,他曾如此巧妙地从圣殿中驱赶出渎神之物。谢林曾教导我们,现实和理念的一致,将自然解释为可见的精神,而精神则是不可见的自然。这种观点令人印象深刻,对于德意志骄傲的思想家们而言,再没有什么比这更令他们满意的了。德意志哲学的伟大问题似乎将得以解决,存在和思想之间的同一似乎将得以确立。费希特在不曾阐释自然独立生命的前提下,仅仅从自然中看到了自我的舞台;谢林则要展示上帝在同步进行的自然和历史中的双重显现。这样一来,一切曾经存在和正在存在的事物都将成为一个活生生的共同体,神圣的自我意识就展开在这一无穷无尽的现象中。"从昏暗力量的第一次缠斗,直到最高级生命液体的喷涌,一种能量、一种相互关系、一种朝向更高级生命的无休止冲动,就一直在运作。"相比费希特片面的唯心主义,谢林兼容并包的体系是如此具有优越性,以至于我们可能不会发现,这座思想大厦的基础并非可靠的证据,而是一位天才思想家的大胆假设。

因此,谢林开启了一种傲慢到病态的空想观念,黑格尔将其发展到顶峰,这种观念对我们科学的纯洁甚至民族的诚实性格都极为有害。哲学就这样欣然越过康德为其设下的可靠边界,不再满足于探究和检验,不再像"爱智慧"所说的那样,满足于自古以来的研究领域,而是声称是一门拥有自己研究对象和最重要知识的学科,是一门关乎道德,甚至关乎诗性的学科,哲学正是从诗性中诞生,最终也将返回其中。那些已然达到这种崇高宇宙观念的人,便不再需要经验世界的任何证据,仅仅从对这个概念的思索中,就可以获得力量进行自然的创造,自由地激活自然的机械转动。

谢林居留耶拿期间,曾长期致力于发展他的自然哲学体系,直到 1803 年发表了著名的《学术研究方法》,并开始思考上帝的第二启示,即历史世界。谢林有着同时代普遍发展保持一致的优秀本能,他现在意识到,"宗教、公共信仰和国家生活,是一切的中心"。

84

接下来，在维尔茨堡、埃朗根和慕尼黑，谢林都致力于为他的"历史哲学"打基础，于是自然哲学被留给学生们，很快退化成一种神秘魔幻的琐碎之物。奇术士恩那摩泽尔（Ennermoser）曾预言一个时代将很快到来，到那时独占磁疗技术的僧侣们将再次掌控人们的肉体和灵魂。但谢林本人却走进了历史世界，获得了一生中最丰硕而重要的观念。启示时刻确实降临到他艺术家般的灵魂上，自然直接向他展现出了本质。

谢林通过思索历史生命的永恒发展，相当肯定地得出了赫尔德仅仅有所预感的知识，即法律和宗教应当被理解为建构世界的智慧的表现，因此也应该被理解为一种必然发展过程。他在国家身上发现了已经完成的历史世界，国家是伟大的艺术作品，远远超越个人意志之上，国家是其自身的目标，将在现实的永恒生命中实现必然性和自由的统一。谢林的不少名言让我们意识到，他已经深深进入了历史生命的内部。谢林身处时代的文化让他骄傲，同时他发出警告："一个文明开化的民族，一切都将消解在思想之中，它将黑暗抛在身后的同时，也丧失了力量，丧失了那种野蛮的原则，那种作为一切伟大和美之基础的原则。"但是谢林并没有彻底完成他的历史哲学，尽管他已经成熟到知道谨言慎行的好处，但年轻时获得的名誉时常让他沉不住气。只有一部完美的作品才能让他骄傲的灵魂感到满意，面对自由主义对手的轻蔑，他一次又一次地宣布："迟早要让你们听听我怎么说"；他一次又一次地宣布杰作即将问世，却从未兑现。历史的坚硬事实终究不符合谢林无休止的想象力，所有时间维度中，唯有"未来"留下了自由的预言空间，因此远比真实的历史世界更吸引他。此外，他最喜欢沉浸在对"原始时代"的沉思中，并且完全不同于启蒙信徒对进步的绝对信仰，他认为在那个原始而天真的时代中，幸运的人类在崇高精神的教导下，获悉了宗教的秘密。不久后，谢林就将历史扔在一边，转身投入了启示哲学的通神论问题。但他有关历史哲学的理念却永远活在萨维尼、里特尔和克罗伊策的作品中。

谢林哪怕在神游天际的时候，也没有彻底失去士瓦本新教徒的本色。但在巴伐利亚人弗兰茨·巴德尔（Franz Baader）的"基督教哲学"中，中世纪经院哲学的一切束缚又卷土重来。这是个聪明的怪人，将天主教教条当成其思想体系的先决条件和目标，却又像攻击自由主义、启蒙思想和国家全能理念一样攻击教皇和耶稣。他认为自己发现了神秘的三位一体、真正的天主教：罗马、希腊和新教教会的联合。他还构想出一套动态哲学，认为可以取代前辈的机械论体系。他甚至认为康德的道德观不是奠基于救世主的教诲之上，因此无法带来救赎，并提出了另一套以物理和宗教为基础的道德体系。尽管他也正确地批驳了自由主义的许多肤浅偏颇之处，但也陷入了神秘思想的旋涡之中，就连浪漫主义最狂热最坚定的追随者斯特芬斯都无法接受这位慕尼黑秘法师的庞大怪诞幻想。弗兰茨·巴德尔曾引用沙皇亚历山大建立神圣同盟的话语，这一生都努力通过宗教和政治的混合理念拯救国家，他的理想国家是"真正的神权政治国家"。自康德以来，绝大多数德意志哲学家都很小心地避开浪漫主义者的豪言壮语。继康德之后，雅各布·波墨（Jacob Boehme）被誉为"条顿民族的哲学家"。波墨是很有头脑的狂热神学家，很早以前就向经历三十年战争的"混乱一代"传播"处处可见上帝"这种神秘言论。1813 年春季战役中，当富歇的军队在兰斯科隆附近遭遇小规模冲突时，浪漫主义诗人波墨就兴奋地宣布："全知全能的上帝曾在这座神圣山峰顶上第一次向我，格尔利茨的鞋匠现身，在这座神山的见证下，死得其所。"

火力全开的启蒙时代去哪里了？那时节，冲突的教义似乎濒临消亡，世俗文化似乎压过了一切宗教生活，基督教的敌友都在讨论基督教消失的可能性！大革命时代的破坏性经验唤醒了沉睡在每个民族中的宗教情感，但是随着宗教信仰一道复苏的，还有早就寿终正寝的等级制思想，宗教仇恨、宗教幻想和宗教迷信的阴云也正在隐隐袭来。一年又一年，新世纪越来越与上一个时代泾渭分明，成了一个宗教纷争无休止的时代，其混乱和分裂程度在宗教历史上登峰造极。这个时代不乏健康的精神生活，但也是个无信仰、庸俗世故、冷漠和绝望的时代。这个时代渴望更为纯粹的基督教形式，但又无力调和宗教和反宗教派别。其他任何地方的宗教冲突都不如宗教改革之乡的花样多，这里从前曾极其严肃认真地对待信仰问题，同时也坦率地表达良知的信念。德意志民族确实分裂成了有信仰和自由思想两大阵营，但蓄意的伪君子仍是少数。

相比科学进步，大众文化总是会落后一两步，因此在广大新教牧师和受过教育的平信徒中，仍然盛行着朴素的理性主义，它将一切"非理性"的东西踢出教义领域，丝毫没有发现在抛弃基督教信仰外壳的同时，也一并抛弃了其内核，甚至抛弃了对德意志文明极其珍贵的原罪与救赎观念。很久以前，正是通过救赎观念，基督教才首次为日耳曼人接受，他们也就成了异教民族中唯一一个相信这个充满罪孽的世界即将重生的民族。马丁·路德也是从承认人类的原罪开始净化世俗化教会，康德用寥寥数语说出了人类的根本罪孽。朴素的理性主义几乎忘了基督教的这些基本观念，却对人性之善怀有天真的信念，相信通过工作，通过资本主义事业就可以带来拯救。这种理性主义缺乏获取进步所必需的勇气和科学力量，无法走过艰险的进步之路，也无力消化新语文学的批判方法。它不敢认真探究《新约》的历史源头，却将《圣经》的正确视为理所当然，对《圣经》文本的解释也仅限于使之与自然法则表现出似是而非的和谐。

这股思潮最高调、最激进的代表是海德堡大学的教授保卢斯（Paulus）。他比谢林大几岁，是同乡也是思想上的死敌，而谢林早已超越了前者平庸的理性主义。保卢斯喜欢将耶稣复活解释成假死之人苏醒过来，将迦拿婚礼上水变酒的神迹解释成参加婚礼的客人表演的小节目。许多理性主义教师甚至求助于一些自然哲学家的神秘思想，将救世主描述成拥有磁力的医生，因为自然奇迹总要比超自然力好接受。激发信仰的古老圣歌让人们警惕自己的幼稚懦弱，但是愚蠢的修改削弱了圣歌的力量。理性主义的圣歌"理性证明，死亡不是终点"要比震耳欲聋的"永恒，雷鸣之言"柔弱得多。新教从一开始就无视宗教仪式，而在理性主义的笼罩下，宗教事业丢掉了一切能迅速激发情感、唤起想象的东西，宗教的精神教化也降低到了一般世俗生活指导的地步。布道者不再明白如何加强或提升沉重的良知，如何根据圣经文本提供慰藉。他们沉浸在宽泛的道德问题中，阐述理性的基督教就单个教条必须考虑的问题，甚至丝毫不谴责将神圣建筑物当成土豆种植和绵羊繁育咨询所的行为。教堂被废弃，如此浅薄的氛围让有学识的人喘不上气。

关照灵魂的任务被遗忘了,启蒙派牧师和宗教法庭甚至会因为鸡毛蒜皮的理由就准许离婚。一度盛行于符腾堡的古老超自然主义连同其对上帝启示的信仰,都沾染上了枯燥的理性主义。理性主义的教师和牧师满足于宗教和科学的虚假和平,默认信仰和知识必然和谐一致,一步步进入了早就被文学运动抛弃的观念领域。有关单个教条合理性的无聊争论仅触及了宗教的外壳,离内核还远得很。

与此同时,施莱尔马赫教育出了一批新神学家,他们学会了如何同德意志的年轻科学生活保持步调。施莱尔马赫很早以前就高调呼吁有教养的蔑视宗教者回归信仰,并将对上帝的意识抬高到了情感世界的高度,凌驾于知识和行为之上。现在,他又赋予这种基本观念以科学的维度,并通过大量作品和在柏林大学的精彩讲座,成为了神学革新家,也成了德意志自宗教改革以来最伟大的神学家。时至今日,如果哪位神学家想要获得内心的自由,都必须首先认同施莱尔马赫的观念。

持续性精神能量的秘密在于表面矛盾的天分之间的和谐统一。很少有人像施莱尔马赫这般如此多面又如此和谐,让三个本质上不同的时代——审美时代、爱国时代和科学时代——都忠诚地反映了柏林生活的变迁,又从未丧失个性。他在亨胡特兄弟会中首次有所体悟,然后终其一生都享受着同救世主的情感交融。但施莱尔马赫的宗教热情始终受限于一种敏锐的理解力,这堪称所有辩证艺术中的翘楚,并总以讽刺的形式表现出来。在写作《论施莱格尔的〈卢琴德〉》时,他曾一度陷入对浪漫主义的错误热情中,但仍保有一份纯净的内心,年复一年,这份纯净逐渐照亮了他的全部天性,让这个不起眼的小个子男人看起来高大威严。他是柏拉图作品的翻译者,在一切深刻的思想问题上游刃有余,因此一旦有胆量用衍生物替代本源,以概念世界为基础解释感官世界,他就能用哲学自己锻造的武器批判哲学本身。他努力从宗教视角看待与人性有关的一切,并利用当时的一切科学发现帮助神学,但实现布道者的公共职能,才是施莱尔马赫的使命。他的讲坛周围总围绕着柏林最优秀的群体,但他真诚的演讲却启发了精神最贫瘠的人。在他小儿子的葬礼上,他亲自说了悼词。尽管痛不欲生,可他仍然温暖地抚慰了所有人。你只要读过他给神学家加斯（Gass）的信，或和友人们的私人通信，就会毫不迟疑地相信，这是个心肠柔软的人，只需要亲昵的私人关系。但施莱尔马赫在公共生活上极其清醒自觉，即便身处政治倦怠的岁月，他的国家观念一如爱国热情高涨时期般热忱。他的对手及不熟悉他的人，谴责他的变化无常，可一旦他看到民族的某些宝贵财富身处险境，就会立刻像个钢铁战士，静立于战场之上。

施莱尔马赫在《宗教讲演录》中的基本观念与新史学非常类似。如果宗教的根源存在于情感生活，那么上帝意识的表现必定是多样的。神学的新任务是通过历史必然性理解基督教情感的各种构成，它不再参与令人厌恶的辩论，即驳斥和谴责基督教的个别教义，而是努力将它们理解为基督教自我意识的高级或低级形式。施莱尔马赫用自己的方式，而不是效仿谢林和萨维尼，获得了对历史发展的理解，并且明确区分了经由人性已然存在之事物和人造事物。

施莱尔马赫还在神学领域进行了类似康德对哲学领域进行的边界调整，由此为神学确立了可靠基础，可以像历史学一样获得科学结论。他用路德在早期作品中展现出的广阔自由意识理解基督教自由，认为自由的历史和哲学探索不会伤害人们对上帝的情感。基督教情感于他而言就是完善的人性，而且这种情感不可能同任何合理的人性目标发生冲突。施莱尔马赫坚持认为，所有宗教都是积极的，也强调虔敬感只能在信仰群体中才能保持警觉。在道德问题上，他比康德的看法更加自由，承认个体的所有权利。道德并不是压抑天性，而是通过活跃的精神启蒙天性。他也毫不掩饰地承认，自我否定的基督教道德必须被自我肯定的古典道德取代。他努力阐释神圣历史的哪些事实必须被包含进基督教意识中时，暴露了他思想中的弱点，随后他敏锐地发现，从抽象观念中根本不可能推论出明确的教义。但相比宗教群体的祈祷，教义和仪式于他而言微不足道。当关于福音派教会同盟的斗争爆发，他几乎是自由教会组织和新教联盟最英勇的捍卫者。

平信徒之中更加活跃的基督教生活表明，理性主义正在失去优势。人们很难忘记，胜利的消息传来时，诗人对德意志军队说："你们能听到远远近近的祈祷吗？上帝的子民，你们感受到了吗？"即便是孩子们也发自灵魂地感受到这个简单的真理：只有虔诚的民族才是自由和勇敢的。献给"古老德意志的上帝"的圣歌并没有流露出一种有限的宗教派别精神，而是展现出包含在上帝意识中的深刻喜悦，这与内心贫瘠的理性主义毫无共同之处。那些意识清晰地经历过上帝审判岁月的人，始终保持着一种强大的宗教情感，无论是在父亲的信仰中找到平静的施泰因、阿恩特和萨维尼，还是渴求信仰的尼布尔，都是如此。具有军人精神的年轻人们，最终都戴上银十字架，被基督教热情所征服。自宗教改革以来，德意志大学中就没有哪一代学生如此关心宗教问题。日耳曼人的基督教信仰的确既没有令人厌烦的炫耀吹嘘，也不像清教徒般品位糟糕，后者晚宴前的祈祷并不总是能阻止如此虔诚开场的活动变成狂欢，有一次学生们在维尔纳纪念殉道者撒迦利亚的作品前呼唤马丁·路德现身，柏林公众很正确地对这些年轻的野蛮人采取了强硬措施。对于许多基督教-德意志狂热分子而言，既然德意志主义和基督教是同义词，那么宗教不过是个政治口号，而对于另一些人而言，宗教只是个幌子，掩盖了现在已成潮流的仇犹心态。

尽管如此，年轻一代的宗教热情还是有个合理的内核。德意志人最终认识到，整个德意志文明同基督教关系紧密，这种认识产生了深远影响，以至于新一代已经全然无法接受温克尔曼等人曾怀有的真挚异教情感。年轻人都围绕在那些理解宗教情感的教师身边。克罗伊策的朋友道布（Daub）是个虔诚而神秘的人，希望重建教义，很快在学生中比在理性主义者中更受欢迎。他的追随者将他同哈曼相提并论，还将他叫做"南方法师"。耶拿的弗里斯（Fries）尽管是个缺乏严密和深刻的哲学家，却因为将崇高的虔诚同爱国精神结合在一起，获得了学生们的喜爱。他创作的《尤里乌斯和厄瓦戈拉斯》长期作为日耳曼学生的启蒙读物，因为这本书将康德哲学和亨胡特派的宗教热情，同青年读者头脑中的天真和直觉相提并论。

几乎每个德意志地区都有几个严格的宗教团体，忠于各自的教士，坚决反抗居心叵测的理性主义宗教法庭。在伍珀河流域和士瓦本情况如此，但萨克森、波美拉尼亚和普鲁士也是这样。在布雷

91

斯劳，严格的宗教观念都源于亨德里克·斯特芬斯，这个有头脑但情绪不稳定的宗教积极分子，将故乡挪威严苛的路德派教义同德意志浪漫主义哲学的想象图景很好地结合在一起。柏林的活跃社交圈中，一些有天分的年轻人组建了一个信仰者的私密圈子，其中包括格拉赫兄弟、兰奇佐勒（Lancizolle）、乐卡克、塔登（Thadden）、森夫特-皮尔萨（Senfft-Pilsach）、格策（Goetze）、卡尔·冯·勒德（Karl von Roeder）。王储曾在这个圈子里度过了一些有益的时光，后来的事实证明，这些时光对他的宗教和政治观念形成意义重大。王储也在这里为他的慈善事业找到了助手，也为组建柏林传教士联盟的计划展开了首轮讨论。基督教所有的慈善事业中，宗教信仰都远远胜过软弱的理性主义。信仰坚定的阿尔萨斯人奥伯林（Oberlin）乐善好施，永远被人铭记；基督徒魏玛人法尔克（Falk）开办了首家孤儿院。这里也不缺少天分极高的布道者：在荷尔斯坦因，人们始终记得狂热的路德教徒克洛斯·哈姆斯（Klause Harms）用方言给农民们作的精彩演说。北方的克劳迪乌斯（Klaudius）和上莱茵的容·施蒂林（Jung Stilling）被视为虔敬者的领袖，他们都去世于和平初年，但其言传身教却影响力巨大。虔敬主义和严格的教派越来越有基础，尤其在乡村地区，最后成为教会权威都不得不认真考虑的新势力。

　　针对肤浅理性主义的自然反应已经开始，但即便在活跃宗教生活的初始阶段，也展现出一定程度的病态趋势，这种趋势终将伤害德意志民族的宗教和平与教派平等。许多正统教派人士以违背宗教慈悲的严苛态度针对新教，并强烈反对福音教派联盟，而他们自己也有意无意地被罗马教会所吸引。贝恩堡的贝克多夫（Beckedorff）是王室家庭教师，也是路德派最著名的虔敬主义者。1818年，他发表了有关基督教会再次统一的文章，尽管字里行间都流露出对罗马天主教的情感，但还是获得了宗教同仁的大力支持，几年后，他也真的前往了罗马。弗里德里希·施托尔贝格写作的《基督教会史》是一部彻头彻尾的天主教作品，但仍在福音派虔敬者圈子中大获赞誉，这本书的出版商也是一位忠实的新教徒，还是克劳迪乌斯的女婿。马克斯·冯·申肯多夫为天主教联盟的狂热领袖，"坚定而忠诚的巴伐利亚的马克西米利安"，书写了热情的赞美诗。此外,各处都不时有人遇到见鬼的、幻视的或陷入预言癫狂状态的宗教狂热分子。其中许多人都和摩拉维亚的"兄弟会"(Brethren)有某种关系,他们在理性主义预备好的土壤上疯狂生长。重大转型时代说不清道不明的躁动,在愚蠢的自然主义哲学家的协助下,使民众为其神魂颠倒。路德出现后,农民们幻想千禧年的到来;拿破仑垮台后,宗教复兴主义传教士谈论黑天使和七角怪兽的降临。在所有德语区,从上莱茵到利夫兰,都有一些神秘莫测的驱魔人和催眠师现身,有些案例中,情绪甚至狂热到了疯魔的程度。克吕德纳夫人游历瑞士、阿尔萨斯和巴登,呼吁人们忏悔和济贫,尽管布道辞又酸又空洞,还是获得了大量拥趸。梅特涅向沙皇抱怨说,这个女人正在破坏公共安宁,[①]巴登当局最终以煽动罪名将她驱逐。空气中涌动着对超自然力的渴望,有头脑的人反而最容易屈服,就连施莱尔马赫聪慧的妻子都不能幸免:她在做任何事情前,都要询问一位有名的女催眠师的意见,就连她的丈夫不免受这个女人的影响。

大多数新教徒都妄想着教皇的权力已经彻底崩溃,罗马教皇永远不可能恢复对世界的统治。可就在几年前,法国天主教会刚刚在世俗军队的帮助下复兴,联盟国家都以让教皇重获圣彼得的宝座为荣。教皇庇护七世广受同情,其中没有一点轻蔑的意思,保守党派在同革命党作斗争时也引他为同道。一个严峻的问题摆在面前:庇护七世逝世后,要再选一位教皇吗?

实际上,18 世纪杰出高级教士的谦恭有礼依然存在于部分神职人员身上,任何接触过他们的人可能都会想象,教义上的分歧在某种程度上在他们身上消失。克罗伊茨纳赫和新维德的几个圣经学会都受到特里尔主教辖区许多天主教神父的大力支持。[②] 在布雷斯劳,两个神学机构的成员致力于参加"姐妹会"举办的辩论赛。1828 年,新教神学家大卫·弗里德里希·施特劳斯(David Friedrich Strauss)赢得了图宾根的天主教机构举办的竞赛。洪特海姆(Hontheim)建立德意志国家教会的梦想,在教士与平信徒中不

---

① 克鲁泽马克的报告,维也纳,1817 年 10 月 4 日。
② 冯·英格尔斯莱本有关下莱茵大公领地的国事报告,1817 年 7 月 26 日。

断获得追随者，而且不时会有人呼吁引入某种德意志礼拜仪式，或者废除教士的独身准则。许多国家权威的捍卫者希望将托马修斯（Thomasius）的领土体系运用到天主教会头上，只将教士视为"最体面的国家公仆"。国教运动的发言人海因里希·韦森贝格已将德意志圣歌引入了他的康斯坦茨主教辖区，将新教徒宽容地视为"左派教会"。杰出的主教赛勒（Sailer）曾凭借榜样和箴言的力量，在巴伐利亚天主教会唤醒了活跃的虔敬思想，但也不毫不迟疑地公然引用新教神学家的作品。他和许多新教徒都是密友，都推崇托马斯·阿·坎贝（Thomas a Kempis），正是通过赛勒的翻译，德意志天主教会众才重新认识了坎贝的理念。明斯特的天主教教士奥费贝格（Overberg）也凭借使徒般的和善，获得了施泰因的尊敬。富有宗教激情的布瓦瑟瑞将艺术视为宗教的女儿，也坚持阅读新教科学的作品。波恩的神学家埃梅斯（Hermes）也接受了新教理性主义的研究方法，并希望完成一项不可能完成的任务——以康德哲学的理性论证维护天主教教义。他的支持者们控制了莱茵地区的教育机构，并努力维护着宗教和平。

　　一方是热爱和平者的理想，一方是让罗马教皇重拾雄心的统治计划，双方的鸿沟难以弥合。庇护七世几乎一返回圣城就发布了1814年8月7日诏令重建耶稣会，并在圣依纳爵·罗耀拉的祭坛上亲自朗读了《奉耶稣之名》。后来沙皇邀请他加入神圣同盟时，他以世界合法统治者的派头断然拒绝了这个提议。很快，他就重启教会禁书目录，并宣布圣经学会皆是邪恶组织。在革命压迫岁月中，古老教会展现出了强大的道德力量，根据经验明白自己最强大的力量源于苦难。如今，教会绽放出了所有殉道者的光芒，可以好好利用民众的浪漫渴望和宫廷对革命的恐惧。在反对教皇的英国，出现了自詹姆斯二世以来首位身着全套法衣的大主教。曾经，这些开明人士深信新世纪已经远离了宗教战争的阴霾，但西班牙解放战争马上击碎了他们的幻想。现在，君主们齐聚巴黎时，法国南部就爆发了白色恐怖：天主教暴民袭击了新教徒住宅，一边屠杀所谓的异端，一边高喊"用加尔文的血做血肠吧！"

　　趁此良机，圣彼得之舟再次扬帆启航。按理来说，尽管教皇心肠柔软，尽管他的秘书骄傲跋扈，但他应该是被迫一步步走回了反革命年代的理念。第一批耶稣会士悄无声息地再次潜入德意志，世俗化的双重影响很快显露。越来越多的神职人员出身平民，他们没有财产也没有家庭，不再因政治利益与祖国紧密相连。维也纳会议上，黑尔费里希（Helfferich）和其他两位天主教发言人表达了有关教皇权力的观点，但基本没有获得德意志神职人员的支持，但从那以后，神职人员的队伍在不知不觉间逐渐增长。他们行动谨慎，因为所有德意志国家的官僚都不信任他们。弗兰茨皇帝和梅特涅虽然将激进的天主教视为奥地利在德意志的天然盟友，但作为独裁统治者，他们也不愿意听到教会独立的消息。耶稣会为了拍宫廷的马屁，将导致斯图尔特家族覆灭的雅各宾派教条粉饰一新：法国大革命是所有革命的根源，教会则因为教导人们顺从而成为王权的堡垒和援手，并通过神秘仪式获得上帝的怜悯，解除了君主对臣民的一切义务。

　　教皇党最热情的支持者是因浪漫主义而进入罗马阵营的改宗者，包括：法兰克福的天才施洛瑟兄弟；与明斯特地区神职人员关系密切的荷尔斯泰因的施托尔贝格伯爵。弗里德里希·施莱格尔展现出的学术堕落是多么可悲！在他还有审美骄傲的那些年，他曾说："我想建立新宗教，现在正是时候！"然而，就在他放弃建立新宗教的理想后，也正是这种审美骄傲让他投入了罗马教会的怀抱，同他一道的还有妻子多罗特娅·门德尔松以及儿子拿撒勒派画家法伊特。现在他被牢牢困在一套体系中，这套体系为一切可能被提出的问题都准备好了答案。威廉·洪堡看到这个曾经开放的心灵如今紧紧封闭，不由得心生厌恶。施莱格尔的眼里现在除了异端就是信徒，无法再参与追求真理的自由对话。因为他越来越迟钝，对于教皇党的宣传工作也就没什么用了，比他有用的是波美拉尼亚的浪漫主义者克林科斯特伦，后者在维也纳的学校成为奥地利贵族神职人员的培训基地。他的妻弟，奥格斯堡的皮拉特（Pilat）是个天生的天主教徒，娶了个改宗者，还是梅特涅官方报纸《奥地利观察家报》的编辑。但无论是天分、行动力和狂热程度，亚当·穆勒都难逢敌手，他是个聪明人，也是个虚伪的诡辩家，渴望通过疯狂攻击异教徒的行为抹去出身柏林这个污点。整个北德，哪里有耶稣会的阴谋，哪里就有他。绝大多数捍卫霍夫堡德意志政策

96

的文章,都出自这个改宗者圈子。唯一没有转投罗马的是根茨,因为他的思想核心同康德哲学的联系实在太紧密了。

开明的新教徒早就习惯了这些改宗者,但听闻伯尔尼的冯·哈勒尔(Haller)投向罗马,还是震惊于他的自私冷漠。哈勒尔是勇敢的政论家,大胆抨击大革命,因此如果他是因为政治理念而被迫改宗,那也没什么可怪罪的。但他却在主教弗里堡(Fribourg)的首肯下隐瞒此事,然后又作为伯尔尼议会的成员宣誓捍卫改革宗,而当这个不光彩的秘密大白于天下时,他还在给家人的公开信(1821)中毫不羞耻地宣称,他之所以保持沉默是有理由的,是为了他的新书《宗教国家》能对读者更有影响力,"因为这本书显然出自一位新教徒之手"。这就是耶稣会的道德原则。这位变节者还在法国正统主义报纸上宣称,现在世界被分成了天主教徒和无信仰者,一个人转变信仰就会有无数人跟随,直到将人性完全从教会革命和政治革命的力量中拯救出来。大量言辞激烈的辩论文随之涌现。莱比锡的奇尔纳(Tzschirner)、理性主义哲学家克鲁格(Krug)和其他新教徒都直言不讳地表达了自己的震惊。人们开始认识到,被大肆吹捧的"理性基督教",其统治基础是多么薄弱。

97　　　天主教会和新教都深受迷信行为之苦。慕尼黑是天主教魔法师的大本营,在巴伐利亚,已经去世的驱魔师贾斯莫(Gassmer)仍被人纪念,巴德尔还在吹嘘自己的女儿被魔鬼附身;在法兰克尼亚,一位出身农民的红衣主教在一个女孩的陪同下穿越各个村庄,据说这个女孩将诞下救世主;一个源自奥地利的狂热派别侵入巴伐利亚,他们不怕宗教谋杀,除了严刑峻法不受任何控制,在这群术士组成的乌合之众里,还有一个出身高贵的教士,亚历山大·霍恩洛厄亲王。庇护七世听闻他可以利用祈祷的力量治愈垂危之人,法兰克尼亚的农民正大批向他而去,深知他不过是个凡人的教皇耸耸肩说道:"神乎其技!"这个神棍大言不惭地告诉神圣同盟的诸侯们,革命不会被军队所征服,必须改革教育,年轻人必须被引回教会的怀抱。这些幻觉在新教徒中同样有传染力,就连赛勒都曾在一位有超自然力的修女床边虔诚祈祷。

海德堡爆发的一场笔仗充分暴露了宗教差异的不可调和,以及宗教生活缺乏平和的弱点。许多具有根本分歧的教派代表都生活在这座小城里,而且彼此关系密切,因此观点分歧往往演化成悲剧。保卢斯为了对付道布和克罗伊策,创办期刊《索普洛尼松》,这份期刊质量上乘,很快就因为直言批判国家和教会的诸多弊端而受到关注。丝毫没有察觉到国家权力现实的地方自由主义,以及从未认真考虑宗教情感的理性主义,都在这份期刊中找到了平台。施托尔贝格伯爵在亚当·穆勒极端保守主义期刊《国家公报》上发表有关时代精神偏差的尖锐文章,沃斯就在《索普洛尼松》上发表了反对性文章,言辞激烈地问道:"施托尔贝格怎么能屈身为奴?"他之所以攻击年轻时的同伴,是因为他已经垂垂老矣,很快就不得不亲自回答有关彼岸世界的问题,"那里没有骑士也没有教士实施统治",所以也就认为自己已经卸下了对老友的所有责任和义务。他还毫不留情地披露了私人生活的细节,说自己和伯爵在年轻时都是哥廷根大学诗社成员,伯爵那时就隐隐倾向于"等级制和贵族制的高压统治",直到身上的贵族骄傲驱使他进入希尔德布兰德的无垠荒漠,"因为远比古代突厥更残暴野蛮的容克贵族,现在正威胁着文明开化的各民族"。如果我们只是关注施托尔贝格的改宗,以及他那个圈子的伪善自负,就会迷失在充满错误指责的海洋中。毫无疑问,施托尔贝格之所以转向罗马教会,并非是像哈勒尔那样迫于政治压力,而是因为一个软弱之人的宗教渴望,因为他无法依靠自己的力量。歌德早就看出来这个软心肠在潜意识上是个天主教徒。

　　沃斯像大多数同代人一样,曾热情支持大革命的人权观念。推翻外国统治后,这位老人在解放战争期间没能释放的革命情感,如今再次熊熊燃烧。他嘲笑拿破仑是个出生高贵的毁灭天使,并问施托尔贝格伯爵:"身佩长剑之人在很久以前被奉为具有犬或狼的道德,你居然说他们更高贵?"这位理性主义者不信任各种称不上纯净的宗教生活形式,这种怀疑同他对贵族的狂热仇恨息息相关。在沃斯看来,宗教情感的复苏不过是某个教士和贵族秘密社团放肆煽动的后果。不久后,他的老朋友施托尔贝格伯爵就逝世了,即便如此他的态度也没有丝毫软化。被他攻击的友人们展开猛烈回击,保卢斯、肖特(Schott)、瓦恩哈根和沃斯开始新一轮的激烈论战,这场混乱的辩论几乎没有任何调解的可能。歌德有诗为证:

"烈焰巨浪，进退两难，但丁地狱，似在眼前。"

这场仇怨对德意志自由主义产生了破坏性的深远影响。沃斯和他的追随者们最先在《索普洛尼松》提出，传统宗教信仰同对世袭贵族制度之价值的信仰密不可分，而自由人只会尊重"靠头脑为自己获得的真理，靠个人行为获得的品质"。只要了解北美民主政治宗教狂热的人，都会发现这种观念的荒谬，但由于德意志人对系统化思维的偏爱，该观念获得了大量支持。继而产生了一种病态的话语混乱，直至今日都不断扭曲德意志的党派生活。人们开始相信，理性主义或者反宗教情感，都是政治自由主义的明确信号，这种信念自从宗教战争后，就没人敢坚持了。理性主义和反宗教主义，这两者同时被冠上自由思想之名，天性保守的政府因而被迫贴近严苛的宗教党派。这种思潮产生了更为可悲的影响，即"开明的"不宽容精神，这种精神处处都能发现暴君、傲慢的贵族或奴颜婢膝的臣子，也在政治煽动家们的恶意告发中品尝到了应得的恶果。

这种狭隘偏激精神甚至传染了当时最具影响力的政论家。20多年以来，卡尔·冯·罗特克一直被人尊称为南德资产阶级的政治导师，就是因为他既没有力量也没有意愿超越中产阶级的一般视野。尽管他不太受普通人青睐，但其理念总是同"傲慢的时代精神"步调一致。他从南德富裕的市民和农民处得来这个词，并以极大的勇气和热情坚定的演讲，诉说那些模棱两可的感受。他从法国母亲那里继承了一副好口才，这在当时的德意志学者中很少见，他不停地转变说话方式，直到听众们都能听懂。拿破仑时代的贵族革命破坏了整个传统秩序，在中产阶级中，对莱茵联邦官僚专制统治的憎恨不断累积。罗特克正是出于这样的理念和愿望，在和平条约缔结后，马上建构了一个典型宪政国家的理想蓝图。他相信自己站在时代的最前沿，丝毫没发现自己的理念受到了迄今顽固活在民族生命中的传统思想的强烈影响；他就像传统社会的封建贵族一样，认为国家集权是自由的天敌。他认为那些与自己意见相左的人，"将上级的一个微笑、一条绶带和一枚勋章或者一个舒适的职位，看得比公共福利更加重要"。罗特克的基本观念本质上属于 18 世纪,因此相比萨维尼和尼布尔,他有着反科学的一面,但他熟练地从这些老掉牙的理念中推导出了一些符合当前需要的结论。罗特克习惯用僵硬的政治教条评判人和事,因此尽管他经历了整个文学黄金时代,却根本不理解它,依旧认为热爱自由的波萨侯爵才是德意志诗歌之王,歌德怎配与他相提并论?

　　尽管如此,政治狂热分子罗特克也无法否认德意志自由主义的文学源头,因为他本人也不可避免地被一些法国人所吸引,他们属于大革命前的一代人,有着最薄弱的政治头脑,却是最动人的艺术家,因此最为贴近德意志文化。罗特克从卢梭身上学到了人民主权和普遍平等的理念,以及对人类天性单纯的幼稚信念。尽管他认为哲学不过是对人类健康理解力的阐释,但还是在康德自然法思想的帮助下,努力将这些理念整合成一个体系。罗特克思想的第三个源泉,是洪特海姆以费布罗纽斯(Febronius)为笔名写作的有关教皇权限的作品,他从中发现了天主教教义中启蒙和信仰的混合,这一点非常符合他的想法,他还从中找到了政治论证法的原型。洪特海姆是拥护国家宗教的先驱,直接忽视了过去数个世纪的教会史,只给教皇留下了一些无关痛痒的权利,但也不大肆攻击教皇。罗特克也是如此,他剥夺了王权的一切重要特权,却并非反王权人士。就这样,罗特克在不知不觉间,在没有任何革命愿望的情况下,传播了与德意志国家体系格格不入的革命理论。

　　罗特克的父亲是奥地利人,他在布赖斯高的美丽乡村长大成人,正值约瑟夫二世改革如火如荼之际。因此,在他看来,依靠强力让人民获得幸福的制度就是自由主义政策的真实表现。后来,他经历了故乡并入巴登的痛苦体验,现在生活在被他长期视为半外国的政府统治之下,生活在一个没有历史的国家,这个国家的制度似乎都是随机和偶然的产物。即便在拿破仑审查制度的压力下,罗特克也勇敢地表达对德意志祖国的热爱。解放者进入巴登后,他马上接手主编《德意志报》,并让这份报纸为联盟首脑驱使。但他只在阿勒曼尼同胞中间才觉得舒坦,也为他们贡献了自己的心血,真诚地将一本著作"献给所有弗赖堡人"。每天下午,当他结束在大学的工作,爬上黑森林的山丘,前往自己小小的葡萄园,俯瞰美丽的峡谷和尖塔,就好像看到了德意志的明珠。这片壮丽的土地已经被赐予了他梦寐以求的理性宪法,罗特克对于从未造访过的遥远北德也就只剩蔑视。他傲慢地问道,莱茵兰是否会满足于那些让波美拉尼亚满意的政治权利。巴登人在罗特克身上发现了自己:坚强坦诚、坚持民主、约瑟夫式的启蒙,但目光狭隘,无视一切政权以及地方主义的自我满足。当对政府的抱怨没奏效时,黑森的农民会说:"一定要让罗特克瞧瞧。"

罗特克凭借《世界通史》在资产阶级中崭露头角,首卷发表于1812年,每卷都很畅销,许多南方小城资本家的书架上,除了圣经和祈祷书就是《世界通史》。这些小邦国中的人民,对现实深深不满,又深陷政治绝望,对他们来说,还有什么比这种自鸣得意的浅薄历史智慧更顺耳的吗? 说其浅薄,是因为它全然不知历史自有定数,将民族所有不幸归结于统治者的邪恶和盲目,还坦然宣布该研究的最高目标是"表达正在强势显现的民意,而民意的显现就是救赎的可能"。18世纪历史学家身上枯燥的理性主义在这里同新时代的党派热情熔为一炉。罗特克只会从底层,用被统治者的眼睛打量国家。他从未自问,从上层观察的人类事务是何状态,什么理念决定了统治者的行为,统治者必须要克服何种困难。他认为,所有诸侯,所有手握权柄之人,都很可疑。即便在人际关系中,他也无法忍受贵族出身之人,一看到制服或徽章就浑身不自在。他曾在一封信件中承认,只要布吕歇尔还有贵族头衔,他就不可能喜欢这位老英雄。

102 　迄今为止,还没有哪本德语书如此直白地展现出现代民主制最糟糕的弱点:对一切超越庸俗之物的嫉恨。罗特克谴责亚历山大大帝,说他"一将功成万骨枯";愤怒地质问十字军英雄,"你们有什么权利占领巴勒斯坦?"在他眼里,整个世界历史进程就是一出单调的悲剧:曾经单纯的人们遭受暴君数个世纪的虐待,并被误导走进伤害所有人的战争;然后人类走进折磨人性的中世纪,"整整十个世纪的野蛮、奴役和黑暗,一个既枯燥又无趣的时代";最终美国和法国大革命的平民英雄扫除阴霾,庄严的时代精神展现。

哲学时代天真的自恋再次复活,只不过这一次披上了政治的外衣。罗特克的《世界通史》首次向德意志资产阶级宣扬了共和国家的理想。美国独立战争期间,对年轻共和国的热情只限制在受过

教育的青年人中，而且在狂风暴雨的拿破仑时代，美国早就被抛诸脑后。罗特克再次让心怀不满的大众看向西方。他声称："在西方，在年轻的新世界，自然、理性的权利正在建设它所选择的王国。"当然，作为遵纪守法的公民，他还补充了一句："但我们视为朝阳的并非共和形式，而是共和精神。"他甚至坚持，共和精神在一个理性君主国才能发挥最大的作用。由于他的理想国度建立在人民主权的共和理念之上，因此会给读者留下这样的印象：只有共和国才是理性国家，才是唯一的"自由国家"（这两种表达在现实中往往被视为同义词）。由于人们已经开始学习语文学家构想出的伟大自由的古代共和国，因此很容易接受这种观念。

罗特克对近代史的偏颇描述同样具有误导性。民族精神创造神话的能力，即便在文化骄傲的时代依旧相当强大。和约缔结后不久，公众记忆中刚刚体验过的经历就开始扭曲混乱。就像法国人普遍相信，他们仅仅是被一支十倍于己的军队征服，在沮丧的德意志人中间，也很快形成了一个古怪的党派童话世界。罗特克说出了南方自由主义者的真实感受，坚信在所有欧洲国家中，英国和西班牙这两个宪政国家出乎意料地被其体制的自由所增强，也只有它们抵抗住了拿破仑的世界帝国。但他没有提及这样一个事实：俄国也展现出了同样强大的抵抗力。神圣同盟建成以后，俄国就成了自由主义者仇恨的对象，罗特克还因此敦促普鲁士投身欧洲自由的伟大事业，将自己打造成对抗莫斯科奴隶制威胁的堡垒。另一方面，罗特克对 1812 年西班牙宪法称赞有加，声称它鼓舞了西班牙的英勇斗争。整整十年中，这部宪法都是自由主义者的最爱，因为它是在没有君主的情况下诞生的，对王权施加了相当严格的限制，因此似乎更贴近那个最高理想，即美国式的自由理想。

一则有关德意志解放战争的离奇故事很快传播开来：联盟君主通过《卡利什宣言》和赋予普鲁士一部宪法的承诺，用虚假的希望糊弄了德意志人民。罗特克称《卡利什宣言》"是个马屁，引诱成千上万人拿起了武器"。只要查对一下时间，就能证明这种观点的荒谬。有关普鲁士未来宪法的文件签署于 1815 年 5 月 22 日，直到 7 月 8 日才公之于众，那时对拿破仑的最后一场战役已接近尾声。至于《卡利什宣言》，普鲁士的大批后备军对其根本一无所知。

103

可就是有人愿意相信这种偏激的故事，起初在南德，后来随着群众的不满日益强烈，就连普鲁士都有人买账。人民觉得自己遭到背叛和出卖，经历如此巨大的牺牲后，似乎很难不把德意志的悲惨境遇解释成一场大骗局的恶果。很快一种观念兴起：普鲁士的崛起就是为了将故乡从敌人手中解放出来，就是为了重建古老王旗的荣誉。凡是不承认这一点的，均被视为反动分子。许多人因此被蒙蔽，丝毫没有注意到这些言辞会对普鲁士产生多么深的伤害。

104 　　即便在普鲁士，后备军的活动也被高估了。自由主义者们最后又说起吕措狙击兵和其他志愿兵创下的神话，尽管这些人对联盟胜利的贡献微乎其微。真正理解战争艺术的人有着其他看法。施佩克巴赫尔（Speckbacher）是 1809 年蒂罗尔大起义的领袖之一，曾对约克将军的副官卡尔·冯·勒德评论道："我们农民有活力没纪律，奥地利皇家军队有纪律没活力，布吕歇尔和约克的部队两者兼备，要是一早加入该多好！"自由主义者们的党派情感让他们听不到人类理性的声音，"志愿军"（Freischar）在他们耳朵里就是"自由国"（Freistaat），他们将微不足道的普鲁士志愿军团同西班牙游击队相提并论，称"神圣志愿军"才是真正击败了拿破仑的人。年轻的克尔纳满怀喜悦，匆匆为吕措狙击兵写下诗歌，逐渐有成为党派之歌的趋势，这首歌曲调激昂，好像是对正规军的挑衅。不久后威廉三世也无法忍受了，因为这些举动似乎侮辱了他麾下的英勇队伍。心怀不满的一代，似乎再也无法以单纯喜悦的目光看待德意志的重大历史事件了。

　　1816 年罗特克出版的《论常备军和国民军》表达了自由主义的所有不满。这本书同利林施特恩的爱国主义著作《战争论》形成了鲜明对比。利林施特恩以政治家般的审时度势，提出了军队国家化和国家军队化的策略，而罗特克则提出了一个极端问题：国家本身是否要被打造成一支军队，或者战士是否要被打造成公民？他说这是重大时刻的重大问题。前线部队和后备军汇合激战佳姻庄后不到一年，他就大肆抨击普鲁士军事法，傲慢地宣布："任何想用常备军增强实力的国家，都不会允许存在强大的后备军。"他将常备军描述为专制主义的堡垒，"要是所有年轻人都参军，整个国家肯定弥漫着雇佣军的气息"。最后，他直接要求废除常备军，在和平年代只保留一小支新招募的军队,后备军只接受数周的简单训练。他沉迷于极端口号,同时还带着天真的阶级自私心理,要求将代表制度引入后备军中,一些群体,尤其是学生,应全体免于兵役。在书的末尾,罗特克骄傲地预言道:"无论哪位君主,只要能实现这一理念,都将万古流芳,只要他是德意志人,就是民族领袖!"

　　这位极端自负的地方主义自由党人从一开始就展现了自己的盲目,在解放事业上彼此竞争的德意志诸侯们,对时代精神的唯一代表卑躬屈膝,以求未来帝国的皇冠。卡尔·奥古斯特公爵解散了魏玛军队,只保留一支卫兵,一时间收获大量赞誉,《汇报》刊文:"这件事做得很漂亮,然而对它表达赞誉的双方却没意识到对方。"的确,巴登自由主义的另一位领导人利本施泰因男爵在一本颇有见地的著作中反对罗特克的观点,但现在也像罗特克一样代表党派中的大多数人发声。对和平的渴求、经济压力、对欧洲国际关系的无知、对宫廷的不信任以及对小邦国中可怜军事力量的下意识怀疑,所有这些混合在一起,让自由主义情绪越来越明确地反对军队。罗特克慷慨激昂地反对军队中的雇佣精神,引发了很多共鸣,尽管人人都知道按照兵役法的要求,德意志士兵只是短暂地离家参军,也知道不管愿不愿意,一天只有 2 格罗森报酬。对于整整一代人而言,激烈批判雇佣军正是自由主义情感的准确信号,这导致军官们越来越倾向于严苛的保守主义观念。

　　自由主义者对军队的不信任同他们对贵族的仇恨密切相关,他们在所有自由主义的报刊宣传册上表达这种仇视。各个地区和等级中的地方主义精神是德意志自古以来的诅咒,所有等级,包括贵族都深受其苦。中世纪末期大公社的反抗精神曾帮助摧毁了帝国权威,又在整个 16 世纪挫败了一切帝国改革计划,那么现在的资产阶级也应当同贵族一样受到谴责,因为他们唤醒了令人厌恶的阶级仇恨。在这件事情上,德意志自由主义的文学源头也必须负责。贵族出身的人很少参与新艺术和科学的发展,因此在有教养的资产阶级中间,除了颇为合理的自满情绪外,还渐渐生出对贵族的蔑视情绪,觉得大自然没给贵族长脑子。许多文坛领袖还是穷困潦倒的青年时,不少人都担任贵族家庭教师,那时就见识并学会了仇视阶级傲慢。对于出身高贵之人的厌恶之情,最早出现在一

105

106

些新派诗歌之中，比如《爱米丽雅·迦洛蒂》和《阴谋与爱情》。这种情绪在圣林同盟（Hainbund，即哥廷根林苑派）中根深蒂固，凡是看过比尔格（Bürger）的《陶本海姆牧师的女儿》或是其他类似作品的人，可能会相信德意志贵族的主要工作就是勾引贫家女。出身梅克伦堡农奴家庭的沃斯，从小就怀揣对容克贵族的刻骨仇恨，透过笔下的农民米歇尔之口："贵族都是流氓，最适合他们闲逛的地方是绞刑架下。"

我们的文学界为 8 月 4 日夜以及法国大革命掀起的一切反贵族制浪潮而欢呼，从那时起，德意志贵族的力量就被深深撼动了。根据 1803 年《帝国代表重要决议》，贵族彻底失去了在帝国政府中的位置；施泰因和哈登贝格的改革以及莱茵联邦各项法案，又在很大程度上剥夺了他们在乡村地区的统治地位。但贵族还是保留了不少特权，这让资产阶级愤愤不平。在北方的封建小邦，比如萨克森、汉诺威和梅克伦堡，贵族依旧控制政府和议会；在大多数地方的最高法院依然保留贵族席位；在老普鲁士诸省，因为资产阶级出身的土地所有者仍是少数，世袭司法权和采邑的治安权也帮助维持贵族权力。贵族遍布军队和公务员体制，在实践活动中享有优先权。君主的私人随从只由贵族组成，沃斯曾批评道："贵族天生就是宫廷马厩、宫廷狩猎、宫廷酒窖和宫廷娱乐的大管家。"拿破仑被推翻后，贵族总是用极端挑衅的方式表达自己的傲慢。他们在官方表达中执意继续用"Demoiselle"称呼资产阶级的女孩。小宫廷的优先原则也表达出荒谬的等级傲慢。最高级的国家官员的妻子如果出身资产阶级就不能被带入宫廷；在黑森，只有通过出身贵族的副官，大臣们才能觐见君主。魏玛剧院有专门的贵族包厢，皮尔尼茨城堡的宴会大厅里也有分别为贵族和资产阶级准备的看台。在血统纯净的容克贵族看来，合乎身份的职业也就是军官、宫廷管家、王室侍从、王室护林员，最差也得是个行政管理职位。贵族可以对科学和艺术感兴趣，但只能作为业余爱好，如果一个"仁慈的老爷"夹在一群喜剧演员中出现在城镇剧院的舞台上，整个布雷斯劳都能笑翻天。贵族男子和嫁妆丰厚的资产阶级女性之间的婚姻很常见，但贵族女子下嫁资产阶级男子却很罕见，而且还要面对贵族阶层的反对。

这些过时社会秩序的残余无疑是对资产阶级的巨大伤害,但要是忘了在那些焦灼的岁月中,普鲁士贵族曾多么能干、忠诚和勇敢,也实在是忘恩负义。领导德意志解放的大多数将领和政治家都出身贵族。法国贵族会因丧失阶级特权而在战争期间同祖国的敌人联手,反观普鲁士贵族,尽管也曾积极反对哈登贝格的立法,可一旦君主有令,马上放下仇怨,为拯救国家赴汤蹈火。如果没有乡绅们的支持,后备军就不可能有军官,也不可能走上战场。尽管如此,自由主义报纸上还是将这些爱国军人世家同流亡分子相提并论。在自由主义者的演讲和文章中,1806年的普鲁士被一成不变地描述为一切政治之恶的化身,很快处处都在宣扬:容克曾领导普鲁士走向灭亡,七年后才被"人民"拯救。战后,贵族努力想要恢复部分古老权力。那些被吞并的国家满腹牢骚地包围着联邦议会和宫廷,普鲁士的封建党派沆瀣一气,到处都能听见重建贵族统治秩序的提案。维也纳会议期间,组织"贵族同盟"的计划也多有讨论,那将是一个巨大的同盟,在全德意志范围内捍卫贵族利益,并维持活跃的骑士荣誉精神,但是这个计划最终流产,后来东普鲁士贵族又提交了类似的计划,也失败了。许多浪漫主义作家突然开始热烈赞颂贵族,根据弗里德里希·施莱格尔的说法,贵族阶级是文明社会的基石,其他阶级都建立其上。施莱格尔还用一首小诗敦促贵族紧握剑和犁,不理会城里的流言蜚语。

这些举动,加上法国流亡者返乡后煽风点火,加剧了中间阶层的怒火。人们又跌入阶级矛盾不可调和的观念,这种观念是在《提尔西特和约》时代由弗里德里希·布赫霍尔茨(Friedrich Buchholz)通过《世袭贵族制研究》传播开来的。这本书似乎无可辩驳地证明了美德不会遗传,像法国荣誉军团那样的功勋贵族才是贵族唯一合理的存在形式。布赫霍尔茨还说:"一个人不可能同时是爱国者和封建贵族。"老将军冯·迪里克(Von Diericke)则温和地为本阶级辩护,在《论普鲁士贵族》(1818)一文中提出,备受轻视的容克贵族中的许多子孙都在军营和议会上团结协作,巩固普鲁士的力量。因为这本书里陈述的事实无法被反驳,因此反而引起了更大的愤怒。许多学者圈子中对贵族的幼稚仇恨已经达到了一定高度,以至于学生会加以利用。在布雷斯劳,年轻的卡尔·冯·霍尔泰

(Karl von Holtei)正在考试，他的知识掌握得不太好，于是灵机一动，将名字里的"冯"删掉了。然后他就看见教授们凑在一起，带着满意的微笑传阅这个年轻资产阶级知识分子的优秀作品。佩尔特斯（Perthes）在《论贵族》一文中反对富歇狂热骑士情结的谨慎词句，就像资产阶级保守派的雷贝格（Rehberg）的作品一样，根本无法满足激愤的民意。

因此，学术上的巨大成功误导德意志资产阶级产生极端自负情绪，这种情绪也曾驱动法国第三等级，唯一的区别是，德意志资产阶级的自负仍然完全限制在理论领域。自由派报纸轻松地问，就算大规模破产让整个贵族阶层失去土地，又有什么要紧的呢？会有新的土地所有阶层取代他们。理性主义根本不理解同土地历史有着千丝万缕关联的独立贵族的道德力量。沃斯和罗特克公然表达了这些激进观念，背后有意无意地隐藏着地方主义者对普鲁士的仇恨。

在这些观念的激励下，罗特克于1819年巴登议会召开之际，写作了《论等级议会》，这也是新自由主义的科学方案。从现存国家本质和历史推导出未来的需求，这种观念距离自由主义者非常远，因为他们仍全面受控于抽象哲学，也因为每个政论家都自豪地将自己视为全体德意志人民的护民官。德意志邦联一盘散沙，几乎没有什么共同的德意志国家法律；39个独立主权邦国中没有一个令人满意，因此所有政治研究者都不由自主地滑入"一般性宪法"这种抽象概念之中，但没有人像罗特克一样放肆践踏历史世界。这位启蒙人士区分出了三重法律：过去法、现在法和未来法，开门见山地将未来法奉为"三者中最尊贵的法律，本质上也是唯一有效的法律"，将历史法踢到了一边。因此，理性法则必须是国家的唯一法则，但理性法则就是这位弗赖堡教授及其法国教师的个人偏好。当然，他也谨慎地补充说道，现实只能无限接近哲学理论。

西哀士曾将卢梭的人民主权理论同孟德斯鸠的三权分立原则相结合，罗特克也尝试着用一些君主立宪制的观念冲淡社会契约观念。他按照卢梭的方式，简明地阐释了人民才是国家权力的天然持有者，政府则是根据普遍意愿建造的组织，其各项权力都是让渡而来。因此,无论在何种情况下,人民都持有立法权;伴随着政府权威的让渡,议会可以实施人民经过深思熟虑而为自己保留下的一切权利;所以两院制是不合理的,即便上议院席位同下议院相同,也不合理;人民自然知道自己想要什么,而且总是想要最好的东西;"凡是民意统治的地方,就不可能发生同自然权利冲突的情况。"然后他将一些封建概念同这些共和理念结合到了一起,比如代表们只代表自己的选区,因为只获得了本选区的授权。所有矛盾之处都可以由一个支配性理念来解释,即最终的目的是为了将政治生活的重心不断下移。罗特克还想在有需要的情况下,区分自耕农和佃农。他的理论无疑将从逻辑上推导出了普选权。实际上,柏林历史学家沃尔特曼(Woltmann)早在 1810 年就在《新普鲁士国家组织之精神》中提出了普选权的要求。

对于完全未受革命贪婪感染的恭顺老百姓,抽象教条也很有影响力。南德的自由主义刚刚走出摇篮,就忙不迭地拥护起了一种理念,该理念曾在法国创造了短命的 1791 年宪法,旋即被法兰西第一帝国彻底摧毁!唯一与法国人不同的是,弗莱堡人对国家组织的地方行政基础有清晰的认知,另外,弗莱堡人俗气而温和,因此对于这种理念在法国造成的后果毫无感觉。普鲁士的《城市章程》理念源于德意志精神深处,已经在德意志慢慢铺开,就连罗特克都设想自己的辉煌宪法建立在地方自治的基础上。尽管如此,我们还是不能忽视他的理念的法国源头:国家生命完全依赖于宪法形式,而政治的至善是平等而非自由,因此他对待威斯特伐利亚王国虚假宪法的态度,要比对待老德意志封建制度的态度温和许多。

他的观点也获得了慕尼黑波拿巴主义者的支持。阿雷廷和赫尔曼继续宣扬无耻的地方主义观念。他们宣称:"狮子和雄鹰能交配,南北方都不能统一。"他们编造了"一位真正的巴伐利亚人"和一位德语都不会说的波美拉尼亚荒唐后备军之间的对话,讥讽北德的一切,还赤裸裸地宣布,"deutsch"这个词根本没有意义。但老巴伐利亚的地方主义现在佩戴上了新羽毛,擅于混淆是非的阿雷廷将阿勒曼尼人(南德人)描述为宪法自由的唯一代表,北德则是封建主义之地。而他说这话的时候是 1816 年,过了很久新南德宪

110

249

法才颁布。接下来他写了一本关于国家宪法的教科书，尽力将新的理性法则同莱茵联邦资产阶级的观念相融合，直到逝世他都没写完，最后是罗特克替他完成的。

北德自由主义诞生的思想氛围截然不同。在这里，时间的锁链没被彻底打断，古老封建制度仍有大量残余，虔敬之情处处可见。法国大革命的理念从未在这里扎根，自由主义者也就不可能提出根据抽象理性法则彻底重塑国家的方案，只要求重振和改进古老封建制度。《基尔报》是这些温和趋势的喉舌，围绕这份报纸的是一群儒雅温和的人，新自由主义和古典文化的理想主义热情在他们身上紧密结合在一起。他们齐聚在好客的伦曹伯爵夫人（Rentzau）的餐桌旁，在施莱登夫人（Schleiden）位于阿舍贝格湖畔的宅邸里，基尔大学的领军人物达尔曼、法尔克（Falck）、特韦斯滕（Twesten）、韦尔克和弗兰茨·黑格维施（Franz Hegewisch），石勒苏益格-荷尔斯坦因的贵族领袖雷文特洛（Reventlow）、鲁莫尔（Rumohr）、鲍迪辛（Baudissin）和毛奇都是常客。他们崇拜歌德，也都认为在德意志极北之地对抗正在滋长的丹麦王权，是无上之光荣。他们就算热情拥护宪法权利，也只是为了实现早已在魏玛被阐发的有关自由和人道理想。

这个小圈子充满才智和魅力，1815年达尔曼发表论文《论宪法》，这篇文章在形式和内容上都和罗特克的作品截然相反。达尔曼的文章有多深刻精辟，罗特克的文章就有多肤浅混乱。罗特克否认历史法的合理性，达尔曼则敦促德意志人通过充分理解祖辈以重振精神。罗特克将君主制作为临时性体制而容忍其存在，达尔曼坦诚表达自己支持君主制，并宣称希腊人和罗马人没能抓住时机建立君主制，这让语文学家们感到不可思议。他在英国而非法国寻找自己的国家理想："所有新欧洲国家孜孜以求的政治组织基础，在英国得到了最好的发展和保留。"自从孟德斯鸠的《论法的精神》传入德意志，对英国自由精神的含糊赞扬就从未缺席。吕克特高呼自由精神的回归："按照不列颠的样子给我盖一座神庙吧！"但达尔曼是第一个全面了解英国政治的人，他反对盲目模仿，只是将英国议会作为德意志的一种参考。尼布尔、施莱尔马赫和蒂鲍都欣然赞同达尔曼的观点，但这种观点还要过很多年才能获得广泛支持。《基尔报》在石勒苏益格-荷尔斯坦因以外没多少读者,因为北德的绝大多数民众依旧经济困窘,而本来应该更容易接受宪法观念的南德民众,却更青睐罗特克对理性法则的简易说明。

令人畏惧的"政治科学修复者"哈勒尔同时反对这两种自由主义趋势,与这些人的观点有着天壤之别。这位伯尔尼贵族曾目睹了瑞士贵族力量在革命风暴中土崩瓦解,随后流亡奥地利,并在那里建构出一套政治体制,"它将在正确的基础上重建君主制,将推翻18世纪无信仰的狂妄革命理念,将使天主教会散发全新光芒"。这位骄傲的世界历史学家在1808年出版的《普通政治学》首次提出了自己的理念,1816年以后在《政治学的重建》再次阐释。在他看来,由他这样一个天生的共和主义者和新教徒阐发反革命的拯救性真理,简直就是天意。他也确实挥舞着理性辩证法的巨锤,狠狠砸碎了自然权利理念对国家结构的想象。他用无法反驳的论证首次粉碎了对自然国家、社会契约以及人民先天主权的信仰,甚至影响到了未受过教育、无法理解历史法学派理念的人们。当然,他用来替代这些过时理念的东西,也不过是对古老伯尔尼贵族制世袭法则的粗糙概括。伯尔尼的统治者曾将占领的阿尔高和沃州领土视为共和国的财产,哈勒尔也将国家建立在强者权利的基础上:土地属于一位君主、一个团体或者一个教会,人民在土地所有者的土地上劳作并受其保护;就算人民都消失了,国家依然会在君主个人身上继续存在,他可以轻易地找到新臣民。因此,国家就像是通过私法(Privatrecht)①管理的共同体,只不过更加强大和独立;君主则是"一个拥有财产、具有绝对独立权利的人",用私人随从统治人民,有权将自己和家族视为国家存在的首要目标,必须防止个人财产流失,必须用军队保护人民。这就是一幅古代封建国家的漫画,而且即便是14世纪的国家也不可能如此粗糙,现在居然被当成普遍有效的政治理想堂而皇之地提出。以宪法为基础的人民从属关系,堕落成了私人奴役关系。实际上,这位政治科学的修复者废除了国家。

哈勒尔的理念在普鲁士完全没有接受的基础,处处同现实发生

① 私法,指保护私人利益的法律,比如民法、商法等等。——译注

冲突，因为国家观念早就在普鲁士备受推崇，君主被视为国家的第一公仆。因此哈勒尔也同样憎恨腓特烈大帝，憎恨开创了募兵制的普鲁士开明专制，也憎恨《普鲁士国家基本法》(1794)，他说："除了标题页，说这部法典不是为普鲁士，而是为日本或中国制定的，也不是不可以。"可是，哈勒尔正是在普鲁士收获了大量支持者，其中不乏权贵。王储及其浪漫主义友人认为，他们从国家作为私产的观念中看到了中世纪的五色光芒。马威茨和勃兰登堡骑士身份的封建主义者则赞成这位思想家再次将君主降低为土地所有者，再次将社会分成教士、军人和平民(Nährstand)三个等级。在哈勒尔的国家观念中，君主高于所有人，这一点也让这些专制主义者们感到满意。重归天主教的哈勒尔还将神权政治称为所有政治体制中最自由最优秀的体制，这也让教皇至上主义者很高兴。这位来自伯尔尼的狂热分子，想象整个世界正面临共济会、光明会和革命分子的大阴谋，于是那些本来就懦弱的人就更担忧了。反对法国大革命的人肯定青睐激烈批判自然权利的观点。法国的政治生活更简单宽泛，那里的封建和神职人员已经成了官僚专制主义的公开敌人；但是在德意志，反对大革命的各方力量仍旧相互混杂。

亚当·穆勒提出的纯粹教皇之上的政治主张没几个人支持。罗马天主教体系不可能真正在异端的故乡繁荣兴旺，我们的教会作家中，没有人比萨瓦尔贵族约瑟夫·德·迈斯特(Joseph de Maistre)走得更远，他身上闪耀着拉丁种族的宗教狂热，半嗔半怒地要求这个邪恶的世界臣服教皇，还激烈谴责"这个愚蠢世纪"的"野蛮"科学。穆勒则缺乏这种具有十字军精神的情感冲动，他清楚地指出了自由主义确实存在的诸多弱点，尤其是它的经济观念，还敏锐地指出在社会利益斗争中极其缺乏放任自由的体制，以及在独立国家之间完全不可能实现彻底的国际劳动分工，并预言：现代经济制度将产生一种新的财阀贵族，他们比旧式的出身贵族更加卑劣危险。但穆勒的《政治学的神学基础》只是重复了哈勒尔的主张，装饰上了一些神学和自然哲学的东西。穆勒甚至比哈勒尔更专断地提出"自然"社会分层，有时用教士、战士和平民分别代表信仰、热爱和希望，有时又将社会分成贵族、平民和统治者。穆勒和哈勒尔一样，否认宪法和私法之间的区别，并宣称每个国家都必将永远是由多个国家组成。穆勒的理想是理性的封建主义,希望通过信仰之力解决政治和权利之间的矛盾,而信仰同时将成为法律。

因此,自从一个半世纪以前,普芬多夫将我们的政治思想家从神学的桎梏下解放出来直到现在,德意志政治科学所收获的一切再次受到质疑,政治主张也重新跌到中世纪神权概念的水平。弗里德里希·施莱格尔盛赞教会是最大的行会,应该以教会为榜样,重建所有市民社会组织。巴德尔称教士、战士和平民是组成每个民族的三个等级,拒绝接受"国家"(Staat)这个词汇,因为他认为这是个渎神的现代发明。政治浪漫主义者的口号是"要公会(Korporation),不要协会(Assoziation)",大部分人头脑中的"公会",不过是一种虚弱国家权威的模糊概念,它受到行会、贵族议会和自治领的限制,在精神问题上臣服于教会。头脑谨慎的根茨极其反感这种神学宗教式的梦想世界,对朋友穆勒说,这其中缺乏一切具有科学性质的东西——清晰、方法和一致性。穆勒声称,世界和平依赖对上帝化身的信仰,这深深刺痛了根茨的世俗情感。可当他觉得自己看到了革命的先兆时,焦虑地写道:"你说得太对了,如果我们不把宗教既当成信仰又当成法律,一切就都完了。"但这种悔恨的情绪并没有持续太久,根茨不可能放弃他对国家世俗本质的认知。

浪漫主义国家观念同自由主义国家观念之间似乎隔着巨大的时间鸿沟。大多数著名学者似乎都属于保守主义,但自由主义尽管青涩,却展现出对现实更深刻的把握,更好地理解了正在壮大的资产阶级的正当要求。那些试图调停激烈冲突观念的人则同时被双方所怀疑。就连斯特芬斯都被斥责为反动分子,因为他在支持代议制的政治著作中,认为"圣人共同体"代表国家观念,贵族特权的基础是"一切尘世之物的神秘深渊"。斯特芬斯还将德意志一盘散沙的政治局面当成一种优点,说每一种宪法都有弱点,只有多部宪法才能保证更高的精神统一!这种观点让爱国主义者感到自己受到了嘲弄。安西永也没能平息人们的怒火,他关于政治学的大量作品蔑视当时对时代精神的肤浅崇拜,却也暴露出其思想贫乏,此外他的思想和表达具有一种变色龙般的模糊特征,总给自己留

115

下一条退路，有时谦卑地宣称神圣同盟再次调和了政治和道德，有时又油腔滑调地说咨询议会和掌握独立行动权的个人之间没有区别，但最让自由主义者愤怒的是，这位谨慎的调停人居然在普鲁士宫廷不断支持反动党派的各项目标。

　　获胜的军队返回之前发生了一件令人不悦的事，它本身并不重要，却激化了当时的政治分歧，在未来很长一段时间中，毒害了正在觉醒的党派生活。美德会的拿破仑神话以及普鲁士爱国者的雅各宾式阴谋，已经在霍夫堡和莱茵联邦各内阁中流传数年。此外，小宫廷们已经被条顿运动发言人的恐怖话语吓坏了。各国政府都惴惴不安，发觉和平条款和邦联条例根本无法满足德意志民族的愿望。在普鲁士，施泰因的老对手们又蠢蠢欲动。维也纳会议期间，一位名叫扬克(Janke)的委员就试图让哈登贝格怀疑阿恩特和格雷斯的"自由主义狂妄言论"。君主们第二次齐聚巴黎时，柏林大学教授施马尔茨(Schmalz)出版了《1808年布雷多-文图里尼编年史勘误一章》。其实在施马尔茨提出以前，这一章已经被原作者订正过了，他只是以此为借口讲述关于美德会的故事，描绘了一幅秘密社团组织地下阴谋的邪恶场景，而这些社团"可能"源于美德会。施马尔茨是沙恩霍斯特的内兄，两人关系融洽，法国统治期间，施马尔茨还颇有爱国勇气，在柏林大学的建设中贡献颇多。他写了大量政治学作品，展现出有限且僵硬的思想，痛恨大革命理念，却无法对其基础，即自然权利提出科学反驳。施马尔茨的声誉一直清白，因此当这位德高望重的爱国者突然抛出针对新德意志精神的一连串愤怒谴责时，就成为一场巨大的丑闻。他声称，雅各宾派利用人道主义，这些阴谋家则利用德意志精神让人民误入歧途，忘记誓言，努力实现统一德意志民族的邪恶理想。施马尔茨攻击最猛烈的对象是德意志精神最温和节制的发言人阿恩特。阿恩特在有关德意志后备军的简要说明中，引用了一句基督教谚语："保护软弱者、妇人和孩子，因为这是基督的和仁慈的。"于是施马尔茨得出结论：这些人"支持谋杀、劫掠和暴行"。可是，谁都不能否认，阿恩特这么说是出于善意。

　　于是，三个世纪以来，一场真正的民族运动在北德大地上展开

116

254

了,在这个狂风暴雨的时代,各种能量全部释放出来,这种场景压倒且模糊了许多软弱情绪。英国查理二世时代,无数聪明人竟然相信纯粹虚构的教皇阴谋;同理,如今在德意志,一种阴暗的妄想像瘟疫一样迅速传播,相信地下组织阴谋的不只是低贱和愚蠢之人。施马尔茨那本小册子里的半真半假的内容比纯粹的荒唐言论更具杀伤性。阿恩特宣称,"普鲁士必定处处皆是,普鲁士的德意志必定处处皆是",当它还叫霍亨索伦国家的时候,这块唯一的德意志土地就能让德意志从一无所有走向辉煌强大。对于施马尔茨而言,这些模糊的说法足以证明,存在着刻意废黜所有德意志小诸侯的计划。

民族最优秀的子孙看到德意志历史上最辉煌的时代被如此污蔑,气愤得不能自已。书店里涌现了大量反驳性作品,1815 年 12 月,几乎所有有教养的德意志人都加入了这场论战,就连外国人都介入其中。《时代》认为暴躁的普鲁士应该以温驯的汉诺威为榜样,尼布尔和施莱尔马赫反驳了这种可怜的攻击,前者一本正经地讨论,后者不遗余力地讽刺。还有一些人反驳年轻自由主义者的盲目自负。维兰德回应专制君主制的捍卫者道:"代议制是遵守法律和爱国人士公开承认的真正且唯一的体制!"亚琛议员卡佩(Kappe)是一位杰出的普鲁士官员,坚信"宪法"是可以保障德意志统一的护身符,"因为整个民族都盼望统一,所有的分歧都源于政府权力凌驾于民意之上"。

威廉三世认为,这场纷争来得实在不是时候。就在刚刚,他接受新省份时,还一再宣布,他只关心国家未来,就让过去成为过去。他真诚地感激普鲁士人民的热爱和奉献,并向沙皇保证,保障人民的幸福是他的神圣使命。但激烈的党争让他忧心不已,当他听闻柏林市政府居然提交了一份前所未闻的议案,要让市政府全权掌管市卫戍部队,马上命令哈登贝格采取严厉措施,防止这种普鲁士民族不熟悉的党派精神占据上风。[1] 1816 年春,威廉三世用措辞讲究温和的政令终结了这场辩论,他公开承认,促使美德会形成的

117

---

[1] 威廉三世写给沙皇亚历山大的信,1816 年 3 月。给哈登贝格的内阁令,1815 年 9 月 1 日。更多细节见附录 6。

精神在 1813 年激活了大部分普鲁士民族,也协助解放了祖国,但在如今的和平时代,秘密社团一定会造成不良影响,因此重新禁止这些社团,禁止继续论战。尼布尔及其友人为了证明自己而展开的研究,也被当局视为多余的而遭到拒绝。骚乱逐渐平息,但人人都感觉到,这场纷争播下的不良种子已经在肥沃的土地上生根了。

上述所言,便是德意志诸侯和人民走进那个渴望已久的和平时代时,所怀有的各种情感。一方面,一种默认且无理由的怀疑情绪蔓延;另一方面,人们盲目信仰宪政的魔力,天真地相信民族永远不会犯错;最后,人民大众深深地渴望着休养生息,天下太平。

第四章　邦联议会召开

第一节　欧洲局势

世界帝国垮台了，一个和平的国际社会在其废墟之上重建，但五大国通过联盟和对抗维持欧洲均势的旧政治体系并没有立刻恢复。正如根茨所言，欧洲所有国家现在结成了一个大联盟，其中担任领袖的是四个发动反拿破仑战争并刚刚在巴黎重新缔结联盟的大国。经过多年的工作，经历无数令人疲惫的等待和艰难时光，这个拯救联盟终于成型，并通过了长达三年的战争岁月的考验。这四国君主及其主要政治家在封闭而漫长的交流过程中，逐渐习惯了秘密个人交往，决定今后将通过私人会晤来商讨一切欧洲重大政治问题，君主间的这种行事风格是前所未有的。四国联盟自认为是欧洲最高法庭，首要任务是维持国际社会新秩序，因此四国必须共同监管法国——革命和战争的策源地。同时，由威灵顿指挥的欧洲占领军将维持法国秩序，四国大使定期在巴黎开会，处理联盟事务，并向杜伊勒里宫提供建议；在个别情况下，大使们甚至会邀请黎塞留公爵参与讨论。维也纳和巴黎谈判中一切有争议的问题，都将交由大使会议继续商讨，只有复杂的德意志领土问题留待法兰克福专门讨论。

这是个比以往都更加坚固有序的国家联盟体系，四大国控制着整个欧洲，尽管不像拿破仑那样强势，但也同样无所节制。二流国家在四国联盟的外交官圈子里被戏称为"下国"，无权参与一切高级政治事务。一向眼高于顶的西班牙宫廷曾要求参加巴黎大使会议，却遭到粗鲁拒绝，其中普鲁士的回绝最无礼。四大国的优势地位在法国体现得最为强烈。尽管法国人并不明确知晓大使会议的权限，但在事关民族荣誉的问题上，民众的直觉极少出错。法国人不明白为何他们的政府要受外国监管，民众中充斥着对"总督老爷"威灵顿的仇恨。古老王权已经不可能再次深深扎根，因为它已经被民族视为外国统治。巴黎和会上，洪堡曾说过，除非欧洲将法国置于监护之下，否则大革命永远不会结束。事实很快就证明了这句话是多么有道理。

　　四国都将正统王朝的存在视为对国际新秩序的强大支持，因此对待法国相当友善。巴黎会议几乎没有敲定领土割让问题，而早在 1815 年格奈泽瑙就开始同杜伊勒里宫秘密谈判。格奈泽瑙的外交风格同作战风格一样大胆，在萨克森问题谈判时，他就认真考虑过，拿破仑的回归说不定可以帮助普鲁士实现诉求。现在，只要他能保证新的国家体系建立在稳定的基础上，似乎可以采取更加激进的手段。他的谈判人员冯·罗耶（von Royer）在哈登贝格的首肯下，提出同黎塞留公爵秘密结盟。普鲁士作为法国最近的邻国，保证一旦法国爆发革命，将以全部兵力支持波旁王室。由于威廉三世最终不愿承担如此艰巨和危险的责任，这些谈判一无所获。但足以证明，普鲁士已经决定忘记塔列朗的阴谋和波旁家族的忘恩负义，同西邻重拾友谊。[①]

120　　法国内部的激烈党争让大使会议分外忧虑，因为这个富庶的国家已经迅速从经济窘迫的局面中恢复元气，似乎很快就能再挑起一场战争。法国社会现在由两个无法调和的派别组成：占领者和佳姻庄的失败者。法国民众陶醉在三色旗统治世界的回忆里，流亡者梦想着重现圣路易的辉煌，能有什么共同语言呢？贝朗热（Béranger）以讽刺手法向旧贵族展现了卡拉巴斯侯爵的肖像画，以此蔑视王权。整个国家被秘密社团之网所覆盖，拿破仑军团的每位老兵在返回家乡后，都积极宣扬拿破仑神话。即便是那些宣扬

---

① 这些材料源于罗耶写给格奈泽瑙的信件（1815 年 10 月 3 日及之后），感谢德尔布吕克（Delbrück）博士热情提供的文件。这些信件并没有明确指出谈判失败的原因，但除了文中提到的原因之外，几乎别无可能了。11 月 9 日，罗耶在报告中称，现在必须让威廉三世介入密谈，因为一切都取决于君主的决定。但是没过几天，整件事就不再被提及了。

自由主义理念的空谈家们,也恶意揣测诋毁王权。但比这些更危险的,是控制议会的狂热极端保皇党。众议院里的急性子们正在努力恢复古老封建制度,要求对弑君者展开血腥报复。法王路易试图安抚流亡者的狂热情绪,但反遭激烈反抗。贵族无拘无束的封建特权观念再次浮现,还披上了新的宪政理念外衣。夏多布里昂以宪法自由的名义要求君主服从议会,并在文章中拥护激进的宪政理论,"国王统治,但不治理"。

大使会议的全体成员在波佐·迪博尔戈的带领下,支持法王对抗这些极端人士。英国保守党政治家们尽管对"雅各宾式的"沙皇及其大使的自由主义热情心存疑虑,但坚决反对法国流亡者的盲目热情。极端保皇党受阿图瓦伯爵的指使,威灵顿谴责他们的病态行为时曾忧心忡忡地说:"路易十五的后人将无法统治法国,阿图瓦伯爵要为此负责!"梅特涅也发出警告:"对于一个从革命中诞生的国家而言,重返过去的社会秩序将造成极大的危险。"后来他还感慨道:"这些正统主义者正在让大革命合法化。"普鲁士大使戈尔茨是布吕歇尔司令部的老班底,作为外交官的他行为得体,判断力敏锐,不停地让普鲁士宫廷警惕法国保皇党人自杀倾向的党派激情。1816年3月哈登贝格宣布,要维持法国现存秩序,必须解散众议院。其他三国一开始不愿意向杜伊勒里宫推荐如此大胆的手段,但由于极端保皇党的痴迷已无可救药,法王路易最终痛下决心。9月5日,路易宣布解散众议院,温和党派成为多数党,首相黎塞留-德卡兹可以同新议会和睦共处。此后,四国对法国的未来似乎更有信心了。1817年2月10日的一份文件表明,四国告知黎塞留公爵,他多次提出的缩减占领军规模的请求已经被同意,威灵顿的军队将减少1/5,约3万人。但他们也不失时机地补充了一句,公爵及其下属的优秀提案很有贡献。对于骄傲的法国人而言,这简直就是奇耻大辱:法国第一大臣居然要接受欧洲高级会议的正式称赞。

很快人们就发现,独立现代国家不可能永远忍受四国联盟这种亲密无间的团体。俄国和奥-英之间的古老冲突不断上演,沙皇也竭尽所能地增加维也纳和伦敦的怀疑。1816年2月,在没有咨询盟友的情况下,沙皇擅自发布了神圣同盟章程,希望全世界都尊奉他为欧洲联盟唯一的救世主和领导人。其他国家都缩减军备,俄国却增加兵力,将大批民众迁徙到更靠近边界的地方。沙皇喜欢夸大俄国军力,尽管有最近几次战役的经验,但大家还是高估了俄国,就连格奈泽瑙都相信,俄国有 1 百万军队,一旦发动进攻,马上就能动用 50 万军队。梅特涅忧虑地说,这样强大的兵力以及东正教热情,很可能引导沙皇走上战争之路。他相信,无论在法国还是西班牙,意大利还是土耳其,处处都能发现俄国间谍的阴谋。①俄国野心勃勃的政策却打着自由的旗号!俄国大使游说各个宫廷建立"明智的自由主义"体制,英国大使则同样积极地告诫各国警惕自由主义意在宪法的"危险胡闹"。1815 年圣诞,沙皇曾在波兰颁布一部宪法。尽管这部基本法律并没有对波兰问题的症结或农奴问题产生重大改变,尽管它将所有政治权力赋予贵族,但宪法之名仍散发出巨大的魅力。没有批判精神的自由主义者热烈庆贺沙皇的恩赐,不耐烦地问德意志君主什么时候能效仿这位开明的专制帝王。沙皇有两位外事顾问,涅谢尔罗迭是梅特涅的忠实朋友,自由主义者卡坡迪斯查斯则不太信任维也纳宫廷。奥地利将军施泰根特施很快发现,身处圣彼得堡的自己同身处维也纳的俄国大使施塔克尔贝格(Stackelberg)同样痛苦尴尬,后者在报告里不断说"务必告诫领事!"警告沙皇一定小心狡猾的维也纳人。圣彼得堡仍记得 1815 年 1 月 3 日的秘密条约,所有俄国政治家都将此事归咎于梅特涅。

1816 年 8 月,卡斯卡特勋爵递交圣彼得堡的一份提案,表明英国保守党内阁对俄国的深刻怀疑。提案要求召开军事会议,商讨各国同时缩减军队,并规定各国在和平时期应保留的军队数量。这项提案摆明了针对俄国,因此梅特涅马上接受建议,并高兴地说,在这个时代,就连革命都戴着军队的面具,因此裁军是众望所归。他也借此敲打了普鲁士。沙皇的回应充满同情,但不置可否。英国的提案被搁置了,因为如此不自然地限制独立国家最重要权限的想法不可能成为现实。普鲁士更不可能允许外国决定国家军

---

① 克鲁泽马克的报告,1816 年 2 月 24 日,1817 年 2 月 1 日、3 月 23 日,1818 年 3 月 7 日、4 月 9 日。

123

队的扩充。① 奥地利宫廷的焦虑情绪不断传染，1818 年初梅特涅直接向哈登贝格的亲信，当时正在维也纳处理德意志邦联事务的枢密院议员冯·约尔丹(von Jordan)提议，普奥应结成秘密防御联盟，以防俄国动手。哈登贝格立刻准备接受该建议，因为他将奥地利的友谊看得比什么都重，可是威廉三世却拒绝了。普鲁士为何要因为霍夫堡莫名其妙的恐惧就放弃老朋友呢？再者，威廉三世已然洞悉了梅特涅的秘密计划。国王的拒绝让哈登贝格深感不满，他觉得威廉三世又在扮演 1805 年悲剧中的角色。他请求无条件拥护奥地利的维特根施泰因亲王帮助，也抱怨国王太没信心，不过终究白忙一场。君主意志坚定，5 月 2 日哈登贝格被迫回绝奥地利。②

　　英国宫廷格外怀疑俄国外交官在西班牙的多种活动。四大国也力图将西班牙重建的君主制限制在一定范围内，它们面对敏感的西班牙民族骄傲情绪时表现出的态度，让这种限制成为可能。四国都发觉，西班牙国王斐迪南的恶行正威胁着欧洲复兴大业。他是欧洲最挥霍放荡的君主，甫一即位就重建了宗教法庭，还亲临刑场观看了对拯救波旁王室的民族战争英雄的酷刑，他的僧侣亲信疯狂叫嚷："锁链万岁！压迫万岁！斐迪南国王万岁！"整个自由世界都对他义愤填膺，拜伦勋爵讽刺他是天主教邪神。所有国家一致谴责西班牙政府，俄国却努力破坏英国于独立战争中在亚平宁半岛获得的优势地位。俄国大使塔基切夫(Tatischtschew)在马德里的影响力甚至比波佐·迪博尔戈在巴黎的还要大。沙皇的意图很明显，就是要重建古老的波旁家族盟约，有朝一日能利用两个王国的力量对付英国海军。俄国恩人最后甚至将自己的部分海军卖给西班牙，并要求欧洲各国共同干预，让叛乱的南美殖民地重回西班牙母亲怀抱。各国都拒绝了这项大胆提议，英奥担心沙皇的地中海政策，这份忧虑由于目前在巴尔干半岛的新动乱而愈加严重。

124

① 英国政府关于欧洲局势的备忘录；梅特涅《英国备忘录概述》(*Aperçu sur le mémoire anglais*)；分别于 1816 年 8 月和 10 月由克鲁泽马克呈交哈登贝格。

② 哈登贝格日记，1818 年 1 月 14 日、3 月 12 日、5 月 2 日。

十九世纪德国史(第二卷):组建德意志邦联

梅特涅屡次抱怨,"他最优秀最忠实的盟友"土耳其,是唯一一个没有被欧洲列强承认的国家。曾经,土耳其宫廷的傲慢让它没有向欧洲提出领土保障;现在,随着神圣同盟的缔结,土耳其被彻底排除出了欧洲国际社会。这让穆罕默德们更仇视异教徒,苏丹马哈茂德故意没有履行《布加勒斯特条约》中的几款,信心满满地等待俄国再启战端。① 与此同时,非穆斯林土耳其人也开始起义。塞尔维亚人不会放下武器,他们在米洛什(Milosch)的领导下形成了一个半独立的基督教民族共同体,而这个共同体的存在刚好同奥斯曼帝国的基本理念背道而驰。这群心怀不满的希腊人向圣彼得堡派出使者,获得了卡坡迪斯查斯的友好接待。无论是伦敦还是维也纳,都没有看到这场正在酝酿中的不可避免的独立战争。在英国保守党看来,土耳其的存在绝对是关乎政治信念的事,特别是因为英国在东方的利益似乎非常仰仗刚获得的伊奥尼亚群岛。尽管有许多理由反对,但人们还是愿意援引威廉·皮特说过的话:他永远不会和不承认土耳其的存在至关重要的人谈论政治。梅特涅则毫不犹豫地将自己有关合法权威不受侵犯的观念运用到土耳其的海外领土上。他讨厌巴尔干半岛上那些绝望的基督教国家,不仅因为它们是俄国的门徒,更因为它们是卑鄙的叛乱者。但他根本意识不到,那位自由主义独裁者的勃勃野心尽管有时看起来志向远大,其实缺乏完美实现计划的必要毅力。面对施泰根特施将军的焦急询问,沙皇轻蔑地说,任何一个士兵在对土耳其的战斗中流血牺牲,他都会良心不安。② 他还给驻维也纳大使发了一封信,大意是欧洲领导人还没有将思想从老旧懦弱的观念中解放出来,这是因为他们尚未被福音的纯净美德所感化。这就是他们不信任俄国的原因,但现在根据上帝的旨意,建立在真理和公正基础上的民意的统治已经占据了上风。

因此,奥地利政府正受到和平愿望的激励,霍夫堡一想到沙皇的秘密计划就瑟瑟发抖。古老的奥地利经历如此多的失败和损失后,还能一次次恢复实力,这实在是个奇迹。一场世界战争后,几

---

① 克鲁泽马克的报告,1817 年 1 月 8 日。
② 克鲁泽马克的报告,1816 年 4 月 17 日、5 月 13 日。

乎没有国家能如此完美地实现自己的愿望。梅特涅凭借审慎的紧缩政策和适时利用国力,为奥地利的胜利局面做出了贡献,从这一点上说,他的确应该自豪。从年轻时起,梅特涅就希望成为能预见一切的人,现在他的自满已经膨胀到了狂妄的程度。他认为欧洲事务的新秩序是他个人的功劳,维持这个新秩序是他毕生的使命,因为他和他的国家已经经不起任何变化了。他灵魂深处的不诚实让他很容易用自己愿意的方式解释事实,因此过去的一切在他脑海里被重新安排了一番,而且在即将结束的一代人的历史中,他只看到疯狂和罪恶的泥淖,唯有他保持了清醒和正确,特别是像他爱说的那样,没有陷入自恋,因此他轻蔑地谈论"黎塞留和马扎然之流的政治家们"。

外国外交官们很快发现,很难同梅特涅展开有效对话。他习惯发表长篇艰涩的演讲,详细阐释他那万无一失的观点。他的信函单调、圆滑、冗长、卖弄词句、拐弯抹角、曲折繁复地阐述着"维持国家现状"的简单观点,但如此骄傲的心态背后隐藏着深深的焦虑。他深知奥地利军事制度被忽视的弱点,所以他害怕战争,也更害怕革命。他从未怀疑,那种耗干中欧两个大国的军事制度有多优秀,但他也发现革命党依然在暗地里活动,随时准备往他精心打造的国家上扔一把火。梅特涅始终坚信,美德会一直在普鲁士军队中酝酿革命,因此他也极其忧虑地打量着法国的党争以及德意两地的民族情感运动。他还惊恐地发现,甚至在反对革命的大本营英国,议会改革的观念也正在复苏,威廉·科贝特(Cobbett)正在民众中广泛传播他两便士一份的《政治记事》,久被忽视的下层民众正在回忆自己拥有的人权。迄今为止,外交大师梅特涅从未担心过宪政政府和行政管理问题,因为他拥有教化民族生活的伟大目标,并将该目标的实现视为最高职责。他甚至有意远离国家的内部生活,以便于居高临下地总结出奥地利王国的特征:奥地利不是一个联邦国家,却拥有联邦体制的优缺点。梅特涅的思想缺乏创造性,政策都很没远见;哪里有革命的火苗,他就会匆匆赶去扑灭。他的政策无条件重视稳定,就像年轻的自由主义者依赖理性法则的抽象性,这位教条主义之敌最终落入了一种比罗特克的理论还要贫瘠的教条主义之中。年复一年,维也纳条约设下的种种限制越来

126

263

越无力阻挡蓬勃的历史力量,热爱和平的梅特涅的革命恐惧也越来越强烈。最终,全世界革命烈焰的恐怖场景,就像疯子的固执想法,在他脑海里不断上映。

奥地利在其统治范围内,只有一处目的未能达成:意大利联盟计划在维也纳因皮埃蒙特的反对而遭受挫败。现在为了争取都灵宫廷支持该计划,霍夫堡要求获得马焦雷湖西岸和穿越辛普朗的要道,但因为俄普支持受到威胁的皮埃蒙特,[①]所以梅特涅搁置了该计划,满足于对意大利的实际控制,而这暂时看起来还尚能接受。的确,入侵的奥地利人在伦巴第受到的那种欢迎早就消失了,人们不满奥地利解雇众多旧官员的冷酷行径,不满这个完全不了解意大利特性的政府采取的严苛手段,不满秘密警察的营私舞弊,不满这些德意志大老粗的野蛮。1816 年 2 月,弗兰茨皇帝巡游途经新建的伦巴第-威尼西亚王国,处处受冷遇,就连亲奥地利的普鲁士大使克鲁泽马克将军,也不得不向威廉三世报告称,奥地利军官和官员受人厌恶,所有珍视独立国家观念的意大利人都对新政府强烈不满。但四处秩序井然,当哈登贝格告诉梅特涅几个可疑的意大利爱国人士的名字时,后者还很有信心地回应道,虽然意大利人有敌对情绪,但他们没胆子搞阴谋。[②] 害怕啥呢?意大利半岛上的所有宫廷都奉行符合霍夫堡基本原则的专制主义精神,再者,根据 1815 年 6 月 2 日签订的秘密条约,那不勒斯的波旁家族保证维持古老的君主制,并将任何威胁意大利和平的事件报告给维也纳。

霍夫堡对于德意志事务没有任何计划和想法,只要德意志邦联能凑合着团结在一起,只要战时能给奥地利提供军事援助,就足够了。这样一来,法兰克福议会就和旧帝国议会一样空洞无效。梅特涅由衷地看不起德意志小宫廷,曾向沙皇抱怨称"某些德意志诸侯"绝不可能就领土争端达成共识。但他也清楚,这些小诸侯才是真正的亲奥地利党派,因为只有它们将霍夫堡奉为其统治权的仁

---

① 克鲁泽马克的报告,1816 年 4 月 10 日。

② 克鲁泽马克从米兰发的报告,1816 年 2 月 28 日、3 月 8 日;从维也纳的报告,1817 年 1 月 4 日。

慈保护人,所以他提议尽可能赋予它们自由。就连棘手的邦联法令第 13 条,即召开议会的承诺,一开始都没那么吓人,因为大多数德意志宫廷都不太担心自由主义情绪。清醒的梅特涅始终不曾幻想,有朝一日帝国家族将参与德意志民族的政治生活,或者作出任何有利于德意志权利和德意志福祉的事情。他在回忆录中毫不客气地写道:"只要涉及奥地利,'德意志情感'这个词——尤其是普鲁士和北德的诸多灾难以来,北德上层人士所说的这个词——就是句神话。"他认为德意志每种民族观念的苏醒都是对奥地利统治的威胁。弗兰茨皇帝也不信任爱国主义情绪,认为那是一种危险的革命热情,也从未听闻什么奥地利祖国,因为国家的一切秩序仅仅依赖臣民对统治者的服从。他写信感谢施瓦岑贝格和军队时,还仔细地删除了信中的"祖国"一词,代之以"我的人民"和"我的国家"。

如果德意志仍然维持一个松散的防御联盟,对于强大的民族生命没有丝毫认识,那么同普鲁士达成良好共识就至关重要。梅特涅没有误判这一点,但他和平二元主义的理解却和哈登贝格有天壤之别!梅特涅按照天主教帝国贵族中流行的轻蔑且敌视的判断,形成了对普鲁士国家的观点,并且在 1805 年前担任驻柏林大使期间,亲眼目睹了腓特烈王朝历史上最虚弱的时代。他从未克服那些时日造成的负面印象,普鲁士在他眼中始终不过是个随机形成的国家,是一群被抛掷其上的民族组成的大杂烩。"普鲁士历史上的一切事物似乎都彼此冲突,它的编年史只有一个世纪!"因此,梅特涅毕生都相信,只要拿破仑能更明智地对待腓特烈国家,将其当成一个中等规模的国家纳入莱茵联邦,那么它的世界帝国就可以继续存在。1811 年,梅特涅料定普鲁士即将毁灭,并希望在拿破仑的帮助下,为奥地利获得西里西亚。

可是随着这种期待的破灭和普鲁士的辉煌崛起,梅特涅仍没能理解普鲁士在这场不对等战争中获胜的精神力量。他喜欢用最阴暗的心态看待普鲁士事务,轻蔑地谈论着优柔寡断的普王和轻信于人的哈登贝格;让自己相信到休战阶段,普军"只剩下个名字";觉得只要说几个有关"前进元帅"所犯语法错误的愚蠢笑话,就能诋毁布吕歇尔、格奈泽瑙和约克的声望。在霍夫堡,人们相信挽救

128

普鲁士于倾覆的只有奥地利;梅特涅从未承认欧陆上还有第四个大国。普鲁士仍将是奥地利的第一辅助,按照维也纳宫廷的看法,德意志二元主义就是奥地利在普鲁士的自愿协作下实施统治。但梅特涅在哄骗哈登贝格上很有一手,他谨慎地让后者坚信,维也纳将普鲁士视为平等友好的强大邻邦。20 年中,他只在一个相当无足轻重的场合,向普鲁士大使表达了对这个盟国内政的看法。通常,他只在同最信任的柏林友人维特根施泰因亲王的密信中讨论这些问题,或者在同各路君主的友好私人会晤中谨慎触及一二。

梅特涅颇费了一番功夫才提出了精打细算的保留条件,他从心底对普鲁士内政比对法国还感到不安。他很清楚,普鲁士尽管放下了武器,但心中满是对外交挫败的愤懑,而且不可能永远满足于国土四分五裂的荒谬局面。梅特涅坚信,他的死敌施泰因的治理已经让年轻的普鲁士充满了危险观念和极端的征服欲望,阿恩特和格雷斯的作品强化了他的看法。史无前例的普鲁士国民军似乎是最危险的预兆,老派政治家们无法相信,如此无所顾忌的坦率、如此喧闹的爱国激情,居然可以同对王权的忠诚携手并进。此外,普鲁士军官丝毫不掩饰对奥地利军队及其将领的蔑视,许多军官同施泰因梅茨将军观点一致,后者在第二次巴黎会议期间曾放言:"奥地利不再属于德意志大家庭,德意志的最高领导权属于普鲁士。"和约缔结后的头两年,四国同盟都害怕普鲁士会被自己狂热的军队引上革命之路。威灵顿宣称普鲁士比法国还要糟糕,因为前者的权威已经荡然无存。沙皇也借口保护德意志抵御革命之需而实施军备,他对施泰根特施说:"普鲁士的情况尤其棘手,普王将是我第一个支援的人。"[1]

实际上,柏林宫廷根本没有打一场革命性战争的野心。普鲁士人都知道,普王已经决心,除非万不得已,再也不要刀剑相向了。青年军官和官僚中不乏一些有识之士,意识到国家领土的不稳定,要求赶紧作出补救。冯·莫茨在备忘录中写道,普鲁士只要获得上黑森和富尔达,以交换部分莱茵威斯特伐利亚省份,并借此在美因河下游重获曾在美因河上游安斯巴赫-拜罗伊特丢失的东西,就

[1] 克鲁泽马克的报告,1816 年 4 月 17 日。

能获得哈登贝格孜孜以求的北德领导地位；这样一来，整个北德就
将被普鲁士的领地所环绕，普鲁士也将拥有具有战略地位的金奇
希狭道以及从法兰克福到莱比锡这条德意志商贸要道。他还警告
人们注意南部莱茵联邦国家的敌对情绪："至于德意志诸侯和法
国，似乎只对一种利益感兴趣，即德意志民族力量的消散和孤立，
以及想方设法阻碍统一。"因此，他恳请哈登贝格在黑森和巴伐利
亚之间插入一块普鲁士领土，这样北德中部国家就不会暴露在"南
来的压力下"。① 如此大胆的计划不经历战争如何实现？政府拒绝
了他的提议，决定满足于新的边境安排，这主要是因为普王唾弃任
何领土交换，将其视为统治者失职。哈登贝格的德意志政策满足
于更温和的任务，即方便邦联体制的发展，尤其是为邦联军事体系
的稳定建立提供条件。

　　对于国王和首相而言，要实施这些和平计划，东部国家的友谊
不可或缺。唯一的区别是，威廉三世一如既往地视沙皇为最忠实
的盟友，哈登贝格则更依赖奥地利。随着沙皇的弟弟，尼古拉斯大
公同夏洛特公主订婚，两个王室的关系更密切了。两年后的 1817
年 6 月，婚礼举行，普鲁士人愤愤不平地看着他们的公主被接进东
正教教堂。好脾气的国王不愿意违拗女儿的心愿，于是这位虔诚
的新教徒出于父爱而向傲慢的俄国皇室让步，这对新教也许无关
紧要，但在霍亨索伦家族却前所未有，严重伤害了一个大国的骄
傲。尽管王室之间维持着友谊，人民之间的关系却在战后迅速恶
化。1813 年春天对哥萨克骑兵的狂热已经消散，两国军队之间的
长期军事合作并没有产生持久的友谊。普鲁士自由主义者根本不
信任那位独裁者的深情表达，将莫斯科视为黑暗国度之一；在边境
省份，人人都憎恶猥琐小气的俄国税收官。

第二节　法兰克福谈判

　　以上就是邦联议会第一批使者抵达法兰克福时的国际局势。

---

131

① 莫茨关于普鲁士东西两部分领土地理同意的备忘录，1817 年。洪堡的回应，
　1819 年 3 月 18 日。

十九世纪德国史（第二卷）：组建德意志邦联

贯穿邦联议会一切活动的愚蠢诅咒也从一开始就如影随形。首先，巴黎会议上宣布1815年9月1日邦联议会开幕，结果被整整推迟了3个月。其次，11月抵达法兰克福的使者们，还要等待一整年才能正式开启会议进程，等待期间受到当地居民无情嘲笑。之所以延期，是因为普奥两国都希望首先解决棘手的德意志领土问题，尤其是令人绝望的巴伐利亚-奥地利谈判。

维也纳会议上，慕尼黑宫廷没能获得承诺的继续统治权，只保留了对萨尔茨堡和因河下游部分地区的暂时所有权，而这些地区将被移交给奥地利。为了获得对自己有利的让步，巴伐利亚便开始不断拥护霍夫堡的政策。在巴黎，因为奥地利并不希望缩减法国领土，巴伐利亚首相雷希贝格便不咸不淡地对待普鲁士和德意志小邦的诉求。作为回报，梅特涅在11月3日的会议上，让列强一致同意"归还"布赖斯高和巴登-普法尔茨。因此，甚至在没有通知卡尔斯鲁厄内阁的情况下，四国蛮横地安排了一些巴登领地的未来。归还巴登-普法尔茨绝对是不合法的，归还布赖斯高的理由也相当站不住脚。巴登大公根据《普雷斯堡和约》拥有布赖斯高，"占有的方式和享有的权利"同摩德纳公爵一致。因为帝国家族是其摩德纳表亲的顺位继承人，维也纳宫廷便提出荒谬的要求：不但可以在摩德纳家族绝嗣后拥有该家族的意大利领地，还可以在扎林根家族直系绝嗣后收回布赖斯高。列强能承认这种无理取闹，是因为英俄政治家对德意志事务一无所知，哈登贝格支持它，是因为希望奥地利能接过保卫莱茵河上游的重任。

梅特涅凭借这些谈判手段，要求马上用萨尔茨堡交换莱茵河左岸的普法尔茨领地。巴伐利亚的犹豫让他最终失去耐心，在12月派瓦康将军（Vacquant）前往慕尼黑落实领土割让，同时让比安基将军（Bianchi）率一支奥军奔赴巴伐利亚边境。巴伐利亚使者弗雷德在萨克森谈判中态度可恶，失去了普鲁士的同情，等到慕尼黑宫廷意识到他的行径有多愚蠢时，为时已晚。马克西米利安·约瑟夫国王和蒙特格拉斯恳求普鲁士大使屈斯特忘记在维也纳的争端，哈登贝格冷冷地回应道，日久见人心，如果巴伐利亚宫廷在未来能表现出友好态度，普王也不会对巴伐利亚国王太狠心。随后他指示屈斯特同英俄一道支持奥地利谈判人员。[1]

奥地利的要求在巴伐利亚引发了强烈愤慨。数个世纪以来,除了短暂的一段时间,因河下游一直属于维特尔斯巴赫家族,萨尔茨堡也始终是巴伐利亚领地,而且同周边保持睦邻友好。这两地的巴伐利亚人民都被用于交换遥远的跨莱茵河普法尔茨地区,那里的人民轻佻任性,从古代就同沉闷的巴伐利亚人格格不入!针对奥地利的古老仇恨复苏,人们争相传颂有关 1705 年战争和传奇铁匠客舍尔的故事。萨尔茨堡人甚至被严厉禁止谈论割地事宜。弗雷德元帅咆哮着:"我们失去了拿破仑的保护",这句话在军人中广为流传。巴伐利亚王储路易斯的谴责最为强烈,他认为交换领土并非家族自愿,而是为四国联盟所迫,这是王权之耻。维特尔斯巴赫家族的煽动性文学再次发挥了作用,克里斯托弗·冯·阿雷廷言辞激烈的小册子《非此即彼》,经由卡尔亲王之手广为流传,呼吁所有真正的巴伐利亚人"都把犁头铸成刀剑,反抗奥普联合统治"。萨尔茨堡地区流传着一份由巴伐利亚官员集体签名的请愿书,请求宫廷"将数十万刺刀"交由萨尔茨堡志愿者支配:"民众,没有被过分的教养所掏空,拥有青春活力,王室却垂垂老矣!不久前,普鲁士计划肢解萨克森时,奥地利曾激烈反对它破坏了最高贵和正义的基本原则,现在施害者变成了奥地利,巴伐利亚就要忍气吞声吗?"可正当巴伐利亚将怒火发泄到北德强国身上,约瑟夫国王却对屈斯特说,希望不久后普奥爆发战争,还宣称到时巴伐利亚将坚定追随普鲁士![2]

德意志邦联的历史开端似乎就是内战,但巴伐利亚军队的状况堪忧,梅特涅也坚持他的条件,冷冰冰地宣布,由于南德邻邦的反对,不可能按照承诺将"周边地区"交由巴伐利亚统治,还无耻地承认他用不可能实现的承诺欺骗了巴伐利亚。维特尔斯巴赫家族作出了最后的尝试,国王给沙皇写信,赞美后者为法国保全了阿尔萨斯:"欧洲之所以能解放,大多要感谢陛下慷慨而持续的努力,也正

133

---

[1] 屈斯特的报告,1815 年 9 月 2 日;哈登贝格的指示,1815 年 10 月 5 日、12 月 1 日。

[2] 屈斯特的报告,1816 年 1 月 25 日。

是因为您的远见卓识，才为欧洲政治秩序保住了法国，以对抗野心诡谋和夸张喧嚣。您一定不会拒绝保护一个仅要求自保的盟友。"[1]1816 年 2 月，王储路易斯前往米兰，希望通过私人会晤争取弗兰茨皇帝的支持。但同时，冯·贝克海姆男爵也代表巴登宫廷前往米兰，因为卡尔斯鲁厄宫廷已经得到消息，事关巴黎会议对布赖斯高和巴登-普法尔茨归属的决议。奥地利宫廷此刻左右为难，贝克海姆男爵正式抗议任何损坏其君主权益的行为，巴伐利亚王储则言语冲动地让弗兰茨皇帝想起他的承诺，并激烈要求获得承诺过的周边领土。真诚的皇帝耸耸肩，对两人说："我和盟友们同气连枝，没他们我什么也做不了。"梅特涅也泰然诉诸列强决议，尽管他严肃谴责巴登政治家言辞不敬，但贝克海姆还是马上意识到，奥地利的目的只是割让萨尔茨堡，并不一定真的将布赖斯高和巴登-普法尔茨转交巴伐利亚。[2]

　　王储路易斯无功而返。四国要求赶紧结束令人恶心的谈判，在这些谈判中，霍夫堡的欺骗行径同巴伐利亚的傲慢贪婪扮演了同样可恶的角色，因此慕尼黑宫廷最终作出让步，根据 1816 年 4 月 14 日条约，它将割让萨尔茨堡和因河下游地区，以交换莱茵河左岸的普法尔茨地区以及奥登瓦尔迪地区的一些无主土地。萨尔茨堡的巴伐利亚人带着深深的不满归入了奥地利，但由于大部分土地都是王室领土，因而这些居民的福祉完全依赖新领主，而后者又恰好手段温和，所以激愤的情绪很快消散，对这些居民而言，这般与同胞的割裂也成了自然而然的事。

　　根据交换协议，巴伐利亚获得了 8.5 万人口，也就没什么可抱怨的了。可是未能保住完整领土始终让慕尼黑宫廷耿耿于怀，因此要求在秘密条款中获得补偿。梅特涅没有反对，反而很乐意慷巴登之慨，因为他已经预见一些难以克服的障碍将使他无法兑现承诺。秘密条款中规定，扎林根家族直系绝嗣后，巴登-普法尔茨

---

① 沙皇写给马克思·约瑟夫的信，1815 年 12 月 24 日。约瑟夫的回信，1816 年 1 月 6 日。

② 贝克海姆呈交巴登首相的报告，米兰，1816 年 2 月 14 日；贝克海姆的抗议信，1816 年 2 月 10 日。梅特涅的回信，1816 年 2 月 22 日。

将归入巴伐利亚；此外，为补偿领土损失，巴伐利亚还将尽可能快地获得巴登的美因-陶伯尔县（Main-Tauberkreis），而在此项割让实施之前，奥地利将每年付给巴伐利亚 10 万弗罗林。此外还有另一条散漫随意的条款，巴伐利亚无疑将用尽一切办法捍卫其所谓的权益。法兰克福领土谈判中，巴伐利亚使者要求将割让美因-陶伯尔县视为无可争议的权利，布雷伯爵（Bray）则尽力迎合这位沙皇宠儿。贝尔施泰特紧急求助伦敦，威廉·冯·霍赫伯格伯爵则被派往圣彼得堡。接下来，巴登内阁的幸运儿，年轻的冯·布利特尔斯多夫男爵（von Blittersdorff）在涅瓦河上获得外交使命，在伊丽莎白皇后[1]的协助下，努力破坏巴伐利亚大使在沙皇心目中的形象。两个德意志宫廷为争取外国保护而展开的无耻竞争持续了数月，卡坡迪斯查斯轻蔑地对巴登大使说："你总是待在列强门口！"[2]与此同时，巴伐利亚政府在王储煽动下已经提出更多条件，因为他不愿意推迟入主海德堡普法尔茨伯爵城堡的时间。1817 年 2 月，巴伐利亚向列强要求马上割让巴登-普法尔茨。

　　巴伐利亚蛮横的新要求最终迫使普鲁士首相不再观望。迄今为止，哈登贝格都极其谨慎地采取行动，因为他害怕伤害奥地利的感情，并自认为在某种程度上受里德和巴黎共识的限制。但眼下巴伐利亚的领土贪婪似乎"严重违背了德意志邦联的目的"，他绝不会同意巴伐利亚将这些南德小邦从北德分离出去。因此他马上转变立场，在慕尼黑和维也纳都明确表示：普鲁士不会容忍任何对巴登的强制手段，从今往后他将始终是卡尔斯鲁厄宫廷的保护人。巴登国王对柏林内阁的态度转变充满感激，就连霍夫堡都因普鲁士插手而偷笑，因为梅特涅知道，如果巴伐利亚真的从南德获得这些土地，将威胁到奥地利的利益，不过他也不可能公开承认这个鬼把戏。[3] 所有领土问题的最终决定还有赖于四国联盟，由于沙皇迄今尚未有任何明确决定，甚至一度似乎更支持巴伐利亚的要求，因

135

---

① 即沙皇亚历山大一世的妻子，巴登公主路易丝·玛丽亚·奥古斯特（1779—1826），后更名为伊丽莎白·阿列克谢耶芙娜。——译注
② 布利特尔斯多夫的报告，圣彼得堡，1818 年 6 月 5 日及以后多日，9 月 4 日。
③ 克鲁泽马克的报告，1817 年 3 月 5 日；屈斯特的报告，1817 年 3 月 14 日；哈登贝格的指示，1817 年 2 月 28 日、3 月 4 日、4 月 12 日。

此这些谈判仍悬而未决。一次次的争吵让谈判变得越发激烈，这对于南德诸邦的国际关系以及它们的宪政历程，都产生了极为深远持久的影响。

维也纳宫廷两次让施泰因担任奥地利的邦联大使，这让整个外交界都震惊不已。如果梅特涅愿意将邦联议会的领导权交给这个被他斥责为德意志雅各宾头子的人，就只能说明他根本不认为邦联议会有多重要。施泰因不出霍夫堡所料地拒绝了，他知道作为梅特涅的下属，根本没有一展身手的机会。于是维也纳内阁选择了更加年长的阿尔比尼，他也是老帝国议会上最后一任美因茨选帝侯特使。这样一来，雷根斯堡的各项活动将顺利在法兰克福再次上演，将老帝国带入坟墓的人也将让新邦联在洗礼上终结。但老迈不堪的阿尔比尼还未上任就逝世了（1816 年 1 月），于是奥地利委派驻卡塞尔大使布奥尔伯爵（Buol）就任邦联大使。布奥尔庸碌无为，既没判断力又没原则，但还是能要一些小花招，或者通过溜须拍马和谎言争取到小邦那些没见识的外交官。

普鲁士大使的人选，哈登贝格一开始也想到了施泰因。这位令人惧怕的对手在这个位置上不会那么危险，而且施泰因的大名也能让德意志民族相信普鲁士政府的德意志情感。施泰因起初打算接受，但巴黎二次和谈后，他明确回绝。因为在这几个月中，他对哈登贝格由来已久的不信任已经发展到了不讲理的程度，对于邦联议会也不再抱任何希望。哈登贝格犹豫良久，最终选择了普鲁士驻卡塞尔的大臣冯·黑莱因，一位出身法兰克尼亚官僚的老外交官，他和阿尔比尼一样，都是从雷根斯堡帝国议会上获得了有关德意志事务的知识。事实证明，这是个糟糕的选择。黑莱因甚至在邦联议会开始前，就为普鲁士准备好了一场惨败，这场失败让普鲁士在邦联中一贯艰难的处境雪上加霜，也成为了德意志邦联整体历史命运的序曲和象征。

1816 年 1 月 23 日，黑莱因接受派遣。尽管对邦联议会的稳定性和价值仍有怀疑，但凭借在帝国议会的丰富经验，以及同布奥尔伯爵的友情（他在卡塞尔的密友和合作伙伴），他询问首相："我们希望从法兰克福邦联议会获得什么？"黑莱因相当熟悉老帝国体制,必然知道奥地利已经获得了至高无上的地位,而且无法再忍受普鲁士了。普鲁士这个新崛起的国家,必须迅速成为超级强国,其力量要超过之前皇帝对帝国议会的掌控力。然后他发现,所有重大决议都必须全体一致,这项规定将阻碍邦联的和平发展,"似乎打算一开始就扼住邦联的脖子"。在这样的条件下,越来越绝望的北德人民可能会决心通过一场革命为普鲁士获得在德意志的统治地位。回避这种危险只有一条路可走,即两大国瓜分统治权:奥地利获得帝国身份,普鲁士获得德意志国王的头衔,然后两者亲密联合且绝对平权,凭借一个真正"巨头"的权力和尊严,共同执掌邦联。①

3月,黑莱因短暂访问法兰克福,受到布奥尔的热情欢迎,马上将自己的备忘录和盘托出,后来又告诉了韦森贝格,后者在法兰克福担任领土委员会成员。布奥尔以一贯热情的方式对他的提议表示口头赞同。韦森贝格则在一则赞美性的批注中感谢黑莱因的提案,并总结道:"很有希望很快带回符合您观点的指示,因为这早就备受支持!"如此的成功让黑莱因欣喜不已,他马上赶赴柏林,又在一份详细的备忘录中再次发展了他的计划,②并以个人名义保证,普鲁士可以指望维也纳同意。哈登贝格居然信了这份虚无缥缈的保证,在事关奥地利友人的地方,他总是很天真,怎么会想到,梅特涅多次表达的有关德意志二元统治必要性的秘密言论,不过是句空话。于是,他让黑莱因马上为两大国的合作起草正式条约,随后这份条约将被视作既成事实呈现在小宫廷面前。由于哈登贝格的老观念,他剔除了有关皇帝和德意志国王头衔的条款,于是这份提案就仅限于两个主要要求:首先,普奥在邦联议会上地位平等,在此基础上,奥地利担任议会主席,普鲁士则像老帝国议会上的美因茨选帝侯一样,记录会议和起草决议;普奥分别掌管北德和南德部队。国防部长博延进一步阐述了后一条。在这份文件中,避而不谈对中等国家尊严的一切冒犯,其核心精神是防止德意志邦联军

137

---

① 黑莱因呈交哈登贝格的报告和备忘录,1816 年 1 月 23 日。
② 韦森贝格写给黑莱因的信,1816 年 3 月 11 日;黑莱因呈交哈登贝格的报告和备忘录,1816 年 3 月 24 日。

队陷入混乱：梅克伦堡、黑森选帝侯国、安哈尔特、拿骚和部分图林根国家加入普鲁士军队；巴登、达姆斯塔尔特和列支敦士登加入奥地利军队；剩下的数支小部队，部分被分配给四个小王国，部分合并成一支特殊的北德分队。[①] 6月末黑莱因带着这样的指示返回法兰克福。过渡时期万事缠身的哈登贝格，过了很久才有时间关注邦联事务。

138　　与此同时，布奥尔伯爵巧妙利用了他的普鲁士伙伴不在的日子，在法兰克福播下了奥地利的邦联情感种子。众小邦的大使们高兴地报告，这个奥地利人似乎相当和蔼：他甚至不希望被当成领头羊，只想当个仆人！更让他们满意的是，奥地利并非全然不关心那部匆匆起草的邦联法案的任何改动和扩充。布奥尔说："邦联法案就像圣经，可以阐释但不能改动。"巴登大使贝尔施泰特是个温和的胖子，在法兰克福也不时怀念巴黎和兄弟餐厅的丰盛佳肴，他在写给国内的信中满意地说，现在无人敢打邦联法案的主意，人人都将其视为神圣之物，尤其是诸小邦。[②] 不少中等国家一开始就好像打定主意，决不许邦联会议有任何效率。符腾堡国王现在才宣布加入邦联，还称邦联法案的后一半完全无关紧要。黑森选帝侯的观点类似，他在法兰克福的代表是他的亲信布德鲁斯·冯·卡尔豪森（Buderus von Carlshausen），一个臭名昭著的铁公鸡，通过灵活操纵选帝侯战争资金账目而备受君主青睐。贝尔施泰特像大多数大使一样提交了表示满意的报告，都同意决不能容忍哪怕类似的危险影响，一旦普奥两国提出组建邦联军事体系的计划，必须马上提出反对计划，因为"只有证明该计划无法实施，才能予以否决"。[③] 但是没人比拿骚大使冯·马沙尔男爵（von Marschall）更会表达这种无耻的地方主义观念。他是拿骚权势熏天的首相，以莱茵联邦官员般的任意妄为实施统治，偶尔前往法兰克福，用专横的手段和激烈的咒骂煽动软弱的人们对抗德意志化的政治宣传。

　　当英俄打算委任已经是领土委员会成员的外交官作为大使前

---

① 博延就德意志军事体制提出的指示。
② 贝尔施泰特的报告，1815年12月16、18日。
③ 贝尔施泰特的报告，1816年11月12日。

往法兰克福，诸宫廷隐藏的心思就再也藏不住了。大家都清楚，群龙无首的邦联不可能执行任何外国政策，或者最多在某些特殊情况下派遣外交大使出国，那么它怎么可能容忍外国外交官像正常成员一样出席会议？赖因哈德伯爵此时被委任法国大使前往依旧未开幕的邦联议会，他是个颇具才干的德法混血，性格古怪，混合着理想主义和有意无意的虚伪，这种性格往往源自老德意志地方主义者无家可归的生活。赖因哈德伯爵在内心深处始终是博学的士瓦本神学家，追随着德意志天才的脚步，坚信自己的行为符合一个优秀的德意志人，服务拿破仑时，他就不看好莱茵联邦国家，现在更是毫不迟疑地以法王的名义，说着让人想起路易十四时代的话语。在一份发给邦联诸位大使的备忘录中，他轻蔑地问，德意志邦联是否要像土耳其或罗伯斯庇尔那样，放弃一切外交关系。如果普鲁士、奥地利、英国、尼德兰和丹麦都能在邦联议会上有代表，而其他国家则被排除在外，这也太不公平了。没有正常外交的德意志邦联不过是另一个莱茵联邦，因为它的外交政策将完全由维也纳和柏林决定。"外国大使出席法兰克福议会将协助邦联按照邦联法案精神行事。"赖因哈德最后要求将外国参与视为一项权利，因为根据在维也纳签署的协议，如果法兰克福议会决定"用更好的制度"代替邦联法案，欧洲所有国家都有权参与。

这个法国人很会对付德意志小诸侯，对他们而言，杜伊勒里宫的要求就是理所当然。巴登首相冯·哈克立刻给贝尔施泰特写信，大意是法、俄和英国大使肯定要留在法兰克福，"因为这些国家始终是德意志各主权国对抗奥普的保护伞和支持者"。[①] 巴登宫廷隐藏在秘密指示中的这些内容，后来被阿雷廷在《阿尔曼尼亚》中公诸于世。吉森的统计学家克罗默（Crome），老波拿巴主义者，现在披上了德意志爱国者的外衣，也在一篇关于德意志与欧洲政治及国家利益的文章中提出，只有每个欧洲国家都有权在德意志邦联议会上发言，欧洲和德意志的团结才有保障。

只有柏林宫廷决心反对这些外国诉求，开始坚持一个后来被长

---

① 赖因哈德关于出席法兰克福议会的备忘录。哈克给贝尔施泰特的指示，1816 年 3 月 6 日。

期贯彻的观点,不过这个观点从法律角度争议很大。普鲁士认为,欧洲列国自从接受维也纳会议最终决议提出的邦联法案后,就承认了德意志邦联的地位,但绝不会给予其宪法任何保障。早在2月,一份普鲁士备忘录让人想起帝国议会不幸的最后时光:"德意志邦联现在只是诸国联邦,没有真正的中央权威,这样一个邦联,相比外国世界,其核心就在于安定。"哈登贝格紧急致信维也纳,声称外国大使频繁出入邦联议会,势必导致危险的外国干涉。① 沙皇支持法国,但为了缓和普鲁士的焦虑,他给柏林看了发给俄国驻法兰克福大使安斯泰特的指令:"作为沙皇大使,您对德意志邦联的内政不得有任何观点,在私人层面上,您也不许对这些事务有任何观点,这很有好处,也很重要。这也是沙皇的意愿。"② 于是,邦联议会上的爱国者们觉得外国使者参与会议没什么不好。我们已经可以预见,普鲁士的反对根本没用,在外交政策上,邦联议会将赴雷根斯堡帝国议会后尘:它没有海外代表,对于外国阴谋毫无招架之力。

　　除了持地方主义观点的代表,还有大量来自诸小邦的善良爱国政治家:比如汉萨同盟城市的施密特和哈赫;梅克伦堡的普勒森,凭借见多识广和正直的商人身份知名维也纳;荷尔斯泰因的艾本;还有老熟人加格恩。加格恩愉快地渡过了最初几个月,那时还没什么工作要做,人人都按照自己的方式,怀揣对未诞生的邦联议会的美好幻想,铺着通往地狱之路! 他不断向维也纳和柏林政治家兜售他的提案,"瘟疫、奴役、犹太问题、狂热、贸易禁令、殖民、文学艺术、手工业以及对我们伟大人民的赞美"——诸如此类的无数事物都将占据邦联议会,这个卢森堡人已经在幻想中看见王冠和权杖就摆在议会的桌子上。③ 就连地方主义者中更为沉默的成员都无限自负。德意志自由的古老幻想装饰上了新羽毛,利珀、吕贝克和普鲁士都凭借无限主权而身份平等,因此毫无疑问,只要邦联中

---

① 哈登贝格关于外国大使的备忘录,1816年2月。发给克鲁泽马克的指示,1816年5月11日。

② 发给安斯泰特的指令,圣彼得堡,1816年8月9日。

③ 加格恩写给梅特涅和哈登贝格的信,1816年5月3日。哈登贝格的回应,1816年6月18日。

的每个独立成员都能谨慎地避免受到危险和极端影响,差不多 39 个完全平等、完全独立的国家,就会自发且通过神奇的统一力量,发展出强大的政治效能!

施密特是温和的共和主义者,在不莱梅事务上一贯保持真正政治家可靠而全面的眼光,他也是法兰克福议会上的重要知识分子,可是就连他也很快滑入了联邦主义梦境,天真地认为他的同事们也被同样坦荡的爱国热情所感染。整个德意志将组成一个伟大的国家共合体,其主权源于其中一个个独立国家,多灿烂的一幅场景。只需要按照共和国的方式,完全平等地对待这些主权国家就可以了。这样的话,源自拿撒勒或耶路撒冷的福音怎么就不可能降临德意志呢?汉萨城市也必须摆脱平民身份,不能再满足于在社交中当个下人。乐观的施密特幻想着,在这样一个平等的邦联中,德意志大国将学会什么是正义,而"大国给邦联带来力量,小国则贡献对正义的热爱和实施宪政的能力"。但他谨慎地回避了一个问题:为何梅克伦堡比普鲁士更有能力实施宪政,或者普王能从黑森选帝侯、汉诺威摄政王或符腾堡国王身上学到何种正义。

这位善良的联邦主义者的观念在赫伦(Heeren)的《关乎欧洲国家体系的德意志邦联》一书中找到了回应。赫伦是哥廷根历史学家,典型的脱离现实生活的书呆子,曾在法兰克福待了几天,同施密特及另外几位邦联大使颇有来往,现在勾勒出了一幅有关德意志邦联美好未来的宏伟蓝图,但并没有在这个沮丧的民族中引发多少共鸣。由于四分五裂的德意志无法自卫,因此曾不得不忍受一段血腥恐怖的岁月。面对这样的历史,赫伦居然宣称,欧洲的自由取决于德意志的分裂,因为一旦德意志成为统一的强大君主国,外国还怎么安享其拥有的一切?穆勒曾在诸侯联盟上说过同样的话。赫伦还将德意志内政的多样性看做好事,因为持续地思考不同政治体制"实验",让德意志免于头脑狭隘,这个政治实验博物馆还将被所有大国视为强大的核心力量和"欧洲和平国家"。这些观念在赫伦看来,似乎是不证自明的。不久,法兰克福就会变成曾经的海牙,"国家体系的中心",邦联议会将扩大为欧洲议会!

几大国都已经形成了关于法兰克福议会的明确观点,但远没有赫伦想象的那么讨人喜欢。邦联议会从开始到解散始终被当作欧

142

洲二流外交流言集散地。一群无所事事的小外交官们为法兰克福议会折腾了好几个月。这些可怜的倒霉鬼组成小阴谋团体,交头接耳散布流言,争着从韦森贝格、洪堡、克兰卡蒂和安斯泰特这几个担任领土委员会成员的四国联盟全权大使手里套些情报,除此以外还能干什么呢?要想在这群没事瞎忙的人中引人注目,必须得有大量辛辣消息或者佳肴盛宴。不莱梅议会常常给施密特送礼,就是为了能让布奥尔伯爵享用汉萨同盟城市使者招待的甲鱼汤、七鳃鳗和其他山珍海味。但这些小外交官们并没有打听到多少大国宫廷的秘密,黑莱因那份倒霉提案的真正意图,他们更是一点也不知道。

大量捏造的神话汹涌而来,无一例外地直指那个凭国家军队和赫赫战功,成为新雷根斯堡帝国议会之敌的国家。此外,四国大使中,洪堡最不会对付小外交官们的自负,他总是用尖酸刻薄的话语和令人反感的冷傲展示权威,于是大多数小外交官看他就如同狗看一瓶酒。洪堡曾希望担任外交部长,但因为哈登贝格的不信任而未能如愿。这两位政治家的私怨自然马上被解释成政治敌对,洪堡也被误认为是普鲁士革命党的秘密领袖,几乎所有的极端举动都被归罪到他头上。韦森贝格宅邸里的外交官们相当肯定,普鲁士正在准备发动一场针对中等国家的你死我活的斗争;还说洪堡已经起草了一份"具有空前自由属性的宪法计划";只要布吕歇尔返回柏林,"狂热的军队"就会向君主请愿,要求军队像克伦威尔龙骑兵一样,派代表出席普鲁士国会。[①] 符腾堡的自由派部长旺根海姆就符腾堡宪法问题向巴登国王提交了议案,随即又匆匆附上一封信,将普鲁士描述为一个被秘密社团搞成一团乱的国家:一旦普鲁士和南德同时爆发革命,一个拥有自由宪法的德意志国家就将成为现实,这是做梦都想不到的巨大变革。

以上就是黑莱因带着秘密指示返回法兰克福时,邦联议会的基本氛围。布奥尔伯爵为一举挫败普鲁士计划准备了万全手段,而且他也会毫不犹豫地动手。他曾在冬季热情地接受了第一版提案,而现在(6月30日)却用极其悲观的态度对待新版提案。布奥

---

① 贝尔施泰特的报告,1815 年 12 月 16 日;1816 年 3 月 6 日。

尔伯爵认为有责任同其他大使马上商讨此事,并以此迫使普鲁士爆出实情。一场恐慌马上从整个邦联议会爆发:这个极端的国家打算违背刚刚签订的邦联法案吗?难道它还想要指挥一些主权国家的军队?黑莱因这个最蹩脚的普鲁士外交官四面楚歌,就连一贯平和的普勒森都公开告诉他,"没有普鲁士的邦联会更好"。远在卡尔斯巴德的首相惊闻此事,又同时收到维也纳传来的信息,称梅特涅将不会接受普鲁士的议案,哈登贝格惊愤不已。为今之计,只有赶紧让普鲁士从错误的道路上撤出来,走到这一步,轻信于人的哈登贝格和愚蠢草率的黑莱因都难辞其咎。8月9日,黑莱因被召回。愤怒的首相斥责他先是用错误的报告误导了普鲁士宫廷,然后又公开此事而造成了极为不利的影响。"德意志邦联的成功取决于普奥两国的完全共识,两个宫廷精诚团结为欧洲和德意志谋福利,不可能存在观念上的分歧。"①洪堡临时担任邦联议会的普鲁士代表,他态度坚定,有能力为普鲁士一雪前耻,因此在议会前期筹备会上,布奥尔伯爵没有他的首肯根本不敢有所动作。但是这次失败的糟糕后果还是产生了持续影响:此后3年中,普鲁士和渴望领土的巴伐利亚被普遍视为邦联和平的破坏者;雷根斯堡帝国议会上,曾始终存在亲普鲁士派别,而在法兰克福却丝毫未见,这个北德强国对邦联谈判的影响力微乎其微,以至于南德政治家们后来习惯将邦联最初几年称为黄金时代。②

洪堡通过最初几周的经验,对德意志邦联形成了悲观绝望却中肯的观点。他在1816年9月30日的长篇备忘录中,详细阐释了这一观点,后来构成了普鲁士邦联大使命令的基础。③洪堡在备忘录中将德意志邦联描述为"一个完全混乱无形的体系,没有可靠的基础";所有决定都有"巨大的困难","很难就任何具体事务通过任何决议"。因此,普鲁士绝对有必要同奥地利保持良好共识,但也只能在邦联议会说说空话。"要实现公共利益只能依靠同一个个

---

① 黑莱因的信,1816年7月2日;哈登贝格的回信,1816年8月9日;贝尔施泰特的报告,1816年7月1日。
② 参见布利特尔斯多夫关于邦联政策的备忘录,1822年2月18日。
③ 《普鲁士历史杂志》,1872年。

德意志国家的单独交流。将这些邻国在一定程度上纳入普鲁士的政治体系甚至行政系统，必须成为普鲁士的政策。"这些话中包含了普鲁士邦联政策的整体规划。其实早在邦联议会存在之前，洪堡就表达了类似的观点，即法兰克福只有关于德意志政策的晦涩冗长报告，要解决任何现实问题，柏林必须与单个国家谈判，后来半个世纪的经验进一步证明了他的观点。

　　1816 年 11 月 5 日，邦联议会终于召开。黑莱因的失误，导致布奥尔在前期筹备会议上毫无争议地担任正式领导人。在洪堡的要求下，记录会议的任务没有分给弗里德里希·施莱格尔，因为他的宗教热情曾在维也纳会议上激怒了普鲁士，而是派给了一位人畜无害的奥地利私人顾问冯·亨德尔，他蹩脚到可怕的德语让空洞的会议进程更加荒谬了。德意志民族的高级会议召开在埃申海姆大街上的托恩和塔克西斯宫，那里也是奥地利大使的宅邸，此后的半个世纪中也一直租住此处。中等国家根本没有听闻有关古老帝国雄鹰复活的情况，公布的会议记录扉页上印着奥地利徽章，还有"奥地利帝国邦联办公厅"的字样，因此邦联议会就像是一次奥地利省议会。还要指责布奥尔的是，在德意志历史新纪元之初，就没有受到上帝的祝福：新德意志主权国家中 5/6 都是新教国家，布奥尔却拒绝参与新教仪式，要求在古老帝国大教堂举行大弥撒。因为无法举行宗教仪式，布奥尔就提议安排一次戏剧表演，幸运的是，洪堡阻止了该计划。

　　在仪仗队的持枪礼和彩旗的迎接下，邦联议会的成员们集合在布奥尔伯爵面前，随后他发表开幕演说，凡是受过教育的人肯定受不了这份空洞冗长的演说，它生动地说明了，一旦政治家努力开始悲天悯人，就会落入多么野蛮无情和愚蠢无脑的境地。发言稿是梅特涅起草的，他觉得没必要动用根茨的生花妙笔，可就连布奥尔都觉得内容非常不合适，因此只宣读了一部分。[1] 最肤浅的德意志学生都不会用这么空洞的语句："德意志人缺乏任何政治形态，但是存在着作为一个民族的基本特征。民族需要各方面的造物神和启明星，它们将保证民族不断走向真理，走向最高目标！"随后描述

---

① 洪堡的报告，1816 年 11 月 1 日、8 日。

了德意志在过去几个世纪中的衰落,多亏了德意志邦联,它才能重新"立足民族之林","因此我们要坚持抵达顶点,在那里一个伟大的民族,一个有着各种各样内在生活的民族,将自由持续地继续进步,走向人类和它自己的辉煌命运,同时成为民族之林中的独立个体!"结尾处,布奥尔热情地重申了他的"德意志情感",再次宣布,他的皇帝陛下将自己视为"邦联中完全平等的成员",并提醒人们:"在相互信任的幸运局势中,奥地利不愿也不可能占领德意志领土或者提高自身在德意志邦联中的地位!"这句话也影射普鲁士,在场所有人立刻心领神会。

洪堡的回应简短而庄严。大多数使者都只是简单地致意其他与会者,或者表达美好愿望,"在今后的数年甚至几代人中,今天都能被当成统一的祖国最美好的日子之一"。加格恩忍不住发表长篇演说,颂扬奥兰治家族的德意志情感,并承诺卢森堡将永远是德意志天然的调停人。他认为"这次胜利的德意志会议"是个好机会,根据最卓越的古代民族的方式,给逝者盖棺定论。他还热情地赞颂为德意志献身的拿骚-威尔堡君主,同时"为了避免被人指责只赞颂君主",还提到了安德鲁斯·霍佛尔(Andreas Hofer)和帕尔姆(Palm)。最后,他热情地高呼"我将一如既往!"这是一场莫名其妙且毫无品位的仪式,整个民族将厌恶地避开由它揭开的政治闹剧。

6天后,布奥尔伯爵发表了第一份议会主席演讲,充满感情地讨论,邦联法案中模糊的承诺被实现后,德意志将获得哪些源源不断的好处。法案第19条承诺建立国家贸易规则,奥地利曾夸张地强调"此条将让德意志邦联各国在贸易、交流和航海等方面彼此疏远"——这句无心之言到底还是成真了。这份空洞言辞唯一的政治意义就是宣布,德意志邦联不是一个联邦国家,而是多个国家组成邦联,因为前者"必然同朝向更高目标的时代进程相矛盾!"此后,"国家邦联"和"联邦国家"这两个词就频繁出现在报刊上,即便它们还尚未有明确的法律意义。德意志的政治文化远远落后于其他知识领域!几乎没有人思考并提出邦联国家公法的基本原则问题。一代人之前,亚历山大·汉密尔顿、约翰·杰伊和詹姆斯·麦迪逊写作的《联邦党人文集》,紧密结合了天才头脑和实践经验,已

147

经清晰地阐释了这些问题，但德意志知识分子几乎完全不了解这部美国名著。甚至在议会开幕后，克吕贝尔（Klüber）发表的《德意志邦联公法》也没有讨论多种形式的邦联生活的政治特征。"联邦国家"意味着位高权重的联邦权威，这将让德意志走向辉煌；年轻的条顿人强烈赞同弗里斯在《论德意志邦联和德意志国家宪法》中的观点："我们不要一个松散的国家邦联，而要一个牢固统一的联邦国家。"真是无知者无畏。奥地利大使明确反对诸如此类的模糊要求，因为邦联法案的任何改动都需要全体同意，所以不可能进一步发展邦联宪法，甚至在议会召开前，各国大使就默认，起草邦联基本法的工作必定触礁，哪怕根据邦联法案第 10 条的规定，这项工作是议会首要任务。

邦联议会第一次会议后，洪堡气急败坏地离开了，先前往柏林出席国家议会，然后作为大使前往伦敦。他本来想担任驻巴黎大使，但由于在上一次巴黎会议上不留口德，被波旁家族所厌恶，所以没能如愿。他在法兰克福的职位由戈尔茨接手，此人曾在 1813 年春天主持不幸的柏林政府委员会，他为人忠诚、乐观、善良，但严重缺乏独立思维。选择戈尔茨，说明哈登贝格并不看好法兰克福议会。普奥两国大使的个人交往相当客气，他们甚至交换各自收到的指令。[①] 但在两个重大问题上，双方依然分歧巨大。在奥地利的指令中，邦联法案神圣不可侵犯，但哈登贝格却表示后悔没能在维也纳为邦联争取"更加符合联邦国家本质的东西"，并要求努力实施一切有可能的改革。布奥尔伯爵遵照梅特涅的指示，向小邦大使们保证，奥地利绝不会参与个别谈判，普鲁士首相则继续向梅特涅重申，只有普奥的亲密共识"才能让邦联团结一致，摧毁党争"。[②]

很长一段时间中，邦联议会都忙着处理抚恤金和其他个人问题，因此起初并没有人发觉普奥两国的观点分歧。邦联议会被无数请愿和牢骚淹没，所有在战争岁月中权益受损的可怜人都来法

---

① 奥地利的指令，1816 年 10 月 24 日；普鲁士的指令，1816 年 11 月 30 日。

② 梅特涅给布奥尔的指令，1816 年 8 月 2 日；哈登贝格给梅特涅的信，1816 年 11 月 30 日。

兰克福讨个公道。刚从莱茵河左岸来了一群主教和牧师,要求根据《帝国代表重要决议》获得补偿金;条顿骑士团和解散的大教堂教士咨议会成员也提出了类似要求;又来了帝国最高法院的拥护者和代理人;还有美因茨的约瑟夫·法伦科夫(Joseph Fahrenkopf),他曾在 1796 年为帝国修建美因茨要塞,现在还没拿到报酬;帝国的债主们也来讨未支付的薪水;一些普法尔茨选帝侯国债券所有者也来了,而普法尔茨的合法继承人,巴伐利亚和巴登则为了利息支付事宜又争吵了将近一代人的时光;还有无数讨债者,甚至包括小手艺人,因为一些贵族老爷坚决不肯给鞋匠付钱。

　　邦联议会决定处理所有麻烦事,这种热情令人钦佩,但一场外交官会议怎么可能处理所有复杂的法律问题? 幸运的是,他们有一位精明强干的律师,汉诺威大使马滕斯(Martens),众所周知的国际法权威。议会的另一个麻烦是外界对其权限问题的不断质疑,甚至到了 1817 年 6 月,议会就其权限问题作出了一些临时决定,仍没有彻底打消这种质疑。因为议会没有任何执行权,仍需依赖相关政府的善意。议会的最后一大麻烦源自累赘到荒唐的议程模式。哈登贝格曾提议,议会通过决议时不应考虑缺席者或未收到指示者的意见。戈尔茨马上意识到,这个意见根本不会被傲慢的小宫廷接受;符腾堡大使冯·林登(von Linden)也声称,只要有一位大使缺席,就无法达成全体一致。因为维也纳官方马虎的工作方式,以及梅特涅对邦联事务的冷漠,奥地利大使总是最后一个接到指令。主席国的糟糕范例让邦联议会很快就习惯了不断推迟决议,直到最后一位大使接到指令再开会,于是邦联决议的命运最终居然落入最懒散最没好心眼的国家之手。

　　结果,哪怕赢得大多数大使同情的私人请愿,也被无情拖延。根据邦联法案,泛莱茵河地区的教士们将在一年内获得安置,但直到 1824 年该事项才被裁定。帝国最高法院的代理人要等到 1831 年;帝国债主们的孙子要幸运一些,1843 年就收到了祖父们从 1793 年到 1796 年的工资;最后,1844 年,在普鲁士国王的居间调停下,普法尔茨和上莱茵地区的债务问题也被解决,邦联议会还为普王的及时援助表示感谢。许多大使愉快地习惯了这种随大流的作风,议会中很快出现了一个特殊的邦联官僚群体,他们是勤勉老

149

练的商人，从不会被任何政治观念所左右，但也因此更会对付约瑟夫·法伦科夫和普法尔茨债券持有者们。这群人的原型是 16 世纪的投票代表，冯·莱昂哈尔迪（von Leonhardi）。第一届会议结束时，戈尔茨表示很满意，尽管没能按照约定建立邦联基本法，但邦联议会已经展现了工作效率，也就有助于维持内部安定。①

150　　戈尔茨的满意态度，让之前占据哈登贝格头脑的政治焦虑消失大半。首相听闻邦联议会的性质后，马上撤回了反对外国使者出席会议的意见，因为如此软弱的会议，有几个外国使者又有何畏惧？可是邦联法案毕竟允许邦联议会拥有宣战权，那么一旦列强要求使者出席会议以避免开战的危险，又要如何回应呢？实际上，外国使者起初在法兰克福无事可做，那些小国外交官们出入狡猾的俄国人安斯泰特的狐狸洞，也无伤大雅。在议会开始的两年中，外国势力可能产生不良影响的那些重大问题还没有出现，哪怕是一开始被大肆传播的恐慌，即莱茵联邦古老中心将产生一个秘密分离主义联盟，也不过是杞人忧天。符腾堡国王腓特烈得到黑莱因出现的消息，就匆忙赶往卡尔斯鲁厄，争取获得巴登大公和当时正在巴登的巴伐利亚国王的支持，制定南德共同政策，以保护各自不容缩减的主权。但巴伐利亚和巴登关系紧张，也都不信任符腾堡，因此这项努力彻底失败。② 符腾堡的腓特烈国王不久后逝世，诸如此类的莱茵联邦计划也就再没消息了。一向谨言慎行的萨克森邦联大使格尔茨（Görtz）伯爵，也成了个老好人，因为他的主子根本不敢得罪奥地利。

　　除了上述问题，邦联议会哪怕处理最简单的赔偿事宜，都会和小诸侯们发生激烈冲突。会议一开始，巴伐利亚就怀疑议会是否有能力对付德意志臣民对领主的不满，但它的意见被暂时埋藏在一份秘密会议记录中。不久后议会公开讨论此类抱怨时，却让自己遭遇了无法还手的卑劣冒犯。黑森选帝侯国臣民的抱怨最为激烈，因为他们不得不忍受一位寡廉鲜耻、肆意妄为的统治者，可他

---

① 戈尔茨对邦联议会第一次会议的回顾，1817 年 8 月 5 日。

② 茹弗鲁瓦的报告，斯图加特，1816 年 7 月 20 日；屈斯特的报告，巴登，1816 年 7 月 25 日。

151

们曾经又是多么渴望他的复辟。黑森的威廉否认了无数人的权利，其中一位名为霍夫曼，他曾从帝国皇室购买了一块原来属于条顿骑士团的领地。1815 年 8 月，即黑森君主复辟两年后，此次购买获得了官方认可，被写入地契。可是 6 个月之后，霍夫曼被命令归还这块土地，可是他已经将其分割出售给了二十多个人。他被告知，选帝侯不可能容忍国有土地流于私人之手。邦联议会在这件事情上作出了最温和决定：将霍夫曼的诉求转交给黑森选帝侯，并要求"如果他违背了邦联议会的所有美好期待，就不要满足他的要求"，他可以再次上诉邦联议会。这严重侵犯了选帝侯的统治权，他怒不可遏，马上回应道，邦联决议令人"大失所望"，同时向大使们表达了自己的"震惊"，"因为该行为几乎没有得到诸大使背后君主的许可"，最后还警告议会，他禁止任何干涉其内政的行为。

　　这番话超出了议会的忍耐力。所有大使立刻同选帝侯代表断绝来往，大家都希望普奥两国从卡塞尔召回代表，为邦联遭受的冒犯讨回公道。① 布奥尔伯爵回应得很积极，声称如果他允许一个邦联成员如此说话，将是对邦联集体利益最严重的伤害。他说："邦联议会永远不可能臣服于某个成员国。"他还以前所未有的热情语气保证："邦联议会决心让所有受压迫臣民相信，随着德意志民族从外国枷锁中解放，合法公正的社会氛围将驱散一切专制统治。"戈尔茨宣布，普王无条件赞同邦联通过的决议。加格恩也用一段极其情绪化的言论表达，选帝侯侵犯的财产权"包含一种近乎神圣的不可侵犯性"。除了两位黑森大使，整个邦联议会意见统一。

　　布奥尔伯爵其实是自作主张了。按照霍夫堡的一贯作风，给他的指令又是姗姗未到，因此 4 月初他就返回维也纳，希望能带着维也纳宫廷对邦联的支持返回法兰克福，但结果出乎意料。选帝侯马上向弗兰茨皇帝抱怨，梅特涅申斥布奥尔居然胆敢如此冒犯一位君主的尊严！他还打算正式反对邦联决议，以此警告布奥尔，幸亏哈登贝格插手，才避免了如此极端的措施。首相向他的维也纳朋友陈诉，邦联的做法是正确的，而且决不能平白遭受公然蔑视。②

---

152

① 贝尔施泰特的报告，1817 年 3 月 16 日。
② 哈登贝格写给梅特涅的信，1817 年 4 月 12 日。

因此，梅特涅只是严厉斥责一番就算了，布奥尔情绪低落地返回了法兰克福。就这样，邦联以一份极其谨慎的新决议肯定了之前的决定，选帝侯也悄悄地处理了霍夫曼的诉求。但邦联遭受的冒犯也就这样算了，德意志诸侯都明白了邦联的底线有多低。大使们觉得备受屈辱，此后事无巨细都会寻求明确指示，所有决定就被无限期延后。

霍夫曼事件只是困扰邦联多年的大批侵犯正义的事件之一，这些事件也让德意志在海外，尤其在法国，声名狼藉。威斯特伐利亚王国解体后，列强在没有施加任何条件的情况下，复辟了古老君主统治。普鲁士国王在所属的威斯特伐利亚省份实施合法统治；根据《提尔西特和约》普鲁士承认威斯特伐利亚王国，并承认该国政府符合和约规定的一切行为具有合法性。但是，汉诺威、布伦瑞克和黑森的统治者在没有签订和约的情况下丧失了领土，因此将热罗姆视为篡位者。柏林宫廷向他们解释，他们的国家都是由联盟军队重建的，因此无权将重新获得列强承认的拿破仑国家视为非法。普鲁士希望相关四国能通过友好谈判的方式，为承认威斯特伐利亚王国的法律和制度提供合法依据。[①] 但其他三国都不愿意采纳这个合理建议，汉诺威和布伦瑞克宣布威斯特伐利亚的全部法律无效。

153　　　黑森选帝侯的举动最为大胆，他要将黑森的一切事务都变回1806年秋的状态，为了实现这个艰巨的任务，他没有采纳撒丁国王那种狂热正统主义者老实诚恳的方式，而是学了那个大骗子的手段，将"执政官热罗姆"为国库挣得的财富当成合法的战利品保留下来，又要求将热罗姆支付的财物当成被盗窃物追回。为热罗姆装修房间的工匠拿不到钱，但家具却被留在了选帝侯宫殿。哪怕在波兰人奥古斯特统治时，饱经磨难的德意志人都没见过如此不要脸的行为。热罗姆当政期间出售了大量土地，如今这些购买者倒了大霉，他们从自己的土地上被驱逐，怨气冲天地包围了邦联议会。当议会开始讨论这些事情时，黑森大使就一遍遍老调重弹，说

---

① 戈尔茨的报告，1817年7月19日；哈登贝格就威斯特伐利亚王国备忘录，1817年11月18日。

286

他们都是"可恶的骗子"。布伦瑞克代表马滕斯竟然有脸对这些为君主遭受巨大牺牲的忠诚臣民说，为了维护正统主义原则，"有必要剥夺德意志臣民援助任何入侵者的可能"。大多数邦联大使已经从霍夫曼事件中得到教训，只是建议这些请愿者诉诸选帝侯的仁慈。但这只起到了暂时拖延的作用，很快残暴选帝侯的另一些受害者就会蜂拥而来。

邦联议会在浪费时间，哈登贝格则在努力实现邦联法案中唯一具有政治意义且有可行性的条款——邦联法案第 11 条，邦联国家将据此守望互助，抵御外敌。从维也纳会议到邦联解散，普鲁士始终希望建立德意志邦联军事体系。柏林希望将邦联军队一分为二，可是面对各个宫廷的强烈反对，普鲁士逐渐同意中等国家组建独立军队。哈登贝格没有因为黑莱因的遭遇而退却，立刻就此同维也纳进行秘密谈判，不过他也明白，根据布奥尔伯爵收到的指令，霍夫堡决不愿意因单独谈判而被小诸侯们斥责。有关邦联军事体系的磋商还没开始，就有一个急需解决的问题，这个问题充分暴露了邦联体制的虚伪。在议会决定各个成员国应该拿出多少人加入邦联军队以前，首先要确定邦联的领土边界。邦联法案中只是模糊地陈述，普奥君主将"曾属于德意志帝国的全部领土"加入德意志邦联。梅特涅一开始就决定，决不允许邦联议会对王室领地的内政施加任何影响，因此认为这一条无关紧要，并马上宣布，奥地利皇帝打算分给邦联一块包含约 8 百万人口的领土——波西米亚皇室领地、蒂罗尔、萨尔茨堡、施蒂利亚（Steyer）、卡林西亚（Kärnten）和卡尼奥拉（Krain）。哈登贝格坚持一贯的观点，即普奥两国完全平等，因此向普王提议，普鲁士分给邦联的领土也应有 8 百万人口：除了霍亨索伦家族的王室领地，还有已经两个世纪与帝国毫无关系的格尔登（Geldern）、西里西亚公国以及卢萨蒂亚，都被宣布为邦联领土。

威廉三世对待此事极为认真，明确反对首相的观点，并提出要让整个普鲁士加入德意志邦联，这让哈登贝格深感意外。威廉三世深知欧洲政治云谲波诡，尽管同沙皇交情甚笃，仍相信普俄有可能开战。但因为他认为自己不过是个德意志君主，并决心倾王朝

154

之力抵抗对邦联领土的任何侵犯,所以邦联也应该保证襄助普鲁士抵御外侮。在这个问题上,他首先想到的是波森和华沙那些贪婪的波兰人。万一普鲁士整体正式纳入邦联的计划搁浅,他要求普鲁士和邦联至少缔结永久防御同盟。1816年秋,普王的该目的就已经表现在他给邦联大使的指令中,而且自那以后一年半的时间中,威廉三世固执此见,首相倍感绝望。德意志事务仍然是一团乱麻,即便是最单纯、意图最美好的政治理念,都显得相当不成熟,甚至存在危险。唯一确定的是,普鲁士的欧洲利益同其他德意志155 国家一致,而且普王决不能为了邦联而放弃外交独立。同样可以确定的是,由于条顿骑士团国无论血缘还是历史都完全属于伟大祖国,奥地利和中等国家都不会自发接受这块东部领土加入邦联,因为它们都将限制普鲁士视作邦联政策的首要目标。

　　首相恳求君主不要因此激起民愤,不要"迈出欧洲强国之列",甚至不无鄙夷地问道:"您就不怕这个举动会助长现在正甚嚣尘上的'德意志性'的观念吗?"①洪堡同意首相的意见,尖锐地指出,普鲁士历经多少磨难才在欧洲五国中获得一席之地。戈尔茨也从法兰克福发回报告,称所有小国都希望邦联在欧洲政治中只扮演被动角色,它们也不会同意普鲁士整体加入。哈登贝格继续向君主陈诉,这份计划将在圣彼得堡和小宫廷中引发无数猜忌。② 这些备忘录中都没有提及,有朝一日普鲁士可能会被拖入哈布斯堡发动的意大利战争,因为此事尚远在天边。如果奥地利在伦巴第遭受袭击,普鲁士政治家们一致同意支援邦联盟友,因为发动袭击的除了法国还有谁? 没人想过皮埃蒙特会为自己拿起武器。

　　威廉三世意志坚定,在对首相的回复中说:"此事至关重要,我别无选择,因为我无比清晰地明白国家将面临怎样的危险。"③哈登贝格心情沉重,只得通过枢密院官员约尔丹,将普王的计划连同安西永执笔的详细备忘录交给霍夫堡。梅特涅丝毫未受影响,他根

---

① 哈登贝格呈交普王,1817年2月23日。
② 洪堡的意见,1817年7月12日;哈登贝格备忘录,1817年12月1日;戈尔茨的备忘录,1817年12月30日。
③ 威廉三世给哈登贝格的回复,1817年12月1日。

本没想过为了对得起普鲁士而让奥地利也整体加入邦联，而且这样的计划违背了奥地利寻求稳定的基本政策。此外，在维也纳宫廷看来，这样的决定很愚蠢，因为他们尚未放弃组建意大利联邦的计划。梅特涅给哈登贝格写了一封动人的信，只有普王和首相可见。他宣称，普奥两国的幸福和谐完全依赖双方地位完全平等，"破坏这种平等将导致整个体系崩溃。我的阁下，我们千万不要对当前幸福的局面有任何改变！"密信附了一份备忘录：如果邦联成员的非德意志领土受到非法袭击，"不需要动用邦联组建防御联盟，因为它自身的利益就会促使其组织防御。普鲁士或奥地利独自遭受俄国进攻，且没有任何盟国来援的可能性极低，因此考虑这个问题就是浪费时间"。无论是奥地利的保证还是哈登贝格的新备忘录，都没能说服普王，他不顾哈登贝格的激烈反对，要求外交部门给出意见。[1] 部门全体成员的经过激烈讨论一致认为，根据德意志邦联的情绪，国王的提案目前不具备现实意义。就连普王的心腹，起初支持君主的维茨莱本（Witzleben）都被这种合理的否定意见说服了。最终普王屈服，于 4 月 24 日宣布，普鲁士加入邦联的地区包括古老帝国领土、格尔登、西里西亚和卢萨蒂亚，但补充说明该决定违背其本人意愿。[2] 因此，威廉三世想让德意志人在中世纪就垦殖的古老土地实现政治统一的目的暂时受挫。一代人以后，在革命浪潮中，该计划再次复活；又过了 18 年，奥地利统治垮台，该计划才变成现实。

关于邦联军队的谈判同样艰难。威廉三世以极大的热情参与其中，因为普鲁士总人口的 5⅟₃% 都是军人，因此他认为有理由要求盟友作出同样的努力。但梅特涅认为有普鲁士就够了，德意志小邦组成的军队无关紧要，而且这件事也不足以让他冒险引起中等国家的怀疑。一旦战争爆发，他总有办法让这些小部队下场，以前几场战役不就是如此。此外，维也纳宫廷完全没有军事意识，无法

156

157

---

① 安西永提交维也纳的备忘录，1817 年 12 月 5 日；梅特涅给哈登贝格的信及备忘录，1818 年 1 月 9 日；哈登贝格备忘录，1818 年 2 月 22 日。发给国会的内阁令，1818 年 3 月 8 日。

② 维茨莱本的前后意见变化，见多罗的《J. 冯·维茨莱本》（*J. von Witzleben*），第 115 页等。哈登贝格日记，1818 年 4 月 24 日。

理解军事组织的精神意义。奥地利军事系统的缺陷已经在不久前的战争中暴露无遗,且至今仍未有任何进步。多疑的皇帝让奥地利官场形成了一种原则,即凡是战功卓越的军官都不可能担任要职,皇帝还让最杰出的将领拉德茨基在奥尔姆茨(Olmütz)要塞空耗了十年。奥地利的军事系统已经渐渐失灵,年轻军官们公然嘲笑这种军事平庸主义,1816 年一篇讽刺文《帝国城市里布林根严肃的战争、兵役和训练章程》,讽刺奥地利军队就像里布林根舰队一样,总是让无能之人担任将领。除了上述原因,皇帝极力想避免法兰克福议会发生任何引起严重分歧的谈判。邦联议会第一次祝贺皇帝生辰时,他还通过梅特涅表示感谢(1817 年 3 月 2 日)。不过大家还是微笑着理解了皇帝的意思:这位善良的凯撒告诫他们不要忘了,作为一个永久性议会,他们不能冲动,也永远不要因为"强大压力"而在议会上造成"具有不良影响的突发事件"。

弗兰茨皇帝希望年轻的邦联议会尽可能避免冲动行事,中等国家则决心拒绝一切组建统一军队的可能。在这一问题上,这些宫廷最为厚颜无耻地展现了坚定的莱茵联邦情感,公然宣布他们的目标不是捍卫祖国对抗外敌,而是保护小邦国对抗大盟友。贝尔施泰特非常满意地向本国君主汇报,所有中等国家和小邦国都渴望组成一支纯粹的邦联军队,包含由多支小分队组成的若干军团,由一位选出的邦联总指挥官领导,此外,可以有一支奥地利和一支普鲁士军队作为独立的辅助部队。[1] 这样一来就能有意识地削弱德意志军队,奥地利和普鲁士在人数上的优势就不会对小邻邦造成威胁。就算这一最高目标无法实现,小邦国至少不能成为大国的附庸。之前在外国大使出席议会的问题上,这些宫廷还高调宣称,德意志邦联是欧洲重要角色;如今讨论军事问题,它们又谦虚地说自己的任务不是在欧洲国家体系中占据决定性位置,而是维护有尊严的防御性地位——这就是邦联议会委员会就军事事务第一份报告的原话。巴登和达姆施塔特甚至宣布反对邦联法案的精神和条文,认为中立才是邦联的唯一原则。小宫廷都坚信将迎来一段漫长的和平,因此不希望再给疲惫的人民和混乱的财政施加

---

[1] 贝尔施泰特的报告,1817 年 1 月 29 日。

任何无谓的军事压力。此外,战争期间绝大多数小国都按照普鲁士组建了后备军,但莱茵联邦傲慢的职业军官却蔑视后备军,尤其是看到汉诺威后备军几乎没有上过战场,这种蔑视就更严重了。而且他们也怀疑,正是为施泰因所厌恶的中央行政造就了这种人民武装。战后所有小国都废止了后备军,只在节日庆典之类的个别场合出现几小时,普鲁士很快成为唯一保有有作战能力的后备军的德意志国家。

小邦国的愚蠢自私加上自由主义骨子里对军国主义的憎恨,共同形成了解除武装的要求。中等国家也赞成,尽管在战时他们肯定会贡献一部分兵力,但无法忍受和平年代由邦联监管这支部队。达姆施塔特和卡尔斯鲁厄宫廷公然质问,邦联对自己国家全然无用,为何要对它有所牺牲。曾经,若不是普奥两国对西南施以援手,法国军队早就横扫德意志边境地区了,人们这么快就忘记了这些辉煌的胜利。骄傲的德意志民族之所以如此麻木,是因为太靠近那些落入法国之手的阿尔萨斯要塞!在这件事情上,黑森选帝侯再次展现了他的怀旧之情,在给大使的严肃指令中称,黑森给神圣帝国提供的兵力从未超过 800 人,出于对邦联的特殊考量,他最多愿意提供 2 千 5 百人,但别指望他参与普奥间的"内战"。其实在关于军事问题的预备谈判中,诸小宫廷就已经冷嘲热讽地表达了上述观点。巴伐利亚直接问,为何非要规定和平时期各部队的兵力,战时再确定各成员国军队之间的关系不就够了吗?只要先就这项简单规定达成共识,其他的就可以都交给具体事态和各邦国自由协商。1817 年 5 月 29 日,邦联议会决定指派一个委员会起草一份临时登记册。但是登记册上光有人口数就行了吗,难道不考虑土地面积和岁入?即便在这些基本问题上,各国都还没有达成一致。富裕的汉萨同盟城市积极推荐将人口数视为决定性因素,因为从商业角度这对它们很有利,人口稠密的符腾堡却坚决反对这一观点。

这种情况下,哈登贝格最后寄希望于奥地利。早在 1817 年 5 月中旬,他就提议维也纳宫廷单独谈判,[①]但梅特涅直到 7 月才不

159

---

① 哈登贝格给克鲁泽马克的指令,1817 年 5 月 13 日。

十九世纪德国史(第二卷):组建德意志邦联

情不愿地派遣施泰根特施将军在卡尔斯巴德会见博延和沃尔措根。施泰根特施和沃尔措根这两位老友爆发激烈冲突,多亏博延居间调停,才最终达成部分共识。一旦开始讨论细节问题,马上就发现哈登贝格在霍夫堡的意图问题上完全是自欺欺人。维也纳政治家们绝不可能接受普鲁士将邦联军队一分为二的方案,因为这将让普鲁士获得对大量北德小邦的军事领导权,但巴伐利亚和符腾堡不可能臣服奥地利,那么奥地利又能获得什么呢?该方案是和平二元主义政策的结果,但在现实情况中,只能加强普鲁士而削弱奥地利。因此只有拥护脱离奥地利的普鲁士政治家冯·莫茨才支持这一方案,他也向首相提交了一份备忘录,真切指出了德意志邦联法案的巨大错误,称邦联"不过是权宜之计",是因为德意志诸侯的彼此妒忌,加上奥俄法的协助才形成的,"就是要让德意志保持永久分裂局面"。莫茨接着说,普鲁士现在必须等到"脆弱的邦联彻底崩溃",同时因为不可能形成统一的德意志军队,普鲁士必须通过军事会议将北德诸部队与普军合并。[①] 但奥地利怎么会同意令普鲁士有机可乘的计划呢?

160　　经过激烈讨论,奥地利全权大使终于在 8 月 10 日于卡尔斯巴德签订了有关邦联第一要塞美因茨的协议:普奥分别提供半数守军,轮流委派总指挥官,每任为期 5 年。这种表面平等根本无助于在美因茨要塞维持和谐局面,因为奥地利从一开始,就违背邦联法案的精神,将非德意志军团送到此处。于是德意志和外国军团很快爆发冲突,只要邦联存在一天,美因茨守军中持续的激烈冲突就同法兰克福懦弱的口水仗形成鲜明对比。3 月 12 日,普鲁士和尼德兰已经签订协议,普王承诺向邦联第二要塞卢森堡提供 3/4 守军以及指挥官。普鲁士同时还在阿斯特尔(Aster)的监督下,开始兴建科布伦茨、科隆、韦瑟尔、尤里希和萨尔路易这几处要塞,因此除了动用巴黎协议分配的 2 亿法郎,还需要出相当大一笔钱。埃伦布赖特施泰因(Ehrenbreitstein)要塞也被重建了,不久前,这块俯瞰摩泽尔河和莱茵河汇流处的美丽高地上雄踞了一大群防御工

---

① 莫茨,关于德意志邦联军事组织的反思,尤其关注同北德国家的各项条约,1817年 9 月 24 日。

事，这些工事让威灵顿钦佩不已，也让法国相形见绌，如今依然萦绕在沃邦的脑海里。在为莱茵河下游提供安全保障时，普鲁士远远超出了与邦联有关的责任范围，但面对阿尔萨斯要塞，西南部依然赤手空拳。巴黎方面已经答应将邦联第三要塞兰道交给邦联，但仍未兑现。法国赔款中的 2 千万法郎已被标记用于位于上莱茵的邦联第四要塞，但南德诸邦还在为其具体位置争执不休。巴登和符腾堡要求要塞靠近莱茵河，或者在拉施塔特，以保护其领土；奥地利则希望要塞靠近多瑙河沿岸的乌尔姆工事，这样就能防止奥斯特里茨战役重演。因为乌尔姆的位置非常适合建立南德要塞，而且奥地利不希望普奥在美因茨要塞势均力敌，博延因此同意普鲁士在邦联议会支持选址乌尔姆。

卡尔斯巴德的谈判者们无法就邦联军队分割问题达成一致，仅仅达成了一个相当模糊的共识，基本上就是一份草案的轮廓。邦联国家保证，战时将提供 2％的人口加入邦联军队，同时供应 1％的武器；如果邦联战争打响，各邦国部队将佩戴统一徽章，邦联将选出一个邦国，由它委任总司令。这个国家只能是奥地利。博延之所以让步，是因为他已经预见，一旦开战定然分割成多个战场。为了用一个更为明确的共识弥补卡尔斯巴德谈判的可怜结果，也为了让普奥在邦联议会的一般程序上团结一致，枢密院官员约尔丹于 12 月再次被派往维也纳，但只获得了模糊承诺。 161

奥地利外交官早就将卡尔斯巴德谈判的秘密透露给了诸小宫廷，谈判结束两周后，就连普鲁士邦联大使都还没得到任何消息时，南德诸内阁就已经知道了。这些统治者们都被吓到了，因为德意志二元统治的阴影就阴森森地站在门口。黑森选帝侯马上前往达姆施塔特，巴登大公前往霍姆堡拜访符腾堡君主；这四位君主发誓共同抵抗列强蚕食侵扰。因此，到了秋季，也就是邦联议会第一次休会后再次召开时，尚未得到官方消息的戈尔茨伯爵（他要到 11 月才得到消息）发现会议气氛变得极为激动不安。[①] 直到 1818 年 1月 15 日，布奥尔伯爵才将卡尔斯巴德会议的结果作为主席提案呈

---

① 戈尔茨的报告，1817 年 10 月 8 日和 11 月 25 日。见戈尔茨的邦联进程要略，
　 1819 年 4 月 13 日。

交邦联议会。为了安抚愤怒的听众，他保证此举只是为了让大家自由讨论，声称卡尔斯巴德谈判主要围绕两点展开："对德意志诸国主权的完全尊重，以及对有效防御体系的必要考量。"他随后补充了一个相当不寻常的邦联军队分割提案：一支最多12万人的和平军队，普奥各提供4.15万人，剩下的3.7万人分成9支，从巴伐利亚到卢森堡的所有中等国家各出一支，它们就都有权委任一位将军。这11支军队中的翘楚是尼德兰将军麾下，由卢森堡、拿骚和汉萨同盟组成的第11分队，共计2,606人。普鲁士暂时同意了这项大胆提案，因为一旦开战，这些小分队不可能在普奥军队旁保持独立，而且目前还不适宜直接支持军队分割计划。

　　尽管奥地利一直谨慎尊重小君主们的主权，尽管它提出的提案听起来都很温和，但对于莱茵联邦的后人而言，这些提案都有难以忍受的压迫感。1月，哈登贝格派沃尔措根将军前往斯图加特，向新即位的国王解释，只要一支不超过人口数2%的军队就足以抵御法国的一次进攻，但威廉国王的自私让他作不出清醒的判断。2月16日投票开始，巴伐利亚、萨克森、符腾堡、巴登和黑森一致反对，异口同声地要求作战兵力减少一半，它们不可能提供超过1%的兵力和0.5%的武器；还进一步要求邦联军队指挥官应该由邦联议会直接选任，这样弗雷德元帅或者某位小诸侯就有机会成为德意志军队最高指挥。按道理说，这位德意志陆军元帅无权改变军队分配，即便在战时也无此权力；各军队军官组成司令总部，在其中代表各自君主的利益，这位元帅也应该在其中享有一席之地。后备军方面，和平时期邦联不应有任何视察行为，也不能有任何明确规定；未来邦联法律的实施也应由各个邦国自行执行。黑森选帝侯又补充道，不能要求他在和平时期保留作战部队和必要的装备，大家就更高兴了。战时可以佩戴统一的邦联徽章，但它只能是一种标识符号，就像以前欧洲联军在法国佩戴的那种白色袖章，决不能有损于各国独立。至于邦联军队的划分问题，他们提出了一个不可侵犯的原则：任何提供完整军队的国家都不能同其他国家混编军队，应根据"地缘和亲缘"混编军队。黑森选帝侯表示，他同意达姆施塔特君主的意见，要与之组建"联合部队，抵抗进犯两国共同祖国之敌"。人尽皆知，他所谓"共同祖国之敌"正是普鲁士。

163

哈登贝格气得要黑森赔款，①这些地方主义者居然公开宣布，他们要白白获得大国的保护，一旦有需要，还会毫不迟疑地倒向国家之敌，善良的哈登贝格在这些人面前完全无计可施。整场讨论的虚伪同样令人沮丧，所有邦联成员都没想过，普奥决不可能同意将各自的军队一分为二，因此有关这两国邦联部队的一切争论都没有意义。但中等国家的行为并没有疏远梅特涅，他同南德诸宫廷秘密谈判，并承诺符腾堡国王，除了奥普巴三国军队外，还会组建两到三支混合部队，这样符腾堡、汉诺威或许还有萨克森就能分别指挥一支部队。南德大使们拼命争取布奥尔，巴登大使贝克海姆满怀责备地问他，奥地利怎么能让自己被普鲁士牵着鼻子走。②1818 年 4 月 9 日的会议上，布奥尔最终公开站在中等国家一方，向邦联议会递交了有关邦联军事组织的"基本点"，在一切重大问题上都符合南德诸宫廷的提案。会议愉快地通过了布奥尔的提案，普鲁士孤立无援，只能接受。

奥地利的友谊如此靠不住，博延、沃尔措根和戈尔茨多次让首相关注维也纳政策的两面三刀，可是哈登贝格就是看不清。他继续将梅特涅视为挚友，觉得后者就是性格太软弱了，实际上梅特涅目标坚定、手段灵活，他就是要防止普鲁士军事力量增长。邦联会组成了一个委员会，具体实施这些"基本点"，还由较大国家的军官组成了军事委员会，这样军事事务就不得不总是受到三大国的质疑。普鲁士纳入邦联的领土人口小于奥地利，因此当它宣布准备纳入邦联的军队也同奥地利所出一样多时，一轮新的争议就爆发了。普王天真地以为邦联会对他的牺牲感恩戴德，但事与愿违，梅特涅友好而遗憾地回应普鲁士大使，邦联绝对不可能接受"如此慷慨的举动"，如果奥地利也有此举话，它们就更不可能接受了。实际上，戈尔茨于夏日提出这个意料之外的提案时，邦联大使们马上在汉诺威大使马滕斯领导下激烈反对。③

---

164

① 哈登贝格给戈尔茨的信，1818 年 2 月 21 日。
② 贝克海姆的报告，1818 年 4 月 8 日；博延写给哈登贝格的信，1818 年 3 月 31 日。
③ 给克鲁泽马克的指示，1818 年 5 月 20 日；克鲁泽马克的报告，1818 年 6 月 10 日；戈尔茨的报告，1818 年 8 月 21 日。

涉及邦联军队划分问题的争论持续得更久。"基本点"只是规定，各邦的小分队必须避免同三大国的军队有任何接触。普鲁士现在提出，黑森根据地理位置应该加入某支北德部队，但选帝侯强烈反对，声称"亲缘纽带"更重要，最好能同达姆施塔特联合加入符腾堡。朗根奥将军担任奥地利在邦联军事委员会的代表，他私下里煽风点火，这场争论愈演愈烈。这个卑鄙的萨克人早在施瓦岑贝格的司令部和维也纳会议上，就对普鲁士满怀敌意，邦联议会上有决定性作用的那些阴谋诡计，他也比沃尔措根娴熟得多。会议最后在8月达成共识：人口数是邦联登记军队的基本原则——德意志邦联在半个世纪的历史中，未有过永久性军队。这下小邦国又开始精打细算：希尔德堡豪森要按照1807年人口普查的基础确定人口数，哥达和阿尔滕堡估算的人口比实际少了1.2万人，诸如此类。[1]

德意志邦联成立的第三年，有关邦联军队的方案仍未确定，也未同意卡尔斯巴德谈判对美因茨要塞的安排，卢森堡和兰道都还未移交邦联，有关第四座邦联要塞也仍未达成任何共识。与此同时，佳姻庄累累尸骨换来的数百万法郎，却以不错的利息放在罗斯柴尔德家族，该家族大获其利。黑森选帝侯的血腥财富是这个家族的第一桶金，随后便在1813年迅速跻身世界权贵行列，短短几年内便以赞助和借款的形式，向债台高筑的欧洲各宫廷转移了超过12亿荷兰盾。德意志经济生活从罗斯柴尔德家族的财富中获益甚少，因为这个企业不是德意志的，就像富格尔家族和韦尔泽家族的企业一样，从一开始就展现出现代犹太人的世界主义特征。罗斯柴尔德家族的第五子已经被慷慨的弗兰茨皇帝抬到了男爵，他就住在维也纳，一切行事都以他父亲告诉黑森选帝侯的话为原则："谁动了我的钱，谁就动了我的荣誉，荣誉是我的命。"该家族的法兰克福分支是霍夫堡的忠实助手，帮助其摆脱无穷无尽的金融麻烦，还是其德意志政策的强大盟友。但该家族在柏林没什么收获，因为普鲁士的财政在和平后十年间就恢复了秩序。但无私热

165

---

[1] 戈尔茨的报告，1818年4月28日。

情的根茨还是为《布洛克豪斯百科全书》写了一段长长的文字,赞扬了罗斯柴尔德兄弟无与伦比的智慧和美德。

　　邦联议会对最迫切最重要的使命都如此熟视无睹,又怎么可能公正对待邦联法案言辞模糊地交给议会的其他任务?所有反对力量一致要求迅速履行法案第 13 条,即推行宪政,邦联对这项任务的忽视令人难以原谅,但这本身就是一项模糊承诺,邦联绝无可能因此就能合法插手各个国家的宪法纷争。虽然哈登贝格已经严肃告知戈尔茨伯爵,经历战时的一切磨难后,如果无法依承诺组建宪法,后果极其危险,但邦联大使们迅速达成默契,绝不触及这个棘手问题。各政府内阁也很快意识到,实现这个承诺,远比自由主义者们想象的困难,所有邦国都努力保留主权、对抗邦联,不少邦国已经秘密决定避免履行这个麻烦重重的承诺。

　　尽管如此,邦联议会还是得面对这个问题。1816 年 5 月,魏玛的奥古斯特就先于诸统治者声称,要在本国颁布宪法;同年 12 月,他要求邦联为此基本法提供保障。这位头脑冷静的君王公开表示,要在自己的土地上实现已经升起于德意志大地的希望,自由主义报纸称赞他是"唯一信守承诺的德意志君主"。大多数邦联成员收到魏玛的提案都怒不可遏:这个小小统治者怎敢如此狂妄,为了讨好民众,将置其他君王于何地?口诛笔伐纷至沓来。巴伐利亚怀疑邦联议会是否有此项权利,欧内斯特家族的大使反唇相讥:这种争论只能进一步强化那个广为散布但毫无根据的指控,即是否邦联只保留了这些新主权,却不愿意将帝国宪法曾赋予臣民的权利还给他们。加格恩天真地感谢魏玛大公此举,因为他认为这将激励其他君主,实际上气氛更加恶化了。维也纳陷入两难境地,既不愿认同魏玛,也不想承认邦联议会拥有仲裁权。哈登贝格一直希望本国的宪法计划能取得成功,因而大力拥护魏玛大公,称赞魏玛方案中表现出的爱国热情,并通过一封密信暂时安抚了焦虑的梅特涅。邦联议会一贯慢条斯理,但最终还是做了些事:4 个多月后,以最干巴巴的语句,同意提供必要的保障,但奥地利大使补充道,原则上各项事务都必须由君主和等级会议自由协商决定。

　　与此同时,一位名叫贝克的律师在奥登瓦尔德发动了一场没什么害处的请愿,要求邦联议会赶紧落实法案第 13 条。耶拿和海德堡的一些学生为此四处奔走征集签名,贝克也亲自前往法兰克福拜访了一些大使。尽管学生和自由主义报纸情绪激昂,但请愿在全德意志只收获了大概一千个签名,但这场请愿是有史以来第一例同时席卷多个德意志国家的政治宣传,官方仍然将古老统治权视为不可侵犯:允许一切请愿活动,除了征集签名。结果,这种党派生活的试探性觉醒马上引起了各宫廷的警觉,就连深受触动的哈登贝格都命令法兰克福的大使留神这类危险的政治煽动行为。①

167　　梅特涅始终希望邦联议会远离这些棘手的问题。他满意地看着奥地利王室领地中,邦联法案的承诺早就被完美兑现了,这些地方还存在着僵化的议会,但其生命力已经通过三个步骤而消耗殆尽:等级议会降临国家马车;阅读并赞同君主的要求;最后将等级议会赶下国家马车。只有在 1817 年秋,梅特涅才觉得有必要召集一些等级议会代表以及官僚头脑组成帝国议会,但弗兰茨皇帝将这个大胆新颖的方案束之高阁 18 年,直到他逝世,梅特涅才得以继续推行这个计划,并持续追随这个可靠的维稳原则。那么他为何让德意志君主们警惕第 13 条法案呢?而且这一条能进入邦联法案完全是由于哈登贝格和洪堡的理想。巴伐利亚首相雷希贝格之前就被魏玛提案搞得心神不宁,于是马上对邦联议会可能产生的侵权行为表示关切,梅特涅正好借此用邦联的无害安抚诸小宫廷,还于 1817 年 12 月 11 日给驻慕尼黑大使赫鲁比(Hruby)发了一份长长的备忘录,同时以"声明"为标题转发其他内阁。他先动人地描述了德意志"联邦国家"无与伦比的优点,然后指出邦联议会不可能拥有独立权威,除非所有君主亲自参与其中;只消想想某个到处煽风点火、背信弃义的大使,就足以让我们避免一切胡作非为。"皇帝陛下相信,时至今日,魏玛小邦引发的麻烦,已经不是邦联在其合法权限内,哪怕是突发状况中,所能摆平的程度。"邦联应该尽可能少地关注第 13 条。"最近扰乱和平的各色人等引发了一系列行为,对这些行为最自然简单的想法,就是要求邦联会议无条件地避免采取任何主动行为。我们有法律,足以应对当前的问题,

---

① 给戈尔茨的指令,1818 年 12 月 8 日。

法律的实施则必须留给各个政府的聪明才智。"①

　　维也纳宫廷依旧不想干预邦联确定的宪法运动。年轻的符腾堡君主威廉煽动了第一轮对邦联政策的反动。这个野心勃勃的年轻君王自从即位就想结束棘手的宪法争论,并两次向等级议会提交宪法计划,但都是徒劳。1817年秋,他痛定思痛,向邦联寻求帮助,对付国内的自由主义者。他的法兰克福大使旺根海姆和维也纳大使文森格罗德都接到指令,要求邦联对第13条法案给出权威解释,"这样就能对一切过分要求加以限制"。当然了,他们都不会泄露该要求的真正意图,而是宣称威廉国王只是要信守承诺,但蔓延于普鲁士和符腾堡周边的混乱情绪需要有所收敛,而且符腾堡的宪法计划很可能为整个德意志树立榜样。② 邦联大使们对这项要求极其冷漠,以至于旺根海姆怀疑他在12月18日秘密会议上的举动很不合时宜。文森格罗德在维也纳的日子也不好过。梅特涅的确在一份密信中宣称,第13条中提到的宪政同诉诸民意的革命性计划没有任何共同之处,这也揭示出梅特涅政策中的一个重要理念,该理念后来给德意志政治生活造成了沉重负担。但哪怕顾及普鲁士和巴伐利亚,梅特涅也不可能认为邦联应对议会事务有任何影响。威廉国王的计划流产,但在维也纳并没有被忘记。梅特涅明白了,一旦决定用邦联力量对付各国议会,小君主们抵抗不了多久。这位被天真的报刊誉为自由主义英雄的宪法君主,将第一个向霍夫堡展示如何掐死德意志自由。

　　在此期间,倒霉的第13条再次在法兰克福引发讨论,因为梅克伦堡诸公爵也要求邦联为宪法提供保障,这部宪法将帮助他们扩大各项世袭权益。在这次谈判中,戈尔茨伯爵按照哈登贝格的指令,详细报告了迄今为止,普鲁士按承诺建立宪法的情况,他认为邦联无权管理各国议会,因为邦联只是"提供一般性原则",但他提议各国应该在一年内再次向邦联报告各自的宪法组建计划。普王

① 梅特涅发给赫鲁比,1817年12月11日。

② 贝克海姆的报告,1817年11月18、23、30日,12月13、29日,该报告同符腾堡档案中文森格罗德伯爵的信件完全吻合,见《符腾堡政治家E. L. 文森格罗德》,哥达,1866年,第31等页。

起初相当反对这种做法,因为他觉得普鲁士宪法不可能在一年内完成,而且邦联有什么权力要求我们提供报告?可是哈登贝格向他解释道,我们已经决定用新的代议制取代过时的省级议会,"时光不可能倒流",普王也就不再焦虑了。① 现在,邦联议会给予了梅克伦堡公爵们渴求的保障,也接受了普鲁士的提议。符腾堡国王又难以自已地公开展现出无与伦比的自由主义精神,可旺根海姆刚刚才秘密要求邦联仔细解释第13条法案,又按照已出版的4月6日会议记录宣布:"国王陛下对建立在最自由主义原则上的代议制最为焦虑。"符腾堡是第一个在邦联和本国等级议会之间游移不定而采取虚伪错误政策的国家,这类政策在接下来的一代人中,在立宪制的中等国家里大行其道。

除了代议制宪法,出版自由是自由主义者另一个最为迫切的愿望,因为邦联法案第18条规定,邦联议会应该在第一次会议上就出版自由统一思想,并解决剽窃问题,所以自由主义者们对这一愿望的实现颇有把握。事实证明这也是白日做梦。德意志文学在古典时代相对无限制的自由取决于这样一个假设,即作家应远离政治。但1813年以后,政治性出版物突然出现,这些出版物高尚热情,也有着缺乏教养的年轻人特有的混乱喧闹,面对这种新生事物,老官僚集团一度觉得紧张无助,几乎所有外交官都在密信中谴责这些"政治文人"不受约束的自由。身处普遍紧张情绪,却依旧保持一定冷静的少数人中就有哈登贝格。但在巴黎,他还是写信给司法部长,希望对出版物施加有限的自由,同时制约随意发放出版许可的行为;他认为普鲁士各地仍盛行大量不完善的审查制度,亟需修订。但过渡时期行政事务堆积如山,他还无暇处理此事。因此当时的审查制度并不严苛,莱茵河左岸猖獗的文学盗版活动在普鲁士被严肃镇压,只可惜小邻邦们学不会,比如符腾堡王国庇护下的罗伊特林根,其盗版行为几乎不受任何限制。只有一次,哈登贝格被一条严重伤害普鲁士名誉的不公法案所触动。战后《莱茵之星》迅速从神坛跌落,因为激烈的爱国情绪无法满足和平时代

---

① 1818年2月18日内阁令;哈登贝格的回复,1818年3月10日;普王的回复,1818年3月21日。

的清醒需要。格雷斯对行政组织之类的话题没什么可说的,于是很快堕落成无目标的恐慌制造者,德意志各宫廷都对这个无可救药的人颇为不满。他讽刺道,政府怕出版自由就像暗娼怕街灯;一些带有感伤色彩的宣传册诞生后,他甚至夸张地说道,现在普鲁士国家的七股恶臭汇成一股感伤主义恶臭;格雷斯的口气对于当时敏感的读者而言太刺耳了。哈登贝格多次私下警告无效后,终于在 1816 年 1 月决定查禁《莱茵之星》,就在几天前格雷斯还满怀信心地欢庆新年:《莱茵之星》将成为民族的启明星。此次查禁留下了广泛的痛苦印记:《莱茵之星》曾在危急存亡之秋勇敢地支持德意志事业,难道就用这种方法表示感谢吗? 无数热情政论家仍忠于德意志大业,可随时有可能倒向敌营,难道就用这种方式激怒他们吗? 不过普鲁士的出版业整体上并没有受到波及。

　　1817 年春,邦联议会终于想起了第 18 条法案,于是委托奥尔登堡大使冯·贝格为德意志出版法汇总数据材料。这位老学究以旧式哥廷根大学教授的全幅派头承担起了这项繁重工作,于是哈登贝格意识到,这项工作可能没完没了了,而且由于针对无所限制的出版物,尤其是针对耶拿各类报纸放肆言论的批评愈演愈烈,因此 1817 年夏日他决定在普奥共同提案的基础上形成一部邦联出版法。哈登贝格起草了一份有关出版自由的备忘录,然后由枢密院官员冯·劳默尔详细阐释,他的心腹约尔丹于同年冬前往维也纳,受命同梅特涅就此问题达成共识。这份备忘录流露出了一些焦虑,但仍不失克制,这似乎是当时绝大多数政府的基本修养:所有重要科学作品享有绝对的出版自由,但报纸要经过严格审查。[①] 可是普奥对此问题的分歧依旧很大。梅特涅让根茨起草关于出版物的备忘录,强烈要求德意志应该免受"一些人的独裁,比如雅恩、阿恩特、奥肯和弗里斯",但是对各邦国主权的尊重还是深深影响了他的决定,因此约尔丹除了获得一些模糊的保证外,几乎无功而

171

----

① 哈登贝格写给克鲁泽马克,1817 年 6 月 12 日;劳默尔关于第 18 条法案的备忘录,以及哈登贝格的批注,1817 年 11 月 18 日。

返。① 1818 年 4 月，卡尔·奥古斯特大公敦促邦联议会采取行动，迫切要求对德意志出版业强制实施统一原则，因为本国宪法规定的出版自由被邻邦视为居心叵测，这让他头疼不已，可他还是徒劳无功。直到 1818 年 10 月贝格才完成报告，此时邦联议会才有底气委派一个委员会起草进一步的计划。就这样，在令人羞愧的拖延中，制定一部较为合理的德意志出版法的最后时机悄然而逝。

对大众而言，直到邦联会议处理第 19 条法案，即制定贸易规章时，邦联无可救药的无能才变得昭然若揭。穷困潦倒的民众现在不得不忍受混乱的贸易关系，其混乱程度哪怕在德意志最昏暗的历史上都前所未见。我们刚一推翻外国统治，就废除了海关和拿破仑的各项税收，尚没有代之以新的间接税系统，因此德意志大部分地区就手无寸铁地暴露在富裕国家的竞争之下。刚刚在拿破仑的商业体系下开始发展的莱茵兰制造业，突然丧失了在法荷意的市场，同时也因为纵横德意志的大量商业壁垒而无法进入本土市场。拿破仑的大陆封锁政策刚刚垮台，被拒之欧陆门外数年的英国商品便大量倾销，无数英国商人进入德意志城镇。短短一年内，英国制造业就向欧陆出售了价值 3.88 亿荷兰盾的商品，其中 1.29 亿销往德意志。国会随后继续重启金属货币，重新铸造银币，发行新金币，要求银行逐步恢复金属货币支付。英国急需黄金，因此大量出口货物，其棉制品在德意志市场上的价格常低于制造成本的 30％到 50％。此外，英国高昂的谷物关税也让德意志谷物无法进入，在 1816 和 1817 的饥荒年份中，德意志制造业还丧失了唯一优于英国竞争者的地方，即德意志的低工资。

国情如此令人绝望，民意开始走向极端。焦虑的制造商们要求实施严苛的限制性措施以保护德意志劳工，很多怀有夸张德意志主义情绪的人也热烈赞同。在柏林，市议会成员和许多有头有脸的市民都发誓只购买德意志产的布料和日用品，西里西亚和萨克森也出现了类似团体。但激进的自由贸易者们，像巴伐利亚的布

① 约尔丹写给哈登贝格，1818 年 1 月 13 日；梅特涅写给哈登贝格，1818 年 1 月 5 日。

伦纳(Brunner)则激烈谴责一切关税,称其是对自然享有之自由的冒犯。一小撮教授和最杰出的普鲁士官员率先精心构想出了一套自由贸易原则体系。民众普遍希望废止或者至少限制国内关税,1816 年在莱比锡集市上,韦伯就召集制造商和商人向邦联议会请愿,他们言词高调,却没有任何清晰观点,很少有人真正理解德意志经济统一的巨大难度。在所有文明国度中,德意志的特性最匀质,但也包含着最多样的气候条件、消费模式和劳动方式。下莱茵大批的制造业工厂和那些半波兰省份形成了强烈对比,后者粮食价格飞升,工资却不断跳水,因为饥饿是迫使懒汉工作的最好手段;东普鲁士生长驼鹿的极寒季候也同莱茵河流域的绿野天差地别,再有诗情画意的人也无法对这些差异一视同仁。

　　邦联议会最害怕这项任务。但是 1816 年夏,一场严重程度不次于 1772 年的饥荒席卷德意志,邦联议会不得不想方设法缓和德意志糟糕的贸易关系。降水持续数月,所有河流泛滥,德意志中部和西部的所有庄稼几乎都被摧毁,莱茵兰直到次年春,仍处处可见瘦弱饥饿之人在地里刨去年腐烂的马铃薯。现存道路都因战争而彻底损毁,无法远距离调运粮食,冬季就连邮政马车在许多时候都不得不跟着 16 到 20 匹马组成的补给队伍。因此 1818 年,莱茵河流域 1 蒲式耳小麦的价格比普鲁士高了 2 塔勒 9 斯基林 6 芬尼,而在之前的 50 年间,普鲁士王国境内最大的价格差只有 10 斯基林 7 芬尼。国内贸易本来就少得可怜,现在更是因为地方主义的愚蠢敌对而彻底完蛋。奥地利按照上古经济原则,物价一上涨就禁止谷物出口,因此打响了全南德关税战争第一枪。巴伐利亚、符腾堡、巴登和达姆施塔特都封锁了边界,高地国家彻底关闭了谷物贸易。法兰克福的饲料严重短缺,邦联大使们都没有草料喂马了,布奥尔伯爵以同僚的名义请求巴伐利亚国王,其海关至少要放行美因河畔沃特海姆的一船燕麦。[①] 北德也犯下了许多重大错误。普王拿出 2 百万塔勒从波罗的海购买粮食,但由于比洛的粗心大意,饱受折磨的莱茵兰并没有从中获得任何好处。不过北德的大多数政府还是竭尽所能共克时艰。数月以来,南德诸宫廷在相互指责

173

---

① 贝尔施泰特的报告,1817 年 5 月 20 日。

中一个个陷入饥馑,符腾堡最终在 1817 年 5 月 19 日请求邦联迅速取消贸易禁令。巴伐利亚则提出相反意见,即这项措施必须被推广到奥地利、普鲁士和尼德兰的非德意志省份,这明显是要挫败符腾堡的计划。普鲁士和大多数国家都支持符腾堡,霍夫堡却一如既往地等了 8 周,才给布奥尔明确指令。

老天爷终于帮了邦联一把,丰收在望,谷物价格回落。7 月 14 日布奥尔终于能高兴地向会议宣布,尽管仍然不清楚维也纳的意图,但这已经不重要了,"因为丰收的前景本身就取消了贸易禁令"。接下来的一年中,未来采取何种共同措施的问题再次被讨论,巴伐利亚再次搅局,最终在 1818 年 7 月 9 日,布奥尔关闭了这场邦联闹剧,声称谈判确实没有取得任何确定结果,但他"仍希望这个问题能在不久后被再次讨论"。奥地利的预言将被准确应验:第 19 条会让邦联国家彼此疏远!这种结局只可能发生在德意志,因为这里存在一种只会在狭隘的地方主义中盛行的近乎愚蠢和卑劣的坦率。饥荒时期,黑森选帝侯通过罗斯柴尔德家族订购了波罗的海的谷物,但商船抵达时谷价已经下跌了。选帝侯不想让自己承受损失,于是迫使卡塞尔的面包师以每蒲式耳 12 塔勒 2 斯基林的价格收购,而当时的市场价也不过 7 塔勒。于是黑森首都的市民遭受了长达数月人为延长的饥荒,罪魁祸首正是他们挚爱的国父。

因此,陷入不幸突发事件的德意志外贸,又能从邦联议会获得什么帮助呢?这场突发事件就连各国海军都无力控制。土耳其及其保护国之所以能长期存在,主要感谢欧洲各国的不和,西方多样性文化的激烈冲突让伊斯兰文明的优势更加突出了。任何欧洲国家都不想让别人决定对土耳其的行动,人们也就习惯了将巴巴里海盗船在地中海的航行视为合法活动,每个沿海国家都有军队自保,或支付贡金。和平时期,海上贸易恢复,这些海盗便深入更远的海域,甚至远达波罗的海,在那里拦截德意志船只,将船员变卖为奴,此外还有感染及传播北非瘟疫的危险。汉诺威和石勒苏益格-荷尔斯坦因的船只在英国和丹麦旗帜保护下,还有一定的安全性,因为一支英国舰队最近刚刚恫吓过阿尔及利亚总督,迫使其释放基督教奴隶。汉萨同盟和普鲁士海运最为危险,大多数船只都必须挂着外国旗帜。1816 年 8 月,沙皇在伦敦提议组建欧洲海军联军,共同打击海上劫掠,但英国政府怀疑沙皇别有用心,不允许俄国军舰现身地中海。这场谈判令人疲惫且毫无结果,尽管普鲁士支持俄国,宣布准备给这支欧洲舰队提供一些护卫舰。奥地利在这件事情上依然平静而冷漠。因此当摩洛哥苏丹的劫掠船再次捕获一艘普鲁士船只时,根茨愤愤地写道:"难道这个好人儿就不能像其他君主一样在受到伤害时反击吗?"

1817 年 6 月 16 日,汉萨同盟城市也向邦联求助,邦联议会大着胆子组建了一个特别委员会。戈尔茨伯爵觉得有必要为这一前所未有的大胆行为找个借口,于是向君主保证:"无论现在还是未来,邦联会议都无意在未经许可的情况下插手欧洲政策。这次组建委员会并非是肆意妄为,而是相信陛下和欧洲其他君主都将予以谅解,因为此举毕竟是出于合理目标和良好信念。"①委员会的提案也很谦卑,请求奥普联合法、俄及其他海军强国,说服英国宫廷采取联合行动,打击巴巴里海盗。可能是奈贝纽斯或者哪位杰出的卡尔斯鲁厄年轻官员,给符腾堡的曼德尔斯洛(Mandelsloh)发了消息(巴登在邦联议会的代理人),让他以巴登的名义率先提出组建一支德意志海军,尽管只是个模模糊糊的想法。曼德尔斯洛问道,我们是否应该建议海军强国自行保护德意志贸易,是否这个曾摧毁了海盗同盟的民族已经无力派遣几艘护卫舰,将"一两艘可恶的海盗船"驱逐出德意志海域? 就连小小的葡萄牙都知道如何对付巴巴里海盗! 邦联政策狭隘愚蠢,令人哑口无言。12 月 22 日,邦联议会要求该委员会继续工作,该问题也随之被束之高阁,虽然普鲁士已经宣布准备向地中海派军舰。②巴巴里海盗继续愉快劫掠。三年后,已经组建的反海盗联盟包围维也纳部长会议,上书请愿,终究也是徒劳。汉萨同盟经受多次重大损失后,终于在 1829 年给"光芒万丈的国王,贵重无匹的君主",摩洛哥苏丹写了一封极其谦卑的信,同时通过英国从中斡旋,交涉贡金事宜。但就在谈判结束前,法国入侵阿尔及利亚,强迫北非海岸实现和平,因此结束了东方问题的可恶历史上最可恶的一幕。

---

① 戈尔茨给君主的报告,1817 年 6 月 17 日。
② 劳默尔关于巴巴里海盗的备忘录,1817 年 12 月。

十九世纪德国史(第二卷):组建德意志邦联

被剥夺主权的帝国邦有着大量不满和愿望,但邦联议会在这些问题上同样漫不经心。普鲁士曾在维也纳会议提议,给这些地区在邦联议会上几张集体票,这样大量受苦的高等贵族①也许就能同德意志事务的新秩序和谐共处,也就可能走出不自然的孤立处境。该提议由于莱茵联邦诸宫廷的妒忌而搁浅。根据邦联法案第 14 条,应给予被剥夺主权国在税收、司法等问题上诸多特权,这些特权违背了现代国家统一观念和法律面前的平等观念,因此激起了民众的反对情绪,哪怕是一些合理要求也遭到了反对。关于给予他们集体选票的问题,法案第 6 条宣布,只有讨论基本法时才予以考虑。实际上,大国比小邦更愿意执行第 14 条,因为被剥夺主权国于后者而言是更加危险的对手。在奥地利,这些高等贵族始终被优待,因为他们一直就属于亲帝国阵营。普王认为,这些被废黜的君主遭受了不公正的待遇,自己有义务弥补他们。1815 年 7 月 21 日,他宣布给予这些地区相当大的特权,包括免除一切直接税,这项慷慨之举远远超出了邦联法案所承诺的范围。这些高等贵族在巴伐利亚的处境就没那么舒服了,蒙特格拉斯及其官僚们时时提醒他们记住现在的臣属身份,他们被迫为自己的贵族头衔支付高昂费用,瓦尔德堡-蔡尔亲王(Waldburg-Zeil)由于拒绝支付,就被官方称作"瓦尔德堡先生"。不过巴伐利亚的高等贵族还是根据 1807 年的皇室法令拥有比较可靠的法律地位,这份法令也成为邦联相关法案的模板。

但是符腾堡、巴登、拿骚和黑森却争执不休,所有宫廷都相信,福斯坦堡、赖宁根、勒文施泰因和霍恩洛厄这些家族永远不会自视为巴登或符腾堡臣民。瓦尔德堡和柯尼塞格的王孙贵族们曾提醒符腾堡国王腓特烈看看"普王好榜样",但腓特烈粗鲁地命令他们闭嘴。于是符腾堡"最谦卑的帝国邦"在瓦尔德堡-蔡尔亲王的领导下,联合捍卫自身权益,诉诸弗兰茨皇帝和其他君主,要求邦联给予他们集体选票,并落实第 14 条法案。不可否认的是,他们的一些愿望超出了一个秩序井然的国家所能允许其臣民享有的权利范围。但士瓦本暴君处处有耳目,从邦联全权大使冯·林登处得

---

① 这些高等贵族特指曾经拥有主权的各级君主。——译注

306

知了这些高等贵族的谋划,这位大使曾是臭名昭著的拿破仑秘密警察,不久前还作为大使出现在柏林,并唐突无礼地向哈登贝格递交材料。士瓦本君主马上介入,严厉审问瓦尔德堡亲王,镇压高等贵族联合会,称其"无法律效应且叛国"。同时还让周边君主提高警惕,巴登首相哈克愉快地宣布,他很愿意共同"打压贵族中泛滥的反叛和不臣之心",实际上瓦尔德堡亲王已经称比克堡君主为"尊贵的表兄"。[①]

邦联议会召开时,绝大多数邦国都很担心高等贵族叛乱,于是哈登贝格指示普鲁士大使放弃给予他们集体选票的提案,因为这已经完全不可能实现了。高等贵族的请愿也被束之高阁。直到1818年1月,大使们才又开始讨论落实第14条法案,并在10月2日又组织委员会起草基本实施纲领。邦联不再讨论集体选票的问题,而且由于也从未拿出基本实施纲领,因此尽管大多数古老家族在多个邦国都有领地,但高等贵族的权利问题还是由各邦国自行解决。地方主义已经摧毁了德意志民族许多珍贵的品质,也不理解那种属于整个民族,凌驾于小国体系之上的贵族制度。这些失去主权的贵族怨恨地退出政治生活,不断抱怨自己的特权受到侵害,以此一遍遍提醒德意志不要忘记他们。

邦联议会头两年唯一的成就,就是制定了一套温和法律,1817年6月6日仲裁条例。可即便是这项决议,也打上了邦联主义烙印,没人再胆敢重提普鲁士在维也纳坚决维护的永久性邦联司法权。即便如此,这也是一项成就,邦联成员彼此保证,将争议第一时间诉诸邦联议会调停;如果调停无效,则由争论双方共同选择一个邦国,由其最高法院进行判决。由此,邦国之间许多小型谈判实际上得以和平解决,甚至比昔日的帝国法庭更有效率,但这只适用于那些无关痛痒的问题。开始讨论仲裁权时,普鲁士就提出了在柏林早已根深蒂固的原则,即仲裁权只能适用于法律问题,无权管辖涉及政治利益的问题。这项保留尽管在法律上值得商榷,但在

---

① 瓦尔德堡亲王给符腾堡君主的请愿书,1815年9月29日;给弗兰茨皇帝的请愿书,1816年4月2日;给比克堡君主的请愿书,1816年3月23日;哈克给文森格罗德的信,1816年4月8日。

政治上绝对必要，因为任何欧洲国家都不会同意，让采尔布斯特或者耶拿上诉法庭，根据民事管辖权，决定他国的重大政策问题。

　　如果一个代表会议有严肃目的，成员的态度往往由委托人的情绪决定，但在邦联议会上，各大使能自由挥洒个性，因为各宫廷都基本无视法兰克福议会。于是，一种完全依赖大使个人观点的、极端不自然的党派分划出现了。虽然指责不莱梅议会和奥登堡大公拥有自由主义情绪是不应该的，但施密特和贝格都在维也纳被视为"大坏蛋"。和他们有关的普勒森、艾本、马滕斯、旺根海姆以及新任巴伐利亚大使阿雷廷都倾向于自由主义观点，但最让奥地利大使头疼的，是喋喋不休的加格恩。这位支持古老帝国法的著名正统主义者"只愿意承认皇帝而非帝国的退位"，并要求邦联掌握曾经属于神圣帝国的一切权力，"德意志的一切"都应由邦联议会处置。加格恩甚至认为，出境移民也应该受邦联议会监管，还派遣代理人前往美国研究这种新的社会现象，在该问题上，加格恩的确比同代人更敏锐。很多时候，他的听众们都无法保持严肃，因为加格恩总在演讲中引经据典，重复雷根斯堡帝国议会上的爱国言论，谈论神圣帝国法律体系中错综复杂的蓬勃力量，甚至还扯上加冕礼上的烤全牛！没什么能扰乱他的爱国心。1817 年夏邦联议会第一次休会，卢森堡大使作了充满感情的闭幕发言："邦联只是有些担心，但并不恐慌。"他对那些不满的自由主义者说："我们得到了什么？我们得到的是，母亲温柔地将孩子放在心底，她养不出奴隶，只会将自由人还给祖国！"加格恩反唇相讥："那么我们失去了什么？我们失去了对所有领袖的信仰！"

　　加格恩对帝国的无脑热爱必然时时同德意志地方主义发生激烈冲突，比如讨论邦联法案第 18 条时就是如此。该条法案承诺德意志臣民享有户籍自由，"其他邦国应宣布愿意接收这些人为居民"。这些空洞的说法听起来就像个笑话，加格恩坚持认为这承认了一项普遍的德意志民权，但这项民权只有在所有德意志人在某个邦国足量完成兵役才能生效，"无论在何处都要保卫祖国！"这对普鲁士人太苛刻了，他们要在本国服兵役，又要参与他国征募，这里 19 年，那里 6 年！戈尔茨提出反对意见时，加格恩天真地反驳道："难道邦联不能认为，年满 27 岁就视主要兵役已经完成吗？"他还补充道:"相比最重大的国家权力,某个官兵名册上的变化其实无关紧要!"戈尔茨立场坚定,击退了加格恩对普鲁士军事体系的攻击。尽管如此,哈登贝格还是待这位维也纳老朋友以温柔,告诉戈尔茨有时要尊重一下这位杰出的爱国者,因为他也造不成什么实质性伤害。①

其他宫廷就没这么体贴了。加格恩屡次让人们关注邦联法案中承诺的代议制,通过对士瓦本宪法争论的敏锐观察激怒了敏感的符腾堡新王,还自作主张居中调停;②对自由主义报纸一无所知就奉其为保民官;凡此种种让这位联邦主义的忠实拥护者,地方主义的救星,很快染上了雅各宾党人的气味,梅特涅决定镇压这个危险的煽动家,他只要给尼德兰国王一个提示就够了。此时这位君主麻烦重重,因为野心勃勃的奥兰治王子同布鲁塞尔的法国流亡者沆瀣一气,密谋推翻波旁家族,此事已经人尽皆知。尼德兰国王忙不迭地趁机向列强证明,他受到保守主义情绪激励,毫不迟疑地罢免了在尼德兰联合王国建立过程中出力颇多的加格恩。他其实并不关心邦联议会,也不关心德意志帝国爱国者的梦想。1818 年 4 月,加格恩被召回,留下了一份天真的宣言:人们应该将他被罢免视为对他本人的赞美,而非对他职位的蔑视。接替他的是荷兰人格林纳伯爵(Grünne),后者非常熟知德意志事务,因此认真提出,考虑到阿尔萨斯问题,法国应该被纳入德意志邦联。霍夫堡对召回加格恩毫无异议。梅特涅在 1817 年 12 月提出的警告首次变成现实,现在邦联议会明白了,"所有反叛言论都将迅速导致不忠的大使被召回"。

加格恩离开后不久,出版了《德意志的未来和德意志的邦联体制》,旨在调和德意志人及其邦联议会。这本书的格言是"欲先取之,必先予之",德意志民族在大肆嘲笑中接受了这一坚定的诉求。哪怕是温和派也早就远离了埃申海姆路的幽灵(法兰克福议会);对于这个忠诚守法的民族而言,没有嘲笑不刺耳,没有羞辱不粗鲁,可时机已经降临,是时候诉诸那个唯一的权威,以其名义一统德意志。

---

① 哈登贝格给戈尔茨的指示,1817 年 4 月 21 日、7 月 12 日。
② 哈茨费尔德的报告,海牙,1817 年 11 月 29 日。

第五章　重建普鲁士

第一节　宫廷各色人等和党派

181　　和约缔结后,普鲁士又进入了一个和平时代,枯燥无趣,平静富足。国家政治生活全神贯注于行政事务,王室官僚再次展现出强大的国家建设力量。普鲁士尽管犯了很多外交错误,却因此同德意志民族更加亲密了。普鲁士现在拥有超过 2 百万斯拉夫居民,除了巴伐利亚人和士瓦本人,其境内有各德意志支系的代表;此外,由于 2/5 的居民是天主教徒,它也更加深刻地受到国内宗教冲突的影响;最后,在波罗的海海岸和莱茵兰的大型社区中,普鲁士获得了许多新的文明因素,它们让普鲁士更加贴近周边的德意志土地,并且随着人口的迅速增长,逐渐改变着整个民族的性格。但这些新省份几乎都不情不愿地归入普鲁士,因此将它们同其他省份融为一炉是艰巨的任务。近代历史上,还没有哪个国家解决了如此困难的统治难题,哪怕是意大利王国 1860 年统一之后的处境都没有这么艰难。

　　1814 年原留在王国内的居民有 5 百万,突然增加了 5.5 百万人口,他们散布在从普洛斯纳河到默兹河一块块领土上,这些领土不久前还分别属于上百个独立政权,又接连受法国、瑞典、萨克森、威斯特伐利亚王国、贝格、但泽、达姆施塔特和拿骚的法律辖制。此外,普鲁士还同邻国交换获得了大量小块领土,以此让国土完整联接;这些新获得的行政区划中最小的埃尔福特,都包含来自 8 个

182　国家的领地。同时,重新回归普鲁士的旧省份,则在拿破仑的统治下已经彻底失去了传统形态。在实际占领这些新省份的过程中,

我们处处同不怀好意的邻国发生冲突。其至到1815年春,俄国在华沙的政府还在为波森索取高价;达姆施塔特对威斯特伐利亚公国亦然;莫泽河和纳厄河领土上的奥-巴政府,在撤退前不仅提前收了税费,还砍伐了博帕德的森林。拿骚更是公然违约,拒绝撤出锡根,最后哈登贝格威胁会在没有任何正式割让的情况下强行占领此地,拿骚方才作罢。俄国就连交出但泽都不情不愿,而在托伦,尽管普鲁士强烈抗议,俄军还是驻守到了1815年9月19日。由于邻国的恶意,普鲁士花费数年才合法获得了这些新领土。直到1816年和1817年,普鲁士终于分别同尼德兰和俄国签订边境协议。至于德累斯顿宫廷,关于新边界的繁琐谈判一直持续到1819年,而且两国间的纠纷直到1825年才终结。

现在我们面临的任务是,将这些费尽力气从欧洲榨出的土地凝聚在统一治理之下,要克服亲外国精神和地方主义精神,以活跃的国家意识激励所有除了语言再无共同之处的德意志土地。只要半个德意志能实现这一政治融合,我们就能证明地方主义的无能,证明德意志统一已经做好了准备。因此,普鲁士完成统一,我们政治史上的这个时代才拥有重大意义。刚刚获得这些新省份时,普鲁士王国也经历着危机四伏的过渡时期,因此这项任务就变得更加困难了。我们在所有法律问题上进行了大刀阔斧的改革,但只完成了一半,而且也缺乏强有力的指挥家,能将服务国家的过剩天赋凝聚在一种意志之下。当时,没有哪个国家像普鲁士一样,在官僚队伍中有如此众多的专家:有行政能力高超者,像芬克、舍恩、默克尔、萨克、希佩尔和巴塞维茨;有财政专家,比如马森和霍夫曼;技术专家,比如博伊特和哈尔蒂希(Hartig);法学家,比如丹尼尔斯和泽特;外交官里有洪堡、艾希霍恩和尼布尔;此外还有解放战争的将领们,以及科学和艺术界的杰出人物。他们都习惯于直言不讳地批评政府行为,这被视为高级官僚的特权,有时也能代表民意或替代出版自由。现在他们也将一种邪恶的遗产,党争,带入了和平时代,哪怕在战时,党争也从未彻底平息。于是,吹毛求疵和丑闻诽谤从这些圈子流入社会各阶层。我们的国家尽管有各种问题和缺陷,可仍掌握着欧洲最优秀高效的行政能力,却被自己忠诚的臣民口诛笔伐,就好像这个国家正在一群骗子和傻子手里,无可救药

183

地走向毁灭。

政府中有 4 个并非泾渭分明的派系。老派的专制主义廷臣和官僚如今并没有多少拥护者，却从哈登贝格的老对手，封建主义者中找到了同盟，主要支持后者的是勃兰登堡贵族，马威茨和沃斯-布赫是他们的领袖。青年官员和几乎所有枢密院官员，都是哈登贝格官僚自由主义思想的支持者，但这并不会让他们避免同首相发生激烈的个人敌对。另一个党派是坚定支持施泰因的贵族改革者。此外还有狂热的条顿主义者，高级官僚中的老辣公务人员对待他们很宽容，但不会全心全意地追随他们。德意志和外国诸宫廷对普鲁士人及其军队的怀疑，不可避免地在普鲁士国内引发反应。自从施马尔茨发表悲惨言论后，诽谤中伤就不绝于耳。不仅是施泰因，就连首相本人都被谴责同这些条顿主义疯子达成了某项秘密协议。实际上哈登贝格认为这些要求统一的狂热青年是他二元政策的绊脚石，甚至在私下对他们大加斥责。

威廉三世性情温和，不可能牢牢控制住这些激烈冲突，于是宫廷中的党争愈演愈烈，君主本人只是偶尔训诫几句。一般而言，如果政府新招募了某个有才之士，为了避免冒犯老部长（往往与新人不睦），这个部门将被一分为二。由于君主最后将自行作出判断，所以各部长达成完全一致就非常必要。威廉三世继位以来，短短二十年间普鲁士经历了无数风浪。蓦然回首，登基之日似乎已经是好几代人之前的事了。威廉三世春秋正盛，可老省份中的忠心臣民已经称呼他为"老爷子"，无数故事讲述他饱经磨难却仍有菩萨心肠。柏林人说他总是身着简单的军装漫步在提尔花园；中午卫兵换防的时候，他就站在简朴宫殿那扇著名的小窗户前；晚上他会在包厢里看一场喜剧、歌剧或者芭蕾，他不喜欢悲剧，因为经历得够多了。

风雨洗礼加强了威廉三世的自信，他更加坚强可靠，也更加严肃寡言。他总是流露出一种平静而悲伤的表情，只有带着孩子们和尼古拉斯大公在孔雀岛野餐时，才能偶尔开怀。年轻时深植于心的温和理性主义早已无法满足需要，在柯尼斯堡的沉重岁月，他就从《圣经》中找到了慰藉，并同博罗夫斯基（Borowski）主教结成了深厚的友谊。年复一年，他越来越渴望上帝，虔诚的反思和神学研习占据了很大一部分闲暇时光。威廉三世始终沉浸于丧妻之痛，但孤独的生活更加难以忍受，他爱上了年轻可爱的法国狄龙女伯爵（Dillon），后者也热情地回应了他，他甚至认真考虑过和她结成"贵贱婚"——因为子民只承认先王后。但他不愿意做任何有违子民心愿的事，而且因为在这种问题上他不太信任轻浮的首相，于是私下询问格奈泽瑙和舍恩，希望听听真话，他想知道军队和国民会怎样看待他同一位天主教法国女士的婚姻。双方都强烈反对，普王便放弃了计划。一天又一天，日子悲伤而枯燥。他准时回应所有请愿，凡事都思虑再三，将船舵牢牢掌握在手里，但他始终无法同最高级官僚结成某种私人关系，很少接见首相，更别说其他部长了。

　　日常陪同威廉三世的冯·维茨莱本上校与君主的关系更为亲密。1816 年，33 岁的上校被任命掌管军事内阁，两年后担任少将和副官长。维茨莱本雷厉风行，而科克里茨（Köckritz）懒散迂腐，后者直到 1806 年还颇为威廉三世所信任。通过选择的朋友可以看出，威廉三世已经慢慢成熟了。一开始他被维茨莱本的军事才能吸引，后来慢慢发现这个年轻人身上的许多特点，发现他和威廉·洪堡以及许多伟大的学者都关系友好，发现他在神学上也受过很好的训练，发现他尽管有这许多的天赋，仍谦逊谨慎，大公无私，虔诚而不絮叨，还是个好父亲。维茨莱本很快获得了君主的完全信任，他可以跟君王说任何事，因为他知道如何控制从他那双黑眼睛中涌出的自然活力，也从未忘记对君主的忠诚和尊敬。他在君主和部长之间居中调停，为国家大事出谋划策，数十年如一日地在他简朴的房间里不知疲倦地处理堆积如山的工作，这让他的身体过早被消耗殆尽。工作繁忙，他几乎没有时间记录，日记中常常一连几个月都是空白或者只有只言片语，但凡是涉及政治问题的地方，都展现出相当有水平的理解、丰富的细节知识和正直的判断。尽管他并不自认为政治家，谨慎地远离宫廷各党派，但光芒依旧难以遮掩。凭借优秀的政治判断力，他认为新军事组织是国家统一的强韧纽带，必须要完成施泰因和哈登贝格的改革，而且他理解并热爱普鲁士人民，认为最卑劣的事莫过于"唤起国王纯净的灵魂中的疑虑"，他也始终坚信，普鲁士人民的忠诚最为纯净。

185

维茨莱本是个忠实的调停人，不动声色的影响力相当重要，因为维也纳谈判遭受的失败让国王不再全然信任哈登贝格，但仍离不开他。哈登贝格70岁生日时，歌德给他写了一首诗："回首一生，思想亦会散去；陷于世俗囚笼的自由精魂，却始终坚定而自信。"哈登贝格终其一生都有一颗自由的灵魂。哪怕在外交事务的重重压力下，他也始终坚持自由主义理念，从未停止建立代议制，以此完成内政改革的计划。代议制将成为他的政治遗产，为他漫长的一生画上句号。在个人生活方面，哈登贝格和蔼可亲，颇有魅力，热爱一切美丽伟大的事物，真诚明智地接受一切新理念，严苛的格奈泽瑙和克劳塞维茨尽管多次与他产生冲突，但也无法与他怒目相对。但即便在他最有精力的岁月，也无法总是保持坚定；如今步入暮年，他依靠自己的高级官员，几乎没有勇气直面敌人，总是相信自己掌控全局，殊不知已多次为人做嫁衣。只要他能掌控所有部长（除了一两个），首相就拥有威慑力，但因为他已经自限于掌控外交部，并将其他5个部长视为下属，首相威势便逐渐减弱。首相只向君主汇报（还有博延、维茨莱本和内阁议员阿尔布雷希特），却要求部长们为各自的部门负全责，于是他不可避免地同部长发生争执，谴责工作拖延。

只有无知且吹毛求疵的人才会批评这位老政治家懒惰，哈登贝格写下了海量思路清晰灵活的备忘录、批注、命令和报告，但他缺乏严格的时间观念，而且随着普鲁士国土的扩大，他肩上的重担也越来越难以承受。因此他会在格利尼克（Glienicke）的城堡隐居，将某项急切的工作拖延好几个月，然后时不时随心所欲地从堆叠如山的文件中将这项工作掏出来。任何在哈弗尔湖畔美丽公园散步的人，或者在纽马克的新哈登贝格欣赏艺术精品和新教堂的人，都会感到附近住着个高贵且极有教养的人。但在这些美好的地方上演的社交生活就令人很不愉快了：哈登贝格心胸宽广，热情款待客人，可却被客人们肆意嘲弄。他们中有传播流言飞语的文学家，舍尔（Schöll）和多罗（Dorow）；磁力治疗师，科勒夫和沃尔法特（Wohlfart）；催眠师，弗里德里克·黑内尔（Friederike Hähnel）和冯·金斯基夫人（Kimsky）。黑内尔是个狡猾的骗子，在沃尔法特的降神会上初遇哈登贝格，凭借癫狂的喜悦赢得了哈登贝格柔软的心。① 从此她一直待在首相身边，成了他暮年的诅咒。这个女人在神秘和病态事物上有着无穷的本事，也很懂得盗取人心，处处陪着哈登贝格，甚至出席君主会议，直到后者的第三次婚姻破裂才消停。这段时间首相还为自己唯一的女儿，离异且大龄的帕彭海姆安排了婚事，新郎是著名的花花公子，年轻的皮克勒-穆斯考（Pückler-Muskau）。哈登贝格的家丑为梅特涅安插在柏林的间谍提供了大量材料，也为政敌打造了一把利剑。他们欣喜地发现，普王正在逐渐疏远首相，而且由于繁忙的科勒夫有时像个自由主义作家，于是宫廷中便有流言称首相的宪法计划都出自他臭名昭著的庶民随从。一位朋友提醒他注意这个庶民，但哈登贝格微笑着说："虽然我经常受骗，但表达信任的感觉太棒了。"

　　部长中唯有博延支持哈登贝格，但他也非常独立，不会绝对服从首相。科切伊森在新省份组建法庭方面是个专家，同时与政治保持距离。内政部长舒克曼（Schuckmann）是个严厉的官僚，积极、有见识、专断独裁，威廉·洪堡称他是"旧时代的庸人"，抵制一切改革计划，仅仅因为他不信任改革的制定者，即梅特涅的密友维特根施泰因。哈登贝格要用很多年才能看清维特根施泰因的狡诈粗鄙，后者很久以前靠着推翻多纳部长开启了哈登贝格的权力之路，因此被首相视为最忠实的朋友。对于普王而言，维特根施泰因经营王室私产，须臾不可离。他在其他德意志宫廷也颇受尊重，他们会就各种王室问题征求他的意见，就连一向专断的黑森选帝侯有时也会听取他的建议。在天真的旁观者眼中，这位充满活力的老贵族爱开玩笑，人畜无害，哪怕是对人类有深刻认知的海姆医生都被他的和蔼可亲所蒙蔽，热情地拥护他。维特根施泰因带着无法化解的、默默的仇恨，追踪着一切有关施泰因和战争年代盛大民族运动的事物，这让他在不久后甚至认为首相是条顿主义的雅各宾派，于是开始悄悄监视哈登贝格的一举一动。普鲁士曾组建恶名在外的"雇佣"警察，作为对抗拿破仑间谍的最后手段，战后该组织就被取缔了，但许多秘密特工仍在活动中，正是根据他们的报告，维特根施泰因形成了他对民族情绪的看法。

188

---

① 哈登贝格日记，1816 年 2 月。

　　年轻的比洛伯爵任财政部长，他是首相的堂弟，在同事中特立独行。比洛相貌堂堂，一头金发，极富魅力且处事圆滑，让首相想起年轻的自己，因此对他相当亲厚。《提尔西特和约》签订后，比洛就像马格德堡地区其他杰出官僚一样，不情不愿地服务于热罗姆国王。作为威斯特伐利亚大臣，他为减少交流摩擦贡献颇多，还推行了相当合理的商业政策原则，最后因为他的德意志情感和特立独行的方式而被解雇。尽管如此，他还是被老普鲁士官员视为叛徒，哈登贝格也因为在反拿破仑战争期间引入这样一位前热罗姆的官员，无法获得普鲁士人谅解。法国官僚制度多多少少影响了比洛，他钦佩拿破仑的财政体系，并且在威斯特伐利亚官员中获得了刚愎之名，也习惯了专断独行，而这却是普鲁士官僚所无法容忍的。不久后，他就同若干治安长官爆发争吵，甚至同首相本人争吵，因为只要首相在未同财政部长商议的情况下，任意使用任意数额的款项，就根本无法形成有序的国家经济。持续的摩擦不断消磨这个易怒之人的耐性，很快他那种好斗激烈的处事方式中就再也找不到任何温和之处了。

　　卫兵指挥官，梅克伦堡公爵卡尔，是财政部长比洛对立阵营的强大支持者。他是露易丝王后的弟弟，早就在战场和练兵场上博得声望，但他完全无法理解王后友人们的改革理念。卡尔公爵相貌出众，彬彬有礼且见多识广，在宫廷节日上是颇有文采的诗人和业余演员，对工作兢兢业业，却被绝大多数军官所不喜，尤其受到柏林文化圈子的排斥。因为他鼓励卫兵军官傲慢行事，而这无论对于老百姓还是军人都很讨厌。虽然年纪不大，但他是老式的职业军人，顽固反对新军事组织。卡尔在政治上支持维特根施泰因，也抵制一切有可能引发维也纳不满的革新。

　　安西永的平静影响力更大。这位多才多艺的神学家曾在1814年以枢密院官员的身份，掌管外交事务，尽管战争的胜利已经证明他那些懦弱的警告都是谎言，但如今再次身居高位。哈登贝格认为提拔安西永有助于联接科学和政治，因为尽管安西永学识浅薄，但涉猎极广，非常健谈，因此颇有声望，能影响高级知识分子。外交官们都羡慕他的文质彬彬和苏格拉底式的平静，就连惯于批评他人的舍恩也对他印象颇佳，多年后，年轻的利奥波德·兰克都对

189

他倾慕有加。旧时代末年,他曾是受法国会众欢迎的牧师,熟练掌握阴柔的时代风气,后来又作为军事学院的政治学教授,以过分隆重而造作的方式提出自己平庸的观点,脸上还带着政治家那种优越的、令人信服的微笑,这番魅力征服了所有听众,包括涅谢尔罗迭伯爵。身处宫廷,他也知道如何用仆人般的热情保住地位。这个半法国人巧言令色骗来的声望蒙蔽了露易丝王后和施泰因男爵,他们将教育王储的重任交给了他,这件事对后来的历史产生了难以估计的影响。安西永几乎不知道自己的行为有多少是懦弱天性的产物,有多少是精明算计的结果,但就是这样一位平庸的演说家却控制了首相,后者天分极高,但想象力过于发达,也过于专断独行,他最需要的是严格的规训,以及有关残酷现实的提示。从那时起,安西永就总被咨询政治事务,他还用自己僵硬拥挤的字体,写出了大量软弱而愚钝的备忘录,就像他的书一样空洞,但却总让人觉得是不是有什么微言大义。正是他最先将堆砌空洞辞藻的文风引入了普鲁士政治学,这种文风在旧式专制统治下闻所未闻,但在后来的议会时代,绽放出最绚烂的花朵。安西永天生热爱和平和传统,1789 年 6 月,他在凡尔赛目睹了第三等级代表如何攫取了国民议会的权力并准备推翻王权。这让他极为恐惧革命,于是当革命性的世界帝国被推翻(安西永并没出力),软弱的安西永马上接受了梅特涅的观念,恭顺地服从霍夫堡的每个暗示。他在宫廷社交中不遗余力地宣扬极端伤感小册子里提出的种种谴责,而且尽管他避免同首相公开敌对,但还是以可疑的热情谈论实施宪法计划的巨大困难,所有认识他的人,都相信他是维特根施泰因党派的秘密成员。

　　和平后不久,莱茵省份发生了一些意料之外的变化,让人们开始注意宫廷中隐秘的党争。在莱茵省份,战争岁月的光辉氛围并没有迅速消散。普鲁士付出高昂代价才换来这些原本属于法国的领土,如今普鲁士官僚和军官们要将其纳入德意志民族生活,作为征服者,他们态度倨傲,同时又尽情享受美丽的风光和美好活跃的社交氛围。他们觉得北方的英雄气概正在同南部的精致生活完美结合。掌管科布伦茨的格奈泽瑙被一群俊男靓女环绕,他们甚至迫使这个古老教会城市的居民承认,新统治者拥有完全不同与特

190

十九世纪德国史（第二卷）：组建德意志邦联

里尔选帝侯或者拿破仑地方长官的精神力量。这些人中有克劳塞维茨、贝尔施（Bärsch）、黑尔维希（Hellwig）和卡尔·冯·格勒本（Karl von Gröben），格勒本曾是格奈泽瑙的心腹，四处奔袭，为圣战铺平道路，戎马一生；还有狂热的浪漫主义者马克斯·冯·申肯多夫、维尔纳·冯·哈克斯特豪森（Werner von Haxthausen）、西克斯特·冯·阿尼姆（Sixt von Arnim）、教育家约翰内斯·舒尔策（Johannes Schulze）和收藏家莫伊塞巴赫（Meusebach）。暮年的格奈泽瑙曾让人取来拿破仑马车中佳姻庄的战利品，举办了一场宴会，他坐在一桌客人中间，威严不失温和，听到赞美会脸红，静静地听着大家唱着阿恩特写的歌，听战士们讲述经历，幽默的莫伊塞巴赫妙语连珠，引发阵阵狂笑，申肯多夫兴奋地说："如此老壮骑士，青春梦里曾见！"老英雄在乡间也很有人气，他抵达摩泽尔河时，乡民们涌出家门，高声歌唱，为他接风洗尘。

191

　　这种愉快的战后景象不会一直存在。极端伤感的宣传册一出现，格奈泽瑙就警示首相称，这只是第一击，之后会有更严重的打击，而且现在宫廷中已经有人将他诽谤为美德会头目，说他的会客厅是"华伦斯坦的兽窝"。这些诽谤对于格奈泽瑙有着莫大的伤害，因为此时他正经受着压力消失造成的不良状态，这种病态常常在平静时期侵袭实干家们——和平时期，他感觉像鱼儿离了水。早在1816年9月，格奈泽瑙就辞去管理莱茵省份的职位，因为身体状况不佳，也是为了向对手证明，他没有任何野心企图。① 但宫廷中的谣言并未消散，还好普王不加理会，因此两年后，格奈泽瑙一恢复健康，就进入了柏林政府。

　　此时，扎克也从莱茵河换到了切什青，在过去的一年半里，他谨慎有效地执掌勃兰登堡临时政府，但仍不可避免地同封建贵族产生冲突，自然也就树敌颇多。维特根施泰因、舒克曼和比洛都谴责他不听号令，他还公开同军事长官多布许茨将军（Dobschütz）爆发冲突。米尔巴赫男爵（Mirbach）和下莱茵地区许多贵族成员，都对他严苛的官僚作风以及蔑视贵族的态度表示不满。扎克的朋友都不得不承认，他过分让媒体表扬自己，有失一个普鲁士官员的分

---

① 格奈泽瑙给哈登贝格的信，1816年3月26日、4月21日；1821年2月6日。

寸,他还给大量亲戚在莱茵省份行政单位安排了职位。怨声载道,哈登贝格也觉得有必要给扎克换个地方,尽管扎克本人觉得深受伤害,尽管大多数莱茵兰人都不愿看到自己的同乡被调走,尽管许多社区都恳请取消调令,但哈登贝格心意已决。[①]

坚定的爱国者尤斯图斯·格鲁纳此时仍以联盟国家的名义管理贝格,他渴望重回普鲁士,为国效力,也得到了格奈泽瑙的温和推荐,却受到冷遇。作为普鲁士秘密警察的奠基人,格鲁纳的命运发生了巨大的转变,他开始成为大量密报的受害者。霍夫堡认为他是德意志雅各宾党三号人物,仅次于施泰因和格雷斯。1812年夏,梅特涅下令将他送到彼得瓦尔丁(Peterwardein)要塞,因为根据布拉格的消息,他计划反抗拿破仑,还秘密同雅恩的"德意志同盟会"取得联系。[②] 直到1813年10月,格鲁纳才恢复自由。后来,他作为贝格政府成员,又用激烈言辞和声明警告奥地利和莱茵联邦,1815年战争爆发时,他已经组建了一个秘密同盟,该同盟没有任何实际工作,和平后很快就解散了,但它的口号——"普鲁士领导德意志统一"——却让所有懦弱之人心生恐惧。有鉴于此,首相觉得不能让格鲁纳身担要职,只能安心在伯尔尼当个大使。这些事情同查封《莱茵之星》同时发生,又紧跟着极端伤感小册子的出现,因此给公众留下了极为痛苦的印象。尽管格奈泽瑙认为查封《莱茵之星》相当合规,尽管扎克是格鲁纳公开的对手,但公众还是怀疑他们之间存在秘盟。这种社会氛围愈演愈烈,宫廷众人还在讨论政治煽动家的阴谋时,自由主义者们正在谴责反动势力的爆发。

第二节 重建统治

尽管政府中存在裂痕,但重建统治的工作却在平稳有序地推进,这项工作无比枯燥也无比重要。1815年,普王还在维也纳,但

---

① 科切伊森给哈登贝格的信,1816年6月5日;发给扎克的内阁令,1816年1月15日、3月13日;扎克给普王的信,1816年3月24日;给哈登贝格的信,1816年3月24日、5月16日;米尔巴赫给哈登贝格的信,1815年11月29日。
② 格鲁纳给哈登贝格的信,1819年11月27日。

十九世纪德国史(第二卷):组建德意志邦联

193　普鲁士能获得多少新土地基本已经可以预见了,因此 4 月 30 日普王批准有关优化省政府组织的政令,将国土划分成 10 个省和 28 个区,下莱茵省和西普鲁士省随后分别同邻近的于利希-克莱沃-贝格省和东鲁士省合并,其他 6 个省原封未动,勃兰登堡、波美拉尼亚、西里西亚、波森、萨克森和威斯特伐里亚,沿用至今。在普王的要求下,恢复了哈登贝格于 1810 年废除的省长一职。威廉三世希望,优势省份可以自由发展特性,还希望官僚个人威信可以补充合议制政府的谨慎,如此普鲁士统治就可以结合合议体制和官僚体制的优点。普王还计划每个省除了省长,再设一位军事长官,这样普鲁士就能像俄奥一样,使军事区划符合行政管理。比洛提议,用地区最高行政长官取代政府合议团,但遭到了普王的明确回绝,普王还拒绝在政府合议团之外设立独立的财政合议团。[①] 政府合议团仍保留合议制的形式,但被分成两个部分,一部分负责特权、治安和社区事务,归内政部长管理,另一部分负责财政和工业事务,由财政部长管理,如此一来,每位部长就都能尽可能全面地拥有同本部门工作直接相关、且只对他负责的统治工具。

　　在新行政区划的设立问题上,普鲁士政府极其慎重,极其尊重历史,这种尊重历史的态度,是普鲁士治国理念的重大特色。如果一个村庄要从原来的县中分离,那么两位部长必须就此事各自给出意见,最后由普王作出决定,而且无论发生在何地,都会尽可能尊重本地居民的意见。即便如此,大量纷争仍无法避免,因为新获得领土总是彼此间或同旧主存在千丝万缕的联系。所有古老省份的边界都发生了变动,因此针对政府的批评控诉骤然而起,强大的地方主义声音又在普鲁士响起,被时代的暴风骤雨横扫的无数地方利益诉求,现在又叫嚣着讨个公道。大量的请愿书中回荡着坚定的保守主义情绪,处处都能听到这样的哭诉:"我不想和同甘共

194　苦的兄弟分离!"当提议撤销弗赖施塔特县(Freystadt)作为新萨尔茨(Neusalz)行政中心的地位时,大量请愿马上涌现,甚至有一个代表团前去面见国王;卡尔克罗伊特(Kalckreuth)写信给首相称,如果政府人员不再在他的资产周围开会,流氓们就会偷走他地里的

[①] 有关"省级政府和财政合议团制度规章"的草案,1815 年春。

卷心菜和土豆,而这会毁了他。简言之,存在难以克服的消极抵抗情绪。历史上的无数案例已经让普鲁士知道,伴随地方行政改革而来的将是什么。在德意志,合并两个国家都比合并两个县或村镇容易。

不同区域和族群之间的矛盾依旧相当夸张。波美拉尼亚王室官员温和地希望,经历漫长时光,瑞典属波美拉尼亚和旧波美拉尼亚也许可能"逐渐彼此接近"。扎克在报告中宣称,于利希、亚琛、科隆以及摩泽尔河地区彼此差别巨大,"就好像始终是不同的国家"。这样看来,相邻地区普通人对彼此的恶意往往走向激化,也就不足为奇了。

旧普鲁士的各个地区都不愿被纳入新省份,将此视为侮辱。当政府打算将下卢萨蒂亚和贝斯科的旧勃兰登堡地区纳入萨克森省,贝斯科-施托科夫(Becskow-Storkow)县议会激烈谴责普王,之前他们也曾如此激烈地反对哈登贝格的土地法。"我们首先讨论于你我而言最神圣最重要的事,但这件事并不在官老爷们的考量内,他们或许还将这种忽视当成一种优势,因为他们还不习惯考虑人民的情绪——我们将不再是勃兰登堡人和普鲁士人了!我们还将继续是勃兰登堡人并保留我们的民族性吗?一旦被分离出去,我们的处境不就像周边的文德人一样吗?永远被猜忌,永远无法融入邻里,永远受到邻人的恶意。再者说,我们能拥有萨克森的民族性吗?不能,不仅仅因为我们认为萨克森人不重要,更因为我们是勃兰登堡人!"①由于新获的科特布斯(Kottbus)激烈反抗并入萨克森省,首相作出了让步,将勃兰登堡省的边界向南移。但阿尔特马克的居民就没这么幸运了,他们也要求并入勃兰登堡省,并认为这是他们无可争辩的权利。但政府决心将阿尔特马克,也就是勃兰登堡国家的摇篮并入萨克森省,因为这一地区在地理位置上同马格德堡相邻,也因为威斯特伐利亚政府垮台后无法再管理公共债务,而这对于勃兰登堡省又相当重要,此外阿尔特马克本地政府的行事方式也同勃兰登堡省有异。

普鲁士公国的居民还记得,很久以前,正是维斯图拉河的几个

195

---

① 贝斯科-施托科夫县议会呈交普王的请愿书,1815 年 10 月 31 日。

城镇最先打出了反抗条顿骑士团的旗帜,他们还将波兰人引入这里。英勇的老居民们习惯了将西普鲁士邻居视为叛徒,因此东普鲁士的一部分被并入维斯图拉省时,他们倍感伤心。通过激烈反对和请愿,至少有莫伦根县(Mohrungen)和耐登堡县(Neidenburg)留在了东普鲁士。此外,米歇奥(Michelau)和库尔默兰(Kulmerland)的波兰贵族请求,条顿骑士团的古老部落领地应该被纳入波森大公国。但这些忠诚的德意志城镇坚决反对,政府也拒绝了这个居心叵测的提案。① 新西波美拉尼亚居民也强烈主张,同瑞典和丹麦的条约中,普王所承诺允许他们保留的"权利、特权和自由",他们以此理解所有现存体制、瑞典的关税体系、旧合议制以及旧官僚制,他们顽强捍卫独立,直到1818年首相才敢试着将小小的施特拉尔松德行政区并入波美拉尼亚省,而这些城镇的代表还是向普王控诉自身特权遭到了侵犯。他们宣称,1669年瑞典政府颁布的命令不可亵渎,直到普王明确指出,任何省份都不能以特殊权利为借口不服从国家政令约束,他们才死了心,不再抱怨了。② 在西部省份,新行政区划并没有遭遇太大抵抗,因为这些地区的分离主义情绪早就被拿破仑官僚统治消灭殆尽了。即便如此,这里还是有许多关于政府开会地点的激烈争论,这些争论有时会将早

196 被遗忘的封建诉求从历史的尘埃中挖出来。韦登伯爵(Werden)领不希望同马克伯爵领分离;黑尔福德县向首相宣布,它不可能也不愿意属于任何县,因为它拥有保持独立的合法权利,唯一的补充条件就是黑尔福德要对大选帝侯表示崇敬。③

　　迄今为止,重新组织前萨克森领土引发的问题最为棘手。这块地区对新统治者表现出同波兰人一样强烈的敌意,人人都在哭诉萨克森国家的毁灭。在璐姆堡,暴民们撕毁践踏黑鹰旗,许多安静平和的人都懊恼地抱怨自己"必须当个普鲁士人"。普鲁士仍有望吞并整个萨克森王国时,哈登贝格还敢计划结成共主联邦,如今普鲁士只能获得半个萨克森,于是它注定不能单独成省。在萨克森

① 冯·希佩尔给首相的报告,马林维尔德(Marienwerder),1815年6月21日。
② 黑尔福德县(Herford)给首相的请愿书,1816年11月6日。
③ 黑尔福德县提交首相的请愿书,1816年11月6日。

选帝侯的浑噩统治下，无论是民族统一还是现代政治秩序都尚未露出端倪。所谓的萨克森公国，实际上由 7 块联系松散的地区组成：上下卢萨蒂亚侯爵领地、梅泽堡和瑙姆堡主教辖区、奎尔福特亲王领地、亨内贝格伯爵领地和部分萨克森世袭领地。即便如此，1815 年秋，一支贵族代表团还前往柏林，请求普王"保持萨克森地区的完整和民族性"。还有一些人宣布，他们对友善的普鲁士政府有绝对的信心。[1]与此同时，下卢森蒂亚的议会请求保留特权，上卢森蒂亚议会则要求，卢森蒂亚省不能同任何普鲁士领土合并，但上下卢森蒂亚则应合并成为独立区域，以格尔利茨为省会。[2]

　　这么多地方主义诉求，其中不少还自相矛盾，要如何一一公正对待呢？再说，这些领地广阔分散在从格尔利茨到朗根萨尔察（Langensalza），远离天然中心梅森（Meissen），后者仍属于萨克森。政府犹豫良久，最终决定将下卢森蒂亚并入勃兰登堡省，上卢森蒂亚并入西里西亚省，其余的萨克森公国地则联合阿尔特马克、马格德堡公国地和艾希斯菲尔德（前美因茨选帝侯国领地）组成新省份。因此，前萨克森领土现在分入了普鲁士的 3 个省和 6 个区。这些地区的人们大声控诉脱离故土的痛苦，不是正常举动吗？请愿和抱怨延续了很久。贝尔齐希（Belzig）毗邻波兹坦，强烈要求留在维滕贝格县；艾希斯菲尔德的地主们都要求，在海利根施塔特（Heiligenstadt）为其建立一所上诉法庭。即便 3 年后，这一地区的贵族之首，舒伦堡伯爵还向克勒维茨表达，所有旧萨克森领土应该单独合并成省，否则"这些伤痛将永远无法愈合"。哪怕时至今日，格尔利茨仍觉得自己属于上卢森蒂亚，而非西里西亚。实际上，在诸多新组建的大型行政区域中，唯有萨克森省是全然人为缔造的。组建其他省份的过程中，政府相当尊重地方利益和历史，因此各省都展现出明确的地方性格。但是在前萨克森地区，由于维也纳会议上不幸的权宜之计，许多古老历史纽带遭到大肆破坏，图林根、上萨克森和下萨克森的族群支系被人为且胡乱地堆在一起。即便如此，凭借长久的耐心、忠诚和公正统治，棘手之处也被慢慢清理，

197

---

[1]　舒克曼提交哈登贝格的报告，1815 年 11 月 15 日。
[2]　上卢森蒂亚议会提交首相的请愿，1815 年 6 月 28 日。

充满敌意的人民也通过规训，获得了一种健康的集体精神。就这样，在同地方主义残余花样百出的斗争中，统一德意志的理想逐渐成型。

各省的行政单位被安置好后，哈登贝格开始继续被中断的立法工作。根据 1817 年 3 月 20 日颁布的章程，成立了从 1808 年起就不断被讨论的普鲁士王国最高咨议会，即国家参议院（Staatsrat），不过其权限比施泰因设想的小一些。所有立法提案以及一般性施政原则都呈交国家参议院审核，此外，不同部门的职权范围、官员免职以及所有由国王交由国务院的臣民投诉，也都由参议院审核，这样就能有效限制各部长滥用职权。国王或首相担任参议院主席，日常工作由新任的参议院秘书冯·克勒维茨主持。国家参议院的成员有：王子们、其他独立中央权力部门主管、陆军元帅、各省省长和军事长官、国王亲自从全体公务人员中挑选出的 34 个官僚精英。著名政治家中只有两人被排除在外：施泰因和极端保守主义者沃斯-布赫，他们太强硬了，对首相不利。主教扎克和施皮格尔分别代表两个教派，萨维尼代表科学界。因此，从约阿希姆·腓特烈到施泰因时代持续存在的枢密院制度又复兴了，尽管到施泰因时代其势力已大不如前。不过这一次复兴拥有全新形式，既保证了行政的合法程序又不失效率。威廉三世统治后期，法律的力量更强大，比伟大改革年代繁重且有些草率的工作更具实际意义，这一切都要归功于国家参议院。不过需要注意的是，这些法律条文尽管也经历了慎重思考，但并不像后来议会时代的法律那样，打上了党派艰难妥协的矛盾性特征。国家参议院是古老专制政体的最后闪光，将天才、实践知识和谨慎正直熔为一炉，当时的国家中唯有英国有如此表现。国家参议院相当高效，足以证明德意志诸小邦中对普鲁士的所有恶意批评都毫无根据。但国家参议院的工作都是秘密进行的，即便普鲁士也少有人知其存在。

1817 年 3 月 30 日，哈登贝格在参议院开幕会议上，以早年间的自信口吻发表演讲称，摆在眼前的任务是"巧妙地让传统秩序适应当前国家形势、民族文化以及时代需要"，他在结尾处说："普鲁士国家必须向世界证明，真正的自由和法律秩序、法律面前和个人安全上的平等、个人和集体利益、科学和艺术、为国斗争中的勇气和毅力，都可以在公正的王权下获得最蓬勃、最稳定的发展。"①随即，财政部长的新财政法提案被移交给了一个委员会。

这次会议上，省长们也参与了有关新行政后果的秘密讨论。施泰因的工作，即统一的最高行政部门，仍未被普遍视为不可改变的事实；过分的离心力和国家中央不可剥夺的权利之间的真实分界线很难确定，因此即便在政府腹心之地，关于这个问题仍存在大量争论。不久前，克勒维茨还作为旧式官员在马格德堡故乡深入体验了一把省级行政工作，他完全出自好意地向首相提交了一个糟糕的退步方案——恢复省级各部委。他说这个国家严重缺乏同质性，无法承受更为严苛的中央集权，分工明确的各部长很有可能蜕变成危险的暴君。② 重建省级部委的要求很快变成一些封建贵族的战斗口号，他们是地方主义的坚强后盾，也从省长处获得了一些支持。这些省长们觉得自己夹在各部委和地方政府之间，职权不明，处境尴尬。他们行事高调，用普鲁士官僚体制特有的激情顶撞上级，而且由于在各省中收获的只有对陌生环境的抱怨，他们便在报告中竞相表达悲观，彼此加强不满情绪，逐渐走入舍恩的怀抱，后者身上体现出了过渡时期所有无益的苦恼。

哈登贝格执政早期，舍恩就像扎克和其他无数积极官员一样，提议引入地方行政体系。后来舍恩担任西普鲁士省长，又热情建议省政府应具有几乎不受限制的独立性。那么什么样的态度才能满足这个永远不满足的人呢？受制于部长是他最不满意之处，因为他已经形成了一幅有关近年历史的理想画面，画面中的他在一群老普鲁士友人中占据显要位置。舍恩的头脑中，一种活跃的想象力同一套清晰的辩证法怪异地缠绕在一起。他总是口若悬河地一连讲好几个钟头，听众们都会觉得他极有想象力。他宣称，施泰因是个没有思想的人，其主要的改革理念源自舍恩自己的作品，但舍恩实际上只在一条基本法的制定上有所贡献——废除世袭奴役法令。他还宣称，1813 年春，是他单枪匹马从施泰因的占领莫斯科

199

---

① 国家参议院开幕式会议记录。
② 克勒维茨提交哈登贝格的备忘录，1816 年 9 月 24 日、1817 年 2 月 20 日。

计划中挽救了普鲁士；正是通过他在柯尼斯堡议会领袖中的友人们，才迫使沙恩霍斯特担任组建后备军的责任。他一遍遍书写和诉说这些故事，以至于到最后自己都相信了，根本没有意识到自己多么严重地冒犯了那几个大人物。他沉醉在空虚的自傲中，有句俗话非常适合他："行善，将它抛进海里；如果鱼儿没有看到，上帝看到了！"舍恩有天分、有口才且多才多艺，是康德的学生，费希特和尼布尔的朋友，同知识界保持思想交流，即便在德意志小邦也颇有名声。但同时他也精通农业和工业事务，是个活跃高效的官员，能公正看待省级部长冯·施勒特身上的优秀教养，但有时也行事轻率甚至刚愎自用。舍恩的全部职业生涯都用在了老普鲁士故乡的行政事务上，他熟悉萨尔茨堡流亡者在立陶宛拥有的每一块土地，认得库尔斯沙嘴上每一间渔民小屋。因此，他有着康德门徒和实干家的双重骄傲，根本看不起官场会议室里的古老智慧，他发现所有普鲁士政治家，包括施泰因和维特根施泰因都目光短浅，他尖刻地讽刺批判他们所有人，刻薄程度绝非康德哲学智慧中所见。他一遍遍地说，我们需要受观念之力激发的人，我们需要站在人民前面、生活在人民中的人。战争岁月的宗教激情没有改变他的批判精神，条顿主义者的爱国热情也与他无碍，因为他始终认为"民族性"不过是一种盲目的天然力量，必须受国家"观念"的控制。

若干年前，舍恩曾在所谓的施泰因政治遗嘱中提出了自己的计划。此前，只有少数高级官员知道这份文件，1817 年才由无名氏公布在魏玛报刊《反对派》上，获得了南德自由主义者的推崇。舍恩公开反对所有贵族特权，他认为这份遗嘱中的一些承诺是无可争辩的——所有市民的代表权、废除领土警察和世袭司法权——这也是整个国家的希望；他用"民之声，神之声"（vox populi, vox Dei）这句宣言结束了对"想将国家拖回 1806 年前生活状态"的人们的攻击。就连他对俄国的深刻仇恨都让他在自由主义者之中更有名望。在给哈登贝格的信中多次表示，希望跟这些野蛮人好好打一仗，"他们处于最低发展阶段，文明的前夜"。有一次，舍恩向首相报告一则暗杀沙皇的谣言，兴冲冲地说："这个民族给自己强加了如此沉重的负担,还将这些最丢脸的事到处宣扬。赞美上帝!"①尽管没人喜欢他的直率,但老普鲁士同乡们都非常尊敬他。他的理性主义倾向表达了在这个纯粹理性城市中蔓延已久的情绪,所有人都明白,他多么热爱故乡,在王权面前多么坚定勇敢地捍卫故乡的所有利益。但他的轻视讽刺并没有给本来就容易吹毛求疵的当地人树立好榜样,正是在他执政期间,普鲁士东部地区极端党派的极端力量首次形成。在柏林,人们背地里嘲笑他的傲慢自负,说他又在某次返乡之前,如何如何拒绝了哈登贝格的邀请,"我的省份一刻都离不开我"。但是谁都不愿意同他公然发生冲突,因为他实在是太好斗、太尖刻了。维茨莱本、克勒维茨和芬克都对他评价很高,哪怕是普王,知道他的热爱所在,也就容忍了好多刻薄言辞。

舍恩从国家参议院的工作了解到部长们之间的不和后,认为普鲁士现在甚至比耶拿战争前的处境更凶险,于是建议首相组建一个新部门,像英国内阁一样,由想法一致的人组成且以"人民的尊重"为基础。舍恩认为,英国始终是自由主义的理想型,尽管托利党内阁根本不关心人民尊重与否。随后舍恩向省长们展示了一份联名请愿书的草稿,认为将让国王明白"统治的萎缩"。这份文件言辞激烈、笔触粗糙、混淆是非,声称这个混合式的国家只能被精神团结在一起,但现在这种精神受到了压制;警察只扮演压迫力量,普遍兵役正在压垮国家,司法不过是部长手中艰难运行的机器,同时在宗教和教育事业上毫无建树。最后还严厉谴责财政部长专横无知的行事风格,以及"所有省级事务都按照法国人的方式,毫无节制地被引向中央"。这份请愿书很多内容不清不楚,大多数谴责毫无依据,但当时的不满情绪相当大,10位省长中居然有7位同意签名(6月30日),剩下的只有哈登贝格的朋友泽尔博尼、极端保守派海德布莱克和萨克森省长(财政部长的兄弟)。

首相一开始被省长们的反对行动严重激怒了,对亲信说他们居心叵测,但很快就冷静下来,承认一些批评很有道理,要求对提到的另一些情况给出更确切的证据,于是这些谴责者们被迫撤销了

---

① 舍恩给哈登贝格的信,1816年2月14日、1818年9月26日、1819年11月1日。

指控。普王也只是温和地批评了这份夸张的文件，并感谢所有签名的人，声称这证明他们的工作热情，并宣布他刚刚对他们所说的"过分中央集权"问题进行了一些修正。[1] 实际上，普王为了给省级大员设下明确权限，于1817年10月23日颁布了两条针对省长和省政府成员的法令，这两条法令准备良久，结束了最高统治的重建工作，建立了造福之后半个世纪的执政原则。哈登贝格克服了他对拿破仑式统治的偏爱，终于回到了施泰因的理念上。这部新的执政法非常类似1808年法案，甚至可以说一模一样：省长至少每年全省巡视一遍，及时查缺补漏，平息民怨；省长拥有广泛的独立行动权力，以至于芬克在威斯特伐利亚省、默克尔在西里西亚省、扎克在波美拉尼亚省，受到如同君主般的尊重，能在各自省份的几乎全部公共生活中留下自己的印记。但是在6月，反对新法令之声也不绝于耳。舍恩以自己的方式，表达了对"官僚制度流产"的不满。芬克现在觉得唯有重建省级部委才能拯救于万一，莫茨却提议改革温和的地方行政体系。合议制只适合君主专制，而普鲁士正在向宪政国家转型。[2] 将这样一个人为建构的国家用一套不能缺乏自由的统治制度凝结在一起，对那一代人是个过于艰难的任务。很多年后，官员们才意识到首相再次展现了可靠的政治洞察力，采纳了介于官僚体制和合议制之间的中间道路。

203　　　与此同时，国家参议院委员会和全体会议中爆发了一场斗争，其激烈程度和后果的重要程度，都超出了当时许多议会辩论，也不失议会辩论的激情和雄辩。格奈泽瑙第一次发现，原来洪堡、马森、艾希霍恩和费贝尔如此能言善辩。当时有种偏见，认为德意志人木讷羞涩，不善言辞，这场争论结结实实反驳了这种看法。战后不久，普王要求财政部长起草全面财政改革计划："必须让新臣民觉得他们属于我。"可是当着手这一任务时，却发现如果不可能减

---

[1] 省长们共同提交的备忘录，1817年6月30日，附有首相批示。英格尔斯莱本的合理性备忘录，1818年9月14日；奥尔斯瓦尔德的备忘录，1818年10月15日等等。发给各省省长的内阁令，1817年11月3日。
[2] 莫茨提交首相的关于政府的备忘录，1818年11月。

轻税收,唯一能做的就只有更加公平地分配税收负担。1806—1815 年间,普鲁士为战争共花费 2.06 亿塔勒,之后 4 年又花费了8.1 千万塔勒。1812 年,国债已达 1.32 亿塔勒,解放战争时,由于新省份又增加 4.5 千万外国债务,1818 年的国债已经攀升至 2.17亿塔勒。国家债务如此沉重,因此哈登贝格在 1817 年能以 72 塔勒的折扣价让英国购买 5％的国债,就已经倍感幸运;同时期,在柏林证券所,4％的国债报价 71 到 73 塔勒,后来价格更是跌到 65 塔勒。人民普遍贫穷,在如此条件下还要增添新的负担,无异于冒险,因为在财政压力和政治高压之间,人民往往更不能忍受前者。房地产的实际价值几乎不到 1806 年的一半,在某些地区甚至不足1/4。所以,1816 年 6 月普王最终决定撤回在战时批准的延期清偿债务的权利,但对于东部省份欠债的地主们,他不得不批准延期到1819 年,在老普鲁士甚至延迟到 1822 年。

　　无人监管国家经济状况,这是最糟糕的问题。我们依旧不可能计算出,随着新省份的加入,我们为战时供给和多种义务到底还要支付多少欠款。即便 3 年后,埃尔福特政府还有未支付的战时账单,共 2141 塔勒。① 比洛伯爵宣布,他不可能给国家参议院提供任何详细评估,而且在缺乏准确数据的情况下,他认为 1817 年的赤字约 190 万塔勒。委员会成员都习惯了老普鲁士令人头疼的精确计算方式,无法相信这个不受欢迎的数字。他们仔细寻找比洛忽视的赤字原因,最后提出了完全相反的评估结果:财政存在盈余,其中 4 百万特殊收入,2 百万正常收入。所以,在一份大约 5 千万塔勒的预算中,这些最精明的财政专家的评估数据相差了将近 8百万塔勒。② 向来喜欢在论战中走极端的舍恩,甚至希望证明存在2.1 千万盈余。此事证明,只有舒克曼支持的比洛,比他那些信心满满的对手的判断更为准确。但他现在无法自证,后来委员会仲裁员弗里泽(Friese)详细核查预算细节,证明在财政管理的各个方面都存在巨大的、不能再以战时为借口的混乱。在洪堡领导下,委员会全体成员一致谴责财政部长。比洛激动地回绝了这些谴责,

204

---

① 莫茨,关于简化行政的备忘录,埃尔福特,1820 年 6 月 29 日。

② 舒克曼提交首相的报告,1817 年 7 月 11 日。

将一切都算在军事体系巨大的开销头上,愤怒中甚至严厉批评其堂兄(首相)的挥霍行为。于是首相同时受到了心腹比洛的攻击和对手洪堡的保护,真是莫名其妙的阵营转换!

国防部长马上接受挑战。他发现曾在 1806 年之前的十年中危害颇大的民政官员和军队的秘密冲突,如今随着战争结束,又有死灰复燃之象。他也知道,比洛已经就重建腓特烈军事体系询问了林格尔斯海姆将军(Lingelsheim)的意见。为了遏制冲突,也为了让国家参议院明白新军事体系的经济优势,博延写了一份精彩的备忘录《论普鲁士军事体系曾经和当下的原则》(1817 年 5 月),清晰论证了普鲁士以前从未拥有如此强大、经济的军队,但普鲁士已经被逐渐扩大,每一次领土增加,都削弱了它在物质力量上的紧张状态。威廉一世在位时,军队的开支是其余统治部门的 5 倍,腓特烈大帝时是 3 倍;现如今,民政工作,包括管理大量国债,花费了大半国民收入。博延评估军事系统开销约 2.1 千万(该数据过低),还认为国家可以投入战场的人数比 1806 年多了 23.8 万人,而且在和平时代,如果以钱来换算旧式各类开支,那么军队总支出将比 1806 年减少 2 百万塔勒。博延总结道,不能仅仅用财政考量决定军事力量,因为它必须依赖国家在世界上的地位,依赖邻国的力量和品性。

比洛的谴责严重伤害了首相,"被高级官员、朋友和亲人伤害"的首相严厉申斥了比洛。受到敲打的财政部长瑟瑟发抖地看着自己的大靠山,谨慎地转换立场,避免在普王面前提起他对于首相疏失之处绝非毫无根据的谴责。他写道:"我宁愿龙颜大怒,宁愿失去一切,也不愿意背负忘恩负义的骂名,同阁下发生公开冲突。"①但是这对堂兄弟之间的关系已经出现了裂痕,比洛的地位也日益动摇。

此时,国家参议员正在激烈讨论财政改革问题。财政部长提交了两套法案,关税法获得普遍支持,但关于国内税收的法案却立刻遭到反对。比洛的想法是,除了贸易执照和印花税,现存的土地税

---

① 比洛给首相的信,1817 年 7 月 10、13、14、16 日;首相的回信,1817 年 7 月 12、17 日。

也应暂时保留,直至各省议会召开;但沉重的旧消费税应被废除,因为只要工业自由和关税法建立后,就不可能继续征收消费税,应该向城市和农村征收面粉和肉类税收,以后还要加上烟草、啤酒和白兰地。他的提案非常接近腓特烈时代的税收体系,该体系通过间接税获得了70%的岁入。这些提案表明,比洛是个有头脑的生意人,但没有任何改革思想,只是想用传统方式填满国库。对于洪堡领导的反对派而言,比洛提案显得居心叵测,因为它们出自一个拿破仑式官员之手,而且同他的前同事马尔休斯在威斯特伐利亚财政管理上的意见如出一辙。

对于那些接受亚当·斯密和克劳斯经济学思想的普鲁士官员而言,波拿巴主义的间接税是魔鬼。亚当·斯密认为对磨坊面粉征收的税收是"最具破坏性的税种",委员会也反对各类针对消费品的税收,并强调批评的理由是,财政部长并没有提出有关直接税的法案。反对者们坚持,为了公平分摊税收,必须首先废除不平等的土地税,或者至少由各省自行实施。他们提出的观点其实只是反映了大多数资产阶级的愿望。花样繁多的土地税是个老毛病,从中可以清晰地看出,普鲁士多么艰难地从一大堆独立领土的大杂烩中走到了今天。普鲁士国王越是从最高统治层面追求国家统一,乡村地区就越是漫不经心地容忍各类封建存在形式。整个王国内存在着至少33种土地税体系,绝大多数极其古老。光是在萨克森省就有8种,每一种都展现出繁多的地方差异和特权。东西普鲁士的土地税是每平方英里639塔勒,莱茵兰则是4969塔勒,某些更值钱的土地就更高。可想而知,莱茵兰人肯定不满东部省份相对少的税收。同样,在腓特烈二世时就造有土地清册的西里西亚,自然也觉得相比没有土地清册的旧省份吃亏了。此时仍不是改革之时,因为在过去数个世纪中,旧土地税已经呈现出租金的各种特征,除非对免除部分进行相应补偿,否则税收平等根本不可能实现。可补偿的资金从何而来呢?我们有能力对全国土地清算造册吗?更为重要的是,东部省份的地主们仍然独立维持当地治安、履行世袭司法权并捐助教会,而且已经为国家作出大量牺牲,几乎无法保住私产,在这样的情况下,还能给他们增加新的负担吗?洪堡不愿意听闻这些慎重的考量,只是严厉地批判现存土地

206

税的不公,坚称所有间接税都是缺陷,而且批评中不乏理想主义者的夸大其词。

反对派也不乏地方主义者的别有用心。在萨克森、波森和莱茵省份,居民们希望由各省自行评估决定应该对国家作出哪些必要的贡献。这种计划简直匪夷所思,极有可能将普鲁士王国变成一个松散的国家联邦,却得到了许多省长的支持,尤其是于利希-克莱沃-贝格的佐尔姆斯·劳巴克伯爵。[①] 但这份计划却没有获得国家参议院多数成员支持,比洛认为其威胁国家统一,舒克曼也在一份长篇备忘录中指出,如果普鲁士将这个重大问题交给 10 个省议会,将很快发现自己身处法国卡洛讷[②]时代的处境。[③] 委员会也不敢采纳洪堡的计划,即各级议会协同配合,共建新财政体系。我们认为,此时君主的智慧仍然大大超出民族的政治理解力,彻底的财政改革只能通过王权的直接推动才能实施。此外,承诺组建的新议会还未建立,而且西波美拉尼亚和萨克森省挑衅般地诉诸其免税特权,因此同这些省份中旧等级会议的谈判几乎没有胜算。委员会的报告只能附上一个极其模糊的结论:为了国家长治久安,有必要"将新税收体系同新议会的运作联系起来"。6 月 20 日,这份报告呈交威廉三世,他赞同关税法,并批准为全面国内税收计划起草文件。

普王向委员会承认,他不仅期待犀利的批判,也盼望明确的反对性计划。尽管如此,他还是批准了该计划,命令省长们咨询市民名流的意见,以此了解民众对税收计划的感受。8、9 月间,10 个省都召集贵族开会,人人都反对针对磨坊面粉和肉类的税收。同时爆发了大量突发性事件。波森大公国的贵族们,9 名波兰贵族和 3 名德意志资产阶级,坚称该税收将伤害"所有公民或人性自由,而对如此神圣之物的冒犯将消解社会纽带"。他们还大言不惭地说,波森的财税贡献都被拿去养那些旧省份了。"刀枪入库,民众手无

---

① 佐尔姆斯·劳巴克关于莱茵河税收体系的备忘录,1817 年 1 月。

② 即夏尔·亚历山大·德·卡洛讷子爵(Charles Alexandre, vicomte de Calonne, 1734—1802 年),于 1783—1787 年间担任法国财务大臣,实施财政改革,失败且加重了大革命前夕的财政危机。——译注

③ 舒克曼关于国家行政的备忘录,1817 年 6 月 4 日。

寸铁,我们能从和平中获得什么任何好处?"西里西亚贵族除了反对意见,还举行了声势浩大的合法抗议,宣称对于迪尔姆伯爵(Dyhrm)的提案,他们只表达个人意见,即必须由未来的地方议会决定是否赞同新税法。① 这些事件是预示政治混乱的不祥之兆,而这种混乱正源于我们过早地许下了宪法权利的承诺。

　　尽管如此,还是有大量有识之士,尽管各省都提出了各自的不满,但最终还是呈现出明显的观念和谐。贵族们首先回答了这个难题:用什么替代被废弃的间接税。在过去数年中,人头税观念已经取得了相当大的进步,该观念早在哈登贝格执政初期,就由财政官员,著名农学家冯·普利特维茨-奎利茨(von Prittwitz-Quilitz)提出了。人头税符合主流经济学观念,也顺应民众对法国式间接税体系的普遍厌恶,而且由于老百姓还生活在父权制社会,所以人头税似乎应该很容易推行。没人敢想所得税,因为按照被神化的亚当·斯密和冯·劳默尔的看法,所得税被打上了专制的烙印,而且在 1812 年为局势所迫而首次实施就遭失败后,所得税就彻底声名狼藉了。国家参议院中,统计学家霍夫曼首先提出了分级人头税,获得了大多数省长的支持。各省贵族会议找不到可以替代面粉和肉类税的税种,主席们就提出了人头税。因此,大多数贵族会议都推荐引入分级人头税,按照西里西亚的说法,就是"某种固定的消费税"。于是,霍夫曼在 10 月 27 日起草了有关分级人头税的备忘录,为普鲁士财政政策打开了新大门,不过还是经历了两年谈判,才犹犹豫豫地踏上了这条新道路。当其他大国还在依赖各式各样的间接税时,普鲁士就已经投身发展直接税了。开创这种财政政策的是一个穷困潦倒、必须竭尽全力找钱的国家。这种仁慈的专制主义财政政策开启了自治政府,却并不了解大城市的货币需要;一个热爱和平的政府,才能寄希望于漫长的平静发展岁月,才敢在和平时期利用直接税收体系,因为一旦开战,直接税收将是最后的指望。

　　隔墙有耳,国家参议院漫长的争论不可能永远不为外人所知。

---

① 波森贵族提交首相的备忘录,1817 年 8 月 17 日。西里西亚贵族的抗议活动,参见(Wuttke)《西里西亚议会》(*Die schlesischen Stände*),第 219 页及其后多页。

柏林市民公然嘲笑倒霉的财政部长,他的半数财政计划都被否决,他本人也因为不拘小节和对新军事体系的批评,将反对派的敌意提升到了仇视的地步。洪堡阵营很长一段时间都直接表示最好能将比洛免职。在这种氛围中,舍恩和克勒维茨多次报告首相,扎克则要求至少要用一个协调委员会限制财政部长的任性妄为。这场争论中,舒克曼始终站在比洛一边,自然也因比洛的失败而遭受牵连。当时突然出现了全面更换部长的风声,于是反对派的舍恩马上激烈攻击根本没有参与参议院谈判的维特根施泰因,用极端夸张的言论谴责他肮脏的秘密警察手段,以及保留 1812 年建立的宪兵队的行为。宪兵队的工作处处令人满意,但舍恩强调,宪兵队是对民众战争的武器,而且鉴于目前军队的规模,宪兵队完全多余。

　　哈登贝格发现势必要对普遍不满的高级官员让步,于是首先极力劝导老对手洪堡加入政府。洪堡于 7 月 14 日回应道,他绝不会赞同比洛和舒克曼的观点,甚至不可能同他们达成任何共识,"他们一个威胁国家的物质力量,另一个威胁精神力量";唯有哈登贝格和博延还拥有民族的信任,只有在军事事务上,才展现出严肃认真、秩序感和爱国精神;各部门缺乏内在统一,相比首相缺乏独立性。博延更为急切地说:"时代精神要求让值得信任的人占据高位";我们已经忍无可忍了,比洛必须下台,"这样一位部长,这样一个人,肯定会在未来给祖国造成难以描述的灾难"。[①]

　　哈登贝格不愿意放弃作为首相的权利,不希望牺牲比洛和维特根施泰因,后者不仅对于宫廷不可或缺,也获得了哈登贝格的完全信任。普王也不愿意全面变更部长:"我们必须极其谨慎地变更官员,因为稍有不慎就会行事不公。"9 月,洪堡意外地收到任职伦敦的命令。11 月 3 日和 12 月 2 日,各部门大调整,只有国防部和治安部没有变化,但也只有半数变更符合反对派的意见。克勒维茨接替比洛担任财政部长,比洛则顶着商业部长的头衔指导简单的商贸政策,其实这项任务更符合他的天赋和经验。被舒克曼彻底

---

① 洪堡给哈登贝格的信,1817 年 7 月 14 日;博延关于财政部的意见,1817 年 8 月 10 日。

334

忽视的公共教育部从内政部中分离出来,成为管理道德和教育事务的部门,由阿尔滕施泰因领导。负责在新省份修订法律和组织法庭的部门,也从司法部中独立出来,拜梅担任部长,此人深得普王信任,曾是内阁议员,现在被视为明确的自由派。最终,为了统一国家财政改革思想,哈登贝格组建了一个控制委员会,仔细核查全国财政支出,还建立了一个国库部门,负责国库、债务和大笔开支,并且将这两个部门的最高领导权留给了自己。

因此,所有部长都被留下了。首相毕竟有权独立作出决定,有权无视他人的意见,所以刚刚还在彼此大肆攻击的官员们都留下了。老对头比洛和克勒维茨,也不得不并肩坐在参议院委员会,完成财政改革。更重要的是,将财政部分成权力平等的三个部门,这是个巨大的错误。由于首相精力有限,不足以应付如此繁重的工作,于是将管理国债的工作完全交给亲信罗特尔(Rother),此人是颇具才干的金融家,从轻骑兵跻身国家管理层。财政控制委员会的主席是枢密院官员冯·拉登贝格(von Ladenberg),很快获得了无限制的权力,他是旧式官僚,勤勤恳恳、冷静自信,坚决反对财政改革,希望返回旧消费税制度。德意志人的任性和对义务的热情,往往在普鲁士官员间引发激烈摩擦。因此,当国家财政的天然纽带被蛮横切断,痛苦的冲突也就在所难免。财政部长克勒维茨并没有获得其他部长必要的尊重,因为他们并不需要他批准自己的开支,因此他也觉得完全没必要为整体预算进行任何准确评估。这是个充满恶意和怀疑的时代,民众也就准备好了接受一切讲述财政阴谋的谣言。

这个时代最伟大的政治事件,普鲁士的商业政策转型,正是在这种行政管理四分五裂的局面下进行的。只有心腹顾问们才会赞美财政部长的工作,克勒维茨其貌不扬,不能正视自己,像个弄臣小丑一样侍奉王储。他具有保守主义天性,决策缓慢,缺乏原创思想,但他知道如何全面合理地阐释他人的改革方案。他曾在柯尼斯堡议会中协同废除世袭奴役,如今又从比洛提案的废墟中挽救了最有价值的部分,即关税法,并且不顾国内外激烈反对,坚定地

211

落实这些革命性创新。①

改革年代风狂雨骤，旧消费税制度转型没有取得任何进展，似乎让乡村也缴纳一些城市税种，并在老普鲁士对一些外国制品按价格征收 8⅓ 的税，就足够应付了。在旧省份，针对将近 3 千种商品存在着 67 种不同的税率；萨克森公国地仍实施着萨克森选帝侯国的普通消费税，新西波美拉尼亚实施瑞典关税体系，莱茵兰自从废除了拿破仑的海关后，税收就彻底乱套了。再者，由于缺乏对边境货物进口的有效控制，自然也就无法保护本国商业抵御外国竞争。混乱的货币体系会进一步凸显这个贫困国家对外国的依赖：波森和波美拉尼亚通行 48 种外币，易北河左岸省份通行 71 种外币。普王早就发现，顽固的贸易保护体系会严重损害民族的守法意识。由于低地国家资本主义工业的建立，走私越来越猖獗。同时，旧省份的每间杂货店 1815 年每天的税收仅仅是 2 磅咖啡。

212　　　东部边境的混乱事态也急需关注。1816 年 3 月，普波俄三国在华沙协商落实维也纳会议 1815 年 5 月 3 日条约，我们马上发现哈登贝格在维也纳被恰尔托雷斯基要了。条约规定，前波兰领土上所有国内产品自由运输和贸易，这看似无关紧要的一条其实只给普鲁士增添了义务而没有任何好处，因为普鲁士领土只扮演了运输路线。为了严格执行这项条款，普鲁士不得不通过关税壁垒将波兰省份同其余领土分开，但俄国违反协议规定，保留了隔离波兰属立陶宛与华沙的关税壁垒，奥地利也不可能允许其在波兰的王室领地获得商业独立。波兰谈判代表却从该条款中发现了一个机会，可以通过居留普属波兰领地的商业代表，掀起一波民族主义政治煽动。他们傲慢地质疑普鲁士是否对但泽拥有完全主权，他们的要求太荒唐了，于是当沙皇在一封友好亲切的信件中支持波兰人的诉求时，被普王一口回绝。谈判进程令人不满，普鲁士被迫决定将波兰领土和其他东部省份一视同仁。再者，根据法兰克福的经验，绝无可能通过一部邦联关税法，同时普鲁士必须首先确保国内秩序井然。

---

① 此处参见屈内(Kühne)的一份手稿，名为《谁是关税同盟之父？》(*Wer ist der Stifter des Zollvereins?*)(1841)，引自冯·莫茨的论文。

1816 年,朝向此目标的第一步启动了。禁止货币出口的命令被撤销,食盐专营特权在各个省份平等实施。6 月 11 日颁布的法规从原则上废除了所有水域、内陆和省级关税,承诺建设简单的一般性边境关税系统。次年初,新的关税系统建设完毕。但是随着该提案中细节问题的暴露,全国各地忧心忡忡的制造商们怨声载道。西里西亚和柏林的棉纺织工人们反应激烈,尽管他们处境艰难,仍坚信老理:自私才是个人利益最大的敌人。抗议愈演愈烈,普王觉得有必要派一个专门委员会调查此事。这个委员会中,老腓特烈式的官僚再次占据主导。委员会主席是海德布莱克,认为 "维持汇率标准"是国家政策的最高任务;大多数委员都建议君主重建 1806 年仍存在的旧禁止性贸易体系。但除了多数派报告以外,还附了一份孔特执笔的少数派报告,后者曾担任洪堡兄弟的家庭教师,是老普鲁士官僚的优秀代表,屡次为保护官僚体系的权利挑战老友施泰因的贵族作风。孔特非常熟悉制造业环境,生活和工作奉行新经济理念,而且这种理念也是他个人观察的结果:"财产和自由组成一切,除此外别无所求"。他认为普鲁士工业最大的缺陷是,绝大多数手工业者严重缺乏教育,哪怕柏林手工业者的领袖人物,仍有些不太会写自己的名字。他认为这是有教养阶层的优势地位结出的恶果,这种优势只能通过外国竞争才能改观。

　　孔特的想法几乎获得了国家参议院的全票支持,大家都意识到,废除贸易禁令不过是完成 1808 年改革计划的必要步骤。7 月 3 日,国家参议院全体会议讨论关税法时,格奈泽瑙和舒克曼这对政敌异口同声支持贸易自由。省长默克尔和枢密院官员费贝尔宣布,只有自由贸易才能消除西里西亚和萨克森省份窘迫的工业条件。最后,56 票中只有 3 票反对关税法——海德布莱克、拉登贝格和贝格兰(Beguelin)。[①] 8 月 1 日,身在卡尔斯巴德的普王批准"永久性自由进口原则"。接下来是新一轮艰难谈判,因为不太可能将这种新制度同时引入普鲁士的两半领土。关税法最终于 1818 年 5 月 26 日在整个王国内实施。

　　关税法的执笔人是卡尔·格奥尔格·马森,他见识广博,兢兢

---

① 国家参议院会议记录,1817 年 7 月 3 日,第 4 次会议。

业业，娃娃脸和谦逊作风下隐藏着改革者的冒险精神，对社会生活也有着深刻洞见。马森生于克莱沃，最初在家乡担任普鲁士官员，后来在贝格大公国任职，研究了下莱茵伟大的制造业，随后在波兹坦政府中了解了东北部经济生活。马森用大量的实践经验补充了亚当·斯密的经济理论。也正因如此，他的关税法计划并非某种现成理论的产物，而是源于三个不同行政领域的工作经验。首先要解决的问题是，通过解放国内贸易，在全国范围内形成一个活跃的利益共同体；第二，为国家打开新的收入源头；最后，针对具有巨大优势的英国工业，既要保护本国制造业，又不能完全消除国外竞争带来的强大动力。在制造业者的希望同国家财政发生矛盾的地方，必须以国家财政为重，这种优先性是由国家经济需要决定的。

关税法的前两段内容宣布，普鲁士全国范围内货物进出口和运输均自由。如此一来，除奥地利以外的半个德意志就形成了自由市场，并由此组成了一个经济共同体，幸运的话，该共同体将扩展到另外半个德意志。普鲁士的社会生活具有多样性，并由此产生了各种冲突，所以如果能证明这套经济制度可以在不伤害其经济生活的情况下，也适用于波森和莱茵兰，那么就足以证明它只需略微修改就能适用于巴登和汉诺威。正如马森一再强调的，普鲁士同那些渴望关税同盟的国家面临同样的问题，正是因为普鲁士经济利益的多样性，它才比其他国家更有可能找到出路。但要贯彻这种理念，即废除所有关税，对于普鲁士而言也比其他国家更为艰难。首先，这种想法非常不切实际。鉴于普鲁士身处的恶劣环境，我们必须管理一条长达 1,073 英里的关税线，因为那些与普鲁士接壤的德意志小邦绝大多数没有有序的关税体系，许多国家甚至在原则上支持走私。这迫使普鲁士财政官员们制定一套简单明了的关税价目表，将大量商品分为少数几类。英法那种全面而复杂的关税价目表需要大量关税人员，于普鲁士而言，其成本甚至高于关税本身所得。正因如此，马森决定根据商品重量征税，而其他国家均是根据主流经济学理论，按照商品价值征税。根据价值定税将极大地增加关税管理成本，再者，抬高贵价商品的税收将强烈刺激走私，而这对于无法有力监管边境的国家而言，如同雪上加霜。

在贸易政策问题上，财政考虑也是决定性因素。普鲁士当时有

338

两条路可选[①]：其一是仿效英法，建立禁止性关税，以此作为同西方国家谈判的工具，并一步步通过区别性税收方便贸易发展；其二是在国内迅速建立温和关税体系，希望环境压力迫使邻国采取类似措施。马森对后者信心十足，特别是考虑到高保护性关税的收益微不足道，根本无法满足国库需要。唯一禁止进口的商品是盐和纸牌，原材料免税或者低税。向工业制成品征收的温和保护性关税不超过 10%，走私贸易的利润通常也就这么多。但是对殖民地产品却征以高达 20% 的重税，因为普鲁士的海岸线容易监管，可以对这些产品实现有效征税。

这是当时最自由、最先进的经济法，尽管其他国家都在嘲笑普鲁士空想家们的妇人之仁，其实他们根本无法理解这种经济思想。在现代英国，威廉·赫斯基森（William Huskisson）被誉为"全球最伟大的人物之一"，所有文明国家都钦佩他对自由贸易的论述。但在专制王朝中的马森就没这么好命了，他的名字哪怕在国内也只有少数人知道。19 世纪的自由贸易运动并非起于英国，而是普鲁士。复辟的法兰西王国在 1816 年设定的关税价目表中，继续坚持拿破仑对外国手工业制品的禁止性税收。这些贪婪的流亡者甚至对所有国内产品征收高税，尤其是牛肉和羊毛。即便在英国，也只有一小部分商品种类争取到了自由贸易。地主阶层仍坚持高谷物税，船主们支持克伦威尔的航海条例，手工业者也强烈拥护严格的禁止性关税。大多数有教养人士都认为，亚当·斯密的抽象理论绝对配得上格拉斯哥教授席位。但正是柏林政治家们的勇敢举动，才让英国自由贸易者们有勇气公开讨论自己的想法。1820 年 5 月，英国自由贸易者的请愿书从伦敦递交议会，请求"效仿普鲁士为世界树立的光辉榜样"。赫斯基森提出，"商业本身不是目的，它是在国家间扩散财富和舒适生活的手段"，并向同胞呼吁："其他国家正在文化和工业上不断进步，英国决不能原地不动"，他说这些话的时候，心里想的正是普鲁士。

新关税法对普鲁士政治家的自由贸易观念而言，是远远不够的。财政部官员很清楚，大部分关税收入都源于殖民地产品，国库

216

[①]　艾希霍恩事后回顾时提出的这种说法，见 1834 年 2 月 7 日的部级公文。

从其他税收上所获甚少。但他们也承认，纳税人的情绪为每种税收体系设下了限制，如果对咖啡征税而茶叶免税，那么舆论绝不可能原谅政府。马森拒绝单方面照顾某类产品，他期待农业、工业和商业团结合作，保护性关税不过是权宜之计，只是为了帮助德意志工业逐步强大起来。1821 年第一次修订关税制度时，我们就迈出了朝向自由贸易的一步，进一步简化了关税，并免除了数种税收。1818 年关税法为西部省份制定了特殊关税制度，税率更低，也消除了东西省份之间的所有差异。无论在形式上还是实践中，1821 年关税都为后来关税同盟的所有关税打下了基础。

国家参议院参与这场改革时，我们在经济上的不成熟导致大量激烈谴责爆发。民众称无法忍受生活成本提高；手工业者认为"通往英国商品垄断"的大门被打开了，大量请愿书向王座涌来。普王本人相当赞同马森的计划，仍要求进一步检验已批准的关税法。1818 年 9 月 1 日，关税法公布，但直到次年，新的边境海关工作人员才开始正式工作。1819 年 2 月 8 日，关于国内消费品收税项目的补充法案发布，只有葡萄酒、啤酒、白兰地和烟草需要纳税，而且由生产商缴纳。

217 　　整体而言，这部新法案采取了介于自由贸易和保护性贸易之间的道路，只在一个方面严重背离了温和自由贸易原则：向过境货物征收相对高昂的税费。平均每英镑过境货物缴纳 0.5 塔勒，但在一些重要贸易路线上收费高得多，这无疑给日常商品增添了相当沉重的成本，尤其是那些不得不多次穿越普鲁士领土的商品。之所以如此规定是出于财政需要。普鲁士控制着中欧最重要的几条商业路线：荷兰和中欧高地国家之间的道路，波兰谷物出口的古老路线，莱比锡通往出海口、波兰和法兰克福的道路。据估算，进入普鲁士的商品中有一半经由陆路运输，这是普鲁士从支离破碎的领土上能获得的唯一好处，因此快要见底的国库绝不可能放过。此外，所有熟悉关税事务的人都会同意，只有通过过境贸易关税，才能保证边境关税体系的财政收益。如果我们允许免税运输过境，就会打开通往一切欺诈行为的大门，汉堡、法兰克福和莱比锡的大量走私运输将闻风而来，这会危及整个改革。但为何过境税有高低之分，为何政府要坚持征收邻国无法忍受的过境税，就只能通过政治来解释：柏林内阁以过境税为谈判工具，诱使德意志小邦拥护普鲁士商业政策。

建立德意志共同商业政策的梦想，曾在维也纳会议上被普鲁士全权大使们认真考虑过，但在柏林已被抛弃良久。无论根据空洞的邦联体制，还是各邦国的关系，这些计划都是白日做梦。哈登贝格深知，维也纳宫廷不可能改变传统的省级关税体系，也不可能将非德意志的王室领地纳入邦联关税体系。但其余德意志地区仍保有世界主义时代的大量残余：汉诺威依赖英国，石勒苏益格-荷尔斯泰因仰仗丹麦，卢森堡也同尼德兰联合王国保持着密切联系。只要这些外国势力继续存在，德意志关税体系就无法构想。此外，德意志邦联中许多邦国的宪法也造成了难以克服的障碍。普鲁士关税改革建立在普遍法观念的基础上。只要封建寡头继续统治，梅克伦堡贵族就不可能放弃免税权，萨克森贵族也不会放弃同封建特权密切相关的一般消费税。在汉诺威，王室收入和封建税收收入仍然彼此独立，怎么可能引入预示着国家经济统一的普鲁士关税体系？此外，关税体系与国内消费品税收关联密切，只要诸小邦决定效仿普鲁士建立间接税体系，或者尽可能贴近普鲁士的措施，建立相互适应的税收体系，就有可能实现永久性关税同盟。但是此时此刻，莱茵联邦和维也纳会议的阴谋已经大大激发了各宫廷的自私傲慢和寡廉鲜耻，怎么可能有如此牺牲精神？即便是那些尚存善意的国家，也不可能马上接受普鲁士为确保从税收中获取足够利润而提出的严苛方案。艾希霍恩随后宣称，世易时移，人们必须适应，必须评估各自国家的政治经济需要，以及为了覆盖国家开支而必须付出的代价："在没有澄清这些问题之前，共同协商，特别是邦联议会上的讨论，必定一无所获。"①

形势所迫，普鲁士只能不考虑德意志邻邦，采取独立行动。许多善良的人认为，普鲁士应该允许德意志其他地区的商品自由进口，只对外国商品征税。这种孩子气的想法一旦付诸实践，必定让边境进口失控，也必定让关税改革的经济和财政目标双双落空。因此我们甚至不可能对德意志商品降低征税。德意志诸小邦的边

218

① 艾希霍恩，给德意志宫廷大使们的指令，1828 年 3 月 25 日。

境错综复杂，满是漏洞，有时甚至无法控制，它们是普鲁士财政最危险的敌人。这些国家出具的原产地证明文件，不足以让柏林政府部门获得精确数据。只要这些邻国缺乏完善有序的关税制度，边境上的每一次减税都是对欺诈行为的鼓励。再者，如果普鲁士给德意志小邦开绿灯，肯定会招致外国报复，那么我们会被迫形成歧视性关税体系，而这绝非普鲁士政治家们的目的。对于财政部而言，歧视性关税比保护性关税更糟糕，因为后者是为了本国生产者的利益，而前者则便宜了外国生产者。

219

若要彻底实现新关税体系，只能在一开始就对所有非普鲁士商品一视同仁。这的确会严重触动邻邦的利益，因为它们对普鲁士的活跃走私行为被如今严格的边检所阻止。新省份边境上的税收关卡也扰乱了既有的商业贸易。普鲁士在莱比锡大门外设立税收关卡后，萨克森王国所受影响最为严重。莱茵河流域的小国家们近距离目睹了普鲁士国家经济的振兴，但凡事皆是此消彼长，因此普鲁士近邻的强烈恨意也就可以理解。而且，按照重量收取关税的确给许多邻国增添了沉重负担，因为从外国进口的都是大宗商品，而重物往往是从其他德意志地区进口的。

不过话说回来，尽管此刻还不可能给诸小邦以特殊照顾，但普鲁士关税改革从一开始就计划逐步将邻邦拉入普鲁士关税同盟。十年后，艾希霍恩简洁有力地总结了普鲁士商业政策的精髓："我们承认无法建立覆盖整个邦联的关税同盟，但可以通过一份份单独协议达到同样的目标。"破碎的领土迫使普鲁士采取一种德意志政策，因为它无法与德意志邻邦一刀两断，也无法在未与后者达成共识的情况下实施统治。当时，普鲁士的图林根领土有很大一部分，约41平方英里，必须从关税线上划出来。税收关卡至少要扩展到让整个国家实现税收均等，这一点至关重要。关税法本身的目的就是通过商业条约的方式实现贸易互惠，高昂的过境税就明确体现了这一点。哈登贝格在关税法付诸实施前，就明确提出了关税法的这种目标。莱德（Rheidt）和其他莱茵城镇的手工业者请求废除德意志内部关税时，首相于1818年6月3日回复，政府很清楚若干德意志国家组成制造业和商业同盟将带来巨大好处，而且国王的计划正是不断思索并实现这一目标。"这项计划的核心

220

精神是，报复外国商业限制，回报善意举动，睦邻协作，共同获益。"首相也告诉埃尔伯费尔德（Elberfeld）的手工业者，税收关卡就是要为"更大范围的关税同盟铺平道路"。

这等于明确宣布，这个曾长时间掌握帝国之剑的国家，正在重启 16 世纪帝国的经济-政治改革计划，而且准备一步步为国家建立起前所未有的统一经济生活。这个目标不可能一蹴而就，哈登贝格希望通过与单个国家签订单独协议的方式，不断向目标谨慎逼近。在这个辛劳的世纪中，金星和水星才是国家的命星。霍亨索伦家族的军事体系和商业政策从此形成了两张名片，普鲁士对德意志支配权的诉求就以之为基础。制定商业政策是君主及其幕僚的专属工作，即便日后这项政策的终极目的被彻底揭示出来，仍遭受民众的盲目抵制。宗教改革时代，祖国的经济统一因帝国城市的反抗而失败；19 世纪，在明确违背大多数德意志人意愿的情况下，经济统一被重启并完成。

德意志所有党派都激烈反对普鲁士的关税法，霍夫曼徒劳地在《普鲁士报》上认真反驳报纸上五花八门的抨击言论。贸易保护主义者既要求保护德意志工业，又痛斥提供这种保护的高关税。自由主义者既讽刺邦联议会是个无用至极的机构，又要求该机构提供具有创造性的商业政策法案。霍夫曼努力证明，新的关税法有益于德意志，许多萨克森政治评论家马上反驳道，任何国家都无权强迫邻国获利。荒谬的故事披着可靠的外衣，被无知民众照单全收。有个故事信誓旦旦地保证，某个可怜的罗伊斯小贩推着满满一车蔬菜去莱比锡赶集，不得不向海关缴纳 1 塔勒过境费——这个故事唯一的不实之处在于，普鲁士从来不向这些货物征税。每当事与愿违，德意志人就诉诸情绪。控诉普鲁士的情绪迅速汇聚，关税法实施第一天，朗根萨尔察的一位关税官员就遭遇愤怒的哥达爱国者刺杀，后者也随即自杀。民众痛苦地认为，威廉三世一定心怀慈爱，但"财政考量玷污了最慈爱的意图"，似乎无人理解这些财政考量的必要性。自由主义爱国者普遍相信，只有让已经统一起来的半个德意志再次被打乱，才能形成梦寐以求的德意志统一市场。

普遍不满并没有影响克勒维茨，他始终坚定支持关税改革。但

221

在制定工业政策时，面对当时极端保守主义偏见，政府就显得没那么坚定了。专家官员们在《普鲁士报》上一遍遍向疑虑重重的读者们解释自由工业的好处，但政府还不敢将1811年工业法案引入新省份，他们允许与普鲁士统一市场相抵触状态持续存在了一代人之久；在萨克森，古老的行会制度得以保留；在莱茵河流域的威斯特伐利亚地区和旧省份中，工业自由已然普遍存在，前者遵循普鲁士法律，后者遵循法国法律。

　　腓特烈·威廉三世统治最后阶段和腓特烈·威廉一世统治时期的相似之处在于，司法体系基本没有受到国家改革行为的影响。旧法律仍在使用，国家就不可能在各领域同时取得显著进步。萨维尼拒绝在当时改革民法，他是正确的。我们的普遍法法典已经存在了一代人之久，大多数贵族成员仍骄傲地将其视为经典杰作。尽管没有任何新成就，但科学的发展已经将苏亚雷斯（Suarez）的观点抛在身后。威廉三世明白，民法的基础是旧的等级划分，但它早已被1807年改革所废除；由于民法和刑法都急需重建，拜梅便负责修订腓特烈法典。尽管拜梅是个颇有声望的自由主义者，但他一如既往地没有任何成就，君主多次敦促他废除世袭司法权，可是两年间他没有任何重要举措。全面改变腓特烈法典的时机还不成熟，但也不能在全国范围内实施这部一半过时的法典，它的缺陷就连君主本人都无法否认。结果就是，被收复的旧省份立刻引入了普鲁士民法典以及古老的法院体系，但也存在大量例外。在威斯特伐利亚，只有有权实施世袭司法权的权贵提出特殊请求，才会恢复该特权，而且这种情况也只有4例。在波森，由于波兰贵族并不可靠，政府便彻底放弃了重建世袭法庭的想法，但允许口头审理一些简单的司法纠纷。萨克森曾有官司耗时漫长的恶名，因此根据老普鲁士标准重建法律体系的举措让人人称赞，只有律师们大声抱怨自己的事业没落了。新西波美拉尼亚保留了普遍法和久负盛名的格赖夫斯瓦尔德上诉法庭，因为人们认为这些都属于他们古老的自由权利，而且在《基尔和约》中获得了保证。

　　意料之外的大麻烦发生在重建莱茵河流域法律体系的行动中。泽特受命组建莱茵临时法庭，他是来自克莱沃的忠诚普鲁士爱国者,曾服务于贝格大公国,并在那里熟知了法国法律。对于这项任务,泽特尽职尽责,毫无偏见,封建党派骂他是波拿巴主义者,莱茵河流域的平民怀疑哪里都有裙带关系,这些都与他无碍。[①] 1816年6月,科隆组建了一支特别委员会,泽特任主席,前领地法官西蒙也是成员之一。这个委员会的任务是调查莱茵地区的法律是否能同普鲁士法律相调和,普王也明确指示该委员会:"利用一切有用之物,无论它属于哪里。"

　　我们还陶醉在胜利中时,所有德意志主义者,甚至莱茵兰的人们,都认为废除拿破仑法典是维护国家尊严的重要步骤。萨维尼称这五部法典是大限已至的政治疾病,这种说法获得了广泛认同。人们已经彻底遗忘了祖国的法律史,狂热的条顿主义者甚至认为,公开口头审理都是一种专横的革命性发明,可这明明是古代条顿人的特色,只是在法国法律体系中被复兴了而已。在此期间,国家情绪已经彻底改变了。各省的精神觉醒,开始颂扬故乡的独特之处。《拿破仑法典》是莱茵河地区的法律,因此只要法律诉讼的成本不太高,它就是值得钦佩的法律。只要说起普鲁士法律,人们马上想到科隆选帝侯国和特里尔选帝侯国的笨重法律体系,绝对不希望莱茵兰再回到那一团乱麻之中。此外,公开审理似乎是地方自由的堡垒,因为莱茵兰居民的政治命运不断变化,他们早就学会了不信任任何政府。普王召集地方专家并咨询他们的意见,大多数人表示他们更愿意保留《拿破仑法典》。科隆、特里尔、科布伦茨和克莱沃的市议会直接请求国王,甚至请求坚决反对法国法律体系的省长佐尔姆斯·劳巴克,声称根据省内普遍情绪,不可能废除公开审理程序。[②] 泽特急切地想为全国打造统一的司法体系,但他明白这个目标遥不可及,也逐渐意识到法国法律体系的巨大优势。《拿破仑法典》是诞生于罗马法和习惯法(主要源于条顿)的混合物,德意志不能将其单纯视为一种外国法律体系,因为罗马法曾长期与德意志共存。《拿破仑法典》准确简洁、内容深刻、逻辑清晰,相比之下,普鲁士民法典隐晦而冗长。此外,莱茵地区到处都是资

223

---

① 科切伊森给哈登贝格的信,1815年12月7日;给泽特的信,1816年1月5日。
② 佐尔姆斯·劳巴克,关于于利希-克莱沃-贝格的情况报告,1819年8月18日。

产阶级,哪里有建立世袭法庭或腓特烈时代严苛封建法的基础呢?

经过两年研究调查,委员会向普王呈交了讨论结果。委员会建议,莱茵法律体系应该保留到普鲁士法典被修订完毕,并详细描述了陪审审判将让人民保持鲜活的法律观念,激发对法律的热爱,限制官员专权,扩大狭隘的法律文化。这份备忘录严重刺激了生活在旧司法观念中的科切伊森,他尤其担心如果莱茵地区保留陪审制度,会损害旧省份中公众对法庭的信心。他生气地反驳道:"公开审理和非公开审理之间有令人厌恶的差异"。他说,即便在旧省份,判决也不是私下作出的;德意志有句老话,"法庭在哪里,公道就在哪里",这句话非常适合普鲁士,因为普鲁士挑选法官比法国谨慎得多;每个现实问题中都包含着法律问题,后者只有法律专家才能理解;不允许法官在法律与民意发生冲突时,随意削弱法律的力量;普鲁士也不可能放弃在证据不足的情况下,严惩被告的权利。[①] 陪审制是老派法学家们的主流观念,他们习惯遵循明确的证据规则。司法部长仔细收集了针对陪审制的一切合理不合理的反对意见,政治焦虑情绪并没有影响到他,因为陪审制尚未成为自由主义理念的一部分。

但是拜梅支持委员会,并获得了国王的批准。在莱茵河左岸和贝格,法国法律体系继续暂时运行;6月21日,莱茵地区最高上诉法庭在柏林成立,泽特任负责人;同样杰出的法官和学者丹尼尔斯掌管科隆上诉法庭。莱茵地区人人都知道这位天才,说他酷似苏格拉底,有关他惊人记忆力和堪比乌尔比安的洞察力的故事到处流传。丹尼尔斯的个性中融合了德法文化,对法国法律认知精深,就连法国人都将他奉为该领域的顶级专家,但他也是一位德意志法学家,所有想要穿越古老科隆选帝侯国法律迷宫的人,最后都不得不求助于他的详尽注释。在他的领导下,现代莱茵律师阶层开始成型,他们以莱茵法律体系和这一地区繁荣的法庭抗辩为荣;但他们尽管对法国政治智慧很敏感,却不理解德意志东北部的真正特点。这个阶层组成了普鲁士政治生活中的一股全新力量,其势力不断增长,当自由主义开始呼吁陪审制时,甚至化身民众自由的

---

① 科切伊森关于莱茵省份司法体系的观点,1818年7月。

象征。

　　普鲁士无数迫切政策问题中还有个麻烦,即 1814 年军事法是否经得住放松且贫困岁月的考验。大多数将领都坚持沙恩霍斯特和博延的理念,格奈泽瑙更是不厌其烦地强调,后备军是"加油站",只有它能让国家在强敌环伺中保持坚强。在这个方面,任何国家都无法与普鲁士匹敌,因为只有它拥有如此忠诚、勇于牺牲且有高度教养的人民。但所有外国大使都明确反对新军事体系,一些人是因为害怕普鲁士的普遍兵役和强大的国民军队,另一些人则因为本能地将这项大胆革新视为一场理想主义美梦。外国人还是没理解沙恩霍斯特的理念。法国老兵们已经遗忘了最近遭受的重创,认为普鲁士的后备军不过是"娃娃兵"。沙皇则真心实意地多次提醒普鲁士将军们,这样一支半职业军队既无法打仗,也无法镇压叛乱。

　　博延精彩的备忘录甚至没能完全说服高级官僚。比洛和拜梅公开要求返回旧军事体系,其他党派不明人士则提出一些有利于上层社会的平庸建议。舒克曼认为一个有教养的年轻人最多训练 6 周就能成长为合格的步兵。佐尔姆斯·劳巴克建议,波恩大学和杜萨尔多夫大学的学生在周日偶尔训练一下就行了。舍恩看不起练兵场上的门道,要求由地方议会指定所有提拔到上校的后备军军官,还说每年训练 3 天就足够完成一名志愿者的军事教育。[①] 这种如此蔑视严格军事训练的观点风靡各个政治家圈子,也出现在罗特克的作品中。普鲁士的著名政治评论家中,几乎无人理解,一个真正适合战争的军事系统最重要的先决条件是什么。就连颇有学识的莱茵爱国者本岑贝格都在给格奈泽瑙的信中称,佳姻庄战役已经让我们的民族知道,练兵场上的各种折磨都毫无必要。阿恩特则渴望在和平时期有个永久性参谋部就足够了,后备军将完成剩下的事。畅销书《普鲁士高于一切》(1817)的作者也认为常备

225

---

① 舒克曼呈交哈登贝格的备忘录,1817 年 7 月 11 日;舍恩的备忘录,1818 年 6 月 21 日;佐尔姆斯·劳巴克的备忘录,1818 年 9 月 21 日;舍恩给博施特勒将军的信,1818 年 6 月 29 日。

军是浪费,只要通过各个社区维持一支后备军就够了。热情拥护按比例摊派税收的地方主义者,也极力要国家军队服务其特殊目的,建议组建 10 支独立的省级后备军团,由各省议会监管。波兰贵族尤其支持这种意见,态度之热情令人起疑。冯·博亚诺夫斯基(von Bojanowski)和其他波森乡绅屡次陈述,"没有民族情感,就没有后备军",如果普王允许这里拥有独立后备军,波兰贵族将纷纷投至麾下。[1]

政府开始实施这部军事法时,各地都有反抗,莱茵省份最激烈,因为这背离了所有人的期待。在莱茵兰,老百姓认为短期兵役是废除拿破仑式严苛兵役后的缓和之举,哪怕上层人士都不说二话地服从兵役,因为这符合法律面前人人平等的理念。但是大声谴责的也大有人在,他们是东部地区曾经的特权人士,是曾免于兵役的大城市,是新西波美拉尼亚和萨克森骄傲的贵族。柏林市政代表们三次要求恢复他们社区的古老军事自由,直到普王威胁要惩罚那些在报纸上实名支持的人士,他们才作罢。1817 年夏,布雷斯劳的后备军宣誓入伍时,暴乱发生了,不过可以确定的是,部分官员的无能和布雷斯劳暴民臭名昭著的好勇斗狠,是导致暴乱发生的更重要的原因。只有专制王权才能于荆棘丛中劈出一条路,才能为德意志保住新军事组织的原则。当时如果召开普鲁士全民大会,必定会立刻展开反对普遍兵役的斗争。

推行军事法的过程中遭遇了许多严重的技术性难题,这些难题似乎进一步证明了外国的所有怀疑和焦虑揣测。由于财政吃紧,后备军的武器配备极为缓慢。第一次征兵时,博延和财政部长争执良久,才最终获得了必要的物资,即便如此,到 1819 年 12 月仍缺少 8,415 杆毛瑟枪,许多县自发地给士兵配备随身武器和毛皮帽子。第二次征兵时就更加捉襟见肘了,共需 174,080 杆毛瑟枪,缺 135,559 杆。[2]

由于财政吃紧,常备军的数量从一开始就很少。军事法承诺,常备军的数量根据国家现状来定。1815 年 11 月 21 日增补的后备

① 克勒维茨从波兰发来的报告,1817 年 9 月 24 日。
② 后备军武装情况报告,1819 年 12 月。

348

军条例更为温和地宣布："在未来，后备军也将被算在常备军之中。"结果，普鲁士和平时代兵力仅是总人口的 1‰，包括驻守法国的部队，总共 11.5 万人，不超过 1806 年的数量。无疑，现在征召入伍的士兵要连续服役 3 年，相比旧军事体系末期的军人，他们将接受更细致的训练。旧时代的军人休假过于频繁，虽然要服役 20 年，但大多数人待在军队的日子大约只有 22 个月。此外，军队集中在要塞和大城市里便于训练，尽管许多被废除的驻兵小城纷纷向君主请愿，这种集中规模还是保留了下来。这支虚弱的和平时代军队，拥有 38 个（后来达到 44 个）步兵团，远不足以为全国适于入伍的年轻人提供军事教育。战争结束后人口迅速增长，这种不足更为严峻。这支常备军的 1/3 都是再次入伍的老兵，他们自愿在 3 年兵役后延长服役。这是职业军人的传统，而且在这个生计艰难的时代，入伍不失为令人满意的职业。于是，大量适于入伍的人被排除在外，而且从一开始，这种筛选就严重缺乏统一标准。有的地方，征兵委员会直接就让这些过剩人选免于未来的兵役，而在有的地方，如果征兵官是个偏爱"大高个"的老普鲁士人，就会根据身形挑选战士。最终，能否被挑选入伍成了运气，那些无法进入常备军服役的人被草草训练 3 个月，就作为新兵加入后备军。

　　如此一来，后备军的组成人员部分是老兵，部分是草草受训的新兵，但仍保持独立的后备军官却逐年堕落了。有作战经验的后备军官逐渐凋零，一些年轻的志愿兵在经过一年服役和短暂操练后就成为新军官，他们几乎比麾下的部队更缺乏经验。正规军和后备军之间唯一的纽带是后备军巡视员，他们隶属于正规军，每个行政区都有一位巡视员。威廉三世竭尽全力增强后备军的军事自信，给他们授军旗，组建后备军卫队，并指派王子们担任后备军中队长。将军们也习惯了在演习后赞颂后备军，尽管后备军根本无法同训练严格的正规军相比。于是，后备军在解放战争中开展战斗的各色故事开始在全国流传，人们将后备军视为战争的国家军队，视为普鲁士的支柱。民众聚集观看后备军演习，就连官僚集团也偏爱后备军，因为后备军官中有相当一部分都来自官僚阶层。

　　但是，军事目光敏锐的国王已经发现，这些后备军团相当缺乏作战力，克勒斯特也毫不隐讳地表示，后备骑兵意义不大，哪怕是

228

步兵，在大型演习中也只有在专门被指派的正规军将领指挥下才能发挥作用。[①] 可是由于正规军人数不足，后备军在战时必须马上对敌作战。1813 年夏天这还是极端形势所迫的权宜之计，而今这势必成为惯例。一旦开始军事动员，军队人数必须马上增加到 29.8 万，其中一大半是后备军。哪怕是出于外交理由的军事展示，普鲁士也势必马上召集 33 岁及以下所有适于入伍的人加入部队，而这将让成千上万的家庭失去顶梁柱，随即严重扰乱国内生活。由于当时笨拙的信息交流手段，后备军至少要 5 周才能抵达战场，但短短 5 周怎么补得上后备新军的草率训练？更糟糕的是，普鲁士领土的局势并不乐观，它已经同其他三大国直接接壤，也就没有波兰和莱茵兰可以作为战略缓冲地带。光是这一条，就已经足够令人焦虑了。普王不停地寻找能正确解决普遍兵役制中所有军事、政治和经济问题的方法，并同维茨莱本讨论此事。新军事体系最大的缺陷是无法让全国青年人经受军事训练，这个难题目前无解；此外目前国家岁入和经济能力也无法匹配正规军必要的开支上升。但是，在和平年代，难道就不能让后备军同正规军亲密无间，从而让国家军队不再由差异巨大的两部分组成吗？普鲁士军队组织者现在也面临着卡诺（Carnot）曾经的任务，而后者别出心裁地将波旁王朝的白色战斗军团同共和国的蓝色国民军熔为一炉，缔造了新的半旅。

　　君主和外交部长在这些讨论中发生分歧。博延当然不相信关于后备军的辉煌传说，但他还是高估了后备军的军事能力。他的判断基于在比洛部队中亲眼看见后备军团的不俗表现，可是在贝纳多特（Bernadotte）的松散领导下以及后来难度不大的荷兰战役中，后备军几乎没有遇到强行军或者艰难任务。威廉三世却清晰地记得，克莱斯特的后备军在德累斯顿战役后糟糕的雨天里表现得有多软弱，他也记得，1815 年战役中被敌军打散的军队中有 3/4 都是后备军。为了避免重蹈覆辙，普王希望后备军同作战部队共同训练演习，一个作战旅和一个后备军旅合并成一个师，派遣正规军军官指挥后备军，并担任后备军的高级指挥官。博延却建议继

---

① 克勒斯特提交普王的报告，关于萨克森后备军演习，1817 年 11 月 24 日。

续保留正规军和后备军一分为二的体系,应避免战士和平民之间的摩擦,完整保留后备军的特殊精神。

与此同时,梅克伦堡大公卡尔最先公开攻击新军事体系。1818年春,他给普王,也就是自己的妹夫写了一份长长的备忘录,其中并没有提出什么方案,而是阴恻恻地描述了威胁王权的危险因素,比如出版许可、学生的放纵,特别是博延的军事组织体系,该体系会将军队送到有可能发动叛乱的分子手中,后备军的军械也很容易被那些危险分子利用。[1] 最后,反对派也终于敢说话了。克内泽贝克同意卡尔大公的意见,而曾极力支持普遍兵役的奥古斯特亲王,也认为后备军的缺陷过于严重,因此推荐重启长期服役带延长休假的旧式兵役制。维茨莱本怒不可遏地痛斥这些人"打算让君主远离人民,让头颅远离身体"。他激烈反驳道,普遍兵役是"团结全国的纽带,这根纽带的线头要掌握在君主手中"。威廉三世没有被妻兄误导,不过他也承认,全民皆兵是件危险的事。推行普遍兵役将是一项艰难的工作,对这项工作的责任感重重压在君主心头。他曾对维茨莱本说,只有普鲁士给人民如此沉重的负担,而且我们还无法绝对公正地落实,也无法让所有能扛枪的人接受训练。[2] 普王最终同意,新军事体系尽管存在诸多缺陷,但它是旧体系和武装民族之梦之间,一个相对令人满意的选择。威廉三世从未背离沙恩霍斯特的理念,但他认为后备军和正规军必须统一,而且因为博延固执地反对这个颇有道理的计划,威廉三世和他的国防部长之间渐生嫌隙,这最终导致了博延垮台。

仅仅几年时间,普鲁士就迅速习惯了这种一开始备受嫌弃的新军事体系。普遍兵役原则明显很公正,参军光荣也符合一个阳刚民族的自然情感。尽管负担沉重,但并没有造成毁灭性影响,因为在婚姻、居地、商业和工业上,普鲁士享有德意志小国无法想象的自由。一开始的时候,老柏林市民看见一个普通士兵驾驶一辆轻

230

---

① 可以根据维茨莱本1818年1月25日提出的回应中确定这份备忘录的主要内容(见维茨莱本的《多罗》,第93页)。备忘录作者的身份是根据维茨莱本1819年5月日记中的一条评论推测的。
② 维茨莱本的日记,1819年5月9日。

便马车还直摇头，很快"一年兵"就司空见惯了，并且也形成了规矩：即"一年志愿兵"并没有按照立法者的设想进入狙击兵或卫兵，而是被分配进距离驻地最近的部队，如此一来，这些受过教育的青年人就散入了整个部队。事实证明，普遍兵役是整合新旧省份最有效的手段。大量萨克森、威斯特伐利亚、法国、波兰和瑞典军官，迅速同旧普鲁士军官在繁忙的工作中团结一心，因为每年都有 1/3 军人是新军，需要训练，这让军官们在和平时期也事务繁忙。在军队这所学校中，波兰省份没规矩的青年人学会了守纪律、讲卫生和懂礼貌，许多人开始学习说德语。尽管不舍得儿孙入伍的莱茵农民说"孩子落在普鲁士人手里"，尽管萨克森省的许多战士抱怨"服役外国部队"，但军事训练对于年轻人极有好处。阿恩特在这类事情上一向目光敏锐，很快发现这些省份的年轻人开始不同于小邦国中的同胞，后者中仍盛行着一种善良温和的小市民气息，前者身上却可见明显的"普鲁士作风"，那是一种坚决甚至有些傲慢的自信，在普鲁士邻国中臭名昭著，尽管有时会变得极其不合群，但相比旧时平静生活中的胆怯软弱，更加符合一个高贵民族的性格。普鲁士正是通过军队获得了一种民族精神，一种稳稳立足于世界的骄傲感。这种军事骄傲完全是德意志式的，它植根于一种信念，即德意志的命运最终系于黑白旗帜。

普遍兵役制源于一种政治理想主义，它让我们想起古老国家理念的活力，这种自由而开阔的国家观念也展现在教育中。过去几年中始终保持敏感的人们越来越坚信，我们必须将普鲁士国家和新民族文化的调和当成永恒成就保留下来。我们要进一步推进伴随柏林大学建立而开展的工作，要全面实现老普鲁士的普遍义务教育理想，要用新科学精神武装中小学教育，为这个腓特烈国家在智力生活中获得一席之地，一个配得上普鲁士军事成就的位置。阿尔滕施泰因男爵执政的 23 年中，这项任务大体完成。普鲁士在艰难求生的岁月中不得不让科学自生自灭，但后来逐渐利用各种资源大力支持民众教育，其程度超过当时所有国家，因此普鲁士教育机构在欧洲首屈一指。这也从现实中推翻了一种源于不幸历史经验的德意志偏见，即智力生活只能在小国中繁荣昌盛。阿尔滕

231

施泰因生于法兰克尼亚，从一开始就倾向于哈登贝格式的官僚观念，非常擅于吸收领导的想法，因此就连施泰因也愿意让他起草立法提案。施泰因下台后，阿尔滕施泰因变成了国家领袖，这于他而言是个灾难：他是个聪明人，清楚危险在哪里，但他生性软弱，缺乏解决危险的力量。他可以数小时不间断地陈述自己对正反两方面的考量，却无法发布命令，他的清晰敏锐和优柔寡断同样令人震惊。后来在第二次巴黎和谈期间，他负责收回被法国偷走的书籍和艺术品，这项工作依赖专业知识，于是他不凡的学识再次引起了普王的注意，而在此之前，普王还深深怨恨他提出了割让西里西亚的懦弱建议。结果，在1817年行政大调整后，阿尔滕施泰因最终获得了最适合他的岗位。感谢仁慈的命运，他凭借这一阶段的工作成功抹去了1809年灾难性政策在同代人心中留下的糟糕印象。

　　阿尔滕施泰因精通各门类科学，而且最喜欢在平静的沉思中追寻自己的理想。于他而言，哲学是科学的王后，但即便在他钟情的哲学领域中，他也是个温和的接受者而非积极的独立思想家。他顺从地接受时代趋势，很快从费希特转向新崛起的黑格尔。他很看重自己的新职位，对自己提出了这样的任务：从黑格尔的意义上改造普鲁士国家，使之成为智识的王国。他年复一年地从抠门的哈登贝格身上争取必要的财政资源；如果国家财政吃紧，他就动用私人手段，为布道者的寡妇提供抚恤金，为年轻的艺术家和学生提供旅行津贴。他成了自由探索的忠实保护人，每当反对派激烈地谴责他，他总是用努力安抚他们道："时间终将治愈时代的诸多罪行。"

　　阿尔滕施泰因的世俗情感让他不太能理解最近觉醒的宗教生活。他认为组建自由新教教会组织的要求几乎同教皇绝对权力主义者的无限野心一样不利于国家，黑格尔不是说过吗，作为想象领域的教会必须明确附属于作为智识领域的国家。因此在宗教政策上，他坚持民法典中民政管辖教会的规定。国家首脑应直接按照新教原则领导新教会，按照天主教原则领导天主教会，控制这些教会的内部生活，并努力"改造"两者，使之适应国家。不过他谨慎地制订宗教政策，以确保其对国家的温和管控感到满意，而且也的确做到了，在如此艰难的环境中，维持宗教和平二十多年。阿尔滕施

十九世纪德国史(第二卷):组建德意志邦联

泰因在国家参议院中,以首相代表的身份主持工作,常常为激烈的党派纷争而焦虑不安。每当要作出艰难决定时,他总是站在哈登贝格一边,因为他早在法兰克尼亚岁月中,就对首相有着近乎奴仆般的忠诚。他需要强大的支持者,因为舒克曼不可能谅解自己的部门被拆分,并很快同枢密院官员坎普茨(Kamptz)和舒尔茨密谋反对这位同情心泛滥的新文化部长。

阿尔滕施泰因对自己的部门有所了解后,就写信给首相称:"整个部门死气沉沉,一定要让它再次活跃起来。"①舒克曼肯定不会在高等教育问题上自寻烦恼,因为这大大超出了他的视线范围。但是在参议员中,洪堡精神仍在延续,其中服务于教育部门的正是洪堡的友人苏维恩(Süvern),此人出身条顿堡森林,是个受过古典教育的语文学家,同席勒颇有往来,忠实于魏玛时代的理想主义。他渴望基督教统一,并且通过与加利齐纳公主(Galitzin)社交圈子的友好往来,理解了天主教会的精神力量。苏维恩与歌德有过多年亲密交往,由此愉快地接受了时代的各种文学活动。在柯尼斯堡,他在施泰因的领导下积极推进政治改革。全国的神职人员都记得,解放战争打响时,他号召基督教牧师们展现爱国精神时所说的那些豪言壮语。

阿尔滕施泰因着手工作后,发现一项艰难工作已经接近尾声,即两所大学的重建工作。哈雷的腓特烈大学曾在外国统治时期被关停两次,于普鲁士进入后重开。战争结束后,急需彻底整顿腓特烈大学,特别是因为它还要为图林根地区代替早就被废除的埃尔福特大学。还有一个相当棘手的问题,即在新教虔敬主义的故乡旁边,即维滕堡附近,萨克森选帝侯国的腓特烈大学能否继续存在。普王最不愿意用一种枯萎的地方文化影响柏林,他希望在一切可能的地方,在每个省份都能有一所繁荣的大学作为地方文化中心。如果不是万不得已,这位忠诚的新教徒绝不想干扰宗教改革的摇篮。但不幸的维滕堡已经没什么可破坏的了,这所大学一度雄踞德意志大学之首,却在两个世纪的时光中成了对古老光辉的讽刺,成了一种萎缩信仰的残渣,那里的宗教已经被神学窒息。

---

① 阿尔滕施泰因写给哈登贝格的信,1817 年 12 月 26 日。

354

18 世纪末，一股自由的空气最终吹进了这里，但为时已晚，挽救不了它的衰落。1813 年围攻战就是压倒骆驼的最后一根稻草：学生四散奔逃，图书馆毁灭，建筑烧毁，少数逃到施米德贝格的教授建议萨克森宫廷，将这所大学与莱比锡大学合并。

难道普鲁士要在这些废墟上，在一座注定是边陲的城市里，在如此靠近其他三所萨克森大学的位置上，建立一所全新的大学吗？活生生的当下要从辉煌的过去获取权利。哈雷的腓特烈大学尽管损失严重，但拥有比较完整的教学人员、机构和迅速增长的学生。1815 年 4 月，普王心情沉重地从维也纳发布命令，要求两所腓特烈大学在哈雷合并。就连维滕堡的教授们都不敢出言反对，1817 年春，其中 7 位教授加入了新的哈雷-维滕堡大学。但萨克森公国地的人民却抱怨，在宗教改革三百周年时，路德故乡的大学转移到了哈雷，他们愤怒地指责普鲁士挖出了萨克森土地的心脏。数年后，哈雷-维滕堡大学在阿尔滕施泰因的精心管理下繁荣昌盛，人们才开始明白普王的良苦用心，才发现摧毁两所行将就木的大学，没有对当地的智力资源产生任何损害。唯有维滕堡例外，政府为了补偿它曾打算兴建神学院，但它拒绝接受。一代人以后的 1848 年，维滕堡向柏林国民议会申请重建古老学府。

在接收西部省份时，普王曾承诺为其建立大学。这个新机构将马上取代彻底被摧毁的新教杜伊斯堡大学，以及被取消的天主教科隆大学、波恩大学和特里尔大学，不过天主教明斯特大学将作为神学院保留下来，如此一来，信仰平等的理念将很快成为主流。但是这所莱茵地区大学的选址引发了激烈争吵，从中暴露了西部教会人士的隐秘愿望。许多世纪以来，科隆都以拥有莱茵河畔最伟大的大学为荣，这座城市无论是辉煌的历史还是无数的艺术丰碑，都让其他城市黯然失色，就连尼布尔、申肯多夫和瓦尔拉夫这些以公正著称的人，都认为科隆才是莱茵兰的文化中心。弗里德里希·施莱格尔和他那些奉行教皇绝对权力的友人们，则以科隆的浪漫魅力为借口，完成了许多重大计划。神圣的科隆城自古就是神圣帝国中保护罗马天主教的壁垒，尽管有 1/3 的人口仍是乞丐，它的人民还是背上了愚蠢偏狭的恶名。在这里，16 世纪的蒙昧主义、后来的教皇使节和耶稣会，都曾大行其道。在这里，在总主教

235

宝座的阴影下,新教组织就像自由的世俗科学一样难以生存。在这里,只有不触动古老帝国昏聩精神的大学才能存在。在这里,任何大学都无法帮助西部马克同新教的北方相调和。一位聪明的莱茵兰人曾写信给哈登贝格:"那些坚定热爱科隆的人,在亲密交流中都不会隐藏他们的看法,即这所大学将成为反对派的阵营。反对什么呢?反对针对新教的天主教原则。政府越是熟悉这片土地,就越不会在科隆建立一所莱茵大学。"①苏维恩在莱茵地区参与设立教育机构,也提醒首相警惕这座主教城市的神职人员精神,推荐将大学建立在有着美丽城堡废墟的波恩。

就在波恩峡谷的一个转弯处,前面刚好就是莱茵仙境,或许应该建另一座海德堡大学,成为自由研究和欢乐学子的国度,吸引来自德意志各地的年轻人。舒克曼有一次从科布伦茨大门眺望绿色的河流和生机盎然的平原,凝视七峰山的陡峭山峰,不由得欢呼:"这才是适合我们的地方!"在这座小城里,大学就是女主人,代表着平静和自由。在选帝侯统治的最后岁月,一所活跃的大学曾存在十年之久,它代表着约瑟夫统治中更为自由的启蒙精神,反对科隆神职人员。普王最终在 1818 年 5 月 26 日,也就是批准新关税法的那天,决定选择波恩作为莱茵大学的所在地。

波恩大学是威廉三世统治期间建立或被彻底重建的第 4 所大学,或许也是普鲁士国王赋予莱茵兰的诸多福祉中最重大的一项。这再次证明了一个古老的真理,即最高教育机构的水平最终其决定了民族的文化水平。波恩大学的校长是活跃而富有经验的士瓦本人李福斯(Rehfues),胡尔曼(Hüllmann)、扎克、内格拉特(Nöggerath)、哈勒斯(Harless)和两位韦尔克一开始就加入了波恩大学,阿恩特也被哈登贝格的一封诚挚的信招揽而来:"请给这里的青年人定下人生观的基调。"几年后尼布尔接受教授席位时,波恩大学已经相当繁荣了。德意志的命运如此神奇地纠缠在了一起:普鲁士国家源于年轻的东北殖民地区,它将德意志文明的古老家园带回现代教养之中。在波恩大学以及与之相关的其他教育机

---

① 克勒维茨递交首相的关于莱茵大学的备忘录,1817 年 2 月 20 日。有关建立波恩大学的其他文献可参见西贝尔:《历史著作集》,第 2 卷,第 433 页。

构中,新教和天主教相互宽容,大多数莱茵兰人正是在这里首次接触了我们的古典文学作品,他们很快让古典文学在这个新世界生根发芽,让总是嘲弄这片主教领地之人愚昧无知的邻人们迅速闭嘴。

最初几年里,波恩大学的花费比其他所有大学加起来还多,于是便无法投资中学建设,但不屈不挠的舒尔策总能克服困难。每当为普鲁士招来一位好老师,他的眼睛就会发光,他是如此热爱知识,以至于人们会因此原谅他对新黑格尔主义的盲目信任。许多高中建立起来,尤其在波森和莱茵地区。1825 年共有 133 所高中,一开始需要从各处招募教师,普鲁士教师很快获得很高声望,甚至能向邻邦提供教师。阿尔滕施泰因也没有忽略初等教育。大量师范院校建立,它们很快开始提供拥有进步知识的教师,后者的学识远远领先于腓特烈时代的退役军官,但仍不时展现出"半瓶水"的坏毛病。东普鲁士教师尤其以粗糙的理性主义为人所知,上萨克森人丁特尔(Dinter)是他们的核心。在下莱茵地区,迪斯特韦格(Diesterweg)就像丁特尔一样活跃,但没有那么偏激。数年后,阿尔滕施泰因就能宣布,普鲁士受教育儿童的比例超过其他任何大国,尽管初等教育仍然大大落后于他的期待。西部省份,低阶神职人员就像普属波兰地区的愚蠢父母一样,顽强抵抗义务教育体系。东部省份,众多的小型乡村社区一贫如洗,让所有改革举步维艰。

教育部的大量活动没能满足苏维恩的高度理想主义。他就像大多数同代人一样,高估了哈登贝格执政期间开启的普遍政治改革计划。苏维恩认为有必要向国家解释教育体系的主导原则,于是在 1817 年 8 月开始安排起草《初等教育法》,这将成为整个德意志的榜样。他带着极大的热情投入这项工作,而且在他的政治理想中,柏拉图主义的影响清晰可见。苏维恩在备忘录中称,国家本身就是一所巨大的教育机构,国家的孩子无论在智力还是情感上都会被打上清晰的印记;普鲁士国家的动力并非源于僵死的自然力,而是源于活生生的、能永远增强和发展的生命力。阿尔滕施泰因也是一位有条理的哲学家,他要求首先制定"宏观普遍计划",这样普鲁士就能"通过认真和成熟的特殊结合,在同欧洲最有教养民族的竞争中独占鳌头"。普王高瞻远瞩,知道教育问题触及整个国

237

238

家生活的基础，因此委派各个部门的成员组成委员会起草《教育法》，就连国防部也派沃尔措根将军参与。

20个月后，即1819年6月27日，一部经过反复讨论的计划出台，这也是普鲁士留给今天的大量教育法案中的第一部。教育部长要求各省省长和大主教提意见时，发现在国家和教会之间的灰色地带，意图良好的实际行动远比僵硬的教条更能达到目的。该计划的一般性原则引发了一场大讨论。在理论层面上，人们无法理解为何教会要参与教育工作，因为主教们认为教育民众是"教会事业"，省长们则谴责教会的不公和偏见。另一个棘手的问题是，东部小村庄如何负担沉重的教育开支。于是这份计划被束之高阁，阿尔滕施泰因向国王汇报，时机成熟的时候，他会"实施某种临时教育制度"。大体而言，务实的手段应该是最符合时代实际需要的手段。教育部长按照《民法典》（第2章第12条）的要求，将学校视为只对国家有重要意义的机构。他坚决拥护腓特烈式教育政策的三个基本点：普遍义务教育、教义平等、学区内所有家庭共同摊派教育费用。当时，初等教育的首要任务仍是宗教教育，而且内容严格遵照学校所在社区的多数派教义。本地神职人员依照职位加入校委会，他们有权指出错漏，最终决定权仍掌握在国家手中。具有哲学家气质的教育部长并不赞成那种不具明确宗教派别性质的学校，他知道这类学校总会扰乱宗教和平，而且会削弱教育的明确性与一致性，因此只允许其存在于没有条件为每个宗派建立一所学校的混合社区。高等学校教师按理说应该属于一种宗派，但阿尔滕施泰因并没有在这一点上束手束脚。在莱茵兰的天主教高中，由于缺乏天主教教师，他就委派了大量新教教师。此外按照法律，犹太人不得在基督教教育机构中担任教师一类的职位。所以，国家教育主权不受任何教会权利的干扰。此外，由于自由选址的后果需要逐步显露，且混合社区的数量相对很少，因此国家同教会权威的摩擦也极其罕见。

239　　德意志新教的内部生活也在和平年代实现了重生，这原则上要感谢普王的主动措施。威廉三世就像沙皇一样，承认"上帝之手"在最近胜利中的作用，并渴望顺从上帝的意志。不过沙皇的宗教狂热让他在战争产生的虔敬氛围的影响下，构想了自负且徒劳的神圣同盟计划，谨慎的威廉三世却采取了不动声色但更有成果的工作。他决定摘取两个世纪和平思想的成果，实现虔诚祖先的宝贵愿望，即统一德意志新教教派。新教两个姊妹教会之间古老而不幸的冲突，曾是反改革派和三十年战争的帮凶，但这对于新一代而言已经相当陌生且难以理解。在资产阶级生活中，这两个教会很少发生冲突；即便在牧师家庭中，路德宗和加尔文宗成员的联姻也司空见惯，但在托马修斯时期，这种联姻还引发了极大的神学愤慨。理性主义者认为自己已经超越了一些教条纷争；虔信派诸分支则认为永恒之爱就是基督教信仰的核心。哪怕是严肃正统的新教圈子也在讨论，新教能否回归统一，这种统一曾是它在宗教改革时代的幸福与骄傲之源。1802 年以来，施莱尔马赫已经成为福音派新教会统一的拥护者。他是新哲学的学徒，17 世纪最自由的知识分子，卡利斯特（Calixt）、普芬多夫、斯彭内尔和莱布尼茨还不甚明了的事物，于他而言已经非常熟悉了。施莱尔马赫知道，一切超感官世界的知识都只是一种近似认知，只要不抛弃新教自由的基本原则，关于这种近似认知的各种文章就能和平共处。他本身所属的加尔文宗则在生命的道德构造中寻求基督教的本质，因此从一开始就比在教义上吹毛求疵的路德宗更容易接近"统一福音派新教会的理念"。

普鲁士统治者家族的宗教政策始终谨慎地为这种重新联合做着准备。即便在约翰·西吉斯蒙德皈依后，霍亨索伦家族仍追随奥格斯堡教派，同时也没有放弃他们作为路德宗国教领袖的地位；此外，路德宗和加尔文宗都保留了帝国议会的福音派联盟。普鲁士统治者家族通过严刑峻法和宗教宽容的榜样力量，压制了路德宗布道者的放肆言论，努力将相互冲突的事物从两个教派的教义系统中剔除，并且因从未将"命定论"引入本国教会，也就成功让路德宗放弃了驱魔活动。腓特烈·威廉一世不愿意承认路德宗和加尔文宗之间存在区别，曾直言不讳地说，这种区别就是"无稽之谈"。民法规定，两个教派在必要的时候，应该允许对方信徒参加圣礼。1808 年的行政重组工作同时废除了路德宗的宗教法院和加尔文宗的教会理事会，并将三个教派的一切宗教事务交由地方政

240

府的特殊部门监管。经济考量在此处具有决定性意义。但国王很快意识到,治理教会需要独立机构,因此通过 1815 年 4 月 30 日的内阁令重建各省的宗教法院,作为两个新教教派的共同权威。1817 年 1 月 2 日组建的宗教会议也由两个教派的神职人员组成。于是我们距离一个伟大新教国教越来越近了。

　　威廉三世深受导师扎克的影响,从年轻时就心怀福音新教联盟大计。由于他对君民关系有着强烈的情感,同时尽管自己同臣民都信仰新教,但并不属于大多数臣民信奉的路德宗,因而觉得这非常不幸。当他在柯尼斯堡远离理性主义后,这种情感变得更加强烈了。《约翰福音》中的话深深打动了他的灵魂:"使他们都合而为一;正如你父在我里面、我在你里面。使他们也在我们里面。"[1]威廉三世在同牧师们交谈时总是说:"以我的愚见,相比早期基督教对《圣经》的信仰,有关圣餐礼的争论不过是鸡毛蒜皮的神学问题。"他认为新教联盟就是回归福音精神,而且得知自己喜爱的主教,路德宗的博罗夫斯基和加尔文宗的扎克一样赞成这个观点时,倍感喜悦。虔诚的老威廉总是说,"人有什么样的信仰就会遇到什么样的事情",这句话在苦难岁月给予他无数安慰。他还是康德的朋友,非常接近现代科学,因此能意识到,两个新教教派的差异对于当今的基督教意识而言,已经失去了古代的意义。威廉三世从未怀疑,建立福音派联盟就是他的使命。他很看重政府在教会管理上的责任,也知道正是由于同国家权威联合,德意志新教教会才拥有了诸多优势,远离了邻邦苛刻的教派意识,正因如此,他才拥有了宽容精神以及在世俗事物上相对自由的态度。但威廉三世不太了解,也不喜欢加尔文宗的独立公理会组织。

　　第一次巴黎和谈后,威廉三世马上委派一个神学委员会为普鲁士新教徒起草共同的礼拜仪式,这位虔诚的君主渴望用类似愈合古老教会分裂的方式,感激战争中的种种奇迹。不久后就是纪念宗教改革三百周年庆典了,马尔海内克(Marheineke)书写的宗教改革史以及大量其他人的作品,让整个新教世界想起马丁·路德的

---

[1] 《圣经·约翰福音》17：21。——译注

事迹,他在早期对两个教派都很重要。在拿骚,英雄的奥兰治家族仍坚守宗教宽容的伟大传统,两个教派的会众共同组成了国家教会。普王也认为,决定性的时刻已经到来。他希望以教会领导者的身份向民众发表个人演说,因为他知道市民、农民和军人仍然很看重君主说的话。他也喜欢扎克主教5年前在重建新教教派联盟时提出的简单现实的方案。如果两个新教教派都能按照古老的新教圣礼实施圣餐礼,如果两个教派的牧师都能对所有信徒一视同仁,那么,徒有其表却没有任何精神约束力的联盟,就有可能随着时间而最终成为活跃的精神共同体。

在前期工作中,威廉三世获得了宫廷主教艾勒特(Eylert)的协助。艾勒特是那种容易受影响的人,确实不太坚定勇敢,但有时就像托马斯·克兰麦一样,在教会的某些调停工作中不可或缺。他的家乡在马克伯爵领地,那里两个新教教派犬牙交错,这位机智的廷臣都能为新教联盟找到基础,而且相对于普王的想法,他本人更加青睐长老会的组织观念;在教义问题上,他也从未完全脱离旧理性主义。现在艾勒特起草了君主对宗教法院的发言稿,这份稿件由柏林主要神学家审核后,于1817年8月27日出版。在这份讲稿中,普王言语平实地宣布了自己的决定,即在宗教改革三百年庆典上,他将以路德宗的仪式领圣餐;认为此举是按照新教精神行事,也符合祖先和宗教改革者们的目的。普王没有想过转变信仰,这两个教派将合并成一个福音派基督教会,此举必然源于个人信仰自由,而非强制说服和随波逐流。普王希望,他的榜样力量将给全国的新教会众施加有益影响,其精神和行为将在很大范围内被人效仿。这份发自肺腑的演讲产生了深远而持久的影响,施莱尔马赫召开的勃兰登堡宗教会议马上宣布赞同君主的意见,德高望重的扎克在遗言中称,他生前播下的种子正在生根发芽。

10月31日,普鲁士所有新教徒都涌入装饰一新的各个教堂庆祝节日。在柏林,施莱尔马赫在圣坛前同路德宗的马尔海内克手牵手。在波兹坦的教堂里,普王及其家人以及出身两个教派的亲随共同接受圣礼;次日,普王在维滕堡为马丁·路德纪念碑奠基。这次庆典同前两个百年庆典差距甚大!两百年前,战争阴云正在迫近;一百年前,教会完全没有精神力量;此次庆典则再次展现出

242

创造性的重新统一活动。觉醒的历史意识已经大有裨益地反作用于教会生活。路德在他的故乡不再被简单地视为罗马教会的对手,新一代开始感激地承认宗教改革的建设性力量。为庆典为出版的大多数作品都有着清晰的虔敬情感印记。尽管分歧依旧存在,尽管天主教神父凡·埃斯(Van Ess)发表的论战性文章引发了诸多反驳,但对于这场和平庆典,天主教教徒并没有展现出多少敌意。统一教会的理想是德意志新教历史的必然结果,因此威廉三世的榜样迅速被全普鲁士的会众所追随,并很快获得了其他德意志国家的自愿效仿。1818 年 8 月,凯泽斯劳滕的修道院教堂发表正式宣言称,在巴伐利亚-普法尔茨会众的赞同下,新教联盟已经建立了。但此处的成功也部分由于宗教冷漠,许多有教养的普法尔茨人只是自问,教会联盟是否会提高教堂税,一旦获得否定的答案,就马上支持建立联盟。① 巴登和一些黑森省份紧随其后,简言之,就是两个教派都拥有大量信徒的所有德意志土地。

漂亮的开局并没有决定这项伟大工作的后续进程。普王拒绝用和稀泥的方式调节教派间的矛盾。教会统一的基础在于一种希望,即基督之爱的精神能超越导致教会分裂的教义分歧,使之不再成为结成宗教共同体的障碍。但在路德宗教徒仍然封闭自守的地方,在"宗教改革摇篮"之名仍被滥用的地方,在教会统一没有实际需求的地方,比如萨克森、梅克伦堡和荷尔斯泰因,教会统一的理想就是白日梦。保守的路德宗教徒认为,普王的这项工作似乎是用理性反抗上帝的启示;宗教情感就像艺术情感一样,总是需要对其理想进行最明确的构造,而且总是会害怕,如果圣经的字眼本身变得不重要,那么救赎的真理也就会失落。荷尔斯坦因的克洛斯·哈姆斯给宗教改革纪念庆典写了 95 篇新论文,在这些文章中,他激烈地提出了上述观点。当他在文中写下这句经文"这是我的身体",当他反驳所有异议时称"我不可能背离被写下的经文",马丁·路德的形象就在他脑海中冉冉升起。他说:"如果酒饼中过去曾有基督的血肉,那么今天也有。"他信心满满地将这些文章推荐给萨克森宫廷牧师阿蒙,认为这是治疗当时信仰软弱的一剂良

---

① 参见巴伐利亚冯·施密特的编年史,在本书第一卷中也已提及。

药。阿蒙是德累斯顿的理性主义者,曾经只是希望保护路德教的利益,他的这种想法很快就因施莱尔马赫的反驳而打消,但哈姆斯的深厚宗教情感却无法被逻辑的力量所征服。维滕堡的路德宗牧师霍伯内(Heubner)拒绝加入新教联盟。很快,路德的故乡爆发反抗,这种反抗行为源于神秘莫测的情感生活深处,因此要谨慎对待。

普鲁士的教会管理中并没有多少温和之处。普王的确从未施加任何心理压力,但他越是坚信自身信仰的正直,就越不能理解对立阵营同样光明正大的想法。他似乎曾自认为,正是他的介入才让教会联盟成为可能,如今却痛苦地得知,甚至在下莱茵河的新教会众中,在德意志宗教会议的古老家园中,都出现了激烈反抗。这里的教徒们欢迎教会联盟,但不愿意承认君主是最高宗教权威。就连善良的佐尔姆斯·劳巴克都警告道:"于利希-克莱沃-贝格的这些主教就像教皇绝对权力主义者一样危险,他们会攻击君主特权。"①当普王开始为国家提供共同仪式时,这预料之外的双重反对力量就已经变得明显了。年轻的教会联盟还要经历数年艰难,经历无数激烈斗争和可悲的错误,方能实现其奠基者的理想,成为一项和平事业。

第三节　各省

就这样,国家生活的各个领域都进行着极有成果的活动。普鲁士和德意志国家官方的这些高瞻远瞩的工作,整体上符合漫长和平岁月中民众福利的显著增长以及文化的巨大进步。也没有什么比自由主义报刊上对哈登贝格频繁的无理指责,更能彰显当时反对派在政治上的天真与不成熟。国家参议院研究财政改革问题时,各省也在首相的直接监管下开始了一项新的行政工作,这是一项重建性的工作,其艰难复杂程度远超腓特烈在七年战争后的处境。

波森省的官僚尽职尽责,优秀地通过了这些艰难考验。只要仍

---

① 佐尔姆斯·劳巴克有关于利希-克莱沃-贝格事态报告,1819 年 8 月。

有希望获得华沙,哈登贝格就愿意给这些波兰省份一定程度的民族独立。但普鲁士最终只获得了远至普洛斯纳河的一小块领土,而且在这块领土上,2/5的人口都是德意志人,于是更谨慎对待波兰省份的建议就成为主流。维也纳条约只是笼统地规定普鲁士君主有义务善待波兰民族,于是从华沙割让的领土就和新获得的其他领土以同样的方式并入普鲁士国家,同样需要宣誓效忠。这块新领土并没有被视为不可分割。托伦周围的地区重新并入条顿骑士团国;核心区域加上西普鲁士的一些领地组成了新省份,即波森省,得名于波森大公国——这个名字就像下莱茵大公国和萨克森公国一样毫无意义。普王在维也纳时就向波森居民发表声明称:"你们仍有个祖国,这证明了我尊重你们的忠诚。你们将融入我的王国,但不需要放弃自己的民族性。"就像首相所宣称的那样,这些话绝不意味着,普王承认波森省具有特殊地位。为了让这块被占领的土地有面子,普王允许他们使用专门的盾徽——普鲁士盾形纹章中心有一只白鹰,还给了他们一位出身亚盖洛王朝的总督,安东·拉齐维尔亲王(Anton Radziwill)。不过就像其他省份一样,行政权完全掌握在省长手里。总督的职责只是获取相关事务的信息,调查臣民意愿,并保证他们了解君主的意图。1815年8月3日,波森省宣誓效忠仪式上,拉齐维尔公开警告同胞们不要怀有危险的幻想,保证他们将享有普鲁士赋予一切臣民的公民自由,包括尊重他们在语言、习惯和风俗上的"特性",但并不承诺他们将享有某些特权。

波森省是古代大波兰的核心区域,那里有久负盛名的格涅兹诺城(Gnesen),以及波兰最神圣的历史遗迹,圣阿达尔贝特的陵墓和切梅什诺朝圣教堂。法国所有附庸之中,波兰人追随拿破仑的时间最长,直到蒙马特战役时期。百日王朝时,波森省的德意志人蜂拥入伍,波兰贵族却迅速与杜伊勒里宫秘密往来,当局认为有必要提醒他们,叛国罪会被合法处死。① 拿破仑二次垮台后,心怀不满的波兰贵族于是将希望寄于波兰王国及其新宪法;华沙爱国者的密使疯狂煽动民族情绪,因为他们清楚普鲁士的统治能力,非常害

---

① 泽尔博尼给首相的报告,1815年6月21日。

怕波森会因为普遍生活水平的提高而远离祖国。年复一年,普王
将自愿归还波森省给波兰的谣言频频流传;日复一日,波森加尔默
罗会教堂中圣母玛利亚头顶的光环屡屡发光。1806 年后,人们似
乎再难以相信波兰官员的忠诚,泽尔博尼严肃地建议首相要求这
些官员写下保证书,承诺如若背叛效忠誓言,就是叛国者。不过首
相拒绝了该提议,因为人如果没有良心,就不可能被承诺所束缚。

　　不久后,波森总督觉得在自己这个毫无影响力的位置上如坐针
毡。拉齐维尔一表人才、多才多艺、为人慷慨且风度翩翩,波兰贵
族平易近人的社交魅力和德意志文化的坚毅果敢在他身上完美结
合;他的宅邸几乎是柏林唯一算得上高贵的住宅,既时尚又充满艺
术和知识氛围;他的演奏才能和浪漫曲作也让音乐家们佩服不已。
在过去两百年中,拉齐维尔家族一直同霍亨索伦家族保持联姻,他
自己迎娶了温柔的普鲁士露易丝公主,还和普王关系亲密。但他
始终是个波兰人,天真地认为自己胸中激荡的忠诚也属于他的同
胞们。在宣誓效忠后,他给首相的信中写道:"我已经准备好让您
相信,波森省同那些臣服于国王陛下数个世纪领土一样爱国。"当
时,卡温茨基(Kawiecki)曾在布道文中称,亚盖洛家族的血液奔流
在霍亨索伦家族的血脉之中,并让贵族们相信:"苦难让我们成
熟!"安东亲王希望通过"保留民族性"和温和满足波兰人所有愿望
的方式,为普鲁士赢得波森省;可是当他受到格奈泽瑙的警告,并
逐渐发现同胞对自己极其不信任时,便心生动摇。[①]泽尔博尼·迪
斯波塞蒂(Zerboni di Sposetti)省长对波兰人的态度也不是始终如
一。年轻时,他聪明而冲动,就像克内泽贝克那样,也曾热情拥护
大革命理想。他也是个受过启蒙的自由主义者,忠于首相,深知自
由主义世界已经将瓜分波兰视为邪恶之举,因此只能尽量周到温
和地行事来加以弥补。他本人也有资产在俄属波兰,这也迫使他
为了私人利益也要思虑周全。他也像总督一样,常常怀疑自己行
为的后果,因为数年前在南普鲁士行政体系中,他就已经亲自领教
了波兰人的性格。

[①]　拉齐维尔给哈登贝格的信,1815 年 8 月 9 日;罗耶给格奈泽瑙的信,1817 年 5
　　月 10 日。

247　　再心无偏见的人都不会怀疑波兰贵族居心叵测。这些贵族领袖们当着普鲁士政府的面,傲慢地宣布,他们必须要形成一个国中之国,直到最终同华沙合并。其中最温和的科辛斯基将军(Kosinski),虽然身着普鲁士军服,也要求总督组建一支纯粹的"民族"军队,只能由波兰人担任军官,因为在波兰人眼中,德意志人都是秘密警察的探子。另一个温和派莫拉夫斯基(Morawski)给首相写了一份长长的备忘录,开篇便称:"如果有人将今天的波兰比作1806年的波兰,那他错得离谱。"为了强化这种观点,他继续说道尽管近来波兰文学的沃土有所萎缩,但波兰文明比德意志文明古老。他还驳斥普鲁士王国的"德意志化与去民族化制度",尤其谴责波兰历史不再作为学校专门科目的现象。结尾处,他要求普鲁士承诺保留波兰民族性,并提出四点核心要求:一位出身王室或波兰血统的总督;一个省议会,通过永久性委员会捍卫波兰人的权利,并委派委员会实施公共管理;教会和学校中的一切官员都必须由生于波兰的人担任,并且由省议会推荐;设置两位波兰议员,一位文职官员和一位天主教神父,在波兰事务上为普王、国家参议院和首相提供建议。另一位波兰贵族向总督的密友罗耶少校提交了一份备忘录,直截了当地宣布,只有当这块领土正式从波兰分割出来后,才能成为一个普鲁士省份,而在此之前它必须被当成波兰领土。如此一来,不能要求波兰人许下任何誓言,因为"坚守这个罪恶的誓言本身就是二次犯罪";也不能以任何形式嘉奖任何波兰人,因为那些接受嘉奖的人往往都是反抗外国统治的积极分子。①

248　　放肆言论先行,叛国行为随后。1818年,东布罗夫斯基将军(Dombrowski)策划并在次年组建了秘密波兰兄弟会,名为"民族共济会"。面对这些非法活动,政府当局无动于衷,直到这些阴谋家从暗处现身,从农民中招募志愿者组织军队,还起了个"镰刀人"的名号,政府才采取行动。

　　波兰贵族的备忘录中公开表达的破坏德意志化的意愿,自然没有获得总督的支持,但官方也没有任何应对。政府一丝不苟地履

---

① 约瑟夫·冯·马洛夫斯基(Josephy von Marowski),关于波兰民族的备忘录,1817年12月29日;罗耶提交格奈泽瑙的备忘录,1817年4月9日。

行了对波兰人的所有承诺,还慷慨地让其保留了古老政权的所有纪念物和符号,直至今日,波森的普鲁士岗亭上还悬挂着波尼亚托夫斯基(Poniatowski)家族心型纹章的徽章。波兰军官获得养老金,进入普鲁士军队,甚至有大批华沙官员进入普鲁士政府,尽管其中许多人不会写字,绝大多数不懂德语,几乎所有人都不值得信任。县政府由精选的行政官员管理,绝大多数是波兰贵族,不过令农民高兴的是,没有再设置庄园警察。官方语言是德语,但在所有对公众的磋商和通告中,必须使用能让绝大多数相关人士理解的语言,因此在波兰地区的初等学校中,教育只使用波兰语。

尽管统治波兰领土非常艰难,德意志化的进程仍持续深化。随着民事秩序重建,也打开了德意志移民潮的闸门,这股移民潮早在中世纪就滋养着这片被忽略的土地。德意志工业和资本处处占据优势,在农业上尤为明显。在被占领期间,平均每摩尔干(Morgen)土地的售价是 1.5 塔勒,差不多是北美遥远西部原始森林地区的土地价格。在政府推行 1811 年农业法以后,这种局面发生了巨大改变。波兰贵族们收到"财产充公的情报"后,马上向普王抱怨连连,言语中尽显萨尔玛提亚贵族久负盛名的真性情:"那些邪恶粗鲁的乡下人如果不受约束,就会长出雅各宾主义的萌芽。"[①]减轻农民负担其实对贵族们大有好处,他们现在被迫放弃粗放的自然经济,接受货币经济,而且在 1817 年通过新成立的农业信贷机构获得有力资助。

波森省几乎没有任何活跃的资产阶级痕迹,波森市都很荒凉,破败低矮的棚户杂乱蔓延,教堂和宫殿的废墟散乱其间。但是随着德意志市民的数量随年增加,并且从大量新建的教育机构中获得了民族精神支持力量,变化也在发生。被火灾烧毁的格涅兹诺重建,大部分成本由国家承担,负责重建的人还被授予纪念奖章。诺泰奇运河上的贸易重获自由后,德意志城市比得哥什迅速繁荣。但德意志人对周边民族的态度太强硬了:在这片斯拉夫人的土地上,德意志人自诩为统治者和教导者,拥有更发达的文明;没有德意志人自发学习波兰语,因为实在不知道能从这种可怜的文化中

---

① 波森大公国的贵族们给普王的信,提交冯·克勒维茨部长,1817 年 9 月。

获得什么。此外，波兰人盲目的蔑视也证明有必要用强势手段推行德意志化。波森总督曾向天真的同胞们保证，在能力同等的情况下，波兰人将优先录取进入省级行政部门。波兰年轻人并没有好好利用这个条件，也没有在布雷斯劳大学中认真学习，为服务国家做好准备，而是将精力浪费在秘密社团的阴谋诡计里。于是，新一代官员几乎全部是德意志人，无能的华沙官员被逐渐取代。

民众没有参与贵族的阴谋。波兰农民知道，从没有哪个波兰人让农民们过上比现在更好的日子。农民不信任贵族，也没忘记旧社会的残酷统治和镶铅钉的皮鞭。这些善良诚实的普通人之所以远离普鲁士官员，只是因为宗教仇恨。从一开始，波兰神职人员就对异端政府心怀敌意，政府官员用民法条例严格管理修道院，到处建立天主教村庄前所未闻的初等学校，让年轻牧师在新式教育机构中接受教育，这些都让天主教牧师们忍无可忍。正是在他们的怂恿下，农民对普鲁士的仁政毫无感激之心，认为"天主教"等于"波兰"，"新教"等于"德意志"。叛乱的火苗在灰烬下慢慢燃烧，但直到波兰人屡次反叛后，普王才最终决定动手保住这块危险的边境领土，才决定公开支持德意志文明。

普鲁士本土的情况要简单得多。西普鲁士的确存在一个同情波兰的贵族党派。波兰贵族在重新获得的米什劳（Michelau）和库尔莫兰行事嚣张，因此在托伦宣誓效忠后，希佩尔（Hippel）马上给首相去信称："很不幸，我认为他们都不可信，也许特殊的恩宠会让少数迷途羔羊知返。"[1]遭受战争重创的但泽，也并不忠于这个带来和平幸福的国家。但泽是德意志最美丽的古老城市之一，却已经和祖国形同陌路。三十年战争对我们而言，是个破坏的时代；对但泽而言，却是个繁荣的时代。但泽是德意志最具帝国城市精神的地方，持续同波兰贵族发生摩擦；在阿图斯霍夫（Artushof）和贵族豪宅里，到处挂着共和国英雄的画像，比如马喀比、卡米拉斯和西庇阿。虽然威尼斯北部这些古老的军事贵族家族没几个躲过了拿破仑战争，但这座商业城市很难适应现代国家统治，甚至在一代人

---

[1]　希佩尔给首相的报告，1815 年 7 月 19 日。

后,出身古老家族的但泽人还是不愿承认自己是普鲁士人。但西普鲁士省的大多数人口早在 40 年前就加入了德意志国家,而且在艰难岁月中保持了忠诚,其中也有波兰人。此外,东普鲁士省的德意志人、立陶宛人和马祖里人,都为柯尼斯堡议会和他们的英勇骑兵感到骄傲。

东西普鲁士省都遭受了巨大的苦难。普王批准给予该地的地主阶级大量财政拨款,助其重建资产,仅东普鲁士就获得了 370 万塔勒,两省省长将通过省议会讨论这笔钱的分配问题。但是根据两省议会估算,自 1806 年以来,战争损失和战争开支共计 1.52 亿塔勒,政府的拨款无异于杯水车薪。政府在拨款的分配上也犯了许多错误,西普鲁士尤为严重,因为舍恩又轻率地相信了自己的想象。西普鲁士的大地主们分成了两个阵营:一些人谴责省长的想法,认为他由于厌恶贵族而打算摧毁古老家族;另一些人则热情赞美他,称他是贵族的大救星,不遗余力地支持“这位伟大的老普鲁士政治家”。普鲁士国家一穷二白,没办法对所有省份一视同仁,为了自保,只能主要帮助那些尚未稳定的新领土,眼睁睁看着忠诚的旧领地贫困度日。结果,但泽心怀不轨,国家接手了其大部分战争债务;柯尼斯堡忠心耿耿,被沉重的债务压得喘不过气,也得不到国家的援手。在东普鲁士,从本世纪初就担任管理者的奥尔斯瓦尔德(Auerswald)亲近农民,早在 1807 年法令通过前就在自己的领地上废除了农奴制。他开诚布公地说,大地主对这个国家没有信心,也不如中产阶级有文化。接下来几年中,在他的领导下,地主和农民实现了和解。但是在西普鲁士,舍恩致力于推进教育进步和道路建设,因为他认为这两者是促进德意志化的最有效方式。在他的领导下,社区和地主们共建了 4 百所初等学校。舍恩知道如何让波兰贵族守规矩,对神职人员态度强硬,有时甚至过于严苛地执行民法规定。舍恩之所以能在维持公共秩序上取得如此巨大的成功,是因为出身霍亨索伦家族的采邑主教本身就讨厌波兰神父们的民族主义之梦。尽管政府当局非常小心,战争给东部马克造成的伤痛仍难以愈合;遥远的沿海领地远离内陆,恢复起来极为不易。舍恩曾在立陶宛从高处俯瞰涅曼河,抱怨柏林官员似乎只是将这里视为骑兵兵源地。西部省份受到特别照顾,这

251

让老普鲁士人心怀怨恨:难道他们又像在腓特烈大帝时那样,成了普鲁士君主的继子。

252   波美拉尼亚省的新省长扎克很快获得了人民的信任,比他在莱茵兰要受欢迎多了,就连不满的新西波美拉尼亚人也渐渐接受了他。普鲁士人进入格赖夫斯瓦尔德时,当地诗人科泽加滕(Kosegarten)痛苦地吟诵:"很久很久以前,在三重冠下,生活多美好"。瑞典统治时,这里曾是粮仓,根本不知道王权统治的严格和公正,支付 60,296 塔勒的直接税。然而,普属波美拉尼亚的农民受到王权的强力保护,国王、贵族、大学和富裕城市中的贵族在这里共同打造了良好的寡头统治。《威斯特伐利亚和约》将威悉河、易北河和奥得河的河口统统交给了瑞典,瑞典政府让波美拉尼亚成为管理所有瑞属德意志省份的政府所在地。如今,时间已经过了一个半世纪,贵族子弟仍可以位居政府薪金丰厚的闲职,哪怕佩讷河和波罗的海之间瑞典统治的德意志人数已经不足 10 万,这种情况仍未改变。瑞典贵族的武器悬挂在斯德哥尔摩的骑士之馆,并摆放着托尔斯滕松(Torstenson)家族和奥克森谢纳(Oxenstierna)家族的徽章。格赖夫斯瓦尔德大学依靠庞大财产舒适度日,唯一扰乱它平静生活的只有每隔 20 年的王室造访。这座最有钱的德意志大学里,唯一广受赞誉的研究机构是马术训练场。施特拉尔松德曾忠实地保留了古老行会制度的各项权利,以及漂亮的教堂、市政厅和贝居安会院①,并对这个由上百个城镇组成的地区实施不受限制的统治。普鲁士政府相当谨慎地对待这里活跃特殊的社会生活,尽管贵族屡屡抗议,但政府还是废除了绝大多数古老职位,只保留了格赖夫斯瓦尔德高等法院,并使之变成了中级上诉法院;施特拉尔松德和其他大城市保留了古老宪法,但也在多次抗议后被迫进入了普鲁士地方行政组织。推迟两年后,当局终于开始推行新关税法,于是一个新旧混合物就这样逐步稳定形成了。大多数佃农和农奴从一开始就没有特权阶层才有的疑虑,他们很高兴能

---

① 贝居安会院:是罗马天主教会的若干平信徒妇女团体,于 13 世纪在低地国家创立。——译注

在新政府手里获取一定程度的保护，对抗地主们的苛捐杂税。①

战争给普属波美拉尼亚造成的伤害远超瑞典属波美拉尼亚。253 莱巴（Leba）、施托尔普明德（Stolpmünde）、吕根瓦尔德（Rügenwalde）和科尔贝格（Kolberg）残破的港口还能让人想起曾经繁荣的巴塞尔。曾经同汉堡相媲美的切什青如今不得不重新努力夺回在世界市场上的地位；但是许多古老富有的商号已经不存在了，斯维内明德（Swinemünde）的港口刚刚才被重建，厄勒海峡过路费也让波美拉尼亚诸海港的发展陷入停滞。乡村地区，不成熟的文明和父权制社会也让省长震惊不已。在新切什青县，每平方英里只有 710 人，然而在杜塞尔多夫，每平方英里有 8,537 人，而且"好波美拉尼亚人仍然继续通过土地所有权获取财富"。扎克再三请求首相允许有活力的农业移民前来定居，给波美拉尼亚人树立榜样，让他们看看什么是集约耕作，让他们理解新经济自由的好处。② 但是在腓特烈式的统治风格中，要用什么手段实现殖民呢？波美拉尼亚省刚刚从数年战争的苦痛中复原，面临着同其他波罗的海地区同样困苦的局面，唯一的区别是，安静的波美拉尼亚人比狂热的普鲁士人更加心平气和地度过了这段艰难岁月。

西里西亚省的省长是默克尔，他在战时作为民事长官非常亲民。曾几何时，正是由于他坚信同胞的牺牲精神，才制止了军队的持续撤退；在停战期间，各国君主都劝他赶紧清空这块精疲力竭的地区，但他却保证，西里西亚将支持联军一整年。此后，格奈泽瑙打造西里西亚后备军的工作，又得到了当地政府的鼎力支持。默克尔出身于布雷斯劳受人尊敬的商人之家，儿时起就在西里西亚复杂的各社会阶层中自由游走，因此对于本省同胞而言，他是天生的领袖。他处理问题的方式积极、认真且准确，所有人都对他很有信心；一旦遇上紧急事件，哪怕是深夜时分，他也坚持伏案工作。

---

① 关于重建新西波美拉尼亚的备忘录，卡尔·施耐德（Karl Schneider），卑尔根，1815 年 12 月 3 日。农民阶层代表，农民阿恩特和乡长吕德斯（Lüders）呈交国王的请愿书，1816 年 7 月 20 日。施特拉尔松德市长和议会呈交首相的请愿书，1816 年 9 月 12 日。

② 扎克关于波美拉尼亚治理的简报，施拉韦（Schlawe），1818 年 7 月 28 日。

默克尔从一开始就是哈登贝格改革事业最热情的支持者之一，是康德哲学的门徒，学富五车，博学多闻，深深地相信自由探索的巨大价值。作为严肃的理性主义者，他也难免官僚主义对宗教生活的怀疑，而且永远警惕地维护国家主权。尽管默克尔蔑视东普鲁士人的刻薄批评，也从未超越 18 世纪开明专制的思想，但宫廷方面仍认为他是仅次于舍恩的最具改革精神的省长。[①]

在这个重大时刻，西里西亚省的人民相当忠诚，就连上西里西亚的波兰人都展现出了对国王的深沉热爱，虽然他们没有感受到解放战争的普遍热情，但也完全没受波兰民族主义的政治煽动。这块土地曾真的爱过腓特烈国王，没几个人会为"前普鲁士时期"而感到悔恨，哪怕贵族都不再想他们古老的封建宗主权。不过，这里还是存在着顽强的地方主义，是被"西里西亚爱国文化协会"在布雷斯劳积极培养出来的。西里西亚省很愿意称自己为普鲁士王冠上的明珠，直到 1808 年还由本省长官治理，具有独立性，因此现在要将它和其他省份放在同一地位，自然觉得受了极大侮辱。古老省会城市布雷斯劳的防御工事已经被拆除，开始围绕着错综复杂的阴暗小巷修建迷人的林荫道，它已然成为富足且颇具特色的地方生活中心。布雷斯劳是西里西亚省的心腹之地，比其他省份的省会更有特点。这里有繁荣的大学，一位教会诸侯的宫殿，肮脏的犹太人聚集区同贵族漂亮的宅邸并肩而立，德意志和波兰民族性、新教和天主教文化、官僚和资本家、手工业和农业混杂一处，和平共处。很少有西里西亚人离乡背井，他们在这块土地上通过血缘和婚姻紧密捆绑。在军队和官场上，骄傲的天主教贵族们没有代表，他们直到1811 年还在积极为自己的幼子在拥有富庶大教堂的城市寻找有俸圣职；西里西亚贵族拼命远离波美拉尼亚和勃兰登堡骑士中的好战种族，更愿意同维也纳而非柏林交往。在西里西亚，城市章程、工业自由和新的农业法仍面对积极抵抗，默克尔需要动用全部聪明才智，谨慎对待各种特殊问题，才能一步步推行这些改革措施。

普鲁士人进入西里西亚后，这里的经济曾有巨大进步，但现在的经济状况却十分糟糕。第六任美国总统约翰·昆西·亚当斯曾

① 哈登贝格的备忘录，1819 年圣诞。

穿越西里西亚研究腓特烈统治的奥秘;王孙贵胄们在沃尔姆布伦(Warmbrunn)和萨尔茨布伦(Salzbrunn)的泉水中奢靡地度过夏日;富有的手工业者可以住在瓦尔登堡的任何一间乡间别墅;商人们在陡峭的兰斯胡特山上,在"美国人"之中,畅饮匈牙利的美酒,同美国和西班牙谈生意。好日子怎么就变了样? 亚麻出口贸易没有恢复之前的繁荣景象,山区纺织工村庄贫苦异常,就连这个非常容易满足的民族都无法承受。再者,布雷斯劳严重依赖的同波兰的贸易,也被俄国的新关税壁垒所破坏。不过,棉纺织业增加了,而且自从特尔引入纯种绵羊引入,羊毛市场的重要性也有所上升。1814 年,腓特烈二世建立的国家土地抵押信用合作制度重新开始支付利息,只要看到大地主财产有贬值的危险,就减免了其贷款。随后,西里西亚的柯尼西斯舒特(Königshütte)精炼工业也在很大范围恢复生产,而且尽管奥俄关税对周边都有威胁,但这一地区还是逐渐形成了新的矿业和冶炼业贵族同盟。但这些进展都极其缓慢,西里西亚人民并没有时代所需要的大胆进取精神,仍不紧不慢地平淡度日。

各省的新统治能迅速生根,主要归功于省长们的个人活动。在省长人选问题上,哈登贝格非常幸运,选择的都是颇具声望且相对年轻的人。省长中能力最不足的大概是勃兰登堡省的海德布莱克,他是个能干的旧式官员,曾服务于合议制的战争部和领土部,而且一开始并不愿意接受"所谓的省长一职",直到首相使他意识到这个职位有多重要多光荣才前往就职。[①] 但他的能力不如那些最能干的官员,比如波兹坦地区行政长官冯·巴塞维茨(von Bassewitz)就很有实践知识,脑中有一副勃兰登堡的详尽地图,了解每塔勒战争捐款的来龙去脉,还培养了一大批高效行政人员,所以波兹坦政府才保住了扎克治理时期获得好名声。巴塞维茨冷静地坚持新法律的各项原则,也知道如何小心而友善地对待每个人,所以就连封建贵族都对这个改革者恨不起来。

勃兰登堡乡村地区的贵族仍然势力强大,尽管他们拥有的财产总价值不超过 2.7 千万塔勒,同时背负着高达 2.1 千万塔勒的抵

256

---

① 哈登贝格给海德布莱克的信,1815 年 6 月 29 日。

押欠款，但农民拥有的土地总价值3.1千万塔勒，债务总量不超过6.5百万塔勒。县长仍然颇具威望，尤其是当他以老齐滕的儿子，鲁平县（Rüppin）县长为榜样实施高效治理时，效果更佳。乡人们遵照父权制习俗，哪怕就在柏林城大门外，还奉行古老的三年轮作制。但是特尔的各项工作的成果也开始逐步显露，他在奥得沼泽（Oderbruch）的默格林（Möglin）建立的学院刚刚被升格为王室农业学院，吸引着越来越多的老中青农学家，他们在池塘边的老桤树下聆听博学有经验的特尔的友好建议，还在田间地头学习如何通过更为巧妙的轮作安排，不让耕地闲置。默格林所产的白色羊绒已经将此地其他所有品种的羊绒排挤在外，于是就需要更加精心地实施绵羊繁育，因此大地主们也逐步开始根据新的"理性农业"改变行为模式，就连歌德都高声鼓励德意志农业改革家："每块泥巴，每个人，都不该闲着！"

　　首都柏林发展迅猛，就如同这个农业国家中的一个孤岛，彻底同其他地区的利益脱离。尽管柏林现在有18.8万人口，但城市生活的特征仍由宫廷、卫队、公职人员和大学决定。光是柏林文学界简单茶话会上的音乐、戏剧、哲学和历史学品位，就比德意志其他任何地方都精致。很多人多年后都会深情地回忆莱比锡大街上门德尔松家族好客的宅邸，波兹坦大门附近宁静的公园中，集结着大批欢乐的艺术家、批评家和学者。但社会仍然根据职业分层，即便是已经成为国家官员的格奈泽瑙，也几乎只同军队同事们联系。1817年，普王允许在歌剧院音乐大厅举办的慈善舞会向所有人开放，他本人也携宫廷成员加入了形形色色的人群，尽管1塔勒16斯基林的票价将大多数人拒之门外，不过这仍是前所未有的创举，让全世界惊叹不已。学生圈子以外，没什么人讨论政治。感伤主义式的仇恨平息后，柏林仅有的几篇政治文章清楚地展现出，无论是战争热情还是大学的创造性活动，都无法将尼古拉的幽灵赶出他的出生地。布赫霍尔茨继续志得意满地忙着讨论关于自由启蒙的陈词滥调；沃斯用《勃兰登堡人致莱茵兰人的一封信》挑起了新省份的愤慨之情，文中一再表达1806年狂妄自负的柏林主义："国家心脏的本地人"给莱茵兰人提建议，有文化的柏林人很快会清除他们"匪夷所思的迷信"。

257

1818年乔瓦诺利开放了他的阅读室,许多人纷纷效仿,这个文明世界从此开始习惯阅读报纸。在黑暗的书房里不时产生政治争论,活泼的外国报刊也比温和无聊的普鲁士报刊有趣。柏林的喧嚣似乎集中表现在中央地区的狭窄街道上,宪兵们有大把时间可以毫无怜悯地逮捕当街抽烟的罪人,午后的热浪倾泻在安静的房屋上时,据说都能听到他们的鼾声——这类笑话在柏林外非常流行,人人都喜欢调侃柏林。第二次和谈后,一位大胆的投机商将32辆华沙产的出租马车放在街上,沃斯和斯彭内尔还热烈讨论租马车的人都是从哪里来的。不久前曾有个类似的尝试,但是失败了,不过这次这个创举取得了成功。"令人尊敬的杂货商行会"建立起了城镇中的通信系统:信件先集中在杂货店,然后送信员带着它们走街串巷,迅速送达。资产阶级大众在上层社会活跃的智力生活中作用不大,也不太信任立法革新,顽固地支持他们简单的小城镇习俗规定。直到战后,粗糙的北德人同更有教养的法国殖民地家族之间的差异,才以极其缓慢的速度逐渐消失。

盛夏时节,老老少少的人们都涌向施特拉劳渔场,享受鲜美的鳗鱼和盐渍小黄瓜,痛饮柏林淡啤酒。射击俱乐部的比赛依然受人欢迎,而且根据1813年新法规,射击冠军和两个亚军也不能豁免纳税。店家们分成了两个行会:杂货店行会和布料服饰行会。经纪人们每周两次公布市场报价表,很少提及外国货币,小资本家们仍然只用芬尼进行计算。所有的重型货物都通过水路运输,因为就连柏林和汉堡之间也没有通畅的大路。冬季,商业暂时停滞;春秋两季,施普雷河上有大量船只,但在王室码头也只需要一辆吊车,就足以对付所有马车和船只上的货物。尽管现状窘迫,但更加繁荣的贸易也指日可待了。大仓库附近的小客栈里,许多货车等着装货,客栈老板也就开始扮演运输业中间人的角色。1816年以后,大型运输公司正是从这些运输工客栈里成型,它们受惠于城镇的有利条件,很快控制了东北德意志贸易中最有利可图的部分。和平第一年,科克里尔在新腓特烈大道上建立了一家工厂,为毛纺织业提供必要的工具和机器,工厂里还有一台将近30马力的蒸汽机,不久前刚用上了煤气。一年后,柏林丝织业开始使用提花织机。1803年柏林纺织业有1,465台织布机,但是现在只有不超过

258

375

420 台仍在运转。因为英国仍保密纺纱机技术,即便大陆经济封锁政策废除后,棉纺纱工也难以维生,但棉纺织、棉印花、缩绒和其他许多工业都取得明显进步。就是这样,通过一代人的勤俭节约和辛劳工作,德意志第一座伟大的制造业城市逐步打下了基础。

    所有省份中,仅有很少的新获得领土有必要同老普鲁士核心领土合并,但萨克森省内 32 块大领地和无数小领地组成的极端混乱局面,急需彻底整顿。美因茨和马格德堡两个主教辖区之间的古老分界,一直是东西德意志的分界线,从萨克森省中部穿省而过。这两半地区存在强烈的经济和宗教生活差异。一半是黄金河谷和马格德堡地区肥沃的低地,另一半是粗犷的高原和深峻的艾希斯费尔德峡谷,其中坐落着贫穷的纺织村庄,周围是无数小块田地,在主教的懒散统治下几乎被彻底忽视。在新的梅瑟堡行政区,只有一座天主教堂。在艾希斯费尔德,美因茨选帝侯国的耶稣会士曾成功地进行了反宗教改革,除了少数几个村庄,直到 1804 年普鲁士才再次将新教引入海利根施塔特。松散的领土更是让这种复杂局面雪上加霜。只有在萨克森省的一小部分,易北河才构成共同的交通要道,效率也远不如莱茵河和奥得河。新省会马格德堡就像那半毁的大教堂一样,倒伏于罪恶的生活。马格德堡加上城市周边,总人口不过 3.1 万,完全依赖贸易为生,永远不可能成为省文化生活中心,因为那里作为新教出版业最后避难所的岁月早已一去不返。

    马格德堡和阿尔特马克的忠诚居民毫不掩饰同普鲁士的矛盾,虽然许多狂热的治安官都曾向首相汇报说老百姓们充满喜悦。萨克森选帝侯国地区的每座城堡和教堂里,带有菱形王冠图案的徽章都让人们想起一个古老的国家,它曾一度是德意志新教的领导者。这里的古老文明和强大富庶曾让人生活安逸,早就习惯了轻视勃兰登堡暴发户,可现在却不得不承认王国被瓜分的事实。尽管梅瑟堡积极向国王毛遂自荐,声称它才是唯一适合建立省会的地方,但该省的大学和最高政权都被转移到了马格德堡地区。[1] 此

----

① 梅瑟堡提交普王的请愿,1815 年 10 月 3 日。

外,新的普鲁士王室宗教还威胁取代古老的路德教。不满情绪从一开始就汹涌澎湃,以至于普鲁士官员子弟在学校里都不得不总是同萨克森本地人发生冲突。最不满的都是贵族,因为尽管新政府小心地保护他们的利益,让他们支配瑙堡和梅瑟堡教堂的受俸神职职位,但他们认为自己曾是萨克森的统治者,现在却沦为了臣民。他们相当仇视普鲁士统治,省长比洛甚至在国家参议院中强烈要求,如果萨克森特权等级不赞同新税法,就不能强制推行。"没有他们的支持,我们将失去萨克森人对我们刚刚有的一点点信心。"官员也抱怨普鲁士管理太严格,尤其是法官们,因为此前他们一遇到疑难案件,就利用"案卷移送制度"[①]让自己脱身,现在却必须自己作出判决,于是许多人在错误情绪的煽动下,返回了温暖的老家。[②]哪怕是那些更有头脑的萨克森人,也表现出对传统秩序的青睐,认为不管自由主义作家说什么,传统都代表着真正的德意志情感。约翰内斯·舒尔策不知同舒尔普福塔学校校长伊尔根斗争了多少次,才让这所古老的贵族学校接受了普鲁士的考试制度,从此不再按照市议员的喜好随意分派奖学金。

弗里德里希·冯·比洛曾就职汉诺威,熟知这种贵族统治体制,而且在几年前与同胞雷贝格的激烈笔争中,正确地表达了君主制相对于封建制的优势,故而被特意选为萨克森省省长。进入普鲁士后,比洛也完全理解腓特烈式官僚体制的观念,因此能在建立统一教会的活动开始时,就觉得有必要再次拿起笔,告诫君主当心独立教会可能带来的危险。在现实行动中,比洛总是仁慈而谨慎,和萨克森贵族相处得颇为不错。梅瑟堡的行政长官舍恩贝格行事不太谨慎,作为一位萨克森贵族,他对任人唯亲的统治不满多年,如今想将法律平等的现代基本理念引入混乱局面中。舍恩贝格性格温和乐观,很受老百姓喜爱,但贵族们却将他斥为"民主官僚精神"的代表。但在萨克森省的组建者中,最能干的是副省长莫茨,

---

① 案卷移送制度,指地方法庭将遇到的疑难案件就近移送法学院,由法学院全体教授组成的审判团作出判决的制度。——译注

② 比洛关于税收提案的意见,国家参议院,1817 年 5 月 23 日。比洛给哈登贝格的信,1816 年 3 月 9 日。科切伊森给哈登贝格的信,1816 年 6 月 2 日。

261 他执掌埃尔福特行政区,而他的上司,前外交官凯勒伯爵几乎不干涉他的工作。该区曾受拿破仑直接管理,作为一块局势不稳定的地区,曾被粗暴对待。萨克森统治的陈旧迂腐,法国官僚的粗暴严苛,给这里造成了诸多的问题,但此后这块区域的所有缺点都被无情拔除。教育委员哈恩重组了各级教育体系;各种具有一般性功能的社团和运动场被用心建立起来;艾希斯费尔德的贫困人口获得有效帮助,因此 1816 和 1817 荒年并没有造成极端灾难,国务委员孔特在公干出差途中,差点就没认出这里。

老普鲁士法规反而在很多地方形成了阻力。施泰因的《城市章程》急需修订,但尚未完成,因此官员们仍竭尽全力用临时措施按照普鲁士的方式选举市议员,并开始认真审计市财政账目。瑙堡最终设立了统摄全城和四个郊区的治安管理体制,随着各项琐碎谈判中的小摩擦一一被克服,居民们都感到好日子不远了。萨克森省完成了选帝侯统治期间被拖延了两个世纪的进步。起先是市民和农民,后来贵族也习惯了已改变的环境,将曾经对腓特烈·奥古斯特国王的尊重转移给了新君王。这位新君王更简单也更容易亲近,一开始面对不满的梅瑟堡人时,他就劝诫他们:"别忘了,大家都是德意志人。"萨克森选帝侯国的老臣民们一开始对阿尔特马克人和马格德堡人的不信任逐渐消散,但是因为德意志人如果不仇恨某些邻人就不痛快,萨克森王国的萨克森人开始谴责托尔高和爱伦堡的居民叛国,咒骂普鲁士统治下的萨克森人是"普鲁士走狗"。萨克森分裂后的多年中,仍能在大量边境村庄看见,一个萨克森农民和一个普鲁士农民彼此挑衅般地夸耀各自国家。正如有识之士在维也纳会议上预言的那样,普鲁士国家的强大吸引力,在同可塑性强的上萨克森人关系中展现得最为强烈。

262 威斯特伐利亚省遇到的问题也很多,但要简单一些。萨克森白色骏马的故乡仍保留了强大的部族骄傲。位于巴门高地的古老部落分界线曾分开了萨克森人和法兰克人,又在后来数个世纪中成为马克伯爵领和贝格公国之间的分界线;下萨克森人严肃果断,很不喜欢喋喋不休的莱茵兰人,称他们为"贝格话匣子"。威斯特伐利亚大学生常常集结在绿白黑相间的省旗之下,以嗜酒好斗闻名,结束大学学业后，无一例外地返回家乡。曾几何时，德意志贵族盛行远征，但德罗斯特、施皮格尔、加伦和菲尔斯滕贝格这几大家族的强大后裔却始终对此敬而远之，绝大多数人都坚定地守在故乡，只有一些旁支，如克特勒家族和普勒滕贝格家族曾随条顿骑士团出征德维纳河（Dvina），在故乡以外获得了权力和声名。现在，这片红土地完全归普鲁士统治，哪怕是曾不信任这个新教王国的教会领地，也为领土能再次统一而高兴，唯一令人不满的是，奥斯纳布吕克和部分明斯特将继续留在汉诺威和奥尔登堡。

　　威斯特伐利亚省的省长是路德维希·冯·芬克，没人比他更为现状高兴。芬克在战时就执掌临时政府，是公认的唯一省长人选。他拥有高超的行政能力，通过旅行和研习外国政治经济问题获得了大量知识，不过他骨子里仍是个威斯特伐利亚贵族，粗鲁直白，就像古代画家索斯特①一样扎根故土，后者甚至不能理解，为何圣餐礼上没有美味的威斯特伐利亚火腿。无论在哪里工作，奥里希还是波兹坦，芬克始终记得年少时立下的宏愿："我的家乡将成为完美制度的典范。"

　　被指派执掌这块重新统一的领土时，芬克无比兴奋，唯一不高兴的是"难以忍受的信件往来"，即服从柏林各部长的命令，令头脑独立的芬克无法释怀。芬克从很年轻时就同许多杰出人士建立了友谊，他们后来都成为普鲁士官僚制度经典时代的重要人物，他还始终在两个改革派之间维持中立姿态。芬克像施泰因一样，在充满活力的资产阶级与农民的自治政府中寻找政治自由，反对无限制地分割地产，反对废除行会。但作为一个强烈拥护君主制的官员，他牢牢控制住了自己的贵族倾向，也不可能考虑任何可能威胁国家统一的封建权利。他将世袭司法权斥为"大麻烦"而加以抛弃，支持那些被归化的疲惫臣民，也支持具有启蒙自由精神的下属凯斯勒（Kessler）。他在柏林时，常建议温和对待天主教，但也毫不手软地应对该组织的一切侵蚀活动。威廉三世每次同崭露头角的官僚们谈话时，总是建议他们学习威斯特伐利亚省省长，称赞他是

263

---

① 此处指的是德意志画家康拉德·冯·苏斯特 Konrad von Soest（1370—1422）。——译注

忠于职守的典范,因为芬克的确是官僚队伍中所有不折不挠的成员中最勤奋的。明斯特人时常在中午看见他匆匆奔回家扒拉一碗饭,然后又赶回办公室埋首文件之中。然而这个可怕的数据杀手却从心底厌恶学校教的东西,他所有的知识都来自旅行和经验,他熟悉这个国家的每个角落,无论是锡根周围的山林和牧场,马克伯爵领的钢铁厂,还是明斯特荒原上的农场。这个小个子男人有着一副年轻而智慧的面孔,常常身着蓝衫,叼着烟斗,手拿粗糙的拐杖,长途跋涉,去聆听农民的诉求。刚刚成为省长的时候,一个做黄油的农妇还叫这个"小伙子"帮她搅一会黄油,因为她要外出办点事,但是后来,他成了每个孩子都认识的"威斯特伐利亚之父"。

在德意志,除了莱茵兰,没有哪里像威斯特伐利亚省一样,被新世纪的工业革命彻底改变,这里在和平初年还有着蛮荒之地的恶名,有着辉煌的历史和贫瘠的现在。强大的索斯特曾派遣官员远达哥特兰岛,北德大多数城市都采纳了它的城市法,可是如今,只见一群穷困潦倒的农民生活在巨大的古代建筑废墟之中。施塔特贝根曾是埃雷斯堡久负盛名的萨克森要塞,几乎完全消失,只剩下笞刑柱和两座教堂废墟,从山巅俯瞰迪默尔河峡谷。唯有老普鲁士地区,比如新教占据主导地位的拉文斯堡和马克伯爵领,贸易和工业才经历了复兴。比勒费尔德的亚麻纺织业从古代就颇负盛名,非但没有被大陆封锁政策摧毁,反而在和平后马上用其出产的帆布占领了美国市场。施泰因恢复鲁尔河通行后,绍尔兰的煤矿和冶铁业产品就获得了重要的出口,每年约有 2.5 百万担①煤由此运送。在芬克看来,所有这些不过是一场全新发展的前奏,他知道家乡的矿藏和顽强的民众中蕴含大量财富,他总是喜欢向同胞重复伊拉斯谟的赞美之词:"威斯特伐利亚人是世界上最吃苦耐劳的人"。芬克自认为是施泰因的后继者,渴望让全省都完成施泰因在马克伯爵领开始的改革大业。当鲁尔河下游地区与邻近的莱茵省合并时,他请求国王让他继续管理整条河流,直到他为威斯特伐利亚矿区的门户,即鲁尔欧特(Ruhrort)修建起河港。与此同时,他还开始为利珀河远至利普施塔特(Lippstadt)的通航开展必要的准备

---

① 1担约50公斤,2.5百万担约12.5万吨。——译注

380

工作。

　　更加艰巨的任务正在这个新地区等着他。威斯特伐利亚公国曾在科隆大主教的懒散统治下度过了数个世纪,接下来又作为达姆施塔特的一个省,受到 5 个联合政府和无数小官员的专制统治,那里就像"奥吉斯国王的牛圈一样需要清理"。芬克不理会马克伯爵领的抱怨,坚持将这个西部行政区的省会放在鲁尔河上游的丘陵地带,遥远的阿恩斯贝格(Arnsberg),而非繁忙的哈姆市(Hamm)。他说:"因为你们可以自我帮助,但在这里,必须由我们为新生活注入动力。"[①]为了让新省会同其他地区相联系,他大力推进施泰因在马克伯爵领开始的道路网修筑事业,1817 年时就向柏林报告称,阿恩斯贝格行政区有 50 英里主干道,而当时整个普鲁士王国才有不到 523 英里主干道,波美拉尼亚省甚至没有 1 英里铺设碎石的道路。那个时代的道路并非笔直修筑,而是沿着合适的峡谷随山坡上上下下,因此许多高地上的村庄也可以提供车夫和驿马。芬克很清楚国家财政吃紧,于是极力促使地方为修路出资。他在一份本地报纸上告知威斯特伐利亚人民:如果英国人觉得需要修建一条道路、桥梁或者运河,就会邀请所有有兴趣的人出席公开会议,选出一个委员会并捐助资金。但是他的想法太超前了,这一辈一贫如洗的小资产阶级还无法接受如此大胆的举措。因此,当从阿恩斯贝格到阿尔特纳的道路上,依靠发行股份的方式修建了一座桥梁时,人们都认为这是巨大的成功。

　　帕德博恩的最后一批主教比科隆选帝侯还无视自己的领地。芬克是带着厌恶熟悉了这片威斯特伐利亚的爱尔兰地区,这里农业荒废,农民生活在破败的茅舍内,同黑尔韦格(Hellweg)地区的大农庄形成古怪的对比。这里的居民愉悦乐观,但嗜酒粗暴,不断挑战法律,总是一大群人进入森林,拉着一长串马车,一夜间清空一整片树林。最糟糕的是,每村都有放高利贷的犹太人。[②]省长芬克在这里经历一段斗争岁月后,也逐渐获得了普遍信任,他坚定地

265

---

① 芬克对威斯特伐利亚伯爵领事务概述,1817 年 5 月 9 日。芬克给首相的信,1815 年 7 月 17 日,1816 年 7 月 15 日、8 月 14 日。

② 芬克,威斯特伐利亚事务调研,1817 年 8 月。

恢复社会秩序，建立新学校，提高教师工资（之前每月不到 30 塔勒），遏制犹太人定居点的扩张，并为故乡的工业品打开了新的出口。自从 1817 年该省需要在下马尔斯贝格（Nieder-Marsberg）建立大型疯人院以来，先后为穷人、聋哑人和盲人建成了一系列重大设施，邻近国家艳羡不已。

但明斯特贵族们不可能忘记座堂圣职团的骄傲历史，仍保留着对普鲁士统治的古老怨恨。政府允许威斯特伐利亚省承担轻于东部省份的赋税，唯一的负担就是拿破仑官员分配极不公正的土地税，而这要等到繁琐的土地调查完成才能得到公正的调整。因此不再有任何理由能谴责军官和行政官员身上新教徒式的自负，可是明斯特贵族就像波兰贵族一样厌恶信仰分裂。莱茵和南德地区居民活跃、爱看热闹，也热爱美好的事物，天主教文化在他们中保留了一份坦率天真的宜人性情；北德人严肃沉闷，天主教文化则往往以严厉、肃穆和狂热的形式展现。明斯特尤其明显，在那里，关押再洗礼派教徒骸骨的铁笼仍悬挂在教堂的高塔上，提醒信众们牢记异端的罪恶。有人愤愤不平地指出，国家各部长中没有一个天主教徒，省长中只有一个泽尔博尼，将军中最多有两三个——这就是你们吹嘘的教派平等？这种比例不当有个明显的原因：新省份中的高级官员很少愿意进入普鲁士政府。但是后来，行政部门中天主教徒仍然相对较少，这是因为波兰人远离公职，而且西部制造业省份中，有教养的资产阶级相比东部省份，更愿意培养孩子经商，而西部的天主教贵族几乎不会担任公职。上述这些情况极少发生在明斯特的古老家族，他们始终认为效力于奥地利军队比照顾家庭重要。贵族们生活得很不愉快，只同贵族和神职人员有所联系，甚至在冬季参观前往首都期间，仍不许军官和公务员进入他们的豪宅。

大量被剥夺主权的君主也造成了大麻烦，明斯特地区的半数土地都属于他们。许多家族，比如阿恩贝里（Arnbergs）、洛泽（Loozes）和克罗伊（Croys）是比利时人，对德意志国家怀有刻意的不信任，但许多德意志血统的家族也很冷酷。不幸的维特根施泰因居民由于是两个国家的臣民而负担沉重，多年以来阿恩贝里家族的政府尽力为他们减轻一些负担，于是总是同赛恩（Sayns）家族的统治者发生摩擦。因为政府总是愿意扮演保护民众、赞美民众的角色,就像凯斯勒曾对拜梅说的那样,称自由合议制赋予民众"某种共同的性格"。[①] 还要感谢这些官员的是,他们部分保留了一些外国统治期间的有用革新,虽然它们有时同普鲁士民法并不一致。领土警察制度只在被剥夺主权地区及其贵族中被重新设立,这些地主并不为他们的损失感到遗憾。就这样,西部的封建秩序彻底消失了。

普鲁士政府的所有工作中,两个莱茵省份为德意志生活重获的那种平静的勤劳工作,结出了最丰硕的成果。在维也纳会议上,普鲁士的所有敌人曾信心满满地说,北德国家肯定会在这种古怪的德-法生活方式造成的障碍面前碰得头破血流。威廉三世始终没有忘记遥远西部边疆的危险处境,获得新省份后马上公开宣布:"我作出的所有决定,都立足于将德意志祖国视为整体的最高理念,这些本来就属于的德意志的领土必须同德意志保持统一,他们是德意志自由和独立的堡垒。"在一代人的时光中,莱茵兰成了普王的宠儿,就像腓特烈二世时期的西里西亚。大多数被派往西部省份的老普鲁士官员都忧心忡忡地走马上任,可是只有在工作中他们才能逐渐惊讶地意识到,那里的高卢色彩相当薄弱,是被强行覆盖在本质上属于德意志的种族身上的。

科隆以下的下莱茵地区,一度最为坚挺地保持着德意志诸特征。在莱茵河右岸,在贝格的土地上,普鲁士人并未被视为外国人。贝格的新教教会也在普鲁士王冠的保护下度过了一个多世纪,它的议会也同邻近的马克议会友好共处。1814 年贝格后备军表现出的爱国精神并不是昨天才出现的,人们仍然能骄傲地回忆起,"贝格英雄"施蒂克(Stücker)是如何带领着英勇的农民兄弟,不顾巴伐利亚领主的意思,在无套裤汉第一次进犯时英勇作战;这里的每个孩子都会念早在腓特烈战争时代就出现的,谴责法国掠夺者的恶作剧版主裤文。这片土地上有丰富的手工业,人民很早就习惯了同外国交往,加上多种多样的宗教差异,于是形成了某些自

267

①　凯斯勒,关于引入代议制的备忘录,明斯特,1818 年 4 月 12 日。

由大城市才有的特性。伍珀塔尔（Wuppertal）的手工业者将埃尔伯费尔德-巴门（Elberfeld-Barmen）称作"德意志的曼彻斯特"；索林根（Solingen）人也自豪地说起他们世界闻名的餐具；所有人都坚信勤劳致富，都高兴同普鲁士更加和谐地共处，因为后者为他们提供了更广阔的舞台。在北部地区，有大量人士致力于公益和唤醒德意志精神的独立工作。比如著名的高廷隐士哈尔贝格（Halberg）男爵，他在战争期间于赛格（Seig）担任国民军指挥官，并且每当抵制亲法派别的行动陷入麻烦，他总能挺身而出。还有奥普拉登（Opladen）议员迪克斯（Deycks），担任伍珀河地区的法律顾问，还是园艺学和农学院的赞助人。还有楚卡尔马利奥（Zuccalmaglio），在外国统治期间建立了首个爱乐社团，在音乐中秘密期待着将法国人赶出家园。还有深受各教派尊重的布尔沙伊德（Burscheid）牧师勒（Löh），向所有人传播宽容和和平。还有布道者阿舍贝格（Ascheberg），也是《赫尔曼报》的编辑，这份报纸在威斯特伐利亚和贝格传播广泛，也得到了芬克的坚定支持。好争论的博学家本岑贝格的活动甚至远远超出了贝格，这位杰出的爱国者在故乡就接受了经济学教育，而这是其他德意志政论家所缺少的，后来又在同哈登贝格和格奈泽瑙的交往中，自上而下地理解了政治事务。他自发地写文支持首相的工作，以贝格人的赤诚之心，不知疲倦地批判莱茵兰对普鲁士的偏见。

克莱沃、默尔斯（Mörs）和格勒登（Geldern）都是老普鲁士领地，比贝格还要痛快地接受了新统治秩序。不仅好斗加尔文主义的大本营，韦瑟尔（Wesel）和杜伊斯贝格（Duisberg）如此，莱茵左岸信仰凯沃拉尔（Kevelaer）仁慈圣母的天主教居民也是如此。这里的人民骄傲地记着一连串杰出人士，正是因为他们，霍亨索伦家族的国家才深深感激这个遥远的角落。就在最近，小城克莱沃还为普鲁士官僚队伍贡献了 4 位优秀人才：马森、博伊特、扎克和泽特。在克雷菲尔德（Krefeld），普鲁士情感相当强烈，法国囚犯回国途中途经此地，会发现自己的生命受到了威胁。脱离法国，这里的丝织业率先受到严重打击，但像莱恩这类大企业和德·格赖夫（de Greiff）这样的活跃商人，却从一开始就意识到，他们将很快就能补上过渡时代造成的损失。

　　左岸上游地区，世俗领地和教会领地之间的古老矛盾很快就为普鲁士官员所察觉。萨尔布吕肯煤矿区居民仍热爱曾长期统治这里的拿骚家族，该家族的成员已经长眠在了古老的圣阿努尔教堂。洪斯吕克和纳厄河流域的普法尔茨人还清楚记得，小城锡门曾经是莱茵河高贵种族中最具权势者的大本营。天主教和新教都了解德意志诸侯统治的好处，因为无望回到古老王朝，所以他们都高兴地迎接普鲁士统治。但是在前主教辖区、亚琛和于利希，怀疑和不满情绪仍在蔓延。这里完全没有作为德意志国家意识基础的君主制传统，哪怕是一直被杜塞尔多夫宫廷视为封地的于利希，也没有任何忠君爱国的觉悟。这些人没有国家，又对漫长混乱的临时统治心生不满，现在却不得不接受一个完全陌生的统治者，在主教统治这些地区的时代，该统治者曾被视为扰乱帝国和平的罪魁祸首，后来又被法国的诽谤进一步损害了名誉。短短数年内，数场政治风暴曾先后席卷莱茵河，而像一场暴风雪一样突然降临此地的普鲁士统治，难道就不会消失吗？这里的人们还不相信新统治的持久性，很愿意听到将和萨克森王国置换的谣言。拿破仑的地方长官专横霸道，普鲁士政府手段温和，可他们却将这当成软弱可欺。

269

　　当时仍有大量关于哈布斯堡家族和神圣帝国的民族记忆活在这里。亚琛曾是皇帝加冕地，故而两个莱茵省份的效忠仪式在亚琛市民眼里十分寒酸。在科隆，据说只要重复这句老话就能有效伤害普鲁士人："科隆农民，守住帝国，无论发生任何事，都要守住帝国！"还要过很久，他们才能明白，普鲁士就是老帝国的继承人。虽然在拿破仑统治期间，这里的宗教生活已经变得非常肤浅，虽然自和平初年，莱茵兰的神职人员在文化程度上就远不如威斯特伐利亚和巴伐利亚的同行，但这里的教会仍维持着古老的威信。毕竟，将科隆和特里尔选帝侯国人民牢牢拴在教会的，并不仅仅是主教统治下的惬意生活，更不是宫廷和教会节日上华丽的装饰。天主教信仰在这里根深蒂固，被视为基督教的唯一可能形式。在所有生活问题上，教士始终是受人尊敬的顾问。这一点曾让雅各宾派印象深刻，因为他们曾在这里将理性置于神龛之上，并努力移除波恩城堡中的圣母像，却深陷莱茵兰人威胁性的低语中。现在，新教教师和官员来了，一所容纳教派分歧的大学成立，在圣城特里尔，自大异端俄利维亚努（Olevianus）时代以来，在宗教改革三百周年庆典上，新教布道文被再次宣讲，于是天主教徒们开始抱怨，严格说来不是因为偏狭，而是因为新风俗与传统存在冲突。地方主义披上了宗教的外衣，"我们是莱茵兰人，因此是好天主教徒。"

270　　在一小撮力量不断增长的教皇绝对权力主义者的煽动下，莱茵地方主义的火苗愈燃愈烈，这些人仍没有放弃从世俗统治者手中夺取这些核心地区的希望。特里尔主教巡游教区以巩固青年信徒的信仰时，有一群小伙子骑马高举特里尔选帝侯国的旗帜为他开道——法国统治下这一举动是想都不敢想的。主教辖区的莱茵兰人像波兰人一样大声斥责大批外国移民侵入家园。他们不断抱怨，最后甚至在下莱茵地区的前普鲁士领土上找到了支持，本岑贝格激动地宣称，"愤怒"是每个人的天然权利，而且大选帝侯曾承诺克莱沃特权等级，这一地区只会任命本地人担任官职。实际上，莱茵地区官僚队伍曾被全面清理，所有的法国官僚都离开了，所有次一级官员，除了三四个德意志人，也都离职了。由于大多数市长都不懂法语，因而让无知的办事员主持工作，市政因此荒废。不过普王还是非常谨慎地实施变革，宣称莱茵地区不会有人被免职，除非实在昏庸无能，而且这是他"不可更改的决定"。对于许多帝国官员而言，他们的职位将在多年中开放，直到他们在波恩大学获得普鲁士法律规定公务人员必须拥有的科学文化学位。1816年，在6个莱茵行政区官员中，有207名莱茵兰人，23名非普鲁士人和来自其他省份的150名普鲁士人，后者大部分都处在为退役军人保留的下级官职上。这个比例相当合理，特别是考虑到大多数莱茵法学家都致力于其专业范围内的司法问题，而且法庭也几乎是由本地人组成的。①

　　但是，针对"冷酷苛刻的普鲁士主义"的敌对情绪一旦被唤醒，就很难控制了。莱茵兰人只知道赞美自己的天选之地，赞美自己的文明比德意志其他地区长了上千年，却对德意志世界一无所知，因为他们认为德意志在法兰克福就结束了，并自认为在一切方面

---

① 内阁令，1816年11月8日。莱茵各行政区人事调查，1817年2月20日。

都优于老普鲁士人。格雷斯曾告诉自己的老普鲁士友人："你们是立陶宛人"，这几乎代表了科布伦茨所有居民的想法。在他们眼中，老普鲁士官僚队伍中居然还有一定数量的贵族，这一点格外令人厌恶。自由主义政治评论家魏策尔（Weitzel）在一份备忘录中向首相保证，正义要求人人都受到同等级人士的评判。他还说，这一真理在莱茵地区已经得到了普遍承认，"因为这里拥有被启蒙的公共观念"，因此莱茵兰的官员只能由资产阶级承担。尽管如此，反抗政府权威的情况相较法国统治时要少得多。莱茵兰人喝多了啤酒会抱怨严肃的普鲁士人，抱怨他们根本不懂莱茵人温柔的"生活艺术"，但人心都是肉长的，私下里这些人还是真心感到喜悦，因为他们又能用母语同自己的官员说话了。在主教和法国统治时，人们都相信任何法律都会因钻空子和偏心眼被侵犯。因此，让莱茵兰人放弃这种想法，在法律尊严面前低头，不是件容易的事，但官员凭借秉公执法和敏锐犀利（大部分如此，但也有个别例外），最终获得了他们的尊重。人们私下会半不情愿地承认："普鲁士人很严厉，但也很公正。"但大众对普鲁士的普遍赞扬仍是奢望。

　　人们认为莱茵兰人有权感到不满，这种不满也因为抱怨史无前例的纳税压力而持续增长。有信仰的人们自愿缴纳教堂的十一税，尽管视法国的各色税收为战争税，也被迫默默缴纳，可是，向新教君主交任何税都让他们抱怨连连。对大多数人而言，和平年代世俗君主还要收税，这简直是无稽之谈。关于老普鲁士土地所有者将免于土地税的消息传到莱茵河时，这种不满变得更加普遍，而且几乎一整代莱茵兰人都相信，国家为东部利益而掠夺了他们。实际上，哈登贝格对这个棘手省份一直采取怀柔政策，普王也公开命令官员们，收缴欠税时，一定不能太鲁莽，不能为了一点钱，动摇了人民的"信任依赖"。[①] 在开始的数年中，莱茵兰人在税收上一直享受优惠，就算土地税比东部略高，作为补偿，除了拿破仑时代的苛捐杂税被废黜，间接税也暂时停收。即便后来推行新关税和税收法，西部的政策也相当温和，以至于本岑贝格声称，国内除了波

271

272

---

① 给扎克的内阁令，1815 年 9 月 14 日。

森和威斯特伐利亚,再没有哪个省份的税收比这里更轻了。虽然舌灿莲花的政论家们收集的数据总能提供一些值得批评的薄弱环节,但无可置疑的是,自从拿破仑时代以来,莱茵地区的税收负担呈现明显的缩减态势。在亚琛行政区,1813 年税收人均 5 塔勒 2 斯基林 8 芬尼,1821 年则不超过 4 塔勒 8 斯基林 6 芬尼,其中地方税 14 斯基林。税收如此之低,新政府也有贡献,因为它帮助莱茵各城镇整顿了复杂的债务,并免除了直至 1815 年的欠税,于是大多数莱茵城镇相比承担沉重战争税的东部城镇,财政状态更有利。尽管如此,人们却一直在抱怨赋税过重,就好像普鲁士将他们从外国统治下解放出来,还得给他们特别奖励。

当反法同盟第一次踏上这些古老的主教领地,就不可能受到在贝格那种纯粹的欢迎。当时,来自莱茵左岸的代表也是巴黎立法会议成员,以协助推翻那位僭主。如今,人人都批评普鲁士时,似乎忘了拿破仑的高压统治,只记得好处。1789 年光辉理想的热情再次被点燃,人们更愿意阅读法国或者比利时报纸,因为本地报业仍在萌芽阶段,就连《科隆报》也只是一家发行量只有 2 千份的小报纸,人人都相信欧洲的太阳将从西方升起。但是莱茵兰人再度觉醒的高卢主义似乎恰好证明了,他们在本质上是彻底的德意志人:莱茵自由主义源于保守的地方主义情绪,而这种情绪在其他所有普鲁士省份中都阻碍了传统习俗的每次变革。我们热爱存在的一切只因为其存在,政府也竭尽所能地在这些方面满足人民的愿望。大革命的经济立法在本质上同施泰因及哈登贝格法律中体现的观念协调一致,因此未被改动,法国的市政管理也因此而暂时保留,只是由政府委员会和地方理事会取代了正副地方长官,可是就连这项变革都受到了批评。人们刻薄地说:"我们知道,普鲁士的唯一目的就是不断壮大官僚队伍;整个科布伦茨官僚队伍都比不上一个莱绍伊-马尔内西亚,我们永远不会忘记这位莱茵河和摩泽尔河地区长官。"有关普鲁士邪恶计划的谣言四处散布,如果只听酒馆里的闲谈,很可能会对这个国家感到绝望。农业学家施韦茨(Schwerz)受政府派遣拜访莱茵各等级时,在故乡科布伦茨听到大量愤怒言论,于是他报告首相称:"如果这里再次归法国统治,恐怕不止一个人会跪下来感谢上帝。"还有些观察家将该省比作一座时刻可能爆发的火山。①

　　这些悲观的报告，让哈登贝格一度认为可能爆发叛乱。但是实际上，在莱茵地区，只有一小部分人真的希望重新并入法国。莱茵兰人很清楚自己正在转向繁荣富强，而且经济利益的纽带可比对法国的同情强大多了。无论如何，不需要担心这里有什么阴谋，因为莱茵-法兰克尼亚人道德高尚，坦率善良。在接下来的几年中，对"那场革命"的批判却持续增强。老一辈人亲身经历了无组织纪律的共和国军队的烧杀劫掠，但学校里的年轻人却在拿破仑纪念日和奥斯特里茨纪念日聆听纪念前世界霸主的演讲。自由主义又开始处处表达对法国自由的钦慕，因此现在主导莱茵地区思想的二三十岁的人们，高兴地吹嘘法国文化，好像法语"tout de suite"（马上）都比德语"Rasch"悦耳得多。德意志西部大学的学生俱乐部高举法国旗帜，无套裤汉的各种暴行也被转嫁到了哥萨克人身上。

　　莱茵贵族的分裂活动不断培养着莱茵省对政府的不信任，不过这里的贵族也的确曾遭受最惨重的损失。一代人之前，他们还通过座堂议会统治这里，贵族和教会拥有差不多2/3的土地。如今，土地所有权遭到了大规模破坏，50英亩的土地就算大地产了。在特里尔行政区，只有102人拥有超过300英亩以上的土地；在亚琛，不超过80人；在杜塞尔多夫，只有1人。在贝格，古老家族中有资格作为议会代表的现存不足24家；克莱沃只有5家，其中只有2家拥有地产。城市和乡村，地主、市民和农民之间的巨大差异不复存在，古老封建制的社会分层已经被彻底摧毁且无法回头，因为这里是德意志最具生命力的贸易路线，中世纪时，城市生活就已经侵入乡村地区，大革命只不过是以非常手段，完成了密集人口的集中经济生活准备已久的事物。少数骑士家族，如维利克（Wylichs）、米尔巴赫、施佩和涅谢尔罗德，从莱茵贵族覆灭中幸存下来，却无法适应变化的局势。他们渴望重返美好旧时光，还曾以

274

---

① 政府委员给哈登贝格的信，科布伦茨，1816年8月。一位科隆地主提交克勒维茨的报告，1817年1月。陆军中尉龙贝格（Romberg）给首相的信，1817年8月24日。

德意志法律和荣誉的名义要求恢复十一税、狩猎权和限定继承权①。无论本土还是来自其他地区的官僚,都提醒首相警惕此类举措,他们深知社会平等理念对于莱茵兰人而言,是所有政治原则中最珍贵的。芬克根据在威斯特伐利亚省的经验,提出保护限定继承权,但许多官员一致宣称,莱茵兰的经济繁荣有赖于土地的自由分割。② 因此,贵族的要求被礼貌地回绝了,失望之余,他们开始对普鲁士感到不满。只有自古就有高度教养和自由精神的维德家族(Wieds)和佐尔姆斯家族,依然同王室保持良好关系。但老百姓却始终相信,普鲁士政府和贵族们穿一条裤子。宣誓效忠仪式的四年后,佐尔姆斯·劳巴克这样描述莱茵省份的情绪:"想让人们彻底满意只能通过完全不可能的手段:贵族们继续交十一税,农民们免除所有苛捐杂税。"③

　　尽管困难重重,可这片混杂着古代神权因素和现代法国因素的地区,还是在不知不觉中,同新国家建立了稳定的联系。两位省长,一位是科布伦茨的冯·英格尔斯莱本(von Ingersleben),战时曾担任波美拉尼亚行政长官,精明强干,有效监督了后备军的征募和配装,这位老人因宽厚亲和获得了莱茵兰人的欢迎。另一位是科隆的佐尔姆斯·劳巴克伯爵,施泰因的友人,德意志中央行政的参与者,在爱国主义情感的驱使下接受使命,在各项工作中尽职尽责,作为一名君主制下的官员,他彻底无视那些被剥夺权利的贵族,因此被省内的贪婪贵族视为叛徒。他了解自己的莱茵同胞,知道骄傲的莱茵法兰克尼亚人无法容忍老普鲁士刚愎自用的工作方式,因此禁止下属如此行事。他们都不具备芬克的独立头脑,却获得了大部分有能力官员的支持,这些官员,上至特里尔行政长官德利乌斯(Delius),下至末等宪兵,肩并肩坚定地站在疑心重重的民众之中。

---

① 限定继承权(Fideikommiss),一般指家族的土地不可拆解,只能作为整体传给单一继承人。——译注
② 冯·维克登男爵给哈登贝格的信,1816 年 2 月 16 日;给舒克曼的信,1816 年 5 月 15 日。施米茨-格罗伦伯格(Schmitz-Grollenburg)的报告,科布伦茨,1817 年 10 月 9 日;埃德曼斯多夫(Erdmannsdorff)的报告,克莱沃,1817 年 10 月 31 日。
③ 佐尔姆斯·劳巴克给威廉亲王的报告,1817 年 8 月 18 日。

任何人只要睁开眼看看市场和街道,就能发现随着外国桎梏的解除,市民自由和古老习俗随之重现。拿破仑时代走私和擅离职守行为都消失了,一并消失的还有恐怖的警察和间谍组织。城镇又装饰上了引以为傲的纹章,古老的露天市场和设计比赛也复兴了,尽管飘扬的各色旗帜中很少见普鲁士鹰旗。拿破仑统治时,科隆人在房子里小心地过狂欢节,现在他们可以公开欢庆。为了对普鲁士人稍加感谢,有一次他们在一根长杆顶端绑上一条巨大的鱼竿,头上还带着月桂冠,然后高高举起,大声欢呼!莱茵兰人不喜欢沉默寡言的威廉三世,诙谐幽默的王储显然更对他们的胃口。1822 年,负责组织这种民间节庆的机构建立,此后每年的化妆游行队伍中,越来越能看出莱茵首府曾经的富饶宜人。政府为了向莱茵兰表达善意,还允许宗教游行队伍走街串巷,而这是拿破仑明令禁止的。1818 年后,科隆重新公开庆祝圣体节。莱茵兰人开始记起他们伟大的历史。法国人拿走科隆和亚琛的艺术品时,无人在意。但是现在,普鲁士归还这些珍宝时,两个城市都为此举行欢庆仪式。3 年后,瓦尔拉夫凭借一笔丰厚的捐赠,奠定了科隆美术馆的基础。政府热情地承担起古代建筑的保护工作,普王和王储首次访问特里尔时,还专程走过黑城门①。王室的榜样力量巨大,于是莱茵兰曾声名狼藉的神职人员,最终在艺术感和历史文化上成为全德意志的翘楚。

莱茵河流域也为恢复航行开始了大量准备工作。法国统治时期,纤道几乎被彻底破坏,运河基本荒废;16 年后,普王将通过宾根峡谷的运河拓宽了 10 倍,人们在宾根布吕克为他建了一座纪念碑。拿破仑的长官们曾用心建设道路,但就算是从科隆到科布伦茨的主干道,也是普鲁士最终完成的。曾经贫穷的科隆大有超越富饶的斯特拉斯堡之势。在曾经肮脏的科布伦茨,莱茵河上的水手们已经可以看见一排排整洁的房屋,有着粉刷一新的墙壁;莱茵兰所有的普鲁士城镇都以前所未有的速度变得繁荣。下莱茵的工业很快恢复,早在 1821 年,伍珀塔尔就建立了莱茵河西印度公司,而萨尔布吕肯的煤矿开采更增添了此地的工业实力。1815 年,萨

276

---

①　黑城门,又称尼格拉城门,建于 2 世纪,是现存最完整的古罗马城门。——译注

尔布吕肯的国有煤矿雇佣了5百名工人,每年产煤5万吨,很快产量翻倍——煤矿勘探者布莱特雷对此颇为满意,正是他第一个向首相保证,这块充满可能性的土地将成为普鲁士不可分割的一部分。合并这块种植葡萄的法国领土曾不利于德意志葡萄栽培的发展,但现在北德市场开放,而且由于在多个葡萄产量不好的年份后,迎来了1818和1819两个丰年,这重振了葡萄种植者的信心,在整个葡萄种植区,尤其在摩泽尔河上,建立起了新葡萄园,因此许多地区葡萄种植面积翻倍,特里尔比以往更不负"酒神之地"的大名。

法国人犯下的诸多罪孽中,破坏森林是热爱森林的德意志人最难以原谅的。由于法国人大肆毁灭森林的行为,普鲁士政府面临着一个几乎不可能完成的任务。任何人只要提及贝格的古老宝藏——国王森林和法兰克尼亚森林,贝格农民就会握紧拳头,因为那些年代久远的橡树和山毛榉,一棵都没有了。洪斯吕克山和埃菲尔山上的砍伐行为影响了气候和农业,暴风雨来临时,洪水从山中奔涌进摩泽尔河,瞬间就将腐殖土冲刷干净,而这是可怜的葡萄农花了数月才覆盖在陡峭的多岩石梯田上的。法国人疏于狩猎,于是猛兽大量繁衍。紧挨着波恩的克顿森林现在还能打到狼,1817年特里尔行政区还射杀了159头野兽。当时德意志的首席林务官哈尔蒂希,被从柏林派去莱茵兰,竭尽全力挽救有可能挽救的一切。许多地区已经开始造林工作,设置了森林警察,农民们对此很不满意,可是谁能阻止狂风吹过光秃秃的山顶呢? 这幅荒凉的景象可能永远也无法被修复了。

事实证明,重建教育体系的工作收获更大。普鲁士接手此地时,舒尔策发现学校"处于被完全无视的绝望境地"。[①] 法国从来不支持初等教育,因此超过1/3的社区根本没有学校。在许多小村庄,农民们认为,他们唯一要做的就是在4个月的冬季中,为无处安身的教师在谷仓里建个房间。3/5的孩子在成长中没有教师指导,只有一些活跃的教师,像克罗伊茨纳赫(Kreuznach)的校长魏因曼(Weinmann)大胆同法国官员斗争,努力让学生们保持德意志精神。在这片土地上,要建立起普鲁士的普遍义务教育原则,还要完

---

① 约翰内斯·舒尔策,关于莱茵地区教会和教育的备忘录,1816年12月31日。

成大量繁重的工作。首先要改变天主教的优势局面,虽然天主教学校也被忽略,但从新式学校来到特里尔的新教教师却很难找到工作,因为莱茵地区的许多神职人员同时也是修士,从未摆脱修道院的各种观念。

德意志的流行文化也不可避免地吹过被解放的边境。直到不久之前,整个莱茵兰还没有德意志的图书贸易。19世纪初,就连富饶的伍珀塔尔都没有一家书店,但如今在波恩已经诞生了一个新的文学交流中心。科隆的老式贵族们,在重大社交场合说法语,私下说方言,现在的年轻人则必须学习高地德语。在这个新省份为并入普鲁士为荣之前,还要经过多年的争斗和相互误解,但阿恩特熟悉这些莱茵法兰克尼亚人,知道他们有天分、易受影响、可塑性强,随时准备迎接一切外部影响,因此他确信同老普鲁士制度的接触,一定能给这里的人们带来福报。唯有地方政治制度的懒散无为,只有不自然的神权政治和外国统治,贬低了这个高贵的种族,只有一个强大的国家能拯救它于深渊,用新民族生活的活跃精神让最美丽、最古老的德意志土地焕发生机。

第四节　宪法之争的开始

就这样,半个普鲁士,或者从实际目标而言,整个普鲁士都走上了转型之旅。这个国家需要数年君主专制,只有在中央集权体制内,行政改革才能取得成功,普王已经在众多内阁令中承认了这一点;只有通过连续的政治工作和党派生活,国内无数的冲突性因素才能升华为活生生的凝聚力,但是在政府被各种议会形式所拖累之前,必须首先确立政府组织的核心要素。数百万瑞典人、波兰人、萨克森人和法国人需要时间抚平伤痛,适应新形势。谁敢承担责任,让有偏见的地方主义者,让完全不懂政治且利益受损的人们,马上进入议会斗争?谁又敢承担责任,让普遍兵役、税法和行政区划分,早早地遭受完全不理解国家本质、且在某种程度上心怀不轨的反对派的攻击?

不幸的是,普王已经无法自由选择时机来奠定宪政基础,当他签署1815年5月22日法令时,就丧失了这种自由,该法令承诺将

279　在各省议会代表的基础上建立代议制。普鲁士接收瑞典属波美拉尼亚时就说过类似的话,也对萨克森人许下了同样的承诺:"我们的目标是为全国提供一部宪法,你们的代议制宪法将通过纳入这部普遍宪法而得以保留。"其他新省份也得到了建立省议会和参与国家议会的承诺。君王一言九鼎,于是一心向往宪政理想的爱国报刊要求马上兑现承诺。这些急性子要求迅速采取行动,因为过去数年服务旧省份的临时地方代表会议将在 1815 年夏被彻底废除。于是,4 月 7 日,临时地方代表会议闭幕前,决定根据上西里西亚代表埃尔斯纳·冯·格里诺(Elsner von Grinow)的提议,请求普王迅速引入明确的代议制并恢复各省议会。①

　　哈登贝格在维也纳时就劝君主作出这个重大让步,他相信这个目的很容易达成,第一份提案甚至建议 6 月 1 日就成立一个首相领导下的委员会,由各省官员和居民组成,于 9 月 1 日为普鲁士制定出一部宪法。当时战争阴云密布,有幸避免了这项极其草率的行为,制宪委员会的组成也被推迟到 9 月 1 日。即便到了那一天,还是无法按计划进行,因为普王及其顾问们还在巴黎开会。他们返回普鲁士后,制宪工作被再次推迟,不仅是因为繁重的行政重组工作,更因为人们很快发现,自由派大力推崇的 5 月 22 日法令过于轻浮草率了,这是哈登贝格的问题,也是他最严重的政治错误。1808 年,在施泰因的影响下,芬克、舍恩和雷迪格(Rhediger)已经为未来的宪法起草了若干决议和提案,但时至今日,国土面积翻倍,这些草案中已经没有多少现实价值。此外,5 月 22 日法令本身也没有提供任何可靠的基础,而且仔细审读就会发现其中充斥着大量模糊不清和自相矛盾的内容。根据这份法令,各省议会将被重建,并从中产生国会。但现实中哪里还有可为刚组建的各省提
280　供代表的地方等级议会呢?它们的权利还是毋庸置疑的吗?如果保留新省份的代议制宪法,这些宪法又将如何融入国家共同宪法中?这是不是意味着这些省份将被视为独立国家?如果保留它们的宪法,它们难道不会要求,只有获得各自等级议会的同意,共同宪法才能具有合法性吗?一系列复杂棘手的法律问题将由此产

---

①　临时地方代表会议记录,1815 年 4 月 7 日。

生。君主欠妥的承诺成了宪法斗争的信号,这场斗争将威胁我们好不容易才获得的统一国家根基。

5月22日法令是个灾难,但支撑该法案的计划却极其全面。哈登贝格重提了施泰因巅峰时代那些具有改革性的远见卓识,借此打造一套全新地方组织:从县议会产生省议会,从省议会中产生中央议会。这不过是对法国1814年宪章的僵硬模仿,确切地说,哈登贝格要改革旧式德意志议会,以满足现代代议制的要求。5月22日法令毫无差别地使用"人民代表"和"各等级"这些词汇,目的是组建三等级帝国议会,议会完全建立在宪法的基础上,代表全体人民的利益,而非个别特权阶级的既有权益。该计划与时代观念相协调,尽管贵族、市民和农民的等级划分早就无法适应现代社会,但这种等级区分依旧是公共常识。此外,南德各宪法也始于类似的原则:上议院基本上代表贵族,下议院原则上代表其他多个社会等级。在普鲁士,新的县议会由三个等级代表组成。哈登贝格虽然不喜欢社会分级,但也承认革新需要尊重传统和习惯。

可是,即便是这样一部介于新旧之间的宪法,依旧在普鲁士遭遇抵抗,这种抵抗南德诸邦也曾遭遇,而且未曾克服。普鲁士内部反对力量源于复杂多样的国家组成,源于霍亨索伦家族在反对封建特许状的长期斗争中展现出的谨小慎微。莱茵联邦国家中,旧议会早就被专制官僚粗暴废除了,因此可以在干净的基础上建立新宪法,只有符腾堡被废除的等级议会努力重获权利。但是在普鲁士,古代地方议会的残余处处可见。因此,国王模棱两可的承诺,在这些无权无势的组织中马上唤醒了古老且遗忘已久的权利诉求,数个世纪积累的垃圾沉渣泛起。统一国家对地方主义的斗争在行政领域已经彻底结束,又在宪法问题上重新打响。民众仍然麻木迟钝,能唤起积极捍卫意识的只有古老的封建等级权利,而且因为各民族只能获得各自配得上的天分,旧议会似乎比实际上权力更大,且最终获得了局部胜利。

如果从普鲁士的君主制转而思考其省议会,将发现一个巨大的不同。一方面,一切都是有序、统一却清晰;另一方面是令人绝望的混乱,一切权利都遭受质疑。封建领地划分几乎不可能同国家行政区域划分保持一致,前者完全依赖具有世袭性质的私法,与现代国家法律观念有天壤之别，也不存在代表所有阶层的组织。等级议会的权利基本上只限于管理骑士信誉协会和消防协会、评估某些税收等类似的问题。旧等级秩序在东普鲁士最为活跃，因为那里的部分农民，即"科尔默"（Köllmer）在国会上有代表。即便在1813年，柯尼斯堡议会依然很有效率，莫隆（Mohrung）县议会还真诚地向首相保证，从父辈手中传下的古老宪法，是唯一适合德意志民族的宪法。[1] 但在西普鲁士，等级议会的所有权力都遭到质疑。自从腓特烈大帝废除波兰旧议会后，他的继承人曾就等级议会的权利颁布法令，但并没有付诸实施。战时，政府曾多次召开等级议会，但其组成是自上而下规定的。没人敢说还存在哪些合法权利，更不敢说刚刚加入的但泽和华沙有什么权利派出代表。

在波美拉尼亚，东西波美拉尼亚地方等级议院仍在名义上存在，代表高级教士、贵族和直辖市的利益，没有农民和次级城市参与。1810年以后，曾经全权的地方等级议会就无法再召开了。由于农民阶层热情地向新县议会派遣代表，古老的寡头制便逐渐被遗忘，施塔加德（Stargard）政府甚至咨询柏林，等级议院是否应该继续存在。柏林的回复大意为，这个问题将在省议会重建后再决定。[2] 在西里西亚，腓特烈大帝已经废除了帝国时代君主议会的最后残余。

勃兰登堡选帝侯国的等级议会是哈登贝格的老对手，反对得最为激烈，其组成很特别，仅仅代表高级教士、贵族和直辖市的利益，债务管理方式古老而复杂，被称为"勃兰登堡现象"。16世纪，等级议会就接手了大量领土债务，自此以后，为了支付利息，他们便管理某些税收，纳税者并非他们本人，而是可怜的"纳税阶层"。这便是封建统治的原型，就像封建军事体制一样，因其无与伦比的高昂成本闻名于世。岁入30万塔勒，支付收税人员的酬金和工资就要5万塔勒。[3] 哈登贝格执政初年，君主就废除了"开拔费"等封建垃圾，现在绝对有必要采取进一步行动。国家目前正在整顿自己的

---

① 莫隆县议会备忘录，1816年9月4日。

② 施塔加德政府备忘录，1814年4月29日。

③ 波兹坦政府报告，1809年12月6日。

债务，因此勃兰登堡也必须自负债务，留给"勃兰登堡现象"的日子不多了。于是，旧封建权力最强大的支柱开始垮塌，贵族代表们请求国王恢复古老宪法并倾听等级议会关于某些必要变革的看法。诺伊马克仍拥有"上下等级"；阿尔特马克和科特布斯请求重新加入勃兰登堡等级议会。5 月 22 日法令让这些行动有了新动力，并让它们具有了表面上的合理性。此外，"宪法"这个词对政治上不成熟的一代人产生了极大的诱惑，就连柏林人中支持波拿巴主义的代表人物布赫霍尔茨，都成了封建贵族制的狂热拥护者。他代表封建党派，在《德意志报》上称颂勃兰登堡选帝侯国的古老宪法，将其描述为宪法范本。

相比新获得领土上的混乱局面，旧省份的等级制似乎井然有序。瑞典属波美拉尼亚以其古老宪法为荣，唯一的问题是，没人知道"宪法"这个词的大概含义。1806 年，古斯塔夫·阿道夫国王废除了西波美拉尼亚古老的"县市体系"，代之以瑞典宪法及其 4 个社会等级，农民们热烈欢迎这一变革，并最终获得代表权。4 年后，在瑞典国王的进一步行动下，新宪法颁布，却未能被实际执行。因此，西波美拉尼亚的爱国者可以支持这三部宪法中的任意一部。实际上，在这 9 年中，"县市体系"持续存在，就好像什么都没发生。县市都认为自己才是国家真正的合法代表，不断向国王诉苦。但农民和佃农在路德维希·阿恩特和克里斯蒂安·吕德斯（Christian Lüders）的领导下拥护 1806 年宪法，认为这才是唯一具有合法性的宪法。①

波森的代表议会是一种根据拿破仑模式组织的议会，由华沙政府任命，而且仅仅以波兰各县为单位构成，不可能被视为一种真正的议会，因此被普鲁士政府于 1818 年 8 月 26 日有理有据地废除了。

萨克森的封建无政府局面令人发指，哈登贝格在颁布 5 月 22 日法令时就很清楚。萨克森公国的 7 个地区都拥有各自的等级议会，而且由于容克地主的平静生活从未受过强大王权的干预，封建寡头们便凭借贵族血统将自己区别于民众。这些地区认为，割让

283

---

① 请愿书，1816 年 7 月 20 日。

给普鲁士的萨克森世袭领地,理应继续保留萨克森王国议会的一切权利,甚至要求保留独立的国债体系。下卢森蒂亚现在已经成为勃兰登堡省的一部分,但由于首相没有即刻召集旧议会,当地的特权等级就宣称:"5月22日法令剥夺了我们迄今为止最重要的东西——我们合理合法的特权、我们的体制效能、我们的公正愿望以
284　及孩子们的信念——这让我们深感不安。""作为人民代表,作为一直以来行政和立法的参与者",他们要求参与新宪法的制定。奎尔福特(Querfurt)的特权等级两次主动自行组建县议会,虽然这是被禁止的行为。普鲁士的印花税法引入萨克森时,图林根的特权等级向国王激烈抗议,甚至威胁道,该法案"将唤醒古老记忆"。不过市民和农民反对出身高贵的人代表人民。格尔利茨地区的资产阶级地主感谢新政府的公平正义,同时也要求彻底改革省议会,因为"当前的议会建立在薄弱的历史基础之上"。瑙姆堡的市议员们也提出了类似的要求,"旧特权等级只代表他们自己的利益,这种封建体制在合法的外衣下隐藏着最严重的缺陷"。省长舍恩贝格将这份请愿书带到柏林,并保证这完全是该省有教养人士的判断。①

　　5月22日法令要求重建"或多或少仍有功能"的省议会,于是易北河以西省份的前等级议会就认为可以从这些模棱两可的话语中获得好处。威斯特伐利亚、贝格和达姆施塔特的等级议会都被法国废除了,但这种古代封建制度的某些残余依然处处可见。再者,根据《提尔西特和约》第24条,新统治者必须履行迄今为止移交给普鲁士国王的一切义务,由此得出的结论是,当前应该在不经任何谈判的基础上,恢复被莱茵联邦政府废除的代表权。第一个采取行动的是马克伯爵领的贵族,他们早在战时就请求恢复"优秀的旧体制"。宣誓效忠时,他们又说:"我们是马克人,深爱独一无
285　二的祖国。"从那时起,等级议会的代言人冯·博德尔施文格-普勒滕贝格(Bodelschwingh-Plettenberg)男爵就在无数请愿书中反复重

----

① 下卢森蒂亚特权等级请愿书,1816年12月4日。梅泽堡政府报告,1817年8月8日,1819年10月24日。上卢森蒂亚资产阶级地主请愿书,1818年3月1日。瑙姆堡市议员请愿书,1816年12月31日。

申类似的要求。"普鲁士还没有宪法时,我们的宪法就发挥着仁慈的影响力。制定普鲁士宪法的计划尚未完成,这并不影响我们的宪法在自己的土地上继续运作。"多次安抚未果后,哈登贝格终于禁止这些不折不挠的请愿者使用"等级议会"这个名称,并在1820年5月10日制定了一项普遍原则,即被外国统治者废除且被普鲁士在《提尔西特和约》中承认废除的等级议会,继续保持废除状态,直到引入新的省议会。① 这项原则在法律上无可争议,因为普鲁士政府无需对外国统治的行为负责,而且在提出变革古代制度的节骨眼上,避免原封不动地重建这些制度也具有政治必要性。

整个下莱茵威斯特伐利亚地区展开了一场内容复杂的贵族运动,其目标是重建于利希、克莱沃、贝格和马克古代等级议会联盟,而马克等级议会正是该运动的一个环节。施泰因居然支持这些贵族,他意识到新宪法不可能同前等级议会协调一致,于是希望君主能自由对待"他选择的顾问们提出的建议",并告诫同胞们警惕勃兰登堡傲慢贵族的极端要求。但他也痛恨哈登贝格,苦恼政府的犹豫不决,因此想用非法手段重建莱茵威斯特伐利亚等级议会。施泰因相信,此举将对政府产生良性刺激,但实际上却成为了每次全面改革的障碍。随着年龄增长,施泰因的贵族情感变得越来越偏执,"有产者议会"现在在他眼里不过是地主阶层代表,而且构成第一等级的不是大地主之类有产者,而仅仅是贵族。施泰因男爵也开始同一些莫名其妙的人交往:在于利希地区是米尔巴赫,他希望获得贵族血统证明,以进入议会;在明斯特是默费尔特(Merveldt)男爵,他要求威斯特伐利亚的每块古老地区都组建各自的等级议会,并从中选择代表参加省议会。他说:"这个君主国由领土和具备宪法的诸邦国组成,感谢上帝,这些宪法还未被任何革命所消解。"帕德博恩的等级议会还在接近君主,并恳求重建。明登等级会议的代表冯·德尔·霍斯特(von der Horst)和冯·博列斯(von Borries)走得更远,他们要求至少要在如下程度上重建古代

---

① 马克伯爵领派往宣誓仪式的代表提交冯·雷克的抗议书,1815年10月20日。等级会议提交首相的请愿书,1817年3月20日、6月2日。首相的回复,1817年5月18日,1820年5月10日。

宪法：明登自行投票决定税收，地区军事组织由本地等级议会领导。[①] 封建贵族运动范围日益扩大，甚至在等级议会早就失灵的马格德堡公国、霍亨斯坦因伯爵领和艾希斯费尔德，都出现了要求重建古代议会的声音。

面对这些诉求，除了君主一手包办宪法，再也无法实现国家统一。不久前，普王努力同符腾堡的封建议会就新宪法达成共识，但徒劳无功，消息从符腾堡传来，柏林深受震动。有了这些经验，谁还敢梦想普鲁士宪法同 20 多个封建地方议会和谐无间？全面重建才是灵丹妙药。新省议会必须依附于现代省份而非古老领地，除了贵族，城市和小地主也必须获得合理的代表席位。同时，封建地方主义的重新觉醒，显示出国家离心力依然强大。因此，省议会建立后必须马上建立国家议会。

哈登贝格清楚这一切，但部长们的观点却相当混乱。他们被迫面临全新问题，极其忧虑地看着新省份的顽固抵抗和前等级议会的喧闹。安西永在秘密会谈中已经表示支持封建派的愿望，克勒维茨却第一个公开反对。克勒维茨是封建主义的劲敌，也未低估地方主义趋势的合理性，因此建议首相，目前只应该建立省议会，然后静静等待中央集权化宪法。6 个月后，即 1817 年春，克勒维茨在封建主义的方向上又走了一步，在新备忘录中写道："普鲁士各省期待君主什么？君主又能给予什么？"他自己回答道，新旧各省所期待的无非是曾习惯享有的，无非是曾经一直拥有的。[②] 他继续支持建立省议会，支持扩大其权利："这不仅是时代精神的需要，也是因为君主渴望国家更加繁荣富强，而且以此为榜样，德意志和欧洲都能更加繁荣富强。通过扩大省议会权利，才能制定出适合不同地区或省份的共同宪法。"因此，必须保证最高统治者的独立性，但这种独立性实际上很容易受到国家议会的威胁。所以，在一份政府公文中首次出现了这一观点：为整个国家制定共同宪法是

287

---

① 默费尔特伯爵给阿尔滕施泰因的请愿书，1817 年 8 月 20 日。帕德博恩等级议会呈交普王的请愿书，1816 年 8 月 31 日。明登等级议会呈交首相的请愿书，1815 年 4 月 10 日。

② 克勒维茨，备忘录，1817 年 4 月 28 日，于 6 月 1 日提交首相。

多余甚至危险的做法。在朝的反对党和在野的封建主义者毫不迟疑地利用了这种胆怯的言论,好在哈登贝格坚决予以反对,普王也没有被这种言论说服。

克勒维茨进一步建议:"首先,必须从细节上确定,有哪些东西是从古代一直留存下来的。"国家参议院的代表们将巡视各省,研究各地的封建制度,并通过与居民面谈确定各省对宪法有什么想法。根据符腾堡的经验,按照 5 月 22 日法令召集贵族组建立宪委员会的政策相当成问题。这种顾虑不无道理,因为民意极其不确定,柏林的贵族会议很可能成为社会激情和地方主义的舞台。但政府各部门还尚未对宪法原则形成任何共识,因此巡视各省反而会触发另一种危险。贵族会议至少能形成某种普遍看法,但如果私下里逐一询问数百贵族的意见,必定一无所获,而且各式各样的个人意见很有可能让本就犹豫不决的君王更难作出决定。政府没有意识到这种危险,反而高估了制宪会议的混乱引发的不安,于是普王批准巡视各省。

如此形势下,1817 年 7 月 7 日,22 名成员组成的立宪委员会召开第一次也是唯一一次会议。哈登贝格告知委员会,普王认为相比召集贵族来柏林开会,派遣三名委员下各省更简单安全。于是,阿尔滕施泰因前往西部省份,拜梅前往波美拉尼亚省和东西普鲁士省,克勒维茨前往勃兰登堡、萨克森、西里西亚和波森。要等到这三个人提交报告,立宪委员会才能给出意见。同时,首相发表长篇演讲,宣称古代议会妨碍了国家机器的运转,国家的繁荣进步归功于统治者,但因为当前的形势已经不可能继续顺风顺水,因为我们的民族已成熟,可以接受一部永久性宪法和代议体制,也因为我们的国家在保卫祖国、捍卫其独立的战争中,向君主展现了罕见的公民道德和忠诚,因此君主自发赋予国家一部代议制宪法。这份演讲稿还有一份附件,明确陈述了对王权的限制:"国王陛下将就立法问题向未来的代议制议会提出建议,但只是建议,不允许任何干涉行政事务的行为。"

在随后的夏天和秋天,这三位官员完成了各自的巡视。他们的任务是获得各地曾存在的所有代议体制的精确信息,而且一旦考

288

虑到未来，他们就会提出两个重要问题：除了贵族和城市代表，农民代表是否有意义？国民议会是否有价值，还是说有省议会就够了？他们总共询问了三百余人的意见，超过半数是地主，但商人、手工业者、城镇行政长官和神职人员也提出了很多意见。拜梅在沿海省份优先让资产阶级提出意见。但农民的意见很少，大多数来自西里西亚和马格德堡，没有一条出自前萨克森王国地区，那里的农民才刚刚从封建统治中解放出来。

如果要从各方观点中得出一个普遍结论，就会发现目前不存在明确一致的民意，也没有能对君主施加压力的公众意愿，封建运动在民众中势头强劲，同时各省的地方主义也颇有支持者。几乎人人都希望组建省议会，除了省长冯·莫茨，他认为为了实现国家统一，必须建立国会。许多人都支持只建立省议会，不考虑组建国会，一些人是出于地方主义考量，还有一些则是害怕动摇王权。大多数表达观点的人都承认，省议会必须依附于新成立的省份，但也有人拥护行政区组建地区议会，更多的人则要求为古老地区设置议会。至于国家议会的形式，人们的看法各种各样。许多人提议国会，还有些人提议由 40 人组成的小团体，但几乎无人提及应该采取单院制还是两院制。关于农民代表的问题也没有达成共识。大多数人表示支持，许多贵族和市民则怀疑在年轻的农民等级中，是否能找到足够多的"合适对象"。乡绅们尤其害怕农民支持者，这些人自己不是农民，却坚持农民阶层只能由农民来代表。还有来自各个阶层的极少数人宣称，人民还没有成熟到适合代议制，井然有序的统治就足够了。可是制定宪法的理由却很天真，即君主已经许下承诺，因此必须履行，至于其他的问题，都要仰仗他的仁慈。在一片混乱的不成熟观念中，最令人满意的一点是对普鲁士行政和宪法之间关联的天然理解，普鲁士人正是凭借这一点超越了当时的南德人。感谢国家的古老传统，尤其感谢施泰因和哈登贝格改革，几乎人人都明白行政问题的重要性：宪法不是国家生命的开始，而是已经在县市行政治理中展开的各项改革的扩大和完成。法国平等理论的影响甚微，阶级分层被视为理所当然。

只有一些波森显贵达到了新法国文化的高度。克勒维茨询问过的波兰贵族像是商量好的一样，一致要求建立独立的省议会，其有权监管教育、委任官员和在省财库控制下管理独立预算。冯·科辛斯基将军建议制订以权力平衡为基础的"普鲁士联邦宪法"。普鲁士曾对波兰臣民说,"你们是被战士和官员聚集到一处的黑劳士",但现在必须认识到,国家有责任"成为慈母,而且必须无比清醒地认识到这一点,因为欧洲列强对普鲁士麾下的各个民族都有不公"。一句话,普鲁士必须被转变成独立省份组成的联邦,各省有省议会和军队。博亚诺夫斯基要求"人权宣言";莫拉夫斯基认为,只有在"超人"实施统治,"护法元老院"和代表会议控制"超人"的地方,才能保全人的尊严。一些德意志人也受到法国文化的影响。政府官员冯·莱普齐格(von Leipziger)以巴黎模式为蓝本,提交了一份完整的"宪法提案"。(1.根据现存地方法律,霍亨索伦家族的统治血统无断绝;16.基督教是国教。)很明显,波兰贵族的这些观点不可能让普王效仿法国制度,却让所有人知道,止步于省议会是非常危险的。省长泽尔博尼极力强调这种观点,他问道:"我们愿意引入瑞士那样的宪法吗?""我们还不是一个国家,国家还只是个抽象概念,一旦那样想,国家将彻底消失。伟大的事业还在未来的子宫里,这些事业将同普鲁士息息相关。"因此,整个国家必须有一个代表议会,它拥有立法权,而非仅仅是建议权。①

　　莱茵兰的观点分歧极为严重。一方面是下莱茵地区贵族的煽动,他们的领袖是冯·纳格尔(von Nagel)男爵和霍默(Hommer),前者发表了一部关于于利希-克莱沃-贝格议会的详细作品,但并未经政府授权;后者是前特里尔选帝侯国官员,渴望重建特里尔议会及其宗教法庭。另一方面是现代资产阶级社会的民主思想。此外,尤其在本土官员中,还存在着接近法国思想的宪法观念。当年夏天威廉三世访问该省时,科隆和特里尔的市议会的确泛泛地提到了宪法,但本岑贝格觐见君主时,恳请只组建建议性议会。省长泽特则在一份备忘录中提出,国家议会只能通过选举组建,所有独立市民都应该有选举权,但被归化者由于不纳税,因此要被排除在外。关于封建宪法,他坦率地说:"那不过是一种虚假的代表制。"杜塞尔多夫的一位法官也建议,由社会各个利益阶层代表组成议

403

会,但不包括贵族。另一份莱茵兰的备忘录建议,组建一个上议院,成员终身制,由地主、大资本家和著名知识分子代表担任;下议院通过间接选举组成,成员出身于所有独立市民,代表全体人民。他称这是对普遍兵役制的必要补充。一些将会在 1848 年成熟的观点,已经在这里初露端倪。此时这些观点还很虚弱,因为莱茵兰人还忙着从工业和商业维持生计,无论是宪法运动还是年轻一代的条顿主义激情,在这里都找不到有力支持。阿尔滕施泰因在威斯特伐利亚省似乎主要同贵族们交流,还拜访了两派都不反感的施泰因。①

东部省份的争论主要聚焦于农民等级,争论刚刚获得解放的农民是否有能力从代议制中获益。拜梅发现西波美拉尼亚贵族仍完全受封建观念的影响,除了"农民挚友"普特布斯(Putbus)亲王,没几个人盼望改革。格赖夫斯瓦尔德大学教授希尔德内(Schildener)努力在一份小册子里向特权等级证明,没有哪个等级比农民更能代表波美拉尼亚精神。东波美拉尼亚贵族恢复古代宪法的意愿同样强烈,但他们也认为允许农民有代表是不可避免的。东普鲁士省认为农民阶层必须有代表,但西普鲁士普遍的政治冷漠令拜梅大为吃惊。市民们激烈批评城市章程施加的重负,贵族们则特别反对资产阶级地主有代表。②

西里西亚贵族大多支持下西里西亚三个等级都有代表,但几乎所有贵族都怀疑,上西里西亚农民是否成熟到可以参与政治活动。君王的承诺对这里影响颇大,以至于极端保守的陆军元帅约克都宣称:"腓特烈大帝时存在的那种君主立宪和统治方式,于我而言是最珍贵、最优秀的。但我们已经承诺了宪法和代议制,就必须履行诺言。此外还必须尽可能迅速地履行,因为持续的重负会滋生不满,拥有军队的民族会变得更加危险。"③

没有哪里的古老等级仇恨像萨克森一样猛烈。大多数人都怀疑这里的农民是否成熟到了需要代表的程度,但所有人都要求萨

---

① 西部省份巡视报告。
② 拜梅,波美拉尼亚和普鲁士省巡视报告。
③ 约克的观点,1817 年 9 月 12 日。

克森省应该拥有投票决定本省税收的权利。人们愤懑地说着奥古斯特的奢侈无度。冯·博莱普什宣称,对金钱的焦虑是萨克森唯一的政治理念。文森格罗德-博登施泰因伯爵的观点表明,制宪工作即便对有经验的人也非常艰巨。符腾堡的腓特烈曾将士瓦本领土整合成"一个地区",但在一个大国中,如此行事是行不通的。对艾希斯费尔德而言,美因茨选帝侯国的议会体系必须被重建,并进行若干改良。

三位巡视官员中,唯有拜梅在报告后附上了自己的观点。他谴责旧体制是"黑暗中世纪的产物,受不了新时代的光芒",在美国身上看到了"宪法榜样",要求普鲁士建立三等级代议制,暂时单院制,随后再建贵族院。他还称农民是最年轻、最健康的等级,莱茵兰是最文明的省份。还要求完全公开国家议会、省议会和县议会的议程。他还提出了几乎同今天完全一致的基本权利以及陪审团制度。三位官员都尽职尽责地调查,究竟有哪些事物是从过往流传下来的。阿尔滕施泰因要在组成新西部省份的众多地区寻访旧地方议会的各类官员,工作繁重,但他并没有退缩。这些旧官员大多德高望重,且已到古稀之年,但他们也无法事无巨细地记住旧法兰克尼亚议会的一切。于是他通过大量工作集中了一大批历史记录,细致描述了波兰人的"自由否决",特里尔等级议会、西里西亚诸侯议会和于利希平民会议的"预算制度",威斯特伐利亚公国的"爱国者会议",霍恩施泰因伯爵领的"税院",科维议会及其五位首领和三个等级——总而言之,我们从中唯一学到的就是,没有什么值得当下学习。

巡视各省的行动并没有带来任何有价值的成果,无非是提供了一大堆古老记忆和不确定的愿望。少数聚焦宪法问题的政论家也给不出任何建议:自由主义者格莱韦尔在《普鲁士需要宪法吗?》中提出了一个天真的要求:1806年以后,整个立法工作就应该服从国民议会的检验。他甚至没有想过,这个要求将多么轻松地摧毁施泰因和哈登贝格改革。本岑贝格的《论宪法》无疑是当时最成熟的政治作品之一,这本书一直到第504页才讲到德意志,也没有讨论有关普鲁士的问题。

目前最严峻的问题是,已经在重建军队、行政和财政体系的工

293

作中表现出强大力量的专制君主,是否可以不冒风险地同代议制议会分享权力,这是个相当难以回答的问题。德意志各地的自由作家们大肆批判首相,他们只看见了首相没能做到的事,忘记了他的功绩,也从未理解到他面对的各种麻烦。巡视工作看到了大量证据,表明民众的政治不成熟,其中最悲哀的是,至少半数普鲁士人的境界还无法超越所在的省份。埃德蒙·凯塞尔施塔特(Edmund Kesselstadt)伯爵,莱茵流域最具远见的爱国者,准确地描述了新省份的心态:"对于绝大多数普鲁士臣民而言,属于一个伟大国家的观念还很遥远,就连属于德意志的观念还都多少有些陌生。"[1]如果要将代议制赋予这种文化水平的一代人,我们就得期待,这些有责任感、有理性的人民能自我调整,以适应全新的国家形式。但此时,制定一部宪法本不应该是国家的工作,而应该是王权先于国家而自愿赋予的礼物。

但南来的消息扰乱了威廉三世心态,他开始远离哈登贝格的宪法计划。

---

[1] 凯塞尔施塔特的观点,记录在阿尔滕施泰因的巡视报告中。

第六章　南德宪法之争

第一节　士瓦本的优秀旧法律

多年以来，普鲁士政治家们为重建国家殚精竭虑，但绝大多数
南德中等国家却免于这些繁重工作。在过去的战争中，南德君主们每次都能在合适的时机选对阵营，因此也就能在重新安排领土的过程中，基本保住领土不变。相比北德，南德没怎么受战火蹂躏，可以毫无障碍地立刻开始制定宪法。此外，随着拿破仑倒台，过去十年中强制这些年轻国家保持统一结构的独裁也走到了尽头。各宫廷都认为需要重建纽带，希望通过保障一些无害的代表权，调和心怀不满的臣民同故土的关系，并让人民远离可怕的德意志统一观念。同时，他们还希望通过迅速实现邦联法案第 13 条，保卫主权不受邦联议会的侵蚀。

莱茵联邦核心地带比普鲁士早一代人体会到了宪法生活最初的艰难岁月，而且尽管它们在学徒时期没什么政治成果，但还是唤醒了南德昏睡的力量，第一次向世界展现了，德意志在古代文明、国内资产阶级文化和热情公共精神中，蕴含着多么巨大的宝藏。这些南德国家在 18 世纪的政治斗争中只扮演消极的角色，却突然出现在德意志历史的舞台中央，如果我们只是通过当时的报纸或政党口号判断德意志事务，一定会误认为当时德意志的领导权已经从腓特烈国家转移到了巴伐利亚、士瓦本和法兰克尼亚。

曾经，普鲁士古典诗歌的舞台在国外；现在，被舆论发言人视为时代真正内涵的新政治理想，在普鲁士也没有根基。普鲁士的利剑曾不止一次地为德意志人劈开新时代的大门，但对于一个自

296

由世界,它似乎成了一个重担,阻碍了德意志种族的自由活动。一切有利于国家的事物都源于宪政,这种信仰深深纠缠着当时的人,于是他们不再关注普鲁士的军事制度和经济政策,不再关注普鲁士为重建德意志国家所默默作出的一切努力。士瓦本议会的所有议程都被大肆报道,而普鲁士的情况却不为其他德意志地区所了解,因此不管多荒谬的流言蜚语都有人信。实际上,就像慕尼黑和斯图加特宫廷一开始期望的那样,南德各国的宪法就是地方主义的支柱。各国议会上的演说家们嘴上说着德意志统一之类的话,可真正的政治视野仍限制在各自疆域之内。同时由于在邦联议会上,专制主义的政策仍占据上风,他们很快开始自诩为宪政的典范,好像每个国家都是德意志自由和启蒙的重镇。南德国家最终天真地认为各自的宪法凌驾于邦联法律之上。

德意志民族好不容易才从一盘散沙的局面中缓慢浮现,可它最初的宪法经验却要从那些不独立、无权力的国家中产生,这对于我们的政治文化而言,简直就是灾难。在这些小国家中,德意志议会制度从一开始就打上了狭隘的地方主义烙印。欧陆宪政生活的重大问题是,议会形式如何同一个随时准备打仗的国家相协调,如何同一个持续进步的伟大欧洲政策相协调,但这个问题在这些不独立的国家中根本无法讨论。这里的每个政治纷争几乎都能变成个人问题,而且由于拿破仑的仁慈而得以延续的王权,既没有激发出崇敬,也没能培育出容忍,而是从地方主义的诅咒中产生了极端激烈的党派纷争,这恰好同普鲁士宽容健康的社会风气和善良的秉性形成病态对比。小宫廷的行为最终是由奥普的意愿决定的,只要这两个国家拒绝采纳宪政,那么代议制党派就会丧失所有执掌国事的机会。在这种情况下,小宫廷也就习惯了没有任何责任感,在政治上首鼠两端。它们认为只要继续坚持不懈、热情地重申宪政的核心原则,就等于承担了政治责任;它们还通过大张旗鼓地自我吹嘘,来弥补权力的缺失。"宪法"、"人民代表"和"选民"这些词汇似乎拥有了至高的荣誉,任何支持王权的人都会被怀疑是可恶的投机者。政治迫害的邪恶艺术立刻增加了反对派的痛苦和傲慢,并且持续为罗特克的教条赢得新的拥趸:人民大众是无辜的,是邪恶的政府造就了他们的不幸。在邦联混乱状态和狭隘政治生活的影响下,德意志人逐渐变成了所有欧洲最愤懑、最难以驯服的民族。

和平年代的第一次国家议会,即符腾堡议会就对民意产生了负面影响。对莱茵联邦专制统治长期压抑的不满,以一种冲动形式爆发出来,让所有宫廷陷入焦虑;新时代的民主理念同骄傲的古老等级自由彼此联合;两个阵营中,什么是合理,什么是不合理,早已纠缠不清。符腾堡议会上,制定新宪法的斗争也采取了法律纷争的方式;宪政中的权力问题要依据民事诉讼的规则判断,在民法领域训练出的重视形式主义的法学家们,在新德意志第一轮宪法纷争中就获得威望,这妨碍了德意志议会制度的健康发展。

神圣帝国的所有世俗领土中,符腾堡和梅克伦堡最长久忠实地维持了封建秩序,即便是在专制主义繁荣发展的 18 世纪中期,这两个国家仍然以法律方式正式强化了封建体制。其他地方的民众都开始厌恶封建领主的多头统治,将正在强大起来的君王视为弱者的保护者,符腾堡人民仍然将旧法视为神圣不可侵犯之物。老符腾堡人总是骄傲地说:"欧洲只有两部宪法名副其实,英国宪法和符腾堡宪法。"符腾堡三个世纪的政治能量,都用来捍卫古老法律了。就连极富政治智慧的施皮特勒都以士瓦本旧法为标准,衡量历史上的一切法律体系,虽然宪法思想已经在他的故乡生根发芽。老符腾堡严肃的资产阶级特性在很大程度上依赖这种公众情感。

这里是城市联盟和农民战争的土地,是德意志分离主义精神最肥沃的土壤,这里的贵族自始至终都习惯自行其是。1514 年,符腾堡同乌尔里希公爵商定了基本法《图宾根协定》,贵族直属帝国和皇帝,但他们不屑于此;只有在符腾堡家族的宫廷和国家事务上,士瓦本帝国骑士才以有特权的客人身份出现。符腾堡公国的议会成员只有路德宗的高级教士和市议员选出的代表。因此,这里存在着资产阶级寡头统治,它在小范围内的实力堪比荷兰共和国的议会,而且持续同不成熟的王权发生冲突。符腾堡公爵统治着自己的私产,其在和平年代的丰厚收入足以维持宫廷和政府开支。可若是奢侈无度或是陷入战争,就会立刻捉襟见肘,于是他要求议

298

十九世纪德国史（第二卷）：组建德意志邦联

会投票征税，可是只有议会决定巩固和扩大代表权，他才能达成所愿。绝大多数其他封建领土上，上升的王权都会利用省议会的委员会自内而外地摧毁国家议会的权力。18 世纪，符腾堡议会几乎没有召开，可它的权力并没有转移到公爵身上，而是转移到了两个等级委员会手里。斯图加特的小委员会是国家的真正统治者，它自行委任新成员，酌情征税和使用源于各项地方税收的资金，为资产阶级"绅士"，比如斯托克麦尔（Stockmaiers）、普法夫（Pfaffs）和科梅内尔（Commerells）等家族的子弟提供行政职位。如果某个国家枢密院议员在委员会的年度审计上露个脸，艾尔芬（Eilfing）的红酒是少不了的；必要时，他还可以染指该委员会的秘密金库。这个金库支持了各种腐化手段，一个寡头政府是离不开这些手段的，因为"这样就可以友好地送走任何刚正不阿的棘手官员"，或者反抗君主的统治。这个委员会坚定地捍卫这些权利，时而从帝国宫廷会议寻求帮助，时而从奥地利家族寻求帮助，后者不可能放弃对符腾堡的世袭权利。最后，英、普和丹麦都正式承认了符腾堡 1770 年颁布的宪章。

299

　　教会依旧拥有教产，唯有在德意志路德宗国家，教会完整保留了古代教产。不过，路德宗的神学家将符腾堡称作上帝的宠儿，并非只有这一个理由。符腾堡还是南德的新教核心地区。天生谨慎的符腾堡人曾自愿皈依新教，并经受住了严酷的考验：哈布斯堡军队曾三次席卷全境，并威胁消灭其独立地位。教会在艰苦斗争中维持并决定了民族文化，曾开办有序的初等教育体系，并依靠"教会训诫"维持了成人世界的道德戒律。坐落在贝本豪森（Bebenhausen）、布劳博伊伦（Blaubeuren）和毛尔布龙（Maulbronn）宁静森林峡谷中的三所著名学校，仍然保留着教会教育制度的一切特征。哪怕在图宾根大学，神学也是教育基础：所有官员都要有神学基础。神职家族，如安德烈埃（Andreäs）、阿西安得尔（Osianders）和拜登巴赫（Bidenbachs），和官僚家族共同控制符腾堡议会。

　　这种资产阶级神权寡头统治刚好符合《奥格斯堡宗教协议》之后的和平时代，那时神学统治着整个德意志生活。当时符腾堡的统治者，好公爵克里斯多夫，在啤酒和书籍中消磨时光，符腾堡被

410

视为路德教领域的典范。但是当常备军的发展给现代政治施加新任务后,在符腾堡和其他任何地区,封建国家的弱点便暴露无遗:这种精心打造的等级统治结构是为了永远控制人类事务,统治者的权力受到不合理的限制,以至于老符腾堡只见识了君主的邪恶,没能领略其创造力。在人民眼中,符腾堡公爵代表着压迫勒索,不断要求委员会征收新税和新兵。曾在18世纪笼罩符腾堡王朝的君主尊严,由于其在基层治理、提供福利、培养文化方面的表现而荡然无存,只是在宫廷的挥霍无度和偶尔的专制手段上有所体现。符腾堡家族的宏伟城堡可以媲美波兰奥古斯特的壮丽建筑,埃伯哈德·路易斯(Eberhard Louis)为了取悦情妇格雷费尼茨(Grävenitz)伯爵夫人,将首都搜刮一空,为她在迷人的内森巴赫(Nesenbach)峡谷附近修建一栋豪宅,也就是南德最浮夸、最丑陋的宫殿——斯图加特的路德维希堡宫殿。宫廷官员玩忽职守,贪污腐败;狩猎游戏让大量人口稠密的肥沃土壤荒废;公爵只管理自己的私有领土,怎么会关心国家其余地方的死活呢?更何况这些地方的岁入只会流入常设委员会的金库。

　　在这种情况下,符腾堡人民产生了一种特殊的政治情感,它诡异地混合着对王朝的依赖、愤怒和怀疑,这种情绪时至今日都没有彻底消失。战时,符腾堡人曾多次表达对流亡公爵的绝对忠诚,创作了无数赞美古老王室和鹿角纹章的歌曲,有的是民歌,哭诉流亡的乌尔里希“才是符腾堡天然的统治者”;有的是席勒创作的士瓦本诗歌,要求“世界上其他地方的人”,都应该在“哭泣者埃伯哈德”的光芒前低下头颅。可与此同时,符腾堡也始终回响着对宫廷合理不合理的谴责,甚至一度广泛流传这样的说法:士瓦本公爵就像一头凶猛的野兽,只有被小心地关在笼子里,士瓦本人的各项权利才能得到保障。在普鲁士,现代德意志国家的出现以普遍兵役和纳税义务为基础。在符腾堡,仍然蔓延着中世纪的政治情感,所有的赋税都被视为满足特殊需要的额外负担,免除兵役更是最重要的特权之一。斯图加特议会上的高级神职人员和地方长官或许最为突出地展现了德意志封建国家的惰性和不好战。等级议会强烈反对组建常备军,以至于有耐性的克里斯多夫公爵都出言谴责道:“我的国家如果要变成一个君主国,首先我得像个君主般行事。”

符腾堡家族唯一有一定君主意识的是公爵腓特烈一世，他违背宪法规定，要为自己争取招募军队的权利，因为他当时已经意识到三十年战争的阴云正在袭来。但他尚未成功便过世了，于是等级议会的怒火便降临到了他的顾问恩斯林（Enslin）身上，此人被判斩首，从此以后便作为反面教材，警告公爵们不要有军事野心。如果局势需要组织一小支军队，等级议会也能迅速解散它。他们曾大方地给埃伯哈德三世公爵额外批了 1500 弗罗林，这样他就能在解散步兵的基础上再解散 170 名骑兵。可是几年后，一伙法国强盗就闯入了这个手无寸铁的国家。老符腾堡就是这样变得软弱无力，只要遭到进攻，宫廷就逃到乡下，等着在外国帮助下复国。甚至到 18 世纪，符腾堡的军事体系仍然效率低下，公爵家族的好儿郎们都加入了外国军队，腓特烈·尤金（Frederick Eugene）是他们中最伟大的战士，曾在腓特烈大帝麾下对士瓦本作战。这本是个英勇的家族，在中世纪的军事荣誉远超其他德意志人，却在现代军事史上默默无闻。霍亨斯陶芬家族衰落后，从士瓦本领地纷争中崛起的唯一一支相对可靠的地方军队，在两个世纪中对德意志历史毫无建树。

封建制度下，官僚队伍遭受的痛苦不比军队少。大多数行政工作都掌握在声名狼藉的文书（Schreiber）手里，他们没有受过任何学术训练，作为学徒进入城镇行政部门或者担任宫廷文书，然后再凭借裙带关系升迁市长或其他高级官职。在这种环境中，有政治头脑的知识分子和新政治理念根本没有容身之所。老符腾堡漫长的历史中，只出现了两个外交天才，谈判专家布克哈特和瓦恩布勒（Varnbüler），后者通过《威斯特伐利亚和约》重建了符腾堡公国。

长久以来，士瓦本的智力生活也深受僵化政治之害。士瓦本人曾骄傲地列举他们的诗人和思想家，并问还有哪个种族产出了这么多知识精英？士瓦本人的天性幸运地结合了狂热的想象力和深邃的探究精神，这是条顿天才最典型的特征：多才多艺，却往往陷入晦暗和放纵，精神力量原始但富含创造力，尽管可能迷失，却从未变得迟钝。但符腾堡国家却从如此丰富的智力资源中所得甚少，因为几乎没有受过教育的官僚，高级神职人员及其助手几乎是高级文化的唯一官方代表。只要在家庭教师这个领域，士瓦本人被视为世界范围内仅次于萨克森人的最优秀人选,他们就满足了。所有路德宗王室家族蜂拥至图宾根大学的时代已经过去了,这所大学现在只能苦涩地抱怨说,自己将在德意志被人遗忘的角落衰落下去。符腾堡教育体系的领导们根本不理解新世纪的自由精神,于是卡尔·尤金公爵最终决定在卡尔学院为世俗科学建立庇护所,以抗衡图宾根大学浓重的神学氛围,这所机构尽管存在时间不长,却让那所古老大学的黯然失色。所有参与新文化运动的伟大士瓦本人,从席勒、谢林到黑格尔,往往都是在激烈反抗故土的狭隘偏见后,不得不在故乡之外寻找舞台。精神丰饶和政治贫困的强烈对比,是 18 世纪德意志民族的顽疾,而这在符腾堡体现得最为明显。

士瓦本地处偏远,早就无法成为世界贸易的通衢;多种多样的地理特征,包括险峻的高原、森林茂密的山谷和郁郁葱葱的葡萄园;多头政治带来的痛苦和天生桀骜不驯、无法容忍任何政治规训的人民——这一切共同造成了一盘散沙的可悲局面,以及在德意志孤立而独特的处境。小型城镇由任人唯亲的地方长官治理,生活几乎是一潭死水,不可变更的旧法律没有为民族统一的观念,或者共同政治理想留下空间。整个士瓦本,包括类似帝国城市的符腾堡、各教区和帝国骑士托管地,被视为德意志小资产阶级的天堂:维兰德正是在比伯拉赫为《阿布德拉城居民的故事》收集素材。士瓦本人有着天马行空的想象力,蠢人极少,怪人极多。不管多小的士瓦本城市,夜晚的酒馆里都有若干被误解的天才,他们高谈阔论,大脑高速运转,思考着关于世界和时代的问题。就连士瓦本人难以言表的自鸣得意,也展现出相当独特的气质。巴伐利亚人、萨克森人和汉诺威人将地方主义展现在政治骄傲和野心中,但士瓦本人却展现在社会恶习中。他们不厌其烦地赞颂故乡的一切,从腓特烈·巴巴罗萨到本土饮食文化,却阴暗地诋毁一切外来事物。他们深感自身有丰富的精神生活,半怀疑半轻蔑地看待其他德意志人,尽管后者的雄辩和机敏绝对可以让他们相形见绌。当"像个外国人一样抢走子民面包的"士瓦本公爵将非士瓦本德意志人召集到宫廷,老符腾堡人表现出了最乖戾的一面。

在这片堕落的土地上,革命战争刚一爆发,社会就陷入混乱动

303

荡。在这个臣民同君王长期不睦的国家,自由主义的新原则势必能很快找到可靠的立足之处。已经数十年未曾召开的符腾堡议会终于又开会了。一时间涌现了150多种宣传册,要求废止各项渎职行为,扩大选举权,并按时召开议会。可是无人知道怎么解决这道谜题:如何在不发动政变的情况下,走出封建传统法律的二元论,实现现代国家统一。一片混乱中,公爵腓特烈二世即位,他是符腾堡家族最邪恶、最有天赋的孩子,是这个小国家的重建者,根本不像个士瓦本人,优缺点都让子民反感。他铁石心肠、野蛮残忍、没有良心,但同时也是成功的政治家,杀伐果断、雷厉风行。腓特烈二世曾四处游历,也曾在普鲁士和沙俄军中供职,最终像个外乡人一样返回故土,脑中装着这个伟大世界的所有的光芒和尘埃,因此士瓦本的狭隘在他看来就是个笑话。他曾无比羡慕腓特烈大帝和叶卡捷琳娜女皇作为专制君主的无限权力,于是将这视为自己的理想,而现在他迎娶了一位英国公主,更自负得无处安放。野心在胸中燃烧,他掰着指头数着日子,先是他的伯父,然后是父亲终于闭上了眼睛。腓特烈二世即位时已经43岁,没有多少时间可浪费了。

304　　他要做的第一件事,就是为符腾堡家族保住一份相当可观的战利品,那可是参与德意志诸侯劫掠弱小邻邦的分红。但腓特烈公爵发现处处被议会掣肘,他本人视大革命为死敌,站在奥地利阵营,但议会要求保持中立或支持自由法兰西,还自行向拉施塔特、维也纳和巴黎派遣使者,对抗公爵的政策。委员会屡次劝诫公爵,公爵也多次专横地反对议会,双方关系越来越紧张。法国五人执政内阁的最后几天,莫罗的军队向西南进发时,以及法国特工忙于为一个南德共和国打基础时,士瓦本和巴伐利亚都出现了秘密的雅各宾党人俱乐部。一份宣传册提了个问题:如果士瓦本变成共和国,有什么好处?此时公爵也承认,如果没有法国支持,就不可能扩大领土。于是他向法国靠拢,并通过《帝国代表会议总决议》保住了战利品,最后更是被拿破仑的魅力所征服,公开支持法国,协助其摧毁神圣帝国,获得王冠一顶,还一举破坏了古老制度。腓特烈公爵这一步走得很突然,很多人都没反应过来,只有两位官员,格奥尔基(Georgii)和萨托里乌斯拒绝向这位新暴君宣誓效忠。

一些人迫于形势,其他人则顺从地放弃了古老誓言。国王腓特烈用各种强盗行径扩大领土,授权一些地方长官占领弱小邻邦的土地,给他们配了一队可怕的狙击兵和一队轻骑兵,命令道:"谁被外国政府骂得最狠,我就最待见谁。"这些粗俗没文化的老符腾堡文书们,兴高采烈地以"符腾堡王室地方长官"的身份踏上被征服的领土,去驯化骄傲的罗伊特林根市民身上"帝国城市的可恶傲慢"。

可是即便领土扩大了三倍,士瓦本王国仍然是个中等规模的国家,是莱茵联邦诸小国中最小的。它没有包含整个东士瓦本种族领地,向北也只是侵入法兰克尼亚领土数英里远。整个士瓦本-阿尔卑斯地区,美丽的阿尔高和奥格斯堡都属于巴伐利亚。但这块狭小的地区却产生了最严重的政治、宗教和经济冲突:老符腾堡严肃禁欲的路德教遇上了上士瓦本世俗欢乐的天主教;内卡河和雷姆斯河地区的小规模农业和舒森陶尔(Schussental)的封闭农场遇上了贵族等级议会;无数王公贵族遇上了资产阶级乡绅。奥地利人从一开始就认为他们踏足这个小国是耻辱,而且这块教会领地还坚定地依附于帝国家族,依附于符腾堡新教的死敌。在众多帝国城市中,唯有海尔布隆拥有活跃的资产阶级,就连曾经富饶的乌尔姆,也变得贫穷和堕落。但是下至博普芬根(Bopfingen)和奥伦(Aalen)这些城市,都因为失去古老权利而愤怒,其中以罗伊特林根反应最为激烈,他们战胜符腾堡伯爵的胜利记忆还保留在市政大厅里。

统一之前,新旧领土之间的交流几乎不可能存在,两处的人们对彼此的了解几乎只通过讥笑嘲讽。梅根特海姆(Mergentheim)居民的叛乱遭到血腥镇压后,就没人再敢公开抵抗了。但人民满腹仇恨,极力避免同王室官员交流,就连在大学里,从乌尔姆和霍恩洛尔来的新人都会陷入同老符腾堡人的长期争吵。要将这样一个混乱的小世界纳入老公国的资产阶级-新教宪法中,在政治上几乎不可能,而且也没有任何法律能为此提供保障,因为这块新获得的领土有很大一部分都被视为对蒙贝利亚尔(Mömpelgard)的补偿,后者在斯图加特议会上从未有过代表。这块新领土处处同旧领土纠缠,却被多年视为一个独立国家。官员们发现旧高级神职人员的豪宅住起来很舒服,于是平静的朝圣之旅的中心,埃尔旺根

305

(Ellwangen)就成为了新符腾堡这块特殊地区的首府。一个国家不自然地被一分为二，这种局势势必不会长久，但只要旧符腾堡宪法存在一天，这两部分就不可能统一。

306　　1805年12月30日政变废除了旧法，但这场政变并不仅是一位暴君过分权力欲的结果，更是出于一种难以否认的政治必然性。在统一的新旧符腾堡大地上，专制统治的恐怖开始疯狂蔓延，可尽管这位暴君肆意专断，他也将现代国家不可或缺的各项制度赋予了符腾堡。符腾堡腓特烈最杰出的成就，是通过宗教法令推翻了路德教会的统治地位，实现了教派平等。他还通过教产的世俗化和废除议会财库，统一了国家经济，制定纳税义务，不过税率也过重了，地主们必须缴纳总收入的4/5。此外，这个手无寸铁的国家再次拥有了一支可作战的小军队，腓特烈甚至吹嘘这支部队不输任何其他君主国家的军队。虽然糟糕的文书治理系统还没有被彻底废除，但在新的法庭和行政机构中，出现了第一批有文化的王国官僚，旧乡绅等级的特权也被全面废止。由于行政职务现在由世俗官员掌握，所以就连腓特烈国王草草安排的教育体系，也至少获得了自由发展的可能。

　　符腾堡的全面变革是被强制实施的，缺乏连贯性，因此问题重重。世袭司法权被废除了，但沉重的土地税、强迫劳役、狩猎权和腐败的行会制度依然存在。尽管如此，恐怖统治还是为这个混乱国家建立了某种秩序，并让它在未来有可能成为更加健康的国家。大革命的敌人带着革命的激情在他的国土上建立了现代法律平等，但这种平等最初的面貌是所有人都平等地成为奴隶，在符腾堡如此，在拿破仑法国亦如此。邪恶肥胖的腓特烈劣行斑斑，却保留着充沛的生活和工作热情。他就是国家的灵魂，不知倦怠地参与各种新计划；康斯坦茨湖畔的腓特烈港口、腓特烈炼铁厂和腓特烈炼钢厂，让第一位士瓦本国王青史留名。他按个人喜好从德意志其他地区招募顾问，但是只是将他们视为工具，文森格罗德是其中唯一一个偶尔展现出独立看法的人。哪怕在同拿破仑的关系中，腓特烈尽管热爱他，却也比莱茵联邦其他君主更懂得如何维持君主体面。他曾拒绝将军队派往西班牙，这惹怒了拿破仑："要是这家伙有10万军队，我肯定对他宣战。"

　　民众本来不可能理解推翻旧秩序的政治理念,他们能看到的是,特许权利、专横官员、沉重赋税、侵吞公物和间谍活动都被结束了。他们也能看见,贵族狩猎权这个古老的祸根更加嚣张了。他们还能看见一副令人反感的场景:没什么品位的宫廷通过奢侈放纵,通过王室旗手、卫队和传令官的夸张头衔,想要媲美那位世界征服者。斯图加特有头有脸的市民们,一听见君王对宗教发表伏尔泰式的嘲讽,就为他感到羞耻;那些腐败的王室宠臣也总让人想起瓦卢瓦王朝亨利三世的那些弄臣。此时,发生在王室的一场家庭悲剧让这个世界愤慨不已。腓特烈国王曾强迫女儿凯瑟琳公主嫁给热罗姆国王,拿破仑帝国垮台后,他居然要求公主离开丈夫。这位高贵的女性骄傲地回绝道:"我既与之同甘,就必与之共苦。"于是这位父亲就强制将女儿从奥地利带回符腾堡,并将这对夫妻在埃尔旺根城堡监禁了一年之久,用各种威胁和虐待手段,企图迫使他们交出财产。人民的生活越来越贫苦,可是法律禁止这些绝望的人移民外国。这位暴君死后,移民禁令取消,许多人都离开了。1817年,符腾堡出现了第一波大批移民美国的浪潮,海尔布隆地区的穷人离开时大声宣布,严酷官员和沉重赋税迫使他们背井离乡。

　　腓特烈国王在位17年,可对于子民而言,他仍是个彻头彻尾的陌生人。否则他怎么可能相信,这些忠诚倔强的士瓦本人会迅速从失去旧法的悲伤中走出来。他从维也纳返回时,决定在维也纳会议作出决议之前,抢先颁布宪法,他坚信人民一定会感激他。他很快发现,一个腐败政府自发改革的时候,就是最危险的时候。一纸王室宣言,为这个新国家召开全国议会,参会的有50名贵族代表,5位教会代表,64个主要行政区各1名代表,7个拿破仑时代的"优秀城市"各1名代表。早在会议召开前,斯图加特的每个人,就连外交团队就都知道将有一次针对腓特烈国王的袭击。这个不幸的民族刚刚重获言论自由权,所有深受暴政之苦的人昂起了头。对国王的仇恨唤醒了新旧领地间的团结精神,老符腾堡人马上要求恢复旧法,尽管这从未在新领土上正式存在过;新符腾堡人立刻表示同意,因为旧法为反对君主暴行提供了武器。也因为有这样一位君主,人人都将控制王权视为当务之急。此外,在旧法有关天主教平等权利和贵族代表的条款后面附加一些内容,使新符腾堡人也能接受,也不是一件太难的事。

只有腓特烈国王对这些一无所知。1815 年 3 月 15 日,他召开议会,宣布希望为国家打下基石。宣读新宪法时,他庄严承诺将严格遵守,并宣布宪法即刻起对所有臣民生效;君主将每 3 年召开一次议会,讨论新税和新法。因此现存的沉重赋税不会减轻,此后多年让国家陷入绝境的王室法令也不会服从宪法。为了让事情更有把握,国王在前几天还就兵役和地方民兵组织颁布了数道新法令。就这样,符腾堡丧失了一切和平发展的可能。普鲁士大使屈斯特在符腾堡期间,几乎无法忍受在宫廷中的生活,写信给普王抱怨道:"陛下应该能判断出,这样一部宪法能否满足国家的这些愿望。"[1]腓特烈国王将装在金匣子里的宪章交给议会主席,可是还没等他离开,格奥尔格·冯·瓦尔德克(Georg von Waldeck)伯爵就起身宣读一份早就写好的发言稿,恭敬地拒绝了君主的馈赠,直接宣布人民已经自己选出代表,此举是因为人民相信,议会的基础只能是从祖先那里继承的,且被世世代代统治者所宣誓遵守的符腾堡宪法。整个会场开始欢呼,而那部新宪法就被遗忘在桌子上,成为一纸空文。

这种态度是个信号,预示着民众热情的释放。旧时代的等级固化、18 世纪 90 年代的革命激情、对莱茵联邦时代的隐怒,以及反抗拿破仑期间被唤醒的自由意识,混杂在一起。对这一代人而言,故乡当下的问题远比模糊的德意志政策更为迫切。请求邦联履行第 13 条规定的请愿只有寥寥几个签名,斯图加特议会却被无数请愿、不满言论和对决议的赞成淹没了。大量支持等级议会的小册子涌现,其中许多分明就是雅各宾派的野蛮语气。一份册子名为《呼吁德意志最高解放者》,封面上就写着"根据符腾堡地区的免于审查制度付印出版"。这份册子提出了一个问题:"君主到底让我们付出了多少代价?"答案是:"一则惊天动地的伪誓,成千被迫宣誓的人民,无数暴行,还有数万从 30 到 40 岁最有希望的年轻人的生命!无数牺牲者的鲜血就在这位暴君的王冠周围喷涌蒸腾!"还有

---

[1]　屈斯特的报告,斯图加特,1815 年 3 月 16 日。

一份小册子要求"所有头脑健全者亲如兄弟，支持权利，只支持权利，支持古老的优秀权利，还喊出口号'上帝和我们的权利'！那些有权自由的人将凭借权利获得真正的自由"。德意志人几乎无法抵抗神圣的权利之名，于是它反反复复地出现。这些因此而兴奋的人们，只需要几个强词夺理的谬见，就能忽略一个铁打的事实：所谓的古老权利，在这个国家的大半地区从未存在过。所有德意志报刊都热情地支持符腾堡议会，因为它同时代表了当时最神圣的两种情感：对传统的热爱忠诚和对自由的无限渴望。只有《慕尼黑公报》一如既往地支持莱茵联邦的专制主义。

瓦尔德克伯爵发表讲话后，紧接着是对归化者、天主教和路德教的高级教士权利的陈述。就连王室的近亲都在保罗公爵的带领下抗议严苛的新军事法，保罗公爵是个放荡不羁、野心勃勃的人，很愿意扮演士瓦本的"平等者菲利普"[①]。国王自觉无法应付各方怒火，而且由于王储已经表达，目前几乎没有可能转变等级议会的想法，腓特烈决定退一步，于 4 月 16 日宣布准备通过委员会成员以及从特权等级中选出的 4 个全权代表解决此事，后者将陈述议会希望将哪些古老权利纳入新宪法。刚刚被宣布的宪法的神圣不可侵犯就这样被抛弃了。很快我们就会发现，议会的目标就是重建古老国家体制，同时进行一些无伤大雅的调整。

城市和主要行政区的选举，除了 9 个商人外，还选出了律师、行政长官、市长和文书。在这样一个议会中，熟悉历史法的人将占据主导，比如魏斯哈尔（Weishaar）、博莱（Bolley）和格奥尔基，他们都是有学问的律师，满脑子都是自由主义的新观念，认为古老的寡头制才是民众权利最可靠的保障；次一级的是斯图加特市长克吕佩尔（Klüppel）；最后是最擅长写公文的文书代表，赞恩（Zann）和福伊尔莱因（Feuerlein）。瓦尔德克伯爵是被剥夺主权者的领袖，这个人极有头脑，每当南德贵族集体要求保留等级特权时，他总在风口浪尖上。他发现，表达对民众无限自由的支持和保卫家族特权，可以并行不悖。他让民众知道，他高贵的林堡家族从未承认过德意志

310

[①]　即奥尔良公爵路易·菲利普·约瑟夫（1747—1793），支持法国大革命，雅各宾派当政时期被处死。——译注

邦联或符腾堡王国,如果它们要获得他的承认,就要同他平等对话。在次一级贵族中,冯·瓦恩布勒男爵非常突出,他是个典型的帝国骑士,勇敢忠诚且极端顽固。随后,马森巴赫也加入了这个贵族党派,这个人的名字背负着耶拿和普伦茨劳的诅咒。他曾被开除普鲁士军队,这完全是咎由自取,可他却出版了一本臭名昭著的回忆录倒打一耙。现在,他又成了个花招百出的无耻政治家,写作了大量疯狂且蛊惑人心的作品,要求贵族经历资产阶级洗礼,并宣布"所有君主必须同人民缔结新契约,必须让每个市民都能计算出自己为维持国家生活所贡献的力量"。

311 　　反对派的组成五花八门,暂时尚算团结。只有 5 位贵族撤销了对瓦尔德克伯爵讲话的支持,还有一部分被剥夺主权者也脱离反对派,等待维也纳会议对帝国前特权等级权益的决定。协商讨论的形式完全符合传统习俗,绝大多数情况下,代表们阅读冗长的观点陈述,只有偶尔交流个人看法时,才即席说几句。除了议会的 4 位全权代表,还有一个 25 人委员会,代表之前的大委员会,详述对政府所有附加提案的反对意见。即便是枯燥的书面写作程序,都逃不过狂风暴雨。君主有意示好,等级议会却报之以怨怼。当冗长的文件被宣读,当官员们的专断独行和君主的无耻奢靡被公之于众,那场面简直一言难尽。宫廷每年花费 50 万古尔登,差不多是国家岁入的 1/3。人们震惊得说不出话,许多人甚至泪流满面。但制定宪法的工作却没有任何进展。等级议会用最严厉的词句谴责国王违背誓言,反复提及"近年的一切莫名悲痛"都是源于"蔑视古老和饱经试炼的事物"。同时宣布,古代宪法中最有价值的成分是两个机构,即常设委员会和省议会的财库,而这与现代君主国家完全不相容。他们忠于封建传统,认为君民之间就是天然的斗争状态,并毫不迟疑地当面告诉国王,如果发生新的斗争,议会必须拥有支持被迫害官员的手段。

　　6 个月毫无意义的争论后,耐心耗尽的腓特烈国王决定休会,要求议会指派一些全权代表继续讨论新宪法,同时承诺认真调查人们的各种不满。但大部分议会成员不肯放弃老符腾堡宪法的基本框架,坚称一个大委员会必须作为国家权利的代表。腓特烈国王拒绝接受这个编外政府,后者便挑衅般地离开了,而且没有派遣全权代表继续制定宪法。议会解散之前打出了王牌——于 7 月 26 日向古老世袭领地的担保人——丹、英、普发出请求，恳请它们出面调停，因为接受符腾堡国王的提案，他们将被人民视为"叛国"。这就是南部国家的水平：和平年代大张旗鼓召开的第一个议会，最终打着民权的旗号，努力勾引两个外国插手德意志事务。

随之而来的是民间情绪日益高涨。符腾堡议会在最后决定性的几次会议上，费了好大劲才制止斯图加特人民在窗外奏乐欢呼。休会后，大批乡民涌向路德维希堡请愿，国王不得不命令卫兵们保卫王宫。人民代表返乡时，受到了夸张的欢迎，这无疑让"古老权利的拥护者"更为志得意满。在这场人民的狂欢中，贵族诗人路德维希·乌兰特怎么可能保持缄默，他总能找到合适的词汇描摹士瓦本人心灵深处的秘密，而且他的民主情结、法律文化和家族传统都会促使他站在老符腾堡阵营。他用曲调简单、便于流行的爱国歌曲陪伴这场纷争的各个阶段，而且利用自己可以反复请愿的权利，一次次地用各种形式表达同样一个观念："此土有福，遍生麦葡；此土所缺，唯旧善法！"这些诗歌的影响力远超出了士瓦本，强烈煽动了当时模糊的激情。这些诗歌的形式可能很高贵，却无一例外地表达了"全有或全无"的激进革命理念，严厉谴责无耻的统治者蒙蔽人民，剥夺了他们应有的权利。这种流传在诗人士瓦本家乡的恨意，在符腾堡的暴政下并非空穴来风，它乘着诗歌的翅膀传遍了整个德意志，甚至早在莱比锡战役第三天，乌兰特就在最优美、最激进的政治诗中将德意志描画成走投无路。普鲁士政治家们从巴黎返回，准备组建新行政体制时，他又召唤出克尔纳，以后者的名义宣布："一切都令人绝望！"这句不公道的话楔入了条顿主义青年的骨髓里，并随着党派纷争反复出现在诗歌散文中。三年后，一切似乎真的令人绝望。

请求丹英普三国介入的唯一后果是，迫使君主采取新一轮动作。这三国都不认为自己有权介入且明确支持一部被废弃已久、以神圣帝国法律为基础的宪法。普鲁士更是有意回避，尽管屈斯特多次向首相报告并要求指示，尽管哈登贝格真心希望君民同心同德，但符腾堡国王最近刚刚同俄国建立亲密关系，屡次表达对北德强国的仇恨。这种情况下插手符腾堡事务，对柏林内阁百害无利。腓特烈国王本人也没有找到任何外国援助，他在所有宫廷都有邪恶之名，各宫廷都希望这个士瓦本暴君赶紧完蛋。梅特涅甚至公开拥护符腾堡议会，因为他本人的家族就属于符腾堡的被归化贵族，并且在近年中遭受严重不公。①

　　这位曾权倾一时的君主被彻底孤立了，国内的激烈情绪继续发酵，许多地区的抗议者开始反抗新税。腓特烈是个有决断力的人，马上适应了新形势，将旺根海姆男爵招入内阁，因为只有这个图林根人的名望才足以保证一次真正的体制改革。旺根海姆还是个年轻人时，曾在科堡担任军官，由于直率地反对克雷奇曼（Kretschmann）的拙劣统治，被判流放。他流亡至法兰克尼亚，后来在贝腾堡（Bettenburg）同年轻诗人吕克特缔结了维持一生的友谊，同他们一起的还有风度翩翩的冯·特鲁克泽斯（von Truchsess）男爵，后者颇有浪漫之名，被称为"济金根第二"。几年后，他被图林根宫廷派遣到斯图加特，机敏的谈吐、明亮的面容和身处狂欢中的强大自制力，马上吸引了国王的目光，迅速将他纳入麾下。可是君恩难测，由于腓特烈国王总是称呼他"我的学生"，让他很是不满，总是公开表达自己的德意志情感以示反抗，最后国王高兴地将他扔到图宾根，担任大学校长。在大学里，旺根海姆展现出对科学的热爱，与大学里所有知名学者都建立了友好关系，但他格外喜欢神秘主义者埃申迈耶尔（Eschenmeier），后者让他走近了自然哲学领域的各种神秘公式，而旺根海姆本身就是个容易接受各种天马行空想象的人。当宪法之争陷入白热化时，他突然抛出了一本《论国家宪法的理念》，直截了当地阐明为何旧法同现代国家理念无法调和，随后提出了要以何种程序制定出一部满足这种抽象理念一切需求的、不可侵犯的、具有典范意义的宪法。这不过是孟德斯鸠的旧观念披上了一件新外衣，自然哲学中神圣的三位一体变成了三种力量的平衡：人民大众代表观念力量，基层代表想象力，议会则代表国家的欲望功能。这些教条主义背后隐藏着一些杰出的现实观点，而且由于国王再没有任何外援，只能派遣文绉绉的旺根海姆去调停宪法争论。

314

---

① 屈斯特的报告，1815 年 11 月 1 日，及此后多日报告。

　　旺根海姆盲目自信地接受了这项任务。有才之士在困局中容易展现出无限自负，很显然，旺根海姆已经被这种自负占据了，深信自己注定要为德意志打造一部无与伦比的宪法。虽然他憎恨莱茵联邦，但也不自觉地将深爱的神秘三位一体思想带入了德意志政治领域，并一早就思索出了一个德意志三元结构，可惜这同拿破仑时代可耻的三权分立思想如出一辙。旺根海姆认为，普奥都是半个外国，普鲁士更是世袭王室的死对头，所有小诸侯国才是"真正的德意志"，要限制普奥发展，让国家之间保持平衡，并领导它们不断走向自由和文明。此外，在真正的德意志种族中，士瓦本人才是最地道的德意志人。旺根海姆热爱新故乡到盲目的程度，并以骑士般的忠诚依附于符腾堡王室，尽管有时也不免失望，但始终保持忠诚。[①] 可是他对地方状况的了解很肤浅，也不知道如何对付那些顽固之人。刚一开始，他就遭遇了巨大的困难，因为他是个"外国人"，他纯正的高地德语冒犯了士瓦本人的耳朵。他以轻松诙谐的语气谈论旧宪法的"高贵典雅"，说到某位老符腾堡文书时，他说这种人对天上地下的事一无所知，只会做算术，就连这种算术也只有别的文书才能看懂。在士瓦本人看来，这个人简直该受天谴。很多人都嘲笑"国家的欲望功能"和"符腾堡梭伦"的其他自然哲学符号。

　　1815 年 10 月，符腾堡议会再次召开，在长达 20 页的发言稿中重新提出了全国范围实施旧宪法，并警告道："人民正在丧失未来"。11 月 11 日举行的部长级会议上，旺根海姆终于争取到国王支持他们所钟爱的原则，支持旧法。[②] 两天后，腓特烈用一份信息震惊了议会，这份信息在外国外交官眼中"简直是个奇迹"。他宣布，他并不否认旧宪法的内在合理性，只是否认其适用性。他随后通过 14 条意见提出了无限税收征收权、国家公务人员的责任以及全面修订 1806 年法律。这些意见实际上包含着封建制度中一切切实可行的成分，还保证了一大堆有价值的新特权。腓特烈最后

315

---

① 此处使用的材料是旺根海姆写给友人，枢密院官员冯·哈特曼（von Hartmann）的信件，感谢斯图加特的哈特曼教授将这些材料提供给我。
② 屈斯特的报告，1815 年 11 月 11 日。

说道，如果这些条款被拒绝，他将别无选择，只能在老符腾堡重建旧法，而给新领土提供一部全新的独立宪法。

国王作出如此大的让步后，符腾堡以外的舆论开始变化。施泰因和加格恩等人曾经支持等级议会，如今也强烈建议议会接受调停。可是议会早已深陷纷争难以自拔，而且纷争已经变成人身攻击，参与者都丧失了理性。等级议会确实不同意再次通过委员会同君主协调，但委员会马上制定出一份混乱的宪法提案，完全无视国王的 14 条意见，用 25 章和数百细则列举了旧法的一切腐朽珍宝，尤其坚持保留常设委员会和税库。

316　　这场纷争又继续了数个月，为了终结混乱的局面，旺根海姆的教条主义热情引导他开始攻击一个论战双方都同意的观点，即符腾堡的单院制传统。如果不设两院，神圣的三位一体就不可能实现；贵族因素必然无法组成"支点"，而这代表着民主制和贵族制之间的"动态平衡"。国王非常支持这些理论上的构想，因为这与他谨慎的现实政策相当合拍。他和绝大多数莱茵联邦诸侯一样，怀疑贵族是君主最危险的敌人，因此非常有必要将这些煽动家隔离在上议院中，以免他们将资产阶级和农民引入歧途。因此他提出了这样一个计划，即组建一个贵族院，但在这个小国里，几乎没有活跃贵族的活动空间。旧法的拥护者积极反对，他们并不信任自己的贵族亲戚，却相信自己可以在等级议会中带头反对贵族利益。论战双方更容易在另一个具有德意志特色的问题上达成共识，即成员的津贴。人民代表应该获得报酬，这一点似乎理所当然。这既考虑到了贫穷的有教养阶层，也照顾了官僚阶层的观点，因为旧式官僚认为除了工资，人不可能认真考虑任何别的问题。国王的暴虐天性一次次爆发的同时，议会演讲的一些签名者和急脾气的代表也按捺不住了，特权等级逐渐失控了，他们声称，未来的宪法将赋予他们的所有特权已经属于他们了，而且在国王再次征税时，他们已经正式高举自己权益，并威胁如若再来一次，他们将呼吁臣民拒绝纳税。

这场纷争持续了一年，越来越琐碎乏味。1816 年 8 月，瓦尔德克伯爵自发向三个担保国以及弗兰茨皇帝提交第二次请愿，这份措辞典雅的请愿书表达了旧法崇拜者无法改变的傲慢："老符腾堡宪法凭借德意志帝国宫廷和高级担保人的决定,凭借德意志人的一致同意和三个世纪的祝福,已经成为一项人类的完美杰作,其结构是如此精妙,哪怕只是消灭其中某个组成部分,也会危及全体,进而危及民族的利益。"①现在,整个符腾堡都陷入混乱,自此以后,这种局面还将伴随所有关于德意志宪政生活的争论,而这绝不可能赢得外国对德意志的尊重。

317

人人都被迫站队,许多身在外国的杰出士瓦本人都写信或发表作品,表达对故乡事务的看法。这场令人绝望的论战也展现在谢林和保卢斯这对死敌对旧宪法的渴慕之中,前者支持旧宪法,因为他认为历史法值得尊重,后者则自认可以从旧等级权利中发现宪法自由。黑格尔支持旺根海姆,认为他代表了现代国家观念,并证明只有摧毁过时的德意志帝国,"真正的德意志国家",即全新的王国才能存在。克纳真诚地恳求乌兰特放弃"文书官和法律贩子的钱匣子体系和等级精神",可惜终归徒劳。旺根海姆的朋友吕克特向乌兰特发出诗歌挑战,后者以真挚的政治情感战胜了审慎的政治智慧,这件事被符腾堡人视为一次政治胜利。年轻一代中最具政治头脑的两个人,弗里德里希·李斯特(Friedrich List)和施莱尔(Schlayer)积极支持旺根海姆,又有什么用呢? 他在议会中只有两个支持者,法学家格里辛格(Griesinger)和书商科塔,后者作为经验丰富的商人,超越了同乡人的狭隘视野,也因此成为他们怀疑的对象。但国王才是达成共识的最大障碍,无疑他也渴望和平,但谁愿意信任他呢?

不过这个障碍被幸运地铲除了。1816 年 10 月 30 日,腓特烈国王逝世,无人哀伤,举国上下庆祝威廉国王即位。多年以来,忠诚的臣民们总是将他比作好公爵克里斯多夫,因为他们都曾在暴君父亲的统治下度过青年时代。但这位新王天性冷酷理智,完全没有克里斯多夫公爵的好心肠。他生于卢宾,早年任职普鲁士军中时就产生了强烈的普鲁士情感,这一点很像他的祖父腓特烈·欧根,那时他的签名还是"腓特烈·威廉"。耶拿战争后,他学会了瞧不起普鲁士人,但仍是一位骄傲的德意志军官,坚决反对他父亲

318

---

① 瓦尔德克伯爵给奥地利、普鲁士、丹麦和英国宫廷的演讲,1816 年 8 月 31 日。

的法国政策。王室家族的激烈纷争很快变得人尽皆知,很多人都暗中支持王储,虽然对于这些家丑,傲慢威廉的无动于衷和暴脾气父母的波拿巴主义同样值得谴责。在腓特烈的命令下,威廉不情愿地迎娶了巴伐利亚公主卡洛琳·奥古斯塔,他们从未圆房,这场婚姻令双方都很不幸。① 拿破仑战争的桂冠对他没有任何吸引力。直到符腾堡加入反法联盟,威廉才参与作战,并在法国冬季战役期间,尤其是蒙特罗血战中,展现出一位杰出指挥员的实力,士瓦本诗人威廉·豪夫(Wilhelm Hauff)称赞他是"威廉王子,高贵骑士"。这些军事成功并没有对他产生积极影响,反而增加了他的自负和对他人的蔑视。由于他的视野远远超越狭隘偏执的同胞,因此宪法之争只是增强了他的一种幻觉:没人比他懂得更多。

他野心勃勃,自信比得过其他所有德意志统治者。很长一段时间,他都觉得士瓦本太小了,装不下他的宏图大略。维也纳会议和巴黎会议上,外交界数次被一些狂妄的提案所震撼,这些提案要求给蒙特罗战役的英雄一些奖励,比如担任德意志邦联美因茨军队的最高指挥官,或者阿尔萨斯最高统治者。威廉王储同巴伐利亚公主离婚后,迎娶了沙皇的妹妹,叶卡捷琳娜女大公,一位有头脑、有活力、有事业心的女性,她曾在俄国战争期间,像个男人一样承担军队装备工作,如今却在新家里感到不安。威廉王储的梦想越来越膨胀。屈斯特曾写道:"腓特烈、威廉和叶卡捷琳娜,这三个人怎么可能相安无事?"士瓦本王储和奥兰治亲王之间开始秘密通信,这让保守宫廷大为紧张。这两个王子都怀揣革命计划,而且每当有酒馆政治家欢呼符腾堡王子是"未来的德意志皇帝",他都很受用。他们都是马基雅维利式的政治家,既蔑视新的自由主义观念,又希望从巨大的革命性变革中获得某些好处。威廉王子的野心开始泛滥,就不再审慎理智了,最异想天开的幻想似乎都有可能实现。多年来,他一直酝酿着南德联邦的计划,尽管他本人亲手摧

① 有一则轶事在符腾堡广为传播,且本书第一版也如此记录,即王储威廉缔结这次婚约是为了避免迎娶拿破仑养女斯蒂芬妮·博哈奈斯(Stephanie Beauharnais)。这是谣言,因为斯蒂芬妮早在 1806 年 4 月 8 日就同巴登选帝侯卡尔订婚了,而威廉王储是 1808 年 6 月 8 日才结婚的。

毁了实现这些三位一体计划的一切基础。由于蔑视巴登宫廷，他也就疏远了巴伐利亚宫廷，这造成了深远影响。天性冷酷的威廉根本无法忍受巴伐利亚王储路易的奢侈放纵，他们曾同时追求俄国的叶卡捷琳娜，路易败北，两人之间的关系更加恶化。

解放战争激发的爱国激情并没有感化心胸狭窄的威廉，他的德意志政策完全出于王朝骄傲和个人的权力欲。他厌恶拿破仑，是因为认为外国人统治符腾堡家族是奇耻大辱，故而也不愿意置身任何强大的德意志中央集权统治之下。威廉国王似乎认为，领导德意志是他的特权，就连好脾气的屈斯特都说，这位王储的内心深处是个同他父亲一样的地方主义者。[1] 他同德意志邦联两个领导国之间的关系从一开始就很糟糕，普奥二元主义政策直接同他的三位一体计划相冲突，而且他那狭隘易怒的性格也无法压抑对普奥的怒火。即位后不久，他提出要将一位符腾堡公主许配给普鲁士王储，普鲁士回复道：普王不会干涉孩子们的意愿。[2] 这个仇，威廉记下了。差不多与此同时，弗兰茨皇帝选择了离异的符腾堡前王储妃、巴伐利亚公主奥古斯塔作为自己的第四任配偶。自此以后，皇帝对斯图加特阴谋家的疑心就与日俱增，而这种敌意也获得了真心的回报。

威廉国王是个热情的战士，头脑冷静、勤勤恳恳的执政者，杰出的农学家，还是优秀的驯马师，生活方式简单，尽管谈不上道德有多高尚，但起码也算自律，不似他父亲般骄奢淫逸，足以应付那些需要谨慎认真对待的现实事务。但是对于这些领域之外的东西，他一无所知。他和他父亲一样，都以伏尔泰式的轻蔑看待教会，不过他也承认教会是维持愚蠢民众秩序的必需品。自由科学研究的"意识形态"似乎是个令人不快的谜题，既荒谬可笑，又令人警惕，因此作为一名真正的莱茵联邦职业军人，威廉从未学会理解普鲁士军队的自由精神。最后，他对艺术的热爱也从未超越在女性裸体形象中寻找理想的阶段。这样一个爱折腾的人，并不适合

320

---

[1] 屈斯特的报告，1815 年 10 月 24 日、11 月 11 日。

[2] 屈斯特给哈登贝格的信，斯图加特，1817 年 1 月 18 日；首相的指示，1817 年 2 月 24 日。

小国家的平静生活，而且他也过于以自我为中心了，不能理解没有
权力的主权就是镜花水月，他不过是给一团乱麻的德意志封建政
策又打上了几个死结。从本性而言，他根本不像是个士瓦本人。
庆祝他即位的活动持续几周后就结束了，在随后漫长的统治岁月
中，尽管他也算勤勉国事，但始终没有获得人民真正的爱戴。没有
人待他以真心，而且人民很快就开始恐惧他性格中最可怕的一
面——睚眦必报。

　　威廉的统治生涯始于一些有分量的改革：制止了宫廷的奢靡
排场和狩猎丑闻，缩减了部分税收，释放了许多囚犯，驱逐了先王
的一些宠臣。在饥荒和之后的数月中，王后像个男人一样投入女
性事业，她总说"女性的最高社会使命是帮助他人"，她用女性社
团、储蓄银行和各类实用性机构覆盖全境，并在这项工作中展现出
伟大的人格，因此不久后，她的早亡让整个士瓦本深陷哀痛。就连
一向蔑视宫廷的乌兰特，都为国母的棺椁献上美丽的花环，克纳也
作悼亡诗："上帝召回太早，圣人永居天堂，人间痛失所爱。"王后被
葬在符腾堡王族古老城堡曾经矗立的高地上，符腾堡人前往参拜
罗滕贝格的小教堂，悲痛崇敬之情一如前往夏洛特堡朝圣的普鲁
士人。

321　　　威廉同议会开会，想要安抚调停。他的所有秘密野心计划首先
止步于一个希望，即这个国家将视他为所有德意志君主中最具自
由精神的一位。他讨厌代议制政府形式，但自认为有能力管住这
些文书，最终能将自己的意愿施加其上，哪怕是成为立宪君主也没
关系。因此，他让旺根海姆担任首相，虽然他们根本就是两类人，
只有一个共同点，即三位一体政策。旺根海姆很快发现国王对他
隐含敌意，而且也不总是尊重他。① 在特权等级提案的帮助下，一
份新的宪法计划很快出炉。这已经是第三份计划，于 1817 年 3 月
3 日提交议会，比上一份有了很大进步，但关于古老差异的纷争再
次被点燃，牵涉到单院制、财税库和常设委员会等问题，斯图加特
的乌合之众又集会表示支持旧有权利。

　　纷争又延续了 3 个月，威廉已经控制不住士兵了。他背着首相

---

① 旺根海姆写给哈特曼的信，1832 年 2 月 1 日。

同友人莫克莱男爵（Maucler）商量，并向议会发出最后通牒，要求对方在一周内接受。实际上，其中的内容是可以接受的，但这种霸道的行为激怒了议会，6月2日，议会宣布拒绝。当时，国外几乎所有审慎的政治家都支持威廉国王，这也让议会中大多数人越来越苦恼。老符腾堡人宣布"脱离"，这样就能保住其古老特权，甚至有权反对国家新领地的意愿。举行投票时，瓦恩布勒男爵宣称，他宁愿生活在没有宪法的现任政府统治下，也不愿意放弃古老宪法。他对宫廷更没有好脸色，当要求他交出管家金钥匙时，他居然将这么贵重的物件邮寄过去，还在邮件封皮上写上"不贵重物品"。议会在王权的各种不满中解散，议会成员被禁止居住在首都。通过全民公投的形式落实君主提案的举动彻底失败了，威廉随后宣布将等待邦联议会有关德意志各邦议会权利的决议，同时将提案中的其他承诺付诸实施。

　　威廉像个专制统治者一样统治了两年，期间引入了一系列优秀法律，这些都是"改革大臣"旺根海姆和克纳早就预备好的：彻底废除农奴制，补偿部分土地税，允许出国移民，建立了四个县政府替代之前的地方长官。埃尔旺根（Ellwangen）的天主教神学院被迁到图宾根，因此古老的路德宗大学就能跻身奉行教派平等的大学之列。为了教育出可用的官员，打破被文书们垄断的行政职位，还成立了专门教授政治科学的学院。由于在饥荒年份中，农业几乎处处被破坏，也因为贫穷的小农大批栽在犹太人的高利贷上，有着敏锐商业意识的威廉国王果断采取行动，建立了一个大型的农业联合组织指导和协助地主，还在自己的私人领地上建立种马场和示范农场，在霍恩施泰因建立了一所农业学院，其在莱茵兰人施韦茨的领导下，很快匹敌默格林。国王的这些举动唤醒了士瓦本农学家们的事业心，1818年以后，康斯塔特（Cannstatt）每年都会举行农业节，大批农民带着自家的种马种牛蜂拥而至，争夺王室奖金。

　　国家的政治情感在很长一段时间中仍然十分亢奋，甚至到1818年春，旺根海姆还强烈警告不要召开新议会。[①]但是一种更为平和的情绪逐渐恢复，尤其是新符腾堡人开始后悔议会的顽固

322

———————

① 旺根海姆写给哈特曼的信，1818年4月1日。

时，这种趋势就更加明显了。"人民之友"李斯特热情拥护新的人民代表制、自治政府和公共司法理想，在青年人中获得了越来越多的支持者。国王也开始忏悔曾经的行为，他现在知道了，要成为德意志最具自由精神的君主，并不是那么容易的事。幻想破灭后，他终于回到了最符合他天性的官僚专制的思想上。于是他再次背着顾问们，将热罗姆国王的财政部长马尔休斯引入内阁。旺根海姆和克纳迅速意识到，他们跟这个拿破仑式的典型官僚绝无可能达成共识，于 1817 年 11 月双双辞职。

从此以后，斯图加特宫廷就开始卑鄙地欺骗和混淆舆论。威廉派遣旺根海姆担任驻邦联议会大使，令人相信他的自由主义情感没有动摇，但符腾堡的外交官们正在秘密制订一份邦联法律，专门限制德意志各邦议会的权利，并方便君主们收回承诺。[①] 此外，士瓦本宪法纷争对其他宫廷更是产生了灾难性的影响。谈判桌上的狂风暴雨中，反对派的欢呼最大声。现在，他们说，事实证明，德意志不可能由议会实施统治；旧权利的拥护者们甚至计划向军队发表宣言！在接下来的很长一段时间里，士瓦本议会都是个反面教材，梅特涅给远在圣彼得堡的施泰根特施（Steigentesch）写信称："符腾堡过于鲁莽地同议会开战，它比美德会更有可能成为革命的温床。"

第二节　巴伐利亚

巴伐利亚比符腾堡更快出台宪法，而且没有经历如此激烈的纷争。但就像符腾堡国王遭到旧特权等级的阻碍，巴伐利亚国王则被罗马教皇的阴谋掣肘。在德意志国家生活中，最巨大差异总是发生在关系亲密的分支之中，就像是命运女神有意为之。正因如此，德意志地方主义也绝不可能彻底摧毁民族统一的纽带，因为离心力往往会被邻邦的嫉妒所中和。在北方，威斯特伐利亚人和莱茵兰人，波美拉尼亚人和老普鲁士人，马克人和上萨克森人，彼此间因部族特色和历史而相差甚远却又相邻而处，南方的巴伐利亚

---

① 参见上文第 167 页等处。

人和士瓦本人也是这样。士瓦本人早就失去了政治上的伟大光芒,唯有凭借大量杰出人士才能在民族生活中占据一席之地,巴伐利亚却是最古老的德意志国家,也是唯一一个不仅保住了古老世袭领地,更保住了古老力量和名望的国家,还曾经是地方主义的大本营,其充沛的能量证明,正是巴伐利亚四大公国的解体拯救了我们的古老王国。巴伐利亚曾给德意志民族贡献了一个沃尔夫拉姆·冯·埃申巴赫(Wolfram von Eschenbach)和一个阿芬提努斯(Aventinus),而反宗教改革将巴伐利亚推回到了智力的愚昧阶段。这里并不盛产天才,巴伐利亚的历史意义主要源于其政治力量以及好战的性格。巴伐利亚人同古代东日耳曼世界征服者们关系密切,正是从巴伐利亚开始,日耳曼人路易及其加洛林帝国的继承者们才统治了德意志地区;在萨克森人、萨利人和霍亨斯陶芬家族统治下,巴伐利亚人都能在帝国内占据优势,巴伐利亚的路德维希皇帝最终让他的国家成为了最强大的德意志国家。

但不幸的命运总是在德意志国家结构形成一半的时候插手制止,巴伐利亚也没能逃脱这种命运。1363年蒂罗尔划给哈布斯堡后,巴伐利亚就降格成了一个内陆国家。蒂罗尔成为奥地利的一部分后,始终肩负着对抗东南各民族的责任,这最早是由巴伐利亚领导的,很快就远远超出了祖国的范围,以至于这两个国家迅速形成了类似萨克森选帝侯国和勃兰登堡选帝侯国之间的关系——一方历史更悠久,更强大,但已经停滞;另一方是野心勃勃的命运宠儿。国内纷争是维特尔斯巴赫家族的原罪,加上多次被瓜分,削弱了王族的力量。自从同普法尔茨表亲们的领地隔绝,巴伐利亚就不再拥有足够的经济力量,山地地区和阿尔卑斯多石山麓地带的贫穷,抵消甚至拉低下巴伐利亚平原的富饶。

尽管如此,巴伐利亚还是再次让德意志命运发生转折。维特尔斯巴赫家族最先放弃了民族共同事业,还在宗教改革开头充满希望的几年里,违背帝国决定,擅自从领地上驱逐新教。巴伐利亚和哈布斯堡都要为宗教改革在德意志的部分失败承担责任。慕尼黑的法克顿(Falkenturm)是第一批新教殉道者的遇难地,却成了德意志反宗教改革的摇篮,教皇在1800年还尊称这里是德意志的"古老光荣",因为这里从未出过异端。接下来,巴伐利亚家族最伟大

324

325

431

的子孙,强大的马克西米利安一世倾尽政治智慧让国家遭受宗教战争的摧残。他建立了天主教同盟,比皇帝本人更加残酷地迫害普法尔茨的新教表亲,甚至在《威斯特伐利亚和约》签订后,还公然违抗帝国法令,强制上普法尔茨恢复天主教信仰,不允许异端生活在这片信仰统一的土地上,任何巴伐利亚臣民都不允许住在新教地区。巴伐利亚王室家族同罗马教皇的联盟非常牢固,因为该公国没有自己的主教,其统治者需要教皇协助抵御周围7位主教的蛮横索取。巴伐利亚宫廷从这种坚定的天主教信仰中获益良多,给自己争取到了选帝侯国的身份,还为家族中年轻子弟们在帝国的基督教根基上赢得重要位置,因此科隆选帝侯头衔将近两个世纪都由巴伐利亚王室把持,维特尔斯巴赫家族手中掌握着3张,有时甚至4张选帝侯票。但马克西米利安一世逝世后,巴伐利亚王朝便失去了独立国家的坚定态度。在奥地利征服欲望的影响下,它一次次同凡尔赛宫廷结成邪恶同盟,因此法国大使就同时在慕尼黑和科隆拥有话语权。

正当老巴伐利亚人坠入温柔乡沉睡,法兰克尼亚人和阿勒曼人却处处合拍,他们是北德各族中最保守的成员,在灵魂深处更加亲近冷漠的下萨克森人。只有最靠北的巴伐利亚旁支才在某种程度上同法兰克尼亚人纠缠在一起。巴伐利亚人同奥地利人关系很近,却被古老的政治仇恨所分隔,莱西河更是构成了巴伐利亚和士瓦本之间的天然屏障,几乎完全阻碍了交流。相比士瓦本人多种多样的生活方式,老巴伐利亚人就像被限制在笼子里,只有上普法尔茨地区才有些许方言上的差异。下巴伐利亚坐拥大量肥沃土地的"粮食巨头"以农业和原始能量为傲,远比头脑活跃、能歌善舞的阿尔卑斯人,或者巴伐利亚贫瘠森林中直肠子的林中居民们更桀骜不驯。但本质上,所有巴伐利亚人是一类人,都有同样刚毅的面容,同样无穷无尽的生活热情,同样的善良机敏,都以血统为傲,都忠于王朝。士瓦本诞生了众多颇富名望的家族,如策灵根、霍亨斯陶芬和霍亨索伦,巴伐利亚就只有一族王室。历史悠久的施伦(Schyren)家族早在加洛林时代就多次获封公爵,而且在七百多年中始终保持对领土的宗主权。巴伐利亚人曾为了那古老的蓝白相间菱形纹章流血无数,如今在节日时,旗帜还在基姆湖和瓦尔兴湖

326

上航行的独木舟上飘扬。

自从失去古老首都雷根斯堡,巴伐利亚的城市生活就再也没能兴旺发达。哪怕是慕尼黑,尽管矗立庄严教堂和城堡,可一旦提到市民文化和工业,在 18 世纪中期就基本无法超越代根多夫(Deggendorf)和其他拥有农贸市场和朝圣地的城镇。巴伐利亚的力量在农民和一些贵族家族身上,但乡民还是将教堂视为生活中心,出身农民的教士在世俗和信仰问题上担任无所不知的顾问。教会年历及其无数节日,指导了农民家庭的所有活动。通过教堂的装饰和壮观的游行队伍,可以看出粗糙的外观下涌动着多么生动的色彩和形式感。圣灵降临节上,人们屏气凝神地等待圣灵从天堂透过教堂屋顶的光环降下;耶稣升天节后的周五,人们一动不动地祈祷数个小时,祈求庄稼免于冰雹。传统的狂欢节都与教会的节日相关,就像一则巴伐利亚格言说的那样,这世上再没有哪里的宗教如此令人欢愉,再没有哪里的奉献如此充满欢乐。

巴伐利亚维特尔斯巴赫家族的最后一人是马克西米利安三世,他就像一束光线刺穿了浓重的阴霾。莱茵兰人伊克施塔特(Ickstatt)在若干启蒙运动门徒的协助下,发起了教育体制改革,成功让英戈尔施塔特(Ingolstadt)的耶稣会大学的世俗学科使用非天主教书籍。这种自由的世俗文化养育了许多有识之士,一代人后,他们重建了这个僵化国家。天才的幽默作家安东·布赫(Anton Bucher)就是其中之一,他本人是教士,却擅长用朴素的民间智慧抨击迷信思想。但是就像在拉丁语地区,耶稣会的统治自然而然引发了大量轻浮的不信上帝行为,巴伐利亚的神权统治一旦动摇,对教会的强烈仇恨就迅速觉醒,这种仇恨正是不成熟的自由思想之标志。仿照耶稣会而建的光明会对教会"反启蒙主义者"的讨伐,比耶稣会对异端的态度更残酷、更歇斯底里,而且尽管被严厉禁止,还是在上层阶级获得了大量拥趸。随着巴伐利亚普法尔茨选帝侯卡尔·特奥多尔退位,马克西米利安三世的改革就停滞了。神职人员重新获得权力,无耻的裙带关系贯穿整个行政体系,巴伐利亚-普法尔茨的官僚队伍中居然还设有"边境首席女关税官"和"首席护林女士"这种职位。人们跟在卡尔·特奥多尔的灵柩后面扔石头,因为他们始终将这个普法尔茨人视为外国人,而这个外国

327

人居然打算将这个国家卖给奥地利。光明会的秘密影响以及人们对无耻统治者的厌恶，为大革命思想打开了大门。莫罗进入后，慕尼黑出现了一部文学作品，其中充斥着雅各宾式的野蛮粗糙，宣扬"同虚伪暴民血战到底"。

民众昏聩，部分有教养人士视大革命理念如儿戏，在这种情况下，茨韦布吕肯的马克西米利安·约瑟夫欢迎莫罗，更欢迎随之而来的新时代。这个新王朝最终重新统一了长期分裂的施伦家族领地，并野心勃勃地要马上恢复巴伐利亚和普法尔茨的维特尔斯巴赫家族政治传统。这个想法听起来不错，实际无法实施，因为巴伐利亚人的记忆关乎马克西米利安和天主教诸侯同盟，普法尔茨人的记忆则关乎宗教改革者奥托·海因里希和瑞典国王卡尔·古斯塔夫。

由于拿破仑的花式领地赠送，巴伐利亚获得了一群美丽且历史悠久的城镇，它们构成了一股新社会力量。实际上，大多数城镇不过是辉煌古代的迷人碎片，世界贸易路线的变革已经摧毁了林道和帕绍的市场，哪怕是古老雷根斯堡孤立的商业单位，比如库克瑞特（Kuchenreuter）的武器工厂，也无法恢复失落的贸易。诺丁根的灰色城墙如今环绕着一个安静的城市，里斯（Ries）地区的农民会来到这里赶集；比起城外蔬菜农场的劳动力，班贝格的城市工业根本就不够瞧。罗滕堡有着壮丽的教堂和市政厅，像一座死城一样坐落在陶伯格伦德（Taubergrund）峡谷的高地上。纽伦堡也负债累累，社会僵化，19 个"特权"家族通过裙带关系统治这里。只有在奥格斯堡，感谢莱希河用之不竭的水力资源，18 世纪中期就复兴了辉煌古老的纺织业。巴伐利亚政府不可能明白，唯有工业自由才能鼓舞昏沉资产阶级。几乎其他巴伐利亚城市直到 30 年代中期仍处于停滞和虚弱状态，唯有颇得王室青睐的慕尼黑一直在发展，这让勤勉的北德城镇获得了巨大的优势。

巴伐利亚人、士瓦本人和法兰克尼亚人之间的古老的仇恨消弭缓慢。在新的巴伐利亚王国内，这三个德意志种族各自的数量都不足以统治其他两者，而且在一个结构拧巴的国家里，也很难形成政治统一体意识。萨尔茨堡和蒂罗尔被分割后，巴伐利亚人只占半数人口。东士瓦本本来就是德意志宗教纷争的传统地区，如今更是仇视巴伐利亚统治者及其宗教统一。在东士瓦本，从女士帽子和农耕方式就足以看出这一地区的宗教信仰。这里生活着富格尔、肯普滕（Kempten）和考夫博伊伦（Kaufbeuren）地区的农民，他们是虔诚的天主教徒，甚至到了1809年还有可能打响宗教战争。梅明根（Memmingen）和奥格斯堡近在咫尺，前者因其新教信仰饱受摧残，后者主张信仰平等，哪怕是市政长官的职位和开设咖啡馆的权利都有意识地在两个教派间分享。茨韦布吕肯家族颇有宽容美名，以至于在奥格斯堡，新教徒比天主教徒更能心安理得地从维特尔斯巴赫家族的权杖下走过。这些骄傲的士瓦本城市中极有教养的贵族，早就适应了巴伐利亚的生活方式。

新教法兰克尼亚是年轻的巴伐利亚王国最有价值的新领地，但这里的反抗也最为激烈。的确，纽伦堡人早已失去了政治活力，不再梦想恢复古老权利，而且早在1796年，这里的资产阶级就有机会投票并入普鲁士王国。但是从古斯塔夫·阿道夫时代起，这里就将巴伐利亚视为敌人，这座帝国城市的市民有着幽默的天分，现在还能在康拉德·格吕贝尔（Conrad Grübel）的方言诗里看得清清楚楚，他们凭借这种幽默感不停消遣可恶的邻人。纽伦堡保留了新教传统，尽管阿尔特多夫大学被新统治者关闭，但至少纽伦堡的中学忠诚地保留了其创建者梅兰希通的精神，而且就像邻近的勃兰登堡大学一样，继续以宗教信仰平等理念为新巴伐利亚国家提供新教文化的养分。小而充满活力的阿尔特多夫大学曾同北方的文化运动步调一致，甚至在法国军队的铁蹄下也没有丧失德意志情感。全体勃兰登堡法兰克尼亚人都怀念普鲁士统治下的信仰平等。在安斯巴赫，直到拜罗伊特并入巴伐利亚，巴伐利亚统治才堪堪站稳，即便到那时，这些人都不愿意放弃再次回归的希望。腓特烈·威廉召唤普鲁士臣民战斗时，斐克特高原（Fichtelgebirge）的法兰克尼亚人也做好了准备，可惜战事不利，没能上战场。

在法兰克尼亚教会领地上的天主教邻人就没有这么多宝贵的记忆要遗忘。维尔茨堡人庆贺他们的托斯卡纳大公离去，后者始终没有将德意志领土当回事。但即便在这里，巴伐利亚的统治还是为人不喜。美因河的法兰克尼亚人压根看不上粗俗的巴伐利亚人，帝国骑士觉得自己被降级了，因为就算他们要臣服某个人，那也应该是个哈布斯堡人。不过,平和谨慎的莱兴费尔德(Lerchenfeld)有效安抚了这些不满情绪。巴伐利亚宫廷也知道,刚愎自用的统治曾让他们失去了无价的蒂罗尔,因此现在对待这些新领地极其谨慎。

在巴伐利亚诸省份中,最需谨慎对待的是最年轻的跨莱茵普法尔茨地区,因为这里敌意深厚,其延续时间甚至超过了莱茵兰人对老普鲁士不满的时间。早在萨利安法兰克人在林堡建立宫廷,霍亨索伦在特里费尔斯(Trifels)建立宫廷的遥远时代,这片危险的边地上就没有建立起有效的国家统治权威。施派尔斯(Spires)、沃姆斯、斯基滕(Sickingen)、赖宁根(Leiningen)、拿骚、巴登、黑森和维特尔斯巴赫,在这里交错而立,和睦共处。人民勤勉能干,以惊人的毅力忍受了小暴君们的统治、没完没了的宗教迫害和恐怖毁灭,才在帝国羽翼下获得保护。德意志的土地中,大革命在这里留下的印记最为深刻,一切早于法国统治之前的事物,都被归入中世纪,哪怕是曾经属于维特尔斯巴赫家族的地区,也不再对古老的王族有任何想法。贵族消失,古老的等级划分被彻底摧毁,就连新的富人阶层,葡萄酒大亨们也不得不适应现代化地区的各种资产阶级习惯。

法国的社会平等和自由经济竞争原则已经深深印入了普法尔茨人的灵魂。哈尔特的各个小城里,投机性质的小农经济繁荣发展,发现自由分割土地是繁荣的必要条件。精明的普法尔茨农民穿着市民的马甲,吹嘘阉牛都能生小牛。所有教派彼此交缠,都有着加尔文宗特有的谨慎宽容精神。在经历了信仰的多次变革后,人们学会了相互包容的艺术。18 世纪 90 年代风暴骤起,普法尔茨并没有怎么经受战争岁月的恐怖。勤劳的人民很懂得如何从巨大的法国市场获利,旅店老板和邮差也再没见过如此好挣钱的年月,那时全世界的统治者都要频繁往返巴黎,而这里是必经之地。慕尼黑宫廷也明白,普法尔茨根本不愿意脱离法国,而且由于巴伐利亚统治者一直希望用这块遥远省份交换莱茵河右岸的普法尔茨地区,新统治者兹瓦克(Zwackh)便暂时将所有机构原封未动地保留下来。哪怕这个希望最终破灭,严重缺乏创造力和勇气的巴伐利亚政府也无法作出任何重要改变。该省不仅保留了《拿破仑法典》，还保留了全套法国行政制度，主干道上的每块公告牌都让来往车辆想起关于公共道路的法律。老巴伐利亚给这里提供了什么？相比旧省份高度官僚化却笨重的行政体制，拿破仑式的地方制度就不仅仅是表面上好看了。

因此，一种半法半德的独特生活方式在这里持续发展，但是那些被摧毁的要塞无一不在提醒人们法国的暴行。这里的地方主义者远比普鲁士莱茵兰地区热爱外国法律，法国的一切都被视为神圣不可侵犯，因为它也是普法尔茨的，是珍贵的、原生于本土的宝藏。那位法国暴君曾破坏了这里所有的古代教堂和帝国宫殿，普法尔茨人依然认为这不过是正常的巡视。没人敢拆除兰道教堂顶上的雅各宾式红顶，法国人侮辱德意志人的符号依然在边境要塞围墙上耀武扬威，那是太阳王路易的头像，在法国大门上微笑，在德意志大门上皱眉。普法尔茨居民也不感恩老巴伐利亚人的仁慈，这两者在天赋、历史和文化上已经分道扬镳了。开明的普法尔茨人无比轻蔑地说起巴伐利亚人的蠢笨，尽管他们的国家基本没有参与民族的智力活动。自从海德堡和曼海姆被分割出去，跨莱茵普法尔茨的智力生活就跌到了谷底，只在商业领域出现了几个天赋颇高的人物。如果两个普法尔茨人诚实地彼此交代老家在哪里，交流往往结束于双方所知的最侮辱人的字眼——你个老巴伐利亚人！几乎所有的普法尔茨人都厌恶供职老省份，这些手无寸铁的人们极其厌恶将儿子"送到巴伐利亚服兵役"。在这种情况下，跨莱茵普法尔茨持续受到法国党争的刺激，又半独立半依附于一个并不热爱且缺乏效率的德意志政府，于是逐渐受控于一种聒噪、不爱国的革命精神，其目标是摆脱一切德意志历史传统。

幸运的是，这些巨大的离心力中没有一个强大到足以让巴伐利亚国家解体，也没有一个能和其他离心力相结合。幸运的是，巴伐利亚国王迅速学会了如何获得臣民的个人尊敬。马克西米利安·约瑟夫在斯特拉斯堡作为法国官员度过了最美好的青春岁月，这个职位非常适合他，虽然大革命将他赶出了阿尔萨斯，但他对法国的热爱持续终生。继承巴伐利亚王位后不久，他肯恳求法国代办阿尔基耶（Alquier）将他视为一个法国人："我一听到共和国军队胜

331

437

332　利的消息，就为自己是个法国人而高兴。"①莱茵联邦的政策不仅符合其王朝利益，也符合其个人喜好。因此，尽管拿破仑对巴伐利亚的索求无度伤了他的心，可他还是不愿意放弃法国。至于他是否对德意志有任何政治义务，则完全不在他的考虑范围内。他不理解 1813 年起义，也喜欢听对"普鲁士雅各宾派"的谴责。尽管如此，他依然像其他莱茵联邦的君主一样，是国家的德意志父亲，渴望给人民幸福和安宁的生活。无论出现在哪里，马克西米利安·约瑟夫的友善仁慈都会赢得民众的心。哪怕在刚刚获得数年的贝格，人们对他的记忆也非常正面。老巴伐利亚人马上将他视为国家救星，这让他非常高兴，觉得自己自然天成的性格非常适应这个国家的风俗习惯。他戴上漂亮的耳环，就像个真正的巴伐利亚人，像爱自己的孩子一样爱这些高山地带的人们，包括蒂罗尔叛乱分子。他早就原谅了法国击毙了他钟爱的安德烈亚斯·霍弗（Andreas Hofer）。在生命的后几年，他总是在泰根湖（Tegernsee）、在森林湖畔平静的古老修道院里消暑。四周几英里范围内的所有农场，马克西米利安带着他漂亮的女儿们至少都拜访过一次。

　　这种无穷无尽的仁慈要是没有同无脑软弱有关系该有多好！巴伐利亚宫廷从不缺少骗子和乞丐，整个慕尼黑都知道国王喜爱将大笔钱花在慈善上，于是一大群寄生虫，其中甚至还有一个宫廷小丑，都获得了国家补助。王室对金钱的需求无穷无尽，宫廷银行家塞利希曼·艾希塔尔（Seligmann Eichthal）也越来越富有，虽然国王花在自己身上的钱并没有比多年前增长多少，那时他还是个来自斯特拉斯堡的流亡者。可是这个天性软弱多情的人被恐惧征服，彻底放弃了男子气概和王族尊严，无耻地退缩、撒谎。近年来维特尔斯巴赫家族的所有耻辱都是这位君主的杰作。1805 年战争爆发之际，巴伐利亚阳奉阴违的政策也许是不得已而为之，但国王马克西米利安不惜名誉故意对弗兰茨皇帝撒谎，让这种政策彻底成了卑鄙之举。②同莱茵联邦保护人保持一致本来是事态所迫，却

333　① 阿尔基耶提交塔列朗的报告，慕尼黑，风月 6 日（即 2 月 25 日），共和国七年（1799 年），由巴约尔博士提供。

　　② 参见第 1 卷第 221 页。

因为他的奴颜婢膝而成了耻辱,他总是在没有获得明确答案的时候,给拿破仑发去一封封讨好信,谦卑的态度远远超过需要的程度,就连王子们的婚姻都要咨询拿破仑的态度,甚至不打折扣地满足拿破仑的走狗,巴萨诺公爵和卡多尔公爵的一切要求。后来有关巴登普法尔茨的争议爆发,这位懦弱的君王又以同样低三下四的态度对待沙皇。

马克西米利安热情地投入政府事业,颇值得嘉奖,不过人们认为他比实际上要悠闲一些,因为他闲暇时总是在街上散步。有序自律的生活于他而言似乎有点难,而且因为他只有些老式法国官僚的粗浅知识,因此很快便依赖于大臣们和内阁秘书林格尔(Ringel)的高明手腕。他甚至无法理解军事,晚年几乎从未现身军队,而且在和平时期,他让好战而高效的军队迅速堕落,而这支部队在拿破仑统治下可谓声名赫赫。从此以后,这种不好战的态度似乎成了巴伐利亚国王们的传家宝,后来更是对国家有着至关重要的作用。马克西米利安·约瑟夫尽管轻易就会受到时代影响,但他仍然坚持两个政治原则:作为一个普法尔茨人,他深信老巴伐利亚的局势根本无法维持,因此一旦有需要,他绝不会害怕激进改革;他也极其厌恶神职人员的权力欲。他以罕见的坚定意志,保护北德教授们免受暴民偏执幻想的影响。他明白自己的家族现在统治着120万新教徒,希望他们觉得自己属于一个公正的国度。他和妻子的教派不同,但他很满意自己的婚姻,并将这种宽容精神传给了儿孙,这为他赢得了历史美名。此后的三代人中,巴伐利亚只有新教王后,尽管打打停停,尽管人民不情不愿,但他强制实施的德意志宗教平等观念从未被巴伐利亚国家放弃。

《里德条约》签订后,全权首相蒙特格拉斯的地位就有所动摇。同盟国的君主们自然不信任这位莱茵联邦的首席政治家,哈瑙战役后他现身法兰克福,非常不受待见,以至于他觉得亲自出席维也纳会议可能不太明智。但他仍然控制着巴伐利亚的三个重要部门:外交、内政和财政,而且他也的确不可或缺,他的伯爵纹章上绘有一顶土冠并非没有道理。蒙特格拉斯是新巴伐利亚的缔造者,也是继萨克森选帝侯莫里斯之后,德意志土地上不加掩饰且被合理实现的地方主义政策最能干、最成功的代表人物。尽管生于老

334

439

巴伐利亚,但蒙特格拉斯却名列外交雇佣兵之列,他们频繁现身德意志中等国家的历史中,也名列那些无故乡之人的行列,他们没有任何政治传统,寻找一切能自由施展野心的领域。他和国王的友情成了一条情感纽带,联接起他和他的故乡,大体上他看不起这个国家及其人民。他年轻时作为光明会成员,迷信之乡巴伐利亚曾迫使他离开,这是他永远不能原谅的事,直到暮年,他都以外国人的超然和批判眼光看待这个"思想狭隘的国家"。但是命运无常,他不仅回到了这片他不爱的土地,还在这里有了大展拳脚的舞台。他明白自己的能力,于是认为自己注定要将巴伐利亚建成独立的欧洲国家。在他看来,权力本身就是目的,至于如何最好地利用权力为德意志谋福利,这个问题根本不在他考虑之列,而伟大祖国不过是巴伐利亚独立道路上的绊脚石。蒙特格拉斯是个冷血玩家,从不受道德挟持,更不会为爱恨所动,他审时度势,处处拉拢关系。他忠实的拥护者,里特尔·朗在1814年协助他抵抗施泰因友人们的激烈攻击时,曾这样描述这个精明的唯物主义者最大的秘密:"巴伐利亚政策的唯一真谛是自我保存,其他任何国家,只要能明白这个原则并亲自支持,都应该成为我们真正的朋友。"

因此,蒙特格拉斯尽管是半个法国人,尽管全盘接受法国文化,却选择坚定反对拿破仑,甚至比国王本人还要坚定。之前他结束同普鲁士的古老同盟关系,不是因为对法国有什么感情,而是意识到普鲁士目前太虚弱了,无法帮助巴伐利亚实现领土扩张的愿望,但是波拿巴主义可以。他积极参与拿破仑对奥普作战,因为他认为德意志各大国衰弱了,巴伐利亚才能强大。但他从未想过摧毁普奥两国,因为一个巨无霸的法国也将威胁巴伐利亚的独立。他曾两次阻碍莱茵联邦宪法的发展,一次次恳请国王不要对拿破仑卑躬屈膝,将国家的权益视同儿戏。

蒙特格拉斯冷酷精明,绝对不会欢迎德意志起义,因为这将会让他扩大领土的一切希望落空,而且他决定逃离即将沉没的波拿巴主义也是犹犹豫豫。他还继续安慰自己道,巴伐利亚可以成为南德联盟的核心,弗雷德可以成为另一个梯利。[1] 这个希望也破灭

---

[1]　蒙特格拉斯给弗雷德的信,1813年10月21日。

后,他继续捍卫维特尔斯巴赫家族的主权,反对哈登贝格的二元计划,并秘密挑动两大国间的矛盾,这样巴伐利亚才有可能收回萨克森王冠。第二次巴黎和谈期间,蒙特格拉斯甚至无法掩饰对普鲁士大使屈斯特的恶意嘲讽;他巴不得有关阿尔萨斯和洛林问题的纷争成为普奥之间不和的永恒导火索。[①] 但这个指望也落空了,他唯一能做的就是阻碍德意志邦联的行动,并谨慎地避免巴伐利亚人被北德雅各宾派主张所污染。他很快就高兴地发现,无权无势的邦联议会没什么可怕。但他无情镇压了一小撮巴伐利亚爱国分子,国王的宠臣安塞尔姆·费尔巴哈(Anselm Feuerbach)也被说成是普鲁士密使而被驱逐出首都,仅仅是因为他在《论德意志自由》中为推翻外国统治而欢呼,还宣称唯有一套自由的代议制方能抵偿烈士们的流血牺牲。蒙特格拉斯一早就看透了德意志新局势的不稳定,甚至在此之前就希望在下一次欧洲危机中,或许在某些外国势力的帮助下,能吞并最小的德意志邦国,巴登和符腾堡可以在意大利获得补偿,而整个西南部将属于维特尔斯巴赫家族。只要他最恐惧的德意志统一不发生,普鲁士可以在北部自由壮大。一切都要等待时机。只有在某些时刻,巴伐利亚天赋异禀的狂热想法才会影响这个冷静的政治家。在他看来,一群弱小的国家可以组成一个强大的国家,这是个无比幼稚的想法,因此他拒绝任何组建德意志小邦联盟或中等欧洲国家联盟的计划。此外,从一开始,他就坚决反对王储的普法尔茨计划。

336

　　巴伐利亚国王和蒙特格拉斯是一对奇特的朋友,一个温和随意,亲民朴素,另一个精明圆滑,不怒自威。后者的外形让人想起老派法国人,头发上扑粉,绣花红色礼服配长筒丝袜;一双棕色眼眸,敏锐而不真诚,鼻梁挺拔,嘴唇性感,面部线条展示出洞察一切的理解力。蒙特格拉斯和妻子都厌恶当时慕尼黑社会的肤浅浮躁,他在伯根豪森的小宅邸给流言散布者提供了无尽的素材。这位老光明会成员绝不可能对德意志新文学和艺术的表现出任何热情,他也知道科学对国家改革至关重要,却不肯花时间同学者们交流。在漫长的掌权期间,他逐渐变得专制独裁,但从未变得狭隘虚

[①] 屈斯特的报告,慕尼黑,1815 年 8 月 28 日。

荣。相比梅特涅回忆录里的自吹自擂,蒙特格拉斯回忆录里的克制清醒令人心生好感。

蒙特格拉斯对公共生活的各个方面都进行了革命性的改造,但是他创建的这种新秩序处处显示出断层和冲突,处处留下仓促为之的痕迹。教育方面的改革最为成功。基础教育已经摆脱了罗马教会的控制,1802年引入的普遍义务教育也慢慢落地生根。古典教育的拥护者尼特哈默尔(Niethammer)管理中等教育机构。图林根人弗里德里希·蒂尔施(Friedrich Thiersch)在慕尼黑的语文学院经过多年工作,培养出了一批杰出教师,巴伐利亚的理想主义精神也慢慢进入了大多数中学,古代信仰统一的昏睡时光已经彻底消逝了。

337 法律和行政体系的改革最不彻底。一块块古老领地被混合在一起形成拿破仑式的各个行政区,官员们也凭借合理的规章制度获得了可靠的职位,但在下层社会,司法和行政依旧没有分离,农民的噩梦,"尊敬的乡村法官"继续在乡下横行霸道。大地主的土地上仍然奉行世袭司法,国家也时常将自己的农奴割让给受宠的贵族,以此让后者组成独立的司法地区。费尔巴哈制订的1813年刑法典是官僚阶层的福音,彰显了作者的法学洞察力,但秘密审判程序和残酷的刑罚培养了官僚过分严苛的精神;尤其是那种屈打成招的野蛮方式,被法官们不加节制地频繁使用。他们还按照拿破仑的模式组建了一支秘密警察队伍,实施间谍活动并拦截信件。由于拿破仑比第一执政更彻底地摧毁了基层自治,因此官员的压力陡增。施泰因的城市章程同巴伐利亚的市镇法几乎同时颁布,但两者天差地别。在巴伐利亚,市镇当局甚至无权管理自己的财富,简言之,没有王室治安官的批准,他们什么也干不了。虽然新税法不错,但财政事务上依旧频现混乱和盗用公款的现象;首相努力工作,但国王总是不靠谱。1812—1817年间,共有880万弗罗林赤字,但是总共有多少国债,就没人知道了。

尽管如此,对于人民群众而言,这些困难相比首相在经济改革方向上的灾难性举措,简直是小巫见大巫。这件事证明了,蒙特格拉斯才不及施泰因和哈登贝格。至于社会自由,这15年间的强制革新和浮夸承诺几乎一无所获。农奴制被废除了,但关于减免地租和十一税的法律还是空白,更遑论实施,因此大约 9/10 的农民依旧是被束缚在土地上且被迫缴纳地租的农奴。老巴伐利亚的行会制度已经彻底堕落,因此现在要通过行业执照体系代替它;蒙特格拉斯以一贯浮夸的语气宣称:德意志有句谚语"技艺无法继承",他将让这句话重新变成现实。可是,各个行会都一如既往地绞杀非行会人员的事业,穗带编织商和花边制造商依旧水火难容,有幸因婚姻而进入慕尼黑扫烟囱大师这个封闭行当的人,就不必再操心一切世俗烦恼。这项改革是个东拼西凑的东西,仅仅唤起了手工业者的不满。在城镇,一个人要结婚首先要有独立的职业;在乡村地区,地主们有权随意禁止结婚,而且由于农田的不可分割性,也给农民们的次子们造成了麻烦;因此,这些强壮好色但绝非不道德的人民,匪夷所思地闻名于欧洲各国:在下巴伐利亚,几乎 1/4 的孩子都是非婚生子;但在普法尔茨,非婚生子的数量不到前者的 1/3,这是因为这里奉行法国法律的社会自由精神,而且严厉禁止父子关系确认的诉讼,不过这样做是有好处的。

　　蒙特格拉斯自信在国王有生之年都能大权在握。大多数官僚具有拿破仑式专制主义精神,在首都只有两大党派,都是非德意志的、地方主义的党派:一个是神职人员组成的派别,他们在马克西米利安·约瑟夫统治时期绝不可能进入权力领域;另一个是这位光明会首相的支持者。北德和士瓦本教授们组成的小团体毫无影响力,甚至不敢公开反对首相。因为至少后者给他们提供了一定的支持,以抵抗老巴伐利亚人的狂热仇外情绪。语言学家雅各布斯(Jacobs)是其中的优秀代表,他是个敏感的人,无法忍受一直被人轻蔑地叫做"北方佬",在巴伐利亚过着寄人篱下的生活,因此返回了图林根。法兰克尼亚的不满更加严重,战争年代的狂热在这里延续了很长一段时间,市镇为失去独立行政而愤怒,班贝克的霍恩塔勒(Hornthal)写作的一篇文章中提到了联邦法案第 13 条,马上获得了大量支持。但即便在这里,反对派也造不成威胁。顽固不化的莱茵联邦成员,依然继续在《阿勒曼尼亚》上公开赞扬伟大领袖,恶毒咒骂德意志主义、普鲁士主义和亲英分子。法兰克尼亚举办莱比锡战役纪念活动时,这些人还在《阿勒曼尼亚》发文称,这场庆典的结尾是一场牛展,获胜的阉牛被戴上铁十字勋章。

338

　　在法语依然受青睐的宫廷圈子里，自从马克西米利安·约瑟夫的女婿，欧仁·博阿尔内作为王族成员和洛伊希滕贝格公爵在慕尼黑建立宫廷，并招揽了一批心怀不满的法国人，波拿巴主义就有了新的支持者。欧仁是拿破仑家族中最和蔼可亲的，很快赢得了资产阶级的支持，还秘密计划恢复帝国。他的副官巴塔伊（Bataille）将军一直在同米兰的波拿巴主义者交流。[①] 但是警长对这一切视而不见，许多邮政官员都成了洛伊希滕贝格宫廷的座上宾。后来，欧仁的妹妹、前荷兰王后奥坦丝，带着两个儿子在奥格斯堡找到庇护，并在这里扮演着资产阶级贵妇的迷人角色，比她哥哥更加热情地编织着拿破仑式的阴谋之网。巴伐利亚国王完全无视普奥两国的强烈警告，允许他亲爱的欧仁随心所欲。此后多年，巴伐利亚都是德意志波拿巴主义的温床。

　　在这种情况下，最痛苦的人莫过王后卡罗利妮及其继子，王储路德维希[②]。1813 年，他们曾联手发动了慕尼黑政策中的幸运转折，如今又忧心忡忡地看着，只要蒙特格拉斯继续执掌国家，巴伐利亚就不可能同新德意志邦联维持好关系。王储是性情中人，坦诚地热爱德意志的伟大，这同巴伐利亚狂热的扩张计划格格不入。他生于斯特拉斯堡，在流亡岁月中认识了阿尔萨斯流亡者，年轻时就厌恶法国和大革命，并一直对抗他父亲的亲法政策。奥斯特里茨战役后，他被迫出席皇后约瑟芬举办的庆功会，直言不讳地说道：“如果我的故乡能变成一个德意志城市，我觉得那才是最值得庆贺的胜利。”一年后，他在维斯图拉同普俄作战时，就计划为祖国的伟人们建一座圣殿。他几乎没有在拿破仑面前掩饰他的德意志骄傲，还认为蒙特格拉斯不过就是这位外国暴君的一位总督。他毫不掩饰对首相的敌意，极其蔑视妹夫欧仁，强烈渴望蒙特格拉斯倒台，因为他关于巴登-普法尔茨的重要计划如果没有德意志大国的支持，绝无可能完成。

　　通过诸般努力，他终于找到了一个强大的盟友，新上任的巴伐

[①] 屈斯特的报告，慕尼黑，1815 年 5 月 17 日、8 月 20 日。
[②] 即后来的巴伐利亚国王，路德维希一世（Ludwig Karl August，1786—1868）。——译注

利亚陆军元帅弗雷德。此人甚至比蒙特格拉斯本人还要痛恨北德爱国者,1814 年战争期间,他给首相的信中说,他最想对施泰因那个蠢货和魔鬼做的事,就是把他塞进炮膛里,送他去见拿破仑。弗雷德本来是拿破仑谦卑的仆从,因为 1812 年被拿破仑拒绝授予荣誉军团勋章,一气之下转投敌营。但是弗雷德可以吹嘘的是,他的确比蒙特格拉斯更早意识到调转船头的时机,而且几乎在完全违背首相意愿的情况下,签订了《里德条约》。从此以后,他觉得自己不仅是总司令,更是巴伐利亚的外交大救星。他像个骄傲的执政官一样蔑视一切严肃庄严的事物,甚至无视国法。1815 年战争期间,他主动向 4 个骑兵团和 18 个步兵团的军官保证,和平时代也不会解散他们,可这些军队本来就是为战争专门组建的。后来,蒙特格拉斯迫于财政压力,要求尽量缩减军队,这位陆军元帅便作为"军队代表"现身部长会议,并提出了自己的方案。毫不意外,蒙特格拉斯称他是"巴伐利亚的华伦斯坦",并斜眼打量这位王室新宠。自从维也纳会议,弗雷德就完全倒向了奥地利,可是很久以后,他又将奥地利说成是"我们永恒的敌人"。作为一个普法尔茨人,他始终垂涎海德堡和曼海姆,而且也清楚只有霍夫堡的支持,才能让美梦成真。

蒙特格拉斯在宪法问题上的作为,激化了矛盾双方的敌意。无论是王储还是陆军元帅,都是偏好专制的人,可是尽管他们都不可能热爱立宪政府,但也都明白制定宪法已经势在必行。另一方面,蒙特格拉斯的官僚意识则越来越顽固,他并没有推行 1808 年宪法,而是逐渐同普鲁士封建主义者达成一致,认为德意志人对代议制没有天然的理解,因此必须通过省议会唤醒人们的政治意识。可是,也正是他用无情的中央集权体制,消灭了各省的独立性。他不可能阻拦君主派遣委员会研究基本法草案,但他明确告知委员会,巴伐利亚省议会的重要意义不能超过拿破仑的议会。一旦委员会中有自由一点的意见传出,马上就会得到粗暴回应:国王及其官员必须始终被视为国家的正式代表。国王放弃一些特权都被视为恩典,因此就更不敢提代表权扩大的问题。

委员会的大多数成员都是首相的人,还有几个极端保守的老巴伐利亚贵族,请读者们记住这个信息。他们提出一个精彩的方案,

341

445

公平表达了官僚和容克群体的所有愿望：一个上议院和一个人民代表院构成了巴伐利亚"国家代表"，上议院的名字还很朴素，叫"国家议员院"。人民代表院的席位安排如下：每个选区通过间接选举，选出三名候选人，国王从中选出一位作为选区代表。因此，广大农民被彻底排除在外，因为土地贵族就是他们的代表。人民代表院的权利符合其组成。紧急情况下，国王甚至可以自行征税，也可以在任何情况下转让公地，无需通知人民代表院。这种想法几乎可笑，王储也这样认为，而且当这份方案于1815年2月传到维也纳，王储劝说国王不要批准。委员会被解散，蒙特格拉斯愤恨地看着计划破产，在两年多时间里，再没有碰这项棘手的工作。现在没有任何理由担心，普鲁士会抢先颁布宪法，邦联议会不再催促，巴伐利亚也没有任何封建运动的痕迹。老巴伐利亚等级议会的骄傲力量已经在16世纪被粉碎，马克西米利安·约瑟夫继承王位时，只有一个毫无生气的议会委员会，因此他毫不费力地消灭了这最后的残余。维尔茨堡的教授鲁德哈特（Rudhart）出版了一部关于巴伐利亚省议会历史的名著，希望重新激活古老代表权理念。他获得了学者们的感谢，但著作却没有对国家政治意识产生任何影响。

342　　与此同时，蒙特格拉斯集中精神与教皇谈判，这场谈判注定对整个德意志都有重要意义，而且对巴伐利亚的立宪产生了意想不到的作用。老维特尔斯巴赫家族尽管有虔诚的天主教情感，但始终保持着对宗教事务的最高权威。数个世纪以来，该家族宗教政策的目标就是，在同天主教信仰保持一致的情况下，建立巴伐利亚国教。巴伐利亚一边驱逐新教徒，一边在慕尼黑成立了一个宗教议会，这是由君主指定的最高宗教权威，类似路德宗的教会监理会（Konsistorien）。《帝国代表重要决议》将邻近教会诸侯领地划归巴伐利亚后，慕尼黑宫廷马上重启了维特尔斯巴赫家族的古老计划。国王希望可以像拿破仑一样同教皇缔结一份协议，以此组建巴伐利亚主教辖区，其边界应当同国家边界相一致。他很快就会知道，即便在如此屈辱时期，教皇也坚守古老原则。教皇的谈判代表红衣主教德拉真加（della Genga），即后来的教皇利奥十二世，要求重返旧的信仰统一体系。这就意味着,新教徒的平等法律权利、对不同教派通婚的承认、国家对学校的监管权,也就是新巴伐利亚王国为实现信仰平等而实施的一切重大改革统统不作数了。1809 年,谈判破裂,但慕尼黑并没有放弃希望。罗马教廷怎么可能不顾仅次于奥地利的德意志第二大天主教国家的愿望呢?主教长达尔贝格在莱茵联邦时期,就不屈不挠地推广他不切实际的德意志或莱茵联邦国家教会计划,那时他就发现最大的对手就是蒙特格拉斯。在维也纳会议上,巴伐利亚也坚持,教会事务应当撤出德意志邦联的职责范围。

新的邦联如此软弱,绝无可能完成如此重大的变革,没有任何人指望邦联议会能同罗马教廷进行如此艰难的谈判。在这个问题上,地方主义又取得了全面胜利。巴伐利亚和符腾堡曾在莱茵联邦采取的手段,现在所有德意志国家都要采纳。它们不得不单个或者组团同罗马教廷交涉,以求能组建新的国家主教辖区。在这个问题上,所有宫廷意见一致。近年来领土变动频繁,因此神圣帝国的主教区不可能保持原样,此外,所有新主教辖区中,除了 5 个辖区,都一贫如洗。由于世俗化的德意志天主教会每年从它们身上剥夺至少 2100 万弗罗林,这些地区的经济捉襟见肘,只能仰仗国家扶持。

即便在维也纳会议上热情支持德意志共同宗教政策的普鲁士政治家们,如今也不得不放弃这个理想,一如他们曾被迫放弃邦联关税体系等计划。普鲁士邦联大使获得指示,绝不允许邦联干涉宗教事务,因为普鲁士绝不允许某个罗马教廷大使出现在法兰克福。普王的意图是独立行动,并通过一些自愿妥协,为其他德意志国家树立榜样。[①] 即便如此,洪堡还提议,普鲁士应该正式将曾经建议出让给罗马教廷的权利,置于邦联羽翼之下,作为交换条件,天主教国家中新教徒的权利也应该得到邦联的保护。但是首相并没有采纳,因为他相信,如此一来,普鲁士国王就会成为德意志新教的保护人,而巴伐利亚和奥地利是绝对不会同意的。由于巴伐利亚自行其是,奥地利从开始就置身事外,哈登贝格觉得同诸小国

343

---

① 给邦联大使的指示,1816 年 11 月 30 日,第 31 段。

的谈判不会有任何进展。大家的诉求也千差万别。普鲁士治下的天主教徒远超巴伐利亚和其他小邦，而且在神圣帝国时代，也只有普鲁士拥有国家大主教，并且通过大量经验形成了稳定的宗教政策原则，这些原则稍加改动，就能满足当前的需要。另一方面，西边的新教国家，巴登、符腾堡、黑森和拿骚，都突然拥有了大片天主教地区，相对而言，它们还没有太多经验对付这种新局面。它们也知道，传统新教君主权威对此事无能为力，因此也希望给罗马教廷一些自由。但它们仍怀揣着有关国家主权的夸张理想，哈登贝格就没有这种幻觉。因此，他在巴黎时就指示尼布尔，同罗马的谈判只考虑普鲁士的利益，并且首先应该重建国家大主教。

　　不愿意放弃德意志国教理想的只有海因里希·冯·韦森贝格，因此诸宫廷马上将这位繁忙的康斯坦茨代理主教视为亲密战友、讨厌鬼和和平破坏者。因为它们和韦森贝格一样，都希望尽可能限制教皇对德意志主教的权力，但韦森贝格的计划核心却相当不合时宜。他没有意识到，圣俸的废除和世俗化已经彻底改变了德意志天主教会的政治特征，反而梦想建立一个德意志教会组织，在邦联的保护下，由一位主教长领导，同教皇和各世俗宗主平起平坐。他还天真地将这种贵族教会体制称为"德意志教会"，尽管奥地利之外的大多数德意志人都是新教徒。他不想讨论的国家大主教，正是现代国家统一的重要因素。可想而知，教皇、主教长、邦联议会、各个主权国家及其半拥有主权的主教们之间爆发的争执，肯定会没完没了。

　　此外，德意志主教长要从哪里获得独立的领土和权力呢？莱茵邦联的大主教长达尔贝格本身就否定了这一点，因为在 1813 年 10 月，他曾为了欧根·博阿尔内自愿放弃了法兰克福大公的头衔。这项丢人的政治自杀只是增强了联盟国家对他的敌意，直到多年后，他突然转换立场，向欧洲的复仇天使沙皇表示敬意，这些敌意都没有消除。随后达尔贝格退居雷根斯堡，两年后于 1817 年 2 月逝世。在这两年中，他过着使徒般简朴的生活，全身心投入教会和信仰之中。他身上的庄严肃穆最终让许多政敌肃然起敬。达尔贝格有一种奇特的魅力，混合着狂热、自负和羞怯，这让暮年的他更令人难以抵挡。但他永远都没机会掌权了，因为任何德意志国家都不会将德意志最高主教的位置让给一个巴伐利亚人。因此，韦森贝格于 1815 年造访一些宫廷，并努力在法兰克福争取一些外交官支持他的国教计划时，几乎处处遭受冷遇。12 月，他向德意志各政府提议，同罗马谈判开始前，应该首先达成某些共识，应该承认邦联议会担任国家和教会之间一切纷争的最高仲裁，仍然没有人理他。作为梅特涅的表亲和奥地利枢密院顾问的弟弟，韦森贝格似乎觉得普鲁士的国家主教事务无关紧要，没必要纳入奥地利皇帝的决策范围。但在柏林，其他观念开始蔓延。

　　首先，韦森贝格在慕尼黑并不受欢迎。巴伐利亚很自负，不可能允许任何冒犯其主权的行为。蒙特格拉斯在宗教政策改革问题上，遭遇了老巴伐利亚人的反抗，但力度不大。作为一个无神论者，他认为罗马教会早就该结束了。启蒙运动的骄傲让他滑入了一个错误观念，该观念的确被当时绝大多数政治家所持有，却在如此顽固的头脑中误植了国家绝对权力的先进理念。蒙特格拉斯不仅希望从教皇处获得一纸圣谕，划定新巴伐利亚国家教会的边界，还认为缔结规范国家和教会法律关系的协议是无关紧要的事，完全没意识到光是缔结这样的协议，就能对国家主权产生多么巨大的威胁。每个国家都有权决定其自身权力的范围，也不会允许通过与外国签订某种条约，来限制这种不可剥夺的权力，尤其不能允许同教皇的协议剥夺这种权力，后者始终认为对世俗政权的一切让步都是堕落。但是，比拿破仑的协议出价更慷慨的想法诱惑着巴伐利亚，而且他们相信，即便在最糟糕的情况下，只要维特尔斯巴赫家族愿意，就可以无视教皇的谴责而更改协议。因此，这项谈判任务的基本观念就不正确，而谈判人选更是大错特错——八十多岁的主教海夫林（Häffelin）。蒙特格拉斯自信这位好脾气的教士可以成为趁手的工具，却忽略了这位虚弱的老人和他的 14 个私生子也会受到梵蒂冈的威逼利诱。

　　在这种情况下，教皇绝对权力者找到了新的勇气。他们自从 1812 年就在整个南德更加紧密地团结在一起，毫不畏惧蒙特格拉斯的禁令，到处传播有关被囚禁教皇的图片和消息。他们活动中心是施图本贝格，即艾希施泰特（Eichstedt）主教辖区，维也纳会议期间，对天主教会发言人的指令正是从这里发出的。该党派的发言人是维尔茨堡分区主教齐克尔（Zirkel），他亲自下场反对韦森贝格，而且作为一名狂热的浪漫主义者，他要求教皇对德意志教会拥有无限权力，还美其名曰"教会自由"。这些神职人员在宫廷里也有厉害的朋友，他们甚至相信可以指望王储，因为王储已经被他的宫廷教士桑布加（Sambuga）教育成了虔诚的天主教徒，而且还是浪漫主义的热情门徒。

　　蒙特格拉斯的傲慢很快遭到报应。主教海夫林在梵蒂冈扮演了一个可悲的角色，并最终于 1816 年秋天，就与罗马的协议内容发回了一份草案，其中天主教会保留了"所有根据教会法规定应属于它的权利"，这也就暗示着将撤销新教的平等权利，并废除过去十年颁布的所有教会法。作为回报，教皇只作出了一个重要让步，幸亏教廷没有及时意识到这个让步有多重要。教皇允许这份协议成为巴伐利亚国家法律，很明显，此举是为了让协议更为稳固，但他忘了，巴伐利亚国王可以随时更改国家法律。在蒙特格拉斯的冷酷手腕下，这个让步必定是危险的武器，而且只要他掌权，王权就无需担心受辱于教权。

347　　可是令举国震惊的是，首相突然倒台了。1816 年 11 月，国王前往维也纳，看望女儿，即刚嫁给弗兰茨皇帝的卡洛琳·奥古斯塔公主，并打算修复因萨尔茨堡谈判而几近破裂的政治友谊。他在维也纳逗留了三个月，受到热情接待，但一触及政治问题，就会碰上软钉子，最终他不得不承认，霍夫堡对蒙特格拉斯仍心存愤恨。还有一个新情况更是火上浇油，即法国大使梅西（Mercy）在一封信件中透露了蒙特格拉斯在 1813 年秋的举动，这封信落到了维也纳宫廷手中。不过当着普鲁士使者的面，梅特涅还摆出一副从未受巴伐利亚事件困扰的样子。巴伐利亚国王终止了针对巴登的计划后，也不过是从皇帝和梅特涅处得到一个干巴巴的保证，即他们不会反对他的计划。即便是这项承诺也不过是空头支票，因为梅特涅同时也告知普鲁士首相，此举只具有"承认的意义"，并坚信巴伐利亚计划很快会遭到各方强烈反对。① 与此同时，公开支持耶稣会

---

① 克鲁泽马克的报告，维也纳，1817 年 2 月 8 日；哈登贝格给屈斯特的指示，1817 年 3 月 25 日。

450

的新皇后也激烈谴责蒙特格拉斯，称他是教会的敌人，是阻碍两个宫廷友谊的唯一障碍；教皇的外交官们也不遗余力地推波助澜，将王储和陆军元帅弗雷德的抱怨从慕尼黑传到了维也纳。

1817 年 2 月 1 日，国王沮丧但仍心存疑虑地返回了慕尼黑，并宣布将在次日早晨看望首相。马车已经备好了，不出意外的话，这次会晤又会像以前一样，让两个好朋友握手言和。但是王储直到最后一刻都没有放弃。他患有重病，不能离开房间，因此只能指望他慈爱的父王能听他一言。王储在一封动人的信中反复谴责首相傲慢自大、玩忽职守，并恳请为了王室的荣誉解雇此人。弗雷德在 2 号清晨将这封信呈交国王，国王气急败坏，答应了王储的请求。这种天性软弱的人，一旦要表现强势，就往往过于激烈了。因此，马克西米利安·约瑟夫用最羞辱人的方式，解雇了助他登上王位的首相，他所用的方式就像是那些反复无常的老符腾堡暴君，莫名其妙地将宠臣踢出宫廷。当天下午，首相没有等来国王，却等来了一纸解聘书。这件事太突然了，一开始慕尼黑居民们都以为是首相犯了叛国之类的重罪。王储欣喜若狂，对普鲁士大使说："我的病不知怎么就好了。"首相倒台，全国都松了一口气；奥地利难掩喜色，屈斯特也受哈登贝格的指示，表达了普鲁士宫廷的满意。①

蒙特格拉斯的倒台是把双刃剑。它铲除了立宪工作最大的绊脚石，却也铲除了唯一有能力稍微扭转同教皇谈判局势的力量。神职人员摆脱了一个危险的敌人，却还是没有获得权力。新外交部长阿洛伊斯·雷希贝格伯爵（Aloys Rechberg）是他们的亲密盟友，但财政部长莱兴费尔德男爵却是罗马教会一切权益诉求的敌人，还是立宪工作的热情支持者；内政部长蒂尔海姆伯爵（Thürheim）是个光明会信徒，软弱无能。此外，各部的总干事的权力扩大，甚至等同于内阁成员；弗雷德和秘书长科贝尔（Kobell）继续插手公共事务。政府如此软弱，主教海夫林自然在罗马待不住。蒂尔海姆的确给他发了指示，而且这还是蒙特格拉斯早就起草好的，要求他明确坚持国家有权独立管理教会的外部法律关系，但海夫林觉得慕尼黑的风向已改，自己也没有必要遵守这些指令。就

① 屈斯特的报告，1817 年 2 月 12、16 日；哈登贝格的指示，1817 年 3 月 4 日。

这样,他让自己一步步被逼到了角落。波旁家族的宠臣布拉卡伯爵也在罗马为签订协议谈判,他劝告海夫林最好表现得恭顺一些。于是,6月5日,海夫林在违抗指令的情况下,签署了一份协议,满足了教皇绝对权力者的所有希望。这份协议的前言中提出了梵蒂冈最傲慢的要求:罗马教会将享有上帝律令和教会法赋予的一切权利。

349　　慕尼黑收到这个消息时,部长们一时无法相信,国王更是暴跳如雷,但他却没能作出一个自尊的君主此时最合适的回应——召回谈判人员。莱兴费尔德男爵提出,任何没有明确保护国家权利的协议都无效,但于事无补。雷希贝格伯爵在之前同德拉真加红衣主教的谈判中,已经形成了相反的协议,认为由于教廷无法非常精确地实施这些协议内容,因此默许就足够了。最后,国王决定派伯爵的兄弟克萨韦尔·雷希贝格(Xaver Rechberg)前往罗马,在布拉卡的协助下,缔结一份协议,除了若干细枝末节外,都与6月5日协议一致。10月24日,国王批准了新协议。除了承认教会法的有效性,还宣布协议中没有明确提及的教会事务均根据教会法处理,在存在争议的问题上,教皇将和国王达成新的协议。根据协议第17条,一切违背该协议的法令和章程都将被废除。主教有权监管国家学校内信仰和道德的纯洁,并有权要求政府当局压制危险文学。教会还获得了建立新修道院和随意处置世袭教产的权利。开出了这样的价码,教皇最终同意建立巴伐利亚国家主教辖区,设两位大主教和六位主教。教皇不同意只设一位大主教,因为这肯定会让其等同于主教长。国王作为天主教君主,有权指派三位主教,并从一份候选人名单中选出另外五位。这等于默许了君主的主教任免权,国家权力正是从这里找到了唯一的庇护所。如果巴伐利亚想出个阴招,也不是不可以,因为协议第18条里有个漏洞:这份协议不可侵犯,而且应该作为一项国家法律被颁布。

350　　这是慕尼黑欧洲政策的第一个例子,也是现代国家从教皇处承受的最严重的羞辱,更是自绝于其他德意志国家的傲慢地方主义蠢货的咎由自取。接替屈斯特的老将军察斯特罗是个极端保守主义者,就连听到“罗马的全面胜利”都惊恐不已,写信给哈登贝格称:“这个国家刚接受了启蒙洗礼,现在又要被神职人员搞得神神叨叨。"①教廷很满意，并给了巴伐利亚国王"适当的赞美"。马克西米利安·约瑟夫完全忘了自己的尊贵身份，居然写信恳求教皇授予不忠不义的海夫林一顶红衣主教冠。这项请求被满足了，也羞辱了所有正直的巴伐利亚人。就连红衣主教们都说，紫袍披在此人肩上简直是玷污了紫袍。

梵蒂冈不可能长时间阻止世界取得辉煌胜利。12 月，教廷以自己的名义宣布了协议，因此艾希施塔特同盟马上诱使教会最高权威们向国王表达感谢。班贝格的代理主教要求这些权威采取行动，反对拥护韦森贝格的法兰克尼亚报纸。一些冲动的神职人员甚至提出，所有不同教派通婚所生子女和所有弃儿都应该受洗，由罗马教会抚养长大，还要允许任何年级的人皈依天主教。新教徒发现自己的教会受到了实打实的威胁；如果教会法凌驾于一切国家法律之上，福音派的权利又从何谈起？许多新教城镇都乞求国王坚持维护信仰平等的 1809 年宗教法令，就连王后的专职牧师施密特都发表了看法，不过最能煽风点火的是外号"维苏威火山"的安塞尔姆·费尔巴哈。天主教徒中，伊格纳茨·鲁德哈特（Ignaz Rudhart）坦诚拥护信仰平等，甚至众多神职人员都难掩焦虑。

与此同时，法国爆发了一轮反对布拉卡签订的协议的抗议活动，激动情绪因此继续高涨，南德诸国也开始跟随邻邦发生的一轮轮政治观点波动。王储尽管是个狂热的浪漫主义者，此时也开始焦虑，提醒国王想想先祖巴伐利亚的路易的例子。马克西米利安·约瑟夫为自己的软弱而感到羞耻，他不得不承认，这项协议不仅背离了巴伐利亚的宗教政策原则，更背离了维特尔斯巴赫家族的一切优良传统。虽说君主一言九鼎，但他还是有条退路：根据协议第 18 条，这份协议将以国家法律的名义被推行。于是巴伐利亚政府决定，"以最好的方式"解释该协议，也就是说，他们要将这份协议解释成一部王国法律，但同时颁布另一部法律，削弱协议中各种让步的影响，安抚新教徒。②巴伐利亚政府落到这般田地完全罪有应得，但事已至此，唯有用这种不怎么光彩的手段挽救国家主

351

---

① 察斯特罗的报告，1817 年 12 月 10 日。
② 察斯特罗的报告，1818 年 2 月 15 日，4 月 15 日。

权了。

制定一部宪法是实施这项计划最方便的手段。1818 年 2 月 11 日,在总干事冯·岑特纳(von Zentner)的提议下,国务院决定加上一条关于基督教会的法律关系的宪法补充法令。因此,巴伐利亚对罗马教廷展现的恭顺至少产生了一个有利的后果,即被停止的立宪工作再次开始了,国家财政困难也因此获得了帮助。在这种多头统治下,财政困难已经相当严峻,王储不得不宣布召集省议会,重建一地鸡毛的国家信用体系。[①] 王朝野心远比这些考量更具影响力。巴伐利亚一如既往地希望获得巴登-普法尔茨,而且由于列强的这项武断决定尚未出炉,因此 1818 年春,慕尼黑和卡尔斯鲁厄宫廷便为了争取舆论支持而发生激烈冲突,尽管舆论其实意义不大。双方都狂热地表达各自宪法中的各项考量,以争取媒体能支持其对领土问题的决定。主要是因为这个原因,王储和陆军元帅才紧密团结立宪派。

1818 年 2 月起,巴伐利亚开始重新考虑 1808 和 1814 年的宪法计划。在此过程中,岑特纳的声望与日俱增,成为慕尼黑内阁中仅次于莱兴费尔德的聪明人。他曾经是埃朗根大学教授,但并没有理论家的那种自我中心主义,正是这一缺陷让大多数德意志教授们在现实政治中一败涂地。岑特纳是地地道道的官僚,能言善辩、清醒谨慎、博学多闻,坚信国家普遍权力的理念。在私人关系中,他也聪明和蔼,尽管老学究式的夸夸其谈有时会让人莞尔一笑。岑特纳作为内政部的总干事,很快接手了蒂尔海姆的所有工作,后来更是将他彻底架空。他重组了巴伐利亚官僚体系,最先将一系列规矩和原则引入其中,并让所有身着淡蓝色制服的人明确知道,他们的一切荣辱皆系于他。对这样一个人而言,议会生活其实没什么吸引力,但他知道年轻的王储需要民心,知道刚刚诞生的国家需要新的纽带,他也自信可以在宪政形式下继续实施专制。在他的影响下,巴伐利亚的立宪工作进展神速,领先了巴登数个月。

5 月 26 日,身着蓝白制服的巴伐利亚传令官骑马穿越慕尼黑的大街小巷,将王室声明宣读了七遍,颁布了新基本法,并要求"所

---

① 察斯特罗的报告,1818 年 3 月 15 日。

有巴伐利亚人从心底感激地接受这部慈父般的法律"。由此,巴伐利亚在德意志邦联的大国中第一个兑现了邦联法案中的宪法承诺。国民们如同孩子般高兴地接受了国王的礼物,就连勃兰登堡的法兰克尼亚人都开始接纳维特尔斯巴赫家族。一幅政治画上,军队、学者和劳动阶级代表们围绕着国王翩翩起舞,这恰当地表现了当时人们的感受。要是这种成就没有同可恶的地方主义深深纠缠在一起就好了!南德的立宪事业一有成功,人们就会大肆嘲笑普鲁士的落后,老莱茵联邦的观念就又会披着自由主义的外衣借尸还魂。蒙特格拉斯倒台以后,巴伐利亚的立宪派差点就没了希望,因为费尔巴哈呈交给雷希贝格一份关于组建所有小国君主联盟的备忘录,这个联盟在英国、丹麦和荷兰的支持下,将彻底粉碎巴伐利亚的天敌普鲁士,向两大国的民众展现"一部自由宪法的伟大光荣画面",同时还将像高举"美杜莎的头颅"一样,将这幅画面高举在这些国家的政府眼前。

的确,巴伐利亚宪法的这幅"伟大光荣的画面"满足了所有合理的期待。它保障法律面前人人平等,并对出版自由实施了一定的限制;而在议会两院的组成上,谨慎地保留了传统等级划分。国家议院由权贵、世袭土地贵族和若干国王指定的人士组成;代表院中 1/4 是次一级的土地贵族和神职人员代表,1/4 的成员选自城镇,剩下的一半代表由农民选出。这些代表们并不代表各自等级的利益,而是代表整个国家。这部宪法颁布数天以前,政府以施泰因的《城市章程》为样板,制定了新的社区法律,为宪法的成功实施提供了最佳保障。这部法律肯定不如其母版,因为大部分城镇事务还没有交给那些有头有脸的市民,而是由拿工资的市政文书管理。乡村社区仍极为依赖乡村法庭的办事员,因此许多具有独立精神的农民拒绝接纳乡村地方法院的职位。但是,这部新社区法律至少承认了社区自治的原则,社区也有权自行管理财产,可以自由选择社区官员。所以,这部法律最终为现实的民众自由打下了基础,而这正是新宪法得以生根的土壤。

新宪法还附了一条宗教法令,"解释"了同教会的协议。这条宗教法令再次表达了新巴伐利亚宗教政策饱经考验的诸原则;明确承认信仰平等;不同教派通婚所生子女,根据其性别选择宗教教

353

育；国王保留了老巴伐利亚的"赞同权"。法令中的每个句子都违背了协议的核心精神，而且这份协议又将作为国家法律被颁布，当然要服从宗教法令的法律原则，这简直就是狠狠打了教廷的脸。罗马教廷自然激烈谴责，国王派维也纳会议上教皇绝对权力者的发言人黑尔费里希前去安抚，教皇也断然拒绝了。此时，身着红衣主教袍冕的无耻之徒海夫林，又干了一件背信弃义的事：他主动向教皇保证，那条宗教法令只是针对非天主教徒。教皇毫不迟疑地以胜利者的姿态向全世界发布了这个消息。

这是海夫林第二次公开羞辱巴伐利亚君主了，一些部长强烈要求"严惩叛徒"。但这一次，国王又心软了，只是命令各级政府，这项宗教法令适用于王国内所有人，并再次同愤怒的教皇展开谈判。这种偷偷摸摸的行径，自然不会让各大国更尊重巴伐利亚宫廷，而自从它扬言占领普法尔茨，这种尊重就受到了损害。不过，巴伐利亚在同教皇的关系上占据有利地位。教廷目前就是作茧自缚，它本来希望，将这份协议颁布为国家法律会让自己得利，没想到最后巴伐利亚的国家法律居然要受限于一条补充法令，这招让教廷几乎没有还手之力。广大民众并不了解这场复杂谈判中的跌宕起伏，只是热烈庆祝世俗权力的胜利。在之后的几个月中，巴伐利亚受到了全德媒体的廉价吹捧，被誉为最自由的德意志国家。

第三节　巴登

巴伐利亚通过兑现第 13 条邦联法案，从与教会的协议中释放出了世俗武器，巴登则通过这一条法案保住了国家。年轻的巴登大公多年来一直处在一种分裂重重的危险境地，似乎巴登大公国这个人为形成的国家，注定了来也匆匆、去也匆匆。古老的策灵根家族曾在上莱茵有大片领土，一直延伸到瑞士的于希特兰（Üechtland），还曾和霍亨斯陶芬家族争夺士瓦本公国。伯尔尼和两座弗赖堡[①]都见证了这个家族的光荣。巴登的衰落始于 13 世

---

① 　一是位于今德国西南部靠近法国和瑞士的弗赖堡，一是位于今瑞士西部的弗里堡，两城在德语中均是"弗赖堡"。——译者注

纪,策灵根家族也就落入了小诸侯的行列。18 世纪中叶巴登-杜尔拉赫的腓特烈·卡尔边疆侯爵即位时,巴登的领土总面积不超过30 平方英里,且分散在瑞士边境和卡尔斯鲁厄之间,仅向帝国军队提供 95 人。1811 年,卡尔已经在位 60 年,领土面积增长了 10 倍。他首先将天主教的巴登-巴登同路德教的杜尔拉赫合并,然后拿破仑又将莱茵河右岸从康斯坦茨到曼海姆的许多块土地,几乎全都是边境地区,整合成了一个非常特殊的国家,其沿莱茵河蔓延 60英里,最窄处只有 2 英里。奥地利西部领土内伦堡(Nellenburg)、布赖斯高和奥特瑙(Ortenau),莱茵河右岸的普法尔茨,数个主教辖区如康斯坦茨、斯特拉斯堡和施派尔斯,连同大量类似的王爵、伯爵、帝国骑士领地和帝国城市,被捆绑在了一起。巴登是个新教国家,却有 2/3 的臣民是天主教徒,将近 1/3 的土地曾经属于菲尔斯滕贝格(Fürstenberg)、赖宁根和勒文施泰因(Löwenstein)家族,这些家族都被剥夺了主权。如此混杂的领土上根本不可能有共同而鲜活的历史记忆,哪怕是王座所在地布赖斯高,人们也最多了解到老策灵根家族统治的时期。

　　不过,这个完全现代的领土结构绝不可能如看上去一般不自然。公元前的岁月中,在黑森林的山峰上,以及巴登和符腾堡接壤的地方,都矗立着界碑,区分凯尔特人和条顿人的地盘。后来,阿勒曼人向西进发至孚日山,黑森林仍是天然界限。士瓦本的东边远离这个世界,还保留着原始强健的民族性。黑森林西边的峡谷和山下的富饶平原,早就被拖入了莱茵河流域的生活之中;一条南北走向的军事路线从这个上莱茵国家穿过,而在士瓦本方向上,却只有相当多的山麓,因此哪怕是同阿尔萨斯的交通都因为汹涌的莱茵河而困难重重。从古典时代起,自从罗马人在巴登峡谷和巴登维勒的高地上兴建温泉浴场,一种无节制的欢乐生活就在这里扎了根。巴登人是德意志人中生活最奢靡的,士瓦本人骂他们是"法国佬",他们的血管中一定流淌着太多凯尔特和拉丁血液。巴登人比士瓦本人头脑更灵活,更能接受新鲜事物,尽管没那么具有创造力,但总能热情拥抱世界上兴起的各种新观念。自从教会知道如何用十字军和托钵修会之类具有煽动性的方式激励民众,德意志大地上就没有哪里比巴登更投入。后来,巴登人又同样冲动地投入了宗教改革纷争，然而只有少数人在那些考验岁月中坚守新教信仰。同样，法国时髦文化传入德意志时，巴登人又成了最热情的追随者。

356 　　启蒙精神的理性主义，将所有历史产物都视为绝对任意的东西，易受影响的巴登人必然难以抵抗这种思想。哪怕后来，古典和浪漫主义诗歌唤醒德意志其他地区的历史意识之后，理性主义依然在巴登占据主导。如今，刚愎自用的外国统治者又将所有古代偶然形成的国家组合成一个新国家，这个国家因此就好像从虚空中产生一般，没有国家形态也没有历史，很快成为自由主义的天然据点，并迅速根据所谓亘古不变的"理性法则"调整政治和宗教生活。由于巴登邻近法国和瑞士，这诱惑着它提出越来越大胆的要求。

　　在黑森林的广大农场中，的确还保留着大量传统习俗，虽然比不上邻近的阿尔萨斯。此外，在一些偏远地区，宗教情感依旧强烈。在很多地方，尤其是普福尔茨海姆（Pforzheim）附近，都能发现零星的老路德宗社区；部分湖区士瓦本人还是教权主义者；奥登瓦尔德峡谷的法兰克尼亚人继续向瓦尔迪恩（Walldürn）朝圣，供奉耶稣宝血，在天主教热情上，他们根本不输明斯特人——在威斯特伐利亚，再洗礼派掀起腥风血雨；而在巴登这些偏远地区，农民战争的狂热激情也曾血染大地，柯尼希斯霍芬农民战争的战场和克雷格林根大教堂的残骸，依旧诉说着路德教徒的疯狂。不过，巴登的主要氛围还是现代的、都市的和启蒙的。在布赖斯高和其他西奥地利地区，约瑟夫二世确立的宗教和政治原则在这里远比在洛林家族的东部王室领地上扎根更深，这里仍普遍将那位哲人皇帝视为理想君主。另一方面，普法尔茨人在经历恐怖宗教战争后，最希望永享宗教和平，这里的每座小城镇都有一座不专属任何教派的教堂；人们以宽容的选帝侯卡尔·路德维希为荣，他在曼海姆为三个教派修建了"和平教堂"。保卢斯和沃斯定了海德堡的调子，罗特克定了弗赖堡的。低地地区的新教理性主义同高地地区的天主教信仰携手并肩。由于巴登崇尚毫无节制的快乐生活，因此等级差异并不像北方那么巨大，所以有教养阶层奉行的理念也弥漫在大众中。小城镇中都有舒适的旅馆，集日时，农民就和有教养的人在这里交流思想。

德意志新文化运动中的流行书籍首次出现在巴登绝非偶然。
自从格里美豪森(Grimmelshausen)出版《痴儿西木传》以来,巴登就
再没诞生任何著名诗人;但现在,无论哪个等级的人都喜爱读赫柏
(Hebel)的《宝匣》中的故事和他以阿勒曼尼方言写成的诗歌,听他
说起那迷人的高地,幽暗的深林和潺潺的溪流,覆盖着栗树和藤蔓
的土地,活泼而狡黠的人们,还有高大的小伙子和美丽的姑娘。在
这些迷人的田园诗中,日月昼夜、一年四季和命运之手,都具有了
阿勒曼尼亚农人的形象,说着阿勒曼尼亚方言,就连歌德都赞扬诗
人赫柏写出了世界上最真诚、最迷人的田园诗。因此,赫柏也似乎
成了一个真正的民间诗人,这里弥漫的启蒙精神充斥着他的内心。
赫柏是个天真虔诚的理性主义者,温和地看待教派纷争,对宗教狂
热保持警惕,尽管他总是赋予《宝匣》中的故事以温和的道德规劝
色彩,但也从未失去真正艺术的本色。

新巴登大公国的重心在天主教高地上。很早以前,布赖斯高人
就迫使自己离开钟爱的帝国议会,贵族们不会忘记,弗赖堡等级会
议的大门关上后,他们先是同法国流亡者,后是同维也纳宫廷充满
戒心地交往。市民们抱怨老巴登人在政府职位上享有优先权,抱
怨曾经是老边疆侯国的地区始终有最高效的官僚。不过最后,西
奥地利的阿勒曼尼人还是发现,他们同巴登人之间存在最天然的
纽带。

低地地区的普法尔茨-法兰克尼亚人更是慢慢习惯了新统治。
巴登的朴素历史拿什么去比莱茵最古老选帝侯国普法尔茨的辉煌
记忆,后者长期把持帝国权杖,而且总是扰乱周围教会领地的和
平,还在内卡河下游形成了新教据点。尽管在选帝侯时代遭受诸
多痛苦,普法尔茨人仍坚信古语:"上帝保佑幸福的普法尔茨人!"
他们继续兴奋地谈论古老岁月,那时的海德堡有喝不完的大桶啤
酒;母亲们也会骄傲地告诉女儿们,她们就像普法尔茨伯爵夫人一
样美丽。当备受热爱的老社区衰亡,一些自由有学识的人便转身
拥抱德意志民族主义理念,普法尔茨于是成了南德地区德意志情
感最丰沛的地方。莱茵河右岸的普法尔茨人,觉得自己同左岸同
胞的区别就在于,自己有着更为活跃的精神生活,而且直到左岸落

入外国人之手,他们也始终同北德文化保持联系。他们给自己的
狗取了法国恶棍的名字,风靡巴登的法国风情怎么可能在这里扎
根?尽管普法尔茨人将最近的繁荣归功于巴登王室,但是那里没
有一点点巴登情感。最后一任普法尔茨选帝侯的宫殿位于曼海
姆,那里还存在一个强大的维特尔斯巴赫党派,真诚地支持慕尼黑
宫廷的贪婪计划。前巴伐利亚官僚和无耻贵族们万分怀念卡尔·
特奥尔多时的浮华宫廷生活。那些欢乐的日子里,资产阶级都发
了大财,他们还叹息失去了剧院,要知道在达尔贝格和伊夫兰治
下,这所剧院可以跻身全德一流,并首次将席勒的《强盗》搬上舞
台。普法尔茨人都不承认卡尔斯鲁厄是国家新首都。数百年前,
边疆侯爵卡尔·威廉兴建了这个可怕的地方,成为这个美丽国家
最丑陋的一角,而且还在不断缓慢扩张延伸;自从魏因布伦纳
(Weinbrenner)给这里装饰上宗教建筑,笔直街道上单调的一排排
房子就显得更难看了,他证明所有迂腐的风格中,最糟糕的就是这
种贬值的古典风格。

　　只有如同卡尔·腓特烈般伟大的君主才敢希望将如此冲突的
力量整合进一个整体。这位老人长期被视为小国家君父的典范,
开明宽容,是魏玛卡尔·奥古斯特的朋友,坚持传统的基督教信
仰,新文化运动中的天才中最偏爱宗教情感温和的人,比如克洛普
施托克、赫尔德、拉瓦特尔和施蒂林。卡尔·腓特烈对新法国的各
种理念保持开放,也钦慕重农主义经济原则,但他始终是个德意志
人,永远想着怎么通过诸侯联盟复活古老帝国,想着如何靠一个德
意志学派唤醒民族的"普遍精神"。可是命运无常而残酷,他在晚
年居然陷入了地方主义的陷阱,被迫戴上外国统治者的枷锁。他
颇具远见的立法造福了巴登的文化和社会福利,这在整个南德绝
无仅有;他还非常会说话,这在小诸侯国奉行父权制的民众心中,
比任何政治举动都值得尊敬。老巴登的每一所旅馆中,都能看见
359 他的肖像画。他还给杰出的木材商,穆尔格峡谷的资助人安东·
林德施文德(Anton Rindeschwender)树立了一座纪念碑,一个国家
的最高领导人居然给一个臣民立碑,民众为此欢欣雀跃。按照赫
尔德的观点,卡尔·腓特烈是第一个完全没有君主傲慢的君主。

　　正因如此,法国的政治煽动家们从巴塞尔将德意志共和国宪章

传遍巴登，却只获得了个别支持者，远比不上符腾堡和巴伐利亚的情况。枢密院官员布劳尔（Brauer）是巴登行政体系的组织者，他在新获得的领土上行事相当谨慎；只有神职人员会抱怨，就算是这个虔诚基督教徒都无法克服老巴登官员对天主教的普遍不信任。由于普法尔茨和布赖斯高的贵族对这个新国家心存不满，官僚体制也就保留了突出的资产阶级风格。通过认真学习《拿破仑法典》，巴登颁布了《巴登民法》，预示着国家新秩序的建立，这个国家中的一切都是现代的。

卡尔·腓特烈逝世后，各股分裂势力开始威胁瓦解这个新国家。他的孙子，年轻的卡尔大公根本不愿从事这些艰难的工作，何况还有个野心勃勃的母亲。他年轻时就在声色犬马之中荒唐度日，尽管有些天赋且生性温和，却也变成了个阴暗忧郁的人。他的房间里堆满了各类文件、信件和公文，他既不愿亲自处理，也不肯假手他人。因此这个可怜而病态的人孤独地过了一生，还总是用他那双漂亮而狡猾的眼睛打量周围谁在骗他。只有他的妻子，斯蒂芬妮·博阿尔内在他短暂生命的最后能靠近他，带给他欢乐。

这样一位君主让一切都变得难以预料。在法国大使比尼翁（Bignon）的帮助下，波拿巴主义者们很快掌握实权，迅速以巴黎为样板改造这个小国。他们的手段残忍专断，于是这个新生政权很快就丧失了辛苦换来的民心。官僚迅速堕落，即便在旧时代，他们都还保持着资产阶级家长制的作风，而如今的巴登、达姆施塔特和拿骚都成了不靠谱政府的典型。法官会在指定日子举行臭名昭著的"不纯洁审判"，惩罚那些被怀疑未婚先孕的女孩子，虽然禁止酷刑折磨，但法官们非常会找替代手段，比如鞭打任何在审讯过程中说谎的被告人。这些小暴君们一边如此肆意妄为，一边不再担心"主人"，也就是公爵的注视。由于战争需要和无节制的行政成本，财政很快吃紧。1816年，赤字110万弗罗林。拿破仑时代的最后几年，两位能干的财政家伯克和奈贝纽斯引入了一个相当合理的税收体系，事实证明，该体系相当有价值，大部分内容沿用至今，但人民还是需要若干年才能习惯它。不满之情不断发酵，处处都在呼吁组建议会来限制恶魔般的官僚队伍。被归化的君主和帝国骑士甚至被剥夺了领地司法权，这违背了莱茵联邦法案的承诺，于是

461

他们言辞激烈地表达不满，也不再相信这个国家的未来。卡尔·腓特烈的工作全白干了，维特尔斯巴赫家族的贪婪更加让巴登的内部问题雪上加霜。巴伐利亚国王约瑟夫尚未向任何大国透露他的普法尔茨计划，甚至对卡尔斯鲁厄的姻亲都没有任何暗示，这让巴登大公如坐针毡。

慕尼黑宫廷所谓的这些权利诉求，不仅依据《里德条约》，也因为策灵根王朝即将绝嗣的事实。老卡尔·腓特烈大公于高龄缔结第二次婚姻，迎娶了冯·盖尔斯贝格女男爵（von Geyersberg），并将其提升为霍赫贝格女伯爵（von Hochberg），并在结婚时就为这段婚姻所生后代保留了王位继承权，前提是前一段婚姻的后代全部死亡。由于同族中人都予以承认，并且没有其他人提出有继承权，因此霍赫贝格女伯爵后代的继承权无可争辩。此外，神圣帝国终结后，巴登家族就拥有主权，因此有权按照自己的意愿制定法律。但门当户对的问题从来就充满了难解的是非纷争，偏偏德意志君主法律本身就矛盾重重。在德意志各王室中，很少发生母亲身份低微而儿子继承王位的情况，而且尽管策灵根和维特尔斯巴赫家族祖上的母系出身也不怎么高贵，但巴伐利亚内阁还是贪婪地抓住了这个借口，向所有宫廷保证，霍赫贝格的后代无权继承巴登王位。霍夫堡很高兴地接受了他的保证，因为唯有策灵根家族绝嗣，一切关涉普法尔茨继承权的秘密协议才有指望。

如果策灵根家族真的绝嗣，巴伐利亚王室法学家就会准备好第二个且同样惊人的合法诉求。纳厄河畔的斯彭海姆伯爵领（Sponheim）曾在 4 个世纪中由巴登和普法尔茨家族共同所有，根据 1425 年的《拜因海姆决议》，这两个家族中任意一个绝嗣，整个伯爵领就属于剩下的一个。无疑，这个老掉牙的继承协议早就无效了，因为在《吕内维尔和约》中，两个家族将斯彭海姆割让给了法国，并为此获得了 5 倍补偿。可是现在巴伐利亚提出，如果卡尔·腓特烈第一段婚姻的后代全部死亡，它将要求更多补偿。无人继承斯彭海姆，将让巴伐利亚王室重获父辈的"摇篮"，海德堡城堡，还有曼海姆和美丽的拉登堡（Lobdengau），这可是一块拥有 2.3 万人口的土地！这个法律骗局再次证明了，莱茵联邦将这些小宫廷变得多么不仁不义、寡廉鲜耻！

361

卡尔斯鲁厄宫廷的处境一天不如一天。卡尔·路德维希大公从维也纳返回后，身体更加虚弱了。他将自己的侄子，巴伐利亚王储视为敌人，还尖酸刻薄地玩笑称，一个成年人竟然那么渴望自己的"摇篮"，简直匪夷所思。他一度陷入病态般的敏感，甚至怀疑他在维也纳时就被巴伐利亚人下了毒。1812 年，他的继承人几乎刚出生就夭折了，1816 年 5 月，他又有了一个儿子，但刚满一岁就夭折了。① 阴霾笼罩着卡尔斯鲁厄。为什么死神只夺走王子，公主们却都活得好好的？难道是无情的维特尔斯巴赫遗产抢夺者动的手？巴伐利亚大使的行为确实让巴登王室兴起了这个疯狂的念头，他到处幸灾乐祸地说起大公的不幸，还意味深长地说，这大概预示着国家气数将尽。② 老策灵根家族现在只剩一位继承人了，大公未婚的叔叔，侯爵路德维希③，如果他也死了，王冠就会落到霍赫贝格所生的利奥波德④头上，但是慕尼黑宫廷对他的继承权存在异议。

唯有大国的保护能让策灵根王朝免于终结，但巴登大公不可能下决心解雇首相哈克，此人要为巴登如今的糟糕处境负主要责任，而且他在所有宫廷都声名狼藉。这是老曼海姆宫廷教育出来的粗俗肤浅的美食家，曾主动成为拿破仑的执法者，而且只是因为懒得无可救药，就继续推行莱茵联邦的政策。在巴黎和会上，他甚至试图组建中等国家联盟，并在邦联议会面前表现出顽固的地方主义情绪。哈克非常漫不经心地对待巴伐利亚的要求，而且认为卖掉普法尔茨也不是不可接受，于是普鲁士代办瓦恩哈根给首相的报告中称："如果巴登大公国继续存在，一定会被迫如此。"⑤

巴登的立宪问题也没有任何进展。大公在维也纳期间，迫于施泰因和沙皇的一再催促，组织了一个委员会讨论新的基本法，并于

362

---

① 即卡尔·路德维希与拿破仑养女斯蒂芬妮·博阿尔内所生的长子，亚历山大·马克西米利安·卡尔(1816—1817)。——译注
② 瓦恩哈根的报告，卡尔斯鲁厄，1817 年 5 月 11 日。
③ 即卡尔·腓特烈第一段婚姻的第三个儿子，路德维希·威廉·奥古斯特(1763—1830)，终身未婚，巴登第三任大公。——译注
④ 即巴登第四任大公，卡尔·利奥波德·腓特烈(1790—1852)。——译注
⑤ 瓦恩哈根的报告，1817 年 1 页 4 日。

1815 年春,以马沙尔男爵的提案为基础草拟了一部宪法。1815 年夏季的战争警报最终只是个警报,低地贵族们马上采取行动,多次恳请兑现邦联法案第 13 条,言辞甚至多有冒犯。符腾堡的贵族煽动者马森巴赫和瓦尔德克伯爵积极协助,甚至资产阶级也呈交请愿书。政府按照莱茵联邦的风格,严惩了这些不满的贵族,海登堡大学的刑法学教授马丁也被迫辞职。尽管如此,立宪工作还是再次启动了。1816 年 3 月,巴登大公正式向人民承诺,将在 8 月 1 日召集一次代表会议,而且在当年夏季已经完成了大约1/3 或 1/4 的方案。但这次代表会议并没有取得任何决定。元帅弗雷德是宪法主义者,建议通过组建上议院安抚不满的骑士阶层,但波拿巴主义的官僚们作为宪法的秘密敌人,却明确支持单院制,因为他们视贵族为官僚的天敌,这种针对贵族的莫须有的仇恨,让普鲁士代办瓦恩哈根有了可趁之机。他在没有被邀请的情况下,甚至没有咨询柏林,就给卡尔斯鲁厄宫廷提出了一项建议,它不可思议地在各个方面符合罗特克的理性法则:"贵族院必定会不惜以人民为代价威胁王权。想想是谁最先在符腾堡喊出了革命口号?"如果一定要有一个上议院,也要由年高望重或官至高位的人组成。他最后还带着年轻自由主义的自负说道:"这些道理是不言而喻的,如果没有被普遍认可,子孙后代一定想不通。"①

　　各式各样的争论浪费了相当长一段时间,改革的反对派最终成功说服犹豫不决的大公再次拖延。7 月 29 日,大家都期待着代表会议召开的时候,推迟宪法颁布的政令震惊全国,该政令宣布,邦联议会必须首先为德意志各邦国宪法订立基本原则。这些话出自巴登大公之口,实在令人难以置信,因为他之所以关心宪法计划,仅仅是希望以此捍卫主权不受德意志邦联的蚕食。人们群情激奋,无比失望。考虑不周的愚蠢承诺遭到了严厉惩罚,一篇名为《巴登大公其人》的恶毒文章,讽刺贪吃的首相哈克想把整个国家变成烤乳猪和芦笋。饥年和越来越沉重的税收让事态更加棘手。高地地区突然听闻,政府出于经济原因,要合并弗赖堡大学和海德堡大学,于是不满公开爆发。布赖斯高居民认为该计划侵犯了他们的古老

---

① 瓦恩哈根写给贝尔施泰特的信,1816 年 5 月 8 日。

权利。罗特克积极拥护同胞,因为他知道自己的天主教情感不可能永远在普法尔茨的信教氛围中保持炽烈。政府自觉无法应对这种激烈反对,于是放弃了这个该死的计划,弗赖堡大学得以保留。

与此同时,这个不幸的国家也遭遇了同罗马教廷的宗教纷争,这场纷争同巴伐利亚那次一样对德意志宗教政策意义重大,因为它让建立国家教会的计划彻底失败。韦森贝格多年以来以代理主教的身份掌管康斯坦茨主教辖区,他的仁慈、尽责和纯洁获得了神职人员和平信徒的尊重,他们愿意从他手中接受带有启蒙精神的革新,但这些革新不可能同罗马教会狭隘的统一理想相协调。韦森贝格将德语祈祷书介绍给教区会众,在教区传播德语《圣经》,减少了宗教节日的数量,允许庆祝不同教派的通婚,只要所生孩子能够按照性别接受相应的信仰教育。在宗教事务上,他努力将天主教的庄严仪式同新教的深刻教义相结合。即便到了如今,康斯坦茨湖畔的老人依然爱说当年的教堂有多华丽,布道是多么受人欢迎。他在梅尔斯堡建立的神学院,科学地培养立志在教会有所作为的人,以平静宽容为培养原则,尽管在某种程度上,这确实导致了一种不专业的暧昧思想。没过多久,康斯坦茨主教辖区这个小小的宗教团体就开始谴责罗马教会的异端改革者,教廷多次公开表达反对,驻卢塞恩(Lucerne)的教皇使节更是同这位代理主教公开发生冲突。

可是韦森贝格不知道,罗马教会强大的一致性,让基督教徒只能在臣服和叛教之间二选一。他还幻想着,可以一边抵抗教皇的命令,一边继续当个天主教诸侯,这个虔诚慈爱的男人没有天分理解宗教生活中的激烈冲突已经到了你死我活的地步。韦森贝格通过勤奋地阅读以及同有学问的主教们积极交流,获得了丰富的知识,但仍是个科学业余爱好者。他发表了大量诗歌、哲学、政治以及关于教会历史的作品,都是为了宣传"基督的仁慈",但最终不过是个道德构想。这些作品并不老套,但也没有那么深邃、有活力、有个性,没有一部作品留名文学史。自儿时起,韦森贝格就崇拜约瑟夫二世,并始终支持赛勒的温和天主教观念,不过并没有深入这位巴伐利亚主教的神秘主义智慧。他现在依然相信,有可能倒转车轮,让反宗教改革的集权化教会顺利接受 15 世纪的改革思想。

尽管如此,韦森贝格仍是个极其严肃的天主教徒,尽管很宽容,却拒不接受新教的"无限的主观性"。让神职人员感到惶恐的是,他将福音派视为教会内部的一个派别,这证明了他多么坚信有形教会的统一,相信迷途的羔羊终能知返。他直管的教士们称他是圣人。韦森贝格知识广博,自觉优于周围平庸的神职人员,但在同等级的贵族面前,他却是个博学的奇迹。因此,尽管他秉性温和,本不知傲慢为何物,却也这样慢慢滑入极端自负。他认为耶稣会"正参与用混杂着形式上的犹太教和被重建的异教思想的东西,代替爱与真理的精神宗教",觉得自己注定要让教会免于此劫。重建耶稣会时,他就立刻意识到此举可能带来的严重后果,写信警示梅特涅称,耶稣会曾迫于天主教各宫廷的压力而被解散,教廷胆大包天,居然敢在不咨询各国的情况下重建耶稣会,前景堪忧。梅特涅的回答不痛不痒,称皇帝陛下没什么可担忧的,因为耶稣会在奥地利绝不会被允许重建。

大约同时,康斯坦茨主教达尔贝格指定其代理主教韦森贝格为联合主教,拥有主教继承权。达尔贝格马上受到了罗马方面的严厉申斥,命令他立刻剥夺韦森贝格的代理主教职位(1814 年 11 月 2 日)。谨慎的达尔贝格没有公开这份教皇诏书,但也没再提任命韦森贝格的事。达尔贝格逝世后,他的教区按照规矩一致选举代理主教韦森贝格为主教。梵蒂冈宣布该选举无效。1817 年 5 月 21 日,教皇在信中向巴登大公解释,为何他觉得必须拒绝韦森贝格:"这个人让所有好人害怕,我们所有人都不支持他。"巴登大公早就习惯了在各种事务,包括政治事务上咨询韦森贝格,于是早就批准了选举结果,而且他认为教廷此举侵犯了他的尊严,因为根据巴登政治原则,委任主教是王权不可分割的权利之一。尽管哈克建议避免同教皇发生矛盾,但在元帅的建议下,大公还是决定以措辞强势的回信维护权利,保护韦森贝格(6 月 16 日)。

韦森贝格觉得这是个作出伟大决定的时刻。他带着一封巴登宫廷的推荐信,亲自前往罗马,希望可以凭借一己之力,让教皇改变主意,如果失败,也会更加坚定巴登的意志。他那些拙劣的追随者们在媒体上,将他的罗马之旅比作马丁·路德的沃姆斯之旅,虽

366

然眼前这位路德有奥地利外交大使当靠山，随时可以在威尼斯获得庇护。韦森贝格这位德意志唯心主义者在梵蒂冈感受到了一个古老世界权力的轻蔑冷漠，这个权力早就习惯了下设大量教区中这个或那个不时的混乱。他没有被允许觐见教皇，红衣主教孔萨尔维负责谈判，此人冷酷谨慎，要求韦森贝格转变立场，这种要求在罗马教廷眼中是再温和不过了。韦森贝格并不赞同教皇的看法，孔萨尔维也坚持立场。韦森贝格最终一败涂地，因为他既不能像费纳隆（Fénelon）那样签署悔过书，因为"这会让我成为罗马教廷的奴隶"，也不可能叛教。12 月 16 日，他告知孔萨尔维，他将返回巴登，将事情交给他的世俗统治者处理。

韦森贝格在家乡获得了无数温暖的支持，几乎整个教区的神职人员都忠于他，南德小国负责教会政策的官员也都站在他一边，比如符腾堡的韦克迈斯特（Werkmeister）和拿骚的科赫（Koch）。作家克吕贝尔和大多数讨论此事的报纸和宣传册都也支持他。但这不可能引发巨大的民众运动，因为这种拖泥带水的行动无法引发强烈的情感。巴登政府允许韦森贝格继续管理其教区，教廷也出于慎重而暂时保持沉默。罗马方面可以等，因为巴登大公急切地希望建立巴登国家教区，而这没有教皇的同意不可能实现。巴登大公国还有一个指望，邦联议会。1818 年 5 月 17 日，卡尔斯鲁厄宫廷在一份详尽的备忘录中向德意志邦联解释了整件事的来龙去脉，并在结尾处宣布："巴登认为康斯坦茨争议是德意志民族共同关注的那类教会事务。"但由于教会事务不属于邦联的能力范围，巴登没有冒险在法兰克福提出某个方案，邦联议会也回避讨论该事件。这份备忘录被翻译成了几乎所有欧洲语言，并在各个宫廷和神职人员中广泛传播。罗特克及其友人一度继续在报纸上发表文章，声援这场伟大的"德意志教会纷争"。随后这场运动归于沉寂，没有在大众中产生任何深层持久的影响。只有在一些西南小宫廷里，韦森贝格还有些影响力。这些宫廷曾因为各自的地方主义焦虑而反对他的国家教会计划，现在却发现他是他们对抗罗马教皇的盟友。韦森贝格本人最终意识到，早年间的梦想有多不切实际，返乡后不久就出版了一部匿名作品《论德意志天主教会的关系》，推荐国家大主教制度，但同时也要求德意志各邦政府应该联合同教廷谈

367

467

判,将各自的国家主教纳入共同的大主教管理之下。就这样,德意志国家教会萎缩到了德意志各邦政-教分离运动的层面。

卡尔斯鲁厄和斯图加特宫廷曾经也因为各自的打算而持有这样的想法,但巴伐利亚的失败让他们不再敢妄想能以一己之力同教廷达成这样的协议,但如果巴登、符腾堡和拿骚这些国家能联合行动,教皇就很有可能让步。旺根海姆在法兰克福疯狂推荐这项计划,最终,这个建立邦联中的邦联并羞辱罗马教廷的机会,向全世界证明了什么才是真正的"德意志力量"。旺根海姆的头脑很复杂,各种激烈冲突的矛盾都能在其中和平共存。比如,他可以热情支持自然哲学,也可以是理论自由派,同时也拥护国家全能理念。他很看不起罗马教皇的实力,相信已经在德意志发现了教会分裂的迹象,虽然德意志庞大的天主教多数群体仍忠实于古老教会,但他也坚信教廷很快就会在恐惧的驱使下全面妥协。1817 年 12 月,旺根海姆通告巴登、拿骚、两个黑森、汉诺威、奥登堡和卢森堡的邦联大使,并邀请这些宫廷,通过各自驻法兰克福全权大使的操作,就与教廷协议的原则达成共识。他所附加的提案几乎同韦森贝格的想法完全一致,要求国家保留"赞成权"、主教叙任权以及教育教士权。旺根海姆幻想着,只要给教皇下达最后通牒,所有这些要求就能立马实现,虽然每个人都知道,教皇从未正式将主教叙任权转让给任何非天主教君主。巴登、拿骚和两个黑森接受了邀请。1818 年 3 月,法兰克福会议在旺根海姆的主持下召开。一些起初支持会议的北德小邦迅速撤出。这个大张旗鼓的伟大任务很快缩水,变成了建立一个小型共同大主教辖区的计划,该大主教辖区掌管上莱茵诸小邦国家主教。

旺根海姆也邀请了普鲁士邦联大使,称如果柏林宫廷愿意接受符腾堡在政教问题上的领导,就可以参与会议,不愿意也没关系,因为"真正的德意志国家"也足够了。这等于将普鲁士视为未来上莱茵教区的附属,这种想法让好脾气的戈尔茨都恼了,他也不明白,为什么符腾堡总是以这种方式强出头。① 哈登贝格没有理他,

---

① 旺根海姆写给戈尔茨的信,1817 年 12 月 13 日;戈尔茨的报告,1817 年 12 月 18 日。

只是告诫自己的大使们,普鲁士要远离"小宫廷的非法集会",本国的宗教利益"决不允许他人染指",还指出小国们太强硬了,不可能从教皇处获得任何结果。梅特涅也认为这件事根本没希望。[①] 普奥都明白,教廷已经不是那个 18 世纪任人摆布的教廷了,孔萨尔维认为这次法兰克福会议是韦森贝格的杰作,因此从一开始就心存疑虑。这无疑是一场灾难,大好时机牺牲给了地方主义,并一直影响到今时今日。可是没有民族国家的德意志,又何谈民族宗教?

　　此时,卡尔斯鲁厄宫廷产生了一次幸运的改变。哈克被解职,赖岑施泰因(Reizenstein)和贝尔施泰特两位男爵进入政府。贝尔施泰特是个小人物,头脑并不超过他的奥地利骑兵同袍的平均线,但他尽职尽责,无条件地忠于王室,而且尽管是个极端保守主义者,但并不畏惧组建卡尔斯鲁厄议会。赖岑施泰因则是个拥有政治家智慧的人,配得上更大的舞台,曾在卡尔·腓特烈最后几年中,担任他的机要顾问。赖岑施泰因曾参与了困难时期的一切改革,法国因此怀疑他是德意志爱国者。海德堡大学的复兴就主要归功于他,即便那些秉持等级骄傲的教授们也不得不承认,这个智慧、博学且具有自由精神的导师是他们的一员。巴登王储逝世后,赖岑施泰因马上意识到,必须马上明确决定继承问题,于是劝说大公在 1817 年 10 月 4 日颁布法令,宣布国家不可分割,并反复重申霍赫贝格后代的继承权。巴伐利亚宫廷勃然大怒,中断了两国外交关系。就连一直暗中煽动鼓励巴伐利亚的梅特涅都觉得自己受到了冒犯,对克鲁泽马克说,巴登如此莽撞行事,唯一的理由就是头脑发昏,这道命令分明令人记起不可分割的法兰西共和国。[②]
　　头脑冷静的赖岑施泰因不会允许偏离目标,在他的建议下,巴登大公决心虎口拔牙,正面硬刚多年来暗地里威胁巴登的敌人们。1818 年 3 月 12 日给巴伐利亚国王的信中,大公声称,奥地利正在试图"用本来属于我的领土"偿还债务,"在如此糟糕的情况下",

369

---

① 克鲁泽马克的报告,维也纳,1818 年 4 月 22 日;给克鲁泽马克的指示,1818 年 5 月 20 日。
② 克鲁泽马克的报告,1817 年 10 月 18 日。

"我不可能区别对待巴伐利亚政府及其王室,不可能继续将君主视为亲属和朋友,而将他的国家视为死敌";如果巴伐利亚用强,"我将诉诸舆论寻求帮助,陛下你将很难找到与之匹敌的盟友"。尴尬的马克西米利安·约瑟夫只能用他最惯用的招数——撒谎——应对如此尖刻的指责。他声称巴伐利亚政府从未对巴登有任何敌对计划,巴伐利亚始终"平静地"等待列强决定。这两封信被极其秘密地传递给一些友好宫廷,但不久后居然刊登在汉堡的一家自由派报纸上,这让所有热爱诽谤分子、国内的激进派和海外的德意志敌人都兴奋起来了。

370

叛徒就是瓦恩哈根·冯·恩泽(Varnhagen von Ense),最自负最不值得信任的普鲁士外交官。他的妻子是著名的拉埃尔,为了证明自己配得上妻子,他积极投身政治事务。维也纳会议期间,他热情支持普鲁士,他的机智谈吐和博学很快征服了哈登贝格,由此获得了在卡尔斯鲁厄宫廷的重要职位。瓦恩哈根很快以自己的方式开始行事,用未经批准的建议、捍卫大革命的观念(这违背哈登贝格的理念)赢得了巴登宫廷的青睐,并以一种相当不合身份的方式同自由主义党派秘密交往。但这个胆大妄为的自由主义者仍然以卑躬屈膝的态度对待首相,不停地请求升迁,颇为自傲地叙述大公和大公夫人又同他交谈了多久多久。他给贝尔施泰特的信无比甜蜜,但他却恨后者,后来甚至在自己的回忆录里诽谤他。二十多行措辞优美段落都不够他表达对贝尔施泰特的钦慕,"我多么期待,如果可以的话,可以让您提前回国","我多么期待能与这样一位真心崇敬的人再说说话"。[①] 他呈交首相的报告长得吓人,在其中陈述自己对上层政治事件的意见,展现自己的政治智慧,但绝大多数内容都是毫无价值的废话。他几乎没有机会获得有关卡尔斯鲁厄宫廷的秘密信息,因为没有人真的信任这个油腔滑调的人。巴登宪法最终颁布时,他甚至都不知道是谁执笔,信心满满地给了首相两个错误的名字。[②]

柏林方面早就明确指示瓦恩哈根在巴伐利亚-巴登谈判中应如

---

① 瓦恩哈根给贝尔施泰特的信,1817 年 10 月 8 日。
② 瓦恩哈根的报告,1816 年 8 月 26 日。

何行事。他应该让巴登大公相信，普鲁士不会容忍任何冒犯巴登的行为，但在其他方面要采取保留态度，尤其要防止恼人的争执变成公开的丑闻。于是，他首先呈交了一份关于大公信件的报告，批评这封信"完全欠考虑，最轻也是个多余之举，一定会被一口回绝"。不久后他就违背了官员的保密誓言，将这封信发给了汉堡的一家报纸。这招果然见效，几乎所有报纸都支持巴登的正当权利，就连《奥格斯堡通报》都反对巴伐利亚，因为谨慎的科塔不愿意失去符腾堡国王的青睐。事到如今，瓦恩哈根无辜地写信称，这些报纸未经授权就刊登了这封信，吸引了大量关注，但结果似乎对巴登有利，"诉诸舆论已经有力地让舆论转向了让它自觉体面一边"。①

为了保住舆论始终支持巴登，就有必要步入宪法政治的轨道，赖岑施泰因对这一点不抱任何幻想。他也意识到，颁布宪法是让不满的民众重拾对国家信心的唯一办法，也是让沙皇重新支持策灵根家族的唯一办法。沙皇态度极其冷淡地对待其巴登表亲的利益诉求，也是他最先在维也纳会议上提出重建普法尔茨的建议——至少弗雷德是这样告诉察斯特罗将军的。② 慕尼黑没心情讨好沙皇，大使布雷伯爵直接面见沙皇，请求其赞成巴伐利亚的新宪法，可是对这位沙俄独裁者而言，没有任何宪法计划具有足够的自由精神。③ 也正是在这几天里，沙皇的天主教-自由主义热情到达顶点。梅特涅给友人涅谢尔罗德的信中一直在描述"这种感染欧洲的严重疾病"，但沙皇对此也只是报以轻蔑一笑。沙皇的亲信卡坡迪斯查斯无比骄傲地宣布，他的核心观念——"这个世纪最需要的就是制度！"1818 年 3 月 27 日，沙皇召开新波兰王国的第一次议会，动人的演讲响彻欧洲。演讲要求波兰人向同时代人证明，自由体制和秩序将共同打造真正的民族幸福，沙皇还向俄国人承诺，不久后他们就能享受同样的幸福。

两天后，卡坡迪斯查斯在一份"关于 1815 年 9 月 26 日行动"的备忘录中，试图向欧洲各宫廷全面阐释，新的宪法主权只是神圣同

---

① 瓦恩哈根的报告，1818 年 3 月 18 日、5 月 6 日。
② 察斯特罗的报告，慕尼黑，1818 年 11 月 2 日。
③ 布利特尔斯多夫的报告，彼得堡，1818 年 8 月 17 日。

盟观念的必然结果。他还油腔滑调地向各宫廷保证，被神圣同盟承认的基督教道德原则已经在波兰得以实施；他觉得各位同盟君主高超的智慧一定会合理看待这个榜样。"对于那些已经享受自由制度的国家而言，波兰的例子将向它们证明，唯有慈父般的君主权威有力量保障这些宪法，为实现全民福利而实施的这些体制不仅同国家秩序相兼容，更是捍卫秩序的最强大保障。波兰的例子还将向各民族证明，公民自由的进程从此向所有民族开放。"他最后总结道："也许这些想法会被视为遥远的梦想，但我们要相信它们不是梦想，要努力让那些支持信任我们的人也产生这样的信念。"①俄国由此正式将自己置于欧洲自由运动的领袖地位。但德意志各内阁也很清楚，为什么要将这种基督教自由主义的美妙计划深深掩埋起来。沙皇的演说足以在宪政主义者中引发一阵兴奋，整个自由主义出版媒体分裂成两个阵营：波兰自由制和德意志奴隶制。梅特涅、威灵顿和黎塞留都深表担忧，根茨尖锐地批评沙皇对邻国缺乏了解。一些更为勇敢的人甚至惊讶地问，波兰已经要再次密谋反对俄国统治，为何有人会这样在波兰人中玩火？

巴登宫廷别无选择。布利特尔斯多夫一次次报告称，卡坡迪斯查斯不断提醒他记得承诺打造的"制度"。哈登贝格也多次表达同样的意见，并建议巴登满足被归化地区的合理诉求，如此一来，"巴伐利亚的努力才能被彻底抵消"。② 4月初，立宪委员会重组。财政顾问奈贝纽斯是德意志最有学问的政治经济学家，他以波兰宪法为榜样废寝忘食地起草了第五版宪法方案。随后慕尼黑传来爆炸性消息：巴伐利亚宪法已经完成。于是在这场竞争中，巴伐利亚胜了巴登一头。在怯懦的人看来，自由主义世界将唱响振聋发聩的合唱，敲响策灵根家族的丧钟。但马克西米利安·约瑟夫偏选在此时巡视巴登-巴登，并在此处宣布巴伐利亚率先订立宪法，他并不觉得此举有违君主风范。卡尔大公听闻这个消息，马上前往格里斯巴赫（Griesbach）的黑森林温泉行宫，整个宫廷随行，只留下了瓦恩哈根。他不可能拒绝这个机会，在尚未赏识他的巴伐利亚

---

① 卡坡迪斯查斯，"关于9月26日行动的备忘录"，华沙，1818年3月29日。

② 给瓦恩哈根的指示，1818年7月11日。

国王面前展现自己的政治智慧。他努力出现在巴伐利亚国王面前，笨拙而油滑地谈起普鲁士宫廷的政治意图，于是引发了一场重大的外交纷争。最终，柏林的严厉斥责让他闭上了嘴。[1]

巴登大公在他不幸生涯的晚年又有了一个朋友，解放战争中俄国骑兵领袖，巴登人特滕博恩（Tettenborn）将军。这个生性乐观的雇佣兵陪伴大公的日常生活，并用自己的影响力造福国家。尽管他不是自由主义的朋友，但也拥有军人敏锐的洞察力，知道什么是不可避免的。感谢他和忠诚的赖岑施泰因，大公最终批阅了奈贝纽斯的宪法方案，除了一个段落以外，其余未改一字地批准了。[2]可是最后几周仍麻烦不断。因为大公已经封锁文件，而且决定不再解封，忧心忡忡的奈贝纽斯不得不另起草一份选举法案。

1818 年 8 月 22 日，巴登宪法正式被批准，此举的影响甚至超过不久前巴伐利亚宪法颁布。巴登新领土上的不满立刻偃旗息鼓，大公临终前在病床上听见人民诚挚的感谢。永远正确的法官，即德意志舆论（这里说的是自由主义报纸）对这场竞争给予了如下定论：巴伐利亚的确更为积极地满足了民意，但奖赏属于更具自由思想的巴登。巴登基本法展现了一个现代化的面相。巴伐利亚的国家议会主要由地主组成，而奈贝纽斯作为文学一代的后人，其出发点是：文化必须有所代表，而且就像所有自由主义者一样，他也从城镇中寻找文化，所以巴登选举法规定 14 个城镇拥有 22 个代表席位，而对于人数更多的乡村地区，则只有 41 个代表席位。一般而言，此举并不符合他的实践精神。由于基本法并没有过多的特别条款，就为从宪法实践中获得的教益留下了空间，而且巴登宪法只是在外部特征上接近倒霉的波兰宪法。上议院满足了贵族，国家议会拥有了有效的控制权，因为全国预算每两年就要呈交议会。就连哈勒尔都不得不承认，"尽管还有巨大缺陷"，但这部宪法确实体现了德意志公正意识。

但这一切并没有为普法尔茨提供保护。拥有决定权的四个国

374

---

[1] 给瓦恩哈根的指示，1818 年 7 月 22 日、8 月 22 日。

[2] 冯·威奇（F. von Weech），《巴登宪政史》（*Geschichte der badischen Verfassung*），第 93 页。

家决心在当年秋天举行的会议上解决普法尔茨问题。但是由于巴
登大公的身体一天不如一天，慕尼黑宫廷已经等不及了。马克西
米利安·约瑟夫和雷希贝格都向普鲁士大使表达，他们准备作出
妥协，但如果巴登大公逝世于妥协作出之前，巴伐利亚就将认为已
经收回了普法尔茨，并实施自己的权利。[①] 很快，有关巴伐利亚备
军并出兵普法尔茨边境的报告就传遍了卡尔斯鲁厄。巴登大公马
上召回了所有轮休军人。符腾堡国王也觉得国家受到严重威胁，
他珍爱的"真正德意志"计划就要彻底完蛋了。9 月 25 日，符腾堡
大使格伦普(Gremp)询问巴伐利亚首相，他的国王是不是真的要趁
自己大舅子的逝世干件大事；这件大事"将在某种程度上让巴伐利
亚脱离德意志邦联"；目前急需巴伐利亚反驳这一谣言，"尤其在当
前这个时刻，'真正德意志'邦联国家间真诚理解相当重要。"雷希
贝格的回应轻蔑傲慢："国王陛下迄今为止从未想过您的备忘录里
暗示的那件事，那件事只会让他深感难过。"[②]就凭这句不真诚的保
证，足以证明卡尔斯鲁厄宫廷的担忧并非空穴来风。这是两年中
的第二次，维特尔斯巴赫家族统治者的野心让德意志面临内战的
危险。外国报纸已经了解这是新一轮的"德意志争吵"。拿破仑的
外交官比尼翁给予了巴登权益可疑的援助，他在所有德意志事务
上都撰文支持被压迫的小诸侯权利。好在巴登大公的生命之火并
没有如外界期待的那样迅速熄灭，于是四大国就有时间将巴伐利
亚的傲慢限制在笼子里。

第四节　拿骚和黑森-达姆施塔特

拿骚宪政生活的开端也不是风平浪静。1814 年 9 月 1 日，维
也纳会议之前，拿骚就颁布了宪法，全能的首相马沙尔自诩要引导
德意志其他地方走上宪法道路。但世界不肯让心爱的魏玛卡尔·
奥古斯特失去成为首位立宪君主的荣耀：尽管所有拿骚官员都已
经宣誓效忠宪法，但 4 年半以后才正式召开国家议会，马沙尔在这

---

① 察斯特罗的报告，1818 年 8 月 5 日、30 日。
② 格伦普的备忘录，1818 年 9 月 25 日；雷希贝格的回应，1818 年 9 月 29 日。

段时间内引入了大量组织法,并为德意志历史引入了一道新光芒——中央集权的、统一的拿骚国家。尼德兰强大的拿骚-奥兰治家族善战之名响彻世界,而德意志的拿骚人最近几个世纪的历史中,除了不停地被细分进新家族,几乎没什么可说的。拿骚人不屈不挠地享受这种天生的德意志小国热情,甚至比韦廷家族还坚持一些。小城锡根曾经有两支拿骚-锡根家族,一支是天主教,另一支是新教,每支都有自己的宅邸,用高墙和仇恨将这座城市一分为二。但命运对这些工作并不仁慈,精心移植出去的新家族支系持续凋零。1816 年,乌辛根家族绝嗣,新的拿骚-魏尔堡支系开始统治这片支离破碎的领土。没有哪个德意志首相像马沙尔一样大肆吹嘘自家王室的正统性,这类吹嘘也没有哪个比马沙尔的更具讽刺性,因为这个国家面积不过 85 平方英里,而且几年前还有 72 个独立主权。

　　割让萨尔布吕肯、拉尔(Lahr)和锡根后,拿骚家族的古老领地所剩无几,古老的奥兰治领土除了名字,同这个德意志公爵家族也没有什么共同点。如此小邦凭什么能享有世界声誉?在韦斯特林山和蒂尔塔尔(Dilltal)遥远的角落里,每个家庭都有关于祖先前往荷兰朝圣的故事。那棵椴树还在那里,沉默者威廉曾在树下接见荷兰叛乱者使者;这里是赫尔伯恩(Herborn),曾经是加尔文宗大学,时刻准备战斗;但是现在,和平的农夫代替爱吵架的神学家们穿过平静的大街小巷。莱茵峡谷的官员们已经先后为普法尔茨、提利尔和黑森服务过,对新的统治者家族更为漠视。特里尔选帝侯国的顽固臣民很难同“猫堡”(Katzenellenbogen)①的新教徒团结一心,但拿骚的官员要立刻关闭伯恩霍芬的圣母大教堂似乎更难。美因茨选帝侯国的莱茵高(Rheingau)最不愿同新统治者达成协议。因为莱茵高是莱茵河上的天堂,那里流淌着葡萄酒的诗篇,就连穷人都幸福喜悦;有忙碌的城市和乡村,密集地坐落在莱茵河畔,几乎形成了一个独立城市,那些激进傲慢的理念远在天边,首相的一切努力似乎只是给开朗的人民提供新的笑料。

---

① 是卡兹耐伦伯根家族修建的城堡,因该家族简称为“Katz”(猫),故简称为“猫堡”。——译注

一个国务院、一个国家议会、一组军事人员和一个国库,明显不足以为 30 万人谋幸福,拿骚的统治者又补充了一个中央管理局,同国务院在同一屋檐下工作,但只能通过文字同最高统治者交流;下面是 25 个部门,然后是基层社区,其管理者由政府指定。除了数个初级法庭,还有两个初级上诉法庭,一个最高上诉法庭。庞大的公务人员及其子女免服兵役,享受着合法特权,专横无礼。议长伊贝尔是个不苟言笑但善良明智的官员,他竭尽所能执行新法,但也招架不住马沙尔胡来。普鲁士官员也不时谴责这些邻人的冲动傲慢。拿骚本来已经同普鲁士就一条行军道路达成共识,但马沙尔后来希望有些变化,直到沃尔措根拿枪指着他的头,才终于放弃。官僚体系的繁文缛节一切照旧。半个世纪后,这个新公国消失时,穿越人口密集的莱茵河谷的道路都没铺设完成,如果要沿莱茵河行进,就必须跨过莱茵河,走普鲁士在左岸修建的公路。

因此,尽管宪法规定,省议会应该合作执行新法律,但拿骚的中央管理局和基层的组织建设都没有议会协助。接下来是分割王室领地财库和税收财库,这一步看似无害,其实是为接下来的重大举动铺平道路。财库分割工作差点没完成,因为马沙尔令人震惊地宣布,所有领地都是领土统治者的私人财产,并因此开启了有关王室领地的无穷纠纷,这些纠纷在接下来的数十年中,成为德意志地方主义的可恶特征,摧毁了民众对王朝的情感。王室领地究竟属于国家还是统治者家族,必定是个难以决定的问题,也不可能在任何地方都给予同样的答案,因为到 19 世纪初,大部分王室领土还是按照世袭国家的原则被统治,因此根本不清楚国法和私法之间的区别。霍亨索伦家族的政治王国早在一个世纪前就宣布,王室领地属于国家财产;巴伐利亚和其他一些大诸侯王室也效仿此例。但是,小诸侯倾向于将国家视为私产,简单地认为主权就是一项对自己有用的权利;他们觉得自己的权力寄于财富之上,密切保护家族面对莫测的未来,因为被归化国家的命运就摆在眼前。因此,奈贝纽斯的宪法提案中,只有一点引发了巴登大公的焦虑,大公坚持认为,王室领地属于其家族的世袭财产。拿骚最高统治者的这部分诉求是完全不合理的,因为美因茨选帝侯的领地毫无疑问属于大主教,也是就是说,属于国家。

威廉公爵又提出一个更加令人震惊的要求,让拿骚彻底陷入混乱。1818 年废除了世袭奴役制,土地贵族因此获得补偿,政府还铸造了一枚奖章以纪念拿骚家族的此次解放之举。但如今,公爵却突然提出要求:国库要每年付给他 14 万弗罗林,以补偿王室领地废除世袭奴役制的损失,而且他刚刚才滥用权力将这块王室领地划归个人财产。施泰因男爵的鄙夷之情几乎难以用言语表达:"不是不报时候未到,上帝一定会严惩这个罪人,我绝对相信这一点。"

1818 年 3 月,拿骚议会终于召开,而且他们没让施泰因参会,这直接暴露了这些官僚的思想是多么贫乏。施泰因男爵作为普鲁士臣民,不可能毫无保留地像上议院成员一样宣誓。宣誓仪式本来就是个过场,但拿骚政府不愿意在这件事上作出任何妥协,就这样让这个国家的第一人被排除出上议院。男爵为了母国的领土和难以满足的财政需求,作了多少贡献!议会马上陷入关于权利的徒劳争论,希望宣布所有王室领地成为国家财产,这就是用非法反对非法。这场纷争持续了将近 20 年,直到议会满足了公爵的部分赔偿要求才结束。但是拿骚公国存在期间,这场纷争中涉及的法律问题就一直没有被彻底解决。同时,马沙尔始终按照自己的方式随心所欲地统治国家。到 1848 年,只有 6 项多少有些重要性的法律提交议会。尽管如此,拿骚人还是以自己的宪法权利为荣,悲悯地看待普鲁士人。

黑森-达姆施塔特的宪法是莱茵联邦所有国家中最虚伪造作的,出台也晚于其他南德邦国。拿骚的领土虽然混杂,但好歹连成一片。但这个所谓的黑森和莱茵河畔大公国的领土却分为两大部分,包含大量小块领土,从符腾堡的内卡河延伸到威斯特伐利亚山脉地带。尤其在法兰克福地区,更是同四国接壤,于是便有了极其多样化的边境地区,为这个邦联城市吸引来了中德地区所有的流浪汉。任何被驱逐出达姆施塔特的人,只要走一段短路穿过霍姆堡或拿骚,就会欣喜地发现,他又从另一条路上回来了。奥登瓦尔德甚至还有一块巴登-黑森共管地区,只要某个农民卖掉一小块地,这块共管地带的边界就会变化。最糟糕的是,德意志地图上的这些小圆点都不是从神圣帝国继承而来的,而是新型德意志政策的结果。

自从年轻一些的黑森家族脱离主系，它的领土就在两个世纪中频繁变化。达姆施塔特的领土一开始不过是卡兹耐伦伯根的上游的一个县和韦特劳地区（Wetterau）的几块领地。他们按照德意志王族的习惯，通过不断与亲属吵架来表明自己的独立。新教徒往往站在奥地利一边，而卡塞尔倾向于支持归正宗，先结盟瑞典，后结盟普鲁士；归正宗的马尔堡大学和路德宗的吉森大学势均力敌。后来黑森－达姆施塔特获得了哈瑙－利希滕贝格（Hanau-Lichtenberg）伯爵领地，国家的重心又开始向莱茵左岸移动。宫廷位于美丽的布克斯韦勒（Buchsweiler）城堡，并在皮尔马森斯（Pirmasens）建立了一座南德的波兹坦，拥有举世闻名的庞大卫队。就连"最伟大的伯爵夫人"卡洛琳·亨丽埃塔都无法驱散这里的沉闷无聊；卡尔·弗里德里希·冯·莫泽尔也从他的屈辱解雇中学到，像他这种有激情的灵魂，希望"破除这些德意志人卑躬屈膝的习惯"，这种人在这里根本没有容身之所。只有默克和他的朋友圈子出现，平静的达姆施塔特才在某种程度上接触到了新德意志文化。大革命战争期间，这块跨莱茵河领地丧失，黑森从遥远的威斯特伐利亚公国获得了补偿。拿破仑倒台后，它又用这块别扭的领土交换莱茵河左岸、沃姆斯和宾根之间的狭长领土。所以，这个新的大公国最初是从《维也纳条约》获得了自己的政治特征，不过比其他南德国家要晚一些。从此以后，它的历史就由一连串左右岸之间的纷争组成。

除了几块位于威斯特伐利亚的领土，黑森基本属于南德和法兰克尼亚地区。因为古代南北德意志的文化分界线径直穿过吉森和马尔堡之间的拉恩河上游河谷。但是位于法兰克尼亚的这些领土之间存在巨大差异。莱茵河右岸的两个省中，上黑森只能同北部交流，而施肯塔堡（Starkenburg）却与南部交流更多。这两个地区中的城市生活都发展缓慢，无论是帝国城市弗里德贝格（Friedberg）和温普芬（Wimpfen），还是散落在黑森山林道（Bergstrasse）葡萄产区的数个迷人小镇，都没有发达的资产阶级，如果有的话，这些具有独立精神的人也一定会遭遇大公的官僚队伍。在奥登瓦尔德寂静的森林峡谷，在福格尔斯山（Vogelsberg）的

380

贫瘠高地,甚至在韦特劳地区的富饶平原,农民们延续着众多历史悠久的习俗。大量丧失主权的统治者家族,埃尔巴赫(Erbach)、伊森堡(Isenburg)佐尔姆和赖宁根,依然拥有臣民的忠心。特别是埃尔巴赫伯爵领,那里仍然是个自成一体的小世界。奥登瓦尔德的居民们每年都会涌向尤尔巴赫(Eulbach)集市参加民众狂欢节,他们只会说起创办这个节日的弗兰茨伯爵,这是个极富艺术修养的人,他在埃尔巴赫城堡中的艺术藏品比达姆施塔特博物馆的还要好。可是人人都反感黑森统治,因为它的第一项作为就是将税收提高了一倍。

黑森刚获得的跨莱茵河领土,也就是名字很没品位的"莱茵黑森",要怎样适应这种封建父权统治环境呢?要知道,莱茵黑森的农民比巴伐利亚-普法尔茨人更城市化,更热衷于"牟利",城镇居民也习惯了通过莱茵河获得的广阔对外关系。美因茨市民看不起黑森建立在达尔姆河畔沙地平原上可怜的新首都,看不起那里卑躬屈膝的居民,嘲笑那里唯一的审查官,此人午后总在莱茵大道上"乱撞"。的确,在美因茨很难听到人们诉说美好的旧时光、前帝国大首相的权力以及古腾堡的伟大。主教城市圣博尼法斯曾自诩为罗马教会真正的女儿,在一代人的时光中是莱茵兰最具革命性的城市。光明会精神和后选帝侯时代不正之风,滋长了这里的浮躁傲慢,这种情绪在共和党人俱乐部的无聊行动中达到高峰,直到拿破仑统治时期才慢慢平息。但是现在,在一个软弱可恶的政府统治下,这场运动卷土重来。不久前,资产阶级还称赞德意志征服者是解放者,诅咒那些在教堂和每条街上犯下罪行的法国人。但他们很快就把这些全忘了,只记得让本·圣安德的杰出工作,只记得拿破仑赐这个他最喜爱的德意志城市的大量好处,只记得《拿破仑法典》被视为莱茵-黑森权利的保障。其实新统治者并未触动这里的法国制度带来的幸福生活,但美因茨人深知老黑森官僚多么厌恶这种让步,因此每有行政变化,他们都担心有可能冲击自己享有的权利。邦联卫戍部队之间的争吵绝不可能增强德意志统治的尊严,邦联议会也成了笑柄,只是因为它坐落在法兰克福,而每个美因茨儿童都被灌输了对这座邻城的仇恨。黑森-莱茵兰也没能从和平中获得额外好处。在早期莱茵河谷交通还占据主导地位时,美因茨就是最重要的莱茵城市。但随着殖民地贸易增长,山路被修筑起来,莱茵河贸易重心必然向河口地带转移。一段时间内,选帝侯时代和拿破仑时代心胸狭隘的法律继续发挥着限制性作用,荷兰港口因此得利,科隆却错失良机。按理来说,在普鲁士法律的保护下,科隆就应该成为莱茵河上第一大商业城市,但美因茨却将敌对已久的科隆的正常发展,归罪于达姆施塔特政府的玩忽职守。

莱茵兰人的地方主义对于黑森远比对于普鲁士或巴伐利亚要危险,因为莱茵-黑森的人口几乎占黑森大公国的1/3,其经济发展也领先于莱茵河右岸地区。面对这些困难,黑森大公路德维希一世一开始采取了迎合其自身偏好和习俗的严苛官僚统治策略。他重建了这个国家,从1790年起统治长达40年,恭顺的达姆施塔特人将他比作巴登的卡尔·腓特烈。但无论在智慧还是胸襟上,他都不如策灵根家族的统治者们。路德维希在统治一开始就给予卡尔·弗里德里希以公正的待遇,这展现了他的正直体面。他在拿破仑面前的确比莱茵联邦大多数诸侯都更奴颜婢膝。埃米尔王子对法国更加热情,因此获得了拿破仑的偏爱,他在和平后长久地保持着他那支活跃的小军队中的波拿巴主义情感。莱茵联邦的艰难日子里,这个国家曾成为拿破仑地方体系中的一部分,基层失去了所有自由,等级代表制度也被废除。但这段时光也带来了诸多有价值的改革,比如废除了农奴制,建立了优秀的土地法,这迄今为止都是达姆施塔特官僚的骄傲之作。由于君主热爱艺术,首都便拥有了剧院、图书馆、博物馆和觉醒的文化生活。达姆施塔特的望族们每年都会在统治者位于奥登瓦尔德的迷人宫殿消暑。

黑森大公像其他南德诸侯一样,在维也纳会议上承认,代议制宪法是不可避免的。但是一回国,就发现合并莱茵-黑森还存在大量艰难的工作,于是立宪工作不断延后。可与此同时,国家又遭遇连年饥荒,开始陷入混乱,人民不愿再承受沉重的赋税和官员的专横。无礼且具威胁性的请愿敦促大公履行承诺,激进的宣传册通过预言革命争取群众。吉森大学的党派情绪高涨,语文学家韦尔克被迫辞去教授职位,因为他无法同著名的波拿巴主义者克罗默共事。最终,人民举行大型公共集会,请求大公制定宪法,以弥补之前的错误。但终归徒劳一场。

　　以上就是 1818 年秋，南德诸邦的情况。符腾堡和黑森局势明显动荡，巴伐利亚和巴登则欢庆新宪法的颁布，并天真地幻想能从中获得美好的权利。与此同时，各大学中的学生正在发起一场激烈的运动，似乎是在警示躁动不安的各个政府，一场普遍革命即将到来。

第七章 学生团体

第一节 雅恩和体操协会

383　　任何时代，人们都认为年轻人比老人更具革命性，因为年轻人更多地活在未来而非当下，不过也因此对历史世界中的持续性力量缺乏理解。可是，一旦青年和老人的观念差距过大，且青年人的热情不再同成年人的谨慎活动有任何共同之处，这便是一个病态局势的信号。和平时代的北德开始显现出这种内部分裂。那些在金戈铁马中同时经历自身和祖国生命觉醒黎明的年轻人们，或者那些在学校里激动地得知战争盛况的年轻人们，依然沉溺在独一无二的时光中不能自拔。他们在思想上继续反对高卢主义和外国统治的战斗，可是战后平静枯燥的工作重新夺回方向盘，这让他们感觉自己遭到背叛，被出卖给了敌人。他们怎么样才能理解，那些折磨着父辈们的经济问题的本质？年轻一代的历史哲学这样总结道，在旧时代，在民族移民的时代，在帝国的时代，德意志一直是世界的霸主；随后是长达数个世纪的无权无势、为奴为婢、堕落退化和臣服外国影响的时代，直到"吕措凶猛勇敢的猎手们"席卷整个条顿森林，以及年轻军人的神圣奉献，才让德意志民族找回了自我。他们有什么奖赏呢？不是统一国家而是"德意志大杂烩"。而那些刚被年轻英雄们从外国枷锁下解放出来的老一辈们，却变得庸俗市侩，假装一切都未曾发生过那样，继续在办公处和工厂里默默工作。

384　　费希特不是早就预言了，一旦精神自由、头脑清晰的时代降临德意志，只会为己谋算的老一辈就会彻底消失吗？难道不正是青

482

年人为过时的老一辈人树立了何为真正的德意志精神,何为人类优秀品质的榜样吗? 只有年轻人拥有"全新的自我",这也是哲学家希望在德意志唤醒的东西;只有他们理解什么叫"活出性格,活成德意志人,是一个意思"。费希特向德意志民族宣告:"年轻人不许欢笑作乐,必须严肃认真。"好战的年轻一辈,就像费希特本人一样,乘着庄严的马车,挂着轻蔑的微笑,心中充斥着伟大的命运感,踏上行程,并像费希特一样,拒不接受适应世界,而是要按自己的意愿重塑世界。他们渴望行动,因为正如费希特所说,行动源于自由的自决权;带有批判精神的眼睛似乎在说:"未来必然是我们的杰作!"或许,德意志青年人中从未有过如此热情的宗教仪式,如此坚定的道德精神和爱国激情。但这种纯粹的理想主义却从一开始就捆上了一种道德上的过分自负,这有可能驱逐德意志生命中的一切魅力、美感和平静。年轻一代的野蛮作风让人不由得想起费希特的名言:"我们需要遵从的是魔鬼的教条。"这些斯巴达人误入歧途时,这种过分紧绷的道德自我主义将证明,它比头脑简单、愚蠢到迷人的青年人更具破坏力。

如果费希特活得足够长,他会不会努力让这些热血青年保持温和克制? 还是他本人也会因为和平年代的理想破灭而厌倦这种革命理想主义? 费希特对于战争的意义和目的有着无比深刻和纯粹的理解,可 1814 年 1 月,他在医院感染伤寒逝世,也成了战争的牺牲品。失去领袖的年轻一代便接受了其他多位教师的影响,但其中无人杰出到能控制这些傲慢青年。体操之父雅恩在吕措射击队中无足轻重,而且不守规矩,口无遮拦,无法适应严苛军纪。第一轮和平谈判期间,雅恩才崭露头角,他手持短棍,在巴黎走街串巷,叫骂着"好色的法国人"。他那在耶拿战争后一夜变白的长发披散在肩上,他敞着领口,仆人们穿的长筒袜和女里女气的马甲都不适合这个自由的德意志人,脏外套的低领口上围着一条宽宽的衬衫领子,他骄傲地称这身古怪的穿着才是"真正的老德意志服装"。有一天,一群奥地利人正在将利西波斯的铜马从卡鲁塞尔凯旋门上拆下来还给威尼斯,突然间,一个身形巨大的剑客站在凯旋门顶上胜利女神铜像旁边,向士兵们发表激情演说,还猛捶女神的嘴和号角。雅恩一举成名。每当看见巴黎人对他怒目而视,还低语道

385

"快看，就是那个人"，他就喜不自胜。

回国后，雅恩重开了体操学校——"健康愉悦、虔诚自由的体操协会！"柏林青年们蜂拥至运动场、露天体操馆，哈森海德（Hasenheide）以及施派尔的"普菲尔上校游泳学校"。诚然，来的只是一部分学生，因为对大多数学生而言，体操运动员中盛行的完全平等精神，以及同这些"下等人"交流的过程中不得不使用粗俗的"你"，都触犯了他们的体面。即便在更低的阶层中，这项新体育活动一开始也没有多少拥护者，因为一直从事体力劳动的人们不觉得自己还需要特殊的体能训练。尽管如此，还是有些狂热的参与者，特别是来自普拉曼学院的学生，雅恩曾是那里的老师，还有来自多个高等教育机构的学生，在上流社会人士陪同下参与。这些德意志主义青年肯定无缘参加圣战，如今满怀热情地要弥补遗憾，用自己的反抗精神和发达肌肉证明德意志主义的强悍。雅恩向他们解释，真正的体操运动员要"正派有力、节制勇敢、纯洁有智、阳刚坦率"。这句话让这些年轻人振奋不已。因此，不需要告诫他们两次，他们不应该站没站相，像"表情空洞的懒汉"。雅恩说："庆典上的主要活动不应该是大快朵颐，而是大干一场。"所谓"大干一场"，就是这些年轻人和雅恩一样，身着粗布夹克，露着脖子，披散长发，在训练场上表演前所未有的技艺：在吊杠、单杠、双杠、吊环上旋转跳跃、平衡翻转、"猿跃"、"蛙跃"和"鱼跃"。训练场上响起激动人心的体操之歌："体操大师，勇敢的弗里德里希·雅恩，为了人类古老神圣的权利，踏上为自由而战的战场。好斗的一代人紧紧跟上。啊，年轻人跟着他跳跃，轻盈愉悦、热情自由！啊，年轻人跟着他歌唱：呼啦！"

386　　假日里，雅恩会兴奋地扛着斧子，后面跟着一小撮拥趸，风雨无阻地徒步越野，一直走到吕根岛或者西里西亚山脉。晚上点燃篝火露宿旷野，大声唱着体操运动员的越野之歌："关上房门，围坐火炉，让软弱之辈像个法国佬；我们体操运动员热爱越野，它让我们真实而经受考验。"多数情况下，他们只吃干面包，喝牛奶或水，因为在德意志诸多特殊品格中，体操之父高度评价"节制"，这一观点在他之前，的确没有什么普通人提到过。如果急脾气的雅恩用一耳光让这些头脑懒惰之辈加速思考，他们肯定不会有怨言。但如果他们中有谁粗鲁地触犯德意志主义原则,或者碰到一些讨厌的东西,比如一段法语铭文,某个卷发喷香水的时尚美人,某个油头粉面的花花公子,"他们就开始放肆",这群年轻流氓蹲成一个圈,围着要攻击的对象,指着他,吹着口哨。

在一个勇敢的民族里,一切有章法的体育训练除非堕落成一本正经的愚蠢行径,否则必然有助于培养尚武精神。体操课作为学校一般性科目应该有力制衡过分精致的文化教育,并有利于实施普遍兵役。格奈泽瑙正是怀揣这样的目的,多年前就推荐全国青年参加军训,如今布雷斯劳体操运动员冯·施梅林(von Schmeling)在《体操和后备军》中也提出了类似的观点。但是这个古怪的雅恩,他自己的滑稽就足以引人注目,自然只能以愚蠢的方式行事。年轻时,他就痛恨旧式军队刻板且徒有其表的训练方式,也没有足够灵活的头脑和修养理解新《军事法》的意义。战后,阅兵场上许多无用的艺术死灰复燃,柏林优雅的部队军官也以极其温和的态度对待长头发的哈森海德流氓,因此在雅恩看来,普鲁士军队已经堕落到了1806年的状态,因此强烈批判"招募的雇佣兵"。他那些没脑子的学徒自然也尽量不问,这些雇佣兵在普鲁士哪里能找到? 只是忠诚地跟随雅恩,轻蔑地唱道:"为何乌兰枪骑兵紧束着胸衣? 因为一旦没有支撑,他们的心就掉到裤子里了!"

体操场是各种党派传说的温床,正是从这里伪造出了大众观念中的解放战争史,人们开始相信,不是战士们的作战技艺,而是后备军、国民兵以及志愿兵的热情,为我们赢得了战争。在雅恩体操馆同道的高谈阔论中,一切英勇之举都是真实的,尽管雅恩和他的吕措同胞们曾尝试表现英勇,但很不幸地失败了。听闻这些言论,当权者开始相信,下一次法国入侵时,只要雅恩的学徒们组织的一次精彩的体操活动就足以粉碎敌人。《体操之歌》唱道:"我们风雨无阻,我们无惧雇佣兵。"

雅恩本来与军队无关,也应该与学校无关,他的体操场将成为另一个世界,一个只受他的精神激励,养育德意志精神的地方。虽然他是个虔诚体面的人,但大量更有能耐的人对他频频恭维,他因此而膨胀。申肯多夫都向体操之父表达自己的尊敬:"不断忠诚于雅恩!"难道雅恩不应该自视为德意志青年的守护天使吗? 耶拿大

387

学和基尔大学几乎在同一天授予雅恩博士学位,盛况空前地赞颂这位体操艺术的奠基人,青年的唤醒者,德意志语言的救星,又一位马丁·路德。弗里德里希·蒂尔施将他翻译的品达诗歌献给雅恩,并在激动人心的序言中描述了,体操如何赋予希腊人和日耳曼人献身人类一切理想目标的精神,但可惜早期哈森海德体操家更容易让人想起卡拉卡拉浴场中的角斗士,而非奥林匹克冠军。

这些著名教授都盛赞雅恩,年轻追随者们怎么可能不把他奉为偶像?他们模仿他的一切,甚至是他的缺点,包括粗鲁的言行和不讲卫生的生活习惯。因为他没有自我批判的能力,雅恩对方言表达的偏爱很快变得疯狂。年轻的体操运动员和狂躁的仇法主义者,即柏林的"德意志语言协会"比雅恩更愚蠢。他们打着净化语言的幌子,狙击所有外来词汇,比如将大学称为"理性的训练场",将音乐厅称为"各种乐器的和谐竞争"等等,由此制造了一大堆莫名其妙的东西,不仅是非德语的,甚至比 17 世纪夹杂外语片断的语言更愚蠢。雅恩的行事方式一如年轻时粗鲁,当时他总是向对手脸上扔牛粪,站在吉比森斯坦山坡上的洞穴里,向那些企图攻击他的哈雷学生扔石头。

艺术、古典以及整个美丽的世界,在雅恩眼中都是不可理喻的,年轻人在他的带领下也变得野蛮无教养。尽管这种新德意志主义不乏勇气,但其他同样重要的德意志品格,如谦逊、科学精神、节制勤奋、尊重老人和法律,都受到了蔑视。没有人喜欢被说教,在尚不成熟的学生嘴里,这种说教就像是卫道士的言论一样无聊,而沉默才是这些卫道士的价值所在。所有明智的教师都开始抱怨学生们变得毫无教养、目中无人。德意志人似乎曾比其他民族更看重女性的尊严,但在社交形式上却并没有表现出这一点,这种古怪的矛盾常遭外国人嗤笑。但正是在新文学运动的浪潮中,才首次给男性的傲慢设下了一些限制,女性才在德意志社会获得了权利。但现在这些不像样的条顿崽子开始施展拳脚,竟然将厌恶女性视为体面的行为。在这种卷土重来的粗俗条顿主义背后,隐藏着相当程度的自我欺骗,粗鄙的语言就像一股潮流,假装这种粗俗就是礼貌。条顿主义者用如此粗鄙的言行实施着恐怖行动,真正德意志的核心精神,即个体的自由精神萎缩了。这场扭曲变态的风暴只是证明了,德意志精神更接近雅典人的人道静穆,而非斯巴达人的狂暴好斗。

　　这场运动最突出的特点是,心怀整个祖国的新意志主义迅速滑入了古老顽固派系精神,因此伴随德意志主义的宣传,开始形成一个封闭的小集团,拥有自己的习俗和特殊话语,即体操运动员之国、体操运动员的生活方式和体操运动员的信仰,真正的自由和平等只在这里繁荣:"培育一个自由王国,各个等级都平等。自由之域,人人平等!"在这些体操之歌中,很少听到真诚的青春欢乐。大多数年轻诗人都用战斗姿态,挑战、威胁和斥责杰出体操艺术的敌人:"粪堆上的麻雀凭什么嘲笑雄鹰?"雅恩本人也愚蠢地纵容这种派系精神。任何疏远创始者圈子的人都被说成是"假德意志人"、"侏儒"和"暴君走狗",并被粗鲁对待。雅恩在他的《体操运动员之法》颁布第七年,公开要求所有体操运动员马上报告:"体操运动的朋友或者敌人关于这项运动说了、写了和作了什么,这样就能第一时间决定应该给予这些人奖励或谴责!"就这样,一个国中之国逐渐形成,清白无害的体操运动染上了政治狂热的诸多罪孽。许多人都从这些德意志长发汉身上看到了英国的圆颅党人,甚至将这些德意志体操运动员比作法国大革命中的无套裤汉。

　　青年人的愚蠢,成年人也有部分责任。如果长辈们没有过分赞美或贬低这种幼稚的运动,青年一代的傲慢之情不会如此高涨。这种对待方式,放在今天党派激烈斗争的压力之下来看,是相当不明智的。普鲁士的公共生活似乎已经死了,伟大的国家重建工作似乎也只在政府办公室里默默进行。报刊将有关祖国的消息放在外国新闻下面一个不起眼的位置,而且往往一连数周没有任何报道,除了王室访问或者官方庆祝某个退休官员获得红鹰勋章。只有体操场上有新闻可报道,报纸不知疲倦地描述"这些青年人展现出的惊人的文雅和虔诚的天真,身体强健和思想深刻"。不过大多数读者私心里都不喜欢这些"小混混"。这些年轻人炫耀式的游行远足活动,让人想起中世纪鞭笞派僧侣的愚行。许多小镇的全体居民会聚集在大门口,迎接这些体操运动者,好像他们是一支得胜的军队。雅恩第一次带领追随者们去布雷斯劳时,半城市民夹道欢迎,欢迎队伍沿大道蔓延数英里。

390

487

　　相比这些"市侩之辈",他们无疑自认为是为了"伟大事业"被挑选出的战士。老一辈人中,也有一些人"并非头脑有缺陷",也像这些体操运动员一样,积极地反对外国生活方式,反对"愚蠢有害的法国腔"。比如,语文学家戈特利布·韦尔克发表了一本小册子《我们为何必须摆脱法国》;法兰克福的魏尔玛(Willemer),歌德的"苏莱卡"①的丈夫写作了《论德意志女性》抨击巴黎时尚潮流。哥达的市议员贝克尔(Becker)将魏尔玛的观点更向前推了一步,疯狂攻击"过分臭美的女性和愚蠢的女立法者时尚",但可惜他配图中干净朴素的"德意志礼服",不过是模仿了西班牙 17 世纪黑色礼服。尽管男性不愿意同法国文化交流观念,德意志女性却不愿意放弃各种漂亮的颜色。老一辈人仍然不乏亲法派,因此这场德意志主义运动就仅限于年轻人之中,而且激烈程度与日俱增。许多父亲将儿子送到体操场,只是为了让孩子免受同龄人的蔑视。无论何时,只要两个身着破旧老德意志式外套,露在外面的铁链子上系着一把匕首的青年碰面,马上亲如兄弟,为他们共同的"信念"而激动万分。"信念"这个词本来指的是一种来自外部的信仰,以他人的证词为基础,但现在却获得了某种情感意义,而且一直保留到了今天。信念是良知的声音,是德意志人真正的自我所在;忠于信念成了最高道德要求,改变信念等于背叛自我,背叛德意志精神。年轻人在对共同信念的喜悦中获得了对未来的安全感;吉森的萨托里乌斯,绰号"农民",这样唱道:"越过苦难,信念获胜。我们因此真正平等,建设我们的新王国。"

　　但是没有一个年轻的狂热分子能解释这种神圣信念的本质,就连体操之父自己都说不清。指责雅恩是个阴谋家是很荒唐的,因为他也未从如此混乱喧闹的局面中抽身。他无疑是忠于国王的,即便到了暮年,他也时常教导年轻的朋友们,唯有普鲁士才能拯救德意志。祖国的统一始终是他的梦想,他常说一场同盟战争不足以唤醒麻木的民族精神,"德意志需要一场完全属于自己的战争,彻底唤醒民族性"。他在《符文叶片》(1814)中甚至以更明确但也

---

① 歌德的"苏莱卡"即玛莉安·魏尔玛(Marianne von Willemer,1784—1860)。——译注

更令人震惊的方式描述了，民族灵魂如何在地方主义的影响下腐坏："祖国必须唤醒高尚的情感、高尚的观念，必须成为一座神龛，成为英雄主义本身。卑贱哀怨是一切伟大高尚事物的坟墓。"雅恩像费希特一样，渴望德意志能有一位专制君主。每个民族都将这位造物主暴君和统一的缔造者视为救星，原谅他的一切罪孽。但雅恩从未认真思考过德意志统一的形式，或者实现统一的途径，至于帝国的权威是应该由一个家族继承，还是由德意志诸侯轮流持有，"就像许多德意志城镇中的啤酒酿造执照"，更不在他考虑范围内。

　　雅恩很少对门徒们说起政治，许多保守青年，比如兰克兄弟可以毫不介意地参与这些活动。但是雅恩最过分的行为，莫过于在他的信徒中发表毫无益处的演讲，过度批判超出他理解范围的人和事，大肆宣扬即将到来的、同未知敌人的战争。他曾认真教年轻气盛的海因里希·里奥如何使用匕首：先在敌人眼前虚晃一枪，趁他用手臂挡脸的功夫，猛刺他的胸口。不知道这个年轻人当时作何感受？弗兰茨·利伯（Franz Lieber）是这群青年中最有天赋也最激动的一个，他认真地记录"雅恩爸爸金言录"，并不时用自己18岁的智慧进行装点。雅恩曾发表重要讲话："词句对抗词句，笔对抗笔，匕首对抗匕首"，利伯自己补上了一句："他们应该把我抓起来，哈哈！"雅恩空洞的狂妄之言听起来就像是某个阴谋的暗号。随着法国被驱逐，雅恩的政治观念便词穷了，他在1817年关于德意志主义的一系列公开讲话，基本上都是空洞的口号。他宁愿德法之间存在无法克服的障碍，存在一片只有熊和野牛的不毛之地，但这是不可能的，因此至少要采取措施阻断与法国的一切交流。"让自己女儿学法语等同教她当娼妓"，除了这种论调，他还猛烈抨击法院的不公开庭审程序，好像有无穷的词汇咒骂政治家和朝臣。他的结束词往往是："上帝保佑国王，保佑德意志主义，仁慈地赋予我们所需之物——一部明智的宪法。"

　　但是关于这部明智宪法的本质，雅恩的看法相当模糊，而那些年轻的追随者们在愚蠢地絮叨超出理解之物上，青出于蓝而胜于蓝。这个体操邪教的傲慢以及对一切聪明高贵事物的蔑视和仇恨，都源于德意志性格中一些难以抹除的特性：我们的人民始终向往原始人粗暴简单的性格,每当条顿鲜血开始沸腾,这种渴望就会以相当野蛮的形式展现。16 世纪粗俗的文学作品如此,狂飙突进运动亦如此。但是,对雅各宾派政治平等观念的狂热,也在无意间影响了这些体操运动者。伯里呼吁懒汉们走出拳击场,"远离那个奴仆和主人都讨厌的平等圣地",支持平等的青年人立刻将这句话用于政治生活。体操运动员们言辞激烈地咒骂堕落宫廷中的"马屁精、演员、娼妓、马和狗";学校里,一位条顿主义的忠诚教师也用这样的数学题取乐:"如果一个宫廷花费 2 百万塔勒,33 个宫廷要花多少?"解放战争时期的许多美妙诗歌获得了全新意义。由于外国暴君已经垮台,这些诗歌引发的民众之怒便不由自主地被引向了国内的敌人,很快公然赞颂自由体操运动者对君王之战的诗歌就流行了起来。"错觉和真相缠斗,美德和邪恶竞争……自由的摇篮和压迫的棺椁,都是体操之树做成。"就这样,青年人向往祖国统一的平静欢愉逐渐覆盖上了激进的词句。这些言论对国内秩序没有太大危险,但年轻一代放肆沉浸在傲慢的威吓之中,忘记了词语拥有意义,这就大大损害了他们的体面正直。

普王崇尚严格的军事纪律,因此从一开始就极其厌恶这些没教养的体操运动员。但哈登贝格始终感谢雅恩在秘密备战期间的贡献,因此对他格外优容,但也觉得有必要给予善意的忠告。雅恩重复的公开演讲被禁止了,但其他未受影响,甚至获得了国家补贴。阿尔滕施泰因也承认体操训练的价值,并忙着计划将其引入学校。哈登贝格和阿尔滕施泰因都准备让雅恩担任农业学校校长一类的职位,雅恩本人则希望在某个大学担任德语教师,两位政治家都认为他并不适合这种工作。①

文学圈子最先发动了对体操团体的猛烈攻击。以布雷斯劳为首的许多城市都按照柏林的样式建造了体操场,雅恩和他的学生艾泽伦(Eiselen)共同创作的关于德意志体操艺术的书籍也被视为指导手册。1817 年,斯特芬斯在《当前及其发展》等作品中警告体操团体造成的糟糕影响,随后在布雷斯劳爆发了有关体操的重大

---

① 哈登贝格给阿尔滕施泰因的信,1817 年 12 月 8 日。阿尔滕施泰因的回信,1818 年 1 月 19 日。

争论,但这场争论是文学性的而非政治性的,过渡时代的爱国者们
惯用这种方式发泄热情。斯特芬斯的批判过于严厉了,他太敏感,
无法意识到如果没有青春野蛮力量的全面发展,就不可能成为真
正的德意志人。再者,他也缺乏幽默感,而这是探知雅恩夸张言论
中合理内核的重要品质。任何人都不会否认,雅恩在 1813 年春
天演讲中提出的伟大目标深深激励了布雷斯劳青年,不过斯特芬斯
还是准确地发现了体操团体的重大道德缺陷,即年轻一代无可救
药的狂妄。论战双方都不乏杰出人士,甚至有些兄弟和朋友也
意见不合。卡尔·冯·劳默尔不同意斯特芬斯的观点,他们二
人是姻亲和战友;卡尔的兄弟弗里德里希和同事卡尔·阿道
夫·门策尔(Karl Adolf Menzel)则与斯特芬斯同一阵营。在捍卫
体操团体的阵营中,还有著名教育家哈尼施(Harnisch)和词典编
纂家帕索。后者发表了热情赞颂体操运动员目标的作品,"他们
是为了推动朝向最高人性目标的进步",相比"为专制君王流血
牺牲的功利目的",这种目标更高贵。老一辈人如此认真地诉说
单杠和双杠的文明意义,年轻人自然也就不再怀疑自己就是世
界的中心。

　　谨慎的柏林人早就嗅到了体操崇拜背后隐藏的煽动性目的,斯
特芬斯的举动鼓励他们发动进攻。这些人中有扶贫领域的杰出人
物瓦德泽克(Wadzeck)、作家舍雷尔(Scheerer)、因为讽刺画《煽动
者》而臭名昭著的克尔恩(Kölln)。但是他们的激烈谴责进一步刺
激了青年人的反抗精神。雅恩攻击对手们是"蛇窝",学徒们高唱
反动歌曲,将反对者的名字贴在木头塑像上,往上面扔标枪。体
操场上越来越弥漫起一种病态且彻底无目标的政治激情。阿尔
滕施泰因密切关注事态发展,他知道国王越来越生气,于是写信
给首相表达焦虑:"再这样下去,我们可能不得不放弃一些伟大的
事业,比如宪法。"[①]他尽可能久地保持友善态度,而且没有采取任
何法律手段对付体操协会,直到最后喧闹大学生运动才刺激他作
出回应。

---

① 雅恩给舒克曼的信,1817 年 9 月。阿尔滕施泰因给哈登贝格的信,1818 年 9 月
　　15 日。

第二节 图林根、魏玛和耶拿

395　　柏林是体操崇拜的诞生地,但"兄弟会"(Burschenschaft)的摇篮在图林根。的确,这个浪漫的学生组织完全不关心残酷的现实,身处一个家长制小团体轻松的无政府状态下,从未真正全面地认识民族生活,能在哪里如此自信地追求梦想的生活呢?我们的民族遇到过许多阻碍我们走向伟大的障碍,其中最要命的恐怕就是德意志中央地区完全缺乏政治史。德意志的历史上,几乎所有德意志种族都曾对政治权力产生过兴趣,图林根从未有过。德意志文化对图林根无限感激,德意志国家却无谢可言。图林根人在最古老的时代都无法维持一个部落国家。后来,在侯爵的统治下,图林根才在民族精神生活中占据一席之地,不是因为有多少天才,而是因为图林根人热情宽厚的性情非常适合其所处的中间位置。阿文图尔夫人(Aventiure)在瓦特堡修建了漂亮的宫殿,帝国各地的骑士歌手都在这里用悦耳的音乐表达倾慕之情。但这块情歌之地在霍亨斯陶芬家族的征战时代不过小小一隅;后来韦廷家族掌权,图林根还是个小附属国,萨克森王国取代了图林根侯爵的统治。韦廷家族统治的政治重心在麦森、库尔克雷斯(Kurkreis)和奥斯特兰(Osterland),不久这个繁荣的中德国家就因欧内斯特和阿尔伯特两大家族手足相残引发的瓜分行动而被摧毁了。

　　最杰出的图林根人在虔诚君主的保护下,开始为福音而奋战时,精神辉煌的时代再次降临在图林根众山之上,情歌之乡成了德语圣经的诞生地。但这个丰饶的时代也决定了图林根的政治衰落。欧内斯特家族权力的灾难性崩溃是德意志历史上少见的悲剧性转折,其他诸侯家族都从未因错失大量良机而付出如此惨痛的代价,也没有哪个家族如此刻骨铭心地体会到这个古老的道理:政

396治世界属于那些大胆果决之辈。皇帝马克西米利安一世逝世后,选帝侯智者腓特烈成为诸侯首领,也是帝国改革派的领袖,他完全有力量将一种德语和一个新教帝国赋予德意志民族,但他拒绝戴上皇冠。"群鸦渴望一只秃鹫",命运向他的两个继承者都展现了罕见的青睐,但这些绝佳的机会都被拒绝了。每次帝国会议上,人

们都满怀期待地望着头戴孔雀羽毛装饰头盔的欧内斯特家族。
1529年路德宗教徒在帝国会议上表达抗议时，1555年签订《奥格斯堡宗教协议》时，只要是需要以上帝之名宣誓时，他们都一马当先，证明家族格言"直行方能快跑"。第一所福音派国家教会就出现在图林根，于是图林根也就同新教的一切重大记忆密不可分了。但图林根人的天分没有超出坚韧和忠诚这类被动型美德，实现解放的唯一方式就是同西班牙统治者决一死战，但这却因为过分谨慎和行动迟缓而一再被拖延，直到政治无能到前无古人的约翰·腓特烈最终屈服于哈布斯堡和他自己的阿尔伯特家族亲属的高超治国术。

选帝侯腓特烈拒绝皇冠后，他的孙子们就亲身感受了西班牙秃鹫的利爪，韦廷家族的选帝侯冠和古老领地一并丢给了阿尔伯特家族，而且随着施马尔卡尔登战争爆发，这个德意志新教国家中的强国不仅获得了英雄的桂冠，还获得了牺牲者的王位。于是，一个曾经辉煌却落入悲惨境地的王朝，在试图重获地位的微弱努力后，再次落入悲惨的境地。这场面多么可悲。这个家族没有任何政治观念，完全沉浸在小资产阶级式的家长里短中，一再分割古老的领地，最终落入德意志最末一级诸侯。阿尔伯特家族在图林根的旁支也染上了同样的病症。新的家族支系不断建立，又不断消失；图林根领地不断易手；勒姆希尔德（Römhild）在一个半世纪内接连转手五个家族；鲁拉（Ruhla）的一条小溪是魏玛和哥达的分界线，一个耶拿学生在短短的午后散步中就能碰上三四个不同领地的警察。

因此，图林根成为仅次于士瓦本的德意志地方主义热土。到后来，当各小诸侯国拥有现代国家观念，当魏玛的欧内斯特·奥古斯特引入长子继承制，当其他欧内斯特家族纷纷效仿，迈宁根也最终在1801年采纳该制度，领土分割就此终结。事实证明，图林根的地方主义比西南地区更为强悍，因为此处的地方主义只以世俗侯国统治权的形式存在。和约缔结后，图林根侯国的70万居民由五个萨克森家族、两个施瓦茨堡支系和三个罗伊斯家族统治，但是只有两个获得邦联法案的承认。这10家都拥有主权，彼此完全独立。唯一相同的机构是大学以及新的耶拿最高上诉法庭。民众中

397

493

不时流传着关于这种可悲境地的说法，在罗斯附近，距离希尔德布尔格豪森5英里的地方流传着歌谣："希尔德布尔格豪森人去罗斯，方向一偏，就又回来了。"但是大体而言，人们还是幸福地生活在这些狭窄的土地上，统治者的善行和各种熟人关系温和地抚平了生活的道路；虔诚的欧内斯特家族王侯的高尚私德，比魏玛的伯恩哈特恶魔般的形象更得民心，后者宝剑一挥就扰乱了单调平静的历史。图林根人任何时候，哪怕在1848年风暴中，都不会认真考虑他们的统治者被吞并的问题。

　　图林根和整个中德一样，狭小的地区往往汇聚了大量风俗习惯。人迹罕至的伦斯泰格（Rennsteig）大路穿越图林根森林，它曾是图林根人和法兰克尼亚人的分界线，时至今日仍是地区分界线：以南是南德的科堡地区，那里的人说着带有强烈法兰克尼亚特色的亨内贝格（Henneberg）方言；以北是居住在萨勒河和威拉河之间的图林根人，萨勒河向东又是另一种混合着斯拉夫血统的居民。即便在刚刚完成的王朝分化中，也兴起了一种顽固的地方主义，它本质上无害而平庸，却强大到让任何变革举步维艰。迈宁根的公爵安东尼·乌尔里希（Antony Ulrich）为了让魏玛和哥达的表亲们无望继承他的位置，已过花甲之年的他再次成婚，并毅然生育了8个孩子，这让所有善良的迈宁根人兴奋不已。哥达和阿尔滕堡早就被一个公国所合并，却仍坚持独立地位，甚至拒不承认对方的货币。最终，唯有意志强大的卡尔·奥古斯特在经历苦战后，统一了魏玛、耶拿和爱森纳赫，组成了一个国家。这个国家天然首都是埃尔福特，它在美因茨主教统治下保持了独立地位，埃尔福特大学被毁后，它仍继续领导了一个拥有堡垒和官僚的城市的平静生活。

　　因此，图林根的政治和精神生活就呈现出多样性。大一点的城镇都曾辉煌一时，但也从未超越狭隘的乡土观念。图林根所拥有的城堡、公园和禁猎区数量远超德意志其他地区。许多王座所在地都留下了珍贵的记忆，比如瓦特堡、阿尔滕堡和路德避难的科堡。但也有许多地方只是留下了无所事事贵族的荒唐事。比如施瓦茨堡金特家族（Günther）的某个人曾开玩笑般地给妻子建了名为"胡闹"的狩猎小屋，就位于海恩莱特山林中。还有魏森费尔斯家族的克里斯蒂幻想着伟大形象万古长青，雕刻了三座巨大塑像，放置在温斯特鲁特河(Unstrut)峡谷长满葡萄藤的悬崖边上,后来还按自己的形象建造了一座镀金骑士雕像,放置在弗赖堡的集市上。

诙媚的作家将这块迷人的土地描绘成诸侯精心打理的上帝花园,但实际上这些小诸侯直到 18 世纪前都没什么成就。人们的头脑在漫长严苛的路德教统治下变得僵硬。个别统治者,像哥达的虔敬者欧内斯特,能够理解如何唤醒积极的宗教生活,但大多数诸侯只是将神学视为消遣之物,比如让威廉·欧内斯特这种"8 岁的布道者"列入王公贵族行列,就是宫廷喜欢做的事情。但随着世俗文化兴起,许多专制宫廷的罪恶开始流入民间。善良的欧内斯特家族人士不可过于无耻,但打仗游戏和人口贩卖却异常繁荣。在一方小天地里,专制君主统掌一切的热情往往会发展到病态的地步。到腓特烈大帝时代,魏玛的欧内斯特·奥古斯特还在泥板上刻神秘符号,然后将其投入火中,泥板应该立刻熄灭火焰,所有城镇都必须为这项活动准备足够的材料。

直到卡尔·奥古斯特时期,图林根才首次重建其自由的生活氛围,中德第三次变成了德意志民族文化的核心。热情慷慨的图林根再次吸引了从南到北的德意志诗歌英雄,小城伊尔姆(Ilm)的名声甚至超过了瓦特堡:"哦,魏玛,注定生而不凡,就像伯利恒,既渺小又伟大!"正如歌德所言:"款待天才大有益处。"图林根的重要城市尽管属于这个国家,也从未完全适应这种狭隘的环境,但它们慷慨回报了这片曾经真诚接纳它们的土地。耶拿大学在短暂的繁荣时代里,培育了一代能干的教师和官员。大多数小宫廷和大量贵族都尽力跟上图林根的新文学。歌德常驾车去看望哥达的弗兰肯贝格,以便在西贝莱本享受丰富多彩的社交生活。维也纳会议期间,德林(Döring)、罗斯特(Rost)和维斯特曼(Wüstemann)正在哥达古典学院授课;施蒂勒(Stieler)正展开绘图工作;不久后,佩尔特斯就展开了他庞大的书籍生意。此外,卡尔·奥古斯特这位人文主义君主的各项活动永久地提高了欧内斯特家族的世界声誉。这个著名但已经快被遗忘的王朝又获得了民众的敬爱,以最高贵的方式安抚了施马尔卡尔登战争造成的、仍未被遗忘的痛苦。

但文学声望不可能治愈地方主义根深蒂固的顽疾。拿破仑战争的风暴刮过这些小国家的封建制度,没有留下任何痕迹。就连

400　顽固的波拿巴主义者,哥达的奥古斯特公爵,也不敢冒险干预乡绅和贵族。贵族拥有等级骄傲和各种特权,因此与资产阶级截然不同,尽管两者在财富和历史声誉上可能并无差别。哥达议会上,霍恩洛厄家族的代表组成的伯爵法庭和大量乡绅占据主导,两位地方长官作用不大。只要拥有封地承担骑士义务的人都是议会成员,因此有时会有 22 名旺根海姆人同时出席。图林根军队的糟糕局面也丝毫没有改善。人们仍津津乐道"瓦松根战争"中的故事:哥达和迈宁根的军队如何在图林根的瓦松根交战,又是如何谨慎地撤出了这个战略要地。但在近代重大战役中,地方主义的低效无能一再导致相似的悲剧:七年战争期间,哥达公爵为报答英国资助,派遣部分军队加入布伦瑞克的斐迪南,而他自己的帝国军队则继续同普鲁士作战;1813 年,部分魏玛军队加入了约克的部队,其余则在拿破仑麾下。拿破仑一纸命令强制性地给这些混乱的小分队立了些规矩,但他无视鲁多尔施塔特(Rudolstadt)和松德斯豪森的民族性格差异,把最小的几支部队整合成一个军团。不过令人民高兴的是,战后大部分军队都被解散了。普鲁士将为图林根提供保护,热爱和平的图林根人其实更偏爱哥达骑兵,偏爱他们耀武扬威的大砍刀、大皮靴和叮当作响的马刺。卫兵们则是挣日工资的佣兵,工作结束就将制服留给下一波佣兵,这些"骑兵"甚至根本不会骑马。哥达人出于过分的谨慎,在"三堡"①之一修筑了要塞。瓦克森堡的 4 门大炮看管着另外两座城堡,而图林根的新统治者,普鲁士国王粗心地忘了在这两堡设防。

图林根地区的资源无法满足交流的需要,因为统治者富饶领地的产出主要供各宫廷开支了。人人都嘲笑哥达糟糕的路况,普鲁士的关税人员最开心,因为陆路运输总是堵在亨宁斯莱本(Henningsleben),刚好在普鲁士关卡前面,他们因此可以从容地收401　费。在莱比锡和法兰克福之间的道路上,魏玛的护卫兵们大肆收取保护费。农民背负着沉重的赋税,继续遵循先祖的古老方式种田,只有曾担任神圣帝国园丁的埃尔福特人以高超的花艺闻名遐

---

① 分别是瓦克森堡(Wachsenburg)、米尔堡(Mühlburg)和格莱兴堡(Burg Gleichen)。——译注

迹。公共牧羊人在公地上放养全村的家畜、马、牛、羊和鹅。有限的工业只是为了满足邻人的有限需要，基本也就是袜子和日用品一类，还有就是进入国际市场的森林村庄家庭作坊制造的小玩具。这些居民以一种无害的欢乐情绪进行劳动，就像林中小鸟一样喜欢唱歌，只要时不时跳场舞、喝点淡啤酒或者瑙堡葡萄酒，就很开心了。开明城镇中盛行的温和理性主义并没有影响他们简单的宗教情感，依旧尊奉圣·博尼法斯，教堂里仍悬挂路德画像，偏远些的社区甚至保留古老的路德宗礼拜仪式，有男童唱诗班和白色罩袍。

人民最渴望统治者的仁慈。迈宁根公爵曾邀请全国人参加他的继承人的洗礼，并给孩子起名贝尔纳德·埃里克·弗罗因德（Bernard Eric Freund），人人都倍感荣幸。这位小王子后来成了优秀的统治者，也会在妻子生日时，在阿尔滕施泰因花园举办民众节日，任何人都可以邀请公爵夫人共舞一曲。这幅画面的反面，是地方主义的长期愚蠢。1822 年，哥达-阿尔滕堡家族最后一位合法继承人逝世，他的表亲们准备好了新一轮领土瓜分。但首相林德瑙（Lindenau）突然带来了痴呆的腓特烈王子，并立他为公爵，尽管在加冕礼上，这个可怜人几乎无法安静地坐在王位上。就这样，哥达-阿尔滕堡家族的统治又延长了 4 年，哥达民众为白痴统治者而高兴，周边宫廷却因失望的愤怒。

头脑简单的人民并不反感狂妄可笑的王朝。哥达的纹章上炫耀地展示了 23 个公爵、侯爵和伯爵徽章。早在反抗皇帝的金特时代，施瓦茨堡人就开始使用双头鹰标志，甚至施瓦查峡谷美丽禁猎区的告示都是白底蓝字，提醒人民不要忘了国旗的颜色。到处都是蓝白相间的颜色，就像在罗伊斯，一切都是黑红黄三色。沃格兰（Vogtland）的统治者家族也曾站在历史的巅峰，当时两位条顿骑士团的英雄，两位海因里希·冯·普劳恩（Heinrich von Plauen）与波兰人决一死战。但在随后的漫长岁月中，它几乎默默无闻。所有显赫一时的王朝，都沉浸在自己的新统治权中，妄称与世上一切国王平起平坐，但实际上他们在德意志君王中的地位极其有限。他们其中一位曾试图追求某个更高贵家族的女孩，请求腓特烈·威廉授予他红鹰勋章，"以便给大公宫廷留下更好的印象"；后来，此

402

人在柏林的图林根代表莱斯托克（Lestocq）将军斡旋下，大胆策划了一次外交攻势，尽管大使竭尽全力，但他年轻的主子最后只获得了勋章。①

无常的命运将卡尔·奥古斯特抛入了这个小世界，那里的历史已经简化到了轶事的水平。早年即位的他本性不羁，立刻吸引来了歌德和赫德尔，并将法国风尚赶出了宫廷生活，以腓特烈大帝般的热情致力于促进法律、教育和农业。他伟大的母亲安娜·阿梅莉亚（Anna Amelia）在漫长摄政生涯中播下了许多自由的种子，而他让种子开花结果了，但他依然没能获得心灵的平静。人们震惊地将魏玛宫廷视为被缪斯女神眷顾的地方，德意志诗坛中那些居心不良的人，嫉妒魏玛诗人受如此优待，不停地说着年轻的公爵是多么反复无常，说他晚上要么纵欲狂欢要么举办奢靡的假面舞会，说他在艾特斯堡（Ettersburg）的花园剧场聚精会神地观赏朋友的戏剧，说他纵马穿越乡村，说他在集市上调戏农家少女，说他一连数天把自己"葬"在花园的小木屋中，只因胸中的渴望无法平息。这种无止境的渴望不仅是青年人的浮躁，更是一个精力充沛之人无法满足的野心，他也许觉得最糟糕的事莫过虚度光阴，但实际上，作个没实权的君王才更辛酸。但是"在歌德和好运的加持下"，他最终学会了适应命运，在有限的舞台上展现最大的力量。

40 年以来，卡尔·奥古斯特都是新时代最伟大的艺术资助人。那种精打细算的，商人式的王朝政策根本不在他和欧内斯特家族的脑子里。伴随着对人的真知灼见，卡尔汇聚了最优秀、最伟大的德意志作家，于是他受到了一种纯粹的、对一切保持开放态度的理想主义的鼓舞，这种思想拥抱人类思想和行为的所有领域。正如他晚年所言，他的野心是"促进真理之光普照，并以某种方式合理评价德意志民族性格"。他对自然情有独钟，于是在艺术上只奖励那些真诚、简单、德意志式的作品，厌恶一切神秘主义和矫揉造作的事物，哪怕它披着美丽的外衣，比如席勒的《墨西拿的新娘》。但他从未决心控制天才，德意志艺术将找到自己的出路，摆脱一切制

① 弗兰肯贝格的报告，柏林，1827 年 11 月 13 日及以后多日。

约。他的个人生活也是这样,他无法专注地对待所有事,频频寻花问柳,总是一事未成又作一事。只有这样一个人才能将歌德留在身边,过了50年无忧无虑的生活。尽管有时两人也不和,但卡尔始终感谢这位友人,始终待他以无比的尊重。但他也觉得,眼睁睁看着歌德越来越凌驾于他的尊严之上,是非常荒唐的行为,也不愿意这位老人迂腐的性格干涉他的自由。第一次见面的人很有可能将卡尔·奥古斯特误认为猎人,他大步穿越花园,脚边跟着猎犬,嘴里叼着雪茄,身着绿色旧猎装,头戴军帽。但他饱满的额头、大大的眼睛和欧内斯特家族的大下巴,组成了一幅坚毅果敢的面容,任何靠近观察的人,都不得不承认,卡尔是天生的君主,始终保持着最充沛的精力。暮年逗留米兰时,他还能让意大利人想起文艺复兴时期的伟大统治者们。

卡尔·奥古斯特比维斯孔蒂家族(Visconti)和斯福尔扎家族(Sforza)更忠于使命,也知道如何将对美的喜爱同谨慎辛苦的统治工作结合起来。他不放过任何行政细节,也从未让自己的小国家为宫廷艺术品位付出代价。卡尔的伟大之处在于,他清楚地看到了两个世纪的主要趋势:18世纪的文学理想主义和19世纪的政治理想主义,而且在同代人中,唯有他能公正对待这两者。青年时代的导师们唤醒了他的政治理解力,首先是腓特烈大帝的外交助手格尔茨伯爵,然后是维兰德,后者是古典主义者中唯一能跟上政治生活变化的人。他还幸运地拥有敏锐的判断力,能识别出真正的德意志艺术英雄,在政治上也能看清真相。在起草有关诸侯联盟的计划时,他将所有希望寄托在普鲁士身上,1806年甚至打算同普鲁士共存亡。耶拿战役后的撤退途中,他坐在篝火旁对同伴们说:"我们也就这会儿还是魏玛和爱森纳赫公爵。"他在普王明确要求下,才离开部队前去同拿破仑谈和。后来,他还默默为解放战争准备了数年。

卡尔·奥古斯特后来在尼德兰战场上再一次履行了军事义务,也因为维也纳会议的理想破灭而心灰意懒地返回魏玛。对他而言,推行邦联法案第13条是出于敬意和明智,他本人对这些新自由主义理念没有任何好感,因为他健康的头脑厌恶任何阶级战争,因此也对法国大革命没有任何热情。他说:"压迫者们压迫那些曾

404

499

经压迫他们的人,这里面没有道德可言。"但他理解身处的时代,也知道宪法形式的重要意义。一个从不知恐惧为何物的人,怎么可能被小小议会吓倒? 他希望,说不定自己的榜样可以鼓励一些更胆怯的小诸侯着手这件棘手的工作。不过头脑清晰的卡尔最看不上的就是狂妄自大的地方主义。当时的自由派报纸盛赞魏玛是德意志艺术和自由的摇篮,一流诗人的敬意都没让他膨胀,这些小马屁怎么会让他误入歧途? 责任感带来的正直坦率及信心,让他可以坦然对民众承认,那不可避免之事是什么。

卡尔召集了一批高效人士进入政府,对小国魏玛而言,这副阵容过于强大了。歌德旁边多年空无一人,现在他的朋友来了,高尚且极有修养的福格特,曾像歌德一样认为外国统治是不可避免的,如今魏玛重获自由,他比歌德更高兴。接下来是颇具才干的弗里奇(Fritsch),出身莱比锡律师家庭,后来服务于萨克森家族,算个诗人,在文学界也享有盛誉。还有刚刚招募而来的德俄混血天才,埃德林伯爵(Edling)。最后是这些人中最具政治头脑的卢森蒂亚人格斯多夫,他在维也纳会议上一直支持洪堡,后来还拥护普鲁士霸权,在接下来漫长的政治生涯中,始终相信"普鲁士赋予德意志民族以新生,是未来德意志的奠基石"。正是在他的建议下,大公决定开始立宪工作。

1816 年 4 月,旧等级议会连同新获得领土的若干代表组成国家议会。5 月 5 日,由耶拿大学教授施魏策尔起草的新基本法被签署,议会议长发表演说赞扬魏玛是德意志小诸侯最优秀的代表:"高贵的魏玛家族有着真正的王者风范,他们造福所有人,相信最卑贱之人都有价值。"媒体一片欢腾,喋喋不休地吹捧:如果席勒和歌德的高贵朋友扮演了宪法自由的旗手,那么很明显只有野蛮人才会反抗宪法的救赎意义。一年后,德意志历史上第一次议会在多恩堡三座城堡之一召开,在诗情画意的乡野景色中,议会平静开始。大公明智地在古代封建制和新代议制之间走了一条中间道路,承认乡绅、城镇和乡村地区的特殊代表,但是由 31 位代表组成的单独会议代表全国。没有困难是不可能的,政府不得不一步步接受民众代表的无事生非和缺乏经验。但议会最终达成共识,而且由于所有议程都不对外公开,报纸就能夸张地描绘小小魏玛不可思议的政治智慧,以此取悦读者,就好像这块土地上每1.5万人就能出一个具有政治家素质的优秀代表。若干没有议会就无法实施的改革项目也出台了。比如,1821年魏玛就用收入税和强制申报收入取代了49种老税收,这是德意志前所未有的创新。不过也有许多有价值的提案流产了,因为代表们眼界跟不上大公的理念,而且大公也不能将这些议程公之于众。不过全国人民整体上很满意,而且1818年希尔德布格豪森的宪法就是以魏玛宪法为模板打造的。

只有歌德暗地里不赞成这些新举措,觉得不过是一群好管闲事的乌合之众的活动——这位大师从心底厌恶一切业余行为。在一次会后的酒宴上,他提醒人民代表们不要忘了家族责任:"只有人人成为一家之主,大公才能成为一国之主。"议会要求歌德提供他花在艺术和科学上的1.1万塔勒的账目,歌德决定教训他们一下。他对秘书说了三个词:"收入"、"开支"、"平衡",又补上了三个数字,庄严地签上名字,便将这份账目呈交议会。议会大为光火,但反思过后,许多代表,如诺伊施塔特(Neustadt)、卡尔腾诺德海姆(Kaltennordheim)和格斯通(Gerstung)都认为,仔细审查歌德购置的古董和书籍似乎太不合适了,因此决定进行体制的自我牺牲,默默地批准了歌德那个三行账目。

在出版自由的支持下,魏玛和耶拿突然涌现了一大批政治报纸。这种不负责任的媒体只能出现在这个开化民族中,但它也是一种力量,因为它开启了学者对德意志政治的大举入侵。战争期间,卢登(Luden)创办了《正义女神》,以反对外国统治为目标,后来又补充了"普通宪法档案"一栏;然后是奥肯的《伊西斯》和魏玛的《反对报》;布兰(Bran)恢复出版旧刊《阿肯霍尔茨的密涅瓦》;被驱逐出海德堡的律师马丁,带着《新莱茵之星》去了耶拿;诗人之子路德维希·维兰德也出版了一份报纸,开始名为《人民之友》,由于害怕警察,很快就放弃了这个危险的名字,改名为《爱国者》。大批报刊集中出现在两个文学氛围浓厚的城市中,这里没有任何东西能让人联想到严肃的政治生活,报刊也不可能获得有关新闻事件内在联系的准确信息,更无法在任何正当或某种明确经济利益中找

407

到确定立场。这些纯粹的空想家对现实世界一无所知,满足于自己的"信念",以一种确定无误的口气传播学者派头十足的独白。所有报刊都宣布要以教师的身份服务国家,只有骄傲的教授们才在大学宣扬德意志民族的统一。由于伊尔姆河和萨勒河畔产生的自由主义声音引起了各宫廷的怀疑,因为反对派将焦虑的目光投向图林根高地,这些学院派报纸的自我欺骗迅速增长,它们真的相信德意志的雅典才是民族政治生活的中心。这些政治作品中,丝毫不见德意志学者典型的刻苦和艰深。在科学上,所有外行的工作都会被鄙视,但是任何读报纸打发时间的人,都能评论政治家。

卢登的《正义女神》尽管发行量大,但比《基尔报》差远了。达尔曼在《基尔报》上为读者提供了真正的教导,为不成熟的一代人详细解释了历史和宪法问题,卢登则只是发表一些鸡毛蒜皮的空洞概括或肤浅批判。卢登虽然算不上是罗特克理性法则的拥趸,但也努力从历史角度理解这个国家,《正义女神》基本上还是围绕着邦联法案第 13 条讨论,他认为这也是让德意志避免革命的唯一方式:"大人,只要您能信守承诺,只要您能忠诚行事!"在过去数年中,卢登一直是耶拿最受欢迎的教师,他的德意志历史讲座,就像之前费希特和谢林的讲座一样,吸引了大批学生。他的天性、爱国热情和容易理解的讲座共同展现出的温和理想主义,让他在青年大学生中颇具声望,而且这种声望维持了将近四十年。如果你只读他写的书,可能很难理解他为何是成功的演讲者。他的历史作品观念陈旧,甚至没有独立研究。他没有受过政治科学的严格训练,就敢在 31 岁(1811 年)发表充斥着无害常识的《政治手册》。

相比得体而枯燥的《正义女神》,《伊西斯》显得截然不同。《伊西斯》无疑是历史上最不同凡响的政治报纸,完美展现了什么叫有学识的蠢货。奥肯尽管无数次大放厥词,但的确是值得尊敬的自然哲学家,不过他带给政治领域的只有一种真正的爱国热情、一些模糊的民主观念、坚持不懈的斗争精神和一种天真的幻想,即一份自由报纸就能愈合所有它自己造成的伤害。奥肯在首卷语中宣布:"历史,就像一个大步前行的恐怖巨人,穿越波涛和岩石,穿越封印和人为障碍,嘲弄所有捕捉和击倒精神和感受的设置。所有事物都是好的,一切都是允许的。"他的读者们将领略时代的意义和荒诞,伟大和卑劣。他并不排斥那些野蛮、谎言和诽谤,要求曾经受攻击的人只能以文学进行报复。这种随意的请求颇有受众,几乎所有有教养的愣头青都加入了这份"百科全书式报刊"的广阔天地。除了拟人画和一些讨论以外,这份报纸上能找到各种各样的大学丑闻和文学论战,甚至幸灾乐祸地转载了《爱丁堡评论》上一篇攻击歌德《诗与真》的文章,此外还有充满作者怨恨不满的政治短文和大量评论。这些文章就像酒吧里的言论,人们很快将其称为"奥肯风格"——放肆、低俗、满是嘲弄,每卷《伊西斯》都引发新的争论。奥肯还求助木版画,描绘愚人、白痴、食人族、犹太人或神父,或者描绘皮鞭、木棍或一只脚踏在某物上,旁边印着对手的名字,因此这些政治文章有时花哨得就像混杂着水母和软骨鱼的铜版画。这些政治文章同时展现出狂热的激进主义和专家式傲慢:声称魏玛宪法其实称不上一部宪法,因为在 23 条不可或缺的基本权利中,它只确保了出版自由,而且因为它不公正地赋予愚蠢市民和农民以偏爱,让他们可以同军人、教师、贵族和教授平起平坐! 在一片愤怒的咆哮中,没有一篇文章引导读者认识某种明确的目标,只有对贵族和外交官的谩骂,只有对当前冷漠一代的嘲讽,居然还宣布"年轻人是一切的指望"。

库尔兰的林德纳(Lindner)是这群人中最能干的出版人,他创办了《反对报》,并将政治视为严肃事业。但也正是他的文章最明显地展现了政治愚蠢,自此后这种愚蠢将德意志自由主义从一个错误引向另一个错误——奠定了对普鲁士的忘恩负义。历史学家们通常认为,直到迫害政治煽动者之后,自由主义阵营中对普鲁士的诽谤才变得普遍,这种说法并不正确。战争刚结束,佳姻庄战役的武器刚入库,这些小丑们就开始谴责普鲁士,谴责这个为他们带来自由和一切的国家,他们无时无刻不在攻击这个国家,这个正在用军事法和关税法为民族统一打下坚实基础的国家。

卢登在《政治手册》中将普鲁士描述为反面典型,并用英国汉诺威人典型的自由主义傲慢评判这个军事化的国家。他的《正义女神》又发表诗歌赞颂维特尔斯巴赫家族,为萨克森 1813 年政策辩护,但对普鲁士,就只有指责和虚荣心作祟的蔑视。这种态度在世界其他地方都会引起普遍的嘲笑,因为它居然傲慢地说,普鲁士的缪斯比不上图林根的缪斯,它的治国术比得上吗? 优秀的自由主义者本岑贝格就因为是忠诚的普鲁士人,并且写了一些介绍普鲁士法律知识的文章,而这正好是耶拿教授们不屑一顾的,就被攻击成德意志出版人中的反启蒙分子。奥肯甚至将蔑视普鲁士视为自由思想最准确的标志。他对弗兰茨皇帝表示无比尊重,赞颂布奥尔伯爵在法兰克福议会开幕式上的荒唐言论,还不怀好意地在《伊西斯》上开辟专栏,供普鲁士的敌人使用。今天刊登一个莱茵兰人感叹普鲁士省级官员中新教徒的数量:"唯一的目的就是摧毁和羞辱这个国家";明天又是某个瑞典人谴责波美拉尼亚故乡的普鲁士化;后天是萨克森省中一些医疗从业者抱怨,他们作为学者的职业尊严受到了严重侮辱,因为他们现在居然要像药剂师或其他普通手艺人一样,花钱购买普鲁士营业资格证;普鲁士还残酷镇压了《莱茵之星》,就连拿破仑都未行如此残暴之事,比起这个,谋杀又有什么要紧的? 奥肯评价波恩大学时称,那里的一切早就被普鲁士政府官员的拙劣工作和知识摧毁了。但普鲁士最大的罪孽是军队以及普遍兵役,《正义女神》问道,如果它不是荒谬的,军官怎么可能比年轻的见习律师更早地挣到钱? 如果它不是野蛮的,"智力资源怎会被普通士兵只当作弹药?"

任何经受普鲁士严格法律制裁的恶棍,只要能表现出政治殉道者的样子,就能指望获得这些报纸的支持。1817 年,马森巴赫提出以 1.15 万腓特烈多尔①的价格,向普鲁士政府出售他的新写成的一卷备忘录手稿,在编写过程中,他非法使用了大量官方报纸。在法兰克福议会同意后,他被逮捕,根据格罗尔曼将军的详细报告,军事法庭判处他因试图敲诈勒索和违反军事义务,囚禁于某处要塞。②哈登贝格马上公开了此事的所有细节,但《正义女神》还是采取了赞美英雄的立场,声称任何人若是在符腾堡像马森巴赫一样对王权发表自由言论,绝对不会被视为有罪。但是,德意志统一的倡导者们却谴责法兰克福议会,竟然将一个邦联罪犯转移到另一

---

① 腓特烈多尔(Friedrichsdor),普鲁士腓特烈二世在 18 世纪下半叶铸造的一种金币,一枚的价值大约为 5 个银塔勒。——译注
② 国家议会会议记录,1817 年 7 月 7 日。

个邦联国家审理。

老歌德发现自己身处一个混乱的世界,因为他平静的缪斯宫殿
突然变成了喧闹的辩论场,学术出版者们在报纸上喋喋不休,好像
他们才是诗歌之神的继承人。他担心会发生严重后果,警告卢登
国家不可能派一万人马保护他。但是当政府打算起诉奥肯时,他
却劝大公不要这样做,因为这非但无用,而且对一个值得尊敬的人
也不合适,最好无视这些新情况,让那帮愣头青们折腾去,只是简
单地禁止印刷厂再出版奥肯"喀提林阴谋"式的作品就行了。可是
卡尔·奥古斯特并不愿意这么认真地对待教授们的政治狂欢,他
只是偶尔轻责一番,有时随便逮捕几个人。但他很快发现,"奥肯
先生每个新作品"都能带来新麻烦,因为受《伊西斯》虐待的人,怒
火无法平息。柏林的枢密院官员坎普茨的谴责最为激烈,他将奥
肯列入"无名之辈",却强烈攻击他"狂欢般的语气"。任何认识他
的人都会明白,他绝不只是说说而已。

在这样一个喧嚣闹腾的小世界里,学生们怎么可能保持平静。
1803 年,伟大的耶拿大学走向终结,很长一段时间里,耶拿的智力
力量都无法同海德堡或柏林相比,但往昔岁月的余晖犹在,耶拿学
生的自由精神在德意志青年中颇有名望。再没有哪所大学所在的
城市里,学生能获得如此全面的支配力。1790 年代,他们还出走埃
尔福特,直到慌张的官员满足一切要求才返回。相比宫廷气息浓
厚的莱比锡,耶拿始终展现出一种粗糙、原始和青春的氛围,这也
符合其简单的地方习俗。简明扼要的耶拿规矩为全德所有学生团
体和角斗场所奉行,许多古老的习俗,比如歃血为盟,在耶拿一直
延续到了新世纪。尽管很粗俗,但这些喧闹的活动中却弥漫着一
种理想主义气息,一种浪漫主义魅力,这可是笨拙粗俗的柏林体操
团体全然缺失的东西。许多南德青年,在前往狐狸塔(Fuchsturm)
和洛伊希滕堡(Leuchtenburg)的游学中,首次领略到了德意志高地
的诗歌精神。耶拿学生满怀感激和喜悦在魏玛剧院里感受了席勒
戏剧的魅力。在外国统治下,耶拿大学勇敢地彰显自己的德意志
情感,拿破仑曾愤怒地说:"这就是意识形态煽动者和嚼舌根之人
的老巢!"

十九世纪德国史（第二卷）：组建德意志邦联

青年士兵返乡后,这股爱国热情燃烧得更猛烈了。许多人佩戴铁十字勋章,陶醉在伟大抗争的英雄怒火之中,充满对"祖国内外压迫者"的仇恨。这是迄今为止最优秀的一代学生,但不幸的是,他们对这种无伤大雅的狂热和夸张的友情过于认真了,正是这些让他们的生命染上了特殊的色彩。他们身上混乱无序的学生习气急需改变,本来这个任务只要一代比他们更成熟的人就能完成,但这些青年在两场激战中体验过深,已经无法在安住于温和的学生角色。在当时的社会氛围中,他们几乎必定变得傲慢自大。类似的基督教-德意志热情曾出现在狂飙突进运动时的大学中,那时圣林同盟的年轻诗人狂热崇拜克洛普施托克的《弥赛亚》以及条顿堡森林中的英雄们,却焚烧维兰德的塑像,因为他代表着那类安静创作的诗人。究竟是什么样的力量,让这个小圈子成了上千人的狂欢?

严格自律的新一代本来就看不上腐化的学生俱乐部生活,双方的争斗又强化了这种蔑视。虽然新文化的人文主义已经影响了大学的一些习俗,但仍有恃强凌弱时代的大量野蛮因素留存下来。纵欲酗酒意味着他们严重缺乏自律,这在我们今天看来简直不可思议;赌博成风,德意志人对吵架的热爱远远超过合理范围,在1815年夏天的一周内,350名耶拿学生中就爆发了147场争吵。过去那些流行的祝酒歌和旅人之歌消失了,现在的学生们爱唱属于更遥远文学时代的色情歌曲或者莫名其妙的苦情歌。随着上个世纪玫瑰十字会之类秘密社团的消失,和它们具有精神亲缘关系的学生团体也消失了。从那时起,来自一个省份的学生组成的老乡会繁荣起来,他们妒忌地看着被关闭的募兵处,抱持狭隘的地方主义情感,拒绝接受一切缺少地方偏爱的事物,用野蛮的"跑腿制度"①摧毁了一切自尊自爱:如果一个高年级穷学生提出和某个新人歃血为盟并交换财务,新人必须毫无怨言,交出一切私人物品,衣物、手表和钱,换来对方可怜的物品。从这种学校毕业的学生,都学会了拜高踩低的技术。

413

---

① 跑腿制度(Pennalismus),指的是高年级学生有权使唤低年级学生跑腿打杂的制度。——译注

费希特先后在耶拿和柏林强烈谴责这些乱象。他的忠实追随者们早在 1811 年就开始构思组建"兄弟会"或德意志学生联合会的计划。费希特赞成这个计划，但作为一个了解同胞的人，他也提醒兄弟会一定不能将中世纪的东西同德意志的东西混淆，一定不能重视手段，也就是联合会的形式，而忽略目的，即德意志精神的复兴。这些耶拿学生现在同柏林的这些方案联合起来了，他们理解军事专业的重要性，渴望控制由荣誉法庭造成的混乱局面。战争期间，他们作为德意志子弟并肩作战，因此也要求所有学生完全平等，废除"跑腿制度"以及许多大学赋予特殊人群的各类特权。但他们的终极目标是统一德意志：祖国的力量和荣光将体现在一个庞大的青年人同盟之中，它将结束所有地方主义的学生社团。

阿恩特的《祖国之歌》是兄弟会的真正纲领。尽管诗人没有直接参与青年人的计划，但他同时被敌友双方视为德意志青年的领袖。阿恩特在经历漫长颠沛流离的生活后，最终和年轻的妻子，也就是施莱尔马赫的妹妹，定居波恩，在莱茵河畔的一个高地花园中建了一座小屋，"一饱七峰山美景"，在宁静平和中将精力用于学术工作。他和青年学生一样诚挚地捍卫"宝贵的学术自由和古老的条顿骑士精神"，但当一个海德堡学生询问他对大学生活改革的看法时，他在关于德意志学生状态的文章中公开警告年轻的朋友们，一定要反对过激革命行为："最好遵循已有的，而非争取那不稳定的完美。"阿恩特曾长期真诚地热爱普鲁士及其王室，只是无法克服对腓特烈时代的敌意。由于他很久以前曾积极支持在波美拉尼亚故乡废除农奴制，因此在反革命党派中获得了"平等布道者"的称号。但这个称号实在是名不副实，阿恩特的愿望从未超越施泰因的理念，他希望将社会划分为三个等级：受尊敬的贵族、自由的农民和行会中的活跃资产阶级，甚至对于哈登贝格的农业法，他都带有某种程度的浪漫主义敌意。

阿恩特开放和宁静的本性中容不下政治狂热。只有那些没有批判精神的年轻人才会欢呼"父亲雅恩和父亲阿恩特"，也只有温和谦逊的阿恩特能容忍这种比附。实际上，这两人分属于截然不同的两种学术和文化谱系。阿恩特虽然从未形成专业人士的严格方法论，但他运用自己无穷的知识宝藏，登上了雅恩看都看不见的

414

507

文化巅峰。阿恩特常说自己是能吃苦的乡下人，在体能上可以媲美最优秀的体操运动员，夏日里每天都会在莱茵河里长时间游泳，或者穿着蓝色外套在花园里劳动。但他也能在社交中游刃有余，明确自己的位置。只要他开口讲话，所有人都会看着这个有着蓝眼睛的小个子男人，几乎没人能抵挡他的语言魅力，流畅、自然而有力，内容智慧高贵。这么一个健康的头脑怎么可能看得上粗俗的体操协会？阿恩特告诫学生们，德意志人不应该从野蛮的斯巴达人或罗马人身上获得榜样："问问你们自己，'他们幸福吗？他们让他人幸福了吗？'"

耶拿大学的教授中，弗里斯最受学生欢迎。这些年轻人都热爱费希特的理念，却能老老实实坐在他脚边，而他一直是费希特的论敌。在耶拿，新黑格尔主义被视为反动，弗里斯坚持认为它不是生于知识花园，而是长于奴隶制的粪堆上。弗里斯和卢登一样，是作为教师而非作家发挥影响的。年轻人都承认，这个温和但头脑混乱的教授总是混淆概念和情感，因此将道德世界消解在"一锅情感浓汤"里，黑格尔的这句严厉批评可谓相当合理。这位天真的教授用含糊的语句宣布，一个人应该始终坚定信仰，就算全世界都反对他，这样的话让学生们更加自以为是了。在年轻人看来，弗里斯的历史哲学尤其贴合时代。他知道如何将所有历史财富压缩在一个整齐有限的公式中，该公式从那时起就被无数有学问的出版人反复重申：在东方，宗教控制人民的生活；古典时代，由美控制；基督教时代，由直觉控制；但是由于最近的法国大革命，人权的发展成为了历史的核心要素——这种理论无疑为所有政治业余爱好者的"奇思妙想"敞开了大门。弗里斯的目的是为了防止学生因激情而越轨，但他允许自己发表诸多轻率言论，而且最终不得不承受同学生过于亲密而导致的不可避免的后果：他失去了同年轻朋友的联系，虽然他们也没有向自己的教授吐露过任何事情，也没有发觉一种激进精神正在逐步占据上风。

一开始，耶拿大学兄弟会的唯一政治观念是模糊的爱国情感。他们狂热于一种抽象的德意志主义，就像《对德意志民族的演讲》中曾宣扬的东西，但他们对活生生的普鲁士情感，即在费希特生命的至暗时刻赋予他力量的东西，没有任何概念。在"一个德意志"

415

508

的概念中,普鲁士、巴伐利亚和萨克森之间差异消失了,而且由于在所有德意志国家中,唯有普鲁士拥有如此坚实的个性化生命,这些总是在谈论解放战争光辉历史的年轻梦想家们,也开始在不知不觉间走上了《正义女神》和《伊西斯》的错误道路,激烈指责这个几乎独自领导解放战争的国家。

兄弟会的奠基人中,只有一个普鲁士人,柏林的马斯曼(Massmann),一个诚实但头脑极其平庸的年轻人,也是雅恩身边思想最混乱的成员。其他都是图林根人、梅克伦堡人、库尔兰人、黑森人、巴伐利亚-法兰克尼亚人,他们自然会思量自己的母邦将消失在统一的德意志国家中。普鲁士各大学中,兄弟会发展极其缓慢,最早出现在柏林大学;在布雷斯劳,最早一批拥护者是卢森蒂亚的新普鲁士人;西里西亚人很长一段时间都不愿意承认,对一个真正的条顿人而言,腓特烈大帝的国家不可能比达姆施塔特或比克堡更没价值。但耶拿人和吉森的革命者,不仅谴责所有合理的普鲁士自豪感是"非德意志的普鲁士主义",更毫不犹豫地将普鲁士从解放战争的历史上抹除。兄弟会会歌本是福伦创作的《青年自由之声》,他重写了所有歌颂普鲁士的战争歌曲,将其改得面目全非,整本歌集不见普鲁士之名。阿恩特《骠骑兵之歌》被改后,其中布吕歇尔不再"用普鲁士的办法教育教育法国人",而是"用老德意志的办法"或者"大多数德意志人的办法"。此外,兄弟会的领袖们大多数曾是吕措狙击兵,作为"纯粹的德意志志愿军"早已习惯了蔑视前线的普鲁士军队,尽管后者比他们功劳大得多。因此,这些支持德意志主义的狂热分子,一开始就如同那些体操协会成员一样,仇视最鲜活的民族统一因素。对"人民"智慧的天真信任以及对共和形式的情感偏好,在学生中比在成年人中更为盛行。学生们像大多数老一代自由主义者一样,渴望代议制仅仅是因为他们认为只能在内阁中找到地方主义的主体。卡尔·桑德(Karl Sand)的观点是,只要德意志各地共有一部宪法,那么巴伐利亚人或汉诺威人都不复存在了,剩下的只有德意志人!

学生运动的最初几年,就已经显示出一点过激的迹象了。学生们用极其具有基督教-德意志风格的着装自我标榜,尽管吸收了体操协会的一些新习惯,他们的外貌也没有因此变得更令人喜爱。

但是丑陋的外壳包裹着美丽的内核。当阿恩特和申肯多夫的歌谣唱响在酒会上,当许多年轻诗人,尤其是荷尔斯坦因的宾策尔持续写出活跃的学生歌曲,整个学术生活就变得更为精致。今天德意志学生唱的几乎所有严肃歌曲,都来自那个时期。开学典礼上的《君王》也是经过一些修改才有了现在如此美好的爱国情感。基督教的虔敬精神,虽然很多时候过于招摇,但对大多数人而言,它都关乎真正的内在信仰,许多年轻的梦想家因上帝赐予德意志民族的诸多奇迹而欣喜若狂。

417 　　这种新德意志主义的一个重要特征是根深蒂固的仇犹心态。解放战争掀起的巨浪暴露出德意志性格中所有秘密,一片混乱中,对一切犹太事物的古老深刻的仇恨再次浮现。所有伟大的德意志思想家,从路德到歌德、赫德尔、康德和费希特,都有这种仇犹心态。唯一例外的是莱辛,他喜欢犹太人。战后立刻爆发了一轮关于犹太人地位的笔战,在长达 5 年的时间里,有关该主题的小册子充斥德意志图书市场,冲动活跃年轻一代涉足犹深。自从摩西·门德尔松①之后,部分德意志犹太人就相当成功地在犹太人和德意志文化习俗之间的巨大鸿沟上架起了桥梁。大城市里许多重要的犹太家族已经被彻底德意志化了,柏林的犹太会堂从 19 世纪就用德语布道,莱比锡和其他城市也模仿此举。以色列·雅各布逊(Israel Jacobson)②在赛森(Seesen)创办学校,并安排了更具价值的宗教服务方式,大卫·弗里德兰德(David Friedländer)也在《启发演说》中告诫教内同仁,只有真心实意吸收德意志文明,他们才能实现完全解放的愿望。德意志的犹太民众,尤其是波兰边境省份的犹太人,接受这些改革理念极其缓慢,他们仍然愿意沿街叫卖和放高利贷,沉浸在阴暗狂热的犹太信仰里。法国人入侵普鲁士时,许多犹太人圈子里明显产生了对普鲁士的普遍同情,因为是这个国家最先赋予了他们完全的平等,但拿破仑非常懂得煽动犹太人的

---

① 摩西·门德尔松(Moses Mendelssohn, 1729—1786),德意志犹太哲学家,也是德意志启蒙运动重要代表人物。——译注
② 色列·雅各布逊(Israel Jacobson, 1768—1822),犹太教改革之父。——译注

世界主义精神，柏林法国警察最狂热的走狗就是达维德松·朗格（Davidsohn-Lange），大名鼎鼎的《电报》的出版人。

只有部分犹太人在解放战争中表现出了爱国热情。德意志精神在一些有教养的家族发展充分，因此这些家族的子弟都忠实地履行军事义务，但其他许多人就因为身体孱弱以及对军队的深刻恐惧而避免参军，还有许多人是因为排斥这场伟大运动中严肃的基督教精神。西普鲁士的犹太人刚才费力地从波兰泥潭抽身，怎么可能指望他们有德意志情感。他们害怕兵役观念，1813 年 5 月 29 日曾强烈请求国王让他们免除兵役，这项特权被运用得相当广泛，以至于建设西普鲁士后备军的很大一部分经费都来自犹太人的免役费。现在唯一可见的官方犹太士兵名单显示，1813 年军中只有 343 名犹太士兵；1815 年普军达到最大规模，也只有不到 731 名犹太士兵。考虑到犹太人口同总人口的比例，这个数字实在低到离谱。[1] 战后，这一数字再次跌到了两三百之间。究竟什么才能吸引犹太人参军呢？根据 1812 年法律，犹太人不能担任军官，而且因为普王非常严格地执行这项规定，因此战后多年中，正规军中只有一位犹太军官，名叫布尔格，曾在炮兵学院执教多年，是节制而高效的战士。因此犹太人的非军事化情感有着复杂的历史原因，当然，年轻的德意志主义者们是不会理会的。此时，维也纳、法兰克福和柏林的犹太人大企业的财富力量开始引人注目，而且往往展现出暴发户的傲慢。罗斯柴尔德家族同梅特涅和根茨的秘密往来也引发了政治敌意。随后饥荒暴发，有关犹太放贷人真真假假的恐怖传说传遍全国。古老的种族仇恨复兴。塞萨的喜剧《交流》，辛辣讽刺了犹太生活习惯和习俗，几乎在德意志所有剧院都大获成功。

当前的文学纷争中，犹太人阵营令人震惊的虚伪和傲慢也并非罕见，这比犹太敌人的所有言论都更清楚地证明了，一定要严肃考虑犹太人的全面解放。柏林的绍尔·阿舍尔（Saul Ascher）嘲笑年轻一代的"德意志狂热病"，为此写了不少恶毒的作品，仇视所有德

---

[1]　《军事周报》(*Militär Wochenblatt*)，1843 年，第 348 页。1858 年的《军事周报》附了普鲁士后备军发展史，第 120 页。

意志人，尤其仇视歌德。他扬言犹太人的历史命运就是用一种更为自由的信仰形式取代所有宗教，还大言不惭地将解放战争的主要功劳放在了犹太人头上："人们忘了，德意志军队在同法国的战争中一败涂地，直到犹太人参与；人们也忘了，在 1813 年和 1814 年的战役中，当来自俄国、波兰、奥地利和普鲁士的犹太人加入军队，德意志军队才取得了胜利。"比利时战役结束刚一年，就有一位犹太作家无耻宣称，佳姻庄一战牺牲了 55 位犹太军官，普鲁士才牺牲了 24 位。还有一位作家在《温馨提示基督徒》中建议，因为顽固的犹太人肯定不会放弃古老习俗，因此为了相处和谐，基督徒最好能过犹太人的安息日（周六）。法兰克福的犹太教师赫斯（Hess）宣称，所有仇视犹太人的基督徒要么是空想之辈，要么是自私之徒。①

敌对阵营看到犹太人如此傲慢，必然也会发表不公正和冒犯性言论，不过大多数基督教作家还是保持了令人起敬的态度。莱辛对犹太人的观点已经慢慢传播开来，没有德意志人再像费希特那样残忍诋毁犹太人。几乎所有理性的人都从一项原则开始，即仅仅居住于某国本质上不足以构成拥有所有公民权利的条件。他们愿意承认犹太人在民法领域享受平等权利，但在其他所有方面就并非完全平等了。对于有教养的犹太人而言，这种观点太残忍了，犹太民众无疑为人忽略，这种处境使得他们的全面解放理想相当不明智。我们甚至发现有个犹太人向德意志诸侯们陈情，称他们应该改良犹太教育体系，"以此将我们的民族拉出精神的泥淖"。②1812 年的普鲁士法律承认犹太人拥有一切公民权利，除了担任国家公职，远非其他德意志法律体系的狭隘条款可比，在整体上，展示出了那个时代自由主义所能达到的高度。科勒夫的资助人哈登贝格尽管已经相当偏袒犹太人了，也不可能超越这个水平。

---

① 绍尔·阿舍尔，《德意志狂热》（*Germanomania*），柏林，1815 年，第 67 页。《论吕斯和弗里斯教授关于犹太人的作品》（*Bemerkungen zu den Schriften der Prof. Rühs und Fries über die Juden*），法兰克福，1816 年，第 4 页。《温馨提示基督徒》（*Ein freundliches Wort an die Christen von einem Juden*），出版地不明，1816 年。赫斯，《吕斯作品考论》（*Prüfung der Schrift von Rühs*），法兰克福，1816 年。
② 《一个忠实的以色列人给德意志各诸侯的请愿书》，比丁根，1816 年，

上述就是历史学家吕斯（Rühs）的态度，他开启了反犹的文学论战，弗里斯和卢登紧随其后。哪怕是激进的《反对报》都采取了这些基督教-德意志教授们的观点，比如激进新教领袖保卢斯和自由主义出版人克吕贝尔。著名作家中，科策布对犹太人尤其友好，这位青年条顿主义者的死敌因心灵的亲和力走向了阿舍尔。即便如此，他也坚持认为犹太人首先要彻底文化转型，才能获得平等的权利。呼吁立刻解放的只有个别且不太著名的犹太人，比如埃朗根的利普斯（Lips），他希望通过混合犹太血统振兴德意志民族。

仇犹心态强大且传播广泛，臭名昭著的法兰克福犹太问题讨论中，对犹太人明显不公，但公共舆论几乎一致反对犹太人。同盟国赋予法兰克福空洞软弱的主权身份，这是对我们古老帝国城市犯下的罪。帝国时代，尽管法兰克福顶着帝国城市的名头，但始终是皇帝城市，直接服从皇帝的命令。法兰克福富有、活跃和有教养的资产阶级身上的地方情感让其他所有德意志城市相形见绌。森根堡会馆和施塔德尔博物馆于战后开放，许多致力于推进普遍有益活动的社团也开始运作。在一个强大国家权威的管理下，这个美丽的城市本应该成为德意志城市治理的典范。但是现在，法兰克福及其下辖的八个半区获得了一个主权国家的完全独立地位，唯有德意志邦联保留了对宪法争论的仲裁权，但这项权利远比不上帝国时代的王权。此外，随着邦联外交队伍的到来，一种宫廷因素也被引入，它扭曲了正直的市民精神，并将许多古老贵族家族和法兰克福所有的财政生命卷入了外交阴谋场。

如此不正常的环境必然导致病态的傲慢。法兰克福的资产阶级将"父城"视为德意志首都，滥用新获得的主权，毫无节制地自私自利，甚至不屈服于公正的王国司法系统。1816年新宪法用心保护现存市民免受外来者的竞争，任何新移民都没有公民权，除非缴纳5千古尔登，或者娶法兰克福妇女为妻。这种狭隘的地方情感还导致法兰克福剥夺了犹太人已经从达尔贝格手中获得的公民权。犹太人立刻奋起抗议，年轻的路德维希·伯尔内（Ludwig Börne）发表尖锐文章声援受压迫的犹太同胞。可是法律问题远比伯尔内想得复杂。从严格的法律角度而言，犹太群体付给法兰克福大公的44万古尔登不能被视为购买市民权的价格，只是结算犹

420

421

太人每年 2.2 万古尔登的旧税收。由于邦联法案只保证犹太人拥有他们已经在德意志邦联各邦中获得的权利，因此针对法兰克福的所作所为，犹太人无法提出合法反对。结果，犹太社群的诉求被柏林仲裁法庭视为毫无根据。

于是犹太人向邦联议会诉苦，罗斯柴尔德家族第一次清晰展现了自己的政治实力，而且由于邦联议会的实际表现比舆论更自由，因此发生了一件意想不到的事。哈登贝格按照普鲁士古老的宽容精神，从一开始就嘱咐普鲁士大使坚持犹太人有权行使有限的公民权利。令不知情者震惊的是，奥地利居然表示支持，这是因为霍夫堡离不开罗斯柴尔德家族的财力支持。梅特涅和根茨 1818 年访问法兰克福时，竭尽全力帮助这位富有的被保护人。关于犹太问题的讨论进程一如既往地缓慢，在邦联议会的运作下，1824 年法兰克福的犹太人重新获得了部分权利。他们被承认为"犹太公民"，但仍无权担任官职，仅在民法方面同非犹太公民拥有平等权利。可是哪怕最后这一条也有不少限制，比如，犹太人被禁止参与水果贸易；每人最多拥有一栋房子；犹太社区每年的婚礼庆典不得超过 15 次。除了极少数情况，报纸一概坚持支持法兰克福狭隘资产阶级的观念，因为达尔贝格的法律是外国统治下的产物而声名狼藉，同时他们也担心活跃繁荣的犹太社区会让这个邦联城市丧失德意志性格。卢登写道："民之声，神之声"——人民不喜欢犹太人。

学生圈子中，浪漫主义基督教激情更加深了当时的这种氛围。学生自诩新基督教骑士，对犹太人展现出毫不宽容的憎恨，不禁让人想起十字军时代。因此学生们从一开始就决定从青年同盟中排除所有非基督徒。如果这能够实现，犹太学生将被剥夺读大学的权利，因为兄弟会的目标就是将它的规则强加到所有学生头上，并废除其他所有学生团体。

422　　　早在 1814 年夏，耶拿就成立了一个军事协会，用训练骑士的方式训练成员，为服兵役做准备。次年春，厌倦了无聊旧式活动的两个同乡会的成员同一些无党派人士汇合，1815 年 6 月 12 日，新的兄弟会宣告成立，并根据耶拿习俗，举行了正式游行。该兄弟会的领袖是三个学生,分别是梅克伦堡的霍恩和里曼,以及哥达的沙伊德勒(Scheidler),都是曾英勇作战的优秀青年。首席发言人卡尔·霍恩后来作为弗里茨·罗伊特(Fritz Reuter)导师而名满天下,直到暮年都忠实于自己年轻时代的热情,至死都虔诚地相信,创建兄弟会是"神圣的工作"。这个新团体马上同所有邪恶的"跑腿制度"决裂,依从纯粹的民主原则,由公开选举出的委员会和执行官管理,它的荣誉法庭将决斗限制在极其温和的范围内,并严格监视成员的道德表现。

　　兄弟会成立一年后,耶拿其他所有学生团体都解散了,兄弟会似乎已经达到了成为所有基督教德意志学生联合会的目标。兄弟会早期弥漫着真诚的爱国热情,会歌显示出同过往岁月的巨大差距:"我们首先感谢谁? 感谢上帝,他的伟大奇迹如黎明火焰穿越漫长的屈辱黑夜。谁让傲慢的敌人屈服? 谁让我们焕然一新? 众星之上的王座,直到时间的永恒。"兄弟会根据雅恩的意见,用黑红金相间的旗帜作为标志,同时代表兄弟会和德意志统一。这也是吕措志愿军的制服颜色,其军旗也是金色底的红黑旗帜。[①] 一些兄弟会成员也大胆认为,该旗帜的黑黄两色代表老帝国,红色代表自由或者战争(因为红色曾是帝国军队的颜色)。更加狂热的成员根本不理会什么典故,认为这些颜色代表从奴役的黑夜经历浴血战争,抵达自由的黄金时代。因此,正是从这些学生的梦想中产生了三色旗,它将带给德意志民族无数希望和眼泪,无数高尚的思想和罪孽,最终就像意大利烧炭党人的黑蓝红三色旗一样,在激烈的党争中名誉扫地,被民族国家的旗帜取代。

　　兄弟会的目标是将所有学生团结在一个团体中,这种目标源于过分紧张的理想主义,因为这些青年社团最大的魅力其实在于个人亲密友谊。德意志人无法克服的个人骄傲不可能允许对所有人一视同仁。兄弟会要求谈话中使用家常的"你",贵族就觉得用这个字眼有失身份。无论是老派的粗俗浪荡子,还是许多爱享乐但无伤大雅的青年,都受不了兄弟会的老成持重和严肃口吻,后者认为只有饱含激情的演说或者加上优秀的剑术,才是一个人的威望

423

————————

① 细节见附录 5。

所在。像年轻的卡尔·伊默尔曼就丝毫不关心兄弟会领袖的想法，认为杰出的学生领袖是凤毛麟角。对付这些反对者的唯一手段就是独裁般的冷酷管理。年轻人里各种新倾向包含的地方主义特征，在兄弟会中迅速达到令人发指的程度。当时在耶拿，人们很可能对一切观念分歧保持沉默，因此兄弟会的自负变得令人难以忍受。兄弟会委员会和执行者们神气十足地在每个下午出入集市，宣传祖国和大学遭受的伤害，自认为是这个小小学生圈的君王，大多数教授对待这些青年暴君的态度都过于尊重，其中还混杂着害怕和慈爱。哪怕现在，兄弟会的领袖们都期待着他们的组织哪一天能统治全德意志。

展现热爱和激情的爱国演说越来越激烈，有时甚至在结尾处断言："我们的判断具有历史本身的重量，而历史是具有毁灭性的。"许多兄弟会成员至死都相信，他们的组织实际上已经建立了新的德意志帝国。半个世纪后，阿尔诺德·卢格（Arnold Ruge）就将这场争取统一和自由的漫长战争，描述为兄弟会和同乡会之间为祖国而展开的一场重大纷争。毋庸置疑，许多青年人都是在学校酒会上第一次理解了祖国的伟大，但当时的政治理想主义太松散了，无法唤起某种明确的直接情感。第一代兄弟会成员中，除了个别自由派领袖，如加格恩，大多数后来都展现出极端保守主义倾向，比如里奥（Leo）、斯塔尔、门策尔、雅克和亨斯滕贝格。喋喋不休的热情表达、模糊的自我主义以及表象和现实的持续混淆，都不利于政治才能的发展。整体上可以说，兄弟会产生了更多的教授和作家，而兄弟会的对手，即同乡会产生了更多的政治家。

不过就现阶段而言，兄弟会在耶拿可谓至高无上。兄弟会名震各个大学，许多大学生慕名而来，于是耶拿的学生数迅速翻了一倍。其他大学也纷纷建立了兄弟会，比如吉森大学和图宾根大学，后者早在 1813 年之前就建立了美德会，以抵制学术暴行；而且它们还希望举办全德兄弟会成员的正式会议，以庆祝这个新组织的诞生。四分五裂的德意志民族的统一愿望，在如此自由的、超越国家界线的社会关系中，获得了最自然的表达。德意志和意大利类似，科学家、艺术家和工业家的聚会，就像暴风雨前的海燕一样，是为统一而浴血奋战的先驱。德意志人中，踏出第一步的是大学生，他们也最为清晰地证明了当时政治生活的迟钝。早在人们明白要对共同利益达成某种理解之前，交换共同梦想和希望已经在青年人之中活跃起来，他们还通过排演想象中的生活，庆祝祖国的理想统一。

第三节　瓦特堡庆典

宗教改革三百年庆在所有新教徒中唤醒了一种幸福的骄傲感激之情。歌德也说道："抗议之声也应该出现在艺术和科学中。"因为学生的思想仍然受解放战争新教热情的影响，所以尤其被这种氛围所左右。耶拿兄弟会第一次讨论全德兄弟会庆祝活动的方案时，最终决定将活动日期推迟到 1817 年 10 月 18 日，以便同时庆祝宗教改革三百年和莱比锡战役。阿米尼乌斯、路德、沙恩霍斯特，所有领导德意志精神对抗外国侵蚀的伟大人物，在这些热情学生的头脑中变成了一个形象。路德的经历更具革命性，因此似乎成了共和国英雄，自由"信仰"的先驱。卡尔·桑德写作的纪念册在学生中流传广泛，其中将福音派基督信仰自由的教条同现代民主观念混同起来。桑德写道："宗教改革庆典的主要观念，是让我们通过洗礼而被净化，是我们的自由和平等。旧时德意志民族性曾有三个主要敌人：罗马人、禁欲主义和军事主义。"这种态度，从一开始就从整体上损害了兄弟会庆典。南德的天主教大学尚未同北德大学正常往来，因此不可能获得邀请。10 月 18 日，弗赖堡大学不得不自己在多瑙艾辛根附近的瓦尔滕贝格点燃胜利之火。奥地利各大学也不可能来参加，因为他们坚持远离德意志学生的各种惯例，除了特兰瓦希尼亚的萨克森人和少数匈牙利人，几乎没有奥地利人在德意志求学。哪怕是普鲁士的各大学中，也没有多少兄弟会的追随者，因此只有柏林大学接受了邀请。结果是，莱比锡战役纪念日上，真正参与这场战斗的普奥两国的学生没有代表出席，而莱茵联邦自由主义者曾用来装点自由之战的所有传奇故事，却四处流行。

报刊早就积极宣传了这个伟大的日子。对这一辈德意志人而言，来自各地的德意志人单纯以祖国名义欢聚一堂，实在是令人震惊的场景，似乎比近年来震撼世界的事件更重要。10 月 17 日，1500 名兄弟会成员抵达爱森纳赫，大约一半来自耶拿，30 人来自柏林，其余的来自吉森、马尔堡、埃朗根、海德堡和其他小邦国大学。基尔大学的参加者按照体操协会的习惯，步行前来。4 位耶拿大学教授弗里斯、奥肯、施魏策尔和基泽也出席了。他们在大门前大声问候寒暄，然后前往劳腾克兰泽（Rautenkranz），在那里当着兄弟会委员会的面，宣誓在这 3 天里和平共处。次日清晨，秋高气爽，"神圣的队伍"穿越森林前往马丁·路德的根据地。队伍由沙伊德勒带领，手持兄弟会宝剑，后面跟着 4 个随员；然后是由 4 名卫兵环绕的凯勒伯爵，他掌着兄弟会的旗帜（耶拿少女刚刚为禁欲的青年朋友绣的）；兄弟会排成两列，中间是若干德意志英雄的雕塑，许多成员留着胡须，对于谨慎的人而言，这就是不忠的信号。人人都被这些青年的欢乐忘我精神所感动，好像今天才第一次真正领略了祖国之光。

在瓦特堡的宴会厅，伴随着阵阵鼓声和小号，奏响了《我主上帝》。出身吕措狙击兵的里曼发表开幕演说，充满感情且言辞夸张地描述了路德和布吕歇尔的事迹，号召兄弟会继承这些伟大的精神，"为所有人道而爱国的品质而奋斗"。这篇演说不免流行口号，关于德意志民族被挫败的希望，关于某个信守承诺的君王。大体上，这是一次活跃却模糊，但无伤大雅的情感宣泄，就像兄弟会的新口号"志愿"（Volunto）一样空洞含糊。教授和学生们之后的讲话也没有超出这个范围，奥肯的讲话倒是有些罕见的自我克制，告诫青年人警惕不成熟的政治活动。

午饭后，兄弟会返回爱森纳赫并前往教堂，爱森纳赫的国民兵也参与其中。做完礼拜，柏林和耶拿的体操冠军向国民兵表演体操。黄昏时分，又一支游行队伍打着火把，前往瓦特堡对面的瓦尔滕贝格，在那里点燃许多胜利的篝火，发表爱国演说，演唱爱国歌曲。到此时为止，这场庆典还保持着愉快和谐的气氛，但是已经能清楚看见，兄弟会中存在一小撮极端分子，由雅恩门徒中狂热的条顿主义者组成，被叫做"老德意志人"。体操之父绝不会错过这个展示愚蠢的大好时机，声称这次庆典是为了纪念路德，应该以模仿路德最勇敢的举动作为庆典的高潮；路德曾烧毁了教皇的绝罚令，因此我们应该将伟大事业之敌的作品付之一炬。庆典委员会大多数人都比雅恩聪明，拒绝了他的提议。于是雅恩给了他的柏林同志一份需要烧毁的书目名单，在马斯曼带领下，忠诚追随者们决定自行实现雅恩的计划。委员会希望维持和平，因此并未予以坚决禁止。于是，在瓦尔滕贝格的篝火旁，兄弟会最后一首歌快要结束，庆典也将落下帷幕时，马斯曼突然跳出来，言辞激烈地呼吁人们想想，这些邪恶的作品将在炼狱的火焰中受到怎样的判决。神圣的时刻已经到来，"整个德意志世界都能看见我们的渴望，都能理解我们对未来的期待"。

　　他的同伴们随即递上一摞摞旧书，边欢呼边用干草叉将这些叛国者的作品投入火中。这些书大概有两打，内容涉及广泛，有好有坏，几乎每本书最近都让《伊西斯》和类似的报刊大动肝火。他们烧掉了瓦德泽克、舍雷尔以及差不多所有"值得赞扬的体操艺术的明目张胆和沉默无语的敌人"；烧掉了《阿勒曼尼亚》"以及所有侮辱祖国的报刊"；当然还有施马尔茨的三部作品，以及他的同事坎普茨的《宪兵》。除了《拿破仑法典》、科策布的《德意志史》和阿舍尔的《德意志狂热》，还烧掉了哈勒尔的《复辟》，理由是"他不希望德意志祖国有一部宪法"——尽管没有任何兄弟会成员读过这本艰涩的书。可是就连自由主义者本岑贝格和旺根海姆的书也难逃厄运，因为耶拿的出版商们看不懂这些书。最后，他们烧了一件枪骑士的胸衣、一条鞭子和一根军棍，因为"它们代表着军事上的迂腐，是对庄严神圣骑士阶层的诽谤"；在高喊三遍"打倒感伤主义反动团体"后，这个现代菲默法庭①解散了。

　　这场闹剧愚蠢不堪，但它要求我们思考青年人攻击性言论中毫无限度的傲慢和雅各宾派的偏狭。施泰因说这场庆典是"瓦特堡愚行"，一度倾向于最阴暗观念的尼布尔也焦虑地写道："如果年轻人失去敬畏和克制，自由将是不可能的。"这场"宗教喜剧"，这群勇敢反抗最高尚最神圣权威的改革者，同一群烧毁自己压根没看过的著作的浮躁青年之间的冲突，让尼布尔厌恶不已。次日，在兄弟

427

428

---

① 菲默法庭（Fehmgericht），中古时代盛行于德国西部威斯特伐里亚的秘密法庭。——译注

会的讨论室里,学生们的言论平静了一些,至少比他们的老师弗里斯平和,后者留下了一份演讲稿,毫无品位、充斥着经文式的神秘智慧以及萨克森-魏玛自由主义者的傲慢:"回去后要说,你们参观了自由德意志民族、自由德意志思想的热土……那里没有压榨民族的常备军!一小块土地实现了这个目标,但所有德意志君主都曾许下类似的承诺……"诸如此类。施泰因批评这些耶拿教授们是"胡说八道的形而上学政治家",此言不虚。歌德也曾诅咒所有这些德意志政治演讲,因为备受尊敬的教师们都将 24 个魏玛轻骑兵当成整个德意志的光辉典范,你还能对青年学生有什么指望呢!弗里斯将政治和宗教混为一谈的演说令人厌恶,当天下午,一些兄弟会成员领圣餐时,再次展现了这种态度。当时的负责人内贝已经承认,当时他向一些兴奋且多少有些喝醉的青年学生分发了圣餐——这就是道德废弛的典型,在那个麻烦不断的岁月震惊了诸小邦教俗两界的权威人士。

尽管不乏此类个人愚行,但这场庆典整体上无害、欢乐且单纯。晚上,年轻人们含泪道别,对于其中大多数人而言,这将是终生难忘的记忆,正如海因里希·里奥所言,那就像青春里的一个五月天。他们同五湖四海的同志欢聚一堂,在他们的脑海里,四分五裂的祖国好像就这样统一了。如果公共舆论能通情达理地让这些青年纵情自己的梦想,在庆典上激动人心的时刻里诞生的良好决定一定能结出珍贵的果实。

但在笼罩着死寂般宁静的德意志北部,兄弟会这些狂放言论引发了深远的回响。一时间,好像人人都接受了瓦特堡一位演讲者卡罗维(Karové)的夸张言论,似乎敌友双方一同谋划着将败坏青年人高尚热情的顽疾,即他们的病态自负,推到极端狂热的地步。自由派报纸带着荒唐的执拗兴奋地宣布,这是民族公众生活的第一次觉醒,"这是德意志历史的光芒,这是我们这个时代的盛放"。然而,普通民众对总是殴打守夜人的学生的恐惧,却披上了政治的外衣。正反两个阵营产生了大量作品,从各个角度阐释了这场大戏,将学生运动的爆发提升到了欧洲大事的高度。庆典中的英雄们自然也骄傲地加入了这场笔战。马斯曼在关于庆典的长篇报告中如实描绘了这场青年狂欢节,报告中生硬晦涩的措辞,无疑展现

429

了大量隐藏在雅恩式的"阳刚气派"中的非德意志因素。"尽管奴役时代的阴冷冬夜仍笼罩着德意志的山川河流,但星星之火已经点燃,黎明的血色光芒即将绽放。"可怜的马斯曼现在要为雅恩的愚蠢付出惨重代价了,因为他担心被起诉,而且也不希望在法官面前表现得过于可怜,于是他花了整个冬天熟读那些他在瓦特堡烧掉的书籍。还有一本献给莱茵民众的书,作者很可能是卡罗维,书中希望瓦特堡的精神光芒也能照耀他们,带给他们力量,抚慰他们的悲伤。不过大多数人对瓦特堡的庆典相当宽容。兄弟会也拒绝出版一份政治纲领的计划,而且明确宣布兄弟会不会插手政治。弗罗曼关于瓦特堡庆典的短篇作品则从头到尾都很温和,认为那只是一场无害的青年欢庆活动。

不幸的是,许多出席庆典的教授比他们的学生还愚蠢。弗里斯在一篇典型的劣质新闻报告中,不假思索地支持庆典上焚烧书籍的行为。奥肯在《伊西斯》上撰文称,瓦特堡庆典是一次非凡的成功,用大量鹅头、驴头、教士头和犹太人头的图像,不遗余力地讽刺被烧毁书籍的作者。还有基泽,他尽管被医学领域的其他成员称赞为有头脑、有学问,也出版了一部作品,"献给德意志诸大学的瓦特堡精神",尽夸张之能事,称颂瓦特堡庆典"是一件德意志民族将引以为荣数个世纪的重大事件,是一件史无前例的伟大事件,是一件尚在隐秘孕育中的,承载无数希望的,足以影响数个世纪的辉煌事件"。

反对者的过度反应绝对要为这些宏大错觉的爆发承担责任。　430
这个时代仍然不太适应政治斗争的恶意,几乎所有被谴责的作者都感到被愚蠢学生们冒犯了。只有旺根海姆一笑了之,说邦联议会的同事们以前总怀疑他是个煽动家,自从他的书在瓦特堡被烧,他们对他友好多了。其他许多人都强烈谴责,一些阴暗的报告开始流传,声称这些青年叛徒将神圣同盟的长城和邦联法案一并烧毁了。枢密院官员坎普茨尤为愤怒,他抓住良机,一劳永逸地镇压了这些学院雅各宾派。这些无知的学生将一部《宪兵法典》也投入了火焰,那是一部治安条例汇编,其编纂者并未增添别的内容,这等于在萨克森-魏玛的土地上公然焚毁国家统治者颁布的法令,根据奎施托普关于《刑法》的研究成果,这种行为无疑犯了"大不敬之罪"。坎普茨一连给魏玛大公写了两封带有威胁性质的信,后来又写了《论公然焚毁出版物》的小册子,其中详细论述了这些理念,并要求大公作出令人满意的答复,声称这种具有煽动性的偏狭野蛮和邪恶教授们的粗俗炫耀,亵渎了德意志的土地,也玷污了这个时代。

维也纳宫廷唯一的感受是生气和警觉。从爱森纳赫传来的消息让梅特涅第一次认真关注德意志事务,此前他总是漠不关心,如今他有些恐惧地承认,青年人狂热行为的背后,潜伏着他的政治体系的死敌——国家观念。他立刻向普鲁士大使宣布,是时候"对雅各宾主义采取强硬措施了",要求哈登贝格联合奥地利对魏玛宫廷采取行动。① 梅特涅起初在惊慌之下,甚至打算将所有奥地利大学生从耶拿召回。根茨也在《奥地利观察家报》上发表了多篇抨击瓦特堡庆典的文章,称它是明白人和傻子组成的粪坑,还说现在一位父亲看见儿子前往大学,只会战栗不已。这些精神紧张人士的控诉马上遭到了驳斥,这些虚荣的学生们基于大量知识编造的有关志愿军"伟大事迹"的传说则迅速流行起来。

在柏林,国王威廉三世远比他的大臣们更关心此事。威廉从没当过学生,自然也就没体验过学生生活,因此他厌恶这些青年的喧闹行为。去年春天,卡尔·伊默尔曼恳请他保护自己免受兄弟会恐怖行动伤害,那时他就采取行动对付哈雷大学的条顿狂热分子,现在他质询普鲁士各大学,都有谁参与了瓦特堡庆典,柯尼斯堡大学的兄弟会因为没有参与而受到表扬。12月7日,普王给教育部长下达严格命令,查禁所有学生团体,违令者驱逐出境,体操协会的行动也被严密监视。普王写道:"如果哪所大学存在无法根治的乱纪行为,我将毫不犹豫地废除这所大学。"②

阿尔滕施泰因宽仁谨慎地执行了国王的命令。他并没有对学生们的善良心灵失去信心,赞扬魏玛大公无所畏惧的行为,坚信"正如普鲁士各大学拥有超越德意志其他大学的优良设施一样,它

---

① 克鲁泽马克的报告,1817年11月12日、22日。
② 给阿尔滕施泰因的内阁令,1817年12月7日。

们也能成为行动的典范——既充满活力,又有正确目标①"。但首相支持国王的意见,这并非因为他同君主有同样的焦虑,而是青年煽动者们的演讲有可能摧毁他最珍视的各个计划。哈登贝格最终的政治目标是完成宪法,可如果君主疑窦丛生,就永远不可能成功,因此所有带有煽动性的示威行动都必须被彻底永远遏制。施莱尔马赫的演讲集《论国家原理》是纯粹学术性的,竭力避免了党派精神,但由于一些居心叵测之人的操纵,最近成为宫廷怀疑的对象,导致普王表达了一些尖刻言论。哈登贝格没胆量直截了当地让普王睁开眼看清楚,只能命令教育部长禁止这些演讲稿继续传播,"这些东西除了播下纷争的种子,没有任何用处";后来又因为维特根施泰因认为其非法而取消了这道命令。② 如此反复无常的首相接受了梅特涅的计划。他打算近期访问莱茵各省,于是决定顺道经过魏玛,在奥地利大使齐奇伯爵的协助下,同魏玛大公会晤,并递交奥地利皇帝和普鲁士国王的告诫信。

432

周遭激动不已,唯有卡尔·奥古斯特心平气和。他本人年轻时就同这些学生一样充满激情,因此并不过分看重兄弟会的浮夸举动。《德意志兄弟会报》已经被禁了,另几份报纸也受到监控,奥肯被起诉,但最后被判无罪,因为起诉书中居然愚蠢地指控他叛国,可是《伊西斯》中的文章最多算是诽谤。对弗里斯的起诉也因为缺乏理由而中止,法庭认为他只是发表了不得体的演讲,申斥一下就足够了。至于其他耶拿学生,并没有受波及。11 月 26 日,卡尔·奥古斯特透过驻柏林代办向普鲁士政府保证:"目前的群情激动是正常的,信心和勇气可以缓和这种局面,但怀疑和强制手段将让德意志陷入混乱。"③他以一贯愉悦坦诚的态度接待了普奥两国来使,承诺将协同建立一部邦联出版法。齐奇应卡尔大公邀请在埃德林陪同下参观耶拿大学,以近距离观察这个骚乱的策源地,因为没发生什么重大事件,普奥两国暂时取消了进一步行动。但怀疑仍未

---

① 阿尔滕施泰因给哈登贝格的信,1817 年 11 月 30 日;1818 年 8 月 25 日。
② 哈登贝格给阿尔滕施泰因和维特根施泰因的信,1817 年 12 月 7 日;罗特尔(Rother)给哈登贝格的信,1817 年 12 月 15 日。
③ 埃德林给魏玛代办穆勒的指示,1817 年 11 月 26 日。

解除，当年夏日马斯曼被任命为布雷斯劳大学的体操教师，威廉三世用最强烈的态度公开反对。因奥兰治亲王和比利时流亡者的阴谋而长期不安的法国也严肃抗议魏玛宫廷。沙皇作为基督教自由主义的倡导者，拒绝如梅特涅希望的那样向德意志邦联发出警告，但他也无法全然控制自己的恐惧，在一封亲笔信中敦促魏玛大公严格管理媒体。[①] 随着革命的阴云日益迫近，也因为各国意识到它们对德意志犯下的错误，所以尽管在这片和平的土地上，一场巨大运动还尚未显露端倪，但已经被视为欧洲革命党派的天然中心。

433　　各国内阁的恐惧严重影响了学生的心态，因为既然已经被欧陆所有大国所针对，兄弟会认为自己已经成了历史的中心。一直沉睡在基督教-德意志幻想下的民主观念现在大喇喇地闯入现实，人们唱响德意志化的《马赛曲》："我们来了，我们来了！颤抖吧雇佣兵，滚开或者死亡！"可是没人问这些雇佣兵属于哪个国家。"老德意志"的革命党派逐渐区别于天真的兄弟会。后者厌倦了没完没了的政治讨论，在利希滕海恩建了一座欢乐的啤酒王国，"平静的共和制政治家们"在齐根海恩（Ziegenhain）的共和国里召开正式会议，满怀情感地讨论，统一德意志究竟是要靠暗杀还是和平吞并其他邦国。一首名为《30或33，并不重要》的新歌非常直接地提到了前一种办法，但也有些更温和的人希望给普王提供一笔每年300塔勒的退休金。愚蠢开始突破所有界限，弗里斯时常发现体操运动者们的交流方式正在变化。由于他在同年轻朋友的交往中，允许他们以"你"称呼他，所以某个学生这样的来信，他也就没什么可惊讶的："我感到未来我可能不会给议员弗里斯写信了，而是给你，我的老朋友弗里斯写信，而你也可以给你忠实的学生D回信。看看吧，亲爱的老朋友，我们是年轻人，我们现在比你们当年过得好多了。"

　　瓦特堡庆典后不久，一场火上浇油的笔战开始了。在学生眼里，科策布一直是个麻烦，他们厌恶他柔软而充满情欲的戏剧，也将他视为可怕精明的敌人。科策布在梅特涅钟爱的《文学周报》上

---

① 阿尔滕施泰因给哈登贝格，1818年8月18日、9月15日；巴登大使施托克霍恩（Stockhorn）将军的报告，柏林，1818年2月7日。

撰文支持开明专制,赞颂甚至谄媚俄国,恶毒攻击学生的理想主义以及超过自身狭隘理解力的一切东西,就连歌德都恨不得让他享受一下瓦特堡庆典上的火刑。但这个老流氓拥有粗糙的智慧和敏捷的笔,多次恰如其分地表达了学生的偏执自大,一眼就看穿了这群没有教养的人;他还在《蠢货的忠告》中对《伊西斯》品头论足,愚蠢自负的年轻人根本不是他的对手。科策布以俄国公使团秘书的身份生活在魏玛,也因为这个外交职位引来了麻烦:他是魏玛人,将自己的文学成就完全归功于德意志,而且在《文学周刊》上以德意志人的身份书写祖国事务,这样一个人怎么可能有良好的民族骄傲情感呢?全德意志到处都有圣彼得堡的密探,这是公开的秘密。俄国议员法贝尔访问莱茵兰时,佐尔姆斯·劳巴克伯爵认为有必要让贝尔施(Bärsh)跟踪他。俄国内阁对欧洲事务的了解,主要归功于住在西方的俄国人传回的报告。科策布偶尔也会给圣彼得堡发报告,但他绝不是那种危险的间谍,因为他的报告里只有对德意志文坛近况的批评观察。

科策布的秘书同《反对报》的编辑林德纳住在一栋房子里,有一天他天真地让林德纳帮助翻译几段科策布的报告里用法语写的内容。林德纳马上意识到了这份文件的性质,请求将它留下一个小时,抄录了其中最重要的段落,并毫无愧色地立刻向卢登告知了这份偷来的文件。这份报告里只有几段从《正义女神》之类的报刊中摘抄的内容,以及一些对卢登作品绝对称不上恭维的评论,比如:"一位政敌这样写也很自然,毕竟那人习惯了野蛮地对待敌人。"卢登也很有手腕,马上抓住这个让敌人暴露的机会,同时也让人们相信自己不是个煽动家。他复印了这份文件,通过没那么光彩的诡辩证明,是科策布篡改了《正义女神》上本来单纯的文字,由此给他打上了诽谤者的标签。《正义女神》立刻大肆攻击这个"俄国间谍",可实际上他并没有透露任何秘密信息。攻击一轮接着一轮,一场激烈的争吵爆发了,哪一方都没多体面。各个宫廷介入谴责双方,林德纳被驱逐前往阿尔萨斯,在那里被法国观念所蛊惑,变成了自由主义的莱茵联邦分子。学生们最终还是将科策布当成目标,宣泄胸中漫无目标却激烈异常的仇恨,将他视为一切恶行的典

434

435

型和祖国的邪恶天才：“坎普茨和施马尔茨的朋友在低吠，别西卜①、
科策布。”

　　年轻人已经狂热到了这种地步，德意志民族还如孩童般好奇地
讨论学生的一件件蠢行。1818 年夏，在一场同资产阶级毫无政治
性的争论后，哥廷根大学的学生出走，宣告大学名存实亡，并在维
岑豪森（Witzenhausen）痛饮狂欢数天，借此给大学最后一击。这种
行为如果发生在旧时代，很有可能威胁到一所大学的生存，但如今
各个邦国都要求官员和神职人员上本土大学，这种出走行为就成
了个笑话。尽管如此，学生们孩子气的举动还是引来了不少讨论。
议员达贝洛伯爵（Dabelow）是安哈尔特-克腾公国的杰出组织者，
曾亲身经历了瓦特堡庆典上的焚书行为，恳求各政府严厉制裁这
些年轻人。这位能干的法学家很快收到命令前往多尔帕特，这证
明学生们周围有沙皇的间谍。有位作家用一整本书描述了哥廷根
出走事件，还配了几幅图，图上的学生们各个面目狰狞，活像刚从
波西米亚丛林走出来的摩尔匪帮。很快，图宾根大学的学生发动
了以一家乡村旅馆为中心的鲁斯特诺（Lustnau）战役；然后，海德堡
兄弟会也陷入狂热，占领了海德堡的大酒桶啤酒店。德意志报纸
隆重地描述了这些本来没多大的事件，学生们获得了令人费解的
声誉，在民间被赞颂为天生的护民官，在宫廷被怀疑成专业的阴谋
家，法国大臣德·塞尔伯爵（de Serre）给尼布尔写信道：“我为你们
国家的政治家感到遗憾，他们竟然同学生开战！”

436　　唯有卡尔·奥古斯特依旧不为所动。1818 年 7 月，耶拿学生
在加格恩的带领下举行了一次火把游行，庆祝大公孙子的诞生。
大公在王宫庭院里招待了他们，并站在阳台上微笑着注视这些青
年良久。随后，根据欧内斯特家族惯例，邀请全国各团体参加孩子
的洗礼，卡尔邀请了兄弟会的三个代表参加，霍夫堡愤怒地得知，
这些危险分子不但参与了洗礼，还受到了宫廷女眷的格外优待。
从此以后，梅特涅的圈子就将卡尔·奥古斯特称作“老兄弟会员”。

　　同时，瓦特堡播下的种子开始萌芽。14 所大学按照耶拿大学
的模式组织了兄弟会。1818 年 10 月，这些兄弟会的代表齐聚耶

---

① 别西卜，《圣经》中恶魔的名字。——译注

拿,在瓦特堡周年庆典上成立了"全德兄弟会",这是一个所有德意志学生的自由组织,"基础是德意志青年同即将实现的祖国统一之间的联系",来自各个大学的兄弟会代表在"胜利的氛围中"每年召开一次会议。全德兄弟会的组织章程清晰地描述了组织目标,要求所有兄弟会团结、自主和平等,尽一切所能服务祖国。唯一令人感到恐惧的是章程中的恐怖主义精神——要求所有学生加入,宣布其他任何学生组织非法,除了耶拿大学,其他学校都无法完成这些要求,许多同乡会继续与兄弟会共存。对于地方主义及其领导者维也纳宫廷而言,这种"青年联邦"是极端危险的,它的存在意味着在严重分裂的德意志,出现了一个囊括全德的组织。这是个全新的现象,就连歌德都焦虑地问,我们是否要容忍这个拓展全境却不服从邦联议会的组织存在。

正当兄弟会不断扩张时,其内部的力量和团结也正在遭到一种分裂力量的削弱。这代人深受席勒自由主义情感鼓舞,从一开始就容易接受卢梭的理念,而且在经历多年活跃的政治讨论后,这种具有煽动性的政治党派最终为人所接受。吉森大学是学院革命精神的中心,法国大革命的诸多理念早就在这里生根;达姆施塔特和拿骚的波拿巴主义官僚的专横已经让年轻人苦不堪言,解放时刻终于到来时,吉森的学生们涌入军队,却几乎没有正面遭遇过敌人。在疲惫的行军途中,他们只领教了战争的枯燥,却没有体验它的激动人心;莱茵联邦的官员们不知道如何同行伍中这些受过教育的青年共处,也让他们吃了不少苦;他们情绪低落地返回家园,丝毫没有感受到普鲁士军队对王权的忠诚。他们相信,德意志发动这场战争仅仅是因为宪法问题,所有的鲜血都白流了。

吉森的学生联盟有个耶拿没有的特点,就是他们同一些更为成熟人士秘密交流。战争期间,拉恩河地区成立了若干反抗外国统治的秘密社团,但并没有什么功绩。1814 年,根据阿恩特起草的计划,伊斯坦因(Idstein)建立了"德意志人协会";次年,勒德尔海姆(Rödelheim)的法律顾问霍夫曼也建立了一个同盟,与尤斯图斯·格鲁纳接触,支持普鲁士霸权。① 这些组织中的一些成员很快放弃

①　参见本卷第 192 页。

了条顿主义理想，转向了世界主义的革命观念，并开始同吉森兄弟会秘密接触。这些革命者中有拿骚反对党领袖，路德维希·斯内尔和威廉·斯内尔兄弟，还有布茨巴赫中学（Butzbach）副校长魏迪希（Weidig），他积极支持平等理念，认为所有政府都是邪恶的，因为所有人类完全平等是上帝的旨意。这些人的影响和病态社会秩序造成的沉闷氛围，很快在吉森的学生中催生了一种极端狂热的心态。一个"黑色协会"出现了，并力图将自身具有革命性的新法典《荣誉法则》（*Ehrenspiegel*）推行到所有学生中。代表地方主义的各个同乡会则佩戴黑森帽徽，该组织最终因遭大肆谴责而解散，但其中更狂热的成员仍在秘密活动。

　　"黑色协会"的领袖是福林三兄弟，阿道夫、卡尔和保罗，三个英俊高大青年，充满活力和热情，勇敢的共和主义者，是一位吉森官员的儿子；他们还有个妹妹，后来成了卡尔·福格特（Karl Vogt）的母亲。阿道夫·福林很有诗人天赋，却在宣传革命思想的演说中，用矫揉造作的情感败坏了这种天赋，体操协会最野蛮放肆的歌谣都来自他和朋友萨托里乌斯。卡尔·福林是严格理性法则的狂热拥护者，本身思想贫乏，但拥有罕见的逻辑辩证能力，是个过于早熟且过于自信的人，知道如何按照革命先知的样子摆出一副强大深奥的姿态，令年轻的协会同仁印象深刻。他还是一名法律教师，胸有成竹的状态迷住了学生们，因为在这些涉世未深的人眼中，这就是天才的标志。他所说的每个字都经过了深思熟虑，从无条件平等的前提，通过冷冰冰的逻辑，不会在任何结论面前退缩。他的天性中神秘地混合了冷酷和狂热，外表整洁，表情带有威胁性，让人想起罗伯斯庇尔，但卡尔·福林不是个伪君子，切身践行他所宣扬的禁欲道德准则。面对图宾根和耶拿兄弟会天真的帝国美梦——幻想霍亨斯陶芬家族的王冠戴在威廉或卡尔·奥古斯特头上——卡尔不过一笑而已，尽管他时刻克制自己不要炫耀世界主义观点，因为这样很可能削弱他所有的影响力，但他还是将学生们的仇法情绪和条顿狂热视为孩子气的表现。换言之，他是个雅各宾派，而且很有可能早在1818年，或者肯定地说，从1820年起，卡尔就同遍布法国的革命性秘密社团展开秘密交往，这些社团由拉法耶特的指导委员会控制。他的主要原则是，一个人如果不是自愿臣服某政权,也就不应该服从其所提出的任何法律,因此根据卢梭式的谬见,唯有大多数人的统治才是合法的。"每个公民都是国家领袖,因为公正的国家是一个完美的平面,没有顶层和底层之分,每个点也都可以是顶点。"

　　1818年秋,阿道夫·福林起草了一部具有集权性质的德意志宪法方案,卡尔·福林修改后提交耶拿兄弟会。这份方案中除了若干德意志化的段落外,几乎完全模仿法兰西共和国宪法:所有德意志人拥有完全平等的权利;立法由所有人投票决定,少数服从多数;这片不可分割的领土将被分成若干行政区,每个区域包含同样数量的居民,根据区内的山川河流命名;所有官员薪酬平等,必须宣誓效忠人民代表;将建立一个基督教-德意志教会,不容许其他任何信仰存在;学校只建立在乡村地区,专门培养农业和手工业人才;国家最高层是选举出的国王和议会。这完全像是出自圣茹斯特①之手。在学生们看来,比这些激进理念更具破坏力的是卡尔·福林提出的荒谬道德体系。耶稣会已经允许教会领袖至高无上,但福林却从"个人信念"崇拜开始,发展出了一套主观体系,直接否认存在任何统治人类生活的客观体系:正直之士不需要考虑法律。凡是理性承认为真的东西必须被道德意志立刻、无条件、不打折扣地实现,哪怕要消灭所有持异见者,因为理性的实现具有道德必然性,因此不可能存在任何责任冲突。这种观念被简称为"原则",福林的心腹们也因此自称"无条件者"。对于他们而言,为了人民的自由,一切都是允许的——谎言、谋杀以及任何作奸犯科,因为任何人都无权从人民手里收回自由。

　　推翻一切道德和政治秩序的福音就这样第一次出现在德意志,这种可怕的理论披着不同的外衣一再在这个世纪兴风作浪,最终在俄国虚无主义教条下走到了极端。但福林将他的虚无主义包裹在基督教外衣之下:耶稣,信仰的殉道者,是"无条件者"的英雄,"你必须成为一个基督徒!"一些人出于天真无知,粗暴地误解了普鲁士英雄,尤其是沙恩霍斯特和格奈泽瑙。福林却是出于计算推理,让单纯的兄弟会相信,这些德意志战士是为了民主而战。福林

439

---

①　圣茹斯特(Saint-Just,1767—1794),法国大革命期间重要政治家。——译注

兄弟用革命性的语句修饰了伯里广为传唱的《沙恩霍斯特的祈祷》,在这首歌中,将军宣誓:"决不退缩,血战到底,保卫人性,捍卫平等自由!"

卡尔·福林没什么诗歌天分,但也亲自遣词造句,而且他的诗歌中难以置信的浮夸,野蛮嗜血的修辞,在学生中颇有拥趸。他最著名的作品是《壮歌》,尽管脍炙人口,但主要段落外人很难全面理解。这首歌开头呼吁"德意志青年和民众","灵魂的春天问候,古老的冰面破裂,奴隶和暴君,跌入深海旋涡!那是一个民族,一个自由国度! 自由、平等和神性,诞生于人性的阵痛,如雷电劈向肮脏俗世。"接着赞颂"永恒自由殉道者的神圣团体",其成员宣誓成为主人手中出鞘的匕首,"所有公民的平等,整个民族的意愿,仅凭上帝的恩典"。然后呼吁民族"掐死恶魔!"自由基督徒的新年颂歌更为明确,用一种欢快的氛围增强了歌词的粗俗意味:"自由之剑在手! 乌拉! 一剑穿喉! 紫袍金冠和花环,献祭复仇的祭台!"在这种曲调中,这首歌越来越愚蠢和野蛮,最后唱道"打倒王冠、皇冠、寄生虫和贵族!"

成百上千的青年高唱这首歌,几乎没有人认真想过歌词,但诗人是真心的。卡尔·福林通过与"无条件者"的多次讨论,构想出了一个计划。但此刻不可能发动革命,于是他计划暗杀几个叛徒以示恐吓,并鼓舞懦弱民众。他本人并不参与准备工作,不是因为害怕,而是因为他要在起义民众中担任领袖角色。他马不停蹄地发动民众,在要求落实第13条的请愿书中,在所有演讲和会议中,催促黑森大公履行承诺,制定宪法。在他看来,所有手段都不过是为了实现更伟大的目标。他的密友舒尔茨,在《问答集》中公开向黑森农民宣传革命。

很长一段时间里,耶拿学生都在尽量远离吉森人的煽动态度,也拒绝了福林的宪法方案,虽然有相当一部分人表示青睐。"黑色协会"的革命信条还是主要通过图林根人罗伯特·韦塞尔赫夫特(Robert Wesselhöft),逐渐传入萨勒河流域。罗伯特并不了解兄弟会的规模,他在老德意志人中建立了一个"无条件者"的秘密社团,轻视兄弟会,并同其他大学中的同道中人保持秘密联系。耶拿的乌韦·洛恩森(Uwe Lornsen)属于这个团体,他是个来自弗里斯兰群岛的暴脾气,后来因拥护石勒苏益格-荷尔斯泰因的权利而闻名于世。另一位成员是施瓦茨堡的海因里希·里奥,生得小巧美丽,天生的浪漫主义者,热爱原始条顿人野蛮而自然的生活,痛恨古典文化的僵硬程式化,只是因为热血上头才短暂地参与了一场与天性格格不入的现代革命。

"黑色协会"相当放肆,完全相信自己的使命就是发动和领导被奴役的人走向解放。一个巴伐利亚人,假装弗里斯的狂热门徒,发表了一封公开信,在其中将所有人分成几等:兄弟会成员、兄弟会女成员、兄弟会教师、将加入兄弟会的人。这本身是一则讽刺,但容易被理解成许多兄弟会成员就是这样想的,而且今天也有不止一个历史学家犯了同样的错误。"黑色协会"每天都在冷静地讨论谁应该成为自由事业的第一具"尸体",由于梅特涅太远了,而且他们并未对某个德意志诸侯有特殊的仇恨,因此科策布一度成为首选受害者。1818 年秋,据说沙皇要途经耶拿,"无条件者"的领袖们举行秘密会议,讨论是否要攻击这位暴君。任何参会人员被询问意见时,只要表现出犹豫,就会被排除出创始人会议。沙皇并没有经过耶拿,人们自然会认为,"黑色联盟"领导人本来就知道此事。这也许是真的,可青年人究竟经历了什么,居然会将是否赞同政治暗杀这种懦弱且违背德意志正直精神的举动,当成检验一个人是否值得信赖的试金石?

官方报纸上的警告,以及教士们的冲动言论,加剧了青年人的激动情绪。卢登提出了一个鲜明主张,即国家的权力和自由是最珍贵的道德价值,因此其他道德价值都可以为此牺牲。但他的智力不足以清晰地向学生阐释该观点,而这一重要观点又非常容易被误解,许多被他深深打动的青年人都简单地认为,目的赋予手段合法性。弗里斯的头脑也极其混乱,表达的观点总是含混不清。为了劝告学生远离秘密社团,他用革命性的语言包装自己,用粗俗的语言抨击治安管理者,称他们坚持"给德意志森林里的橡树和松树捆上直杆",但事实证明,他的言论没有安抚学生,反而让他们更激动了。他曾向学生坦诚自己的信念:"我最宝贵的愿望就是能有一部德意志法律和一个保障德意志统一的共和体制。我厌恶那些出身高贵的法国猴子统治我们的方式,我厌恶出身高贵的拉丁猴

442

子管理我们的方式。我憎恨压迫人民的常备军、领工资的愚蠢而游手好闲的官员。人民是军队，人民是主人。"就连精神自由的阿恩特都受到了这个时代痛苦的影响。他1818年发表的第四卷《时代精神》远不及前几卷，解放战争的美好情感开始褪色，他将七年战争描绘成一场空洞的冒险，说古典诗歌琐碎无意义，是一个混乱时代的产物，缺乏爱和荣誉，这样的说法必定增长学生的傲慢。他还天真地说，只要"一个外来民族或者野蛮暴君打算像对待野兽一样对待一整代人"，任何阴谋活动都是允许的；他不知道年轻的读者们早就认为自己处于这种暴君统治之下。他声称，法国人和波兰人都有宪法，"我们的统治者却希望我们活在他们的仁慈下，就好像我们还不如一堆木头桩子"。他还拿军纪松散的瑞典军队给普鲁士做榜样。在如此无脑而又挑动性的言论中，有识之士对"乳臭未干且狂妄自大的德意志蠢人"作出的警告被彻底遗忘了，教授们因和平初年理想幻灭造成的愤怒越来越难以抑制。1818年夏，就连施莱尔马赫都称，又一个1806年正在降临，可此时的普鲁士政府除了个别失误，还没有作出任何值得批评的事。

443　　1818年秋，卡尔·福林作为讲师前往耶拿。他是兄弟会的掘墓人，是真诚青年情感的破坏者。弗里斯徒劳地要制伏这个邪恶的人，在哲学俱乐部的辩论中，卡尔·福林远胜弗里斯，越来越多的学生转换了阵营。眼下福林还没有多少追随者，因为头脑健康的年轻人不可能全然克服对这位刺客使徒的恐惧，他的主要门徒是卡尔·桑德和威特·冯·多林（Wit von Dörring），后者是个放荡的投机者，后来成了叛徒。但是卡尔·福林的影响力远远超出了这个小圈子，"斩首暴君"的口号越来越大声。冬季，"黑色联盟"及其忠实信徒通过诈骗的手段，控制了兄弟会的委员会。随后一个秘密社团成立，其成员就像烧炭党人一样，甚至彼此不认识。由于直肠子的德意志人玩不来阴谋诡计，这类社团的手段从未超过愚蠢乔装的程度。可是一个个年轻人如此粗鲁炫耀地对待政治犯罪思想，而且福林也明确指示，任何想为事业牺牲自己的人都必须独自行动，因此这些行为也意义重大。一位黑色联盟老成员威廉·斯内尔遭解雇后，他的黑森同志请求"无条件者"支持他，"让那些畜生在更强大的力量面前战栗，我们现在挥舞防御盾牌，一旦罪恶唤醒愤怒,也能挥舞复仇之剑"。

后来,曾经的黑色同盟成员认为,如果福林和他的同党能早早被驱逐出德意志,很多的错误就不会发生了。但是政府对于这些活动并没有详细记录,而且也不太关心。一小撮煽动家继续邪恶的工作,直到有一天,四处传播的罪恶种子结出果实,一个恶棍手持匕首,要将政治暗杀的教义变成现实。

第八章 亚琛会议

第一节 奥地利宫廷权力增强

　　四国同盟在 1815 年 11 月 20 日签订的协议中,同意通过不时开会以保卫欧洲和平。早在 1817 年春,维也纳宫廷就觉得有必要开个会了。威廉三世不同意,他相信四国正式会议很可能会在所有不出席会议的宫廷以及本就心存疑虑的民众中掀起波澜。但如果他和弗兰茨皇帝履行很早以前的承诺,访问圣彼得堡,同沙皇悄悄讨论一切需要讨论的问题,事情就简单多了。[①] 但梅特涅坚持己见,沙皇赞同奥地利的意见。与此同时,法国的观念发生了转变,这让四国同盟有可能达成新的共识。

　　普鲁士政治家在巴黎会议上的预言正在变成现实。盟军占领法国本来是为了保卫欧洲和平,可是现在这种占领行为似乎越来越威胁到和平。占领军的确已经缩减了 1/5,军队的行为也完全符合四盟国对重建的法兰西王朝的正直情感,驻扎在巴勒迪克和色当的普鲁士人可以同他们的房东相处融洽。普鲁士驻军的指挥官齐滕将军抱怨要塞供给缓慢,哈登贝格马上告诫他要忍耐,因为盟军和法国当局之间的任何纷争都会让极端分子获利,还会轻易地动摇法国政府的稳定。[②] 尽管如此,外国旗帜飘扬在本国土地上,

还是伤害了法国人民的情感。所有反对党都激烈抨击这个要依靠外国军队自保的王朝。1815 年,极端分子还动情地对同盟四国说:

---

① 内阁顾问阿尔布雷西特给哈登贝格的信,1817 年 5 月 13 日。

② 哈登贝格写给齐滕的信,1816 年 3 月 22 日。

"你们不会就这样将法王留给暗杀者吧?"现在,他们比其他党派更激烈地谴责外国占领。

法国如果不解放,黎塞留就不可能实施他的调节政策,他如此审慎克制,就是为了这个。这是他想为祖国最后做的事,然后厌倦了党派纷争的他就可以退休了。他一次次谴责四国大使会议,提醒他们根据巴黎条约规定,如果法国保持平静,占领者们就应该缩短占领时间。1817年11月,他在议会重开时宣布,已经就占领军撤出法国的问题开始谈判了。听到这个消息,所有党派无比兴奋,国内掀起了一股爱国主义浪潮。大家都清楚,如果黎塞留不能满足他亲自唤起的这种愿望,同盟四国和法王路易都希望继续存在的法国温和政府必定垮台。在大使会议上,开始只有波佐·迪·博尔戈关注黎塞留的要求。这个科西嘉人一直是波旁家族的秘密顾问,而且再次投向故乡一边,因此又在法国政府担任要职。他发现争取沙皇并不难,因为后者非常喜欢扮演法国伟大保护者的角色。不管盟友们怎么想,沙皇都允许给予巴黎鼓励性的保证。梅特涅开始并不想缩短占领时间,但在1818年春,他也认为所有反对撤军的行动都是徒劳。4月9日,梅特涅向普鲁士大使保证,考虑到法国议会的观点和沙皇的举动,他有一种不祥的预感——提前撤军可能难以避免了。①

法国内政也让这位胆怯的政治家坐立难安。尽管极端统治已经终结,但党争依旧猛烈,只有一小部分法国人意识到新立宪君主制的合法基础。一位极端分子,马蒂厄·德·蒙莫朗西(Matthieu de Montmorency)对一位自由主义者说:"至于你们,你们热爱合法性就像我们热爱《宪章》!"阿图瓦伯爵动用一切能用的武器反对他兄长的谨慎政策。1818年5月,帕维永·马尔桑(Pavillon Marsan)的心腹维特罗勒(Vitrolles)向同盟四国递交了第三份秘密备忘录,恳求他们让黎塞留下台以避免革命。极端分子盲目仇恨政府当局,于是立刻同波拿巴主义者以及革命派合并。尽管"空论派"支持调和世袭权利和自由,内阁还是没能获得这些人的支持。"空论派"继承孟德斯鸠的理论,认为对政府的不信任将是所有自由国家

446

---

① 克鲁泽马克的报告,1818年4月9日。

中的赋活之力，而且没什么比"执政党"这个名字更无耻的了。关于恢复行会、十一税和强制劳役的流言四处传播。流亡者强烈要求拿回祖产，而且补偿计划也尚未决定，这让购买了土地的人倍感不安。此外还有秘密社团的地方活动以及越来越有魅力的拿破仑神话。拿破仑的三个忠诚追随者接连从圣赫勒拿返回：奥米拉（O'Meara）、拉卡兹（Las Cases）和古尔戈（Gourgaud）。拉卡兹在德意志生活了很长一段时间，并且遮遮掩掩地同博阿尔内家族做起了生意，这是人尽皆知的秘密，除了慕尼黑的波拿巴主义警察。他在那里出版了第一卷回忆录，由此为拿破仑的回归铺平了道路，但这部作品就是一堆巨大的谎言。法国宫廷惊恐地听闻那位囚徒无法名状的悲痛，他除了自由已经一无所有，而他的监管人赫德森·洛韦（Hudson Lowe）又是多么恶毒残忍。实际上，尽管有些过于严苛，但洛韦只是忠于职守罢了。

随着工商业的复苏，战时的伤痛迅速被遗忘。外国军队使人们想起帝国雄鹰的光辉，相比趾高气扬的古老贵族，头戴皇冠的平民才是民主英雄，现在人民才理解他动人的话语：他是如此深沉地爱着他的法兰西，他始终渴望赋予这个国家以自由，心怀叵测的邻国却一再逼迫他拿起武器。贝昂热颂扬帝国的歌曲也开始传播，歌中预言道：农舍中只会有关于拿破仑的历史，法国北部和中部的人民只会认识一位世纪英雄——拿破仑。莱茵联邦诸国中，刚刚沉寂的拿破仑崇拜又兴起了。南德每家旅馆中都能看到拿破仑战争的图画，法王路易的使者不止一次向慕尼黑宫廷投诉，出自无名之手的拿破仑塑像和图画在巴伐利亚军中流传。

就这样，法国人自大革命以来最优秀仁慈的政府陷入四面楚歌。同盟四国直到 1817 年还在担心极端保皇党人，现在也开始将革命派的阴谋和波拿巴主义者的战争狂热视为波旁王室最危险的敌人。实际上已经有人在呼吁"雪耻佳姻庄"，此时法国议会要求盟军撤出，同时还批准新军事法，强迫国防部长将常备军数量增加到 24 万，比他本人要求的还多 5 万。大量帝国官员官复原职，组建了一支由拿破仑老兵组成的强大的后备军。这些看在普鲁士军队眼里，无疑是第三次布匿战争的前奏。尤其是格奈泽瑙，他马上想起曾经的一个观点，唯有彻底解散波拿巴主义的军队，才能在一定程度上捍卫欧洲新秩序。[1]

　　无论是伦敦、维也纳还是柏林，都对波旁统治的软弱没有任何错觉。事实上，它的垮台在实际发生之前就被预料到了。威灵顿将军的报告语气几乎绝望。尽管如此，人人都认为，外国军队的存在一定会进一步威胁这个合法王朝的威严。早在 1818 年 5 月，同盟四国在没有正式会议讨论的情况下，共同决定将占领时间从 5 年缩短到 3 年，而且决定在不久后的君主会议上确定细节。普鲁士宫廷轻松接受该意见，因为哈登贝格从一开始就不认为占领军有多么重要。西班牙国王因为没有参会而感到冒犯，其他宫廷也难掩怒色，于是四国决定坚决避免"会议"一词，只说是一次"会晤"或者"访问"。巴黎的大使会议向第二等级君主们解释，此次会晤只有两个目的，一是重建四国同盟的力量，二是在最虔诚的基督君主协助下，安排撤军行动；如果其他君主或政治家参与其中，会让此次会晤具有"会议"的性质，而且带来新的问题。小宫廷也有军队在占领军中，因此想要平息它们的不满并不容易。会晤地点选在亚琛，四国决定趁机迅速了结此事，用既定事实扑灭任何反对意见。[2]

448

　　与此同时，四国已经再次向波旁王室证明了它们的友情。第二次巴黎和会上，法王路易保证，将满足那些从拿破仑时代一直到今天反对法国王室的外国个人、团体和组织的所有要求。他许下这个承诺的时候，没人知道确切含义是什么。人们相信，1 亿法郎足以对付一切问题，因为原则上不考虑战争负担和战争供给。可是当拿破仑劫掠的规模逐渐明朗以后，警报响起。1817 年夏，除了已经确认并部分支付的 1.8 亿法郎债务，又需要额外归还 13.9 亿法郎，很明显其中包含许多莫须有的费用。比如，贝恩堡公爵提出，胡格诺战争期间，他的一位祖先曾出借一支骑兵加入亨利四世的军队，法国要为此支付费用。但是这 13.9 亿法郎中的一大部分，至少 10 亿法郎是完全合法的要求，基本都是拿破仑从友好或中立

[1]　格奈泽瑙就巴黎王室情况报告的批注，1818 年 12 月 28 日。
[2]　发给克鲁泽马克的指令，1818 年 5 月 20 日；阿尼姆的报告，慕尼黑，1818 年 6 月 10 日；舍勒的报告，圣彼得堡，1818 年 2 月 7 日。

国家的私人手中敲诈的钱财,大部分来自西班牙、德意志诸小邦以及普鲁士,普鲁士尤其倒霉,不仅承受了法国大军过境,而且提供了这笔钱中的1/4。奥地利和英国相对不太关心此事,俄国则根本不在意。四国都知道,不可能完全满足所有债主的要求。任何法国内阁成员如果向议会提议归还这笔钱,必定会遭遇所有党派的一致攻击,如果极端分子在这种情况下再次掌权怎么办?

449　　因此,在法国大使的一再请求下,哈登贝格终于决定宣布愿意接受德意志各宫廷都同意的一项妥协,唯一的保留内容是,这笔欠款不能缩减到不合理的程度,因为那些失望的债权人,尤其是新获得领土上的那些人,很有可能会引发大麻烦。① 但与此同时,沙皇却再次慷盟友之慨,主动向杜伊勒里宫承诺,这笔巨债应该被减少。他成功地将决定权留在巴黎大使会议手中,于是普鲁士再次发现自己处于不利地位,一如两次和平会议一样:普鲁士大使以一对三,在其他人打算妥协的时候,唯有他坚持立场,最后会议达成共识,在没有进一步讨论的情况下,同盟不会接受杜伊勒里宫支付2亿法郎的提议。在威灵顿的斡旋下,1818年4月25日最终达成协议:法国将在一年内以抵押债券的形式付清2.408亿法郎,每笔债券1.204千万法郎。威灵顿按照英国人的老办法分配这笔钱,要求英国获得其中一笔债券的1/4,这样欠英国的钱就几乎还清了,但德意志最多只能获得欠款的1/6。这也就是说,由于英俄奥三国的专横行为,巴黎条约的绝大多数正式承诺作废,这三国共同反对普鲁士,而且也没咨询其他小宫廷的意见。法国的外国债主们承受了8亿法郎的损失,受伤害的各党派发表强烈谴责,德意志自由派报纸激烈谴责"神圣同盟"。德意志民族再次明白,它只能指望自己的力量保卫利益,绝不能指望盟友们的善意。

　　沙皇对波旁王室的慷慨不止如此。黎塞留一直希望,占领结束时,法国在列强中屈辱的依附地位也能一并终结。他希望亚琛会450 议邀请法王加入四国同盟,从而重建列强力量平衡。沙皇毫不犹疑地答应了,他高贵的心灵一如既往地同俄国利益保持一致。杜

① 克鲁泽马克的报告,1817年8月27日;哈登贝格给克鲁泽马克的指示,1817年11月23日。

伊勒里宫现在完全由波佐·迪·博尔戈控制,如果他能进入欧洲高端会议,沙皇实际上就有了两票,只要在其他三个宫廷中再争取到一个,就等于掌握了多数票,也就获得了欧洲领导权。但也正因如此,黎塞留的计划引起了维也纳、柏林和伦敦的严重忧虑,一向警觉的梅特涅认为黎塞留的这些愿望都无法接受。[①] 其他三个宫廷密切关注着即将召开的会议,希望至少不能让波佐出席,因此在巴黎大使会议上,以 3 票对俄国 1 票的结果决定在亚琛会议期间,四位大使都将留在巴黎。

　　但是现在,沙皇政策中首次出现了一种令其他国家不解的变化。这位基督教自由主义的卓越领袖刚从波兰返回,还沉浸在造福各民族的梦想中。哪怕是再次证明了波兰贵族愚不可及的华沙会议,都没能动摇沙皇的乐观决心。家里还有件喜事等着他:1818年 4 月,他心爱的弟妹夏洛特大公妃,即婚后改名的亚历山德拉·费奥多萝芙娜[②]生下一个男孩,戈托普家族继承人,后来的沙皇亚历山大二世。几周后,威廉三世前往圣彼得堡看望他的第一个外孙。旅途中,东普鲁士人的忠诚率真让他欣喜,他们自从悲惨的柯尼斯堡岁月后就再没见过国王了。在俄国,他受到了东方式的欢迎。宴会一场接着一场,贵族们竞相炫耀自己对皇室的忠诚。不过正是在这些令人陶醉的欢愉中,沙皇根据准确的秘密情报得知,他的军官们在驻守法国的岁月里,也没有白白品尝大革命的思想禁果;也得知在他的宫廷中,自 1816 年就存在着一些秘密社团,而且其成员数量还在继续增加。这位慷慨的祝福者,这位被法国人奉为欧洲救星的沙皇,发现在自己家里被叛乱者和阴谋家所包围,而最忘恩负义的正是他所保护的自由党。亚历山大一世不寒而栗,青年时代所有恐怖的记忆——父亲被谋杀以及逍遥法外的刺杀者——再次鲜活起来。

451

---

① 克鲁泽马克的报告,1818 年 6 月 20 日。

② 亚历山德拉·费奥多萝芙娜(Alexandra Feodorowna, 1798—1860),是普鲁士威廉三世的女儿,沙皇尼古拉一世(1796—1855)的妻子。尼古拉一世是沙皇亚历山大一世的弟弟,因后者无嗣而终,于 1825 年成为沙皇。——译注

但此刻沙皇还不敢打草惊蛇，他小心地隐藏起自己的秘密，可是疑心已起，安全感烟消云散，人们再也听不到关于俄国宪法的只言片语，而他刚刚才在华沙用它震惊欧洲。年轻时，他曾热情支持斯佩兰斯基（Speransky）的自由主义改革观念以及恰尔托雷斯基的波兰计划；如今，亚历山大·加利齐纳亲王是他的心腹，这是个温和且具有神秘思想的人，按照自己的方式继续践行克吕德纳夫人的忏悔式布道。沙皇现在比以往更阴暗地注视着生命的荒诞，会一连数小时认真思考退位，过着沉思独居的生活。1819年，他曾有一次认真地向弟弟尼古拉讲述了自己的意图，并越过无能的康斯坦丁，将皇冠传给他，因为尼古拉是家族里最有活力的后裔。但亚历山大天性软弱，不可能坚定实施如此激进的计划，他继续掌权，也没有彻底放弃基督教-自由主义世界统治的美梦。维也纳宫廷多次谴责俄国的退却，可能引发世界灾难的恐怖幽灵曾不断出现在梅特涅写给涅谢尔罗迭伯爵的所有信件中，但如今，哪怕对于这位俄国独裁者而言，这个幽灵也不再是幽灵了。奥地利国务大臣曾向沙皇保证，虽然法国是革命核心，但德意志大学里无休止的运动才是更麻烦的问题，因为德意志人不管干什么，哪怕是政治犯罪，他们都会以令人震惊的韧性进行到底。沙皇听闻此言，也没有露出笑容。沙皇逐渐开始重新打量此前一直看不起的维也纳政治家，也开始相信唯有东方国家的和谐团结才可能维持世界和平。

9月，沙皇访问德意志。在普鲁士随员眼中，沙皇像换了一个人。他不再提及关于自由宪法以及调和自由和秩序的问题，反而常常说要用神圣同盟捍卫君主制和世界和平，反对革命力量。沙皇还说，他为此维持着1百万军队，歼灭任何胆敢破坏制度的人。即便此时此刻，他仍然无法摆脱膨胀的自我形象，但他已经努力平息普鲁士对俄国野心计划的不信任，甚至开始为《提尔西特和约》以及比亚威斯托克（Bialystock）的斩获开脱。[①] 沙皇在柏林公开向他高贵的朋友保证，后者为克罗伊茨山大捷奠定了基石，他们的友谊坚不可摧。施特格曼还创作了一首颂歌，赞扬沙皇是欧洲和平

452

① 《我的一生——博施特勒将军回忆录》，《北德意志汇报》，1879年8月10日以及后续。

同盟的灵魂,这让沙皇非常高兴:"欢呼三次,献给调和者,献给同盟之盾! 君王们的额头总是迷恋桂冠,却不会永远佩戴虔诚卫兵的橄榄树枝。"在魏玛、达姆施塔特和法兰克福,无论他去哪里,都呼吁君主和政治家抵御煽动者,明确提醒他们记住神圣同盟的保守主义原则。

此时梅特涅和根茨在卡尔斯巴德会见卡坡迪斯查斯。这座小城坐落在特佩尔的森林峡谷中,是当时德语世界最有名的温泉胜地,被根茨赞为"德意志人最看重之地"。德意志各个宫廷每年都有大批人士前往这里享受美景,整个山谷中不止有漂亮建筑,还有众多迷人的女性和奢侈的装束,以及无数的音乐会、宴会和舞会;山谷里还有一条骑士小路,每个骑马的人要付 1 达克特过路费。梅特涅在这里像个东道主一样,时而神秘威严,时而和蔼可亲,迷住了所有人,他还不时邀请一些有特权的客人,尤其是普鲁士人前往柯尼希斯瓦特(Königswart),他在那里修建了一座城堡,自然也是毫无品位。他早就将卡坡迪斯查斯列入"愚蠢透顶"的政治家行列,也没期望能从这场对话中有什么收获。可是他发现这个希腊人的保守主义倾向,以及获悉沙皇毫无保留地承认了"维持秩序的基本原则",还是非常惊讶。于是梅特涅满意地告知弗兰茨皇帝,一切都将维持原样,这也是皇帝本人最愿意听到的。

俄国政策发生明确转变后,梅特涅实际上希望奥地利能成为欧洲联盟的领导者。他和英国内阁的友谊坚不可摧,虽然卡斯尔雷子爵现在不得不考虑辉格党的反对力量,并因此希望避免任何可能挑起议会纷争的正式协议。在普鲁士,时代的反动趋势某种程度上已经很明显了。瓦特堡庆典对普王的情绪产生了深远且永久的影响。1818 年初,哈登贝格不无忧虑地离开王宫,前往莱茵河畔的恩格尔斯城堡,用几个月查清这个棘手省份的情况。立宪工作是他最大的麻烦,他知道在其他大国眼中,普鲁士的立宪就像军事法一样邪恶。虽然梅特涅并没有公开表达看法,但哈登贝格已经清楚了维也纳宫廷的想法。1817 年 4 月戈尔茨从巴黎发来的报告陈述,威灵顿和黎塞留曾多次强烈警告普鲁士立宪是个愚蠢的冒险。这两位政治家居然同安西永和柏林的反对党派一样,认为像

453

普鲁士这种复杂的国家,有各省宪法就足够了。沙皇即便在他宣布基督教主义计划的时期,也不赞成普鲁士制定宪法,还公开表明非常担忧普鲁士后备军的政治可靠性。

哈登贝格感到这些反对力量将变得非常强大,因此多次敦促柏林各部部长尽快完成立宪工作。① 但国家参议院的立宪委员会在没有拿到巡视各省的三位部长的报告前,没有办法开始工作,报告之所以迟迟未到,因为阿尔滕施泰因和克勒维茨都忙于各自新组建的部门。此时,各省政府也开始咨询有关省宪法的意见。芬克呈交威斯特伐利亚省的文件时,附加了一份评述,称这些文件包含大量空洞言论,因为所有呈交政府的都是一些大而化之的问题。根据克勒维茨的意见实施的程序现在证明是个错误,只有先存在制定宪法的详细计划,这些名人政要的意见才能具有现实价值。如果首相等待这些懦弱且无计划的下属,而不是给予官方意见,就等于本末倒置,而且抛弃了王朝的骄傲传统,这样一来,任何新意见都会成为新麻烦。哈登贝格失去耐心,斥责官员们一再延迟他珍贵的计划,可他关于宪法方案的基本原则,不光同君主没有明确共识,就连自己都没有确切意见。痛苦和沮丧开始在支持改革的人们中迅速增长,芬克问首相:"如果其他君主根本没有许下承诺,却走到了我们前面,我们的国民将作何感想?"泽尔博尼绝望地写道:"每天晚上,我都想着摆在普鲁士面前的伟大机会而兴奋地睡去;每天早晨,我都想着这个伟大机会正在被白白浪费而压抑着醒来。"②

哈登贝格的宽厚仁慈取悦了所有人,因此很快就同莱茵兰人达成了协议。这两个省份给他的印象是,这两地的治理方式堪称楷模,尽管不良情绪四处传播,但毕竟没有严肃的独立观念。唯一让他感到麻烦的只有考虑不充分的宪法承诺。他在恩格尔斯城堡接待了很多代表,其中包括涅谢尔罗迭伯爵、冯·赫费尔(von Hövel)男爵和其他莱茵贵族代表。他们递交了一份由施洛瑟执笔的备忘录,名为《关于于利希、克莱沃、贝格和马克地区宪法条件备忘录》,

---

① 哈登贝格写给克勒维茨的信,1817年12月8日;1818年1月6日。
② 泽尔博尼给克勒维茨的信,1818年3月8日。

454

同时还有一份威斯特伐利亚省贵族的请愿书。备忘录中的原则非常优越，证明施泰因参与了写作。贵族们已经准备好接纳整个资产阶级的代表，而不是几个受照顾的城市；接纳整个农民等级代表，而不是几个地方贵族。但这份备忘录也模模糊糊地反对"法国大革命令人困惑的平等"，还包含了一个相当不合法的要求，即召集旧等级会议，以便同他们就这项创新达成共识！首相打起了太极："政府希望全面评估更早期条件和现存需求，在此基础上出台宪法。"①但是新旧权利之间的关系仍未得到解决。这些贵族在宫廷找到了一个颇具影响力的朋友——王储告诉赫费尔男爵，他很满意这份备忘录。

　　这些贵族无论如何代表着一个有权力阶层的观点，还不算过分讨厌，更不受哈登贝格待见的是第二个到访的代表团。这些人完全是因为一时兴起才聚在一起的，其形成正好证明了莱茵兰政治文化的不成熟。自从《莱茵之星》被封，格雷斯的日子很不好过，哈登贝格给他的退休金根本无法抚慰他无所事事的空虚心灵。当兄弟会代表前来咨询他的意见时，他极力控制自己的冲动，总是说些温和安抚的话。但事实证明，天性战胜了理性的建议。他曾经如此热爱的普鲁士，慢慢成了仇恨的对象；莱茵地方主义所有威胁宗教平等和国家统一的疯狂欲望，如今在他眼中也具有合理性。格雷斯像无知民众一样不加鉴别地激烈谴责外国新教官员，认为莱茵兰应该根据本省议会的意愿向国家纳税。国王开除了一所教派混合学校某位严厉抨击新教改革的教师，如此合理的行为也被格雷斯视为恐怖之举，他甚至参与起草一份请愿书，要求国王以后让一个天主教会来决定有关科布伦茨行政区教育事务的报告。在向国王和首相呈交的多份备忘录中，格雷斯都扮演着莱茵兰天然发言人的角色，尽管他肯定明白自己的那份报纸在莱茵河流域没有多少读者。格雷斯的莱茵骄傲意识几乎不知不觉带领他走向教权主义观念，这种观念实际上非常符合他内在的空想天性。不久后他甚至开始赞美腐朽的教会选帝侯国的等级制度，他年轻时曾对这一制度大加批判，但现在却认为特里尔选帝侯国议会三院代表

455

---

① 哈登贝格写给涅谢尔罗迭，1818 年 3 月 3 日。

了德意志主要的三个等级：教师、战士和手工业者。

科布伦茨的居民现在决定提醒哈登贝格想想立宪承诺，格雷斯的措辞可谓精彩："人民请求恢复地区的权利以及古老真实的德意志宪法。"在其他方面，这份请愿书都温和有理性，超过3千市民和农民签名。他们最大的愿望是将来能有一个地方议会，时不时友好地敲打一下普鲁士人。1818年1月15日，格雷斯拿着这份请愿书等待哈登贝格，身后还跟着一群穿着各异的人，有点像化装舞会上装扮成中国人和迦勒底人的那些人。这个科布伦茨代表团是典型的"各等级的微型集合"：神职人员和教师代表教师等级，贵族、后备军和法官代表骑士等级，市长连同若干市民和农民代表手工业者。首相耐心听完发言人热情赞颂特里尔选帝侯国的古老议会，也友好地聆听了市长以及其他代表团成员的发言。但他丝毫没有隐瞒自己的观点，即绝对不可能恢复过时体制。后来，格雷斯还在一份相当不合适的宣传册上讲了"法兰克尼亚人'广场集会公投'的故事"，这个伟大的护民官马上被自由派报纸大肆吹捧。这些报纸上居然说，普鲁士国王已经给予了自由的莱茵兰以《大宪章》！

哈登贝格了解格雷斯，还是感谢地接受了这份请愿书。但在宫廷里，反对党们正好抓住这个机会对付缺席的首相。恶毒的口诛笔伐惹恼了普王，同样令他生气的还有对普鲁士的可恶指控，以及那些将古老省份视为半野蛮殖民地的傲慢莱茵兰人。王储将请愿书退还作者，加上了几句批评的话，同时按国王的命令起诉他。似乎莱茵兰地区各市镇官员都在传播格雷斯的请愿书，只有两个城市拒绝：摩泽尔河上的哈岑波特和洪斯吕克山中的一个地方，前者是因为居民满意现状，后者是因为农民害怕这份赞颂特里尔宪法的讲话会将十一税带回来。一位市长企图介入时，科布伦茨政府谴责他，因为"我们不想阻碍人民向最高统治者表达意愿。"他们这样陈述这种观点的合理性："我们引以为傲的信念在于，我们的行事完全符合政府的权益意识。"①

普王另有打算。他深受触动，因为他最不想看到这个浮躁的新

---

① 科布伦茨政府陈情书，1818年5月20日。

省份中有任何违背老腓特烈统治原则的事情发生，后者仅允许个人有请愿的权利，严格禁止联名请愿。因此，尽管哈登贝格极力劝阻，普王还是严厉申斥科布伦茨政府，在一封措辞粗鲁的内阁令中回复请愿书的签名者道，只有国王能决定何时履行承诺。哈岑波特的人民因其守法精神受到表扬，而且在此后多年中，一直是乡民同胞的笑柄，被称作莱茵兰的"蠢人"。[①] 正是王室明确的不赞成态度让科布伦茨愚蠢的代表团获得了一种名声，整个莱茵兰省都小声说着国王的严苛，尽管莱茵兰的立宪派实际上只有少数支持者。哈登贝格马上猜到，国王生性温和，肯定是居心叵测的小人们挑起了他的怒火。他怀疑是安西永和梅克伦堡公爵卡尔，但还是没能看穿他最危险狡诈的敌人——维特根施泰因亲王，甚至还要求后者帮忙安抚宫廷的怒气。为了缓和君主的情绪，首相4月初提前返回柏林，留下了一封离别信《普鲁士告莱茵兰人书》，由他的心腹科勒夫执笔，他亲自修改，给予莱茵人民一些友好的保证和急需的建议：莱茵兰人一定不要忘记，他们自己并没有为挣脱外国统治贡献任何力量，他们的自由和重获的权利都是普鲁士的功劳。首相也不再同格雷斯交流，他希望避免任何引起君主怀疑的事情，因为只有如此才能更有保障地达成自己的首要目标——宪法。[②]

这项重大决定越拖延越痛苦。警报处处响起。马克的乡绅再次要求，新宪法应该同旧等级体制保持一致，君主建议他们去同国家参议院商议。梅泽堡政府却恳求，至少要尽快成立县议会，因为没有县议会，就无人可抵制仇视人民的旧等级议会的傲慢要求。就连迄今一直平和的柏林市政官员们也有些失控了，因为咨询重要人物意见时，没有咨询任何柏林人；因为他们多次提交备忘录，提醒国家履行宪法承诺，仅仅被回应道"重复提醒是不合适的行为"。[③]

哈登贝格最终只得承认，他必须亲自着手立宪工作。但作为一位日理万机的老人，他哪里还有时间和精力呢？他向维特根施泰

458

---

① 两份内阁令，1818年3月21日。
② 哈登贝格日记，1818年3月1、7和12日，4月26日。
③ 勃兰登堡和纽马克乡绅委员会请愿书，1818年3月17日；国王的回应，1818年3月28日；梅泽堡政府报告，1818年6月28日；柏林市政代表的言论，1818年1月15日；柏林政府报告，1818年2月16日。

因吐露了烦恼，于是后者给了他若干友好的建议（5月6日）。亲王建议，再任命两位新部长，担任首相直接负责的两个部门的二把手，他提名洛特姆伯爵，一位没什么政治重要性的好人，主持常务；丹麦驻柏林大使伯恩斯托夫伯爵主持外交事务。因为哈登贝格和后者有着多年交情，于是不假思索地接受了维特根施泰因的建议，并于5月25日写信给普王称，他已经68岁了，要随时接受上帝的召唤，而且有义务为此做好准备。他愿意在首相这个职位上干一辈子，而且目前还不准备提名接班人。因此最简单的办法就是让各部门都有负责人，这样哪怕他逝世，政府也能继续运转。随后附上提案称"我已经同忠实的朋友维特根斯坦讨论了该方案"。威廉三世自年轻就很器重伯恩斯托夫伯爵，便予以批准。等到这位丹麦大使从震惊中恢复冷静，并获得丹麦国王的许可后，9月16日，通过国王发给首相的公函，此次职位变更正式完成。①

这是维特根施泰因的一记妙招。这个狡猾廷臣的计划无疑是针对首相的，可是通过他的灵活操作，在君主和首相眼中，似乎一切都是首相的意思。外交部长的工作非常艰难，因为当时普鲁士的外交团队中尽管聚集了二流外交家中的若干佼佼者，都能写出优秀的报告，但唯有威廉·洪堡才是外交部长的材料，而他又不可能出任此职。洪堡在列强中名声欠佳，因此无法在四国同盟的工作中取得任何成功。不但不受各宫廷欢迎，他甚至因为过去的相互怀疑而同首相疏远，由于外交部迄今都受到首相的特殊关照，所以他完全不适合这个部门。此外，去年秋天，洪堡拒绝进入国务院，又在一份从伦敦发出的公函中重申了自己的拒绝：各部部长没有承担起真正的责任，而他们现实承担的责任又是他不想承担的，他尤其不想和舒克曼这种人共事。② 在这种情况下，很容易理解普王为何无视本土官员的强烈情感，而决定任命一位非普鲁士德意志人。

伯恩斯托夫伯爵在服务丹麦时也始终是个德意志人。他在柏

---

① 哈登贝格日记，1818年5月6日，哈登贝格写给国王的信，1818年5月24、30日；发给哈登贝格的内阁令，1818年9月16日。
② 洪堡给哈登贝格的信，1818年5月29日。

林使馆接受短期外交学徒培训后,27 岁就在哥本哈根管理外交事务,而且作为德意志贵族统治的最后代表,他经历了同丹麦人民觉醒的民族骄傲的激烈冲突:德意志的伯恩斯托夫党和丹麦民族的罗森克兰茨(Rosenkrantz)总是势不两立。他的声望无法媲美自己的叔祖和父亲,后两者是丹麦伟大的农民解放者,他也不适合政治工作,无力阻止英国对哥本哈根的劫掠,后来重回外交界,又无法保护自己的君主国,使之在维也纳会议上成为列强的牺牲品。尽管如此,他还是被普遍视为体面、勇敢和谨慎的政治家。他的沟通方式高贵而温和,展现出发自心灵的魅力,深深取悦了腓特烈·威廉国王。他的宅邸位于威廉大道上,有一座美丽的花园,夏夜总是聚集了格奈泽瑙、克劳塞维茨和一群可爱卓越之辈,友好的邻居拉齐维尔家族也常常会走过两家花园间的台阶前来拜访。伯恩斯托夫早年曾因叔叔们和施托尔贝格兄弟而走入文学界,并展现出了相当的诗歌天分,而且在艺术和科学上颇有造诣。他并不具备天生政治家所必需的熊熊野心和无穷行动力。

460

伴随他走马上任,新一代普鲁士外交开始了。这里曾是全天候勤奋工作的政治家的地盘,他们全身心献给大选帝侯和腓特烈大帝,如今太平盛世,这里越来越频繁地出现文质彬彬的二把刀,国家在他们眼中不再是一切。伯恩斯托夫伯爵接手新工作时还不到50 岁,却已经疲惫厌倦,不久后他又备受痛风折磨,几乎没一天不受罪。对于普鲁士内政,他所知的不超过一个外国外交官应有的程度,而且不幸的是,他长期依赖安西永获得有关德意志政治的信息,安西永身上的神秘莫测的气息让他着迷。巴登大使斯托克霍恩将军给巴登宫廷的报告中称,伯恩斯托夫的任命是安西永和维特根施泰因联合行动的结果,所言不虚。伯恩斯托夫和安西永之间的通信迄今大部分仍存,清晰表明这位新部长在一年多的时间里始终信任安西永的肤浅笔触。直到 1819 年底,他才对德意志事务有了独立认知和判断,但为时已晚。他随后逐渐摆脱了安西永的反动教条,无论在性格还是情感上,都属于温和保守派。但邦联政策发生转变的关键一年半时间中,他仍是安西永的信徒。

伯恩斯托夫的任命是反对派的一次胜利,尽管他本人对此一无所知,但确实有利于那些人实现目标,即让首相的宪法计划付诸东

547

流。立宪工作暂时彻底搁置了。7月,哈登贝格乘坐新式的蒸汽船"信使号"从波兹坦前往汉堡,然后前往莱茵河,他在那里花了数周
461 处理法律事务和外交谈判。立宪派越来越没有耐心,博延写信给舍恩愤怒地说:"人民对国王的爱是有基础的,数个世纪的卓越思想家将其解释为人性的目标,现在一群懦夫,一群穿着裤子的老太婆居然宣布这种爱是不真实的,居然幻想从过时的样式中编织一件神秘长袍,幻想它适合自己和他们热爱的家族。"①

　　这些信号都让维也纳宫廷高兴。梅特涅出于尊重小宫廷情感,直到去年末都避免介入德意志邦联政策,但现在似乎是时候发动一场针对煽动者的战争了。只要四国同盟能重新巩固关系,德意志报纸、大学、体操协会还有地方议会都将体会严格的邦联法律。为了让这场战役有利于现存秩序和精神武器,梅特涅还创办了《维也纳文学年鉴》,因为《奥地利观察家报》除了不时刊登根茨的文章,实在太无能了;科塔在《奥格斯堡汇报》的专栏中不仅接受霍夫堡的信息,也刊登自由派的文章。戏剧家海因里希·冯·科林的兄弟马特豪斯·冯·科林(Matthäus von Collin)是一位温和且不重要的作家,被任命为《维也纳文学年鉴》的编辑;梅特涅还让所有德意志批评家中最无足轻重的一位,德累斯顿的卡尔·伯廷格(Karl Böttinger)作为这份"博学而具有世界主义精神的"新期刊的评论家,这足以显示梅特涅的文化水平,因为此人因歌德和席勒的嘲讽而永垂不朽。由于财力雄厚,不愁稿件数量,但从未刊登过有价值的文章,活跃的思想怎么可能在如此愚蠢的编辑手中繁荣发展?

　　《维也纳文学年鉴》最初的几期里,根茨还发表了两篇关于英国出版自由的文章,这也是他晚年唯一严格的学术成果。二十多年前,这个坦率的人曾向普鲁士新王诚挚推荐出版自由。如今的他已经非常成熟、老练且渊博,但文学风格变得冷酷、偏执、多疑且虚伪。现在出版自由也成了一个相对概念,经受审查要比出版后再遭起诉更为安全。根茨精彩地叙述了英国出版历史后,提出了

---

① 博延写给舍恩的信,1818 年 10 月 26 日。

一个主导性观念，它在整整一代人的时间里误导了德意志出版法。根茨认为，出版违法由多种违法行为组成，但是同其他违背法律的行为没有共同之处，但是实际上，亵渎上帝的言论以及类似的犯罪可以经由言语、行动或者出版犯下，这些形式上的差异并不影响这项罪行的本质。根茨的诡辩获得了支持，不仅因为内阁的担忧，也因为作者们的等级骄傲，这些虚荣的人们没能发现，根茨只是想借出版业处于普通法之外的骄傲地位，使之服从特殊法。

毋庸置疑，根茨的确是当时德意志政论家中第一人。他的行文凭借精致而简洁的古典美以及强大的辩证法力量，超越了所有对手。但是，盛年的道德愤怒和丰富观念变成了什么？曾勇敢捍卫民族独特性、对抗世界帝国暴君的自由主义又变成了什么？维持现存秩序成了唯一的理念，伴随着令人绝望的单调一遍遍出现在他所有作品中。历史的永恒运动现在听命于霍夫堡而永远停滞，这种老掉牙的幻觉已经榨干了根茨曾经丰沛的创造性力量，并让这个曾经代表欧洲的人心中充满卑鄙的恐惧，可是根茨仍然热衷于批判，看不穿自己的矛盾之处。他逐渐在奥地利如鱼得水，不再联系所有年轻时的朋友，并很快开始恶意诋毁自己的老家是智力贫乏虚荣之地，赞颂狂热的普鲁士叛徒亚当·穆勒是最伟大的德意志作家，而他的水平比根茨差远了。

柏拉图及其政治门徒曾利用阿提卡方言和阿提卡精神的所有财富赞颂斯巴达的野蛮粗俗，根茨也利用新教北德文化的所有重型武器服务于一个非德意志的、威胁消灭我们文明自由的国家。根茨一如柏拉图，从一开始就被一个政治错误所误导，幻想自己在霍夫堡发现了欧洲保守主义事业的堡垒和支柱，但也正是因为他过于热爱享乐，才导致他成为奥地利阵营的囚徒。根茨是天生的享乐大师，他的能量只能在宽松优雅的社会氛围内才能自由发挥，也因此致力于耕耘与其气质契合的土壤，但他毫无节制地滥用了这项权利。他厚颜无耻地从多个宫廷和家族接受大笔财物，包括罗斯柴尔德家族和瓦拉几亚总督，仍然欲壑难填。多年以来，霍夫堡仅仅利用他写些文章，没有让他接触任何机密。直到维也纳会议和二次巴黎会议后，根茨才获得堪比梅特涅的密保级别，但在弗兰茨皇帝眼中，他始终只是个外国平民。他声称亚琛会议是他的

462

463

职业高峰,所有宫廷都向他大献殷勤,敌友都视他为欧洲联盟的政论家。他自恃知识渊博,看不起代表、教授和记者们这些半吊子的政治讨论。但他从不愿意承认,这样一群身份各异的半吊子产生的观念,最终将从中诞生一种舆论,它即便有各种偏差之处,也能形成一种强大的力量,而且往往能产生难以抗拒的影响力,就像剧院里的非专业人士组成的观众所形成的判断那样。"最后还是有外交秘密","各内阁决定不向不相干人士透露会议进程,而且保密工作要比维也纳会议更为谨慎",这些让根茨很高兴。通过强迫和惩罚手段,大量外行人被剥夺了干预政治大师工作的任何可能。根茨确实很高兴能拿出普鲁士有关出版法的备忘录,去年约尔丹就曾将这份备忘录提交维也纳,但是并没有获得关注。现在根茨开始按照奥地利的意思修改它,对这位文字大师而言,绝不能让这些文件寂寂无闻。

根茨亲口说过,兄弟会是比出版执照更恐怖的事物,是"万恶之最"。统一德意志的激情似乎为狂热青年的罪恶提供了借口,因此在奥地利看来,不过又是谴责普鲁士的另一个理由。行为放肆的大学生们行为不检的故事在霍夫堡流传,那个柔软且过分精致的贵族世界也开始表达憎恶。在梅特涅眼里,阿恩特只是个放荡的酒鬼。根茨也被自己的懦弱恐惧影响了。鸡群喔喔,鹅群嘶嘶,雷声隆隆,所有恐怖事物都吓不住这位神经纤细敏感的维也纳宫廷政论家,可他却被一个留着胡子的学生形象搅扰得心神不宁。在海德堡,他看见大街上"古怪且令人厌恶的年轻人们,身着肮脏的古老德意志装备,腋下夹着书本,搜索他们邪恶教授的愚蠢智慧"。这场面彻底摧毁了根茨心中尚存的青春情怀。这种情形必须终止,关于大学改革的伟大备忘录已经在酝酿中了。亚琛会议提供了同普鲁士宫廷达成共识的手段,然后邦联议会将以雷霆手段消灭政治煽动家们。与此同时,《奥地利观察家报》上的一篇文章鼓励民众要对同盟君主的智慧有信心,"他们的每一步都旨在保护,而非毁灭或革命"。

为了让邦联会议上有一种恭顺的氛围,梅特涅和根茨途经法兰克福,并获得了那些谦卑小国外交官们的热情款待,殷勤程度远超期待。根茨在自己的亲信面前,常傲慢地将这些外交官称为"一群乌合之众"。梅特涅得意洋洋地给皇帝报告:"自从抵达法兰克福,我就在邦联议会发动了一场道德革命,其影响力甚至可以媲美帝国宫廷。"他给妻子的信中说得更夸张:"我已经成了德意志和欧洲的某种道德力量,我就像宽恕罪人的救星一样降临法兰克福"——他继续吹嘘称自己待在法兰克福 12 天,就能让邦联议会完成迄今为止无望的一切任务。事实上,邦联议会还是那副健康麻木的样子,大使们依旧同各种新指示玩捉迷藏,邦联会议所有未履行的责任中,唯有一项,即关于组建邦联军队的问题,在梅特涅的干涉下稍微进步了一点。

关于这支混合军队的组成依然争执不休,所有中等国家继续坚持认为,黑森选帝侯国属于南德,旺根海姆刚刚用一系列有关邦联军队体制的胡说八道引发了两个大国的怒火。梅特涅让符腾堡外交官进行解释时,后者于 9 月 16 日幼稚地泄露了最隐秘的计划。旺根海姆老老实实写道:"邦联法案什么都不是,彻底是一纸空文,因为没有保障法令实施和生效的机构";唯有一个邦联中的邦联能保证所有成员国完全的法律平等,才能让德意志国家远离两大国引发的欧洲战争。至于邦联会陷入同外国的阴谋,以及"31 个小国"会团结一致征服普奥,简直就是"堂吉诃德式的愚蠢恐惧"。

梅特涅并没有作出任何回应,却立刻寻求同普鲁士达成共识。只有邦联军队的统一以及奥地利获得最高指挥权,才能保障和平,至于军队怎么组成,梅特涅倒不是太在意。他从法兰克福前往自己的约翰山堡,在那里他精心打理古老富尔达修道院丰饶的葡萄园,将宴会大厅修复得庸俗没品位。9 月 17 日,梅特涅在那里举办了一次大型会议,出席的有哈登贝格、戈尔茨和沃尔措根,会议上接受了普鲁士的邦联军队方案:3 个奥地利军团、3 个普鲁士军团和 1 个巴伐利亚军团,此外还要组建 3 个混合军团——第 8 军团由萨克森、符腾堡和巴登组成;第 9 军团由两个黑森、拿骚和图林根组成;第 10 军团由汉诺威和北德诸小邦组成。哈登贝格非常高兴,虽然二元政治的幻梦已经破灭了上百次,他还是不肯放弃,现在他兴奋地向威廉三世报告:现在可以肯定,一旦爆发战争,整个

465

北德，除了萨克森，都将由普鲁士领导。[①]但是，会议上根本没有讨论关于邦联军队一分为二的问题，事实上，奥地利决定永不背离早期邦联决议，即只任命一个联邦军队最高指挥官。与此同时，老问题在法兰克福继续争论不休；两个黑森明确希望加入南德中等国家军团。但由于符腾堡国王警告了态度激进的符腾堡大使，并不冷不热地支持了一下两个黑森的要求，于是军事委员会最终接受了约翰山堡的决议，并于10月12日将"德意志邦联军事组成要素方案"提交邦联议会。

466　　整整两年，我们才获得了关于"组成要素"的方案，相比一面临军事问题就马上将党争抛诸脑后的法国内阁，我们是不是太丢脸了？邦联议会能否或何时才能批准军事委员会的这份提案，仍未可知。因为各类指令往来要浪费很多时间，而且了解邦联议会的人都知道，一字不改地批准这份提案是难以置信的。梅特涅却满怀信心地写信给皇帝称，从法国撤军的同时，德意志也就能完成军事建设，获得防御力量。随后他就收到皇帝回信，感谢他"引导军事走向期待的目标"。9天后，即11月5日，梅特涅向哈登贝格承认，邦联议会关于军事问题的所有谈判，从今以后就不再是前期准备了。[②]

　　虽然梅特涅的法兰克福之行没起到什么作用，但至少增添了他的个人威望，他被人们视为德意志政治家的智多星，旺根海姆甚至称他是治国英雄。弗兰茨皇帝穿越莱茵河，在这片古老的教权土地上引发了一阵欢腾，这有力地证明了，莱茵兰的普鲁士恐惧症源于其宗教情感，而非自由意识。科隆人沿公路数英里欢迎皇帝，弗兰茨接受这些善意，心底却有些幸灾乐祸。此前梅特涅曾提交报告，向皇帝保证莱茵兰地区的帝国忠诚，皇帝在这份报告下满意地批注"看得很透"。在亚琛，这个奥地利人无论现身何处，都会引发人们的欢呼，却没人关注普王或沙皇，人们甚至公开谈论："皇帝来自己的土地，普鲁士人才是外人。"威廉三世带他的奥地利朋友前往亚琛大教堂时，所有神职人员都在门口迎接皇帝，引导他前往查理曼大帝的墓室，并在那里早早备好了一张祈祷台，却将他们的新

---

① 哈登贝格呈交普王报告，克罗伊茨纳赫，1818年9月18日。

② 梅特涅写给哈登贝格，1818年11月5日。

教君王及其继承人晾在一边。多么讽刺！他们向这个加洛林家族的皇帝表示敬意，而他早已将加洛林王朝的皇冠抛入泥坑，14 年前，就在这里，就在加洛林第一位皇帝的墓室，就在这座古老的加冕城市，他背弃誓言，承认了那个篡位者的皇冠。是我们高贵的德意志君主将人民从外国统治的桎梏下解放出来，也正是他在人民经历数个世纪的苦难后，刚刚获得了建立一个真正德意志国家的机会，可弗兰茨的臣民们却对他展现出难以宽恕的蔑视。毫无疑问，对拥有如此情绪的一代人而言，统一还为时尚早。

467

第二节　撤出法国　重组四国同盟

亚琛会议并非一帆风顺，但各种争执终究没有激化，因为各方势力都同意要警惕法国爆发新一轮革命。沙皇确实无视巴黎大使会议的决定，将波佐·迪·博尔戈召至亚琛，但梅特涅很快注意到，沙皇根本不赞同博尔戈对法国的情感。沙皇非常焦虑地看待法国内政，不会让自己被黎塞留的誓言所说服。尽管他希望波旁家族一切都好，但也不愿彻底放弃四国同盟，而它恰恰是为了反对法国的革命精神。沙皇一遍遍在发言中重申，为了维持和平和公共秩序，为了捍卫基督教文明，在必要时共同抗击革命巨蛇，这让梅特涅很欣慰。此外，博尔戈并没有参与正式会议。正式代表是：卡斯尔雷和威灵顿、梅特涅、哈登贝格和伯恩斯托夫、卡坡迪斯查斯和涅谢尔罗迭。根茨保留了会议记录，喜悦之情难以言表，几乎不知道如何向心腹皮拉特描述沙皇情绪的可喜转变、内阁人士的空前一致、对他文笔的赞美以及挣到手的 6 千达克特。黎塞留作为法国的全权代表，只受特别邀请出席了个别几次会议。

1818 年 10 月 1 日，亚琛会议第 3 天，代表们就撤出法国达成共识。10 月 9 日，同黎塞留签订协议，规定占领军于 11 月 30 日撤出。法王路易充满感激地对大臣们说："法国重获自由，我死而无憾。"协议还将法国战争欠款的支付期限延长了 9 个月（2.65 亿法郎）。哈登贝格要求即刻偿还，因为捉襟见肘的普鲁士财政怕是等不了那么久，而且一收到法国的国债券，就不得不立刻低价出售。

468

其他三国表示反对,因为谁都不希望激怒法国民意;①波旁家族也发现实在难以满足普鲁士的要求。法国为了支付第一期欠款,已经又发起了两笔总计1.2亿法郎的贷款,商业世界大为恐慌。随着会议继续进行,这种严重危机降临到了各个证券交易所头上,首先在巴黎,然后在阿姆斯特丹,于是各国基于黎塞留的请求和威灵顿的调停,接连两次延长支付日期,最后一次延长到了1820年6月。两次延长,普鲁士都予以反对,但徒劳无功。

关于法国未来同四国的关系问题的谈判进程要简单一些。黎塞留希望他的国家能被接纳进四国同盟,这样一来大革命前30多年就存在的欧洲五巨头就能重新成为合法国际秩序。他还反复宣布,同盟的反对在法国国内看来形同冒犯,而这必定导致战争或革命。俄国似乎一度要同意这些请求。在一次秘密谈话中,卡坡迪斯查斯称四国同盟就像四头波拿巴,必须打破其暴政。10月8日,俄国代表提交一份备忘录,按伯恩斯托夫的说法,这份备忘录之冗长、晦涩和浮夸,在此前出自圣彼得堡的一切文件中都难有敌手。②它以启示录般的语言,赞颂上帝神意缔造的和平体系,当它再次获得承认并刻入人们心里,就绝不可能再次失去力量。然后便要求准许法国加入四国同盟,因为该同盟是“普遍同盟的重心”,或者说是“欧洲体系的重心”。这些要求也招来了对法国具有威胁性且敌视的言论。如果这个国家再次成为革命之地,它将凭自己的本事撤出同盟。

这份备忘录忠实呈现了多方欲望矛盾冲突的画面,自从去年夏天发生重大转变以来,这幅画面就牢牢占据沙皇的心灵。很明显,神圣同盟的建立者已经逐渐成为欧洲同盟的领袖,他也依然完全不愿放弃饱经考验、遏制了革命力量的四国同盟。另一方面,两个高度保守的国家,奥地利和英国认为首先维持现状,即四国同盟,无论是梅特涅还是卡斯尔雷都不可能克服对俄国的不信任,以及对一切革新的恐惧。利物浦勋爵也担心如果同僚们签署任何政治

---

① 第5次会议记录,1818年10月3日。
② 卡坡迪斯查斯,关于同盟事务备忘录,1818年9月26日、10月8日;伯恩斯托夫给洛特姆的信,1818年10月10日。

协议,会同辉格党爆发激烈冲突,他表面上的高调言语背后隐藏着深深的忧虑,"同盟一定不能忘记,这些问题的全欧洲大讨论将发生在英国议会"。英国内阁已经产生了反对声音。最年轻的政府官员乔治·坎宁认为,英国应该远离大陆事务,除非关涉到英国商业利益。普鲁士在两派之间保持中立,并争取实现某种妥协。无疑,四国同盟的存在依旧合法。人们对法国局势没有信心,尼德兰王国的南北冲突已经爆发,有可能推翻该国现存统治,所以也不太可能解散四国同盟。另一方面,既然法国已经满足了和平所需的一切条件,继续拒绝其参与欧洲列强的协商,恐怕也不太合理。难道就没有办法同时达到这两个目标吗?既接纳法国加入欧洲列强会议,又能稳固地重组四国同盟。

普鲁士的调停便指向这个双赢目标,几天后,两派更加贴近了。10 月 14 日,卡坡迪斯查斯在一份新备忘录中提出,四国应该在一份秘密协议中巩固四国同盟,应该秘密讨论军备问题,以预防对法作战;一旦完成这些准备,就应该邀请法国加入四国同盟,法国接受邀请后,这个同盟就应该向其余欧洲国家展现出各君主团结如"基督教兄弟"。[①] 在这些条件上,双方达成共识的因素已经开始出现了。沙皇和普王应黎塞留邀请游览巴黎,因为老波旁君主希望向国民展示,同盟还是将他视为平等的伙伴,于是谈判进程耽搁了几天。在途中,他们在色当检阅了普鲁士占领军,就在这里,半个世纪后,黑鹰再次展翅。沙皇在杜伊勒里宫再次展现了表演天分。他只待了一天,他的普鲁士朋友去剧院时,他同法王进行了一次漫长而正式的对话,其中不乏温言款语和美好愿望。但他没有给出任何盲目保证,而且当他于 31 日返回亚琛时,发现政治家们正处于对法国不利的氛围。

法国内阁的增补选举没有带回任何一个极端保皇党人,反而在正统主义者的大本营,布列塔尼和旺代,选出了公认的民主主义者拉法耶特和曼努埃尔。此外,巴黎证券交易所也传来了令人不安的消息。法国的未来似乎更难以确定,梅特涅在 11 月 1 日的一份备忘录里强调,法国与其他国家的处境远不相同;没人能威胁一个

470

---

① 关于 1815 年条约适用于当前形势的备忘录,1818 年 10 月 14 日。

和平和宪政的法国，但现在这个国家是革命的产物，党派林立；四国有义务时刻观察它，避免它再次产生革命的痉挛，"对于其他国家就没有这种义务"；所以法国不可能加入正式联盟，特别是因为没有任何结盟的机会，只能被邀请参与四国讨论。这个观点占据了上风，虽然俄国提出一些反对，也是形式大于内容。[①] 于是在 11 月 4 日发给黎塞留的消息中，措辞恭维地邀请最虔诚的基督教君主参与其他国家的讨论。11 月 12 日，法国国务大臣的回复表达了君主对这种信心和友谊的感谢，并承诺"以法国的尊严保证"忠于国家联盟。

11 月 15 日，联盟五国签订协议，正式承认法国加入世界和平体系，并保证时常以共同协议的方式，坚持互相访问，讨论共同事务。在这些会议中，如果涉及其他国家利益，就必须以正式要求的形式，由相关国家共同商议决定。这份协议连同一份宣言被送达欧洲各宫廷，这份宣言是根茨的杰作，但精美的形式也难掩内容的空虚。"本同盟的目的简单宽厚仁慈。本同盟坚定而平静地努力维持和平，支持所有建立和巩固和平的谈判。主权者都正式承认，他们对上帝和所统治国家的义务，要求他们在世界面前和国家中成为公正、和谐和克制的典范。"

表面上，法国被接纳进四国同盟，为了宣布新的友好关系，经沙皇批准，将博尔戈封为法国贵族。黎塞留因为在亚琛会议上的绅士风范而备受赞扬，无知报纸也大加吹捧，称他不仅解放了法国，还恢复了欧洲五头统治。实际上，法国只是获得了一份没什么价值的礼貌性外交声明。波旁家族还期盼自己的全权大使从此能出席四国会议，但并没有签订相关协议，所谓的"五国同盟"这个词也被刻意避免了。另一方面，就在 11 月 15 日这一天，四国代表召开秘密会议，签订秘密协议：四国同盟最先成立于肖蒙，在某个时期重建于巴黎，继续存在没有改变；为了避免刺激法国和其他国家，四国同盟将继续秘密存在。四国承诺，一旦法国爆发革命，或

---

① 11 月 4 日 22 次会议记录。梅特涅的情况概述，1818 年 11 月 1 日。这份文件收录在梅特涅逝世后出版文集的第三卷，第 161 页，不过收录的是这份备忘录的第一份草稿，后来还被认真修改过。

者波拿巴主义者复辟，或者战争阴云迫近，它们将彼此提供即刻军事协助，每次至少支援 6 万人；并约定如有必要，通过特殊会议讨论惩罚手段，"以此消除法国爆发新一轮革命的灾难性后果"。①

在同一场会议上，威灵顿领导的四国秘密军事委员会提交了同盟军队计划。根据这份"军事协议"，一旦四国决定有开战的理由，2 个月内，英国将集结兵力在布鲁塞尔，普鲁士在科隆，奥地利在斯图加特，俄国在 3 个月内集结于美因茨。比利时诸要塞中，英国驻守西面的奥斯坦德、伊普尔和斯凯尔特河上的几个地方；普鲁士驻守默兹河和桑布尔河要塞、那慕尔、沙勒罗瓦、马林堡等等。这份协议建议，因为还不存在邦联军队，这些德意志小分队将像 1815 年时那样，根据地理位置被再次分配进不同的军队。这份协议获批，随后由于普鲁士的强烈抗议，威灵顿必须要获得尼德兰国王的肯定。②

普鲁士将领并不满意。根据维也纳会议的意图，尼德兰将作为"缓冲国"承受法国的第一轮进攻，但普鲁士将领们对于这个国家的无能有着清醒的认识：威灵顿用法国的战争赔款在比利时边界修筑了 50 座要塞，可是凭借尼德兰可怜的武装力量，可能连一半都守不住。因此，作为将在继尼德兰之后承受打击的国家，普鲁士希望在下莱茵河建立一支永久性观察军团，一旦有需要就直接进入比利时，甚至不需要等到宣战。为了同尼德兰宫廷进一步商讨细节，缪弗林将军被从亚琛派往布鲁塞尔，但威廉三世坚决拒绝对他的主权有任何限制。这么多年过去了，多亏同盟军队才能戴上王冠的奥兰治家族统治者，已经明确表现出亲法仇普的倾向。他感到很不高兴，因为普王没有亲自从亚琛前来拜访，更因为按照条约规定，普鲁士拥有对卢森堡邦联要塞的最高指挥权，而且缪弗林关注到比利时人的不配合情绪时，深深冒犯了布鲁塞尔宫廷。天主教比利时人对荷兰异教徒的怒意日益增强，但尼德兰的威廉国王根本不愿意听到任何相关信息，而且在英国大使克兰卡蒂勋爵

472

---

① 第 33 次会议上签订的秘密协议，1818 年 11 月 15 日。
② 11 月 15 日军事协议；伯恩斯托夫给洛特姆，1818 年 11 月 9 日；沃尔措根回忆录，1818 年 10 月 17 日；博延回忆录，1818 年 11 月 15 日。

的怂恿下,他的态度越来越傲慢。因为尼德兰是英国政治手段的杰作,那位大使怎么可能有足够的敬意。在这位托利党人眼中,比利时事务目前状态良好,他向柏林宫廷建议,普鲁士应该遵循荷兰人在比利时的良好典范,以同样典范的方式统治新省份,这样的话,普鲁士的莱茵兰也就没什么好担心的了。缪弗林将军自然无法向这样想的人证明,普鲁士的协议对于保存尼德兰有多重要。他用了整个冬天来谈判,春季无功而返。

因此,亚琛同盟并没有成功地推行所有计划,但实现了最重要的一点:四国同盟依然存在,比以往更稳固团结。尽管在表面上,巴黎大使会议被解散了,但法国依旧处于四国监管之下。^① 无论何时,只要法国党争呈现危险态势,就会召开四国会议,并立刻按照事前计划实施武装干预。黎塞留收到的秘密信息不过是,四国同盟并没有解散,并小心避免透漏任何可能伤害法国骄傲情绪的信息。他完全不知道所谓预防性措施的严重性及其整体特征,就像他对沙皇态度的转变也一无所知,还万分感谢地写道:"人们应该亲吻沙皇的足迹。"他不知道正是这位法国的大救星最先向同盟提议组建军事委员会,并在有关军事问题的谈判中,继普鲁士之后狂热支持改善同盟军事体系。

亚琛会议上,骄傲的法国经历了多次羞辱,即便在法国代表被邀请出席常规会议后,四国同盟的会议也没有中断。亚琛会议一共召开了47场,其中有15场没有黎塞留出席。同盟在莱比锡战争纪念日举行庆祝仪式,黎塞留及其随员为了避免出席,只能以突然出差为借口。后来当昂古莱姆公爵微服访问亚琛,以作为对两位君主访问巴黎的回应时,他扮演了一个极其特殊的角色。法国在欧洲高级会议上的地位如此微不足道,完全是百日王朝的恶果。在这个精疲力竭的时代,和平是最重要的事情,四国只是尽其所能避免世界和平被再次打乱,谁会因此责怪同盟四国呢?可一个大国不可能永远屈居人下。

在这些谈判过程中,沙皇泄露了他所有政策神秘转变背后隐藏的终极目标。除了继续维系四国同盟(沙皇希望将功能限制在防

---

① 第47次会议记录,1818年11月22日。

558

止战争一类突发事件上），沙皇还希望缔结全欧洲保障条约。他将这个主意归功于安西永的一份浮夸备忘录，这是一份私人文章，很可能是这个小文人在沙皇经由柏林前往亚琛途中提交的。安西永在其中赞颂神圣同盟"足以让这个时代永垂不朽"。他接着用一贯冗长的方式描述，力量平衡的时代和革命性世界帝国的时代，是如何被"欧洲大家庭的简洁高贵观念"所主导的幸运时代所超越。为了实现这个目标，五大国必须向所有欧洲国家提供联合保障，以保护其现有状态不受任何强力干扰，而且通过定时召开会议，和平地实施国家现状的必要改变。后来伯恩斯托夫进一步解释道："这一切都是为了赋予神圣同盟半透明的灵魂以物质实体，或者将这种无形的心灵同爱与公正的精神相结合。"

因此，永久和平的幻象占据了这个疲惫世界的心灵，它将在大国的联合保护下成为现实，而且通过五大国的常规会议，获得永久的中央集权。欧洲将拥有某种联邦国家的形式，拥有一部宪法。安西永再次对这个成问题的协议进行了补充，这次补充明显是无法接受的，因为它将废除联合和平保障体系，而且有可能将欧洲保护体系降格成反对派的政治工具。这份备忘录要求，大国应相互保障彼此的合法主权，并将此条款解释为，主权者改动宪法不能成为大国介入的借口，但如若发生革命或者任何威胁合法主权的事件，大国就可以插手。这样的话，这个伟大的和平联盟的职责就不是保卫每个成员的权利与和平，而只是防止人民颠覆王权。因此这是一个邪恶的提案，受到梅特涅政策的热烈欢迎。①

此时，反动党派依然不可能取得全面胜利。普奥两国已经准备好相互保障以维持欧洲现状，因为对这样一个无比渴望和平的国家而言，所有维持现存秩序的手段都是受到欢迎的，而梅特涅私下里希望，这种普遍保障还能限制两个野心勃勃的国家，也是他最担心的两个国家，俄国和普鲁士。卡斯尔雷支持这个提案，但他不可能冒险在议会面前提交一份包含如此广泛承诺的协议；该计划等同于巩固神圣同盟，因此必定强化其创始人的优势，而此人对于不列颠而言，已经过于强大了。此外，英国也无法接受定时召开例行

———————————

① 安西永，关于欧洲同盟的备忘录，伯恩斯托夫给洛特姆的信，1818年11月1日。

会议,只同意根据局势需求而偶尔开会。卡斯尔雷坚持这个观念,而且因为两个德意志国家已经被迫承认,稳定的四国同盟,连同其被明确定义且容易理解的责任,将比含糊的神圣同盟能更有效地捍卫欧洲和平,因此关于保障条约的讨论被暂时推迟了。但沙皇仍希望,他所钟爱的计划的纤弱精神能获得某种实质性外壳。他再次提醒俄国大使想想神圣同盟的原则,并在离开前明确表示,他愿意加入四国中任何一国发起的、以安西永的备忘录为基础的保障条约。①

英俄间的古老冲突,在许多其他问题上再次彰显出来。因为向巴西贩卖奴隶的贸易依旧存在,英国要求其军舰有权搜查所有被怀疑参与奴隶贸易的船只。但是对俄国和其他所有国家而言,这种要求似乎有些过分了,后来三国君主一致同意给葡萄牙国王写亲笔信,敦促废除这项肮脏的交易,卡斯尔雷才不得不罢手。② 但另一方面,因为英国不愿意在地中海看见任何俄国军舰,普俄无法采取共同行动对付巴巴里海盗。向马德里宫廷寻求帮助的行为也徒劳无功。俄法是西班牙波旁王室的支持者,它们希望英国能在西班牙国王及其南美洲叛乱者之间负责调停,如果可能的话最好能劝导美国放弃承认这些新克里奥尔人的共和国。但威灵顿拒绝了这项提案,他意识到西班牙斐迪南国王并不想要英国的调停,只是想重建他在南美的统治,甚至在这届托利党政府结束时,即便它并不太理解经济问题,也不可能彻底放弃英国的商业政策传统。由于南美洲地区叛乱,英国获得了有利的贸易地位,而且不可能希望这些殖民地重新回归西班牙母国。③

尽管欧洲各国利益纠葛复杂,彼此必然存在各种误解,但亚琛会议无疑是现代历史上最和谐的一次会议。对和平的普遍需求和对革命的普遍恐惧,将各国牢牢捆在一起。此外,尽管有意回避"欧洲"这个词,但这是一次真正的欧洲大会。四国同盟的巨大军

① 伯恩斯托夫给洛特姆的信,1818 年 11 月 5 日、23 日。
② 威廉三世写给葡萄牙国王的信,1818 年 11 月 7 日;伯恩斯托夫给洛特姆的信,1818 年 10 月 29 日、11 月 9 日。
③ 第 18 次会议记录,1818 年 10 月 23 日。伯恩斯托夫给洛特姆的信,1818 年 11 月 19 日。

舰从海上驶过,旁边跟着法国单桅帆船,这场景多么令人骄傲和踏实。从普奥手中接过元帅权杖的威灵顿,现在拥有所有欧洲军队中的最高军事地位,也成了欧洲同盟的联军总司令。各国君主于是坚信,他们行守护之职就是保佑欧洲。他们毫不迟疑地将所有欧洲问题纳入讨论范围,虽然他们向第二等级的国家保证,四国合作只是为了解决法国问题。如果任何存在争议的问题经他们之手而没有结果,不是因为他们认为这些问题超出了能力范围,而是因为他们无法达成一致。

　　沙皇一心想通过神圣同盟赋予这个欧洲同盟以基督教大家庭的性质,因此亚琛会议的三位君主频频以父亲般的亲笔信形式向小国家传达指令。葡萄牙国王被来信告诫废除奴隶贸易,瑞典国王也被命令履行对丹麦的责任。威廉三世极力提醒他的北方邻居们记住"所有君主及其人民中间存在的基督教兄弟纽带"。但新的贝纳多特王室在这个合法的国家体系中依然觉得极端不安全。很长一段时间里,卡尔·约翰一直在巴伐利亚等宫廷周旋,想要为瑞典王位继承人找个新娘,而且他也知道,亚琛会议的君主们刚为被流放的瓦萨家族提供了一份资助金。因此,他努力让自己满足君主们的愿望,在经历多番努力后,最终能确保挪威议会接管一部分前丹麦联合王国的债务。实际上,走到这一步非常艰难。有一次, 477 他甚至努力抗议四国同盟的保证,并在 1819 年 1 月 7 日写信给弗兰茨皇帝称:"陛下,实际上,我必须要问,是否我们不应该找理由为国家和政府再二再三落入的灾难深渊而悲痛,是否强权应该凌驾于理性和法律的神圣原则之上,强权是否相信自己有能力超越国际法律,甚至随心所欲地安排某个国家的内部纷争。我们已经为政治自由主义原则抛洒了无数鲜血,6 年前这些原则曾让我们团结一致对抗那位计划建立至高无上主权、统治一个被奴役世界的暴君。那么,一个凭借强权且与这些原则激烈冲突的体系,是否应该存在?"但是在梅特涅冷冰冰的观念中,这些都是空洞的讨论,而且由于四国作为《基尔和约》的担保人,因此瑞典统治者必须让步。[1]对摩纳

---

[1]　普王腓特烈·威廉写给瑞典国王的信,1818 年 11 月 14 日;卡尔十四世给弗兰茨皇帝的信,1819 年 1 月 7 日;克鲁泽马克的报告,维也纳,1819 年 2 月。

哥君主的态度就更无礼了，黎塞留以大同盟的名义被派遣敦促这个没用的小暴君公开接受基督教现状。①

就这样，列强们处处专政，形式上很体贴，目的上公正和平，但这样一种专政，对于非合作伙伴国，多少有些沉重。亚琛会议根本没有打算询问小国内阁的意见，就建立了新的外交优先等级：从大使、外交官、常驻公使到代办，所有宫廷都毫无异议地接受了这项安排。会议还讨论了如何对待拿破仑的问题，俄国官员的观点最为严酷，他们坚决反对优待这个"身体内蕴含革命力量的个人"，声称这个囚犯的抱怨"愚蠢而天真"（这也的确是事实），并无条件支持赫德森·洛韦的所有举措，要求将拿破仑家族成员驱逐出一切危险地带，尤其是罗马，因为"那些人"都是祸害。② 其他国家不愿这么过分，结果重申旧协议，严格监管这个危险家族。最后，无法回避的犹太问题被提上议程。俄国提交了一份由某个基督教教士起草的备忘录，明确支持犹太人完全解放，但因为沙皇绝不可能在自己的帝国内实施如此博爱的计划，因此也就没有达成任何共识。

478　　整体看来，梅特涅认为亚琛会议非常成功。无疑，沙皇已经变了，即便有时依旧自行其是，但不再表现出任何自由主义倾向。只有卡坡迪斯查斯还不受霍夫堡信任，亚琛会议后他访问意大利，还受到一位奥地利警察的密切监视。黎塞留离开前给出了一些安慰人心的保证，并承诺改革选举法案。梅特涅对此抱有很大希望，因为就像绝大多数同代人一样，他也过分高估了选举法的重要性。但黎塞留无法兑现诺言，他的同事德卡兹表示反对。一场内政危机爆发了。圣诞节前夕，也就是他在亚琛取得胜利几周后，黎塞留辞职，德卡兹组建新内阁，努力同其他自由党派结成更友好的关系。担心一阵后，梅特涅很快适应了新局面，因为这位新首相很清楚自己头顶悬着四国同盟的宝剑。巴黎的这些消息却进一步增强了四国同盟。沙皇在返俄途中经过维也纳时获得了内阁换届的消息，一怒之下立刻访问弗兰茨皇帝，宣布俄军将马上备战。③ 亚琛

① 第42次会议记录，1818年11月21日。
② 俄国关于波拿巴的备忘录，第31次会议记录，1818年11月13日。
③ 克鲁泽马克的报告，维也纳，1818年12月26日。

会议上,在哈登贝格的建议下,四国决定避免对法国内政进行任何直接或间接干涉,但同时决定首先巩固同盟本身,因为它是抵御曾席卷整个法兰西的狂暴浪潮的唯一堤坝。[①] 在目前这种形势下,爆发革命的可能微乎其微。根茨兴奋地对朋友们说:"这个世界将安稳很长一段时间了。"他还在《奥地利观察家报》上将德·普拉特大主教关于亚琛会议的文章批得体无完肤,不过后者也的确是啰哩啰嗦的自由主义的肤浅产物。当无党派人士在巴黎的《密涅瓦》上取笑列强同盟解散,根茨于 1819 年 1 月发起反击,他的宣言对于大众而言,就像是晴天响雷:"无论人们怎么说,为对抗革命而生的四国同盟,仍继续存在!"

第三节　亚琛会议上的德意志事务

亚琛会议上有许多问题需要花费数周艰苦工作方能决定,其中自然包括不少德意志事务。其中很多产生于战时签订的各种欧洲协议和条约,因此是四国同盟的审理范围,但也有不少仅仅是因为德意志小邦国根本没有爱国心。普奥(被迫跟随普鲁士)坚持认为,德意志邦联具有独立地位,四国同盟可以介入德意志纷争,但只能在由于条约和协议的原因,在法律上必须介入的情况下才能插手。亚琛会议开幕式上,黑森选帝侯国的一位代表现身,向三位君主呈交了选帝侯的亲笔信,并向其他两位君主口头转述,他的主子打算获取卡蒂国王的头衔,并恭请欧洲各国予以承认。黑森选帝侯已经开始在卡塞尔兴建"卡腾堡",作为新王国的政府所在,却谨慎地向可怜的臣民们隐瞒了这项永不完结的巨大建设工作的代价。与此同时,达姆施塔特表示强烈抗议:如果黑森选帝侯能获得国王头衔,那么他的表亲也应该有同样的尊荣。亚琛会议直接拒绝了这项要求,因为"该请求缺乏足够的理由"。遭受如此羞辱的黑森统治者认为,如果学着巴登的卡尔·腓特烈的样子,退而求其次,将头衔换成大公(现在这个头衔已经毫无意义了),就更是自取其辱。于是他保留旧头衔,而且因为德意志人都不太了解这次失

479

[①]　发给克鲁泽马克的政府通信,1818 年 3 月 6 日。

败之举,而且他对神圣罗马的庄严记忆展现出如此虔诚的敬意,他还是有许多拥护者。①

之所以拒绝得如此直接,是因为普王认为黑森选帝侯国的腐败影响了他的声誉。战争期间,黑森统治者根据条约从四国手中获得了领土,同盟国未曾要求他作出任何正式承诺,但认为他理应认真对待国际法。可是他竟然无耻坑骗威斯特伐利亚领土!普王觉得自己居然曾给一个骗子提供担保,而在前往亚琛途中,经过哈瑙时,可怜农民的请愿纷至沓来,甚至到了亚琛还有各种痛苦的抱怨传来。伯恩斯托夫将此事提交会议,宣称这种无耻的领土交易是欧洲丑闻,并要求黑森选帝侯"以普鲁士为榜样",承认威斯特伐利亚政府此前一切以法律形式实施的行为不具有法律有效性。最后,他提出首先应该提醒选帝侯想想自己的背信弃义,如果选帝侯仍我行我素,普奥将在邦联会议上采取共同行动。由于英俄都同意,奥地利也就无法反驳。威廉三世给选帝侯写了措辞严厉的信:"我们正在采取行动,仅仅由于良知强加给我们的义务。"弗兰茨皇帝也写了一封类似的信。虽然奥地利能否在邦联会议上认真对待此事还非常值得怀疑,但可以肯定的是,想让黑森选帝侯讲道理,只能通过强力手段。②

普鲁士刚刚见识了德意志小诸侯们多么傲慢。根据维也纳会议签订的条约,普鲁士国王有责任从前萨尔河地区将6.9万"灵魂"给奥尔登堡、斯特雷利茨、科堡、霍姆堡和帕彭海姆,同时四国答应将帮助这五个王朝交换莱茵河左岸的一块领土,或者任何周遭环境允许的地方作为补偿。斯特雷利茨和帕彭海姆始终足够理性地同普鲁士就接受钱和土地达成共识,但奥尔登堡、科堡和霍姆堡无法放弃扩大领土的想法,并实际上接受了萨尔河地区的三块土地,以及条约中规定提供的人口数。这样一来,就形成了奥尔登堡-比尔肯费尔德、科堡-利希滕贝格和霍姆堡-迈森海姆三个双重

---

① 关于黑森选帝侯的秘密会议备忘录,1818年10月11日;哈登贝格发给普鲁士驻卡塞尔外交官冯·黑莱因的指示,1818年10月14日。

② 第32次会议记录,1818年11月14日。腓特烈·威廉写给选帝侯威廉的信,1818年11月14日。发给黑莱因的指示,1818年11月20日。

区域,这三个国家结构的精彩程度是正常人做梦都构想不出来的,可以位列德意志邦联政治古怪博物馆。但条约已经被谨慎地履行了,而且不可能重新考虑,因为整个德意志不再有任何无主之地。这三家仍向亚琛会议提出要求,四国同盟应该劝导普王占据它们遥远的萨尔河地区领土,将位置更为有利的普鲁士地区换给它们。奥尔登堡要普鲁士-威斯特伐利亚王国的一块好地,霍姆堡要韦茨拉尔附近的一块土地,科堡要亨内贝格的一部分;英国夏洛特公主的鳏夫,科堡的利奥波德王子①却请求卡斯尔雷注意,英国应该拥护他"可怜兄弟"的正当理由。哈登贝格再有忍耐力,这些要求也太过分了。他在一份备忘录中愤怒地说,普鲁士已经被瓜分得足够悲惨了,而且早就不是"邻人们可以随心所欲啃食或变更其边界线的普鲁士了";再者,同盟国都很清楚,普王已经"尽职尽责地反对"任何割让忠诚臣民的行为。这三国的要求自然被拒绝,利希滕贝格的萨尔河领地上的 2 万人口也让科堡家族备受折磨。②

在此期间,被剥夺主权者的抱怨也纷纷涌来,伯恩斯托夫现在才明白,梅特涅将德意志邦联法案的主要条款纳入《维也纳会议最后决议》,是一件多么重要的事。普奥两国无法全然禁止四国同盟插手那些与欧洲各类条约紧密相连的德意志问题,但它们可以将这些介入行为限制在最小范围内。于是决定,四国同盟应该劝诫符腾堡、巴登和两个黑森宫廷,体面地对待这些被剥夺主权者,进一步的细节将交由邦联议会讨论。图恩-塔克西斯家族曾强烈要求重获主权,也被交由邦联议会处理。③

还有一些不幸的统治者的处境需要考虑,比如被维也纳会议遗忘的霍姆堡公爵、冯·本廷克伯爵和克尼普豪森自由伯爵。霍姆堡伯爵刚刚在两大国的支持下,获得了邦联议会的投票权,但克尼普豪森就没那么顺利了。奥尔登堡非法占据了他的领地,并将其

481

---

① 夏洛特公主是英王乔治四世的女儿,曾拒绝嫁给奥兰治王子,最终于 1816 年嫁给科堡王子利奥波德,于 1817 年死于难产。——译注
② 哈登贝格关于《维也纳会议最终决议》第 50 条的备忘录。第 27 次会议记录,1818 年 5 月 9 日。
③ 给普鲁士驻斯图加特和卡尔斯鲁厄使者的指示,1818 年 11 月 21 日;哈登贝格给图恩-塔克西斯王妃的信,1818 年 11 月 15 日。

赶出城堡，他怒气冲冲地递交了一份抗议书，并发动反击。无疑，这总体上是一个关涉欧洲事务的问题，因为克尼普豪森的财产尚未划归德意志邦联管辖范围。数个世纪中，尽管没有帝国邦的特权，但克尼普豪森是神圣帝国的直辖区，其船只航行时悬挂特殊旗帜；后来一度被拿破仑帝国吞并，但从未归附任何德意志国家，而且这个好斗的小贵族值得优待，因为他在对抗法国的战斗中表现英勇。但是要让其成为一个新德意志邦国也确实有些不好办，因为它的面积不到 1 平方英里，再尊重德意志民族生活多样性的人也不得不承认，至少要像利希滕施泰因那样占地 3.5 平方英里，才足以发展出民族特性。因此，各国决定，普俄在奥尔登堡和克尼普豪森间调停，最好能劝导伯爵接受某地作为交换。[①] 但克尼普豪森的意志比欧洲各国的愿望更强大，经过 8 年艰苦工作，两个调停人获得了一份条约，也因此意外地丰富了邦联法律。从此以后，克尼普豪森成为一块德意志邦联保护下的"特殊地区"，一个拥有自己旗帜的半独立国家，同时以奥尔登堡公爵为宗主。这种折中方案自然立刻引发新问题，克尼普豪森对奥尔登堡领主权表示相当不满，而且在所有国际法专家兴奋地注视下，这种争议很快发展成旷日持久的本廷克法律纠纷，这场纠纷是一团乱麻，在本身就浑水一潭的邦联议会上变得更加复杂纠结，在差不多 30 年时光中，它一次次扰乱法兰克福会议，直到 1854 年出台新条约，将本廷克家族的这块领土并入奥尔登堡，克尼普豪森的旗帜也在海上彻底消失。

482

巴伐利亚和巴登之间的纠纷也在亚琛会议上暂时结束。这两个邻国的关系已经无比糟糕，巴登大公害怕对方发起突袭，甚至恳求四国不要让从法国返回的巴伐利亚军队借道巴登。各国回复他无需担忧，并公开敦促慕尼黑宫廷严格管理借道巴登的部队军纪。[②] 贝尔施泰特在此之前就请求四国同盟运用自身力量，根据条约规定，解决领土问题和继承问题，并宣布他已经准备好接受补

---

① 冯·本廷克伯爵给莫斯勒（Mosle）的指示，维也纳，1815 年 4 月 5 日。伯恩斯托夫的报告，第 41 次会议记录，1818 年 11 月 20 日。

② 哈登贝格给贝尔施泰特的信，1818 年 10 月 15 日；给雷希贝格的信，1818 年 10 月 15 日。

偿。他随后被邀请去亚琛,同时被邀请向法兰克福的领土委员会派遣一名全权大使。就像伯恩斯托夫写的那样,各国同意只要巴登提出可接受的条件,"就迅速结束这个麻烦棘手的问题"。① 贝尔施泰特匆忙赶往亚琛,并宣布他的君主已经准备好接受奥地利的飞地哥罗德塞克(Geroldseck),同时将陶伯河峡谷的施泰因费尔德行政区割让给巴伐利亚;并将通往巴伐利亚-普法尔茨的军道割让给慕尼黑宫廷,同时付清1.3百万弗罗林的长期欠款。起初,俄国大臣们认为这些条件并不足够,沙皇还在两个争执不休的姻亲中摇摆不定,但贝尔施泰特通过私人交谈影响了沙皇,他甚至潸然泪下,以客人身份短暂访问亚琛的施泰因男爵也力劝沙皇支持巴登,于是几天后,俄国也走上了被哈登贝格一直视为正确的观点。奥地利政治家们坚持不表态,并事先宣布,同意同盟支持巴伐利亚,并在最终决议上也允许自己被否决。

普俄统一战线,奥地利没有公开反对,卡斯尔雷自然加入了多数派。但他并不情愿如此,在备忘录中明确表示仇视俄国。他写道,巴登大公渴求列强的慷慨,因此深陷对弱国而言最危险的位置。但卡斯尔雷承认,一谈到这个法律纠纷,自己就疑虑重重,而且无法理解列强在维也纳和巴黎时,有何权利承诺慕尼黑宫廷可以继承普法尔茨。11月20日,四国同盟决定接受巴登的请求,废除此前关于普法尔茨和布赖斯高的继承问题的一切讨论,承认霍赫伯格一系的继承权;如果巴伐利亚拒绝接受该决议,巴登的提议也就不再有效,但上述决议将继续生效。与此同时,君主们也给巴伐利亚国王写了亲笔信,劝诫他顺从为上。威廉三世并不像其他两位君主那样写几句套话了事,而是按照一贯的认真方式,再次向巴伐利亚国王解释,普鲁士从未承认关于普法尔茨继承问题的秘密条款。②

① 伯恩斯托夫写给洛特姆的信,1818年10月19日;哈登贝格和涅谢尔罗迭给贝尔施泰特的信,1818年10月17日。
② 贝尔施泰特给卡坡迪斯查斯的信,1818年10月28日;卡坡迪斯查斯的回信,1818年10月29日;俄国备忘录,1818年11月10日;关于巴登的私人会议,1818年11月20日;卡斯尔雷的备忘录,1818年11月20日;威廉三世国王给马克西米利安·约瑟夫的信,1818年11月18日。

484 　　巴登获救了，就像法国曾感激沙皇的支持，巴登也同样将沙皇奉为国家的保护人。实际上，沙皇对巴登的帮助不如威廉三世，但沙皇很有戏剧天分，因此知道在何时出手，而且在亚琛会议结束后，不失时机地在巴登享受自己的成果。在法兰克福，他禁止巴登使者们安排任何热烈拥护他的场面，却不禁止"人民内心自由活动的展现"。巴登人民内心的自由活动是如此丰富，如此热情，是沙皇在自己的土地上从未见识过的。每座城镇都有凯旋门和白袍少女，处处都有"献给巴登救星"的花环；卡尔斯鲁厄晚上亮着彩灯，虽然沙皇觉得这些留在屋内可能更好看一些。^① 这就是佳姻庄战役三年之后，南德的民族骄傲。爱国报刊上，没有一个作者告诉这一代人，他们距离成为一个民族还有多遥远；报刊只是将怒火对准普奥，认为它们要为所有罪孽负责。可是南德为何允许外国如此插手德意志事务？亚琛会议上的决定不过是 1813 年莱茵联邦国家行为不可避免的后果。因为这些国家是在战胜法国后，一个个以欧洲主权国家的身份，加入四国同盟体系，因此在严格的法律意义上，巴伐利亚-巴登纠纷就必须由四国同盟决定。

　　慕尼黑宫廷怒发冲冠，巴登宫廷喜不自胜。弗兰茨皇帝在返程途中极力安抚自己的姻亲，但没有用；梅特涅和卡坡迪斯查斯则立刻开始为另一块巴登领土讨价还价，也徒劳无功。^② 维特尔斯巴赫家族的统治者拒绝接受一切，王储路易像瑞典国王一样谴责拿破仑式暴政重现，但他的愤怒没有半分作用。四国同盟全权大使在法兰克福领土委员会已经收到明确指示，履行亚琛会议的各项决议。绊脚石被移除后，工作进展迅速，1819 年 7 月 20 日，四国签署《法兰克福领土协议》，这项极其艰难的工作，在战后为德意志各国

485 直到今天的领土划分了界线。巴伐利亚宫廷接受了施泰因菲尔德行政区，但是发表正式抗议，坚持认为仍拥有对斯彭海姆和普法尔茨的继承权，而且一有机会就翻旧账，因此很久以后，伯恩斯托夫伯爵还叹息"没完没了的斯彭海姆问题"。不过，此时木已成舟。

---

① 贝尔克海姆的报告，法兰克福，1818 年 11 月 24 日；瓦恩哈根的报告，卡尔斯鲁厄，1818 年 11 月 27 日。

② 克鲁泽马克的报告，1818 年 12 月 26、30 日。

亚琛会议的所有决议清晰呈现出通过保障权利维持欧洲和平的崇高目标。但是，德法自由派报纸描绘的亚琛会议反动计划的故事，也不是完全错误。君主和政治家们的秘密会谈中，所讨论的第一批计划正是针对德意志的改革党派。外国人都很厌恶德意志的骚动事态。维也纳条约体系整个建立在德意志民族的政治虚无之上，因此德意志统一的观念，即便只是出自愚蠢学生之口，也令人难以忍受。所有外国人都同意根茨的看法，即"1813 年反动"在法国让革命运动暂时平静，在其他国家，尤其是德意志，却首先唤醒了革命精神。沙皇提交会议的《关于德意志现状的备忘录》明确表达了这种观点。这份备忘录的作者名叫斯图尔扎（Stourdza），是个温和忧郁的瓦拉几亚青年，他不久前曾提交给沙皇一篇热情颂扬东正教的文章。他后来访问了几所德意志大学，被那里直言不讳的学术风气吓坏了，他相信整个德意志弥漫着混乱的氛围，从学生身上嗅到了以国家统一为目标的革命运动气息。于是他以宗教和道德名义，要求对大学采取严格措施：这些"哥特残渣"，哲学国中之国，应该被剥夺古老的特许状，应该将学生视为未成年人严格管理，应该强迫他们按照固定课程表学习；既然出版自由已经无法被彻底镇压，那么至少可以不让青年人阅读错误的书籍和报纸。这篇文章其实出于好意，不过也无足轻重，却获得了沙皇和奥地利政治家的赞许。不过普鲁士认为，这些热血青年不过是滔滔不绝谈论色彩问题的盲人。

突然之间，很可能由于哈登贝格糟糕随从的过失，一家巴黎公司公开了一份秘密备忘录，于是大学中爆发一场风暴，其激烈程度远超一年前对科策布的口诛笔伐。现在出现了第三个攻击德意志兄弟会的半俄国人——莱比锡哲学家克鲁格。耶拿兄弟会决定惩罚斯图尔扎，派两个年轻的伯爵前去挑战，这样他就不能因贵族身份幸免于难。斯图尔扎拒绝接受挑战，因为他的文章是一份官方备忘录，他也迅速离开了这片不友好的德意志土地。兄弟会的恐怖行径尽管也是依照古代习俗，却仍引起了各宫廷的担忧。根茨从此坚信，耶拿大学肯定存在着某个私设刑堂的秘密组织，向全德意志派遣刺客。不幸的是，科策布又斩钉截铁地说，斯图尔扎的备忘录里表达的就是沙皇个人的意思，这简直就是火上加油。现在

486

十九世纪德国史(第二卷):组建德意志邦联

所有学生都误以为,德意志的反动行为是圣彼得堡策划的,他们恨透了俄国。魏玛那位无关紧要的弄臣,竟然被耶拿人认为在莫斯科政策制定中很有影响力,他被吓得移民曼海姆。

年轻人的怀疑完全没有理由。在亚琛会议上,沙皇谨慎避免对德意志邦联政策发表任何看法,不过是像黎塞留和威灵顿一样,偶尔说说对德意志革命的焦虑。由于沙皇的突然转变,四国同盟的领导权实际上已经转移到了霍夫堡手中,尽管谨慎的奥地利政治家很愿意让沙皇不时在全世界面前表演领导人的角色。无论在德意志还是欧洲,梅特涅都是反动行为的领袖,而且在亚琛会议上,他竭尽所能让普鲁士脱离自由主义。他曾友好地同哈登贝格谈及,正在普鲁士官僚中盛行起来的自命不凡和鲁莽批评是非常危险的,不可一世的学生和缺乏管理的出版业同样危险。首相同伯恩斯托夫以及阿尔滕施泰因谈及这些问题,他们都承认梅特涅说得很有道理,因此哈登贝格向他的奥地利朋友承诺,普王将对这些罪行采取措施。①

487　　梅特涅并没能顺利阻止普鲁士关税改革付诸实施,也没有注意到导致新关税法实施的巨大经济原因。梅特涅无视所有经济问题,并丝毫没有意识到这个巨大缺陷,因为根据霍夫堡的古老传统,这些都是纯粹的资产阶级问题,不值得一个奥地利贵族费心。根茨在多年前曾对财政问题有初步认识,后来在维也纳的外交生涯中,也逐渐丧失了对政治经济问题的良好理解力。拿破仑时代,由于结盟英国符合奥地利的利益,他曾为大不列颠的国债发表荒谬诡辩,现在他又同样颠倒黑白地描述奥地利繁荣的财政状况。奥地利不可能加入德意志关税同盟,根茨便谴责所有旨在结成关税同盟的计划是脑残行为,是幼稚地"企图偷天换日"。霍夫堡无人感知普鲁士关税法的重大民族意义,但梅特涅害怕一切能让普鲁士团结的东西,并且从柏林枢密院官员提出的这项改革中,嗅到了革命的气味。再者,他真诚地认为奥地利才是国家之典范,他热爱这个松散的半独立王室领地联合体,热爱这片孕育混乱的平静国度;奥地利各民族欢聚一堂的场面,让绝大多数宫廷无比羡慕,

---

① 哈登贝格日记,1819 年 1 月 11 日。

更是让他自豪不已。就连将王室领地彼此分割的各省通行费,他都觉得非常优秀,因为他完全不了解这项制度中的所有细节。因此,他温和地警告伯恩斯托夫伯爵,关税改革可能引发混乱,提醒他记得约瑟夫二世失败的中央集权,描述奥地利国内关税的各种好处,还善意地提议,各省关税也非常适合普鲁士,因为这样国家就不必同邻邦费力谈判了。① 伯恩斯托夫和哈登贝格拒绝了所有建议。

正如首相看到的那样,梅特涅对立宪工作一再的温和警告最终劳而无功。这位奥地利政治家很快意识到,哈登贝格对待宪法计划是多么认真。因此,梅特涅极力想要获得普王的支持。不过威廉三世一直不太信任他,也不可能忘记他曾在萨克森问题上背叛了普鲁士,在阿尔萨斯问题上背叛了整个德意志民族。在亚琛会议上,威廉三世第一次以某种秘密方式表达了这种不信任。他还隐晦地承认,德意志青年人中活跃着一种邪恶的精神,而且因为他还不能准确估计其危险程度,因此渴望获得可信的情报和坚定的支持。因为沙皇也处于类似令人焦虑的局面,所以无法从俄国获得支持。上了年纪的首相在体力和精力上也都在走下坡路。亚琛会议上,哈登贝格扮演了附和的角色,将大多数事务交给伯恩斯托夫。普王为此忧虑地提醒首相,催眠师黑内尔(Hänel)是如何在欧洲高级会议上展现魔力,魔术师科勒夫又是如何带着犹太暴发户的傲慢嘴脸参加政治会谈。似乎只有梅特涅始终坚定、活跃且自洽,只知道自己想要什么。他的行为证明,他统治着欧洲最平静、最安全的国家,他多次重复塔列朗的话:"奥地利是欧洲的领头羊。"去年,出于对德意志君主的尊重,他希望允许宪法运动自由发挥;现在,任何这样的想法都不存在了。自从瓦特堡庆典以来,德意志的雅各宾党人已经扯下了面具,因此必须对他们宣战。

梅特涅多次在谈话中向普王保证,革命党的大本营就在普鲁士,革命阴谋在军队和官僚上层圈子中蔓延,世界的命运系于普王

① 1828年普鲁士-黑森关税同盟签订后,梅特涅就向冯·马尔灿(von Maltzahn)大使表达了这些观点,伯恩斯托夫伯爵注释道,早在亚琛会议期间,奥地利首相就向他表达过同样的观点。(马尔灿的报告,维也纳。1828年4月14日)

之手,如果普鲁士政府允许人民效仿小宫廷的做法并颁布一套巴伐利亚式的"煽动性宪法",动乱将不可避免地遍及整个欧洲。梅特涅注意到自己的话对普王有一定影响,却向弗兰茨皇帝谴责威廉三世的迟钝软弱,因为普王所具有的常识使其不可能立刻相信奥地利因恐惧而产生的这些幻象。与此同时,梅特涅还在争取极端保守派议员阿尔布莱希特的支持,还求助于他最值得信赖的普鲁士朋友,维特根施泰因。11 月 14 日,梅特涅从亚琛给他写了两份"关于普鲁士国家局势"的重要备忘录。他计划由维特根施泰因在合适的时候将两份文件呈交普王,但是出于礼貌,也秘密传达给哈登贝格。这位奥地利政治家后来说,人们将把亚琛会议上的某天标注为普鲁士君主的拯救日。

489　　　　梅特涅仅凭外交花招、命运的青睐以及其他宫廷的怯懦,就在整整一代人的时间里,让整个世界看不到他平庸的本质,但他关于普鲁士宪法的备忘录,最直白地暴露出他头脑的贫瘠。普鲁士这种民族国家和奥地利这种多民族杂居国家,各自承担的政治任务具有本质上的区别,而梅特涅对此没有任何概念。作为其命运同普鲁士无法分离的真心而焦虑的友人,他向普王解释道,两个德意志大国的内部状况一致,两个君主国都由"迥然不同的多个省份"组成。可是情况并非如此,霍夫堡也完全不了解普鲁士长期拥有的中央化行政体系。奥地利宫廷只能理解由世袭领地松散联合起来的国家形式,弗兰茨皇帝也不厌其烦地阐释他最爱的原则:"由不同部分构成的王国只会让自身强大。"

　　梅特涅认为:"如果不是因为奥地利各民族间语言和习俗的差异太大,奥地利王国甚至比普鲁士更适合纯粹的代议制。"但在奥地利都不可能推行的东西,怎么可能在普鲁士繁荣发展呢?因此在普鲁士建立"中央代表"将是"纯粹的革命",将削弱它的军事力量并导致统治垮台。由于代议制,比利时和荷兰之间已经爆发了危险纷争,它们更适合比邻而居,而非作为普鲁士的两个省份。因为这些原因,普王应该止步于省议会,而且省议会应该只有请愿权、陈情权和评定直接税的权利。只有在特殊情况下,比如国家许下了某项公开承诺,那么就将在未来某天从各省议会召集一个重要代表团,每省派出 3 位代表,这样就形成了 21 人的国家议会,相当于曾经的帝国议会——梅特涅不久前刚刚向奥地利推荐了这项制度。他随后强调："难道这个相对受约束的计划就不会导致革命吗？陛下最好三思而行。"这句话无疑表达了他真正的观念。

梅特涅的详细阐述全面暴露了他对宪法的无知，如果他是个年轻的普鲁士法学生，这种无知一定会让他在助理法官考试中败北。他对普鲁士新的省级划分一无所知，也不了解更早的历史情况，这表明他甚至没有好好研究过地图。因此，梅特涅根据自己的想象建构了7个普鲁士省份，其中勃兰登堡马克包含波美拉尼亚，威斯特伐利亚公爵领包含贝格。在地方行政体系上，他的智慧集中在一句话里，"各省都设立高低两个行政权威"。梅特涅的提案依仗的政治考量更加匪夷所思。柏林的老派保守主义者都承认，只有一个理由能反对建立省议会体系，即8或10个省议会，在缺少一个国家议会的情况下，一旦坐大，必将威胁国家统一，尤其是军队的统一。但梅特涅提出，普鲁士国家议会应该将军队分散成"7支部队"。第二份备忘录建议解散兄弟会，全面镇压体操协会，并最终在邦联议会上，由普奥两国采取共同措施控制出版。

尽管宪法备忘录有如此多的弱点，但它仍是外交游戏中很聪明的一步棋。梅特涅知道，普王很在意军队的技术效率，因此一遍遍发出警告，即自由党派厌恶常备军，除非普鲁士国家议会将军队转型为国民兵组织，否则他们绝不会消停。梅特涅的担忧并非无稽之谈，他希望普鲁士人能注意自己的话。哈登贝格一直有个错觉，即他可以跟随梅特涅的政策走一段，等到时机成熟再摆脱他。他愿意赞同所有霍夫堡同意的事，同意对体操协会、大学生、出版业以及普鲁士官僚采取强硬措施，但他的立宪工作是霍夫堡不能置喙的。这位老政治家根本不知道，许多维也纳人早就视他为过时之人，还有些人怀疑他是普鲁士雅各宾党的头子。如果他现在打开闸门，释放积蓄已久的反动浪潮，洪流必定摧毁他和他的宪法计划。

490

第九章 《卡尔斯巴德决议》

第一节 柏林的犹豫 南德的宪政初体验

491 在1819年这个重大年份的开端,霍夫堡已经决定发动一场旨在歼灭宪法运动的战争。梅特涅在给妻子的信里说:"可恶的沙皇亚历山大"不再是阻力了。不过考虑到邦联议会的惰性以及德意志各方利益的复杂程度,宪法运动能否在普鲁士以及小宫廷中成功进行,都是值得高度怀疑的事情。自由党派已经尽其所能地推进其对手的计划,德意志民族深受阵发性狂热和不分青红皂白的批评之影响,这种情况反复发生,非常不利于国家健康发展。各种荒唐谣言四处传播,信众甚广。报刊投入地描述德意志令人绝望的奴役状态,不倦地描摹反动魔鬼,使之形象栩栩如生。

善于耍小聪明的批评者们,从所有无关紧要的事情上,为狂热批判提供新素材。比如,两个发怒的普鲁士军官对某个后备军动了手;比如军事法庭对某些过火的行为实施了惩罚。对于这些事,《伊西斯》哀嚎道:"太无耻了!"任何同政府打交道的人都被视为叛徒。1818年圣诞节,首相秘密将斯特芬斯召至柏林,询问他是否知
492 道关于体操协会的任何政治阴谋。斯特芬斯是个正直的人,他坦诚自己只是攻击那些人道德偏差、傲慢无礼和行事野蛮,但没有理由相信他们参与了政治阴谋。但是没等人们获知这次觐见的具体情况,他就被愤怒的体操协会成员击垮了,他们不允许他自证清白,并将他驱逐出了爱国者圈子。此后余生,斯特芬斯都没能完全洗刷这莫须有的罪名,甚至没有获得老朋友施莱尔马赫的理解。因此,一种阴暗、无理由、无目标的怀疑开始将国家和国王分离。

如果此时有新的战争气息，一定会吹散这些彼此仇恨的阴云，但在和平时代沉重疲惫生活中，一种阴郁的气氛日渐浓厚。

与此同时，首相已经开始履行在亚琛会议上向奥地利友人许下的承诺。1819 年 1 月 11 日，哈登贝格发布了一份令人震惊的王室内阁令，这份文件用 19 对开页的长度阐释了普王的仁慈意图和严重焦虑：他曾长期仰仗国民久经考验的忠诚和自我牺牲精神，但现在作为统治者，他有责任"积极应对"被战争岁月漫长的政治紧张唤醒的不安精神，这种不安持续作用，"狂热追求不切实际的目标"，展现出极其糟糕的影响。

这份命令继续描述，个人争执和党派纷争如何在官僚中占据主流，对行政工作的吹毛求疵变得普遍，甚至侵犯了官方保密义务（这是一项合理指责，因为报纸上描述普鲁士国家罪恶的夸张文字，多出自普鲁士官僚之手）。普王继续说，"我的目的是赋予国家一部合适的代议制宪法"，但它必须伴随着"对国家行政的尊重"。国家行政并非无可指摘，国务院很少开会，懒于政事，"国务院在基本问题上必须统一思想"。随后开始讨论由于公共教育的不良趋势，致使年轻人过早参与公共生活，"这些曾经只是青年人无伤大雅的玩笑，如今却掺杂了试图参与公共事务的意图"。普王要求密切监管教育事务，更为严格地挑选大学教授，体操训练必须由学校进行，而且严格杜绝可能严重伤害身体的训练项目。最后，普王慎重而平静地暗指出版业，"发展国家的热情如果混杂着只追求创新的热忱，将会轻易被革命浪潮裹挟"；考虑到报刊的诸多不端行为以及邦联出版法的虚弱效力，一部普鲁士出版法似乎迫在眉睫。国王等待各部部长就所有这些问题的建议，以及如何向全国进行公告，每位部长都要书面呈交自己的意见。同一天，主持国家参议院的阿尔滕施泰因接到命令，要求参与讨论新税法的高等级会议必须杜绝党派意识和私人纠纷，防止"堡垒从内部崩溃"。[①]

这是普王第一次要求所有部长就内政普遍问题发表意见。毫无疑问，他有着极佳的意图，即避免国内出现强大的反对派。他所

493

---

① 给国务院的内阁令，1819 年 1 月 11 日；给阿尔滕施泰因的命令，1819 年 1 月 11 日。

注意到的问题都无法被完全否认，他指出的整顿计划也无法被完全拒绝。改革出版法的计划不能再推迟了，体操训练和学校教育相结合是调整这些狂热体操协会成员最安全稳妥的办法。君主向官员的公开讲话将消除许多北德人批判意识中的偏差。如果部长们真的希望平息内阁令中呈现的极端焦虑，就一定会以明确、合理且现实的提案配合国王和首相的要求。当务之急是迅速作出决定，因为一些部长很清楚，这份内阁令中的思想已经相当落后于维也纳宫廷的秘密计划。但那些公认的政治对手，博延和舒克曼，克勒维茨和比洛，能够在如此重要的事务上迅速达成一致吗？

　　由于 1817 年 11 月更换了部分部长，部长们几乎无法协同共事。首相听力不佳，无法主持部长会议，因此各部门已经习惯了独立处理各部事务，只在必要的时候让哈登贝格做决定，所以无人能应对普王提出的如此全面的咨询。部长们的意见很慢才传到国务院，最后一份要到 5 月才呈交。① 没有任何文件表达出过分的焦虑，就连一向比其他人都焦虑的伯恩斯托夫伯爵都谦虚地承认，他对普鲁士问题所知甚少。大多数部长认为，内阁令中描绘的有关内政的画面过于阴暗了，他们相信人民和官员，建议不要发布公告，因为这必定产生消极影响。坚定的保守主义者舒克曼也认为，安抚民意的最好办法是加快立宪工作。国防部长表达的观点最贴近自由主义："如果腓特烈大帝认真听取最忠诚将领的闲谈，他会作何感想？"他要求设立没有审查制度的出版法，以及对违法行为的惩罚措施，"如果普鲁士能践行自 1806 年就应国王陛下要求制定的法令，如果我们能在完善这项法令上避免一切无必要的延迟，所有正直的人都会相信，普鲁士不仅有能力平静地渡过危险期，更能在不采取任何过分焦虑的保护性措施的情况下，顺利地解决这些危险"。

　　在细节上，这些建议相差甚远，每个人都选择了内阁令中他最擅长的问题。但是关于各部门行动缓慢以及首相居于各部门间的特殊调停位置，这些重大问题，也只有 3 位部长提出了看法，分别

---

① 舒克曼的意见，1819 年 1 月 20 日；伯恩斯托夫，2 月初；博延，2 月 12 日；克勒维茨，2 月；阿尔滕施泰因，3 月 1 日；洛特姆，3 月 4 日；比洛，3 月 5 日；拜梅，无日期；基尔切森，5 月 2 日。

是科切伊森、比洛和拜梅,拜梅还专门强调,首相应该是国务院的首脑,"否则所有其他改变都是徒劳"。尽管他们都表现出了重视,但这9份意见给人留下的印象却相当混乱和令人不解,其程度不输不久前贵族们关于宪法的各种看法;也没有哪位部长强大到可以迫使其他人将这些想法大杂烩汇总成一份完整的意见,呈交给君主一份明确决定或共同方案。这项重要工作结果一无所获,整整7个月里,普王没有收到任何回应,因此发现自己对中央政府缺乏团结的批评是非常合理的。就这样,本来用某些合理简单的手段就能避免检举和镇压性政策,却由于国务院各部门的混乱,产生了严重后果。

既然从部长们那里一无所获,哈登贝格决定亲自动手。1月11日,就在内阁令发布的同一天,阿尔滕施泰因收到指示,《时代精神》的作者又写了一卷,要为此劝诫一下他。佐尔姆斯·劳巴克伯爵勉为其难地承担了此项任务,尽可能温和地对作者进行了劝诫。阿恩特给首相写了一封坦诚的信,声称自己也很后悔在书里写了一些"不合时宜且过于夸张的事情",但自己的出发点是好的,他的忠诚无可指摘,之所以招致政府劝诫,完全是因为他的死对头,枢密院官员坎普茨的贬斥。紧接着在3月份,暂时关闭了全国范围内的体操馆。这是过去几个月中激进行为导致的必然结局,但绝非有意镇压体操协会,只是提议将体操课纳入学校常规课程,然后就将重开体操馆。教育部也已经起草了普通体操教育章程,并提交君主批准。

3月30日,哈登贝格要求部长们提名一个委员会撰写出版法,普鲁士对出版业采取自由或限制的态度将对邦联会议产生重大影响。委员会的咨询官是枢密院官员哈格迈斯特(Hagemeister),他曾在瑞典担任律师,公开反对审查制度。尽管安西永也在委员会里,但由于尼科洛维乌斯(Nicolovius)和克勒(Köhler)都希望出版自由,至少将其视为一项普遍原则,因此这个委员会还是有可能出台一套合理方案。哈登贝格的改革措施一帆风顺。夏天,莱茵上诉法庭在柏林启动时,大法官泽特和总检察长艾希霍恩希望,莱茵口头辩诉程序(实际上是老德意志传统)能最终成为司法部门中腓特烈式改革的基石。《普鲁士国家报》也到处宣传,政府在许多方

495

面的观点比社会看法更自由；政府捍卫新经济改革，反对民众偏见，如果政府抨击自由主义者，那也只是因为后者的地方主义傲慢情绪，就像多特蒙德的马林克罗特(Mallinckrodt)，或者其他莱茵威斯特伐利亚作家，用过分粗俗的语句形容老省份的文德人特征。

496   1月11日内阁令发布的同时，威廉·洪堡也被召至国务院，这对于立宪工作而言，似乎是个好兆头。去年11月，洪堡曾被召至亚琛会议，在巴伐利亚-巴登谈判上作报告，作为法兰克福领土委员会的成员，他表现极佳，也收到了关于领土安排的指令。在亚琛，他毫不避讳地表明对伯恩斯托夫的任命相当担忧，因此他不会拒绝外交职位，尽管对舒克曼和维特根施泰因很不满。洪堡恳求普王解除他在伦敦的职务，①希望在法兰克福工作结束后，能全身心投入科学事业，仅仅参与国家参议院的讨论。维茨莱本向普王保证，洪堡丰富的学识和编纂能力足以为宪法事业提供无数帮助。普王很喜欢这个主意，就连哈登贝格都觉得有必要用某个部长职位向他的老对手示好，此外他也担心洪堡在国家参议院中将成为反对派领袖。最后决定将内政部一分为二，治安部被废除，同舒克曼的部门合并，舒克曼将管理代表和地方政府事务的权限交给洪堡，并由此成为一个特殊部门。维特根施泰因仍然是国务院的成员，只处理王室事务，在这个无往不利的位置上，他既可以静观事态发展，也能随时撤回非政治性职位。

按照国王的意图，洪堡将处理地方政府事务，管理旧地方等级会议的债务和扶贫体系，最终协助制定村镇、省级和国家各级宪法的细节。哈登贝格保留了这份提案的最终起草权，这也是他作为首相的权利和义务。因为所有这些将要移交给一些特别部长管理的部门，都曾由他直接管辖，现在首相只保留了对整个政府部门的最高指导权，如果起草宪法的权利也移交给某位特别部长，首相也就497   只剩个空壳子。一份言辞简洁的内阁令通知新情报部长走马上任，因为根据绝对君主制的法律，任命部长是王室命令，就像所有公仆必须坚定执行的其他命令一样。哈登贝格在一封信中明确暗示，他

---

① 洪堡给普王的陈情书，亚琛，1818年11月13日。

正在起草宪法计划,应该在不久后的某天将计划交给新同事。①

然而,洪堡完全误解了普王的意思。他相信自己应该呈交一份宪法计划,首先给国务院,然后给君主。于是他诚挚地感谢君主对他的信任,宣布自己已经准备好"鞠躬尽瘁",并请求获准前往柏林,声称只有在首都他才能深入观察问题并形成计划(1月24日)。这封信寄给了普王,另一封类似的信寄给了首相,哈登贝格压抑已久的怒火爆发了。他认为洪堡触犯了首相的特权(因为洪堡在给普王的信中丝毫未考虑到首相的权力),在1月31日以首相的名义发布内阁令,简要严肃地向洪堡解释了他的职权范围。②

洪堡现在决定再给普王写一封更细致的信,这等同向首相宣战。信中他再次恳求调离法兰克福,这样就能在柏林获得情报并发表观点。他说自己的主要焦虑是不知道自己是否被赋予了独立负责一个部门的权力,是否有权直接向君主报告所负责部门的所有事务。哈登贝格在信的批注中写道,这种热切激动的口吻完全不像个彬彬君子所为。首相目前不得不忍受这个死对头,他唯一无法释怀的人。他一遍遍问:"他想干什么?他为什么写这么长一封信?"同时报纸上已经提前庆贺这位新部长将成为普鲁士新宪法之父,更是让首相的愤怒到达顶点。哈登贝格的愤怒是有道理的,因为尽管1月11日的内阁令让各部长有权在首相在场的情况下,同普王讨论各自部门的事务,但宪法计划不是某个部长该操心的事情。哈登贝格称:"我们不得不创造出一件尚未存在的事物,它在国王陛下的心目中只有个大概,陛下可以从任何人那里寻求建议。就让陛下来决定是不是非我不可吧。只要陛下觉得我还有用,我就会尽职尽责地履行委派给我的职权。"2月17日,普王决定顺从首相批注里的意思,措辞比较严厉地要求,如果洪堡还打算留在政府,就马上进行解释。2月27日,洪堡恭顺地回复道:"只要是我力量所及,我都会为陛下竭尽所能,除此以外我别无他想。"③

498

---

① 发给洪堡的内阁令,1819年1月11日,伴随着一份首相的信。
② 洪堡给普王的信,1819年1月24日;给哈登贝格的信,1819年1月24日;给洪堡的内阁令,1819年1月31日。
③ 洪堡给普王的信,1819年2月11日,信上附有首相的批注。给洪堡的内阁令,1819年2月17日;洪堡的回复,1819年2月27日。

　　洪堡就是在如此不受信任,甚至受排斥的氛围中,被召至御前委员会。他深感屈辱,向自己的朋友解释道,他之所以有这样的决定是不想让普王觉得自己难以管束,而且觉得自己至少应该尝试一下。① 但洪堡并没有说出全部实情。他肯定已经知道,因为最后一封信,他已经同哈登贝格永远决裂了。且不论这一点,如果洪堡接受一个权限与其能力和自尊严重不匹配的职位,那么唯一的目的就是同哈登贝格开战,直到首相的权力被击溃。人们很快发现,这就是洪堡的计划。他暂时还不得不在法兰克福待到夏季,以完结领土协议。他怒气冲冲地向朋友抱怨,他是被故意耽搁在这里,这样首相就能在没有他帮助的情况下完成宪法计划。此时的奥地利正在准备最后一击,而普王却摆出了这样一出戏。各个省份的治理工作都堪称典范,中央机构却乱成一团:各部长不能回答国王的迫切问题,普鲁士最重要的两位政治家势同水火。

　　哈登贝格和洪堡之间的冲突简直莫名其妙,因为他们对宪法原则的观点高度一致。2月4日,洪堡就在法兰克福为施泰因男爵起草了一份关于宪法计划的重要备忘录,其基本观点与首相完全一致。洪堡已经大大超越了自己年轻时的社会理想主义,但现在他希望限制的并非国家权力,而是官僚权力。他认为,捍卫自由交往的权利免受国家侵犯,不是市民的责任,因为他相信自发参与治理是市民的道德义务,只有这样个人道德才能获得完善,国家才能同民族精神呼吸与共,才能获得在危急时刻支撑自身的精神力量。限制王权之所以具有合法性,正是由于这种内在需要。于是,这位康德主义者也获得了国家历史观念的丰富思想,正是这种思想孕育了对拿破仑世界帝国的反抗。洪堡也知道如何借助历史理解当下,如何区分鲜活和僵死之物。古希腊人曾将政治家称为实践中的历史学家,没人比洪堡更懂这种智慧。就像施泰因圈子中所有有识之士一样,洪堡也希望将议会政府奠基在村、县和省各级自治政府之上。尽管他也敏锐地注意到了中间等级的迅速扩张和旧等级差异的消失,但仍要求区分社会三等级。他还希望中央代表机构拥有立法权,省议会拥有行政义务。

---

① 洪堡给莫茨的信,1819年3月18日。

在洪堡的观念中，"问题不在于任意引入某种新事物，而是让某种被随机或非法压制的事物有复兴的可能"。他明白所有存在已久的宪法在起点都有某种程度上的杂乱无序，因此希望审慎地保留旧等级的一些权利，即便这有可能给新秩序造成麻烦。但他也明白，封建领地仅仅因其弱小就已经无法继续存在于这个大国中，因此他要求为新行政区设立省议会。他认为在没有国家议会的情况下，省议会将威胁国家统一以及各等级权利，他像个预言家一样说道，省议会只能拥有商议权，而真正的代议机构才能有表决权。洪堡非常看重国家团结，要求所有代表团体都应该从直接选举诞生，由省议会选出的国家议会绝不可能摆脱"团体精神"，即地方主义。在这份备忘录的某些段落中，我们仍能发现时代政治文化的缺陷，比如城镇应该被继续细分，比如预言政府中的改革原则和等级会议中的保守主义原则将始终占据主流。不过无论如何，这份备忘录都是那十年中对宪法问题最重大最为影响深远的贡献。哈登贝格和洪堡之间的根本分歧在于，后者更加坚定认真。他给改革限定了一个明确时间点，即中央代表团将最迟在 1822 或 1823 年召集。此外，洪堡比哈登贝格更加优待旧等级，承认封建主义者的要求也有合理因素。

他们之间并没有爆发严重争执的理由，如果两位政治家能达成一致，一部完全切实可行的宪法计划就会在洪堡手中诞生，而他无疑会听从普王的命令，后者只是用一种商讨性的口吻表达支持旧等级会议。洪堡本不可能永久性指导这些事务，因为他从未视政治为全部人生，但是除他以外，再没有谁拥有如此丰富的学识和优秀的文采能制定该计划。不幸的是，由于之前发生的一切，这两位政敌的通力合作已成泡影。首相没有和洪堡进行任何事先沟通就着手宪法计划，于 5 月 2 日向国王提交第一份初稿，言辞简洁地包含了他后来宪法计划的几乎所有基本内容。5 月 3 日，国王下令组织一个小型立宪委员会。① 因为没有人知道这些背后的故事，在一年内，不少声名卓著的爱国者都提交了宪法方案。曾参与施泰因

——————————

① 哈登贝格给普王的报告，1819 年 5 月 3 日；给哈登贝格的内阁令，1819 年 7 月 3 日。参见附录 8。

宪法方案的西里西亚议员雷迪格,提交了一份空洞教条的备忘录,猛烈攻击旧等级制度,还建议将人口分成三个等级,但他的区分毫无道理。[①] 希佩尔的提案就太现代了,他很不喜欢教皇的分离主义精神,因此拒绝一切关于省议会的计划,请求建立一个由两院组成的普鲁士国会。这位坚定的君主专制主义者甚至提出了纯粹议会制政府的理论原则,并且在没有理解自身提案意义的情况下,宣布国家应该向君主指明他可以信任的人士。所有这些都是无用功,被埋葬在堆积如山的材料之中。

501 　　普鲁士宪法的命运犹前途未卜,南部新立宪的国家又有大事发生。在慕尼黑和卡尔斯鲁厄分别召开了第一次国家议会,在这两座城中,议会制度用极其不幸的方式书写了初章。慕尼黑宫廷对亚琛会议的决定长期不满。如果维特尔斯巴赫家族对普法尔茨的计划落空,那么列强们至少能知道,巴伐利亚足以成为整个德意志宪法自由的榜样。2月5日议会召开,巴伐利亚国王以一贯浮夸的方式宣布,他在邦联法案出台前计划的一切,现在已经彻底完成了,并且声称获得感谢的那一天是他一生中最幸福的一天。人们带着极大的兴趣关注在慕尼黑的这场前所未有的会议,也是德意志历史上第一次公众代表大会。上议院的会议议程保密,在公开的简短会议记录中也没有提及任何人,于是读者们很快厌倦了"这位尊贵的贵族议员"说了什么,"那位尊贵的贵族议员"又如何回应。对下议院的兴趣迅速冷却,因为能说会道的发言人实在太少了,尽管无法避免粗俗言论,但也没什么戏剧性场面,因为会议程序太死板,发言人必须按照事先安排的名单顺序说话。

　　巴伐利亚议会尚未形成任何政治党派,国家的建构性力量非常微弱,绝大多数议员按地区分裂成一个个小团体。维尔茨堡人和阿莎芬堡人很难视彼此为同胞,安斯巴赫人和拜伊罗特人却很团结,普法尔茨人则谨慎地远离其他所有人。维尔茨堡的贝尔(Behr)是一位狂热的演说家,深受法兰克尼亚同胞的喜爱,也是一位坦率激进的理论家,关于宪法的作品中流露出的激进程度甚至

---

① 雷迪格,关于普鲁士国家代表的备忘录,1819年1月8日。

超过了罗特克——君主本人应服从人民代表的惩罚性权威。班贝克市长冯·霍恩塔勒是一位精明的犹太裔律师,曾研究过 1791 年宪法。这个人智力和文化水平都有限,但活跃、冷酷而镇定,擅于发表长篇大论,这种能力在议会上往往让真正的有识之士相形见绌。相比这两位深受喜爱的议员,副议长佐伊费特(Seuffert)的形象似乎过于温和,因为他知道形成政治观点时,要考虑现实情况。

502

议会召开后,巴伐利亚国王马上再次遭受了因对罗马教廷两面三刀而招致的恶果。由于政教协定和宗教法令之间的明显冲突仍未解决,教皇禁止议会中的神职人员向宪法宣誓效忠。激烈谈判再次爆发,教皇使节塞拉·卡萨诺公爵(Serra Cassano)甚至扬言离会。① 于是获得了一份多少有些丢脸的妥协:大多数神职人员宣誓效忠宪法,但前提是宪法不得与天主教会法律有任何矛盾之处。国家接受了这个可容纳多种解释的条件,只有一两个神职人员,比如采邑主教艾希施泰特(Eichstädt)拒绝接受。

巴伐利亚年轻的议会制度自然要缴纳一笔不菲的学费。会议上不乏无用的讨论和琐碎的争论,贵族议员宣告上议院注定是抵抗民众精神中不安力量的大坝,用稳定抵抗变动。会议代表们觉得这是对自己官方地位的不敬,于是言辞激烈地表达了对贵族的仇恨,但最终还是宣布,上议院的意见"引人注目"。在大量不成熟的方案中,对毫无节制的官僚统治的各种不满逐步显露,上议院也不时认为有必要提醒下议院注意宪法对其权力范围的规定,因为只有国王有权发动立法。奇怪的是,巴伐利亚议会中仍能看到南北政治观点的巨大差异。法国新宪政理论的许多基本原则在北德尚闻所未闻,却已经在莱茵联邦国家中深深扎根了。因此上下两院都请求引入诉讼公开听证制度,王储在报纸上声称,他就站在上议院支持此提议的议员之中。下议院还要求建立陪审制度,自此后这项要求成为德意志自由主义规定动作之一。但在经济文化方面,巴伐利亚远落后于普鲁士。两院大多数成员都支持老巴伐利亚"真正"手工业大师们的法律特权,只有少数人支持积极捍卫本土工业自由的普法尔茨人。巴伐利亚对地方自治的理解也相当有

503

————————————

① 察斯特罗的报告,1819 年 1 月 29 日。

限,他们习惯了省级法官的全能式治理,甚至不敢希望像普鲁士那样,建立具有行政权的县级议会。拿破仑式的普通委员会在普法尔茨继续存在,它顶着地方议会的名字,其实只有微弱的建议权,但是对老巴伐利亚人而言,似乎是个完美的制度,在莱茵河右岸的省份中,哪怕最温和的改革都仍不可能实施。

一般说来,国家议会不会为豪言壮语付出什么代价。最重大的事件是,财政部长莱兴费尔德终于揭露了长期掩藏的国家财政状况:年度赤字3.5百万弗罗林,国债1.05亿弗罗林。这是相当沉重的财政负担,巴伐利亚王国的贸易极其不足,因此这个王国要经历同新省份地方主义的艰苦斗争,才能作为一个整体承担起这些债务。绝大多数债务都是因为战争,但是无人知晓究竟多少债务要归咎于君主的挥霍,因为政府拒绝提供专制时期统治的账目,而为人慷慨的马克西米利安·约瑟夫在金钱方面永远是个孩子,刚刚才从法国战争赔款中拿走了3百万到4百万法郎,给儿女们买礼物。①

几天后,国王就受够了议会。他的官员们现在必须向臣民们解释自己的行为,这在他看来形同犯上作乱。霍恩塔勒提出,军队应该宣誓效忠宪法,还嬉皮笑脸地宣称,这项明显非宪法的计划的意义不过是基本法的规定动作。这让国王的不满变成了愤怒。此后的一代人中,这种错误想法成为自由党派偏爱的原则之一。这些宪法主义者深受当时痛恨常备军的流行意识影响,不可能明白,一支被党争侵入的军队才是自由的死敌,只有失去自我意志的军队,才能捍卫市民权益。贝尔无比自信地说:"如果存在任何没有意志的等级,我就不知道宪法自由究竟在何处了。"流行的阴谋论以及统治者与人民天然为敌的观念,再次携手并进。在一份讨论巴伐利亚议会的小册子上,自由主义时政评论人冯·斯普劳恩(von Spraun)为霍恩塔勒的主意找了个理由,即如果军队不宣誓效忠宪法,宫廷就可以随时发动圣巴托洛缪大屠杀。魏玛的《反对报》甚至扬言,德意志人民会整天思忖,到底是哪些没良心的代表反对这项提案。为了防止王权滥用,人们甚至提议剥夺国王的最高军事

504

① 察斯特罗的报告,1819年2月17日。

指挥权,并将宪法纷争的最终决定权交给普通士兵,而这些人绝大多数都很年轻。所以,就连法国雾月十八日政变都没教会这些德意志教条主义者们,一场政变只有在国家容忍和赞成的情况下才能成功。

军队向宪法宣誓效忠这个主意并非源于革命精神,只是缺乏经验和反思的结果,却造成了极其糟糕的后果。少数青年军官像护民官一样表达看法,受到了秘密处罚。大多数军官觉得充斥在所有军队中的王权情感因此遭受了严重伤害,愤怒之下采取了相当不明智的措施。卫戍部队中流传着一份众多将领和士官们签名的请愿书,恳请国王拒绝"如此违背宪法精神的要求"。情急之下,议会突然放弃了这项计划。但是代议制一启动就产生的这些问题,让国王相当焦虑。拿破仑战争中在整个拿破仑军队中唤醒的难以控制的雇佣兵精神,已经让法国和萨克森误入公开叛乱的泥潭;在意大利,拿破仑的军官们处处煽动对奥地利统治的仇恨,那里随时可能爆发一场军国主义革命;南德军队难道现在不是正在被拖入党派政治纷争吗?维也纳宫廷也觉得巴伐利亚正在革命的悬崖边上挣扎。根茨就巴伐利亚的代议制写了一份愤怒的备忘录。[①] 他谴责君主居然通过演讲自行建立了"一个彻底的君主民主制",还问道:"这种刚刚诞生的全民代表制凭什么有勇气从其他代议制终结的地方开始?"在上议院的协助下,有可能对下议院采取坚决行动,在今天,这些行动可以通过各种积极手段被保证,但在当时很有可能几周内就被彻底忘了。

巴伐利亚国王约瑟夫也很关心局势,甚至已经想到了各种孤注一掷的计划,他同心腹们商议,既然宪法没有满足目标,是否有必要废除它。3月30日,雷希贝格伯爵私下向普鲁士大使透露了这项秘密计划,后者大为吃惊。伯爵补充道,他的宫廷唯一担忧的是,由于违背邦联法案第13条,有可能同邦联议会发生冲突。他最后正式请求,普鲁士国王通过"其国务院的行动"提供某种秘密信息,即"如果巴伐利亚国王迫不得已要采取上述强制性措施,普

505

---

① 《巴伐利亚代表制议会第一轮会议观察》。这份备忘录于1819年4月10日递交柏林,但肯定是在3月初写成的,因为其中涉及的议会议程只到2月15日。

鲁士国王将如何行动。"同时,巴伐利亚还向奥地利宫廷表示后悔如此仓促地颁布宪法,并宣布已经准备好"采取普奥可能推荐的任何抑制性措施"。①

威廉三世面临极大的诱惑,但他并没有上钩。他成熟地考虑了这个问题,并在数周后,即 5 月 11 日才以一份政府信件的方式回应了这个问题:"如果巴伐利亚国王决定颁布宪法时,我们能有机会表达观点,一定会表达大量的怀疑和反对意见,这也是我们应尽的义务,尽管这部宪法中也许包含众多优秀和成熟的考量。"但是现在,"我们看到的完全是另一回事了。如若我们考虑到,巴伐利亚国王颁布宪法时,不仅是将其视为免费赋予人民的一项巨大利益,更是毫不犹豫地公开承认,拥有这样一部宪法是人民真正或光荣的权利;而且,以宪法为基础的议会不仅以同样的意识接受这部新宪法,还明确且大胆地公开其观点,即只要涉及国家权利,承认这些权利就是君主最重要的工作。那么我们相信,独断地剥夺宪法势必造成巨大的危险"。随后他请求巴伐利亚国王认真考虑人民和军队的情绪,尤其要考虑,宪法本身是否并没有提供给君主维持王权尊严的工具,比如解散议院的权力。他完全无需担忧邦联议会,因为第 13 条法案仅仅从一般意义上要求建立某种代议制宪法,巴伐利亚无论如何也会有省议会。②

因此,普鲁士并不打算提供巴伐利亚宫廷期待的援助,其回应就是用外交辞令表达的"不"。几天后,察斯特罗报告称,雷希贝格伯爵非常真诚地表示感谢,说因为两院采取了更加温和的态度,因此政变的计划已经取消了。③ 实际上,关于宫廷的这项计划,反对派已经有所耳闻,不过他们不可能得到详细信息,于是他们在黑克尔(Häcker)的调节下迅速表达对宪法之父的忠诚。议会成员用热情掌声回应了宪法之父的动情演讲,这让国王很受用,于是这位刚刚还计划政变的君王,马上又变成了立宪君主的典范。就在普鲁士极力防止巴伐利亚统治者背离宪法的几天中,纪念宪法颁布的

① 察斯特罗的报告,1819 年 3 月 30 日;克鲁泽马克的报告,1819 年 4 月 16 日。
② 发给察斯特罗的政府公函,1819 年 5 月 11 日。
③ 察斯特罗的报告,1819 年 5 月 19 日。

纪念章已经被铸造完成了，国王亲自隆重地颁发给朝臣以及王国每个行政区各一枚，作为永久纪念。整个国家都为巴伐利亚人的权利而欢呼，同时谴责普鲁士，所有巴伐利亚报纸都乐于对比两位国王，一位忠于宪法，一位是柏林暴君。《汇报》讲了个荒谬的故事：1500 名市民在勃兰登堡门前拦住普王的车驾，哭诉道"我们都为祖国流过血"，恳请国王颁布宪法，门口的卫兵们拒绝干涉市民的行为。

下议院代表更积极地展现了巴伐利亚人的狂妄自大。一些成员递交给雷希贝格一份秘密备忘录，提出支持君主的立宪意图。这份备忘录声称，巴伐利亚曾经被踢出欧洲政坛，现在由于其宪法的精神力量拿回了地位，而且巴伐利亚君主被整个民族视为"德意志之心"。巴伐利亚已经重新成为一个欧洲大国，如果国王能全面满足议会的各种愿望，"维特尔斯巴赫王朝将成为所有准备好接受代议制宪法民族的主心骨，然后一支强大的巴伐利亚军队将首次拥有真正的重要意义"。因此，符腾堡宫廷梦幻的三重奏计划在巴伐利亚重现了，慕尼黑的反对派同邻国自由主义者的想法高度一致，《新斯图加特报》成为双方的工具。但是维特尔斯巴赫家族的统治者并没有上钩。马克西米利安·约瑟夫很警惕人民代表的激进言论，再次派遣雷希贝格向察斯特罗递交这份自由主义者的备忘录。他再次请求普王与他联手，消灭这些民主原则于萌芽。普王的回应简洁体面——他不会插手巴伐利亚内政，并重申了他的建议，即君主应该积极镇压不符合宪法的侵权行为或要求，巴伐利亚政府不能被这份备忘录中两面三刀的代表、虚伪的煽动家们所愚弄。①

小国君主们往往在军事事务的争论中，以一种相当令人反感的方式，展现自己的虚伪，而也正是这样一场争论标志此轮议会结束。人人都觉得，只要没有一支紧密团结的德意志军队，中等国家的军费开支方式就总是毫无目的，但没人敢说出真相，因为这严重违背了地方主义精神。在巴伐利亚，几乎所有党派都渴望拥有一

507

---

① 察斯特罗的报告，1819 年 5 月 23 日。发给察斯特罗的政府公函，1819 年 6 月 11 日。

支强大的常备军,因为他们都怀揣巴伐利亚成为欧洲强国的夸张梦想,但是他们不可能以普鲁士为榜样建立一支高效的后备军。所以,他们将精力放在了对开支的争论上,不过根据普鲁士大使的判断,巴伐利亚的军费确实太夸张了。下议院提出的 670 万弗罗林军费在国王眼中实在太少了,他在给弗雷德的一封亲笔信中称,他宁愿让宫里人受苦,也不能亏待军队,将自掏腰包赞助 30 万弗罗林。随后上议院将军费提高到了 700 万弗罗林,国王还是不满意,于是在 7 月 16 日发表了一通不太礼貌的闭幕演讲,并解散了议会。他诚实地宣布,为了履行邦联义务,他将超出军费预算。按照普鲁士大臣的说法,巴伐利亚国王想要领导德意志民族沿着自由大道前进,这种想法"不会有什么好结果",实际上,比他同罗马教廷的谈判好不到哪里去。尽管绝大多数议会代表都是无害的普通人,但他们的确代表着一种逾越宪法赋予权利的强大趋势。君主则展现出一种软弱,一种倾向,即今天谄媚地争取民众支持,明天又乞求邻国协助对付自己的国家。

第一次巴登议会上演了更为激烈和戏剧性的情节。1818 年 12 月,不幸的卡尔大公的所有麻烦都结束了。他的叔叔,此时已年近花甲的路易大公即位,他最好的年华都留在了腓特烈的军队里。他仍活在多个莱茵战场的回忆中,骄傲地讲述他曾指挥著名的罗迪奇营(Rhodich),这支部队后来变成了第一近卫军团。成为巴登大公后,他仍喜爱穿着普鲁士军服,将普军的军规引入巴登军队,并渴望借一个普鲁士军团,这个愿望在瓦恩哈根的热情周旋下很快达成。[①] 只要普鲁士军装的饰物或者纽扣发生变化,他在柏林的大使一定在外交报告上附上最新的军装样式。在莱茵联邦时代,他就与拿破仑不睦,在萨莱姆的孤堡中蹉跎数载。再次出现在世人面前时,他严格管理官僚,给混乱的统治带来了一定程度的秩序和效率,但新宪法在这个老派人眼中,不过是一种沉重的制约。

因为赖岑施泰因很快隐退海德堡,于是贝尔施泰特成了政府的主心骨,仅次于他的是新财政部长菲舍尔(Fischer)。符腾堡国王

---

① 瓦恩哈根的报告,1818 年 12 月 16 日,1819 年 4 月 4 日。

一开始还极力想同新邻居搞好关系,但双方于 1819 年 4 月在施韦青根秘密会晤后,便分道扬镳了。[1] 卡尔斯鲁厄的这位老军人不想听任何有关自由三重奏政策的信息,而是渴望保住东方诸国的友谊,因为后者的不信任曾严重地伤害了他的国家。在这个问题上,他首先想到的是最爱的普鲁士,贝尔施泰特则倾向于奥地利。但他们都感激崇敬俄国,巴登驻圣彼得堡的代理大使布利特尔斯多夫不停地向他们灌输,俄国才是不稳定欧洲的天然重心。他们也都愿意听取安斯泰特的建议,后者在卡尔斯鲁厄宫廷逐渐拥有了重要影响力。[2] 巴登大公在家族中过着放荡单身汉的生活。他是个聪明人,但因为对高尚精致的文化没有任何感觉,因此早就放任自己过上了放浪形骸的生活。无论是在他轻浮的爱情故事中还是政治谈判中,他身旁永远站着一个帮手,陆军少校亨嫩霍费尔(Hennenhofer),此人凭借风趣幽默和阿谀奉承,生生从大公随从一路升到武官,精通各种骗术,毫不介意在政府公文中引用《项狄传》,他参与所有机密,尽管其貌不扬,却总扮演调停人的角色。巴登新宫廷如此不堪,让这个曾经伟大的国家,很长一段时间内都是仅次于慕尼黑的、德意志第二邪恶的地方。

尽管非常不情愿,巴登大公还是决定于 4 月 22 日召开议会。他总是说:"像巴登这种小国家需要的是父权制政府。"他宽慰自己道,议会应该会满足于扮演某种微不足道的家族会议的角色,而且不会有任何"侵犯我们特权"的举动。[3] 议会开幕后,大公为代表们举办了宴会,他高举一大杯美酒祝愿忠诚的臣民们健康,然后根据习俗将这杯酒轮流传递。人民代表们决不会像君主那样将他们的责任想得如此微不足道。他们在来首都的路上,处处受到民众的热烈欢迎,君主又举行了如此热情的开幕仪式,这让他们觉得,今天就是德意志历史新纪元的开始。瓦恩哈根此时正忙着和代表们打成一片,根本不可能向他的政府清晰地描述"这个重大时刻有多

510

---

[1] 瓦恩哈根的报告,圣彼得堡,1819 年 1 月 5 日及此后多日报告。
[2] 布利特尔斯多夫的报告,圣彼得堡,1819 年 1 月 5 日及此后多日报告。
[3] 贝尔施泰特给卡坡迪斯查斯的信,1819 年 12 月 10 日。

么庄严"。① 人民代表相信此刻全世界的目光都在看着他们,实际上卡尔斯鲁厄议会甚至吸引了英美的注意。代表们一致决定,在议会中不提贵族或者官方头衔,因为议会代表这个光荣头衔远比其他世俗地位更高贵。这个骄傲的决定很快引发了各个焦虑宫廷的恐惧,它们担心很快就会废除贵族制度本身。

　　巴登贵族只在上议院拥有代表席位,下议院的代表并非像巴伐利亚一样来自四个等级,而是来自各个城市和乡村选区,每个选区包含能缴纳 80 万古尔登税款的群体。因此,卡尔斯鲁厄议会符合现代巴登国家的特点,几乎等同于全民代表议会,其组成比当时其他的代表制议会都更贴近新世纪的民主理想。巴登议会的能力也远超巴伐利亚议会。在上议院,韦森贝格和黑贝尔代表教会,罗特克和蒂鲍代表大学,菲尔斯滕贝格的卡尔·埃贡亲王(Karl Egon)和保守主义的冯·蒂尔克海姆男爵(von Türckheim)代表贵族,后者是阿尔萨斯人,因大革命背井离乡,对巴登的地方主义抱持相当冷静的观点。蒂尔克海姆直截了当地承认,民族国家统一是最重要的,其次才是宪法改革,这种观点在那些自我陶醉的宪法主义者们看来,无异于叛变。下议院成员中,弗赖堡大学的杜特林格教授非常惹人注目。枢密院咨询官路德维希·温特(Ludwig Winter)对各类事务知识都有详尽的理解,无人出其右,是个土生土长的黑森林地区人士,坦率真诚,行事直接,是个保王党人,典型的老巴登官员,随时准备各种社会改革,公开反对政治上的业余人士和议会上油腔滑调的人。下议院的领袖是冯·利本施泰因男爵,早在 1813 年就吸引了哈登贝格的注意,那时他还是个年轻官员,刚在莱比锡战役纪念仪式上以一通漂亮的演讲广受赞誉。他口才了得,活跃而谨慎,是巴登历史上最聪明的议员,奉行自由主义,因行事得体和军事事务上的优秀判断力而备受关注,但性格相当不坚定。

　　几乎所有反对派发言人都是官僚,而这部分人在议会中占据了过多的席位,于是巴登议会上展现出了德意志议会制度最重大的缺陷之一,该缺陷至今都丝毫没有改善。由于巴登严重缺乏专业政治家,熟悉法律的人几乎都是官僚,因此新宪法的推动者们希望

511

---

① 瓦恩哈根的报告,1819 年 4 月 22 日。

让所有熟悉政治事务的人都进入议院,这导致几乎所有国家官僚都拥有了选举权。许多小诸侯幻想着,官员在议会中将缓和反对派的狂热情绪。但是根据以普鲁士为模板打造的新官僚规则,德意志官员必须比世界上其他国家的官员拥有更加独立的地位。作为议会代表,他们要求拥有反对上级的无限权利。一时间,人民代表责任高于官员责任,因而效忠岗位的誓言在担任议会代表期间暂时失效,这种观念迅速流行。这将导致双重危险,要么国家公务人员的纪律被损害,要么官员的行事准则因上层的喜爱或压力而被破坏。实施压力的手段已然存在:被选出参加议会的官员需要离岗开会,但是就这种情况宪法中并无任何规定。在巴登第一次议会期间,国务院便讨论过,未来是否可以通过拒绝反对派领袖离岗开会,使之无法参加议会。这个主意实在卑劣,却在巴登无能官员的头脑中相当可行,而且将在南德造成极大的混乱。

一个拥有如此多聪明头脑的会议,在伟大命运意识的感召下,必定会将演讲艺术拓展到思考生命和国家的一切高度和深度。只要这个国家没有一个中央代表会议,这些小议会几乎必定超越其能力范围,在他们的视野内思考德意志一般性政策问题。在接下来的一代人中,上莱茵人民的历史使命似乎是为年轻的自由主义观念提供易于理解的措辞,使之便于广泛传播。议会没有立法权,但有权要求政府订立法律,于是它非常彻底地运用了这一特权,以至于国王如果稍一让步,就有可能彻底丧失在立法工作中的领导权。

短短三个月内,自由主义的全盘计划都被提出讨论了,这对于此后数十年的立法工作至关重要。由于计划中的大部分内容都只有模糊的轮廓,因此需要议员们逐条进行投票,全体无异议或者少数服从多数——这一步在瓦恩哈根眼中正是政治成熟的重要标志。冯·洛茨贝克男爵过于直白激烈地描述了乡村日益贫瘠的情形后,议员们一致决定在全德范围实现贸易自由。没有人知道如何实现这一目标,没有人注意到普王刚刚赋予了1100万德意志人自由贸易的特权,而这被视为对德意志真正贸易自由的卑鄙冒犯。接下来,海德堡书商温特提议出版自由,利本施泰因支持他,同时提出了一些只能在以后的新帝国中才能实现的要求,即不仅废除

512

审查制度，更要废除报刊的保证金以及一切限制出版自由的手段——只要民意尚未就德意志邦联法律的基本原则达成共识，这些要求就不可能实现。随后，罗特克向各部长们提供了与罗马教廷缠斗的助力，赞颂德意志天主教国家教会的荣耀，称其形式精致温和，内容却极具革命性，在历史浪潮面前岿然不动，证明了韦森贝格的梦想永不可能成真。这个热心肠的教条主义者拥有强大的信仰力量，因为他不可能对理性法则提出任何有效的反对。罗特克承认："蒂鲍和穆勒在创造力和学识上远胜于我，但真实和真理在我这一边，只要拥有这些，我们就不可战胜。"所以他认为一切妥协都是背叛，"在正确与不正确之间，没有中间道路"。

513　　接下来，关于废除强制劳役和十一税，关于司法与执法分离，关于公审和口头审理程序，议会都提出了具有合理性，但相当不完善的方案。首先，陪审制度被奉为自由主义最神圣的展现，却丝毫没有讨论法庭的工作要与人民的意识和习惯相协调，也没有讨论司法管理的本质。巴登议会比巴伐利亚更早地明确提出，陪审制是一项政治制度，是组成"政治自由的主要支柱"；利本施泰因宣布，没有陪审制，其他一切都是空谈。尽管拿破仑帝国时代的经验并不看好陪审制，但民众还是加入赞颂它的队伍中。人人都抱怨巴登官僚的专断蛮横，人人都提出了天真的希望，即一切暴政都必将被"人民"消灭。于是，一个纯粹的法律问题变成了一场党派纷争。政府战栗不安。在此之前，巴登政府绝不会反对司法程序的必要改革，但现在他们认为这种变革对国家很危险。

　　经历如此之多关于未来如何的激烈辩论后，琐碎的预算问题似乎都变得异常可爱了。无论如何，经历多年财政混乱管理后，预算问题有许多值得抨击的地方。于是，议会吹毛求疵和一点就炸的特性被活跃地展现出来，这在后来很长一段时间中，让德意志议会成为一种典型。人们认真地争论每位秘书的人选和每位副官的配马。军费预算自然被大量削减，并且政府由于思虑不周，忘了在颁布新基本法之前准备好王室开支，于是人民代表在逾矩的好奇心的指引下，居然开始窥测王室内务。议会批准了切实的王室开支，但削减了将近1/4的封地收益。前任大公寡居的母亲，老侯爵夫人阿玛莉依然生活在布鲁萨尔。在法国统治的岁月中，这位杰出的女性曾多次支持巴登；如今，巴登议会居然否决了她2万弗罗林的可怜收入。这些狭隘的资产阶级怎么可能理解，一份乡村牧师的收入如何维持这样一位贵妇的生活，她的女儿们拥有俄国、瑞士、巴伐利亚、黑森和布伦瑞克的后冠。侯爵夫人所有有权有势的亲属都觉得受到了极大的羞辱，沙皇的母亲向巴登代理大使吼道："看来我们一点都不能指望民众的感激！"[1]

巴登议会的要求如此傲慢，作出的让步却又如此小气，所有宫 514 廷都深感不满。现在，它又犯了最后一个，也是几乎难以置信的错误，将自己置于邦联议会的对立面，而且很不幸的是，该行径确实违法。1818年4月，巴登宫廷发布一条贵族法令，处理被剥夺主权者和帝国骑士的法律关系，这项法令是根据莱茵联邦官僚制度的精神制定的，而且明显同邦联法案第14条的规定相矛盾。这条法令后来被宣布为新宪法的组成部分，但是高等贵族感到自己的权利被严重侵犯，其愤怒难以安抚，政府也很快发现自己处于痛苦尴尬的位置上。小小的巴登绝不可能以普王的高大格局完成邦联法案中的各个条款；即便贵族的一些要求着实过分，即便勒文施泰因家族要求终止收取美因河上的航行费，可是根据邦联法案和众多欧洲条约，这些被剥夺主权者对世袭司法权和当地治安权的要求是合理的。巴登政府开始意识到自己的错误，它终于明白自己之所以在维也纳会议上不受待见，主要是因为贵族们不断地抱怨。政府还徒劳地控诉帝国骑士领袖冯·维宁根男爵："此人在南德非常不符合贵族身份。"[2]被剥夺主权者要求自己的权利，也要求亚琛会议聆听自己的声音。四国用一封措辞严厉的信函提醒巴登宫廷注意自己根据条约应承担的责任。卡坡迪斯查斯给贝尔施泰特的信中称："实际上，此刻巴登宫廷的所有权利再次置于双重保证之下，因此对其政策公正性的诉求不可能徒劳无功。"[3]

事实就是这样。巴登政府不敢拒绝四国同盟的合理要求，因为后者刚刚才为巴登保住了整个未来。尽管符腾堡的威廉国王强烈

---

[1] 布利特尔斯多夫的报告，圣彼得堡，1819年8月11日。
[2] 赖岑施泰因给维宁根的信，1818年10月22日。
[3] 卡坡迪斯查斯给贝尔施泰特的信，亚琛，1818年11月。

515 建议巴登政府拒绝遵守亚琛会议的要求，但短暂犹豫后，巴登政府马上同主权被剥夺者展开了新一轮谈判。[1] 1819 年 4 月 16 日，根据邦联法案规定起草了第二份贵族法令，并呈交四国同盟。[2] 贝尔施泰特在议会召开前夜颁布了这项新法令。他谋算道，代表会议会以必要性为有利工具，默默接受这项妥协，将其视为绝对君主制对权力的最后运用。他实在太不了解巴登代表们的性格了。先有鸡还是先有蛋的古老问题，现在要有个答案了。议会存在前就拥有权利吗？此类问题从一开始就对德意志小邦的议会产生了巨大的吸引力，并为他们的法学狂欢提供了最好的材料。在这样的时刻，人人都愤恨宪法上的这种不良缺口。最温和的人说着各种理论，它们温和无害，却让人立刻想起卢梭的《社会契约论》。据说巴登大公在颁布宪法时，已经开了一次全民会议，人民通过投票认可宪法，它也就获得了完善。

在下议院，路德维希·温特被委任为新贵族法令的咨询官，此时发生了一件重大意外事件，这种事也只有在德意志议会历史的初级阶段才能发生。温特尽管在下议院崭露头角，却已经大肆攻击国务大臣们。他依良好的信念行事，相信贵族法令将剥夺大公不可剥夺的统治特权，作为忠诚的臣民，他的责任就是努力协助大公对抗其国务大臣们。但此人惯会见风使舵，曾起草了第一份贵族法令，并用一切抽象理性法原则为自己的作品辩护。他完全不尊重邦联法案和欧洲各项条约，而这些恰恰是巴登大公国存在的依据。他呼吁道："我们现在和邦联议会没有关系，将来也不会有，这是我们自己政府的事。"这些观点都基于自然权利，紧随其后就是对邦联法案的任意解释。温特坚持认为，邦联法案第 13 条公开承诺了全民代表制度，而非封建制度，因此预先设定所有公民具有法律平等地位，正因如此，第 14 条中赋予被剥夺主权者的特权非但不可能实现，而且在法律上无效。

516 这是对众所周知事实的严重曲解。维也纳会议上，没有一个德意志人认真关注现代代表制度和封建制度之间的区别。根据邦联

---

[1] 瓦恩哈根的报告，1819 年 1 月 10 日。

[2] 布利特尔斯多夫的政府公函，1819 年 4 月 30 日。

法案创作者们自己的说法,他们是在一般意义上使用了"代议制宪法"这个词,它既可以指代全民代表,也可以是等级代表。普鲁士希望通过列举代表权利以明确这种代议制的内涵,却因莱茵联邦国家的反对而失败,因此邦联法案中刻意选择了一种具有解释弹性的说法,以确保统治者自由操作的空间。奥地利、萨克森和梅克伦堡都以这种方式保留了旧等级会议,而南德诸邦则可以考虑引入现代宪法。温特的观点纯粹是强词夺理,甚至是鲁莽之举。因为如果自由主义者按照自己的心意解释第13条,反对派也能以牙还牙,坚持所谓"代表"是指等级代表而非全民代表。但是就目前的情形看来,温特暂时获胜。演讲最后,他要求放弃贵族法令,掌声雷动。尽管巴伐利亚两院摩擦不断,但主权被剥夺者始终未受到自由派的攻击,但小小的巴登却无法容忍一个高等贵族,因为所有贵族都被视为人民之敌。瓦恩哈根竭尽全力煽动代表中的反贵族浪潮,尽管他知道自己的政府也参与了制定贵族法令,他甚至在自己的官方报告中毫不隐讳地赞颂邦联议会和四国同盟的这些对手。①

接下来的议会议程充分说明,无能的邦联议会已经彻底打乱了巴登的民族情绪。人们咒骂邦联会议,极端蔑视德意志邦联基本法。那些刚刚还极力要求履行第13条的自由主义者们,现在又宣布第14条不具约束力。巴登对于1806年拿破仑政变中受害者的同情,邦联法案中的明确规定,这些本来能成为这个分裂国家唯一的纽带,现在为了反对一项明显不合法的巴登大公法令,都被视为一文不值,而这项法令已经被巴登政府作废了。巴登为何不能像普鲁士或巴伐利亚一样履行对被剥夺主权者的邦联义务,因为不值得,可是如果沿着这条路继续走下去,国家合法秩序的最后一点残余也会被自由-地方主义摧毁。自由-地方主义是德意志的万能牌照,它曾摧毁了神圣帝国,现在又卷土重来,不再依存于封建权利,而是依存于自然权利理论术语。利本施泰因一说起德意志统一就会迸发出极大的热情,现在却提出了极其特殊的观点,一项邦联决议只有获得卡尔斯鲁厄议会成员的认可,才具有法律效应,虽

517

---

① 瓦恩哈根的报告,1819年5月12日,7月21日。

然巴登宪法本身明确承认，邦联法律对巴登大公国具有约束力。保卢斯赞扬这个新原则是德意志自由的保护伞。自由主义者们胆敢公然违抗德意志邦联，此时的邦联议会尽管迟钝到无可救药，但也决不会悍然侵犯巴登的国家权利。在这场针对邦联的战役中，普鲁士代理大使也参与其中，扮演了巴登反对派领袖的角色。他是如此厚颜无耻，以至于一年后他终于被召回普鲁士，路易大公才公开对他的继任者屈斯特说："瓦恩哈根一走，我们就太平了。无论现在还是一年前，他的出现会毁了一切。"①

在上议院，主权被剥夺者的权利受到了积极捍卫。蒂尔克海姆写了一份极其严厉，但令人钦佩的报告，详尽阐释下议院的不公，并要求其考虑，地位崇高的贵族任何时候都是防止官僚胡作非为的重要力量。但是自由主义党派的傲慢已经无可救药，一位保守主义者口中说出的话，于他们而言，不过是特权者的炫耀。尽管下议院发言人不可能直接表达，但事实上他们"愤然"拒绝了蒂尔克海姆的报告。温特在反驳中甚至引用了施泰因的话，即没有臣民能抵抗统治者的权威。但众所周知，男爵并没有将国家里以前的各个等级视为"臣民"。巴登政府现在进退两难。邦联议会和大多数宫廷纷纷震惊地询问，既然政府官员领导反对派力量攻击邦联和政府，那么巴登事务是否已经失控？② 布奥尔伯爵听到利本施泰因的消息后，惊呼道："这个发言人肯定已经被抓起来了！"贝尔斯泰特不是能平息这场风暴的人，他自己已经怒不可遏了，诅咒巴登议会的雅各宾党人精神，而这只能让对方更愤怒。最后，巴登大公也失去了耐心。7月28日，两院突然休会直至次年。三个月唇枪舌剑徒劳无功，没有通过一部法律。

那个在卡尔斯鲁厄宫廷令普鲁士蒙羞的人，终于遭了报应。整整两年，瓦恩哈根的行为就是一连串抗命和不诚实的举动。他的报告不值得信任，甚至对自己的政府说谎，将巴伐利亚和巴登君主的信件偷偷泄露给报纸，然后还假装无辜，假装义愤填膺。他违抗

① 屈斯特的报告，卡尔斯鲁厄，1820 年 8 月 22 日。
② 贝尔克海姆的报告，法兰克福，1819 年 6 月 25 日；布利特尔斯多夫的报告，圣彼得堡，1819 年 8 月 14 日。

指令，从一开始就介入了巴伐利亚-巴登纠纷，然后又介入自由党派政治，最后还以个人身份反对被剥夺主权者的合法且得到柏林宫廷支持的诉求。这种渎职行径，在普鲁士外交史上，唯有豪格维茨在奥斯特里茨战役中的行为可与之比肩。在巴登宫廷的合理抗议下，瓦恩哈根被召回。多亏了哈登贝格和伯恩斯托夫的善良，他才没有被彻底免职，只是领着半薪，过着退休般的生活。他毁在自己的自负和抗命上，但由于他的召回刚巧同迫害煽动者同时发生，也因为居心不良的报刊开始散播有关瓦恩哈根被捕及其雅各宾主义计划的谣言，于是他在柏林居然拥有了一个自由主义殉道者的形象。瓦恩哈根纠缠所有外交部长，从伯恩斯多夫到曼陀菲尔（Manteuffel）多年，请求官复原职而未果后，终于通过炮制一道文学毒药报了仇，而这也搭上了他的政治生涯。

与此同时，菲舍尔正在巴登计划发动政变。他在一份备忘录中向大公提议，统治者应该继续拥有领土，如果议会不同意，就宣布其违宪；然后，在邦联议会的调停下，引入咨询会。但是眼下大公拒绝了他的计划，因为大公希望能在卡尔斯巴德正在讨论的法令的帮助下，维持议会秩序。

现在看看宪政生活最初几年的成果。在符腾堡，同议会的尖锐冲突暂时导致了国王独裁；在巴伐利亚，国王请求列强帮助对付议会；在巴登，君主和议会因对彼此不满而分裂，人民代表已经开始攻击邦联法案。因此，普王开始认真怀疑他的国家是否应该冒险效仿迅速后悔的巴伐利亚。腓特烈·威廉四世即位后不久就说了句实话，即邻邦的宪政经验已经让他的父王极其认真地考虑 1815 年的 5 月承诺。

519

第二节 暗杀科策布 迫害政治煽动者

这些混乱异常的议会场面结束前，发生了一场让所有宫廷恐惧，并改变德意志邦联历史的事件。1819 年 5 月 23 日，耶拿兄弟会成员桑德谋杀了科策布。敌友双方都立刻意识到，这场谋杀案绝非个人恩怨，而是学生中革命群体压抑已久的党派仇恨的宣泄。这种神秘狂热事件往往让世人在犯下严重罪行的人身上寻找某种伟大的品质，但当这位杀手展现出相当变态的性格，而且为这种狂热行径提供诸多理由时，除了导致狂热行为的阴暗偏执的意志力以外，也就没什么特别的了。

卡尔·桑德是一位前普鲁士军官之子，在斐克特高原忠诚的勃兰登堡法兰克尼亚人中长大成人。他目光呆滞，平缓的额头上覆盖着长长的黑发，显示出有限的智慧，学东西很慢，又顽固不化，因此很难习得新知识。他的母亲早早就在这个男童的头脑中灌输了不属于孩子的那种自以为是。他就这样成为学生，进入了条顿主义青年圈子，这些青年人习惯了以自己的力量和誓言为荣，习惯了攻击老一辈人的懒散放纵。于是，在他的心里，异教徒的傲慢、理性主义的骄傲同一种神秘的热情相结合，这种热情带着狂喜的心情注视耶稣圣像，想象在所有日常细节中映照出上帝的旨意。他甚至准备好以祈祷和虔诚信仰参与学生们无伤大雅的决斗游戏，还常常严肃地邀请对手同他一道接受上帝的审判。

这个沉默寡言的小伙子友善温和，却给许多人留下了可怕的印象。旺根海姆曾是他在图宾根的资助人，有一天听说卡尔·桑德希望来拜访他，马上有不祥的预感，于是跳上马背出门了，没有接见他。桑德作为巴伐利亚志愿军参加了 1815 年战役，但从未见过敌军，而且对军旅生涯充满蔑视，返乡后立刻脱掉了军装。但是他热情地投身兄弟会，这个组织就是他的国家和教会，家园和热爱，唯一和一切。他将整个世界看做两大阵营：一方是纯洁、自由、纯真的学生，另一方是腐败的暴君和宠臣。在图宾根、埃朗根和耶拿，每当这些条顿主义者们彼此宣誓效忠，或者为某项活动倾巢而出时，他都在场，可他不太会说话，在同伴中无足轻重，却被学生们的无脑宣言深深打动。

在埃朗根，他的挚友在他面前被溺死，同乡拒绝体面安葬死者的尸体，于是最后一丝光亮也从他黑暗的灵魂中消失了。他觉得处处都是敌人，在心中向这腐朽的世界宣战："德意志的王侯们，为何搅扰我的和平？"他胸中充满了对兄弟会和完整自由德意志国家之敌的愤怒，本来他不清楚这个敌人是谁，可是卢登攻击科策布的文章，给了这种冲动一个明确的目标。狂热且自以为是的桑德认为，这个轻浮的老无赖代表了老一辈人所有的罪恶，尽管他对于科策布的认识仅限于几部喜剧和几篇报纸文章。他满怀抽象的英雄主义狂热和必死的自我牺牲精神到了耶拿。1818 年 6 月,他给一个朋友的信中写道:"我们的生命是一部英雄的史诗,快快胜利,早早死亡! 只要我们是真英雄,其他都不重要。只要我们死得像个英雄,过早死亡就不会中断胜利的人生。"随后他受卡尔·福伦影响,贪婪地吸收那些凶残的理念。他写道:"我终于发现了人生的目的,按照自己的方式,听从自己的信仰,以无条件的强大意志,去保卫人群中纯洁正确的事业,也就是说,上帝向我们展现的唯一有价值的事业,不惜生命地捍卫它。"福伦的道德体系存在幼稚的错误,但桑德的头脑不足以看透这套把戏:将良知分为两个部分——在私人生活中忠诚可靠,而为了反对暴君,可以作任何事。曾经的神学学习,让他有办法将这种狂妄的理念建立在宗教基础之上,他想象着自己创建了一套理念:"谁能在上帝面前说,他所承认的真理就是'真理',那么当他实践它的时候,它就是真理。"当他听到福伦大肆赞颂政治谋杀的道德必要性时,便构思出了"杀生取义"的计划,也想看看,自杀式暗杀这种恐怖行为能否些许唤醒麻木的人民。

他冷静地准备着,早就习惯了将所有持反对意见的人视为死敌,他的生活状态就是与一切当权者、他们的助手、助手的助手为敌,他为自己刺杀科策布的行为辩护道:"科策布要压制我心中的神圣信仰。"他并不认为袭击一位手无寸铁的老人是卑鄙懦弱的行为,也不会承认这种毫无意义的犯罪愚行不可能改善现存政治秩序。他的动机中还掺杂着一种 19 世纪的罪恶,这种无能狂妄在现代历史的几乎所有重大犯罪中都有体现。桑德不仅受兄弟会道德傲慢的煽动,也深受个人虚荣的驱使。他酝酿刺杀计划时,曾绘制了一幅画,画面上的自己跪在教堂的台阶上,一把匕首扎进他的心脏,但教堂门上钉着另一把匕首,这是科策布的死刑判决。无疑,他相信自己是在完全自由的情况下作出的决定,因为他不允许信仰之外的任何事物左右自己的行为。但如果说老谋深算的福伦没有提出并支持过暗杀计划,在心理学上是不可能的,因为他完全有能力控制智力上毫无抵抗力的弱者。所谓种瓜得瓜,这位鼓吹政治暗杀的人,必将作为暗杀科策布的始作俑者,站在历史的道德审

522

599

判席前。从严格的法律意义上讲，无论福伦是否该被视为暗杀煽动者，都有可能永远置身事外，但他无疑是个从犯。有证据表明，正是他资助暗杀者前往曼海姆。参与这项秘密行动的可能还有冯·多林及另一位极端革命派别"无条件者"成员（该组织也被称为"利刃"），但人数不可能再多了，因为福伦曾仔细教授给忠实的追随者们各种诡计和招数，包括在法官面前如何表现，还特别教导他们，绝不能让同志陷入危险。[1]

桑德平静喜悦地出发了，认真观赏途中值得关注的一切。在曼海姆，他毫不困难地接近了毫无戒备的受害人，吐出几个冷冷的词句后，突然拔出匕首刺向这位老人的喉咙。他已经决定用自杀逃避惩罚，但也准备在有可能的情况下逃亡。科策布倒地死亡，他的小儿子看到了父亲的尸体，这时桑德曾羞愧不已，用颤抖的手将匕首指向自己的胸腔，"希望以此向他的儿子赎罪"。被捕后，他大声哭喊道："德意志祖国万岁，为纯洁人道事业奋战的德意志人民万岁！"尸体旁有一片碎纸，上面写着："杀死科策布，是我给你们的信号，除了击垮这个邪恶时代的代表，人民的腐化者和叛徒科策布，我不知道还有什么更好的方法。"他在耶拿给兄弟会留了一封信，谋杀案发生后才被发现，信上宣称他现在必须离会，成为人民的复仇者。在狱中，他表现得刚毅、平静，毫无悔过之情。在审问中，他活脱脱就是福伦的忠实学徒，认为针对暴君奴隶的一切行为都是对的。为了掩护福伦，他甚至谎称是他的密友之一阿斯米斯给他借了盘缠。一开始，面对谋杀指控，他丝毫不为所动，但是最终他彻底认罪。

---

[1] 如果这些事实只依赖威特·冯·多林的回忆录，那么它们是不可靠的，但今天它们已经成为毋庸置疑的事实，因为福伦兄弟的一位密友，德裔美国人弗里德里希·明希（Friedrich Münch）极为偶然地重复陈述了一遍，见《追忆德意志悲惨岁月》(*Erinnerungen aus Deutschlands trübster Zeit*)，圣路易出版社，1873年。亦可参见《德意志体操报》(*Deutsche Turnzeitung*)，1880年，第403页。明希的信息源于保罗·福伦的秘密通信。他很可能是"无条件者"圈子中唯一还活着的人，公认的正直之士，仍然坚定于青年时代的理想，我认为这位高尚革命党人的直接保障应该被视为可信。那部为卡尔·福伦辩护的匿名作品《兄弟会和体操协会中曾经的青年人》(*Deutschlands Jugend in weiland Burschenschaften und Turngemeinden*)，不过是有技巧且不真实的诡辩术。

审判过程极其随意，笨拙到荒谬，因此"无条件者"的虚伪得到了最自由的发挥。杰出的法官们不愿意染指此类审判政治煽动者的案件，于是基本上交给无能的司法助手。最有嫌疑的福伦甚至在前期调查阶段，就同魏玛治安官们耍起了花招。他就在他们的眼皮子底下，烧毁了一封从他房子里搜出的信件，还声称自己根本记不起最近几周发生了什么大事。当调查人员向他指出，如此不合情理的糟糕记忆力将非常不利于他，他竟然厚颜无耻地说，他完全不知道记性差也会成为刑罚的原因。[1] 后来在曼海姆，福伦与桑德对质，他又在一个重大问题上耍了犯罪专家们都知道的花招。他抱怨自己记性不好，请求他的朋友将发生的一切复述一遍，这样也许他就记起来了。调查委员会落入圈套，允许被告详细陈述，然后福伦就突然且生动地想起了被遗忘的事，并宣布桑德的讲述很准确。被告的父兄拒绝出庭作证，那位将他比作"媲美马丁·路德的纯洁伟大殉道者"的母亲也拒绝出庭。[2] 巴登兄弟会对此事一无所知，因此只有福伦的另一位密友韦塞尔赫福特被调查，这是个谨慎小心的年轻人。委员会主席冯·霍恩霍斯特在公布的报告中承认，这种情况下，调查不可能完全实现目标，我们仍没有发现谋杀案从犯。

曼海姆无耻讽刺作家惨遭惩罚的消息在"无条件者"圈子中引发了狂欢。年轻人们欣喜若狂，甚至秘密庆祝这种疯狂行为，终于到了实现福伦教导的时候："毁灭吧！同邪恶的大本营，同暴君的整个巢穴！"可每当提出一些明确计划，人们却因良知而却步。福伦建议耶拿的友人们全体杀入曼海姆，纵火烧城，解救被囚禁的殉道者，遭到大多数人拒绝。圣灵降临节上，来自耶拿、吉森和哥廷根的学生在弗里茨拉尔碰头讨论第二次暴力行动，但没有达成共识。他们中更有头脑的人，比如海因里希·里奥，已经厌倦了这种愚蠢的罪行，拂袖而去。即便是比较迟钝的人，在一开始幸灾乐祸的狂热情绪褪去后，也觉得桑德简直愚不可及，而且明白政府已经开始着手防御，兄弟会前景堪忧。沉重的沮丧感取代了过往的

① 萨克森大公调查委员会记录，1819 年 4 月 2 日、5 月 3 日、11 日。
② 桑德夫人写给卡尔·福伦的信，1819 年 5 月 11 日，这封信发现于福伦的居所。

狂妄。

525　　只有吉森大学的革命火焰没有如此迅速地熄灭。保罗·福伦在一些老朋友的支持下,继续兄弟的邪恶事业。为了弥补圣灵降临节集会的错误,他在一所乡村旅馆召开了一次晚间会议,参与者有一位来自韦特劳的牧师以及一位来自拿骚的年轻药剂师勒宁(Löning)。威斯巴登的伊贝尔是下一个受害人,他是最高效、最信奉自由主义的拿骚官员,杀死他对这些疯子有什么意义呢?因为他是暴君们的仆人,而且因开除威廉·斯内尔而引起了"无条件者"的愤怒。三位暗杀者开始抽签,但勒宁毛遂自荐,因为他差不多算是伊贝尔的同乡。① 他是路德维希·斯内尔的朋友,愚蠢无知,刚刚在海德堡加入"无条件者",头脑简单到只能从字面意思理解政治谋杀。7月1日,勒宁模仿桑德,先向伊贝尔通告自己,然后突然发动袭击。他失手了,伊贝尔只受了轻伤,他的妻子和其他人马上实施救援,但伊贝尔还是被吓坏了,随后很快辞职,此后多年远离公共事业。刺杀未遂的暗杀者在狱中表现出了桑德同样的强大自控力,为了掩护同志,他咽下玻璃碎片,以这种最残忍的方式自杀了。

　　比这两起血腥事件本身更糟糕的是它们给国家造成的影响。关于勒宁的确没什么可说的,因为伊贝尔在拿骚以外并不为人所知,但刺杀科策布绝对是个大事件。我们这一代人已经可以用不带偏见的眼光回顾往事,对于我们而言,一个血气方刚的年轻人如果因为妒忌或者自尊受创而犯下谋杀,都要比这个不成熟的狂热分子出于厌恶和自负犯下的罪孽更合乎人性,更说得通。后者连庸人都算不上,从未作出任何值得记录的事,从未说过任何有价值的话,从未经历过诱惑,却妄称是时代的道德审判者,妄图用野蛮侵犯最基本道德法则的方式,治愈这个腐败的世界。唯一能让我们不那么厌恶他的理由是对这个盲目蠢人的同情,他空空的头脑无法抵御某种罪恶理念的侵袭。女性的头脑被情感掌控,男性的

526　① 这些材料源于保罗·福伦自己的供认,见《追忆德意志悲惨岁月》,第60页;海因里希·里奥在《青年回忆录》(*Aus meiner Jugendzeit*)中也有提及,第227页。

头脑被理性掌控；一个其貌不扬的妇女可以凭借情感的高贵和深邃打动她的追求者，但一个缺乏理解力的男性甚至感受不到这种情感。这个不幸的恶棍可以虔诚地乞求上帝允许他的恶行，这仅仅是因为他可怜的头脑根本想不到，这种道德的狂妄自负本身就违背了基督之爱和人性本身。

桑德同时代人看法与此不同。普罗大众仍不太接受条顿主义青年的理想，因此对此事漠不关心。但在自觉代表民意的文化人圈子里，却弥漫着一种道德判断的不确定性，这也是我们近代历史最悲剧性的精神错乱之一。不仅大学生们将谋杀科策布视为"必将到来的事件前兆"，就连成年人都将其与刺杀凯撒相提并论。法国报纸震惊地报道，如此野蛮的谋杀事件怎么可能在德意志人中发生，德意志教授们则引用古老的希腊诗歌："藏起注定投向暴君的匕首，藏起来，就像哈莫迪乌斯一样，将它藏进桃金娘。"施特拉尔松德大学的副校长还发表了关于希腊暴政的演讲。我们古典诗歌时代践行的自由人性崇拜，让公众可以接受"无条件者"的信仰-道德，即桑德是无辜的，因为他就像耶稣一样，根据自己的信仰行事。这是一种无耻至极的观念，其逻辑尽头必然导致宽恕一切罪孽，而且只有那些信仰不坚定的人才是有罪的人，因为他们良心未泯。精神病学家格罗曼宣布："桑德的行为只有从外部和表面上看才可以被称为'暗杀'，实际上，这是公开宣战，是受最高等级道德和宗教信仰激励的良心之举。"

柏林神学家德·韦特也表达了类似的观点，这就好像一个有思想的人并不为自己的信仰负责。他认识桑德，出于同情写信安抚他的母亲。他在信中承认，她那"不同凡响的儿子的行为源于错误的观念，也不完全是理性行为，但他信仰的虔诚超越了这个错误，激情萌发的善念之源让这种激情也变得神圣。他认为自己的所作所为是正确的，因此就是正确的；如果人人根据自己最强大信仰行事，人人都能行至善之事。一个纯洁而虔诚的年轻人，在这种信念的驱使下作出这种举动，是时代的美好信号。一个年轻人用自己的性命除掉一个被奉为偶像的人，难道这还没有意义吗？"当然，很少有人盲目到这个程度，格雷斯表达了有教养阶层的主流观点："不赞成行为，但赞成动机。"

527

一个头脑严谨的民族的道德观念竟然可以混乱到这个地步,要说与政治混乱无关是不可能的。民众对德意志力量软弱的普遍不满,最终变成了恐怖的抗议活动。在爱国者们看来,这些刺杀者无非是表达出了激荡在无数心灵中的情感,而科策布是个极其卑鄙的人。此外,全世界都误认为,德意志的反动行为源自俄国,而此时沙皇对德意志命运的影响力微乎其微。激动的旁观者们认为科策布是俄国在德意志的代表人物,尽管他在圣彼得堡宫廷完全无足轻重,而且沙皇也明确保证,科策布是主动向他提供了那些完全没用的报告。[①] 因此,桑德好像成了德意志权利的卫士,他的行为被视为从国家立场上对想象中外国统治的正式抵抗。现代刑事诉讼难以避免的残忍进一步激发了对他的天然同情,他又多活了一年,最终,德高望重的海德堡外科医生切利乌斯不顾条顿主义青年的怒火,宣布桑德应该被判死刑。最初几周调查中,大量激动民众围绕着桑德。[②] 调查拖得越久,对这位虔诚殉道者的同情就越澎湃。

行刑者是一位普法尔茨爱国者,也将桑德奉为民族英雄,乞求他的原谅,并执行了他的遗愿,即将垫头砧送给一位海德堡的同情者,后者的家族将这件圣物当成传家宝世代相传。他还用断头台的木料搭了一座凉亭,就位于莱茵河与内卡河峡谷之间靠近海德堡的葡萄园里,此后多年,海德堡兄弟会多次在这里举办秘密集会。[③] 死刑执行于1820年5月20日,大批学生从海德堡赶来,晚间他们激动高喊"腐朽国王腓特烈·威廉"。溅上鲜血的木板被人群抢夺一空,处死他的地点被民众叫做"桑德升天地"。

自由主义报刊对暗杀科策布和企图暗杀伊贝尔的行为的评论,或多或少是对政府的委婉批评。一篇匿名文章《论暗杀科策布》公然颂扬桑德行为的重要影响,并将所有对他的抨击都归咎于君主们。格雷斯描述了神秘莫测的天命,夏日开始镇压煽动者时,他写了一本影响巨大的《德意志和革命》。书中称,在无数密谋中,我们

---

① 布利特尔斯多夫的报告,圣彼得堡,1819年5月26日。
② 瓦恩哈根的报告,1819年3月27日。
③ 根据G.韦伯教授的《海德堡回忆录》。

忽略了其中一种,它就存在于每座火炉边,就存在于集市和大街上。接着描绘了近来德意志历史的残酷画面:整整三个世纪,只有贫瘠和衰落;爱和信任死亡时,一切都依存于盲目服从的本能。他的确提到了导致德意志苦难的两个明确原因,哈布斯堡帝国的垮台和常备军,这些乌合之众,和平时代榨干土地,战时却四散逃命。头脑敏锐的人很容易就能看出,这个一度装扮成莱茵普鲁士发言人的人,现在已经彻底投入教皇绝对权力主义者的阵营。在时代为数不多的有利信号中,他最推崇巴伐利亚议会,称其唯一的错误就是给国家留下了过多的权力。因此,根茨和亚当·穆勒对这本书的态度很友好,但对于莱茵普鲁士而言,这本书的危险性不下于蛊惑人心的托钵僧,普王很有理由认为这本书意图煽动莱茵兰人对抗普鲁士国家。

有教养阶层还深受一种模糊、无目标却沉重的痛苦困扰时,民众却在夏天突然爆发骚乱。古老的反犹情绪以及近年来对放高利贷者的仇恨突然爆发,在维尔茨堡、卡尔斯鲁厄、海德堡、达姆施塔特和法兰克福,暴民聚众洗劫了一些犹太人住所,并虐待犹太人。这场运动席卷整个德意志世界,远至哥本哈根和阿姆斯特丹,就好像当年夏天划过天际彗星真的给世界带来了混乱和灾难。哪里有混乱,哪里就有条顿主义青年,他们高喊的口号"Hep! Hep!"似乎是源自有教养阶层,因为这个词据推测是源自"Hierosolyma est perdita"(耶路撒冷失守)的首字母。但是,无法证明兄弟会的基督-德意志梦想同压抑已久的民众情绪大爆发之间存在什么联系,而且也不可能存在联系。民众仍然无法理解学生们的政治理想。在海德堡,学生们甚至在蒂鲍的领导下,冒着生命危险保护犹太人免受暴民袭击。可是惊慌失措的政府却只从混乱中看到了某个革命党派秘密活动的新证据。梅特涅慌忙指示布奥尔伯爵,一旦有需要,邦联议会必须从邻近城市召集军队,因为法兰克福议会太软弱了,根本无力抵挡混乱的幕后推手。①

① 梅特涅给布奥尔的指示,1819年8月14日;伯恩斯托夫给格尔茨的信,1819年8月15日。

十九世纪德国史(第二卷):组建德意志邦联

知道政治犯罪有多大传染性的人都不会否认,在发生这一切后,君主们有理由开启,甚至被迫开启针对谋杀科策布这类恶性事件的严格调查,并严肃审问公开支持政治暗杀的作者们。由于两起谋杀案都是"无条件者"犯下的,因此至少要暂时压制兄弟会。只有勇敢、坚定且平静的政府行动能让骚动不安的民众清醒过来,但德意志各宫廷并没有如此明确的政治意图。黑暗时代不时降临,再高贵的民族也难免染上流行精神疾病,因此几乎所有德意志政府都陷入被迫害妄想症。两起谋杀案,报纸上的激烈言论,巴伐利亚和巴登议会的情形——所有这些混合起来,让小宫廷陷入极端恐慌。同时,德意志民族从维也纳各项条约中并没有获得多少利益,负面情绪进一步加剧。

530　　被报刊誉为"宪法信仰支柱"的南德诸宫廷最为慌乱。符腾堡的威廉国王惊慌失措地向圣彼得堡描绘了德意志青年的革命情感,他描述的景象过于糟糕了,以至于极端保守主义者布利特尔斯多夫都认为,一个德意志君主如此可怜地求助于外国宫廷有失国体。① 图宾根神学家巴恩梅尔(Bahnmaier)被剥夺职位,因为他在一份官方报告中坚定地宣布,学生们并没有将桑德的行为视为犯罪,而是视为爱国者的偏激行为。慕尼黑宫廷马上求助奥普,要求针对各大学采取共同行动;某些对科策布之死公然表示赞同的教师,立刻被暂停工作;因为桑德从狱中给君主写了一封信,称君主无需害怕他,胆怯的马克西米利安马上得出结论:邪恶计划肯定是针对德意志其他君主的。② 最后,巴登政府(刺杀案就发生在巴登)关于"煽动性阴谋"的范围有了相当极端的看法。巴登政府的调查揭示了一半真相,政府自信已经确定兄弟会中存在一个秘密社团,"以诛杀暴君为己任,大本营就在吉森附近的一座住宅内"。但巴登政府并没有发现,"无条件者"怀揣这样的幻想,即德意志各国议会渴望合并成一个德意志议会,然后宣布成立统一不可分割的德意志共和国,这些人其实人数稀少且力量微弱。因此,当梅特涅写

---

① 布利特尔斯多夫的报告,圣彼得堡,1819 年 4 月 26、30 日。
② 克鲁泽马克的报告,1819 年 5 月 21 日;察斯特罗的报告,1819 年 4 月 14 日、8 月 4 日;给察斯特罗的政府公函,1819 年 4 月 23 日。

道,奥地利宫廷决心对教授和自甘堕落的作家们采取严厉措施,"这些人日复一日地,以各种方式将革命原则植入年轻人的头脑,甚至到了疯狂的地步",贝尔施泰特马上表示,听闻"皇帝陛下最明智的观点",感激异常。他立刻指示巴登的邦联大使以奥地利马首是瞻,并向圣彼得堡内阁宣布,"我们希望消灭这场阴谋的源头,它的目标就是要推翻一切神圣且人道的制度;我们希望镇压在一群乳臭未干的青年人支持下,教授们对德意志政治观点实施的暴政"。①

531

相比起这些,柏林宫廷的情绪变化更为重要。1819 年的反动趋势如同其他所有政府重要决定一样,都源于普王本人。普王对首相及其"爱管闲事"的随从们日益不满,并从维特根施泰因不断给他看的自由派报刊中得出一个结论——存在一个大阴谋。当宫廷牧师艾勒特在一次激动的演说中大肆污蔑当时的反叛精神时,普王表示出感激。桑德刺杀案以及大批民众为杀人犯说话的消息,严重伤害了威廉三世的情感,他认为自己有义务严肃对待,他赋予治安官们以极大的权力,还建立了一个政府委员会,指导针对煽动者们的调查。耶拿大学的普鲁士学生被勒令离开耶拿,尽管这些青年人一开始还讨论英勇反抗这则命令,最后还是乖乖听命了。

可是,这番情形也没能促使普王仔细掂量,学术界中的反叛精神是否如他所想般强大。他认为,梅特涅曾报告的那些隐隐约约的政党阴谋,现在已经被彻底证实了。当他收到强烈建议,对魏玛和卡尔斯鲁厄采取强硬措施,因为"大学生的混乱局面已经到达相当危险的高度",于是便拒绝签署新的《体操训练章程》。普王还命令伯恩斯托夫伯爵,就邦联议会的特殊决定咨询奥地利大使齐奇。② 新上任的治安部长官,枢密院官员坎普茨在维特根施泰因的支持下,热情投入调查工作。他生于梅克伦堡,因此习惯了在公共

① 梅特涅给贝尔施泰特的信,1819 年 4 月 17 日;贝尔施泰特给涅谢尔罗德的信,1819 年 5 月 9 日;给梅特涅的信,1819 年 5 月 29 日。
② 伯恩斯托夫给瓦恩哈根的信,1819 年 4 月 23 日;克鲁泽马克的报告,1819 年 4 月 16 日;给克鲁泽马克的指示,1819 年 5 月 17 日、6 月 15 日。

生活中如死人般平静，似乎已经相信了存在某个巨大阴谋，但同时也希望能报复自己的对手。一大群习惯挣扎在怀疑气氛中的乌合之众马上蜂拥而来，成为他的走狗：野心勃勃的议员，乔佩（Tzschoppe）、格拉诺（Grano）和丹巴赫（Dambach）如嗜血之蝇般干起了检举控告工作。

德意志各宫廷被盲目的恐惧震慑，梅特涅却因虚荣心得到满足而喜悦。他再次预见了一切，梦想德意志统一的道德败坏者的邪恶计划已经被揭穿，现在正好利用德意志诸侯的焦虑，"扭转局势，从他们身上占个大大的便宜"。1819年春，弗兰茨皇帝访问意大利，梅特涅连同普鲁士大使克鲁泽马克陪同出访。梅特涅从罗马和那不勒斯给妻子写信讲述旅途见闻，如果不带偏见地看，这些信似乎出自一个渴望知识的商务人员之手，而且记忆力超群的明希豪森（Münchhausen）男爵还附上了一些历史和数据资料。梅特涅资助了一些英法画家，展现出对艺术的情感，却对德意志画家在卡比托利欧山的展览不屑一顾。这个维也纳人根本不理解拿撒勒派艺术家们夸张的理想主义，此外，圣伊西德罗的艺术家们长发披肩，身着老德意志服装，尽管有着天主教情感，但这些特征也让他们在皇帝眼中相当可疑。此次出访的政治目标表面上达到了，皇帝弗兰茨被奉为意大利的保护神，处处受到欢迎。他受教皇邀请访问梵蒂冈，教皇对这位主要天主教国家的统治者表现出极大的敬意，并为皇太子鲁道夫披上了主教紫袍。这足以让梅特涅坚定判断，他为什么要关心从普鲁士大使尼布尔那里得到的罗马情报？后者尽管有着保守主义倾向，尽管尊重教皇的伟大和红衣主教孔萨尔维的睿智，却坚信永恒之城在拿破仑统治下比僧侣统治下要幸福得多。梅特涅认为，教皇国内形势良好，那不勒斯在波旁王朝统治下，"比二十多年前文明了百倍不止"。他宣布，悲伤但无精打采的意大利人绝不可能发动叛变——他作出这则预言刚刚一年后，那不勒斯和皮埃蒙特就爆发了革命。

在德意志事务上，梅特涅表现出了一个政治家应有的洞察力。他认为这个疲惫不堪的民族早就做好了革命的准备。他在给妻子的信中写道："我敢说，1789年的世界局势都比现在健康！"甚至在瓦特堡庆典前，他就数次同南德诸大使讨论，是否有必要在维也纳设置一个公用办公室,以观察德意志革命趋势。现在,小宫廷接二连三地前来求助,都后悔疏于防范,钦佩梅特涅的洞察力,因为只有他预见了兄弟会的鲁莽行为。因此,这个最爱慕虚荣的人怎么可能不自鸣得意? 梅特涅认为,十八世纪孤独的巨人已经逝去(他说的肯定是腓特烈二世),现在的人类已经变得卑鄙可怜。"我的灵魂无法忍受任何卑鄙可怜的东西,我能看到的东西,远比其他政治家看到的,甚至他们渴望可见的,更为宽广高远。每天我都忍不住跟自己说二十多次,我是多么正确,他们错得有多离谱。可是那条唯一正确的道路不是就这样清清楚楚、明明白白地摆在眼前吗?"德意志青年的理想主义骄傲遭遇了梅特涅的冷酷傲慢,后者从未醉心于任何抽象理念,从未想过人类文明的重大利益,但却将恐惧视为盟友,在大量检举审查的愚行中,继续想象自己具有政治家的温和智慧,"发现真相的神圣方法,只有少数人理解"。

梅特涅在没有任何证据的情况下,就认为"耶拿秘密法庭"肯定通过抽签的方式选择成员,将他们散布在全德意志实施暗杀,仅凭单个德意志国家的力量不足以对付如此庞大的阴谋。因此,当马克西米利安国王向维也纳和柏林咨询有关暂停巴伐利亚宪法的问题时,梅特涅的回答闪烁其词。所有邦联国家必须统一行动,在奥地利的领导下让报刊、大学和议会闭嘴。"上帝保佑我能避免德意志革命,就像曾保佑我推翻了世界霸主!"奥地利皇帝坚定支持梅特涅。弗兰茨始终渴望平静的生活,奥地利的报刊、议会和大学的平静,一定不能被德意志邻居的愚蠢扰乱。他全心全意支持梅特涅的理论,即每个邦联君主如果允许出版自由,都将"对邦联犯下重罪",由于通用语言,这种自由也将感染说德语的奥地利。他带着嘲弄般的语气宣布,有必要利用这些软弱政府的恐惧,并授权政治家们,必要时可以以奥地利退出邦联作威胁。 534

最终,奥地利赢了。因为明斯特伯爵是反动派的支柱之一,而且英国议会几乎不会用德意志内政麻烦自己,所以可以指望老朋友,英国-汉诺威托利党人。明斯特伯爵不会忘记他最近参观耶拿时,目击到的耶拿兄弟会的放肆举动,英国外交人员也发誓,整个德意志都热情地支持政治暗杀。[1] 普鲁士的任何反对力量现在不足为惧。卡坡迪斯查斯的确还被奥地利视为极端可疑分子，而且他刚拒绝了梅特涅的邀请（他也刚好在意大利访问），以避免麻烦的解释。但此刻，相比涅谢尔罗德的建议，希腊的想法在圣彼得堡无关紧要，前者始终同梅特涅保持一致，不断向德意志大使们灌输，一个如此英明的种族居然会一再允许大学有如此危险的特权，这简直匪夷所思！弗兰茨皇帝亲自写信给沙皇，表达他对科策布的同情，同时抱怨沙皇前私人教师拉阿尔普，他在意大利不得体地利用沙皇和俄国之名，引发罗马不满。沙皇对皇帝的抱怨不以为意，却在德意志事务上同涅谢尔罗德看法一致。沙皇认为，耶拿学生袭击科策布事件中展现出的仇俄情绪只是个人问题，并谴责了卡尔·奥古斯特在调查煽动者过程中的放纵行为。[2] 总而言之，奥地利现在可以无所顾忌地对付德意志革命了。

人们一度认为，似乎应该由邦联议会发动第一次进攻。科策布遇刺后，尽管卡尔·奥古斯特大公心存善念，也不得不严格管理国内大学。他要求大学严明纪律，并规定除非得到各自政府的特别推荐，否则不接受外国留学生，因为学生"到处惹祸，而且这股歪风邪气大多是外国学校带来的"。[3] 由于《伊西斯》继续大肆抨击，政府最终对奥肯采取了严厉手段，经历徒劳的抗议后，他面临两个选择：放弃教职或者报纸。奥肯拒绝作出选择，于是在同事们的同情中被解除了教授职位。不久后，他也被迫将报纸转移到莱比锡。他本人本来想在维尔茨堡落脚，但是被国王明令禁止。[4] 之后他在巴黎进行了一些学术工作，那里也成了德意志骚乱的第一个避难所。汉诺威政府由于受到哥廷根大学生出走事件的警示，早在

---

[1] 呈交明斯特伯爵的耶拿兄弟会辩护书，1819 年 7 月。冯·克鲁克香克（von Cruickshank）的报告，柏林，1819 年 7 月 28 日。

[2] 克鲁泽马克的报告，1819 年 5 月 21 日、6 月 30 日；布利特尔斯多夫的报告，圣彼得堡，1819 年 4 月 21 日，5 月 30 日。

[3] 卡尔·奥古斯特大公和哥达奥古斯特公爵对耶拿的法令，1819 年 3 月 30 日。埃德林伯爵给邦联大使，冯·亨德里希的指示，1819 年 3 月 28 日。

[4] 察斯特罗的报告，1819 年 10 月 9 日。

1818 年 12 月就秘密咨询邦联议会,是否所有拥有大学的邦国都应该采取共同措施,以维护学术研究的平静。[1] 大公马上利用该提议避免更糟的情况发生,并保护耶拿大学免受不合法的攻击。他正式提议,邦联议会应该发布大学纪律章程,但不得限制古老的学术自由。一份内阁备忘录中称,"若论人的学识、文化、对国家的忠诚、高效的神职人员,没有任何国家能超过德意志,而这些优势都是通过德意志大学的工作获得的"。这份文件接着说,大学无论如何不能被改造成普通学校,"大学必须保留思想自由和教学自由,因为只有在观点的公开碰撞中才能发现真理,必须教育学生不偏听偏信,不崇拜权威,必须教会他们独立思考"。文件中还包含着对学生的真心维护:他们渴望在兄弟会中实现统一德意志的美好理想;他们曾扛枪上战场,我们不能转脸就将他们视为无知幼童。3 月 11 日,这份宣言[2]在邦联议会上宣读,此时桑德尚未犯下谋杀案,会议陷入了尴尬的气氛。布奥尔伯爵和其他几位大使迫切恳求亨德里希撤回这份提议,因为这并不在邦联的职权范围以内。[3] 卡尔·奥古斯特不为所动,并于科策布被暗杀后,将枢密院官员孔塔派到法兰克福支持这项提议。但是"根据这些邦联大使的性格",孔塔明确得知不可能获得某项邦联决议,只能尽力以秘密交流的方式,在那些密切关注此事的邦国的大使们中达成某种共识。[4]

536

　　维也纳宫廷的意见不同于其迷迷糊糊的大使。霍夫堡希望利用魏玛提案引导邦联即刻对大学采取行动。根茨和涅谢尔罗德对魏玛大公的大胆言论深表反感,都到这个时候了,他还想着保护思想自由,保护激励德意志学生的统一之梦。梅特涅却认为,"蔑视惩罚不了这个老兄弟会成员,因为他已经习惯了"。奥地利政治家现在居然敢以这种语气谈论最德高望重的德意志诸侯。布奥尔伯爵收到指示,同意讨论魏玛提案,以便随后实施根茨按照亚当·穆

---

[1] 亨德里希的报告,1818 年 12 月 28 日。
[2] 卡尔·奥古斯特,给亨德里希的布告,1819 年 1 月 26 日、2 月 17 日。
[3] 亨德里希的报告,1819 年 3 月 12 日。
[4] 孔塔向大公提交的报告,1819 年 5 月 4 日。戈尔茨的报告,法兰克福,1819 年 5 月 17 日。布利特尔斯多夫的报告,圣彼得堡,1819 年 5 月 8 日。

勒的意见构思的反对性提案——恐怖治安的一记妙招。奥地利的德意志大学改革计划主要由两个方案构成：剥夺学生一切额外身份，无论在纪律还是其他事务上，只服从普通警察管理；警察可以通过大学服务人员和类似人员得知学生们的动向。此外，德意志各政府要保证，任何因散播危险言论而被剥夺职位的大学教师，将永远不能在任何德意志大学获得教职。霍夫堡特别强调第二点。根茨认为，学生的所有罪孽都源于教授们的危险言论，他还公然宣布，奥肯、弗里斯、卢登和基泽共同谋杀了科策布。弗兰茨皇帝也持相同观点，强烈建议各宫廷接受奥地利的提案，并以个人名义恳请普王给予支持。①

　　不过，邦联常规流程的缓慢也在某种程度上防止了意外发生。大使们开始按惯例向各自政府寻求指示，各政府也充分认识到了这个问题的困难程度，于是我们再次痛苦地发现，奥地利同德意志文明之间几乎毫无共同点。在奥地利，只有医学系享有完全的教学和研究自由。但是在柏林，人们普遍认为，对学术自由采取强制措施很可能会摧毁整个德意志文化根基。即便胆怯的安西永都无法完全放弃德意志教授的事业，他告诉霍夫堡，德意志比奥地利更难做到这一点，因为德意志拥有伟大的大学，它们是研究教学机构，而不仅仅是教育机构，它们只能在自由的空气中繁荣。②艾希霍恩为邦联议会起草了一份备忘录（7月10日），他并不像卡尔·奥古斯特大公那样对年轻人的傲慢表示理解，而是完全同意魏玛提案的具体细节。艾希霍恩认为，德意志大学的主要机构整体上是健康的，警告政府不要试图用威胁恐吓的手段插手这个自由世界，"政府的言论要有行动的必要性"；他甚至表达了一个简单又极为大胆的想法，即应该允许保留一些学生社团，因为过去数个世纪的大量禁令并没有什么用；最后，关于被解雇教授永远不能在任何大学恢复教职的提案，他表示公开反对。艾希霍恩还认为，只要各国政府能尽职尽责地彼此交流解雇某个教授的理由就足够了，因为没有任何德意志君主会任命一个腐化青年的人。在邦联议会的

537

---

① 克鲁泽马克的报告，1819年5月21日。
② 安西永，给克鲁泽马克的指示，1819年6月15日。

委员会上,普鲁士的观点绝不可能被实施;奥地利的提案,即永不录用被解雇教授,尽管普鲁士一再反对,还是被巴伐利亚、汉诺威和巴登采纳。但是在进一步谈判过程中,奥地利处处遭遇地方主义的敌意,这些人在学术圈子里比其他任何地方都理直气壮。即便是那些焦虑的小诸侯都不希望各自大学的独特性彻底萎缩,因此也只同意少数共同规则。由于大学事务完全不在邦联职责范围内,就更难克服大学的抵抗。

梅特涅觉得,依靠邦联议会的操作,他可能永远无法达到目的,而且法兰克福议会的混乱状况早就让维也纳愤怒不已。布奥尔伯爵,思想贫乏,手段粗糙,根本无力领导邦联会议。他刚才因言行不慎被召回,好不容易才获得宫廷的谅解。[1] 这样一来,一些小邦的大使,如两个黑森的旺根海姆、哈尼尔(Harnier)、莱佩尔(Lepel)、不莱梅的施密特以及其他得到巴伐利亚阿雷廷秘密支持的人,组成了一个自由主义反对派,这在外交会议上是极其不合理的,因为他们的行为基础不是各宫廷的命令,而是个人信念。在邦联委员会的会议上,这些小邦的代表极力向两大国的大使展现各自文化的优越性和雄辩才能。此时此刻,自由主义者拥护地方主义,不知疲倦地开发阴谋诡计,阻碍邦联军事体系的形成。就在此时,旺根海姆向同道们出示了一份符腾堡国王的亲笔备忘录,试图以莱茵联邦的名义,煽动德意志主权者们反对普奥的军事独裁。这份文件是如此心怀叵测,以至于普奥被迫在斯图加特发起严正抗议。[2]

这次邦联会议并没有像维也纳希望的那样,迅速得出全面决议。因此,早在 4 月,根茨就提议,几个大国应该率先达成某种秘密共识,梅特涅在听闻法兰克福委员会的拖沓进程后,马上表示同意该提议。梅特涅计划于 7 月前往波西米亚,向在那里消暑的普王呈交一些临时邦联法律。他不断向柏林说明,唯有邦联法律方能祛除革命阴谋的邪恶力量;邦联中单个国家采取措施就足以防

538

---

① 戈尔茨提交君主的报告,1819 年 3 月 9 日。
② 克鲁泽马克的报告,1819 年 1 月 11 日。

止革命的时代早就过去了。① 如果奥地利能同普鲁士达成共识,两国代表就能在卡尔斯鲁厄就特殊法问题,同邦联其他大国的首相们达成共识,那么邦联议会将即刻采纳并颁布这些法律,因为只要这九大国同气连声,小邦国就不敢出言反对。特殊法被完成后,邦联各国部长将于冬季在维也纳开会,以实现 1815 年承诺的邦联宪法基本元素的扩大(当然是在极端保守主义的意义上),特别要建立起捆绑性普遍规则,比如关于等级代表制度的设定。该计划非常接近政变,轻蔑地践踏邦联议会的所有宪法权利,激烈抨击邦联宪法,暗示德意志邦联除了威胁和利用专制权力,根本无法以其他任何方式实施明确行动。

根茨热情地为卡尔斯巴德会议起草提案:针对大学、出版和政治煽动的临时特殊法律,以及对邦联法案第 13 条的解释。如果自由主义者毫无原则地将第 13 条解释为承诺建立代表制,根茨刚好准备了一个至少同样有理有据的反对观点:第 13 条论及代议制宪法时,意思就是等级代表而已。根茨给苏佐(Soutzo)的信中写道,如果德意志诸国接受民主代表制,所有的邦联统一将被摧毁,奥地利将发现继续参与这样的邦联就是自取其辱。与此同时,会议还秘密要求一些小王国,尤其是值得信赖的巴登、梅克伦堡和拿骚派遣主要大臣于 7 月前往卡尔斯巴德参会,这些宫廷都愉快地接受了提案。其他内阁没有预先得到任何消息:有些是因为时间太紧;有些是因为没有得到弗兰茨皇帝的信任。7 月,魏玛大使还天真地从柏林报告,即将召开的卡尔斯巴德会议肯定是针对法国的。②

维也纳宫廷对魏玛大公的行为简直无语。霍夫堡嘲笑这位德意志智慧的梅赛纳斯已经成了政治暗杀的资助人,一些人甚至想起了图林根的约翰·腓特烈的命运。这位优秀的君主尽可能不随波逐流,当年春天他甚至想过任命加格恩担任邦联大使,幸亏沃尔措根将军劝住了他。③ 此时俄国传来严肃劝告,奥地利提出直接威胁。梅特涅在前往卡尔斯巴德途中,曾向某个小宫廷的政治家宣

---

① 克鲁泽马克的报告,罗马,1819 年 6 月 4 日;佩鲁贾,1819 年 6 月 22 日。
② 克鲁克香克的报告,1819 年 7 月 10 日。
③ 戈尔茨的报告,1819 年 5 月 25 日。

布,这些邦联小国存在的唯一合法性基础就是邦联法案,它们只有作为邦联成员,才能获得欧洲各国的承认,背叛邦联就意味着失去存在的基础。但是,这种荒谬的合法性观点正好违背了德意志邦联的内部特征,也侵犯了所有德意志统治者的已经被多次正式承认的主权。卡尔·奥古斯特肯定非常明白,这种实质上的承认对于主权而言有多重要,他不会傻到仅凭邦联宪法上的一段文字,就敢违背所有邦联大国的意愿,发动权力斗争。晚年,他又尝到了地方主义的恶果,也正是地方主义让他一生饱受磨难。他不得不默默承受自己无力阻止的事,只能暗地里决定尽可能仁慈地实施卡尔斯巴德法令。接下来是魏玛,这座古老的自由城市让维也纳宫廷尤为不安,魏玛议会将这种情况归咎于不莱梅邦联大使施密特,此人的确对邦联宪法和奥地利怀有真诚的情感,但他也希望邦联法案的各项承诺能被认真履行。

540

邦联议会也对卡尔斯巴德会议的目的一无所知。在有关大学管理问题的讨论后,霍夫堡已经对邦联议会彻底失去好感,根茨声称它比老帝国议会好不了多少,这句话在不久前甚至可以以叛国罪论处。布奥尔伯爵也不清楚会议内容,而不幸的戈尔茨再次扮演了他在1813年春天的角色,当时他同政府委员会在柏林,身处法军之中,他的国王正在布雷斯劳准备对法作战。只是在法兰克福流传着这样的消息,众多德意志大臣前往卡尔斯巴德,表面上是去疗养,很有可能是去展开政治对话。

7月31日,施密特还向魏玛议会提交了一份相当天真的备忘录,列举了他认为应当在卡尔斯巴德讨论的问题。他认为安抚激动的公共情绪是重要的,但他希望让"德意志各国"接受现状,这样它们将永远不会再受法国政治和经济繁荣景象的刺激,他还因此提议邦联议会为普遍福利而积极行动,就像组织邦联军队那样,尽管很不幸没成功。施密特希望,邦联议会在某种程度上支持德意志内部关税,但也谨慎地警告某些过于夸张的愿望;他希望组建邦联法院,希望在邦联外交委员会的指导下出台共同外交政策,还提出了很多良好愿望。可是他几乎没有提及梅特涅的计划。

541

多么鲜明的对比!一方面是一位高尚爱国者的一大堆邦联主义梦想,这位爱国者在自己国家是谨慎务实的政治家典范,却带着孩子般的天真,期待一事无成的德意志邦联能有所作为;另一方面,一种非德意志的政策企图用治安施压的方式让人民恢复平静,却又计划用冷酷算计和阴谋诡计实现其秘密目标。即便不存在如此巨大的实力差异,哪一方能取胜本来也是毫无疑问的。这位汉萨同盟的政治家从未想过,他的备忘录会被泄露给维也纳,而且即便他强烈宣誓效忠于奥地利家族,但他的备忘录也会被视为新的煽动性言论。参与谋划的9个宫廷根本不怕这些小对手,根茨炫耀地向朋友皮拉特宣称,德意志历史上的重大时刻已经到来。

7月,柏林展开了第一轮逮捕和搜查。7月13日,坎普茨向首相报告结果。① 他草率地将一群爪牙散布到可能同兄弟会有任何关系的人身旁,哪怕这种关系非常遥远,但被逮捕的人数仍相当少。普鲁士各大学尤其保持了相对的平静,没有受到条顿主义运动的太大影响。奥地利及其普鲁士追随者们的目标并不在革命情绪,而是德意志民族骄傲,这种情绪最强大的支持就在普鲁士的人民、军队和官僚中。在柏林,雅恩首当其冲。他被带到施潘道,然后被遣送昆斯特林要塞。因为雅恩的地位太敏感了,那些被捕学生的书籍文件里,都有体操之父的金句和其他愚蠢言论。

542   由于国家被认为处于险境,拦截和检查信件就成了合法行为。许多年轻人因为个别愚蠢行为或者信上说些无伤大雅的言论而被起诉,庭审往往被拖延数个月。比如,两个瑞士学生,乌尔里希和维斯就因为在信上说了一句,桑德的罪行不利于"大业",就不得不经历漫长的调查。"大业"似乎指的就是煽动性阴谋。当被告质问,究竟何为"煽动",一位相当年轻的审查官居然回答道,所谓煽动就是"任何有力唤起宪法观念的行为"。随后,杰出的柏林市民,书商赖默尔的宅邸也遭到搜查,因为他和尼布尔、艾希霍恩以及施莱尔马赫关系密切,因为他总是热情招待体操协会的人。格拉诺和丹巴赫亲身参与了这件事。由于赖默尔本人旅行在外,艾希霍恩作为该家族的朋友,向赖默尔的妻子提供帮助,坚持认为调查官应该出示搜查证。于是这帮走狗写了一份无耻的报告作为报复,

---

①　哈登贝格日记,1819年7月13日。

其中明确指出,艾希霍恩——王国的主要官员之一——极有可能同这起阴谋有关。他们在赖默尔的文件中发现了一些施莱尔马赫的信件,日期大概是签订《提尔西特和约》期间,信中谈到了即将到来的民众起义,还有一段涉及反抗外国统治的话,足以让这位伟大的神学家遭到怀疑。在接下来的几个月里,警察开始监视他的布道演说。间谍们报告,他总是说"基督教导的人类精神力量的解放";会众吟唱的赞美诗也很可疑;最重要的是,"有四个留着胡子的大学生,领完圣餐礼后,继续跪着虔诚祷告"。①

坎普茨毫不迟疑地公开了许多被捕人员信件中的内容,其中一些语句被篡改了,尽管他是秘密审判最狂热的支持者,但还是公开了这些内容。他在《福斯报》写了一篇关于逮捕雅恩的严重不实文章,以至于雅恩本人控告其诽谤。他还努力通过《法律年鉴》引导普鲁士法官们,声称即使他们只关注犯罪理论,也必须将这些言论视为叛国。施特格曼被迫在《国家报》上开辟专栏报道这些极端荒谬的事情,他也像许多正直官员一样,安慰自己道,这些怀疑不可能是空穴来风,因为如果完全没有理由,治安官们不会如此有信心地讨论它们。被揭露出来的事件中,一位 16 岁的青年发表恐怖言论:"伟大的桑德,你不知道我们有多傻!"他还沉迷于席勒的《强盗》,写道:"我多想看见某人被吊死在从此处到夏洛腾堡之间的树上,那样日子就好过了";还有"杀死那 38 个人也不是什么难事,小菜一碟"。《国家报》还贴心地指出,"38 个人"指的就是德意志邦联的殿下们。这些荒谬诽谤出现在王国官方报纸上,旁边就是称赞政府公正仁慈的文章。如果官方走狗的这些愚行让我们伟大的国家被嘲笑,那么民意开始走向绝望还有什么可惊讶的?普鲁士就像是一个人,在其他方面头脑清楚,但也备受僵化思维之苦;在所有其他行政工作上保持了古老光荣的传统,只有在镇压煽动者的问题上,官僚体制中的腐败因素大行其道。

543

---

① 维斯陈述 7 月 7 日被逮捕的情况;格拉诺、丹巴赫以及埃克特关于搜查赖默尔宅邸的报告,7 月 11 日;提交警察总长乐卡克的治安报告,1819 年 11 月 14 日等日。衷心感谢柏林的赖默尔提供材料,更多细节刹那间《普鲁士年鉴》,1879年 7 月。

十九世纪德国史（第二卷）：组建德意志邦联

坎普茨在莱茵省份，凭借自己的直觉，搜集了所有代表普鲁士-德意志精神的人士。比如，他在科隆逮捕了爱国者缪伦费尔斯（Mühlenfels），此人曾在登讷维茨战役中证明了自己的勇气，他认识福伦兄弟，但从未参与他们的秘密计划。在波恩，他搜查了阿恩特和韦尔克兄弟的居所。洪堡向他担保语文学家韦尔克的清白，并恳请首相慎重考虑，如果这位刚刚被任命的教授遭受如此荒唐的迫害，很有可能直接摧毁这所新大学。① 在吉森大学时，韦尔克是考古学和语文学教授，因民族主义热情让莱茵联邦愤怒；后来，他作为哥廷根大学教授，又被坎普茨向汉诺威政府告发，直到 6 年后，舒克曼才通知他，调查没有发现任何可疑之处。

544　　　　阿恩特的命运更可悲。任何在匿名报道时代勇于捍卫政治观点的人，都不可避免地广泛树敌。当坎普茨报告波恩搜查的结果后，阿恩特在各个党派的敌人就行动起来了。他在祖国漫长的公务生涯被描述成一个投机分子的行为，国王本来就坚信存在一个威胁社会秩序的秘密团伙，于是暂时禁止阿恩特继续发表演说。这个曾经支持重新占领莱茵河的人，认为这简直就是"恶毒的讽刺"，因为就在被解放的莱茵河，他却要成为特殊司法审判程序的牺牲品。阿恩特给首相的信中写道："他们肯定不会发现我是一个恶棍和叛徒，一个要求错误权利的可怜奴隶。"阿恩特忍受了二十多年的不公，这至今仍是这场猎杀煽动者行动中最臭名昭著的一幕。不久后，坎普茨的爪牙们甚至调查到了首相心腹的头上。格拉诺亲自在莱茵调查多罗的文件。身患绝症的尤斯图斯·格鲁纳正在威斯巴登疗养，也受到了骚扰，短暂一生的最后几天饱受羞辱。

哈登贝格不可能相信所有关于"猎杀煽动者"的故事，事到如今，这个老人仍不时展现出柔软心肠。雅恩的两个孩子死于他被囚禁期间，哈登贝格照拂了雅恩的妻子；他在给多罗的信中写道，多罗应该坦诚一切，这样才能证明自己的清白。但即便在哈登贝格的私人信件中，也没有丝毫的后悔或犹豫，反而对煽动者们进行了大量严肃批评。他将维特根施泰因视为心腹，后者使他相信国

---

① 洪堡给哈登贝格的信，1819 年 7 月 20 日。

家面临巨大危险,尽管他也无法批准调查者们的所有行动。后来,
为他撰写颂词的本岑贝格和康斯坦特仍坚持认为,哈登贝格只是
在表面上是反对派的领袖。这句话并不正确,他始终坚守自己的
宪法计划,但除非国王自觉国家处于安全状态,这些计划就不可能
实现。

　　遭到起诉的老人们,相当有尊严地承受了命运,本来这就足够545
证明对他们的怀疑是无稽之谈。无论是阿恩特、韦尔克还是缪伦
费尔斯,都永远不会因自己所受的不公而损害对王权的情意或者
对普鲁士的忠诚;赖默尔经受诸多冒犯后,依旧热情不减,向萎靡
不振的尼布尔传达勇气和信心。[1] 卡尔·韦尔克满腔怒火地站在
受害者中间。他曾经无条件地支持代议制,维也纳会议期间,还在
一次关于"德意志自由"的演讲中要求制定一部德意志宪法。因
此,这些经验必然引导他得出对普鲁士国家极其不友好的判断——
这个判断只能在西南德意志的自由主义者中被轻易地接受。那些
更年轻的被告是因被迫害才首次卷入这种极端事件,因此一些人
早早殒命,另一些背井离乡。比如现代民主制度最杰出的评论者
弗兰茨·利伯,就在漫长流浪生涯后定居美国,在那里用德意志历
史法学派的所有思想财富,捍卫联邦共和国的理想。

　　虽然邦联议会中的大多数人赞赏普鲁士政府的雷厉风行,[2]但
猎杀煽动者的愚蠢行径确实严重伤害了普鲁士及其同人民的关
系。尼布尔预言道:"如此糟糕的民众和政府关系,必然产生一种
没有爱、没有爱国情怀、没有欢乐、充满仇恨和愤怒的生活!"这则
预言完全实现了。迄今为止,地方主义者始终在诋毁普鲁士国家,
现在他们可以幸灾乐祸地在这个德意志国家的伤口上跳舞。奥地
利依然完全远离民族运动,梅特涅始终没有机会实施逮捕,因此普
鲁士现在被视为德意志生命中的暗黑力量;在自鸣得意的西南德
宪法主义者眼中,反普鲁士情结根深蒂固,这种偏见尽管愚蠢,却
严重阻碍了我们的政治进步。针对阿恩特和雅恩的调查审判最终
徒劳,民众于是觉得,警察的介入毫无道理。不过还是在艾伯菲尔

---

① 我已经公开了这两人之间的通信,见《普鲁士年鉴》,1876 年 8 月。
② 戈尔茨的报告,1819 年 7 月 20 日。

德抓住了一个真正的阴谋家,阿道夫·福伦,在他的房间发现了组建德意志共和国的方案。大量无辜的人受害,而他却依靠"无条件者"特有的厚颜无耻,欺骗了检察官。

546　　　卡尔斯巴德会议将为德意志各国议会设定明确的形式和限制,这则谣言越来越甚嚣尘上。为了避免这种危险,两位主权者在最后一刻各自颁布了宪法。利珀-德特莫尔德(Lippe-Detmold)的摄政公主波琳(Pauline)是当时最能干的女性之一,她曾长期同等级代表发生争执,因为她希望改革由 32 位骑士和 7 个城镇代表组成的古老议会,希望三个等级能有平等投票权。她是她那个小国家的捐助人,市民和农民都支持她,她坦率地讨论各等级代表是人民的天然权利,这让维也纳很不满。但涉及到实证法问题时,她也有身为女性的粗枝大叶。她就像之前的符腾堡国王一样,因为神圣帝国的垮台而获得了主权,不再惧怕皇帝,此外还认为自己也不再受制于地方协议。利珀-德特莫尔德旧等级代表的反抗情绪不亚于符腾堡,而且向邦联抱怨频频。施洛瑟曾经组织了于利希-克莱武的等级代表抗议活动,现在也是利珀-德特莫尔德旧等级代表的发言人。卡尔斯巴德会议召开前夕,波琳公主马上意识到,会议颁布的法令将同她的观念相冲突,迅速决定于 6 月 6 日颁布新宪法,但她最终失败了。旧等级代表在联合统治者绍姆堡-利珀亲王(Schaumburg-Lippe)支持下向邦联上诉。邦联议会经过秘密讨论,决定介入调停,并要求公主暂时中止颁布新宪法,一句"暂时"就拖到了 1836 年。

符腾堡国王更为成功。谁能预见并对付这位谎言大师的诡计呢?威廉国王最先提出了一个观念,即邦联应该明确限制议会权力。他中断了同本国议会的谈判,明确宣布希望等待邦联议会公布关于德意志各邦议会权限的法令,自此后他就一直没有放弃这个希望。威廉国王的新首相冯·莫克莱就像巴伐利亚的岑特纳一样,将官僚训练成了听话却无条件依附的"守卫"。就连颇具影响的枢密院官员冯·格罗斯(von Gros)都成了个精明的官老爷,可他在埃朗根当教授时,曾颇受哈登贝格青睐。最终,文森格罗德伯爵作为大使前往维也纳,以其冷静清醒和严肃的君主制情感,获得了梅特涅的完全信任。[①] 符腾堡政府工作以严苛精明的专制主义为特征,威廉国王尊重纪律,非常讨厌大学生的喧闹放肆,文森格罗德伯爵也同他讨论过,是否有必要在图宾根大学之外,再建立一所半军事化管理的卡尔斯鲁厄大学。因此,他并不排斥参加卡尔斯巴德会议。另一方面,他也不愿意放弃德意志最具自由主义思想的君主之名,希望在不受邦联困扰的情况下,以主权君主的身份完成本国的宪法工作。

过去两年中,他始终在扮演两面派,这也逐渐成为他那阴谋家气质中不可或缺的部分。他对抗邦联和大国,捍卫符腾堡出版业的绝对自由,但也不允许别人对他有微词。在法兰克福,在旺根海姆的操纵下,威廉国王支持自由邦联主义;可是当他渐行渐远,始终将邦联法案视为"无稽之谈"的文森格罗德不得不向霍夫堡提供解释,并压制君主的极端保守主义观念。如果可以在参加卡尔斯巴德会议的同时开始讨论宪法,那么这种马基雅维利式的政策将被成功延续,等级代表会因惧怕卡尔斯巴德法令而温顺;如果在卡尔斯巴德有哪项提案同斯图加特宫廷的利益相冲突,符腾堡全权大使就可以躲在议会背后,并遗憾地保证,顽固的士瓦本人绝对不会接受该议案。这样一来,既破坏了旧等级代表的反抗,也保全了君主的自由主义名望。

这个政治圈套很讲究技巧。6 月 10 日,威廉国王发布了新的选举法震惊全国,7 月 13 日在路德维希堡召开议会。过去两年中,符腾堡的气氛发生了变化。君主独裁的高效安抚了许多旧权利拥护者的愤怒,也减少了对君主的不信任。现在许多人都看到了旧等级代表抵抗行为的愚蠢之处。就像议会成员肖特公然表达的那样,即将到来的卡尔斯巴德法令威慑着我们所有人,该法令很有可能"威胁符腾堡最重要的权利,即自由协议"。人们的希望集中在士瓦本自由的这块基石上,如果新宪法可以经由普遍共识而达成,人们愿意在细节上让步。老符腾堡人曾长时间生存在图宾根协议和一连串契约之下,他们甚至无法构想,如果没有由彼此共识保证的基本法,政治权利该是怎样。席勒就曾表述过他的同乡最核心的

548

---

① 克鲁泽马克的报告,1819 年 6 月 4 日。

情感："条约就像守护天使一样盘旋在每座房子、每顶王冠之上！"

旧反对派的一些领袖，瓦尔德克、马森巴赫和博莱并没有出现在新议会上；其他人，比如魏斯哈尔，已经同政府达成了协议。国王为了保护民众代表远离诱惑，处理了旧权利最狂热的支持者保卢斯，他刚刚返乡探亲就被国王驱逐出境了。符腾堡文书们的死敌，李斯特也被极其简单的手段排除出了议会：由于选举当天他还没满30岁，罗伊特林根的当地官员依据上令，向选民们宣布投票无效，"将在下周一重新投票"。[①] 后来李斯特满30岁有资格选举时，他就努力在另一个选区谋求一席之地，可是又因选举演说中的革命性言论被举报，这让他在议会召开期间都无缘参与。举报其实毫无必要，因为旧权利拥护者的寡头集团已经同政府达成了默契。人们真诚热情地召开会议，同前不久的蔑视抗命情绪形成鲜明对比。议会感谢国王，因为他"再次踏上了通往一种传统的道路，我们国家宪法正是根据这种传统从古代发展而来"，同时马上组织了一个委员会讨论新宪法方案，之前曾经有一些方案，但是由于考虑到形式简洁和措辞的倾向性而被否决了。9月2日，委员会发布报告，如果说旧议会罪在拖沓，那么新议会的效率相当惊人，因为它希望以既成事实对抗卡尔斯巴德法令。

9月18日讨论结束，两天内通过了121条法律。之前遭到激烈反对的两院制也被轻松通过了，因为这个问题已经被"必须要考虑的关系"所决定。所有党派都认为，如果要避免邦联议会的某些危险议程，就必须对曾遭君主不公对待的主权被剥夺者作出某些让步。对邦联的这种恐惧甚至让议会去满足高级贵族的一些愿望，比如只承认君主有权指派不超过1/3的上议院成员，这极有可能引发两院之间难以化解的冲突。旧权利的象征，等级财库也没有多少人支持，大多数人已经明白，这种老古董式的制度与统一现代国家格格不入，而且正如肖特所言，他们所希望的并非一部封建宪法，而是一部代议制宪法。就此事开始投票时，反对派被孤立了，乌兰特在投赞成票的同时正式宣布："最重要的事依然存在，让我们首先确保宪法，那也是我们古老权利的基石。"由李斯特起草

549

① 罗伊特林根政府公告，1819年7月10日。

的斯图加特市民的一篇演说激烈批评了旧等级会议过于仓促的议程，所有讨论结束后，这篇演说才被发表。9月24日，国王签署了新的基本法，这部宪法安全地领先卡尔斯巴德法令落地。两天后，威廉国王给弗兰茨皇帝写信，后者曾警告他不要制定宪法，信中称颁布宪法的进程是他无法避免的，但为了安抚皇帝，他将推迟召开新一轮议会的时间。

毋庸置疑，仅凭共同承认绝不可能增强新宪法的政治价值。新宪法并不是建立在某个计划之上，而是相当复杂的妥协博弈的结果，也将老符腾堡许多无用甚至无法实行的制度引入了新时代。比如，路德教会的庞大教产将被恢复。委员会称该决定是"一位统治者能作出的最伟大的决定之一"，并宣布"我们绝不会考虑那些反对归还教产的想法，因为这样就亵渎了这个伟大时刻"。但这个伟大想法无法实施，因为数年前被没收的教会土地已经并入了王室领地。国务院和枢密院并存；等级议会指派的官员管理国债；议会常设委员会在斯图加特开会；设置小型等级议会财库，不过只负责议会开支——这些都是老符腾堡的体制残余，只能让现代行政管理更加困难，更无助于增加议会权力。士瓦本人的狭隘心胸让下议院软弱无力。因为64个主要行政区中，没有一个愿意放弃代表权，因此包括骑士、神职人员和7个城市代表，总共有94位代表，大多数都是无关紧要的人。从此以后，威廉国王就愉快地盼望着，他可以在这个中央集权的国家中，平稳地实施他习惯的严苛官僚统治。他承诺出版自由，"但要服从于现行或未来颁布的，反对滥用此项权利的法案"。但是只有痛苦的体验才能让人民明白，这种夸夸其谈的"普遍基本权利"的承诺，没有任何现实意义，哪怕审查制度都不可能被直接废除。此外还有画蛇添足的宪法第3条，即邦联议会的所有法令也应该恰当地适用于符腾堡。

尽管存在诸多缺陷，符腾堡人依然坚信，他们的基本法是德意志最具自由精神的法律。符腾堡宪法就像巴登宪法一样，是封建制度和代表制度之间的妥协，因为从重要行政区到下议院的议会代表们，代表了除贵族和神职人员外的所有人民。此外，这部宪法设置了议会常设委员会这一特殊机构，它并没有什么实际价值，但从当时的角度来看，它似乎是民权的重要保障机制。民众曾经通

550

过呈交大量反对两院制的请愿书参与议会工作，最引人注目的请
愿书来自罗伊特林根，在那个平静的时代首先要求组建一个德意
志民族议会，因为"只有通过这种方式，所有德意志国家才能享有
真正的代议制宪法"。9 月 25 日，在一片欢呼声中，国王宣誓效忠
宪法。纪念章也开始铸造了，3 天后，国王和议会成员驾临坎施塔
特的民众庆典时，士瓦本的狂热情绪到达顶点。毫无戒心的民众
并不知道，国王的全权大使正在卡尔斯巴德谋划着什么。

新宪法诞生的特殊局势严重伤害了士瓦本的民族情感。宪法
产生于同德意志邦联的秘密斗争，人民代表的所有发言都宣告他
们相信有必要捍卫士瓦本人的权利不受邦联暴政伤害。在这种情
形下，士瓦本人本来就激化的地方骄傲又获得了新的力量。由于
在中央集权的德意志，只有君主有代表，在邦国里只有臣民有代
表，因此几乎各地的年轻自由主义都有地方主义倾向，而且这种分
离主义精神在符腾堡尤为强烈，因为人们认为他们的基本法是在
反抗邦联意愿的情况下诞生的，是符腾堡优于邦联的证据。

第三节　特普利兹和卡尔斯巴德

7 月 22 日，梅特涅抵达卡尔斯巴德，他坚信"从这里，社会秩序
将走上被拯救或永久毁灭的道路"。弗兰茨皇帝曾计划访问伦巴
第-威尼西亚王国，由于考虑到镇压德意志革命更为紧迫，便放弃
访问。梅特涅最先亲密交谈的政治家们，除了根茨，还有两位维也
纳会议上的朋友，哈登贝格伯爵和汉诺威的明斯特伯爵。凡是不
需要害怕英国议会插手的问题，梅特涅都无条件依赖保守党内阁
的高度反动情绪，后来还充满感激地写信给摄政王："我总能在遵
守原则的道路上看到殿下。"但是其他方面提供的帮助，都因缺乏
同普鲁士国王之间无条件的共识而无甚价值。梅特涅匆忙赶赴特
普利兹，并于 7 月 29 日私人会晤威廉三世，这场会晤决定了此后
数年的德意志政治走向。普王表示，维特根施泰因向他保证，最近
的搜查工作已经揭露出邪恶的煽动计划，这让他极其不安；此外，
首相的低效以及行政部门的迟缓更让他生气，那些火烧眉毛的事，
他居然要等 7 个月才能有个答案。普王抱怨道："我的人民让我失

望",他决定相信梅特涅的建议。梅特涅趁热打铁,宣称是时候在保守主义和政治死亡之间做出选择了;这场重大阴谋的策源地和大本营就在普鲁士,甚至已经渗透进了最高层官员中;如果普王能决定不批准任何现代民主制度意义上的人民代表,继续沿用等级代表,那么一切就都有救了。梅特涅还呈交了一份备忘录,再次表达了亚琛会议上的意见。① 普王当然会赞同这些计划,因为哈登贝格宪法计划也不外乎是组建三等级代表制,而且从未幻想过全民代表制。

哈登贝格、伯恩斯托夫和维特根施泰因现在根据国王的命令,同奥地利展开秘密对话。首相让梅特涅看了自己的宪法方案,后者表示完全同意。② 8 月 1 日,哈登贝格和梅特涅签署了一份协议,明显是后者起草的,内容关乎普奥邦联政策的基本原则。③ 由于"许多德意志邦国政府对普奥宫廷的亲密团结抱有偏见",因此这份协议将永久保密。这份协议最先回忆了德意志邦联的宪法目标;然后宣布(第 2 条),作为欧洲国家,它们的责任是监管邦联的政治存在状态,作为邦联国家,它们的责任是关照邦联宪法的安全。因此,在邦联范围内,一切同邦联本身相冲突的原则都不适用,邦联议会的一切决定都必须根据邦联法律被忠实执行。邦联法案中,这条赋予邦联权利以关照德意志内部和平的条款,其目标只是为了避免和平被破坏,现在却有了全新解释:它将让邦国的内政服从某个统一规则。由于革命党威胁所有政府的存在,必须抓 住这个机会达成德意志宫廷的亲密团结,并在邦联议会上建立少数服从多数的原则。因此,首先必须就邦联法案第 13 条达成共识——附上一则誓言,按照梅特涅的说法,它组成了这份协议的核心。因此协议第 7 条规定:"普鲁士只有在其财政完全正常后,才能决定严格在本土贯彻该条款;也就是说,普鲁士决定,在国家代

---

① 这份备忘录也许同另一份奥地利备忘录内容一致,后者在特罗保(Troppau)呈交伯恩斯托夫伯爵,并被巴约(P. Bailleu)发表在《历史杂志》上,1883 年,第 50—190 页。参见附录 8。
② 哈登贝格提交国王的报告,1819 年 8 月 16 日。参见附录 8。
③ 《普奥指导德意志邦联事务原则的协议》,特普利兹,1819 年 8 月 1 日。参见附录 3。

表问题上,不会引入任何同其地理和内政不兼容的普遍人民代表制度,但将赋予各省以等级代表宪法,并从中组建一个中央地方代表委员会。"

这一条款自然包含相互保证,因为弗兰茨皇帝肯定也不会引入任何普遍人民代表制度。第 7 条本质上并不新鲜,因为哈登贝格早就决定,只有在新财政法完成后,才颁布新宪法,此刻它已经接近完成了;同时 1815 年的五月法令也公开表达,地方代表将从省议会产生。因此,其中最不光彩的是这则誓言的形式:腓特烈大帝的王国居然在没有收到任何正式保证的情况下,向一个外国就某些内政的作法许下承诺,而任何有自尊的国家都会将控制内政的权力掌握在自己手里。梅特涅欣喜地向皇帝报告:"普鲁士已经承诺不会批准任何人民代表。"这是哈登贝格给普鲁士带来的最沉重的耻辱,也是对和平二元论政策的测验,结果是普鲁士臣服于奥地利。首相签署了文件,因为他没有别的办法保住君主摇摇欲坠的信任;而且这项承诺从字面上看,确实没有包含任何与现存普鲁士政策相冲突的内容。但普奥双方都怀有隐秘计划,哈登贝格将"中央委员会"理解为一个大型国家议会,梅特涅则一如亚琛会议时,认为只是一个大约 21 个成员的小型委员会,并私下里希望能阻挡普鲁士中央集权统治的阴影。因此普鲁士彻底走到了新维也纳原则一边,据此,邦联法案第 13 条仅承诺组建等级代表制,而非人民代表制。普奥都承诺"帮助已经引入人民代表制的国家回到更适合邦联的形式",考虑到这种目的,两国将首先等待各国政府的方案。

554　　　卡尔斯巴德会议讨论的第二个问题是出版业。普奥都同意根茨的一份备忘录里提出的原则,即鉴于不同国家文化平等的观点,以及德意志人相互交往的复杂程度,没有任何国家能独善其身,因此哪个君主纵容出版自由,就形同背叛整个邦联。因此,有必要设立严格的邦联出版法,尤其是"各德意志政府必须相互保证,不得允许任何臭名昭著的编辑再次承担编辑工作;而且一般而言,还必须承诺尽可能地减少报纸数量"。

会议的第三个议题是大学和学校。梅特涅非常不看好教授们的政治能力,基于这种判断,他认为没有任何教授懂得如何尊重财富的价值，但他也认为这些毫不务实之人的政治活动具有间接的重大危险性，因为他们传播"让德意志人的联盟组成一个单独的德意志国家的观念"，也因为成长中的一代人被灌输了"这个邪恶的念头"。正因如此，梅特涅施压要迅速解雇煽动性教师，哈登贝格也脆弱地抛弃了艾希霍恩备忘录中所有的合理原则（伯恩斯托夫伯爵几天前才将这份备忘录呈交邦联议会）。梅特涅同意："任何声名狼藉以及卷入学生阴谋的教授，都应被迅速剥夺教席，被任何德意志大学解雇的教授都不应在其他邦国的大学内重获教职。"最终，会议决定这些规定的适用范围包括中小学教师。

以上就是这次不幸会议的内容。不幸的德意志民族始终艰难地要摆脱分裂局面，却被邪恶的命运所劫持，不许它有任何自我理解的可能，蛮横地堵住了任何通往政治强国的道路。普奥两国不自然的同盟关系造成了所有政治理念的全然混淆，这解释了后来数年德意志爱国者诸多灾难性越轨行为。普奥两国意欲强化德意志邦联的权威，这无疑是迫切的，但它们让邦联权限远远超出了邦联法案规定的范围，允许它有权介入邦国内政，这种权力违背了一个邦联的本质。它们甚至讨论德意志君主违抗邦联的重罪，就好像拿破仑建立的主权国家都已经被彻底消灭，就好像旧神圣帝国又死灰复燃了。可是这种"一位论"政策并不源于民族主义情绪，而是源于奥地利的地方主义。德意志邦联将接受一个主权国家的权威，以永久打消德意志人"团结起来形成一个单独国家"的理想，以便让奥地利民族的精神继续沉睡，不受更高级文明以及邻邦更活跃的精神能量的搅扰。梅特涅明确地实践了君王的命令，宣布奥地利愿意合作以拯救德意志邦联，如果失败的话，奥地利将脱离德意志以拯救自己。此时，德意志民族中尚未有一个人意识到，奥地利脱离德意志将是一件多么幸运的事，也没有人大声疾呼："就让我们脱离奥地利吧！"

推动该政策的手段同其目标一样不纯且非德意志。德意志邦联当时尚未拥有邦联军队或邦联最高法院，甚至除了邦联议会，不具备任何全邦联性质的机构。这样的邦联，甚至无法保护德意志免受外国世界侵扰，现在居然"根据最纯洁的邦联精神"，有权利用禁止和迫害的手段，扰乱马丁·路德的民族的圣地，即观念的自由

555

627

发展。德意志政治就这样堕落到了德意志治安体系的水平,之后的数十年中,邦联的全部生命都献给了各种紧急治安措施。专制主义中央集权同宪法成员国之间的天然矛盾激化到了难以缓和的程度,任何不愿意放弃政治自由信仰的人,从此都被迫与德意志邦联为敌,凭借激情理解了民族统一理想的自由党派,也在不知不觉、非主观愿意的情况下,成了地方主义的工具。在维也纳会议上,所有党派都感到,必须承认德意志民族拥有某些"德意志民族的权利",而且邦联必须保障某些温和的政治权利,只是因为莱茵联邦主权君主过于傲慢,才无法就邦联法案的底线达成共识,即它不能作出具有普遍约束力的承诺。现在一切都被彻底且永久打乱了,邦联获得了最大可能的政治权利。邦联不再是民族自由的堡垒,反而给各国议会、出版业和大学设下了决不能越过的界限。邦联还兴冲冲地剥夺了"声名狼藉的编辑和教师"的合法权益,就好像专横霸道的公共安全事务委员会又重新降临在了德意志!

556

为什么如此强烈地不信任一个忠诚且遵纪守法的民族呢?巴伐利亚和巴登议会确实提出了愚蠢的方案,但符腾堡等级议会的温顺举动表明,政府的确有必要控制一下人民代表的激情。报刊再次因其毫无目标的激烈言论而罪孽深重,根茨备忘录中关于报刊行为不端的批评也并非全然无理:"如今,德意志没有一家报纸是私人事业产物,后者将正确的思考方式视为生命线,这种状况即便在法国最血腥的无政府状态时都未曾见过。"但毫无疑问,德意志的报刊并不代表公共意志,大众绝不会拥有报刊表达的那种愤懑;任何熟悉德意志吹毛求疵性格的人,都会毫不犹豫地作出预言,大多数德意志报刊基本站在反对派一边。的确,如此多的有教养人士用不合时宜的方式,表达他们对科策布遇刺案的谴责,这本身就意味着,部分上流人士已经开始对现存秩序绝望了,但盲目残酷的迫害检举绝对是增强这种绝望情绪的不二法门。最后,大学生的激进蠢行的确需要加强控制,但他们限制在三四所大学中,而且即便在这些大学里,涉及的也不过一小撮人。如果官方将大学污蔑成阴谋的温床,唯一的后果就是,迫使年轻人的爱国热情变成阴谋诡计。

最糟糕的是,那个曾将自由还给德意志民族的国家,那个曾盼望民族统一且无所畏惧的国家,现在居然自愿套上奥地利的枷锁,而且在目光短浅的奥地利看来,它还是不共戴天的死敌。怀疑的阴云让腓特烈大帝的国家星光黯淡。高贵的国王被一群没脑子的顾问误导,哈登贝格年老昏聩,普鲁士偏离了通往强盛的道路。当奥地利在特普利兹收获果实时,梅特涅满意地向俄国大使宣布:"普鲁士让出了一块地方,这也正是许多德意志人曾计划给予普鲁士的东西!"

一旦普奥达成毫无保留的共识,奥地利政策就获胜了。原则上,卡尔斯巴德会议上没有人准备反对普奥。萨克森的舒伦堡伯爵现在同两个汉诺威人步调一致,因为他们都是封建国家体系的忠实拥护者。梅克伦堡的普勒森男爵,更具自由精神,头脑也更灵活,迫于故乡的传统而处于同一阵营。即便是所谓的宪政国家的代表也表现得相当温顺。雷希贝格伯爵是巴伐利亚政变计划的真正策划人,根据慕尼黑的惯例,不太信任奥地利,但他更惧怕革命,因此尽管收到明确指示,不能承认任何有损巴伐利亚主权或巴伐利亚宪法的条款,但对革命的恐惧还是主导了他的行为。贝尔施泰特男爵将卡尔斯巴德代表会议描述得极其混乱可怕,以至于根茨都认为,听到这些简直又喜又怕。拿骚的马沙尔甚至比这位巴登政治家更为狂热。文森格罗德尽管被分配了一个棘手的任务,即避免任何可能伤害最杰出宪法国王之名誉的事物,但在迫害煽动者的问题上,他也是不余遗力。

卡尔斯巴德会议成员相互增强对巨大阴谋的恐惧,而且被梅特涅灵活地操纵,以至于贝恩斯托夫给首相写信称:"我们现在可以处理一切,但之后就没机会了!"他们全面接受了奥地利的德意志事务观念,最终相信他们正在进行一件伟大正确的工作,而且衷心地为德意志君主们的精诚团结而高兴。工作结束后,伯恩斯托夫写道:"成事在天,但无论如何,在时代的风暴中,由于德意志君主们公开、明确且一致地表达了原则和目标,我们已经完成了一件伟大的事业。"[①]由于这项事业完全是由德意志政治家们达成的,没有

---

① 伯恩斯托夫给哈登贝格的信,1819 年 9 月 2 日。

任何外国势力企图对卡尔斯巴德谈判施加任何影响,这样所有人都格外满意。可是没人意识到,这幅民族独立和谐的美好景象不过是德意志民族对奥地利这个外国统治的臣服。

558 德意志世界的复杂使任何力量都有对立面,因此奥地利家族的这场辉煌胜利也不得不付出一些代价。普奥两国都同意,开始只将特普利兹协议中的三项条款提交卡尔斯巴德会议并要求立刻决定。于是,首先达成了针对出版业、大学和煽动者的法律,而增强邦联权威的其他措施,尤其是对邦联法案第 13 条的解释,要推迟到秋天的部长级会议解决。正是在这种情况下,8 月 6 日梅特涅发表长篇演讲,开始了 23 场会议中的第一场,从此时到 8 月 31 日,几乎每天晚上都开会。同时,梅特涅还提交了一份协议,其中多数条款同特普利兹协议完全一样,但是谨慎地删去了只涉及普奥两国的内容。所有与会者都表示赞同,只有文森格罗德要求将解释第 13 条也纳入讨论目录。他声称,符腾堡国王一如在法兰克福和维也纳时一样,愿意接受邦联权威为各国议会权利设下的"界限",并希望以这种方式减轻他的路德维希堡议会的自负,但是该"界限"不应与符腾堡利益有任何冲突。

梅特涅愉快地接受了这个意料之外的提议。他向普鲁士朋友承认,自己希望"有可能避免符腾堡国王同其等级代表之间达成任何永久性共识",而且他进一步细化了新的奥地利原则,据此,邦联法案第 13 条将只承认等级代表。如果邦联正式同意这项解释,巴伐利亚和巴登将有责任修改其宪法。大多数与会者表示热烈赞同。一开始,甚至连巴伐利亚和巴登都倾向于接受维也纳的解释;①根茨在胜利的喜悦中,"在某种巨大灵感的催促下",于 8 月 19 日写出了一部重要的备忘录《论等级代表制和普遍代表制的区别》——这或许是一个老练作者能创作出的最寡廉鲜耻的政治诡辩之作。

根茨灵活利用了哈雷和亚当·穆勒的话,阐述了旧德意志省议会建立在等级和法律的差异上,而这种差异是上帝创造的,但外国的人民代表制建立在人民主权和法律面前人人平等的革命性幻觉

---

① 伯恩斯托夫给哈登贝格的信,1819 年 8 月 8 日、13 日。

上。一方是强大的君主制权威,仅能实施一些特权;另一方是君主臣服于人民代表的专断意愿,是一种无政府状态,同邦联权利根本不兼容。这将形成人民代表议院同邦联议会并列的局面,最终导致普遍革命。如果一些君主在起草宪法时,没有遵循对第 13 条唯一合理的解释,而且没有给自己留下合适的撤销手段,"那么我们其余人也就别无选择,只能放弃邦联"。这部作品中,很多内容同众所周知的历史事实有冲突。现代德意志君主制政治正是在同旧特权等级的长期斗争中获得了力量,而且在新的宪政国家中,君权的确比萨克森、汉诺威和梅克伦堡这种封建地区强大得多,后者的国家制度本质上是寡头制。就像南德诸邦国的议会并没有代表普罗大众,而是半封建组织,或者说巴登的下议院最多在新法国意义上是一个人民代表议院。尽管如此,根茨如此任性胡说的内容背后,仍隐藏着一个非常明确的政治目的。他激烈反对革命性的人民代表制度时,想的是罗特克的理论,后者无疑从人民主权原则中推论出了人民代表制的合法性。根茨热情赞扬旧德意志省议会时,没有想到封建时代的狂风暴雨,想到的是新奥地利的温顺议会,奥地利王室领地的和平生活绝对可以为整个德意志树立榜样。

德意志党派纷争的历史上,根茨的备忘录影响久远。起初,它迷住了容易受人影响的普鲁士王储,后者发现它精彩地论述了自己的理念;接下来,随着它进一步传播,长期成为普鲁士封建党派的军火库。但它是个巨大的政治错误,事实证明并不利于梅特涅计划的实施。巴伐利亚和巴登的代表们遭受各自议会的大量抱怨。文森格罗德强烈建议,应该通过一部邦联法律将投票权限制在主要土地所有者手中,而且首先应该禁止公开议会议程,因为这本就是外国的发明,卡尔斯巴德会议上所有政治家都认为公开议程非常危险。文森格罗德提出了这份议案,并且按指令行事,正在此时,他的君主公开了路德维希堡议会议程,并赋予其相对有限的投票权。南德宫廷的气氛就是如此,如果奥地利谨慎行动,必会颁布利于王权、限制邦联权力的法律。

可是梅特涅要求返回旧等级制度,对于符腾堡而言,这是"罪恶中的罪恶",是绝对无法接受的计划。国王威廉在同旧法拥护者的长期斗争中,经历了太多的艰难,享有声望的旧德意志等级会议

559

560

很可能已经变得比现代人民代表制度还要危险。他的立场坚定，不是出于自由主义精神，而是他忧心王权尊严受损。符腾堡一连串的备忘录，模棱两可、前后矛盾，就像士瓦本国王本人变色龙般的政策一样，都反对奥地利的建议。有一次，文森格罗德甚至大胆坚持，人民主权原则已经获得承认。"木已成舟，政府认为有必要承认这一点；尽管他们大多会后悔，但游戏必须继续。"还有一次，他又希望邦联应该禁止这个危险的原则。反反复复中，只确定了一件事，即符腾堡外交大臣将无条件同意重组旧等级会议。他也明确提到"由于老符腾堡的宪法及其废除，新近承认的宪法极其不切实际"造成的困难。同时，他还成功地争取到巴伐利亚、巴登和拿骚官员的支持。这些莱茵联邦宫廷知道，对于至高无上的王权而言，最可怕的敌人莫过于贵族，可一旦重建旧等级会议，贵族权力必定增强。因此，南部盛行的现代国家官僚理论马上同奥地利以及北德中部地区的封建观念产生激烈冲突。伯恩斯托夫曾经激烈反对人民代表制，"这就是嫁接在旧树干上的外国枝丫"，如今觉得"照顾到符腾堡政府的窘迫局面"，也不是不能考虑。①

561　　最终人们还是按照奥地利一开始的计划作出决定，对第13条法案的解释将被推迟到维也纳会议进行，卡尔斯巴德会议只是阐释一个所有邦国可能都会同意的普遍原则。根茨不得不暂时搁置他的备忘录，转而写一篇主席发言，在邦联会议上介绍卡尔斯巴德法令。这份发言稿中提出了对民主观念的正式抗议，希望在邦联法律被颁布之前，德意志各政府只应按照"维持君主制原则和邦联统一的要求"解释邦联法案第13条。这套新说法获得了一致接受，尽管它具有危险的灵活性，却更符合当前的情况，因为只有其成员国的王权保持强大活跃，德意志邦联及其专制中央集权才能继续存在。这种情况下，企图全面误解第13条的意图由于南德宫廷的反对而被挫败，不过并不是因为它们忠于各自的宪法，而是对旧特权等级的恐惧。

　　不过其他谈判进行得相当顺利，伯恩斯托夫都因如此过分的和谐而为难了，向奥地利国务大臣宣布，他的君主只受制于特普利兹

---

①　伯恩斯托夫给哈登贝格的信，1819年8月25日。

协议,任何超出协议的内容,他都必须保留意见。① 秘密协商被严格保密。布奥尔和戈尔茨在法兰克福只收到简单指令:目前邦联议会应该延迟休会。直到 8 月 18 日,所有议程接近尾声,梅特涅和伯恩斯托夫才向丹麦国王提交了简短的密信,交代了会议的目的,同时请求哥本哈根内阁命令其邦联大使,无条件接受不久后邦联议会主席发言中的方案。由于邦联议会即将休会,必须加快节奏,首先要取得完全一致,因为要给民族形成这种印象。所以“请阁下们每天都给本国大使发送这条指令,这就是为德意志民族作出贡献了”。这封公函还附带了临时邦联出版法的草案。② 如果用如此勉强的观点糊弄一个王国宫廷,那么对其他小邦就更不会花什么心思了。普奥认为大多数小邦没有勇气反抗,也就没有事先通知它们。剩下的邦国受到了间接威胁,伯恩斯托夫向首相报告:“自由城市里那些不合时宜的意见,我们还是要当心。”③ 为了不触怒暴脾气的黑森选帝侯,卡尔斯巴德会议接近尾声时,邀请了黑森驻维也纳大使,明希豪森男爵参加了最后 6 场会议。另一方面,被卡尔·奥古斯特大公派到卡尔斯巴德了解情况的冯·弗里奇却遭到公然蔑视,梅特涅只允许他作为客人参与一场无关紧要的会议,然后什么也没说就直接把他送回家了。根茨在日记里满意地写道:“那些天真的人刚刚离开了卡尔斯巴德。”

562

　　为了确保针对煽动者的紧急法案推行,采纳了一部临时邦联执行章程,据此,邦联议会可以通过一个委员会,监管所有邦联决议的实施情况,在有必要的情况下,还有权以军事压迫的形式对付任何不服从的邦国。伯恩斯托夫觉得邦联拥有如此宽泛的权力是重大事件,可柏林明确指示他表示赞同。首相写道:“如果没有任何有限执行措施,我们将无法推行任何邦联决议。没有这些措施,不莱梅这种国家会让邦联形同虚设。”④ 因此,邦联议会被赋予了权力,如果善加使用,很可能形成对地方主义的控制。这一增强中央

---

① 伯恩斯托夫给哈登贝格的信,1819 年 8 月 13 日。
② 梅特涅和伯恩斯托夫给哥本哈根内阁大臣罗森克兰茨(Rosenkrantz)的信,1819 年 8 月 18 日。
③ 伯恩斯托夫给哈登贝格的信,1819 年 9 月 2 日。
④ 哈登贝格给伯恩斯托夫的信,1819 年 8 月 17 日。

权威的举措本身不是什么坏事,但由于只用于迫害检举煽动者,而让许多人反感不已。

接下来是关于大学规章制度的提案,会议尾声,根茨已经完成了一篇介绍性的主席发言稿,其中包含大量琐碎的指控。他认为,大学已经失去了初心,失去了曾经的荣誉,因为"很多大学教师"用所谓的世界主义幽灵塞满学生的头脑——这项指控也非常适合基督教-德意志狂热分子。考虑到这些问题,大学管理办法要求,在德意志各个大学指派一位政府特派全权专员,监督秩序的维护和教师的思想意识,使其拥有"健康的方向"。任何教授,如果由于失职或者散播危险思想而被解聘,则永远不能在任何德意志国家内再次获得教授席位。最后,针对学生组织的旧管理办法也更为严苛了,尤其是针对兄弟会,因为"该组织的目标,即组建不同大学间的永久性团体和交流,是不被允许的"。因此,德意志各个国家机构之间的自然交往,现在也从邦联的立场上被禁止了。这部法令从形式和内容上,都是对德意志大学的暴行。如果不是因为大部分政府都忠于优秀传统,对其进行了相对自由的解释,那它很有可能摧毁德意志的学术自由。

伯恩斯托夫是卡尔斯巴德会议上仅次于根茨的最有学问的人,他并不希望看到以如此一刀切的方式处理如此困难的问题。他提议,与会者应该只对某些普遍的管理原则达成共识,进一步细化的问题应留给邦联议会。但他的同事回应道,夜长梦多,而且由于哈登贝格赞同大多数人的意见,伯恩斯托夫只能作出某种缓和,即在特定情况下,政府特派全权专员的权利应该被让渡给大学负责人,这样一来,大学就不会完全处于治安监管之下。至于其他方面的问题,奥地利提案都被全盘接纳;邦联委员会关于大学情况的全面报告,在会议期间提交梅特涅,但却被放在了一边。①

卡尔斯巴德会议的第三份提案,即临时出版法,最清晰地展现了此次会议的动机,也就是弗兰茨皇帝对世袭领地上任何骚乱的忧虑。根茨也为这部法令准备了一篇主席发言,生动地描述了每

① 伯恩斯托夫给哈登贝格的信,1819 年 8 月 25 日;戈尔茨给伯恩斯托夫的报告,法兰克福,1819 年 8 月 28 日。

个邦国将如何被德意志邻邦的出版自由所威胁,以及公开议会议程将如何加剧这种危险。会议期间,梅特涅就曾更为直接地说过,邦联各国都必须保证彼此免于道德和政治伤害,必须保护彼此对抗报刊媒体的攻击,这是邦联体制的本质。出版自由对大国更具杀伤力,这些国家在德意志有可能同时遭受来自 30 个不同出版中心的攻击,而小邦国的作家们只要有权随意攻击强大的邻国,就总是会慎重对待本国政府。因此,为了保护自身不受德意志报刊的攻击,奥地利提议,“必要的预防性措施”,即审查制度应该被视为一种规则,尽管它直接违背了联邦法案第 18 条,该条确实没有明确禁止审查制度,但将出版自由设定为一种基本原则。在接下来的 5 年中,所有少于 20 页的报纸和书籍都将接受审查,但如果邦国愿意,可以自行决定是否审查超过 20 页的出版物。此举的目的并非规定最小自由,而是规定了不能被超越的最后界限。

564

自此以后,任何报刊都要得到国家权威部门的许可才能出版发行,于是出版法立刻导致,每个德意志政府都要认真管理其出版业,对邦联和各个邦国负责。邦联应某个受攻击的政府要求,或者出于自发行为,就能禁止报纸和书籍出版,而且根据特普利兹协议,被查禁的报纸编辑 5 年内不得从事任何相关工作。诚然,从宪法角度而言,某个拥有主权的德意志统治者为一个大使会议负责,这本身就匪夷所思,但由于在卡尔斯巴德会议上,政治家们都同意将出版业视为共同的敌人,他们也就毫不犹豫地接受了对神圣主权的攻击,认为所有运转良好的政府在任何情况下,都会愉悦地查禁某家报纸。这一次,哈登贝格再次证明他已经完全被维特根施泰因掌控。在他的明确指示下,伯恩斯托夫不得不同意,只有超过 20 页的作品免于审查;而奥地利已经提出,超过 50 页的作品才能免于审查。[①]

围绕出版业的一系列谈判,由于涉及到政治生活的另一个领域而意义重大。在证明有必要实施审查制度的诸多理由中,梅特涅尤其强调这一事实,即煽动家们从逻辑上会希望,由陪审团裁定报刊是否违法,但所有参会成员都无条件反对陪审团审判以及公开

---

① 哈登贝格给伯恩斯托夫的信,1819 年 8 月 25 日。

和口头审理程序，他们认为这些就是"革命公理"。巴登议会的愚蠢言行已经受到了报应。正是这些日子的仇恨和怀疑，让彼此对立的两个阵营都开始起草严苛的政治教义问答集，每部问答集都承载着德意志党派仇恨的所有阴郁情绪，因此未来多年中都无法达成任何共识。反对派们认为，法庭的不公开审理程序似乎是君主制原则的支柱之一，其实它只是让杰出的德意志法官暴露在不合理的怀疑之下。

565

关于第四部法律，即镇压政治煽动阴谋的讨论过程更加活跃。虽然没有证据证明存在一场现存法庭无力控制的革命运动，但与会者都同意，遍布全德的恐怖阴谋只能由一个特殊的邦联中央集权部门控制。唯一的问题是，邦联是仅仅指挥调查呢？还是可以审判？一个特别邦联司法机构必然严重侵犯所有邦国的现存法律机构，也必将严重侵犯被普遍承认的原则，即任何人都不可以摆脱其自然法庭的审判。于是，伯恩斯托夫提议组建一个中央调查委员会。[①] 但首相询问科切伊森和坎普茨的意见时，两人还沉浸在第一波"狩猎煽动者"的狂热情绪里，根本不担心波恩的煽动者会被莱茵法官们免罪——也别指望这些法官会秉公执法。不过坎普茨作为一位能干的律师，知道如何更好地论证自己的观点：很多人确实相信存在着威胁整个邦联的危险，对这些人而言，建立一个邦联调查委员会无疑是一种危险的妥协手段，因为考虑到德意志法律机构的复杂性，各法庭对煽动罪的判决很可能彼此矛盾，这将把指导调查工作的邦联权威机构置于普遍的敌对和蔑视之下。哈登贝格因此答复道，邦联中央委员会只有在拥有司法权的情况下才能有效运作，老帝国中的帝国法庭就往往在各地区法庭之前，直接处理破坏公共和平的罪行。[②] 同时他还提交了一份关于建立临时邦联司法机构的提案，伯恩斯托夫现在必须支持这份提案。

一开始，卡尔斯巴德会议上的大多数政治家都倾向于支持普鲁士的提案，梅特涅也表示欣然同意。但是随后，皇帝弗兰茨相当意外地表示激烈反对。这位专制君主政策中唯一人道的特征就是，

566

---

① 伯恩斯托夫给哈登贝格的信，1819 年 8 月 8 日。
② 哈登贝格给伯恩斯托夫的信，1819 年 8 月 13 日。

他极力捍卫现存秩序；恭维他的人将迂腐地追随古代和传统的行为称为正义。面对叛乱者，这位皇帝绝不会吝惜使用军事法庭和各种残暴的特别措施；但只要不危及自身，正义就必须追随传统。此外，他对不羁的德意志人的一贯不信任也影响了他，他可以依赖自己的奥地利法庭，却不信任让任何奥地利叛国者受德意志法官的审判。最后，他想起来自己其实根本不相信存在什么大阴谋，只是想从其他宫廷的恐惧中得到最大的好处；因此他担心一个特别邦联司法机构非但不能有任何收获，反而成为笑柄。皇帝的首席法官盖特纳男爵，坎普茨学派的旧式帝国法官宣布，只有邦联中央委员会拥有调查权，德意志君主的主权才能得以保全。

坎普茨还努力地希望说服自己从前的学徒，他详细解释，如果将审判煽动者的权力下放给如此多的法官，将是多么危险的事，因为这些人软弱、渴望民意支持、害怕报纸，这将重新造成对原告的"共同支配"，而这是已经被取缔的事物。① 哈登贝格将这份文件提交卡尔斯巴德会议，要求会议慎重考虑：德意志邦联组建的特别法庭不可能被视为一个外国机构，而只有调查权的中央委员会必定毫无用处，只能引发厌恶。② 弗兰茨皇帝不可能被说服。8月28日，他宣布最后决定："在确切知道要审判什么之前，我绝不会决定由谁来审判。如果联合委员会无法发现任何有价值的东西，或者发现得很少，会怎样呢？如果委员会成员观点分歧，会怎样呢？"③ 皇帝的态度足以决定卡尔斯巴德会议上大多数人的态度。④

梅特涅也不得不勉强地顺着皇帝的意思说，毕竟还没人知道"调查委员会将查获多少起叛国罪"，并补充道，"如果一个拥有司法权的正式邦联法庭没审理出什么结果，那就太难堪了"。因此，中央委员会现在只有调查煽动罪的权力，但邦联议会在必要时，有权赋予委员会以司法权。梅特涅迫切请求普鲁士接受这场败局，不要在邦联议会重启纷争，"那样我们将满盘皆输"。调查结果将

567

① 坎普茨给盖特纳的信，1819年8月31日。
② 哈登贝格给伯恩斯托夫的信，1819年8月25日，9月1日。
③ 皇帝陛下的决定，舍恩布伦，1819年8月28日。
④ 伯恩斯托夫给哈登贝格的信，1819年9月7日。

可能扩大中央委员会的权力，并组建法院。① 邦联决议通过两周后，调查委员会在美因茨开会，希望确定所有煽动性阴谋，向各邦国的检举机构发布指示，并要求其提交书面报告，审慎审理嫌疑人，最终起草关于此事的全面报告。为了将欧内斯特家族和自由城市排除在外，卡尔斯巴德会议上作出一项安排，即挑选 7 个邦国，分别是奥地利、普鲁士、巴伐利亚、汉诺威、巴登、拿骚和达姆施塔特，由它们指派中央调查委员会的 7 名成员，这样被排除在会议之外的宫廷至少有一名代表。

4 年前，普鲁士曾在维也纳会议上提议组建一般性邦联司法机构，但被一些宫廷否决了；4 年后，正是弗兰茨皇帝阻止了这些宫廷参与针对煽动者的特别邦联法庭。但这座法庭中决定的事情实际上更为凶险。审判法院受制于审判程序，多多少少能防范恣意之举，但中央调查委员会只能通过谴责、令状和拘捕的形式介入正常司法程序，因此从一开始就拥有专制工具的属性，马上被人叫作"黑色委员会"，因各种地方法院通过的彼此矛盾的判决而日益狼狈，正如哈登贝格预言的那样，成了众矢之的。

568　　　四部法律都被通过了，因为所有人都同意"维持君主制原则"，邦联法案第 13 条的解释方面仍不足的地方，被顺利推迟到 11 月举办的维也纳会议再讨论。就连普奥在特普利兹讨论过的邦联议会权利扩大方案，或许也要到那时才能决定。卡尔斯巴德会议的结果超出了梅特涅的预料，②他声称"再没有比这更和谐有风度的会议了"。9 月 1 日，与会者再次碰头，彼此道别，每个人心情都很好，甚至有人提议共唱《安布罗西亚赞歌》。这场"永垂青史的会议"结束时，主持一切的政治大师自然受到了山呼海啸般的感谢和尊敬，根茨也受到了应得的赞赏。实际上，这短短数天中完成了大量工作。步履沉重的邦联突然获得了一些政治权利，而这甚至是旧帝国都未曾拥有的；它妄称自己掌控着内政诸多部门，而这是现

---

① 梅特涅给伯恩斯托夫的信，1819 年 9 月 5 日，附了一份关于中央调查委员会的备忘录。
② 伯恩斯托夫给哈登贝格的信，1819 年 9 月 2 日。

代德意志帝国留给各地区的;它鲁莽地跨越宪法界限,以至于像阿尔布莱希特这样目光敏锐的法学教授坚持认为,卡尔斯巴德法令颁布后,德意志邦联就已经放弃了一个国家邦联的特征,而变成了一个联邦国家,许多同情梅特涅的人都抱持这种观点,尤其是安西永。德意志的君主们没有提出任何反对,就允许奥地利对自己的主权施加这些限制。梅特涅写道:"如果皇帝怀疑自己不是德意志的皇帝,那他就是在自我欺骗。"

自从普鲁士跻身强国之列,自从卡尔五世和华伦斯坦的时代起,奥地利就再没能如此践踏德意志民族。卡尔皇帝曾将《奥格斯堡临时敕令》强加于施马尔卡尔登的帝国议会上,梅特涅现在又暂停了德意志民族的新发展;软弱的约阿希姆二世曾卑躬屈膝,如今霍亨索伦家族又站在奥地利统治者面前。但是奥地利很快发现,通过欺骗式外交花招,并没能让弗兰茨皇帝重新戴上被他亲手抛弃的帝国皇冠。奥地利的统治曾是德意志的灾难,哈布斯堡的星光越璀璨,德意志民族的生存就越悲惨。那位曾在奥格斯堡企图控制新教的伟大皇帝,无论如何给了德意志人一些东西,替代他们失去的自由,一种强大的思想,即天主教世界帝国的伟大概念。这些正努力追随卡尔皇帝脚步的人,又能给德意志民族什么呢?只有压迫,只有对邦联法律的无耻曲解,仅凭一个谎言,即德意志将从某个想象中的危险中被拯救,就让唯一的民族机构成为德意志人厌恶的对象。

至于德意志民族真正的利益,梅特涅不过一笑了之。小宫廷敦促邦联履行全德贸易便利化的承诺,被奥地利政治家们用空洞的言语搪塞了事。梅特涅还向普鲁士保证,关于邦联要塞的可恶纠纷最终将有个结果。应普鲁士要求,朗根奥和沃尔措根也出席了卡尔斯巴德会议,奥地利阵营将后者视为德意志革命党的密使。但要紧事太多了,梅特涅没时间如约同他们讨论。① 再者,相比出版审查和迫害学生这种伟大光荣的任务,德意志边疆安全问题又有什么要紧?由于德意志的新统治者们远比不上施马尔卡尔登和三十年战争期间的哈布斯堡英雄们,由于这些新统治者能够即位,

569

---

① 伯恩斯托夫给哈登贝格的信,1819 年 8 月 25 日、9 月 2 日。

不是由于强大的军队，而只是由于德意志诸宫廷的愚蠢，因此不可避免的反动行为，并不像莫里斯和古斯塔夫·阿道夫时代那样坚定有力，而是缓慢而不易察觉，不过却更加坚决。奥地利用一块石头换掉了德意志人的面包。只要普鲁士决心满足民族的需要，并且提供唯有普鲁士才能提供的经济共同体，从那时起，一再展现邪恶本质的德意志二元主义的前景就将逐渐暗淡，而民族中有头脑的那些人就会逐渐明白，奥地利如果真能像在卡尔斯巴德会议上威胁的那样，撤出德意志邦联，才是我们拯救祖国的唯一机会。

570

但现在说这种话还为时尚早。此刻，霍夫堡仍沉浸在胜利的喜悦中。弗兰茨皇帝在一封热情的亲笔信中感谢普鲁士国王的积极协调行动，"应对扰乱现存王权的既有秩序基础"。[1] 根茨歌颂"这是欧洲花了三十年才实现的最伟大的后撤"，梅特涅也对奥地利驻伦敦大使称，希望这次拯救行为将在全欧洲引发回响。实际上，这种纯粹反动的理念只在西班牙取得了决定性成功。在伟大的文明种族中，德意志成了第一个自上而下发动政变的榜样，并在 11 年后成为法国《七月法令》[2]的原型。四国同盟直至亚琛会议时观察到的温和政策至此终结，欧洲同盟的领导者公开宣布自己支持镇压性原则。

法兰克福的炸弹爆炸前，还有一件非常重要的秘密工作要完成。卡尔斯巴德会议不过是 9 个邦联国家的对话，从邦联法律的观点而言，这场对话并没有正式效力，尽管这些国家控制着邦联议会内部理事会的大多数人。像卡尔斯巴德法令中涉及的对邦联法律的扩大和变更，意见一致是绝对必要的。因此就必须保证 30 个邦国对 9 个邦国的默默臣服，将特普利兹提出的少数服从多数原则强加在邦联议会内部理事会之上。卡尔斯巴德会议上效果良好的恐吓法宝必定再次用在法兰克福。梅特涅不希望邦联议会有任何讨论，因为卡尔斯巴德法令经不起任何批判审查。他就是这么

---

[1]　弗兰茨皇帝给威廉国王的信，1819 年 8 月 29 日。

[2]　即《圣克卢法令》，由法王查理十世颁布于 1830 年 7 月 25 日，宣布限制出版自由、解散国会等政策，直接导致了法国七月革命。——译注

爱耍小聪明,因此看不见这将多么愚蠢地让德意志中央权威在整个民族面前颜面扫地,而此时正是中央权威要扩大权力的时刻。9月1日,梅特涅将卡尔斯巴德法令递交邦联议会主席,并指示他安排议会迅速通过,然后推迟休会日期。同样的指令同时下达给了戈尔茨伯爵,他最终经布奥尔、普勒森和马沙尔介绍参与了卡尔斯巴德秘密会议。①卡尔斯巴德会议的其他密谋者甚至不认为有必要通知本国邦联大使。直到9月13日,卡尔斯鲁厄宫廷才给邦联大使下达简要命令:"根据情报,在之后的某场会议上,奥地利大使将报告关于卡尔斯巴德会议的情况,你要全盘接受奥地利的提案";巴登大使要投票支持卡尔斯巴德会议指派的作为中央调查委员会的7个成员国。②

　　没有参加卡尔斯巴德会议的政府甚至连确切的信息都没有。伯恩斯多夫只是给诸小国的普鲁士使者们一份会议事件概要。③奥地利的奴才们直接通过了卡尔斯巴德法令,就像之前拿破仑忠诚的走狗们也直接通过了莱茵联邦法律。9个参与国的大使争先恐后地向其他宫廷宣布,所有政府步调一致才能挽救德意志于水火,奥地利大使还在有必要的时候,以奥地利退出邦联为要挟。唯有达姆施塔特宫廷获得了更详细的报告,它也被保证在中央调查委员会中有一个席位。普奥两国的大使,亨德尔和奥特斯泰特共同向大公陈述了重要事件,并恳切要求他"通过邦联全体成员无条件的一致同意,挽救共同的祖国"。这位德高望重的统治者很不满意对其主权的限制,但他相信存在重大煽动性阴谋,仅仅要求保留一项权利,即在卡尔斯巴德法令颁布的时候,承诺其国民在1820年5月1日制定出宪法。他还警告道,各政府一定不能摆出一副渴望限制其他人权利而不限制自身的嘴脸。④

　　万事俱备,只等政变。1819年9月14日,布奥尔才将关于卡尔斯巴德会议的第一份秘密记录呈交邦联议会。9月16日,他宣

---

① 伯恩斯多夫给戈尔茨的信,1819年月1日;戈尔茨的报告,1819年9月7日。
② 巴登大使收到了政府命令,1819年9月13日。
③ 伯恩斯托夫,《卡尔斯巴德会议结果概要》,日期大概是1819年9月9日。
④ 伯恩斯多夫给奥特斯泰特的指示,1819年9月1日;奥特斯泰特的报告,达姆施塔特,1819年9月11日、13日。

十九世纪德国史（第二卷）：组建德意志邦联

读了梅特涅给他的主席发言，随后提议马上接受对第 13 条法案的解释以及 4 部法律。大多数邦联大使此时才第一次了解了卡尔斯巴德法令的内容。这是迄今为止提交邦联议会的提案中最重要、最全面的一份，布奥尔为此处心积虑地提出让大家考虑 4 天，因为按当时的通信条件而言，4 天时间根本不够大使们向本国传递消息、收到指令。9 月 20 日开始投票，但规则要求至少留出 14 天。结果，卡尔斯巴德法令在法兰克福通过的时候，大多数德意志政府对此还一无所知。因此，确实没有关于该提案的任何讨论，但惹恼的不止一位大使。

投票当天，无人敢提出正式反对，但令奥地利惊恐的是，尽管所有人都面临威胁，但只有一部分大使有权无条件赞同。许多人仍在等待指示，另一些人按照德意志的习惯，有各种想法和希望要宣布。比如，德累斯顿宫廷认为卡尔斯巴德法令太自由主义了，希望全德意志都能像萨克森王国一样，审查一切印刷品。旺根海姆也提出了一连串批评，由此也进一步证明了符腾堡宫廷的不可靠，因为在卡尔斯巴德，文森格罗德已经愉快地接受了 4 部法律。旺根海姆针对邦联的执行组织提出了反对，认为每个邦国为本国的出版业行为负责等等过于严苛了。黑森选帝侯国也抗议邦联执行组织，认为其严重侵犯主权。

邦联议会在极其紧张的气氛中等待卢森堡大使投票。所有人都知道，卢森堡统治者一向无视所有德意志事务，因此没有给大使任何指示。但布奥尔和戈尔茨已经同格林纳伯爵讨论过此事，他诚实地说尽管自己没有全权，"但他不会拒绝同意某项正式编纂的法令"，同时还附加了一项有利于卢森堡民族特殊性的无足轻重的条款。戈尔茨向君王报告，游戏赢了，"因为这样就能获得表面上的全体一致，自由城市就没有借口提出其他说法了"。① 只要尼德兰国王的代表都这么好说话，更小的国家又有哪个会出言反对呢？欧内斯特家族和魏玛的代表都投了赞成票。这样一来，自由城市的代表们也就"由于没有收到特殊命令，只能随大流表示同意"。

投票结果一致同意，邦联议会屈服于 9 国提出的法令。但是能

① 戈尔茨提交普王的报告，1819 年 9 月 28 日。

642

大胆在会议记录中按照实际情况公布这项重大决定的诞生过程及
其所有条款和保留项目吗？正如戈尔茨承认的那样，很明显"现在
的一致同意并不因为信念，而是迫于形势"。如果民意能因为德意
志君主的共同宣言就保持沉默，那么奥地利在所有这些谎言和欺
骗发生后，必定不介意最后再撒个谎。布奥尔在戈尔茨和普勒森
的支持下提出建议，"为了增强印象，出版的会议记录必须清除所
有评论"。① 所有人立刻同意。因此，投票的真正的细节被深深掩
埋在秘密档案中，这份材料"是关于会议进程的唯一真实记录"，也
许会被用于之后的谈判协商。② 但是公布的会议记录则陈述"全体
一致同意接受卡尔斯巴德法令"，并详细陈述"所有 4 部法律应马
上在所有邦国实施"。于是，德意志人突然间惊闻，从来对民族迫
切需要装聋作哑的邦联议会，居然如此难看而匆忙地，以如此践踏
邦联法令的方式，接受了注定压制国家精神生活的法律。就连小
宫廷都感到了强烈的压迫感，普鲁士大使强烈建议本国政府不要
将弦绷得太紧，并邀请各国政府都参与维也纳会议。邦联议会的
这项工作结束后，主席国大使宴请同事们，他不仅谅解了戈尔茨伯
爵之前的错误，还真诚地感谢了普鲁士宫廷灵活完成了如此困难
的任务。③

奥地利家族就在如此众多的支持下，用一场虚假投票，开始了
在德意志邦联议会的统治。直到 1866 年，通过另一场虚假投票以
及靠谎言得来的对普鲁士宣战，它的统治才真正终结。

574

---

① 戈尔茨呈交普王和伯恩斯托夫的报告，1819 年 9 月 18、22 和 28 日。
② 这份档案首次出版于 1861 年，见埃吉迪(C. L. Aegidi)《1819 年以来》(*Aus dem Jahre 1819*)。
③ 伯恩斯托夫给戈尔茨的信，1819 年 10 月 9 日。

第十章　普鲁士宫廷的气氛变化

第一节　卡尔斯巴德法令和外交政策

575　　梅特涅相信自由主义党派已经被激怒了,因为按照他自己最谦虚的说法:"我在过去 3 周内完成了革命 30 年都无法取得的成就。"他从未觉得有必要了解德意志民族的性格,他不知道这个理想主义的民族多么看重思想自由,更不知道对出版物和大学的镇压将招致多么强烈的反击。卡尔斯巴德法令让民众极其困惑,并从一开始就造成了巨大破坏。温和派中,德意志事务能和平发展的希望消失了。由于德意志君主们似乎成了民众自由的敌人,在君主制历史上完全没有基础的共和观念开始占据上风;对伟大自由的美国的热爱此前还只是停留在理论层面,如今在许多人心目中成了现实的政治情感。

德意志民族偏离了自己的政治制度和历史记忆,最近数年中良好的爱国热情消散了,人人都抱怨,那些喷溅在莱比锡和佳姻庄的鲜血都白费了。德意志自由派一开始就吸收了一些雅各宾派的原则,尽管也是一知半解,但现在他们受到了以旧德意志法律为名的镇压和迫害,飞速转入法国阵营,追捧丝毫不掩饰共和理想的宪法主义理论。胜利者贪婪地收集着从被征服者桌上掉落的虚假破碎的政治智慧;德意志自由主义政策在法国观念面前卑躬屈膝,就像路易十四时代的德意志诗歌。德意志深邃生命中诞生的历史法观念也声名受损,那些曾激烈对抗堕落保守党派错误行为的人,也转576　　向了早就被德意志科学驳斥的自然法的革命性理念。遭受不公的德意志自由主义在愤怒中失控,忘记了解放战争的珍贵祝福,轻率地将战争英雄视为"自欺欺人者",逐渐屈服于世界主义的革命狂热,而这必将给一个发展中的民族带来灭顶之灾。

在立刻开始运转的审查制度威胁下,出版界逐渐沉默,但外交界不可能因此逃脱民众的愤怒。在法兰克福、斯图加特和慕尼黑,有教养阶层用暴躁的语言表达愤怒,将这个新的"黑色委员会"比作臭名昭著的公共安全委员会。[①] 教授们觉得自己受到的侵犯最为严重,因为邦联仅凭两三个耶拿人的蠢行就污蔑和诽谤了他们所有人。不属于邦联的荷尔斯泰因和石勒苏益格现在也首次设立了审查制度,可是这些地区五十多年以来,在丹麦独裁者的统治下始终享受着无限制的出版自由,不知道强烈支持德意志法律的达尔曼和法尔克看到这些会作何感想。《基尔报》不愿接受任何审查,因此暂停出版。达尔曼赞成,这种邦联法令"将以一种无法被原谅的方式伤害和贬低德意志的大学"。他也提醒施泰因男爵,只要《德意志史料集成》的领导群体中有参与冒犯德意志教授群体的邦联大使,他就会退出这项工作。"我的名声比任何科学工作都值钱。我绝不相信,被捆住的双手能从被压迫和迫害玷污的土地上摘到高贵的科学果实。"在荷尔斯泰因大公生日时,达尔曼在学术演讲中说,大不敬是"那些未有任何过失之人的唯一罪过"。他支持新时代权利找到自己的政治形式,还预言道,由于新邦联法律为了空洞的形式上的和平牺牲了最重要的本质,它们只能获得由警察维持的表面秩序,无法建立秩序本身。

最上层社会也不断提出激烈批评。汉斯·冯·加格恩给友人普勒森写信警告道:"不要欺骗你的君主,不要引导他们相信,现在从君主一方产生且以创新面貌出现的一切,以及对创新的热爱,都是克制而善意的。"施泰因也谴责委任政府全权代表是对大学的严重冒犯,尽管他也严厉批评耶拿教授和卡尔斯鲁厄贵族之敌的愚行。当猎杀煽动者行动的犬牙们控诉男爵本人参与阴谋时,他怒不可遏地说:"面对如此野蛮愚蠢、残忍邪恶、卑鄙无耻的行为,简

577

---

① 戈尔茨从法兰克福发来的报告,1819 年 9 月 22、28 日,10 月 26 日;察斯特罗从慕尼黑发来的报告,1819 年 10 月 9 日;屈斯特从斯图加特发来的报告,1819 年 10 月 12 日。

直让人无话可说。"自行套上枷锁的君主们，后来也不由得思忖，任何德意志皇帝都不会像维也纳会议对待邦联议会一样，如此轻蔑地对待哪怕最低级的帝国贵族。奥尔登堡公爵写道："目前对年轻的德意志宪法的攻击，提醒我们要捍卫民意、发起批评。"小宫廷的敌意开始变成严重焦虑，最终梅特涅认为应该重视普鲁士邦联大使的警告，于是连同柏林内阁准备将于冬季召开的德意志各宫廷部长级会议。①

　　外国报刊大肆呼应这种普遍不满，只有法国极端分子才幸灾乐祸地认为，一场卡尔斯巴德政变可能对法国大有裨益。就连《通报》都没敢公然支持奥地利的作法，而且还公开宣布，这种法律在法国不可能被实施，因为欧洲已经没有专制统治的容身之地。自由主义政论家们争相表达他们的愤怒。首先是大主教德·普拉特（de Pradt）带着他卷帙浩繁的作品中的一卷冲入战场，早在8月份他在波西米亚得到有关会议的消息之前，就出版了《卡尔斯巴德会议》的第一部分，宣称布伦瑞克的时代又回来了。艾蒂安（Etienne）在《密涅瓦》发表了更暴躁的言论；《审查》和《独立》以及英法两国几乎所有的自由派报刊上都有类似的言论。它们宣称："德意志用如此无耻的奴役制度将自己置于人道之外，臣服于苏拉式的独裁，臣服于尼禄式的暴政；在世界上的其他地区，专制统治都隐藏在面具背后，而在德意志，它就站在光天化日之下。"

578　　自此后，这种论调就被牢固地保留了下来。中欧的强大非常不利于德意志的邻邦，可是德意志邦联已经默默臣服于奥地利，那它也似乎不再危险了。此后三十多年中，德意志一直是西欧所有报刊表达各种政治轻蔑的理想对象，丝毫得不到英国人和法国人的尊重；这个曾在两年间两次将胜利旗帜插在蒙马特的民族，却被它的手下败将带着轻蔑怜悯的目光视为一个庸俗好脾气的种族，只会在啤酒、烟草和哲学中昏沉度日，而且因承认自己局限性而轻松地拒绝了事关政治权力和自由的所有计划。德意志人似乎也完全接受了"悲惨德意志"的绝望命运，心甘情愿地将这些毫无道理的傲慢视为西欧文明优越性的证据，安然沉浸于四海皆兄弟的情

---

①　克鲁泽马克的报告，维也纳，1819年10月16日。

646

感中。

　　虽然德意志民族充满敌意,卡尔斯巴德法令还是被落实了,其迅速和准确程度是任何帝国法律和邦联法律都未曾经历过的。中央调查委员会马上组织会议。最刁钻的成员是巴伐利亚人赫尔曼,他也是狂热的波拿巴主义者,过去数年中曾在《阿勒曼尼亚》上大肆攻击亲普鲁士分子,现在则希望将他们全部消灭。巴登的普菲斯特和拿骚的缪塞与他共同工作。普鲁士起初派了格拉诺作为全权代表,但考虑到这位代表的行径,柏林马上感到羞耻,于是将其召回,换成了优秀的律师冯·凯森贝格,他以细心谨慎和高尚温和履行了这项遭人攻击的工作,并在同赫尔曼的长期斗争中,成功防止了很多邪恶暴行。

　　审查员和大学的全权代表马上展开工作。耶拿大学的兄弟会给大公写了一封语气平静的信,声称很难过被大众如此严重地误解,并于 11 月 27 日听话地解散了。宾策尔写道:"红黑金色的纽带被扯断,上帝允许了,谁又知道天父意欲何为?"——这是抱怨,但肯定没有什么革命性计划。一些更忠诚的追随者于当天晚上开会重建被解散的组织。从此以后,这些新成立的秘密兄弟会继续存在于几乎所有大学,由于同警察冲突不断,因此从开始就比老兄弟会更具革命性,但是在本质上,他们却没有那么危险。解放战争的战士们很快离开了大学,他们年轻的后继者们都是普通新生,渴望享受毫无约束的学生时代,和同乡会以及管理者争吵的劲头比政治演讲热情多了。但是大学保留了兄弟会运动有益的道德影响,旧时代的野蛮粗俗再也不可能死灰复燃。奥肯被解聘后,耶拿教授们也没受什么影响,只有弗里斯由于本人关于法国人的愚蠢文章,不得不停课数年。奥地利大使在全世界面前谴责所有德意志教授之后,就取得了这些成果,也实在可怜。

　　新邦联法律在普奥两国大使的直接监管下处处推行。这两国不愿意将监管职责留给邦联议会,争执不休、麻木僵化以及 9 月的强制投票,已经让邦联议会声名扫地。维也纳和其他比较温和的宫廷数月以来一直在考虑,一切重大邦联事务是否由各国政府直接执行,以及邦联会议是否作为温和议会,每年只在曼海姆召开 3

579

个月。① 奥地利大使收到指令，认真监管小邦国中检查制度和大学管理措施的执行。实际上，弗兰茨皇帝在他自己的邦联领土上根本不需要推行卡尔斯巴德法令，因为在和平的奥地利世界，没有煽动者，没有兄弟会成员，甚至没有一家自由派报纸。为了表示态度，维也纳警察们在 10 月组织抓捕来自瑞士的私人教师，但由于除了"几封包含糟糕思想的信件"，没有更为坚实的证据，皇帝只能将他们关上几天，然后送出边界。②

柏林宫廷表现得更积极。普王始终坚信这些特殊法律的必要性，命令德意志各地的普鲁士使者监管实施，并告知邦联列强，他非常期待大家积极合作。唯一不需要任何敦促的国家是他的忠实盟友英-汉诺威。但靠不住的图林根诸宫廷和汉萨同盟城市一样，只是被告知了普王的殷切期待，却没有获知任何秘密信息。③ 与此同时，忠诚敬仰卡尔·奥古斯特的洪堡很快就同魏玛宫廷恢复了关系，他给魏玛大公的信里写道："我认为，如果人们能坚守正义原则，如果能认真审查嫌疑人，如果能信任只求安宁的大众，如果能始终按照这些原则采取行动，那也没什么可害怕的。在现在这种情况，党争必起。但我坚信，对政府而言，党派精神既是灾难也无价值，我将尽我所能对付它，无论在哪里，无论它所指的是我们自己还是其他任何国家。"④魏玛政府如惊弓之鸟，甚至已经准备向议会提交另一部符合最近邦联法令的宪法。但是 10 月，魏玛政府就此事接触伯恩斯托夫，后者反驳道，这种"微妙操作"无疑是值得向往的，但在目前局势下，很可能会流产，而且很可能在国内外引发相当不良的后果。⑤ 于是这项方案被搁置，普鲁士又保护了一部德意志邦国宪法。

9 月 28 日，安西永执笔的一份公开文件被发送给诸位外国大使，以神学的油腔滑调描述了四国如何重建合法性和财富，德意志

580

---

① 贝尔克海姆的报告，法兰克福，1819 年 4 月 2 日以及此后多日。
② 克鲁泽马克的报告，1819 年 10 月 30 日。
③ 发给德累斯顿、慕尼黑、斯图加特和达姆施塔特使者的命令，1819 年 10 月 2 日。
　发给埃尔福特的凯勒伯爵、汉堡和法兰克福代办的命令，1819 年 10 月 2 日。
④ 洪堡给卡尔·奥古斯特大公的信，1819 年 10 月 9 日。
⑤ 克鲁克香克的报告，1819 年 10 月 30 日。

如何重新稳固了这项政策。"德意志因其地理位置而成为重心所在，或者更确切地说，成为欧洲的心脏，如果心脏被扰乱，这个政治有机体的最末端必定迅速有感觉。"这份文件在巴黎泄露，然后被公之于众，整个欧洲的自由主义报刊都对普鲁士群情激奋。

不久后，在莱比锡战役纪念仪式上，普王要求公开卡尔斯巴德法令。同天，他批准了首相迅速制定的《审查法令》。舍尔和科勒夫这两位有魔法的男巫在此事上确实帮了哈登贝格的忙。[1] 他们甚至没有咨询春季时被委任编写出版法的委员会。《审查法令》本质上是韦尔纳《1786 年审查条例》的精致版，远远超出了卡尔斯巴德法令的规定，在序言中宣布，自此以后，所有出版物都要接受审查，没有例外；即便是之前赋予学术研究和大学的免审特权，在此法颁布后，也暂停 5 年。唯一能防止滥用职权的机构是新成立的最高审查团，但由于该机构的领导者劳默尔懒散无为，这个最高上诉法庭从未有任何效率。同时，旧出版法制定委员会的成员，安西永、尼科洛维乌斯和克勒仍在勤奋工作。他们牢牢抓住咨询官哈格迈斯特的原则，并于 11 月 9 日向国务院提交方案，这份方案同《审查法令》严重冲突，将出版自由作为普遍原则，并规定只有政治报纸才需要接受审查。[2] 但是这份好心好意的提案被无视，强烈证明了哈登贝格政策风向的突然转变。安西永的态度可以说是个典型，他发现可以在制定自由派出版法的同时，向外交官们施压，使之理解严格实施卡尔斯巴德法令的重要性。关于大学管理也发布了若干严格章程，但由于阿尔滕施泰因的介入，这些措施的力度因实际温和操作而被大大减轻了。

自从 7 月逮捕行动以来，全普鲁士范围内，坎普茨的爪牙们仅仅追踪到了两名政治煽动者。德·韦特给桑德母亲的信被公开并被呈交普王，事件被证明后，普王不顾柏林大学的请求，下令解雇这位神学家。于是德·韦特收到了这样一封信："如果我们让认为暗杀在一定条件下具有合法性的人，继续肩负指导青年人的责任，

---

[1] 哈登贝格的日记，1819 年 10 月 4 日。
[2] 参见卡普（F. Kapp）的《腓特烈·威廉三世统治时期的普鲁士出版法》（Archiv. f. Gesch, d. d. Buchhandels. Ⅵ, 185.）。

就违背了国王陛下的意愿。"韦特以一名基督教徒的顺从精神忍受了这场严厉但公正的惩罚，这也证明教授阶层尽管理论激进，但实际上没有多少革命性力量。他在被驱逐出普鲁士时，仍不忘祈求上帝祝福国王和这个他竭尽所能服务过的国家。

582　　格雷斯的行动更为不羁。他那本关于"德意志与革命"的书出版时，由于受到友人的警告，他因逃离而免受迫害，然后从斯特拉斯堡请求获得安全通行证；他只能将一份陈述词递交他莱茵家乡的陪审员。但是国王不可能以这种方式和一个被告谈判，也不可能通过陪审团审判他，因为科布伦茨曾通过一份傲慢的请愿书插手审判，维护本市公民，经此一事，普王认为莱茵兰人很可能利用审判提供的机会，公然反抗普鲁士统治。根据旧式专制主义的观点，普王自认为在具有政治危险性的案件中，有权直接提名法官，即便莱茵公诉人宣布没有理由起诉其犯罪时，他也没有改变态度。腓特烈·威廉认为，他已经通过哈登贝格的操作告知这位流亡者，他必须首先听从传唤，然后由国王决定他应该接受何种审判。但是对于格雷斯而言，国王这种做法似乎侵犯了莱茵人的权利，于是拒绝离开斯特拉斯堡。

《莱茵之星》的编辑就这样遭到了普鲁士的驱逐（理由充分，只是言辞有些不妥，并存在一定程度上不合规行为），宿敌法国还幸灾乐祸地保证为其提供庇护，这让已经愤怒的民意更怒不可遏。格雷斯在同斯特拉斯堡的耶稣会接触中，很快彻底倒向了这些僧侣阵营。这个立场不坚定的浪漫主义者，曾狂热地歌颂黑鹰的胜利，如今又被宗教和政治仇恨蒙蔽了双眼，对普鲁士王权、新教王国以及官僚统治产生了极其错误看法。从此以后，以德意志和天主教自由为名，对抗"这具畸形恐怖的骷髅"就成了格雷斯的骄傲所在。

除了格雷斯，还有韦尔克和50多名受迫害威胁的作家、学生和政论家在斯特拉斯堡避难。于是，4年前德意志还希望从法国枷锁中解放出来的阿尔萨斯，现在为那些心怀不满的德意志人提供了庇护，其中许多人向他们在斯特拉斯堡的革命友人宣布，他们早就583　该将赌注押在自由法国身上！他们还计划在这里创办一家自由的德语报纸，但他们太穷了，而且柏林严禁从外国输入任何德语报纸,这个计划只得作罢。中央调查委员会马上向邦联议会报告,斯特拉斯堡有一起正在运行的危险阴谋,普奥要求卡尔斯鲁厄宫廷密切监视。贝尔斯泰特狂热地执行命令,马上联系斯特拉斯堡市长,派警察监视刚刚前往海德堡的德·韦特,还宣称巴登就是德意志的前哨,保护祖国不受"条顿主义雅各宾党人对莱茵河左岸"的骚扰,是巴登的荣幸。①

　　只有巴伐利亚和符腾堡微弱地反对了邦联法律,但这两国政府都已无条件批准了这些法律,之后的反抗意图本质上就是不光彩的,而且根本没有成功的可能。在慕尼黑,自从蒙特格拉斯倒台,这个宫廷就再次展现出了软弱本性。雷希贝格伯爵从波西米亚返回时,立刻就被同事莱兴费尔德和赖格尔斯贝格的怨言包围了。前者担心政治自由遭到破坏,在给旺根海姆的信中表达了对卡尔斯巴德法令的不满。② 后者为巴伐利亚在欧洲国家中的地位而忧心,相信巴伐利亚绝对足以自立,不需要依靠邦联。蒙特格拉斯给予秘密协助,因为他希望再次掌舵。当卡尔斯巴德法令呈交国务会议,莱兴费尔德和赖格尔斯贝格都谴责外交部长越权。实际上,巴伐利亚宪法是唯一一部没有接受邦联法律有效性的宪法。

　　尽管王储在信中言辞恳切地请求他不要放弃宪法,马克西米利安·约瑟夫国王还是恐惧政治煽动。恼怒于国务议员的争执不休,国王不愿意亲自出席国务会议,便让弗雷德替自己出席。雷希贝格被攻击时,弗雷德马上将手放在文件上,以国王的名义宣布,过去的已经过去了,现在唯一需要讨论的就是接受卡尔斯巴德法令。③ 于是,对雷希贝格的攻击被转移了,在经历新一轮激烈讨论后,国务会议上的两个阵营达成妥协。巴伐利亚公布了卡尔斯巴德法令,但附加了一项条款,即"只有服从巴伐利亚主权,并符合宪

584

---

① 贝尔斯泰特给梅特涅的信,1819 年 10 月 2、22 日;给舒克曼的信,1819 年 11 月 26 日;梅特涅给贝尔斯泰特的回信,1819 年 10 月 30 日;舒克曼给贝尔斯泰特的信,1819 年 11 月 1 日。
② 由冯·威奇复制,见《卡尔斯巴德和维也纳部长级会议通信与文件集》,第 16 页。
③ 察斯特罗的报告,1819 年 10 月 9、20 日,12 月 23 日;更多细节见附录 9。

法和王国法律"，这些法令才具有合法性。但是他们唯独没有宣布《邦联执行条例》（实施者不是巴伐利亚国王而是邦联），审查制度也根据巴伐利亚宪法被限制于政治报纸。

　　如果说这个附加条款有什么意义的话，那就是它意味着巴伐利亚将免于服从慕尼黑宫廷前后两次支持的法令，一次在卡尔斯巴德，另一次在法兰克福。普奥两国马上表示反对，而且考虑到巴伐利亚国王不久前提交的政变计划，这项附加条款的确不怎么光彩。弗兰茨皇帝对巴伐利亚大使表达了个人不满，[①]给岳父写了一封亲笔信，提醒他注意"党派阴谋"，还给奥地利驻慕尼黑大使下达了严格指令。11月1日，伯恩斯托夫给察斯特罗的信中写道："如果巴伐利亚政府还记得，几个月以前它还多么迫切地向我们寻求建议，还多么渴望让政府在未来有个牢固立足点，以对抗那些不合时宜的傲慢，还因此与我们一起缔造了卡尔斯巴德法令，那它就会明白我们有多震惊。如果巴伐利亚政府想脱离邦联，并指望今后都靠自己的力量对付所有困难（事实证明行不通），那么必须建议那些与我们有同样想法的邦国，反对这种偏离邦联法令的行为。"于是，当察斯特罗将军同时将这些观点传递到维也纳，并且向巴伐利亚外交部长宣读了指令时，[②]雷希贝格伯爵羞愧难当，恳求普鲁士将指令给他一份，他可以给自己的同僚们看看。察斯特罗于11月8日回应了这项要求，现在巴伐利亚的豪言壮语可悲地垮塌了。雷希贝格在谦卑的回信中宣布，巴伐利亚国王从未想过脱离邦联，公布卡尔斯巴德法令的唯一意图是"安抚臣民"。[③]

585　　言行要一致，于是巴伐利亚最为严格地实施了报纸审查和大学监管，并且将赫尔曼派往美因茨委员会，意味着不需要继续怀疑慕尼黑宫廷的态度。霍恩塔勒提交了一份反对卡尔斯巴德法令的请愿书，也被诸位部长直接否决。一些军官在雷根斯堡和克尔海姆聚集，以保卫巴伐利亚宪法权利不受奥地利的攻击，但措勒尔很快

① 克鲁泽马克的报告，1819 年 10 月 30 日。
② 伯恩斯托夫给察斯特罗的指令，1819 年 11 月 1 日；给克鲁泽马克的指令，1819 年 11 月 2 日；克鲁泽马克的报告，1819 年 11 月 10 日。
③ 雷希贝格给察斯特罗的信，1819 年 11 月 13 日。

让他们想起了军事纪律,于是迅速沉默。① 为了进一步表示悔改,
12 月 7 日安西永在另一份谄媚的备忘录中称:"事实拥有让人们最
终臣服的力量。一切能促进德意志意见一致的事物都有利于其统
一。那些假装尊重主权的人,是主权唯一的敌人。"②同时,安西永
还保证,国王并不想废除巴伐利亚宪法,只要这部宪法能在严格的
君主制意义上被执行就足够了。于是,普鲁士建议,不要制定以省
级议会为基础的巴伐利亚宪法,而这正是不久前,驻圣彼得堡大使
布雷伯爵在梅特涅的建议下,向慕尼黑宫廷推荐的方案。③

　　最终,犹豫不决的巴伐利亚国王彻底安心了。他知道可以同普
鲁士宫廷携手共进,又不用违背自己对宪法的誓言。弗雷德之前
曾将自己表现为极其关心巴伐利亚主权的人,现在梅特涅一封夸
赞信就让他转变了立场,向普鲁士大使表示自己非常厌恶莱兴费
尔德的自由主义观念。莱兴费尔德艰难地维持自己的职位,因为
他给旺根海姆那封信已经被泄露给了国王,君王震怒。④ 慕尼黑宫
廷名誉扫地,当雷希贝格拒绝参加维也纳部长级会议时,普奥两国
之后的胜利也得到了保证。他希望留在慕尼黑,稳住容易动摇的
君主。岑特纳作为巴伐利亚代表前往维也纳,识人有术的雷希贝
格预言道,这个官老爷从多瑙河畔回来时,肯定成了梅特涅的热情
追随者。⑤

　　不过相比符腾堡国王的行为,巴伐利亚宫廷的背信弃义都显得
值得尊敬。早在 10 月 1 日,符腾堡的威廉国王就在没有任何附加
条款的情况下颁布了卡尔斯巴德法令,当天建立了审查制度。然
而几天前,他还宣誓效忠新宪法,这部宪法承诺了出版自由,而且
在许多方面都与符腾堡代表文森格罗德在卡尔斯巴德的宣言相矛
盾。也许他也和哈登贝格一样,想到邦联出版法的效力只有 5 年,
良心也就得到了安慰。这种两面派的做法得到邦联大国的原谅,
甚至是模糊的肯定。之后,文森格罗德向普鲁士大使宣布,国王欠

586

---

① 察斯特罗的报告,1819 年 11 月 17 日。
② 安西永给察斯特罗的信,1819 年 12 月 7 日。
③ 布利特尔斯多夫的报告,圣彼得堡,1819 年 10 月 25 日。
④ 察斯特罗的报告,1819 年 12 月 23 日,1820 年 1 月 9 日。
⑤ 察斯特罗的报告,1819 年 10 月 27 日。

臣民一个信心的保证。但是在维也纳,威廉国王让人们相信,在有可能的情况下,他会很高兴重新考虑已经发生的事。① 埃斯林根提交了一份反对卡尔斯巴德法令的请愿书,文森格罗德马上激烈地谴责让这份危险文件通过的审查官。与此同时,他还准备在维也纳会议上开展一场外交战役,为了让符腾堡宫廷获得小邦国的支持,他还将仍在保密状态的卡尔斯巴德会议记录发送给了没有参与会议的若干宫廷。

此时,符腾堡国王正在极力破坏德意志君主团结一致对待外国世界的局面,而这是我们这个昏暗时代值得高兴的事。10月,他前往华沙煽动妻兄沙皇反对普奥,但梅特涅马上命令奥地利大使莱布泽特(Lebzeltern)同时前往波兰首都。② 这项预防措施几乎没有必要。沙皇极其冷淡地接待了自己的妹夫,因为尽管他本人并不害怕棘手的问题,但威廉愚蠢的程度让他恶心。沙皇毫不迟疑地当着外国大使们的面表示,符腾堡两次正式接受卡尔斯巴德法令,然后反对法令,最终又来向自己寻求帮助,这种行为简直无可救药。③ 符腾堡国王无功而返,随后访问卡尔斯鲁厄,又努力煽动巴登宫廷与他结成分裂主义同盟,但无论是大公本人,还是作为大公首席跟班的极端保守派分子贝尔克海姆,都不会上钩。同时,威廉国王还迫切请求巴伐利亚政府,不要对卡尔斯巴德法令的强制性有任何毫无必要的怀疑,因为巴伐利亚要是无条件承认这些法令,就没有任何德意志君主能表现出更自由的精神了。④

这位君主就以如此丢脸的方式在专制野心和自由姿态之间摇摆不定,可他忠诚的子民还无脑地将其赞颂为德意志自由的中流砥柱。旺根海姆写道:"符腾堡已经抵达了前所未有的辉煌位置,如果它能坚定智慧地守住这个位置,这个国家将获得足以与其他

587

---

① 屈斯特的报告,斯图加特,1819年10月12日;克鲁泽马克的报告,维也纳,1819年9月22日、10月2日。
② 给克鲁泽马克的指令,1819年10月1日。
③ 莱布泽特的报告,华沙(见克鲁泽马克的报告,维也纳,1819年12月8日);布利特尔斯多夫的报告,圣彼得堡,1819年11月7日。
④ 贝尔斯泰特给路易大公的信,维也纳,1819年12月12日;察斯特罗的报告,慕尼黑,1819年12月6日。

国家一争高下的内在力量。"①威廉国王从华沙返回时,斯图加特的居民们夹道欢迎,把马从马车上卸下来,用人力一路拉回王宫。等在这里的学童们开始唱歌:"赞美上帝,赐福万物。"其他人也加入合唱,许多成年人潸然泪下。晚上,山上燃起篝火,剧院里上演乌兰特的《士瓦本的恩斯特》。激动人心的序章歌唱这位君王在危难时刻向民众伸出援手,"如天神降世",掌声雷动。为了给士瓦本的美好未来提供一个有效的参照物,诗人还描述了普鲁士的阴暗不幸,影射格雷斯事件:"这就是那个不幸国家的诅咒,在那里,自由和法律埋在废墟里;在那里,后来被认为是救世主的那些人,被迫避难他乡。"

就这样,一个刚刚还企图刺激俄国人对付自己德意志盟友的君王,获得了人民的称赞。人人都沉浸在符腾堡自由的狂热中,没人想过共同的祖国。既然德意志邦联已经疏远了符腾堡,地方主义再次毫无羞耻地走上舞台。在乌尔姆,一些符腾堡军官在许格尔将军的带领下,联合向君王奉上了一次充斥着莱茵联邦式狂妄的演讲。② 开头是对符腾堡宪法的歌颂,"这是真理精神的缔结,是权利之爱的产物",然后宣泄对外国政府的仇恨,"它们破坏符腾堡人的幸福,邪恶地幻想它们能驱使符腾堡人接受外国审判,能用其他地方的法律审判我们"。最后,他们要求对普奥开战,比数月前巴伐利亚议会自由派人士更直白地称这将是"为捍卫一个成熟民族最神圣财富展开的最辉煌的斗争","整个德意志都将满含热情地加入我们!"这些想法太天真了,维也纳和柏林严肃对待此事,因为这种不羁的政治地方主义精神一再展现在巴伐利亚军中,一旦感染其他曾服务拿破仑的小邦国军队,德意志邦联军队将会怎样?两大国要求斯图加特严肃审理这份讲话的署名人。威廉国王屈服了,但他实施的惩罚太轻微了,以至于这下无人再怀疑他的真实想法。符腾堡的政策就是如此处处错误且矛盾,不可能给奥地利的胜利之路造成任何障碍。

588

---

① 旺根海姆给哈特曼的信,1819 年 11 月 6 日。
② 察斯特罗的报告,1819 年 11 月 17 日。

十九世纪德国史（第二卷）：组建德意志邦联

威廉国王的华沙之旅之所以格外愚蠢，是因为自从 1818 年就影响俄国政策的混乱复杂状态依旧存在。涅谢尔罗德仍然是梅特涅的忠实学徒，毫不保留地支持卡尔斯巴德会议的一切决定；[①]但卡坡迪斯查斯对此事的看法与涅谢尔罗德截然相反；沙皇本质上赞同后者的看法，但也没有坚定地抛弃他希腊朋友的自由主义观念。卡尔斯巴德会议后，弗兰茨皇帝亲自写信给沙皇，解释了由于德意志诸小宫廷对待"愚蠢行径和牢骚抱怨"的漫不经心，已经成为了欧洲和平的主要威胁。普奥两国的工作结束后，马上给沙皇展示了新的邦联法令，并受到沙皇的热情感谢。圣彼得堡的所有外国大臣都报告道，沙皇完全相信普遍革命暴动的危险正在迫近，正因如此，沙皇才反复宣布，俄军时刻枕戈待旦。[②]

此时，卡坡迪斯查斯正在为自身利益追求一种自由主义政策。他批评巴伐利亚和巴登代表，质问他们的宫廷为何如此轻率地放弃主权；他还质问布利特尔斯多夫，如果邦联议会让巴伐利亚实施针对巴登的政策，情况会怎样呢？"恐惧永远是邪恶的顾问，恐惧已经造就了卡尔斯巴德法令。如果德意志诸侯是主权者，只臣服于另一个最高统治者，那么好，就让他们选一个，而不是 83 个。"他最后说道，卡尔斯鲁厄宫廷在维也纳会议上接受新法令之前，最好能三思而行，因为这些法令很可能将德意志邦联转变成一个联邦国家。[③]俄国驻小宫廷的大使们，法兰克福的安斯泰特、慕尼黑的帕伦和斯图加特的科泽洛夫斯基（Koselowski），都不知道这些特殊矛盾是怎么形成的，因此根据莫斯科的一贯原则，即德意志的骚乱必定有利俄国，他们决心鼓励一切反抗德意志大国的苗头。

11 月 30 日，卡坡迪斯查斯最终使出了有些冒险的一招，同时发出 4 份备忘录：一份回应奥地利大使莱布泽特；一份给普奥两国的普通照会；一份给俄国驻德意志诸大使传阅的公函；一份处理最

589

---

① 布利特尔斯多夫的报告，圣彼得堡，1819 年 8 月 14 日及之后多日。

② 克鲁泽马克的报告，1819 年 12 月 8 日。瑞典驻圣彼得堡大使勒文耶尔姆（Löwenhjelm）的报告（附在克鲁泽马克报告后，1820 年 1 月 2 日）。

③ 布利特尔斯多夫的报告，圣彼得堡，1819 年 11 月 4 日。

近邦联法令引发后果的备忘录。① 这些文件空洞浮夸,实在上不了台面。沙皇称赞卡尔斯巴德法令再次证明了盟友们的慷慨意图,但他不可能无条件支持普鲁士宫廷的心愿,因为他发现德意志各政府始终缺乏统一意见,许多政府反复无常,昨天还赞同某原则,今天就会用行动表示反对。考虑到这些纷争,以及移民潮表现出的德意志极端混乱的状态,沙皇要等到咨询英国后才能给出明确的意见。

　　因此,俄国向死敌英国寻求意见,英国则坚定地站在奥地利一边! 明斯特伯爵作为卡斯尔雷子爵在所有德意志问题上的唯一顾问,比梅特涅本人还热情地支持卡尔斯巴德政策。他从波西米亚向布伦瑞克公爵的枢密院官员提交了一份重要说明(这也是摄政王的授意),强调了正确的德意志等级代表原则。这一招太拙劣了,德意志大国不可能躲不开。哈登贝格马上给卡斯尔雷去信(12月30日),友好地要求他拒绝这个狡猾的人,"他在亚琛就给我们找了不知多少麻烦",哈登贝格宣称沙皇和我们有同样的想法。梅特涅也写了类似的信。② 卡斯尔雷当然马上回复老友,他忠诚祝福老友的所有事业顺利,并于1月14日答复俄国宫廷,希望以此驱散"卡坡迪斯查斯伯爵的观念"。不过他的措辞相当谨慎,因为他不想激怒议会中的辉格党人,明托勋爵曾在议会上激烈谴责他"结盟宫廷对付人民"。结果,他拒绝接受梅特涅的计划,即他应该同四国同盟的其他几国讨论,在路易十八逝世时采取共同行为的问题,在他给俄国大使的公函中,他的态度是,英国采取不干涉原则。③ 但实际上他支持奥地利,赞同反对革命,并发现没有机会抱怨已经发生的事情。巴登政府也认为,直接拒绝那个希腊人的警告是自己的义务,贝尔斯泰特写道,"邦联法案就是德意志如今的法律和先知"。④ 此后,卡坡迪斯查斯保持沉默,而涅谢尔罗迭则再

590

---

① 卡坡迪斯查斯给莱布泽特的备忘录,1819年11月30日;其他三份文件由冯·威奇公开,《卡尔斯巴德和维也纳部长级会议通信与文件集》,第19页及以下多页。

② 克鲁泽马克的报告,1820年1月2日。

③ 克鲁泽马克的报告,1820年1月2日、4月10日。

④ 贝尔斯泰特给卡坡迪斯查斯的信,1819年12月10日。

次占据上风。① 杜伊勒里宫也没有传出不和谐的言论。

于是，梅特涅可以信心满满地顺利推进自己的计划。他认为，全欧洲都能享受到他"反革命外交"的好处。法国大臣们比很久以前更坚定地反对无党派人士，而托利党内阁则在英国议会中取得一个接一个胜利。② 根茨的作品从没有像这个冬季里的一样骄傲自信。面对法国报刊的攻击，他轻蔑地反击道："也许过不了多久，德意志所有好父亲就会承认，那些愚昧之人所谓的，对德意志大学的致命一击，其实正是大学重生的起点。"法国议员们在失控的党争狂热中，以弑君罪将格雷瓜尔（Grégoire）驱逐出议会，《奥地利观察家报》表示赞同该行为，以政治家般的语言写道："这个结果肯定会鼓励那些头脑清楚的人，看看他们的敌人是如何被压制的。"亚当·穆勒向友人宣布："目前在莱茵河两岸存在着一个为上帝和真理的事业奋斗的牢固同盟，这个同盟就是你的工作。"德意志人将在圣诞节再次明白，上帝和真理的事业在维也纳意味着什么。正在此时，德意志煽动者们正在被投入监狱，曾在乌尔姆投降的马克将军也被弗兰茨皇帝重新启用，并恢复了所有的荣誉和头衔。"皇帝陛下开恩"，自从乌尔姆那几天以来拒绝给予马克将军的所有东西，现在都被给予了这位英雄。③

第二节 哈登贝格的宪法 计划解雇洪堡

对霍夫堡而言，普鲁士政府内部的一场纷争，比外国的友好态度重要得多，这场纷争同卡尔斯巴德法令的联系并不直接，却以亲奥地利阵营的胜利为结束。8 月 5 日，哈登贝格情绪饱满地返回格利尼克，相信通过特普利兹协议，他就能重获君主的信任，乐观地投身完成改革计划。新税法和国债法基本准备好了，首相希望在这些事务上听听施泰因的想法，于是写了一封措辞优美的信，友好地询问施泰因的意见，他在信中自称在财政问题上是施泰因的学

---

① 克鲁泽马克的报告，1820 年 1 月 17 日、2 月 12 日。
② 克鲁泽马克的报告，1819 年 12 月 26 日。
③ 克鲁泽马克的报告，1819 年 12 月 13 日。

徒，"为什么我们不能一道工作呢？"但帝国男爵的恨意未消，虽然他对哈登贝格的计划一无所知，还是进行了批驳。同时，宪法计划也最终成型。首都那些幸灾乐祸的人信心满满地表示否定，因为他们相信首相早就放弃了自己的想法，而且很多人都断言，首相在收到科策布被暗杀的消息后曾宣布："普鲁士现在已经不可能拥有宪法了！"但是无人能证实这则传言的真假，如果不是单纯被捏造的，那也不过是一时悲痛的自然反应。目前的情况就是，哈登贝格在环境极为不利的情况下，继续推进宪法工作。8 月 11 日，他将最后方案提交普王，这份详尽的计划已经在特普利兹得到了梅特涅的支持。在夏洛特堡进一步的秘密讨论后，腓特烈·威廉再次要求，从国家参议院的宪法委员会中选出一个特别委员会，按照哈登贝格方案中的路线起草宪法。这个特别委员会的成员有：首相、洪堡、舒克曼、安西永、丹尼尔斯和艾希霍恩。[①] 由于丹尼尔斯因组建莱茵司法系统而迟来，又耽搁了 6 周。终于在 10 月 12 日，这个特殊委员会召开了第一次会议，哈登贝格的《普鲁士代议制宪法意见》终于面世。

　　这部作品表明，虽然岁月侵蚀了这位老政治家的意志力，但丝毫未损其思想的大胆和敏锐。[②] 根据纯粹的老普鲁士习俗，也为了区别于南德那些临时凑合的宪法，哈登贝格渴望将议会权力建议在乡镇、县和省三级自治政府的广阔基础之上。这位古稀老人使人相信自己拥有足够的精力，为整个国家重建自下而上的行政系统。他不再流露出任何官僚-自由主义的观念，而施泰因谴责他是"嘴上的自由主义者，实际上的专制主义者，根本不尊重现存制度"，这种评价是极其不公正的。其实，哈登贝格同施泰因的出发点一样，"我们只有自由的土地所有权"，所有的代表权都将依赖于此。所以，制定一部允许乡镇管理自身事务的《乡镇章程》成为最迫切的要求。县议会由乡村和城市社区间接选出的成员和骑士阶层直接选出的成员组成，因此代表了三个等级（如果还有被剥夺主权的贵族，就是四个等级），县议会形成不可继续分级的会议，不受

592

---

① 给首相的内阁令，1819 年 8 月 23 日。
② 《普鲁士代议制宪法意见》，见附录 4。

选民命令控制。因此，获得专门代表的并非土地贵族，而是整个大地产所有者群体。骑士阶层的确有"县等级"之名，但他们仅仅有选举县议会代表的权利，而没有在县议会投票的权利。所有满法律规定年龄、无道德瑕疵、拥有土地的基督教徒都可以参选。县议会将为省议会选出三个等级的代表，在省议会中，被剥夺主权者和主教是当然的成员；国王本人亲自宣布大学代表，除了那些本身是土地所有者的大学。各级议会主要关心本地行政、债务以及税收评估。但是，由省议会选出的国家议会则没有行政权，仅接受各位部长的年度报告，尤其关注财政状况，并作为整体讨论国家的新法律。

593   普鲁士首相对特普利兹协议的解释与梅特涅完全不同。他认真地希望建立一个受尊敬的普鲁士议会，而不是一个微不足道的中央委员会；至于究竟是一院制还是两院制更适合三个等级代表制，这个问题就留给宪法委员会考虑。他还进一步谨慎地留下了立法、公共事务和各部门职责的艰难问题，以及省议会究竟代表的是新组建的省份还是以往的封建领土。外交和军事不在议会职权范围内，基本权利如下：法律面前人人平等，信仰自由等等。关于出版自由和司法行政的问题仍有争议。哈登贝格在推进上述工作时，也同时在落实卡尔斯巴德法令，因为他认为这些新的邦联法律不过是非常时期的非常之法。最后，首相坚决维护君主制原则，并重提"人民的福祉是最高法律"。

哈登贝格的提案中有大量可供批判之处。由于乡镇地区的社会条件极端复杂，因此整个王国不可能只有一部《乡镇章程》。此外，仅仅通过土地所有权来授予投票权的观点也很成问题，因为这势必在城市导致大量麻烦。另一个有争议的计划是关于重建旧领地，但这会导致让新省份接手旧领地的复杂债务。最受争议的问题是三重间接选举系统。很明显，并非由代表选出的全民议会很可能疏远国家，君主国将成为一个联邦国家。尽管如此，在目前事态下，最重大的问题是要为整个君主国建立议会。哈登贝格的提案在本质上等于组建一个联合议会，1847 年议会就是这样。但是，1820 年组建的这个议会，绝不可能在一代人的时间内，带领国家逐步且和平地踏上纯粹代议制的道路。

这份文件中的每一句都透露出普鲁士首相的决定是多么严肃直接。他相当谨慎地避免引入任何惊扰国王的事物，因此首先将军事和外交事务撤出了议会权限范围。此外，他还尽可能地满足封建党派的要求，不过在关于县议会的不引人注目的段落中，还是包含了一个大胆且有远见的改革计划：骑士阶层已经被剥夺了在县议会上的整体投票权，因此他们的投票权力就降低到了符合新时代经济力量的程度，并以这种方式补偿东部牢骚满腹的农民；封建贵族在乡村地区的统治垮台了，取而代之的是三个社会团体的利益代表，在这些人中，骑士实际上仍占据相当优势，但也不再被赋予绝对统治地位。实际上，哈登贝格的计划是完成1807—1812年改革事业，摧毁封建制度的最后残余。封建党派在宫廷里对着这个老雅各宾党大发雷霆。如果他没有笨拙地展现自己的"观点"，如果他没有将"人民的福祉"奉为至善，就不会如此了。

首相交给委员会的不过是一份提案大纲，同洪堡那份宪法备忘录的关系就像一具骨架和肉身的关系，一切都依赖于委员会怎么填满这幅骨架。似乎没有理由认为，委员会中会有人从原则上反对该提案。艾希霍恩和丹尼尔斯愉快地赞同提案主要内容。洪堡在他短短数月的部长生涯中，只有两次机会表达他对宪法纷争中涉及原则性问题的看法，并且两次都表明，哈登贝格的妥协就是他自己的妥协。很久之前，普鲁士曾将两所破败的济贫院移交给了库尔马克的地方等级议会，这两处不得不被重修时，等级会议抗议这种所谓的侵权行为，洪堡回应道，他从来不曾否认，"目前所有关乎代议制宪法的问题的解决，哪怕是最遥远的问题，都包含着极大的困难"。他建议国王采取一条中间道路。政府应马上着手改革库尔马克的济贫制度，但应该向地方等级议会保证，只要新的省代表产生，就会考虑他们的想法。马克伯爵领①曾一再请愿重建古代制度，现在收到了坚定而友好的回应，即各省一定会拥有代表制度，但为了国家统一，不可能"将那些在截然不同条件下存在的事

① 马克伯爵领，曾是神圣罗马帝国下莱茵-威斯特法伦区内的一个伯爵领地，范围包括鲁尔河两岸，拿破仑统治期间被并入贝格公国，后成为普鲁士的一部分。——译注

595　物,原封未动地保留下来"。① 这个回应就像是哈登贝格本人口授的。安西永支持首相的计划,并在《政治科学》一书中强烈推荐两院制。舒克曼也始终支持宪法计划。

　　洪堡将成为新宪法委员会成员的消息一传开,自由主义者们奄奄一息的希望又蓬勃起来了。始终拥护宪法的格莱韦尔于 11 月重版了青年根茨写给腓特烈·威廉国王的那封臭名昭著的信,并在导言部分宣布:"民族生活里有两个大日子,一个是国王登基,另一个是颁布宪法;第一个是命运造化,第二个本身就是智慧,将让君主和人民结成新联盟。腓特烈·威廉的人民正在接近第二个大日子,1820 年将带来未来的福音,我们将建立一部代议制宪法。"魏玛的极端派报纸《反对报》甚至在 12 月预言道,明年将会颁布一部满足最大胆愿望的普鲁士宪法。

　　自从卡尔斯巴德法令宣布,旧等级代表的气焰就相当嚣张,但他们的挑衅言语只是进一步增强了首相制定宪法的决心。11 月17 日,西哈维尔兰的骑士阶层在备忘录中向国王表达他们对"其他德意志土地上所谓全民代表制"的愤慨时称,"德意志邦联颁布的最新法律充满了慰藉和希望","凭借对民众思想状态的了解,我们可以断言,民众普遍不想听那些渴望将他们引入歧途的阴谋诡计,相反,他们真诚地希望延续古老制度,因为这是当前好日子的基础。德意志人已经享受了五个世纪幸福生活,这完全归功于等级代表制的存在,归功于只能由习俗改变的体制"。随后奉上了一份要求重建旧权利的请愿书,还有一封给首相的信,指责他废除等级特权等同侵犯财产权。很快,鲁平伯爵领的等级代表就要求国王允许各省份旧等级会议中选出的代表轮流进入立宪委员会。首相严辞拒绝了这两份请愿书。②

596　　可是哈登贝格的新立宪委员会并没有展现出太大活力。委员会首先决定为整体代表制度起草一个一般性计划,然后一步步从

---

① 洪堡给舒克曼的信,1819 年 10 月 24 日;给博德尔施文格-普勒滕贝格的信,1819 年 9 月 22 日。

② 西哈维尔兰县和曹赫县骑士阶层的请愿书,1819 年 11 月 17 日;鲁平伯爵领等级代表的请愿书,1819 年 12 月 21 日。

《乡镇章程》到县代表制、省代表制，再到整个王国。但是直到年末，也只召开了两次会议，只有安西永和艾希霍恩关于整体计划提交了书面意见。他们都要求组建两院制，认为中央代表团体应该拥有"立法和审议权"。[①] 哈登贝格和洪堡之间的敌对，自始至终严重制约着委员会的效率。

　　洪堡完成他在法兰克福的工作后，才于 8 月 12 日进入国务院，而且从开始就经受着哈登贝格的反感和不信任。关于首相的"想法"，洪堡一连数周都没有任何消息，当首相的方案最终出台时，他和委员会其他成员一样震惊莫名。哈登贝格如此无礼的态度事出有因，因为洪堡自从接受职位，就无休止地努力为自己和其他官员争取独立负责的地位，这在他看来至关重要，却同首相的权力相冲突。他最终的目标是推翻哈登贝格，几乎毫不掩饰地表达自己的观点，即首相是个麻烦。交战的机会很快来临。8 月 9 日，国王向洪堡表达自己的不满，因为 1 月 11 日的内阁令至今没有得到回应。[②] 部长们召开会议，以回应国王的要求，这位新成员可以将部长们分散的意见集中起来，形成明确意见。
　　洪堡认为，之前一切错误的根本原因在于首相的权力地位，因为伯恩斯托夫和克勒维茨缺席，维特根施泰因谨慎地回避出席，洪堡获得了大多数部长的支持。哈登贝格努力劝阻部长们不要采取这种立场，但终归徒劳。洪堡进入国务院后仅 8 天，氛围就变得相当艰难，以至于首相觉得有必要采取行动。[③] 8 月 26 日，国务院向国王提交了对内阁令的回应，由洪堡执笔，非常不同于之前由一个个部长单独提交的意见。洪堡的报告不过是简单地谈了谈 1 月 11 日内阁令中提到的主要问题，关于教育、出版以及军官中的反抗行为。洪堡反复强调的观点则是，由于首相的地位，"国务院中几乎没有任何行政中央化和联合责任的迹象"。他于是要求将首相职

597

---

① 《立宪委员会会议记录》，1819 年 10 月 12、28 日。安西永和艾希霍恩，《关于代议制宪法的若干意见》。
② 给国务院的内阁令，1819 年 8 月 9 日。
③ 哈登贝格日记，1819 年 8 月 19 日。

位同国务院彻底融合，这样首相就能有效管理整个国务院，做全面报告，但是在紧急情况下，首相有权履行自己的责任；国务院的会议记录应立即呈交君主，但相关部长提前并不知晓的提案，将不呈交君主。

在其他问题上，部长们并没有太多推荐。他们温和地表明，他们中的一些人比国王陛下更有信心于大多数国人良好判断力；他们希望，关于最近的警察调查，能获得更确切的信息，并期待"秘密警察在光天化日之下行动"。其中还插入了一些相当模糊的批评，关于"在最高行政原则上的游移"，以及若干没道理甚至是鲁莽的抱怨。比如，税收改革就遭到谴责，因为"必须避免性质上极端可疑的新税种"。他们恳请国王不能在未咨询国务院的情况下颁布宪法，但所有部长都属于 1817 年的大立宪委员会，新立宪委员会的提案理所应当地要提交给前者。①

如果国王批准了这份报告，那么必将导致首相辞职，虽然所有部长中只有洪堡渴望这个结果。因为哈登贝格不再承担任何具体职务，而且由于听力不好，他也不可能承担整个国务院的主持工作，因此洪堡的提案若通过，将彻底剥夺他的权力，现存的统一政府（尽管不能无视其严重缺陷）将被一个多头且缺乏意志和领导权的政府所替代。考虑到国务院最近几个月的低效和纷争，谁愿意发生这般变动呢？于是，这篇报告尽管具有表面上的一致性，却仅仅是新一轮争斗的产物。

598　　哈登贝格马上准备还击。他一再宣布，只要君主有令，他将心甘情愿"退隐且满怀感恩"，并恳请君主"赐予国务部门所需要的任何程度的独立"，也赞同向君主呈交部长会议记录；但首相必须保留向君主呈交日常报告的权利，这些报告的基础是首相本人收到的各部长报告。他接着阐述，洪堡的这份报告内容肤浅，而且将限制首相权力视为"唯一的灵丹妙药"，这是明显的挑衅。他还说："征收新税不可避免，也是国家福利所需。"反复批评部长们过于轻视"对时代精神的偏离，新一代革命分子的危险"；最后，他愤慨地表示了对维特根施泰因的支持："他在掌管秘密警察的七年中，从

---

① 国务院给国王的报告，1819 年 8 月 26 日，附有首相的批注，1819 年 9 月 10 日。

未瞒着我采取过任何行动。"

　　这下所有人都知道了首相和洪堡之间的敌对,伯恩斯托夫和维特根施泰因甚至认为有必要避免出席国务院会议。维茨莱本将军是首相和洪堡共同的朋友,认为他们两个都对国家很重要,努力劝他们各退一步,但徒劳无功。① 哈登贝格威胁要辞职,国王表示明确拒绝,于 10 月 21 日发布了一份极其不礼貌的内阁令,向部长们表达了他很不满于上一份报告的肤浅,并巩固了首相的所有权力。此后,部长们的报告可以直接提交君主,但首相依然有权决定根据哪些部长报告写出自己的报告。② 部长们仍处于依附地位,这让他们很不高兴,而且在许多方面也不利于迅速处置事件,但只要首相一职存在,这种局面就不可避免。最后,国王再次谴责部长们仍没有回应他 1 月 11 日的要求。此前,部长们始终谨慎地回避提出意见,但是国王一再命令,他们不得不服从,③而且现在局势很明显,只有洪堡一人在挑战首相。部长们此前呈交的意见中,只有三人谴责哈登贝格的强势监管。④ 洪堡进入国务院以后,所有人才突然明白麻烦的主要根源就在于首相的统治地位。这种情形下,维茨莱本的调停必然徒劳。⑤ 哈登贝格第二次击退洪堡的进攻后,洪堡被迫让步。

　　最近邦联政治的重大纷争,现在也同这场权力斗争纠缠在一起。9 月 8 日,洪堡提议讨论对煽动者的检举迫害,而且不顾伯恩斯托夫和舒克曼的反对,煽动部长们问询君主,这种新的预警措施究竟是合法措施还是非常规手段。君主的回应是要求他们服从命令(9 月 16 日)。随即,新的邦联法令抵达国务院,并经三次会议讨

---

① 给维特根施泰因和伯恩斯托夫的内阁令,1819 年 10 月 7 日。维茨莱本,《关于国务院报告及首相批注的备忘录》,1819 年 9 月。
② 发给首相和国务院的两份内阁令,1819 年 10 月 21 日。哈登贝格日记,1819 年 10 月 12、14 日。
③ 国务院呈交国王的报告,1819 年 11 月 10 日。
④ 参见本卷第 494 页。
⑤ 维茨莱本,《关于 10 月 21 日内阁令的备忘录》,1819 年。

论（10 月 5 日、27 日和 11 月 3 日）。① 会议上有激烈场面，柏林甚至有传言称，洪堡曾说卡尔斯巴德法令是"令人作呕的、非德意志的，是对一个有思想民族的侮辱"。洪堡在 10 月 5 日呈交国务院的长篇报告中，丝毫没有上述内容，而是专注于讨论普鲁士主权面临的威胁。"我们必然能意识到将普鲁士联接到德意志的那种利益纽带，但是我们属于一个独立王国，一个并非并入德意志的王国的情感，将永远占据支配地位。"卡尔斯巴德法令赋予了邦联议会以插手普鲁士内政的危险权利；此外，由于普鲁士凡事都根据奥地利的意见做出决断，因此"也是一个病态国家"。邦联法令第 13 条并不适用于普鲁士，因为在该法令出现前，普王已经向整个王国承诺颁布宪法，包括非德意志省份；关于煽动者的警察报告表现出："这些人数量很小，而且在国民中的地位微不足道。"洪堡提议向邦联议会提出要求，将卡尔斯巴德法令颁布为非常手段，适用期限两年；外交部长应有权同相关部长讨论邦联法令中涉及普鲁士内政的任何内容。

600　　　　后一项提案似乎毫无必要，因为外交部长已经有了这种权力；但前一项提案笨拙而虚弱。因为就在洪堡提交报告的时候，邦联议会已经采纳了卡尔斯巴德法令，也得到了普王的公开承认。国务院讨论此事时，这些法令实际上已经依据君主命令在普鲁士正式颁布了。根据君主专制国家的法律规定，国务院现在面临着一个既定事实，除非能说服国王放弃奥地利政策，否则什么也无法改变。尽管几乎所有部长都严肃反对卡尔斯巴德法令的形式和内容，但他们的整体态度依然是犹豫观望的，因为谁都知道这种反抗争执不会有太好的结果。只有博延和拜梅两位部长支持洪堡。博延将军有着普鲁士人的骄傲精神，从未被和平二元论的幻梦所打动；军人的清醒头脑也让他深深厌恶"猎杀煽动者"的阴暗计划，这些"猎杀者"甚至怀疑奈泽瑙和浪漫主义者格勒本。博延在自己的部门里没有实施任何改革，但他将全部同情献给了自由主义者，而且最近同洪堡走得很近。

　　　　于是，这场政治斗争突然将三个毫无共同点的人拉到了一起。

---

① 国务院会议记录，1819 年 10 月 5 日、27 日和 11 月 3 日，由洪堡记录。

拜梅的迂腐和博爱正好与理智的洪堡相反；博延和洪堡之间也没有感情，在维也纳会议期间甚至还决斗过。不幸的是，这两个新盟友实现目标的方式都和洪堡一样缺乏技巧。国防部长在意见中简洁地描述了普奥之间的天然对立，前者是个顽固停滞的天主教国家，后者则始终追求自由进步。博延的希望是将普奥两国的关系尽可能限制为防御同盟，尽管由于奥地利财政和军事体系的笨重，"我们很可能不得不承受战争的第一轮打击"。他认为，只要普鲁士在邦联议会上没有统治地位，只要邦联不向普鲁士保证其非德意志省份的安全，那么邦联权力的增长都将带来威胁。博延充分展现了自己的爱国热情，但对当前的问题毫无贡献。拜梅也从普鲁士王国主权出发，认为根据国际法，最近的法令深刻改变了邦联性质。这三个人都没有触及问题的要害，也没有人直接承认，卡尔斯巴德法令就是愚蠢焦虑的产物，增强邦联权威是有害的，因为这只是为了压制思想，而非为了增强民族力量。

　　伯恩斯托夫巧妙地避开了洪堡的隐藏攻击，他直接宣布："全德意志都意识到了邦联法案是当前压力的产物，是仓促谈判下不成熟的产物，并在彼此冲突的观点和利益之间达成了非常令人不满的妥协。"在这种情形下，唯一的办法就是通过普奥达成秘密共识的方式来继续领导不称职的邦联议会。如果卡尔斯巴德法令具有合法性（甚至洪堡都不敢在这个意义上提出争议），它的效用绝不可能瘫痪，国王也最不可能陷入自相矛盾。其他所有部长都宣布自己有条件或无条件反对洪堡的提案，阿尔滕施泰因直接表达了自己的愤怒，因为对大学的冒犯让他这个极有教养的人无法接受："我唯一担心的就是全面压迫"，"但如果这种压迫不是为了彻底消灭大学，那就不会有太大伤害。科学可以承受它，并且在压力下长成参天大树"。①

　　与此同时，伯恩斯托夫已经动身前往维也纳了。国务院没有询问他的意见，便在 11 月 3 日对此事进行投票。洪堡的报告被否决

---

① 洪堡的报告，1819 年 10 月 5 日。伯恩斯托夫的意见，1819 年 10 月初；拜梅的意见，1819 年 10 月 20 日；博延的意见，1819 年 10 月 26 日；阿尔滕施泰因的意见，1819 年 11 月 3 日。

了,但部长们也不同意正式批准卡尔斯巴德法令。当这三次部长会议的记录以及若干意见(没有任何决议或报告)被呈交国王,延续了数月之久的令人绝望的纷争局面,终于有了一个合适的结尾。这样的政府不可能持久,而一场能恢复力量和统一的变革已经迫在眉睫。

哈登贝格意识到自己必须了结此事。为了让国王下定决心,他需要安西永的帮助,将国务院议会记录交给他,并以捍卫君主主权和臣民权益为幌子,称洪堡一党实际上支持革命,正努力破坏国家外交政策原则,推翻首相和伯恩斯托夫。他决不能心慈手软,因为"如果我们犹豫不决,势必将德意志,甚至整个欧洲一同推向毁灭"。但他不想自我批判,于是恳请安西永给出"一个开明无偏见的爱国者的意见"。安西永怎么可能无偏私地评判伯恩斯托夫!哈登贝格还不如直接去问伯恩斯托夫本人。4天后,安西永的回复被装在绝密信件中送达,但精明首相肯定早就已经知道答案了。

伯恩斯托夫的导师毫不费力地就戴上了无偏私者的面具,他以伯恩斯托夫的名义说道:"伯爵仰仗国王的肯定和阁下的支持。这些团结在一起是不可战胜的,德意志的邪恶天才将被铲除。"他所针对的对象,"就是一个灾星和一个恶棍",不可能是什么好人。"为了帮助真理的事业走向成功",他已经"热心地"准备了一份重要备忘录,以惯用的方式打开了泄洪闸。在这份长达33页的备忘录中,安西永描述了可怕的不稳定精神状态,它最先变成党争精神,后来又变成革命精神。幸运的是,普奥两国已经看穿了那些居心叵测之人的邪恶计划,后者试图建立一个大德意志联邦共和国。卡尔斯巴德法令无论被视为永久性还是过渡性措施,都是明智的。正是经由这些,一项伟大光荣的事业才由伯恩斯托夫开启,哈登贝格结束。[①] 艾勒特主教也提交了一份意见,大意同安西永差不多。不能再犹豫不决了,因为外国外交官们已经闻风而动,正在递交一

[①] 哈登贝格给安西永的信,1819年11月11日。安西永的回应,1819年11月15日,并附上了《对议会最新法令的若干思考》。

份份具有革命危险性的报告,严重威胁着可敬的首相。[1]

　　为了结束这场纷乱,另两个部门里又爆发了争执,虽然本身不甚重要,却也反映了这场国务危机。由于司法部被分成了两个不自然的部门,一早就酝酿着摩擦。在新东部省份,科切伊森完全按照旧式保守主义法官的想法指导法院建设,但他很有能力,也取得了成功。可是拜梅就很不赞同同僚的建议,他认为莱茵法律机构在理念上很令人满意,努力将其中一些引入东部省份。此外,他还咨询莱茵公诉人,格雷斯的最新作品是否算得上犯罪,并支持他们的否定性意见。科切伊森厌倦了无休无止的纷争,于 11 月 27 日问询国王,是否由拜梅掌管老普鲁士法律事务,如果是这样的话,他请求允许自己辞职。[2]

　　国防部长也感到危机。国王已经决定实施自己斟酌了数年的军事计划,希望将后备军同常备军更为紧密地结合起来,让后备军在和平时代就拥有在战时注定要承担的角色。博延无法赞同这个周密且本质上无害的计划,他认为一旦实施将摧毁"形成后备军的根本精神"。国务院中的纷争以及"猎杀煽动者"的邪恶行径严重影响了博延的心态,他开始相信那则邪恶的谣言,即一场后备军叛乱即将来临。外交界普遍相信,维也纳宫廷已经加入了反对民主化军队的秘密阴谋;[3]梅克伦堡的卡尔公爵及其支持者很有可能利用这次反动浪潮,重提他对后备军体系的反对意见。另一方面,自由主义的狂热言论已经让人很难客观地考虑军事组织的问题。毫无疑问,普鲁士军事法下面隐藏着大胆的民主观念,拥有这种军事体系的国家不可能由明确违背这种观念的意志所统治,直接参与立法和行政的体制也不可能长期否认这种民主观念。但在愚蠢的报纸文章里,这些事实遭到了严重歪曲,它们将国民后备军赞颂为反抗常备军军官雇佣精神的堡垒。冯·施麦灵(von Schmeiling)好

---

① 瑞典大使冯·陶贝(von Taube)给斯德哥尔摩恩格斯特伦(Engeström)伯爵的信,柏林,1819 年 11 月 9 日。

② 科切伊森提交国王的报告,1819 年 11 月 27 日。

③ 巴登大使冯·施托克霍恩将军的报告,柏林,1819 年 12 月 21 日。

心好意写了一篇《后备军和体操艺术》,称负责征兵的县委员会播下了普鲁士宪法的第一粒种子,马上招来对手的批评,他们愤愤地质问他,一个伟大的国家是否可以靠上百个小小的县议会来统治。

604
　　国王没有受到这些纷争的影响,他认为后备军对国家安全不可缺少,只是希望增强后备军的作战能力,同时削减在和平时期的军费开支。但这是个空气中弥漫着怀疑的时代,亲奥地利派始终不信任国防部长,现在博延本人也被无名的恐惧俘获了。这位普鲁士国家军队的组织者害怕重组后备军将摧毁他的重要成就,愤怒地提交了辞呈。国王在 12 月 9 日给他写了一封措辞温柔的信,劝他三思,但没有成功。博延,正如他于 12 月 13 日向首相说的那样,"在目前的形势下,我不时发现很难调和原则和不断变化的事态,因此我想逃离这里"。博延在临别语中恳请首相一定要极其谨慎地改变后备军组织,"因为这些改变极为重大,关乎我们国家的特殊处境,关乎工业繁荣,关乎同民事当局维持良好共识;这些改变将首先影响国家内政"。①

　　一旦博延放弃希望,他的朋友格罗尔曼也就释放了长期压抑的不满。在他短暂的官僚生涯中,这位总军需官表现非常活跃。他已经起草了东部省份的防御巩固计划,并在克雷勒(Crelle)的协同下起草了贯通全国的道路修筑计划,他还让自己的部门,即国防部下设的总参谋部拥有了浓厚的独立活动氛围,以至于该部门彻底独立于国防部只是个时间问题。他始终用尽全力按照政治进程处理这么多的工作。格罗尔曼终生恪守原则,即便战后和平时期仍忠于解放战争的理想主义情感,无法理解普通人在战后的消极松懈。在他看来,这是个疲惫可悲的时代,博延辞职时,他也向国王辞职:"考虑到现存局面以及我从 1815 年以来就经历着的压抑岁月,我也不得不辞职。"如此直接甚至无礼的辞呈惹恼了君主。一开始他还将博延的辞职往好的方面想,现在他觉得这两个人串通一气,明显不悦地批准了两人的辞呈。国王肯定了国防部长的工作,但他承认自己完全不理解,格罗尔曼所说的"从 1815 年以来就

605
① 博延给哈登贝格的信,1819 年 12 月 13 日。博延的辞呈可参考《军事周报》,1892 年第 79 期。

经历着的压抑岁月"是什么意思。[①]

在这个非常时期，所有人都应该携手并肩，可两个最忠实有远见的臣子愤而退场，这不啻于一场灾难。霍夫堡始终讨厌博延的腓特烈式情感，于是维也纳宫廷欢呼"这是一场新的胜利"。[②] 军队里很多人都惋惜如此重大的损失。克劳塞维茨认为需要写一份备忘录，详细阐释后备军体系的政治必要性。他指出，革命的危险在德意志相当小，但承受两面夹击的可能性却很大，并开诚布公地说道，如果希望维持新军队体系，国王迟早需要国家代表的帮助。他还明确警告人们"不要摧毁那座如同胜利女神般的大厦，那座支撑着我们 1813、1814 和 1815 年命运的大厦"。

接下来几天的事态证明，所有这些焦虑都没有必要，而且两位将军的行动太不成熟了。12 月 22 日的内阁令中，国王言辞恳切地承认，时至今日后备军发展势头良好，国民甘于奉献牺牲；然后命令后备军重新分类，"这不会改变后备军的性质"；组成 16 个后备旅，并入正规军的师一级结构。此后，一个师除了技术兵以外，还包括一个正规步兵旅，一个后备旅和一个骑兵旅。后备军的这种结构一直持续到摄政时代。[③] 正规军和后备军更加紧密地联系在了一起，尽管联系还不够紧密。人们希望通过共同演习，在一定程度上缩小双方差异。后备军应该成为独立存在的模糊希望就这样在原则上被放弃了。根据内阁令，合法增强了和平时期的兵力，而且根据快速增长的人口可以预知，沉重的军费负担将逐步减轻。总体而言，这是一项颇有价值的改革，因为现在后备军可以在不改变组成的情况下加入战争。不幸的是，经济问题阻碍了任何长远变革，新军事体系最危险的缺陷，即正规军的软弱无力（总数不到 13.6 万人）仍没有得到解决。国家经济吃紧，国债要马上被清偿，而且不能再有赤字。

606

------

① 维茨莱本给哈登贝格的信，1819 年 12 月 18 日；格罗尔曼对国王的请求，1819 年 12 月 17 日；给格罗尔曼的内阁令，1819 年 12 月 20 日；给博延的内阁令，1819 年 12 月 25 日；博延给哈登贝格的信，1819 年 12 月 17 日、27 日；哈登贝格给博延的信，1819 年 12 月 25 日。

② 伯恩斯托夫给哈登贝格的信，维也纳，1819 年 12 月 25 日。

③ 1857 年德王威廉四世因患精神疾病，由其弟威廉亲王摄政。——译注

十九世纪德国史(第二卷):组建德意志邦联

博延的继任者是冯·哈克将军,他非常适合这个僵硬贫穷的体系。在沙恩霍斯特时期,哈克将军曾两次短暂管理军队行政。他是个勤奋尽责的人,但迂腐狭隘,没有头脑也没有激情。他担任国防部长期间,民政官僚的观念再次寻求对军事系统发挥重大影响力,就像在腓特烈·威廉三世执政初期那样。许多显而易见的缺陷仍然存在,因为所有财政开支都被避免了,但幸运的是,国王密切关心军队,凭个人力量维持了军队的军人精神。军事法的天才开创者被一个普通的墨守成规者继承,大部分不明就里的人都误解了这种变化发生的原因,误信了最邪恶的谣言。若干年后,人们才开始意识到,此时的博延将军其实犯了一个错误,他不应该反对一场势在必行的改革。

外交部长的辞职就像滚雪球,整个军事委员会都受到了影响。哈登贝格认为,博延的倒台是反对派的第一次胜利。[1] 有了安西永的"无偏见的意见",他马上要求解雇三位部长,而且因为国王仍希望和解,他直到 12 月 28 日才将解雇洪堡和拜梅的意见提交内阁讨论。时候刚好,因为博延和拜梅已经提前行动了。他们在没有提前告知首相的情况下,在国务院通过了一项决议,所有省长将据此马上被召至柏林。如果此举成功,可以预见这些省领导将在早就不满的舍恩领导下,像两年前一样,[2]向国王大倒苦水,合理不合理的都有。此时此刻,这种敌对会给国家造成大麻烦。一项重要但相当不得人心的改革势在必行,只有一个积极团结的政府才能成功推行。哈登贝格最后的伟大工作,即新税法和结束国家债务,将在接下来几天内由国家参议院完成。一旦新税法被宣布,很有可能掀起风暴,这位有经验的老舵手怎么可能允许国家参议院扰乱自己在这场风暴中的航线。洪堡在两份部长报告中都宣称自己不相信存在赤字,而且因此认为新税收是毫无必要的。大部分具有批判精神的高级官员都认为新税收的想法大错特错,甚至匪夷所思,因为根据老普鲁士传统,长官们认为保护人民免受财政压迫

---

[1] 哈登贝格回忆录,1819 年圣诞节。参见附录 5。
[2] 参见上文第 201 页。

是自己的天职。首相怎么会容许自己最近的臣属对眼下最重大的问题持有这种观念？

三位部长对卡尔斯巴德法令的不满并非无理取闹，但哈登贝格多多少少仍摆出了正统主义者的自卫姿态。首相也不是简单为了维护自身权力而战，更是为了那些被思虑良久的改革措施，因为只有这些改革才能为被废除的消费税提供替代品，才能恢复国家收支平衡。因此，他紧急向国王解释，无法继续与洪堡和拜梅合作，并非完全出于私人理由。首相使用了大量激烈措辞，宣称他掌握了明确情报，证明洪堡企图在国家参议院中反对税法，并计划"用这么大的代价换来自己潇洒离职后的名声"；他还毫不迟疑地告知国王，他们召集省长到柏林的消息。他从未如此坚信存在一个革命党派的危险阴谋，希望解雇西里西亚省长，他因为认为默凯尔在对待体操协会的问题上过于心慈手软；军事教育机构必须有个新领导，以保护年轻军官不受条顿主义雅各宾党的影响。[1] 事态变得极端复杂，重整普鲁士财政的问题已经同卡尔斯巴德法令紧紧纠缠在一起。

哪怕国王没有那么坚信这项政策的必要性，可现在没有其他选择。腓特烈·威廉怎么可能听从洪堡的建议，在法兰克福提出将临时出版法的实施年限从 5 年缩减到 2 年？他怎么可能为了如此没用的权宜之计改变普鲁士欧洲政策的基础？在那个正统主义年代，欧洲同盟体系与各国内政密切联系，一个大国不可能以莱茵联邦那些伪善国家为榜样，在自己人民和外国列强间玩一场不光彩的游戏。对卡尔斯巴德法令的迟来的攻击很可能导致与奥地利脱离，以及四国同盟的解体，或者至少是衰弱，而在过去几年中，普鲁士王国的安全和荣耀就系于该同盟。因此，一旦脱离旧同盟，国家将彻底孤立无援，它不可能从德意志小邦自由化的地方主义中获得任何力量和支持，还可能被迫同法国结盟；无论如何，它都将被迫拿起武器枕戈待旦。这样一来，普鲁士就不得不放弃经济政策，放弃养精蓄锐，而这是它唯一恢复元气的方式，还将被迫过早作出一个决断，即哪个国家将统治德意志政治生活。普鲁

608

---

[1]　哈登贝格给国王的信，1819 年 12 月 28 日。

士怎么可能因为一个不承认现实窘迫局面的反对派,一个迄今为止只知道提出无用反对的反对派,就再次推迟计划良久的财政重整计划?

12月31日,国王只做了一件事,用简单几句话解除了两位部长在国家参议院和国务院的职责。舒克曼和科切伊森再次分别领导内政部和司法部,同时委派皮尔基将军指导军事教育机构。[①]拜梅"痛心疾首"地服从命令,洪堡一如既往地以哲学家的平静接受打击。而且因为他已经在战后获得了一笔特别奖金,于是放弃领取退休金,国王为此专门感谢了他。离职时,他给君主的信中写道,自己"一腔赤诚天地可鉴,不愿君王和国家再次遍体鳞伤"。[②]毫无疑问,洪堡从不关心自己的政治影响力和政治声望,因此哈登贝格和格奈泽瑙谴责他个人野心膨胀,并非中肯的看法。洪堡意识到首相权柄的危害,也意识到了卡尔斯巴德政策的错误,但在这场政治斗争中,他并没有表现出直率、强大和坚定。

609　　哈登贝格赢得了这场游戏。洪堡的抱负让他渴望成为首相,可是过分自信让他倒台——在外国外交官眼中,国务院这场变动就是如此,来龙去脉很清晰。首相马上将税法计划提交国王,随后在日记里骄傲地写道,"新秩序诞生"。[③]只要财政能恢复秩序,对宪法最严重的阻碍也就不存在了,哈登贝格决心开展一件在普鲁士历史上无与伦比的大事件,开启普鲁士中央代表议会。这位老人的计划中具有令人震惊的远见卓识,但他高兴得太早了。由于三位部长离开,立宪委员会损失了最好的人才,部长议会也失去了唯一认真渴望宪法出台的几位成员。这场混战的胜利者不是哈登贝格,而是维特根施泰因,他背后站着梅特涅。不久后,这个亲奥地利党派就会调转枪头指向哈登贝格,摧毁宪法计划,到那时,宫廷中再也没有支持宪法的人了。

[①]　三份内阁令于1819年12月31日发给国务院、拜梅和洪堡。

[②]　拜梅给国王的信,1820年1月1日;洪堡给国王的信,1820年1月1日;给洪堡的内阁令,1820年1月6日。

[③]　施托克霍恩的报告,1820年2月19日;伯恩斯托夫给哈登贝格的信,维也纳,1820年1月12日;哈登贝格日记,1820年1月10日。

第三节　第一次普鲁士关税同盟

整个历史进程都产生于清醒的人类意志和周遭环境之间连续不断的行动与反馈。事物固有的理性,只能通过理解时代信号的伟大人物的自发力量才能被实现,同理,政治家的罪恶和错误,也会受到历史进程中形成的国家性质和观念力量的限制。在卡尔斯巴德,普鲁士置身新时代力量的对立面,由此犯下了重大失误,但这个国家从根本上是个现代国家,不可能完全疏远新时代,此时它开始进行一场财政改革,这将使它在经济发展上,远远超过其他德意志国家。在特普利兹,哈登贝格就坚信普奥两国是绝对的利益共同体,顺从奥地利的愿望到了无私的地步。但两国的对立植根于古代历史,只要由哪个国家统治德意志政治生活的问题仍未解决,仅凭个人就无法消灭这种对立。就在柏林宫廷似乎要彻底顺从奥地利领导的时刻,普鲁士又沿着腓特烈政策向前走了一步,开始同周边德意志国家组建关税同盟。第一步平平无奇,以后世的标准看来甚至无关紧要,但正是这个毫不起眼的政策,用经济纽带将德意志国家和普鲁士紧紧捆绑,并为脱离奥地利铺平了道路。

普鲁士关税法已经付诸实施,周围的德意志小邦一开始仅体会到了该经济政策的严苛,现在处处强烈要求废除所有国内通行费,这成为德意志商业统一的开端,也成为后来为政治统一而展开的斗争的先驱和原型。整个民族似乎都凝聚在一种伟大观念下,尽管人们关于方法和手段的想法五花八门,但唯一的安全出口,即依附于现存的普鲁士统一市场,却由于不幸的盲目而长期被有意回避,直到最后迫于现实需要才被采纳。

和平降临后不久,很快掀起了向普鲁士的移民潮,大多数移民都是来自周围德意志国家的年轻人,他们来这片自由之地寻求发展。由于内部通行费被废除,至少在邻近边界的乡镇,普鲁士商人从广袤自由市场获得好处就非常明显了。因此,宾根的一些红酒商人便移居普鲁士的纳厄河畔,因为普鲁士的价格几乎是黑森市场的三倍。小邦国的官员仍然习惯于行会制度,习惯于调停纷争和婚姻上的大量麻烦,习惯于社交中无数令人恼火的规矩,还没有

610

人知道普鲁士商业政策的优越性。许多萨克森和图林根官员认为，普鲁士税法似乎是毫无必要的财政措施，因为他们本国的军事开支不大，因此可以接受极其有限的国家岁入。结果就是，沿着普鲁士的国境线，在这些小宫廷的保护下，发起了一场所有人反对所有人的战争，我们今天很难想象这种灾难性的事态。贸易走私让人变得疯狂残忍。普鲁士边境附近建立了许多免税仓，每天都有许多强壮的年轻人来到这里，他们的衣服都因搬运货物而磨破了，许多人腰里别着刀。他们肩扛沉重的货物，一位海关官员陪他们走到边境线，然后祝他们"一路顺风"。老百姓可能永远听不够走私贩的冒险故事，眼下这一辈人只能从旧小说和传说故事里知道这些事。因此，老百姓也就学会了蔑视法律。在小邦国中逐渐占据上风的混乱和革命精神，实际上是由小宫廷滋养出的，也是由"猎杀煽动者"的罪恶和愚蠢的商业政策滋养出的。

这些小国支持走私，造成了灾难性后果，但受到广泛批评的却是普鲁士。那些宫廷顽固地坚持自己的财政伎俩，坚持过时的关税规矩，可重整、改变财政制度的却是普鲁士。小宫廷完全无法理解一个大国的处境，严肃要求普鲁士马上撤销这一经过深思熟虑的改革，马上废止这项影响国民生活各个方面的改革；他们还要求，应该在新关税体系被公正审判之前就废除这项改革——如此荒唐的建议居然有半数德意志国家同意。

最初几年，普鲁士官僚圈子以外，只有两位著名作家毫无保留地捍卫马森的工作。本岑贝格在《论普鲁士货币经济和新财政体系》中再次展现出自己的务实能力。他通过与哈登贝格的接触，学会了用政治家的眼睛看待经济问题。他知道对财政的认真批评都会从一个问题开始："哪些国家开支是必不可少的？"——当时大多数政论家都完全忽略了这个问题。本岑贝格因此论证，普鲁士不可能失去关税收入；公然称颂军事法和新税法是威廉三世统治时期最近几年最伟大的善政；坚持认为必须反对一切反对意见，并要求邻邦接受普王的善政，就相互废除关税同普鲁士展开谈判。本岑贝格还激烈攻击邦联关税的不切实际，在1819年8月，给李斯特的公开信中，质问"没有任何合法权力"的邦联议会怎能实施任何改革？或者说它怎能指导关税管理工作？在不相应增加国内消费税的情况下,可能废除国内通行费吗?但是在浮躁喧闹的氛围中,清醒头脑之人的声音很难被听见。不仅如此,他还始终是自由主义者的怀疑对象,因为他毫无偏见地称赞普鲁士国家的特殊品质。

早在1819年1月,德意志最杰出的商人之一,哥达的阿诺尔迪(E. W. Arnoldi)就赞美普鲁士关税法是德意志统一的基础。他在《普遍信号》中写道:"让我们真诚地拉住伸向我们的手;普鲁士将互惠互利原则置于法律最重要之处,宣布准备好同邻邦达成协议。"早在汉堡时,他就已经对世界贸易有了一种自由的眼光,而这对他的大多数内陆贸易伙伴而言仍十分陌生。他为商业世界的天真幼稚深感悲哀,它实际上丝毫没有摆脱一个荒唐的商业法律体系。过去数年中,阿诺尔迪一直在思考组建代表制造业者共同利益的德意志制造业联盟。随后,他在故乡组织了名为"同业公会"的商会,并建立了一所迅速取得成功的商业学校。最后,他在保险领域发现了一块可以大有作为的沃土,但它完全掌握在外国人手中。伦敦菲尼克斯保险公司在所有大一些的德意志城镇都有代理处,通过极其高昂的保费,从德意志人身上攫取了大量财富,因为建立在北部个别城镇的本土小型保险公司,无力将业务扩展到本地以外。但在1819年,阿诺尔迪问德意志人,他们还打算为英国人的钱袋服务多久?并提议建立涵盖全德的共同火灾保险银行。两年后,这所银行在哥达建立,由此开启了德意志民族保险体系的发展历程。人们对英国商业垄断地位的仇视,让阿诺尔迪的商业冒险占尽了便宜。整个德意志内陆都对英国和汉萨同盟城市展现出恶意(因为对于南德而言,汉萨同盟城市同英国一样可恶),这种氛围助长了拿破仑崇拜的觉醒以及南部自由主义者对法国的同情。几乎没有人考虑过,如何保护德意志工业不受激烈外国竞争的伤害。唯一毋庸置疑的是,最近引入的所有新收费项目应该立刻被废除,而且邦联法案第19条承诺的贸易往来自由,必须由邦联议会实现。

就连向来以思想开放著称的弗里德里希·李斯特,也不遗余力地咒骂国内通行费,因此也犯了当时的普遍错误。他像格雷斯一样,曾在《莱茵之星》上提出关于祖国政治权力和统一的理念,如今

612

677

613 也拥护德意志商业统一——这样一个热情、勇敢、敏锐的演讲大师，很有可能踏上迷乱的歧途。李斯特是个真正的帝国市民，成长于罗伊特林根，一个以自由为荣的城市，而且与符腾堡的文书官们纠纷不断；他是个天生的斗士，似乎注定了永远在与人争执，即便是一些不必要的争吵。由于官员的野蛮行径，他失去了母亲和唯一的兄弟，在符腾堡文书官摧毁灵魂的伪善中度过数年后，他对莱茵联邦官僚专横独裁的厌恶变得难以抑制，于是确定自己的人生目标就是唤醒市民和农民的独立精神，让他们理解自己最切身的利益，将政治经济从教授们的公式中解放出来，并用通俗的语言解释它们。李斯特就像帝国骑士施泰因一样，大胆的计划一开始就超出了士瓦本故乡，也因为这个原因，被符腾堡人怀疑是扰乱和平的外国人。他认为，一个商业和政治的伟大时代即将降临到德意志祖国。在民族历史上，只有两人拥有像李斯特那样罕见的激励大众能力，罗伯特·布鲁姆（Robert Blum）和拉萨尔（Lassalle）。1819 年 4 月，李斯特联合若干小国的制造业者，伊门施塔特的米勒，纽伦堡的施内尔以及格拉的韦伯，组建了德意志商业和制造业联合会，南德和中德的大多数大公司很快加入。由于符腾堡政府认为联合会咨询顾问的职位不符合官员身份，于是李斯特很快决定辞去图宾根大学的教授职位。

这个新商业联合会立刻向邦联议会请愿，要求落实邦联法令第19 条，废除所有国内通行费，通过德意志关税法，以此对抗外国的报复性关税，直到整个欧洲达成共识，建立普遍贸易自由。在法兰克福遭到否决后，他随即广泛游说各宫廷、商人以及所有能想到的人，不厌其烦地揭露德意志商业政策的错误。李斯特的积极活动使他比同代人更有效地将一种理念传播到整个民族，即现存局势

614 并非坚若磐石。只有我们这一代人才见其成真的宏伟梦想，已经在李斯特的头脑中成型了：建立统一的工业立法体系、德意志邮政体系和博览会；他希望通过一种务实的民族政策，将浪漫主义的帝国梦想驱逐出青年一代的头脑；他还预见了一个拥有自由宪法和德意志议会的时代，将从商业共同体中诞生。李斯特极为自负地将自己称为关税同盟的缔造者，但所有公正之人都不会承认这一点。

　　当时的爱国者并不流行详细解释或者支持某种明确计划或者清晰的政治理念。只有在南德中等国家,宪法运动才开始唤醒连贯且明确的党派观念。那些将德意志书写为一个整体的人们,依旧满足于展现一副同可悲现实形成强烈对比的光明理想画面,继续为务实的政治家们展现一连串快速闪现的印象和信号。就像格雷斯曾在《莱茵之星》上天真地描绘了一大堆德意志宪法计划,李斯特也快速地从一个计划转向另一个。他忽而希望德意志国内通行费能由一家股份公司承包,忽而希望德意志拥护奥地利的抑制性体系,忽而又希望普鲁士领导统一大业。李斯特在给邦联议会的请愿书中写道:"普鲁士由于其地位置,必定比其他所有国家都渴望贸易自由,该国政府构思了伟大的计划,通过关税体系激励其他德意志国家与其达成共识,并最终实现完全的贸易自由。当我们看到普鲁士政府宣布,它希望同邻国缔结特别贸易协议时,这个计划就等同于现实了。"可惜热情的李斯特没能坚持这个简单敏锐的观点,只要他在商业活动中发现单一垄断的趋势,他就成了普鲁士商业政策的敌人。经历各种起伏波动后,他一次次回到那个早已被普鲁士放弃的理念,即邦联关税体系。李斯特很不了解普鲁士事务,他的商业联合会的凝聚力源于希望,即普鲁士的关税法能迅速被取消;该联合会在所有德意志大国都有联络站,除了普鲁士。

　　也许只有"德意志"这个名字的魅力才能解释,为何如此多有才有识之士始终希望德意志邦联出台一项商业政策,可是邦联议会却竭尽所能地让他们理想幻灭。关于李斯特请愿书的报告被委托给汉诺威人马滕斯,他就像绝大多数"德裔大不列颠人"一样,情愿看到英国商业政策掌控整个德意志。他以政治家的热情和谨慎,开篇质问道,这个商业联合会有什么权利代表德意志商业阶层,并建议各国政府好好监管臣民。对于当前的问题,他只是描绘了自从德意志各国成为主权国家后,摆在商业统一道路上的巨大困难(5 月 24 日)。一些邦联大使希望至少组织一个特别委员会,但果真如此的话,这些请愿者肯定会认为,这是他们煽动的结果![1]

615

---

[1]　贝尔克海姆的报告,法兰克福,1819 年 6 月 25 日。

679

为了避免如此严重的误解，邦联会议只是决定择日讨论邦联法令第 19 条。几周后的 7 月 22 日，欧内斯特家族再次提醒邦联议会讨论该法令，李斯特的朋友，图林根制造商韦伯不可能让邦联议会有喘息之机，巴登、符腾堡、两个黑森和欧内斯特家族趁机发表赞颂德意志自由贸易的演说。他们毫不费力地就让会议决定在 1820 年休会后，组建一个特别委员会。这就是德意志商业能从法兰克福获得的协助。普鲁士大使不相信邦联会议能承担起如此艰巨的任务。[①]

尽管有了上述经验，人们还要很多年才能真正明白，不可能落实空洞的邦联法令第 19 条。巴登政府尤为顽固地支持组建邦联关税体系的幻想，因为它的领土狭长，货物运输要承担沉重的过路费，巴登首相贝尔斯泰特对人民日益沉重的负担感到极为焦虑。他的见识有限，希望巴登能用经济利益弥补其可恶的支离破碎，能用"物质弥补理想的丧失，这些理想尽管是空想，却被真心热爱"。因此，他在一份长篇备忘录中（8 月 15 日），向卡尔斯巴德会议建议组建一个邦联关税体系，保护 3 千万人的贸易自由。但这份彻头彻尾混乱矛盾的文件，到底没有触及那个重大问题，即究竟要怎样才能将汉诺威、荷尔斯泰因、卢森堡和德属奥地利纳入一个关税体系。这份备忘录让梅特涅很不满，因为奥地利绝不可能同意该方案，而且他也质疑邦联是否有能力解决此事。他说"商业的拓展和约束属于主权的第一象征"。根据这一奥地利原则，邦联无疑有权虐待大学。尽管邦联法案根本没有提及此事，但邦联协议明确预示的贸易自由，却侵犯了邦联国家的主权。这本来已经无比清楚地说明了霍夫堡对德意志民族重大问题的态度，但在巴登和符腾堡多次施压后，梅特涅最终同意将关税问题提上即将召开的维也纳会议日程。他很清楚关税问题的讨论会有怎样的结果。

此时，巴登最杰出的金融家奈贝纽斯在一份精彩备忘录中详细阐释了自己对德意志自由贸易条件的观点，这是一份私人工作，从未对关税同盟的发展产生任何哪怕间接的影响，但其观点之清晰明确，远远超越了当时所有关于德意志商业政策的个人研究。奈

---

① 戈尔茨的报告，1819 年 7 月 20 日。

贝纽斯也是巴登宪法的起草者,在这些年中凭借关于大不列颠经济环境的作品,①在学术界声名鹊起,而且随着《公共信用》的出版而更具威望。《公共信用》是一部永不过时的经典,就像李嘉图的作品一样,将成为讲究严格方法论的政治经济学院学生的必读书。奈贝纽斯关于德意志关税体系的备忘录写于 1819 年 1 月,同样展现出杰出专家的可靠视野。1819 年 4 月,这份备忘录被秘密呈交巴登议会,并作为有价值的个人观点,于当年冬由贝尔斯泰特呈交维也纳会议。马森、克勒维茨和其他普鲁士关税法的起草者,确实没有从这位巴登政治家的意见中学到什么。在他们眼中,这份备忘录中凡是真实的都不是新的,凡是新的都不是真实的。

　　奈贝纽斯用他所钟爱的谨慎用词,在备忘录中明确反对普鲁士关税法,凸显了该体系的罪恶,同时并没有意识到它的优势。他拥护的观点是,"除了奥地利,没有任何德意志国家能有效保护自身免受外国竞争的伤害",而这正是普鲁士政治家刚刚开始用现实反驳的观念。5 月 26 日法案起草者的出发点是普鲁士经济的需要,而奈贝纽斯的出发点则是德意志商业的可悲局面。前者主要考虑财政观点,后者则聚焦于政治-经济问题。因此,普鲁士政治家们希望根据普鲁士财政利益所面对的情况,逐步扩大普鲁士关税体系;奈贝纽斯则根据当时的普遍认知,要求建立由邦联议会管理的德意志邦联关税体系。奈贝纽斯拥护的事物刚好同关税同盟的要求相对立,如果按照奈贝纽斯的规划,第一步必需取缔普鲁士关税法,因此必定消灭之后关税同盟的建立基础。当时围绕商业政策展开的斗争,其核心问题是,普鲁士关税法是否应被保留。在这场纷争中,奈贝纽斯站错了队。他的备忘录驳斥了普鲁士经济政策的主要政治观点,任何将其视为探索组建关税同盟的前瞻性作品的人,必然以同样的理由,将大德意志和小德意志视为两种身份认同观念。很明显,双方的目标都是德意志统一,可惜选择了不同的路径。

　　巴登人奈贝纽斯的政治头脑绝对比不上他的经济洞察力。尽管他怀疑奥地利能否加入关税同盟,但他并没有就此给出明确结

617

---

① 《论大不列颠国家经济状况》,卡尔斯鲁厄,1818 年。

论。1835 年,他认为奥地利有可能加入,果真如此的话,关税同盟
"将组成最优秀的市场",但他从未清楚认识到,普鲁士出于哪些重
大政治理由不可能接受这种观念,他同样也无法理解,普鲁士作为
一个欧洲国家,为何被迫维持自身关税管理的无条件独立地位。
奈贝纽斯要求关税管理必须集中在邦联手中,关税官员只宣誓效
忠邦联。即便在次要问题的讨论上,他也无法超越狭隘的本国视
野。他认为,关税只能在边界被征收,因为根据巴登官僚集团的观
点,这种安排将被巴登边界地区带来特殊利益。但马森已经在所
有普鲁士大城镇建立了保税仓和海关,如果没有这些设施,就不可
能有活跃的贸易。

618　　　除了这些错误,奈贝纽斯的备忘录还提出了若干深思熟虑且有
现实意义的建议,但普鲁士内阁不仅熟悉这些建议,而且已经付诸
实施了。没有关税同盟,就不可能有贸易自由,奈贝纽斯非常清晰
地发展了这个理念。这一理念对于今天而言,似乎是不言而喻的,
但在那个小国外交的时代还是全新事物。不过柏林政治家很清楚
这一点,因为普鲁士只向那些愿意加入普鲁士关税体系的国家提
供自由贸易。奈贝纽斯提出的关税原则同样经过了深思熟虑,他
希望对日常用品和殖民地产品征收适度关税,国内制造业需要的
原材料免税,通过征收大体等于走私红利的税收,以保护制造业;
通过报复性关税对抗外国的敌对行为。这些观点都很优秀,但是
就在奈贝纽斯写下它们的同时,普鲁士公布关税,而且就是按照这
些原则制定的。独立思考让这位南德经济学家获得了同艾希霍恩
一致的观点,后者将这种观点视为普鲁士制度的基石,即自由、互
惠和无禁忌。如果不是因为当时普遍混乱的思想,如此睿智的人
应该非常接近普鲁士关税体系的观念,而且绝不会提出这样的问
题,即德意志商业统一是否应该建立在该体系的坚实基础上。奈
贝纽斯也支持,从关税所得的收入分配应该同人口成正比。但当
柏林得知他的备忘录时,普鲁士已经将这个里程碑般的观念纳入
了一份条约中。奈贝纽斯继续表明,除非以类似的原则征收国内
消费税,否则不可能有关税统一体。这个观念也早就盛行于柏林,
而且正是因为艾希霍恩和马森熟知邻邦财政体系的巨大差异,才
不建议实施如此早熟的统一。他们同奈贝纽斯一样清楚,缔结一

份期限为数年的关税协议就足够了，也坚信贸易自由的巨大福祉将有力避免关税同盟解散。

德意志传记作家每每对笔下的英雄没有太多话可说时，往往赞颂他的谦逊克制。这也成为了历史学的一项技艺，用来反复赞颂那些从清贫农民中崛起的伟大平民，比如奈贝纽斯。但那些不得不与他共事的人却有其他看法，在外交界，奈贝纽斯被普遍视为拥有高智商却不受欢迎的谈判者。他属于那种极其有学问的人，平平无奇的外表下隐藏着一副傲骨，能忍受艰难的困境和严重的反对。虽然奈贝纽斯不是李斯特那种张扬的性格，但也绝不可能掩藏锋芒。他确实承认，没有人能被称为关税同盟发起人，却也自傲于备忘录中首次详细阐释了普遍关税联合的理念，同时除了一个错误，准确预言了之后的关税同盟体制。可是他不明白，这个唯一的错误关于德意志商业政策的重大问题，也没有意识到他的备忘录大部分内容所表达的希望，已经被普鲁士付诸实施了。他唯一的伟大贡献在于，同普鲁士政治家们同时，但也独立地构思出解决德意志商业政策中某些重要问题的办法，但关于其中最关键的问题，即到底是组建邦联关税体系，还是拥护普鲁士关税同盟，柏林给出了正确的答案，奈贝纽斯却错了。他比李斯特更接近真相，如果李斯特可以媲美格雷斯，那么我们可以说，奈贝纽斯就像保罗·普菲策尔预言了现代德意志帝国一样，预言了未来的关税同盟。

1819 年，还没有人对商业同盟有清晰的概念，直到 15 年后这才变成现实，就像艾希霍恩后来常说的那样，"这个观念尚未展开"，但商业同盟的枝叶已经开始伸展了。普鲁士关税体系已经形成，并明确希望扩大该体系，并在一种慷慨无私情操的支配下，保证德意志邻邦在共同通行费收入中获得满意的一份。但还是缺乏邻邦的善意和支持，所有人都缺乏对松散邦联结构的清晰概念，而唯有这种概念才能让一项不可能的事业成为可能，即彼此妒忌的主权国家结成永久性商业同盟。后来，局势的必要性带来了必要的善意。无论是奈贝纽斯还是其他思想家，都没有预先构思出关税同盟的管理形式。理论永远无法解决任何问题，问题的答案存在于现实政治的实践过程中，存在于德意志国家间的谈判和相互

683

妥协中。这位巴登思想家的作品就像个不负责任的个人作品，自然可以大胆坚定地构思整个祖国的统一。他的理想无比坚定，而620 且正因为他视野过高，才采纳了不可能实现的邦联关税计划。普鲁士政治家们要保卫一项宝贵财富，即国家的政治经济统一，这笔财富来之不易且依旧受到严重威胁。激进分子谴责他们顽固狭隘，谴责他们骄傲自大，他们只能默默忍受，在现存制度的基础上谨慎工作，最终实现了崇高的目标。

此时，新的德意志事务咨询官，艾希霍恩①成了普鲁士关税法创始人的可靠外交盟友，他的上司伯恩斯托夫伯爵让他自由处理商业政策事宜。在那些孜孜不倦延续普鲁士伟大传统的英雄中，在那些默默耕耘构筑国家兴盛之根基的英雄中，艾希霍恩绝对名列前茅。他的整个职业生涯就是积蓄力量，以平稳压制地方主义。年轻时他住在韦尔特海姆，美因河和陶伯河的交汇处，也是旧帝国衰败世界的心脏地带，终其一生，艾希霍恩都从未忘记，那里的帝国宫廷的官员是如何身着旧式法兰克尼亚长袍，执行皇帝和帝国的法令。他被腓特烈大帝的事迹激励，前往北方服务自己的选帝侯；他和许多人都明白，正是普鲁士激发出了众多德意志人心中最温暖的情感。艾希霍恩在克莱沃目睹了普鲁士统治的崩溃，在汉诺威目睹了狭隘的兼并政策指导下的财政手段。然后他加入了席尔的勇敢事业，并在柏林秘密交往施泰因、格奈泽瑙、洪堡、阿尔滕施泰因和基尔切森，他们都平等地接纳了这个默默无闻的年轻人。他是施皮特勒的弟子，接受了相当多样化的教育，并首先作为柏林大学的法律顾问接触到了学术界。他同施莱尔马赫关系密切，通过婚姻联接上了伟大的扎克神学家族。解放战争期间，艾希霍恩最先是布吕歇尔麾下的军官，后来成为施泰因中央行政班子的成员，他在后一个职位上深深了解了德意志小国政府。这些伟大岁月带来的激情，即便到了和平时代都不曾消退。

40岁时，艾希霍恩在外交部担任要职，他热切地希望建立一个

---

① 即卡尔·弗里德里希·艾希霍恩(Karl Friedrich Eichhorn, 1781—1854)，德意志日耳曼法研究的缔造者，同萨维尼共同创建《历史法学杂志》。——译注

永久性同盟，以正义、信任和利益为纽带，将德意志各国永远同普鲁士捆绑在一起。他认为这是 1813 年梦想的实现和变形。他从第 19 条法令中看到了"普鲁士诸侯的良好意图，不带主权偏见地为德意志臣民带来一个共同祖国的利益"；他相信普鲁士拥有邦联所不具备的力量，能为德意志人获得一个祖国的各种利益。在德意志历史的伟大时代中，人们往往无比钦佩果断的勇气，却容易忽略冷静、坚韧和持久的耐性，这种气质在同德意志地方主义无休无止、令人厌倦的讨价还价中，已经成了普鲁士治国术的第二天性。在所有普鲁士政治家中，艾希霍恩最具备老普鲁士人的道德力量。他年复一年地在鸡毛蒜皮、令人作呕的谈判中艰难跋涉，却依然头脑清明，从未失去伟大的目标和方向。他屡次身染重疾，一旦病愈就马上积极工作。他就像医生盯着病人一样，时刻盯着小宫廷的情绪，盯着它们的敌意、自私和无可救药的愚蠢。有时他也会用一两句玩笑消解苦闷的工作："萨克森公爵家族的真正目标是什么？我相信它们自己都不知道！"然而不管小邦国给他造成了多少麻烦，他始终对它们保持尊重和善意，对它们所有合理的希望给予盟国般友善的态度。"猎杀煽动者"的肮脏活动也多次玷污了他的名声，但他始终诚实地对待自己，竭尽所能地勇敢协助遭迫害的朋友们，同时成功地保住了国王的信任。多年以来，梅特涅用尽卑鄙手段对付这个令他厌恶的爱国者，在维也纳将其称为普鲁士的邪恶天才，艾希霍恩还被自由派报纸抨击为有奴性之人。但他却平静地给德意志商业统一的平凡事业添砖加瓦，默默忍受舆论的不公，因为只要他公开自证清白，必定导致下台。然而，各个宫廷终于意识到了他的工作，除了奥地利，所有德意志邦联国家都向这位谦逊的枢密院官员颁发了奖章，关税同盟所有成员都感激地称赞他是"普鲁士政府的真正灵魂"。可是，德意志民族从未完全意识到，它到底欠了艾希霍恩多少。

　　艾希霍恩的理想是，通过与德意志邻邦签订条约的方式，扩大普鲁士关税体系。他并没有提前对此扩展行动的形式和限制起草任何确定性计划，由于正确地意识到了这项任务的困难程度，他通过处理大量具体事件来决定整体进程。1819 年，一个问题浮上水面：普鲁士关税的边界应该在美因河还是康斯坦茨湖，这个问题并不在现实政治的讨论范围,它可能影响普-奥政策领导人的梦想,但不可能指导他的实际工作。唯一可以确定的是,新关税体系必须被维持,必须成为德意志商业重组的核心力量。艾希霍恩要求自由管理普鲁士商业政策,坚决不允许奥地利干涉。但他本人对霍夫堡没有什么敌意,对于他这样一个受 1813 年理念鼓舞的保守主义者,德意志邦联脱离奥地利的这种观念,仍然是相当陌生的。晚年的艾希霍恩,曾与拉多维茨的统一计划论战不止,因为他认为这些计划根本就是白日梦。

众多飞地是个相当棘手且需要马上关注的问题。关税边界迅速推进,已经涵盖了安哈尔特公爵领地以及被普鲁士领土包围的几小块图林根领地,所有运送到这些地区的货物都要缴纳普鲁士进口关税。直到 1819 年初,新的边界监管体系付诸实施,艾希霍恩才邀请这些国家同柏林内阁就关税问题签订协议。根据一项合理让步,普王准备将普鲁士国库因这些地区进口商品而获得的收入转交给它们的统治者。不过这件事办得多少有些没礼貌,在财政部的文件中,这些地区直接被称为"我们的飞地体系",这必定引起小宫廷的不满,但是绝对有必要向这些邻邦展示,在商业政策问题上,它们依附于普鲁士。只有心慈手软之辈才会让如此重大的关税改革仰仗十多个小宗主的事先同意,这些人只会服从于既定事实而非雄辩。唯一受到伤害的只是这些统治者的自尊心,因为普鲁士的行为的确让这些飞地获得了经济利益。这些可怜的小块领土不可能拥有独立的商业政策,如果普鲁士将它们排除出自己的关税体系,在它们周围筑起屏障,它们的经济不可能繁荣;再者,如果所有通过安哈尔特或施瓦茨堡的商品都要被封存并接受海关检查,将严重扰乱萨克森省的贸易。普鲁士也不可能完全不管这些飞地的贸易,它们从普鲁士关税中的所得不过岁入的 1/8,但它们的走私行为却能给普鲁士财政带来巨大危险。

柏林财政专家们合理认真的管理措施,保证了这些飞地在普鲁士市场中的自由贸易,并让它们获得了仅凭自身不可能获得丰厚财富。普鲁士政府的行动都出于好意,多次宣布如果组建一个南德关税同盟,韦茨勒飞地则必须服从该同盟,这种飞地体系也可以

623

被用来对付它自己。① 因此，自尊心受到伤害的小诸侯们反复强调，普鲁士的飞地体系是对国际法的侵犯。这种谴责完全站不住脚，运送到这些飞地的所有货物向普鲁士缴纳过境费，本来就是合法合理的，而且如果柏林宫廷愿意，完全有权在某些贸易路线上，将过境费提高到进口关税的水平。

　　艾希霍恩邀请这些小邦参与讨论关于飞地的问题时，也同时宣布，普王准备让其他地区也加入普鲁士关税同盟。他强调关税法的民族特征，指出关税法的构思依据是邦联法案第 19 条，其目的首先是废除部分德意志地区的内部通行费，然后进一步将其推广到其他邦联国家。艾希霍恩称，国王因为着手将德意志市场从外国统治下解放出来，而获得了邦联组织的感谢。此后，普鲁士的商业政策继续坚定追随这种民族趋势；此后几年中，是否应该接受瑞士或者比利时加入关税同盟的问题被频繁讨论，但都被柏林坚决回绝了。普鲁士的目标并非世界性的贸易自由，而是祖国的商业统一。伯恩斯托夫于 1819 年 6 月 13 日给哥达枢密院的一份短信中陈述，国王 5 月 26 日法令的主要意图是"对外国商品贸易征税，避免普鲁士和其他追随普鲁士原则的德意志国家免于非德意志制造业的竞争"。他强烈地希望，"这些只为了向外国商品征税且保护普鲁士本土工业的措施，应该尽可能地避免伤害德意志邦联国家"。这份短信还建议组建图林根商业同盟，然后加入普鲁士关税同盟，这暗示了 14 年后普鲁士和图林根结成商业-政治同盟的明确道路。

624

　　《国家报》给出了同样意义的官方保证："普鲁士不仅仅因为自身处境，也因为将德意志各邦国利益同自身利益的调和视为重要目标，才强烈希望实现邦国间全面贸易自由的计划；普鲁士最大的愿望是铲除所有阻碍此计划实施的障碍。"1819 年圣诞节，李斯特商业联合会的代表们前往柏林，希望争取普鲁士政府支持建立德意志关税同盟，他们从哈登贝格和三位部长那里获得了如下保证："普鲁士政府并不希望通过单边手段损害德意志邻邦的利益。如果所有德意志政府能就造福所有参与者的共同商业体系原则达成

_____

① 　这份陈述出自《财政部备忘录》，1824 年 12 月 28 日。

普遍共识，普鲁士政府将很愿意尽其所能地，为整个德意志保障这个以公正为基础的自由贸易的各项优势。但我们也必须承认，各个邦国不可能在这些问题上采取共同行动，尤其是当这些安排必须被所有人以类似的精神实施时，就更不可能了。因此，迄今为止唯一能够实现的是，各个认为自身利益受害于当前事态的邦国，应该努力同邦联成员达成共识（也许它们认为自身的麻烦就源于邦联的行动），并以这种方式将行动从一个边境扩展到另一个边境，不断消灭一个个内部障碍。"①

　　这段话简明陈述了一种民族商业政策的基本观念，考虑到邦联议会的无能，这几乎是唯一能实现的政策。关于这些尚未完善的方案，没有政府能比普鲁士说得更清楚。但由于当时影响民意的普遍盲目心态以及对普鲁士专制主义的谴责，柏林内阁的坦率言行都被严重忽略了。人们让自己误以为，普鲁士正在自私地脱离伟大祖国。那些被迫接受飞地体系的小宫廷率先猛烈攻击柏林的傲慢和地方主义。就连魏玛的卡尔·奥古斯特都认为，要求他的两块行政区，即被普鲁士包围的阿尔施泰特和奥尔迪斯莱本服从普鲁士的关税体系，简直是侮辱，他给柏林宫廷的信中写道："严格落实 5 月 26 日法令似乎同邦联法令的原则相矛盾，此事肯定会影响邦联议会下一轮会议的议题，普鲁士国王陛下作为邦联君主，将发现有必要向邦联提交和解提案。"②

　　艾希霍恩不可能同意如此天真的提议，不可能为了迎合奥地利和大多数邦联国家牺牲萨克森省的关税体系，但他仍希望这些小宫廷能承认自己获得好处，从而接受普鲁士的建议，签署条约承认它们在普鲁士境内的飞地服从普鲁士关税体系。所有小宫廷实际上都请求柏林宫廷马上废除飞地体系，虽然它们不知道如何废除它。施瓦茨堡-松德斯豪森的金特·腓特烈·卡尔尤为愤愤不平，他的一大半领土连同首都以及 3 万居民，都被普鲁士领土包围，而且被纳入了普鲁士关税体系；而且因为普鲁士国王继承了萨克森

---

① 《普鲁士国家报》，1819 年第 131 期。《普鲁士国家报》，1819 年 12 月 28 日。
② 枢密院官员埃德林和孔塔发给伯恩斯托夫伯爵的公函，魏玛，1819 年 1 月 26 日。

选帝侯的权利,也拥有邮政垄断和其他主权,所以腓特烈·卡尔也就不剩什么主权了。因此,松德斯豪森的枢密院官员莱斯托克不得不反复恳请普鲁士宫廷,"撤销那个施瓦茨堡-松德斯豪森决心永不赞同的法令"。

克勒维茨礼貌地回应道,这些问题不可能经由一个条约就轻松解决。随后他向卡尔承诺,对发往宫廷的货物免税,但考虑到从这些小邦国走私行为的危险,不可能改动法律。① 可惜松德斯豪森并不识趣。此后数月,松德斯豪森不断质问普鲁士到底要不要撤销如此侵犯其主权的协议,弄得普鲁士不堪其扰。其统治者给普王的信中"最真诚的恳求""已经证明了高尚体面、崇尚自由且慷慨大方的普王,应该给我个机会展现自己无穷的谢意"。② 如此谦卑的形式也难掩傲慢的实质。冯·魏泽亲自前往柏林,这位精明强干的老人和他的儿子共同以父权制的方式统治松德斯豪森,但他也没有取得成功。

同时,副省长冯·莫茨已经在埃尔福特掀起了纷争。因为他管理的行政区紧邻十多块小领地,因此非常熟悉地方主义的各种隐秘。作为一个好邻居,他同两位冯·魏泽关系密切,批评两位朋友行为幼稚,不应该固守永不可能高效运作的关税宗主权。③ 金特·卡尔是艺术资助人,早就希望在迷人的维珀河谷建造一座松德斯豪森国家剧院,但一直没有钱。如果他愿意加入普鲁士关税体系,就能达成所愿,这个理由值得考虑。

9月底,老冯·魏泽再往柏林,收获了大量友谊。马森和霍夫曼主持谈判,同时与艾希霍恩保持联系。霍夫曼当时还不知道奈贝纽斯的备忘录,也自发提出建议,最简单的办法就是忽略所有琐

626

---

① 莱斯托克给伯恩斯托夫的信,1819年1月22日;松德斯豪森枢密院给伯恩斯托夫的信,1819年2月27日;给克勒维茨的信,1819年2月9日;克勒维茨给首相冯·魏泽的信,1819年1月30日;克勒维茨给伯恩斯托夫的信,1819年3月18日。
② 冯·魏泽给霍夫曼的信,1819年4月23日;金特给普王的信,1819年7月29日。
③ 参见莫茨之女,冯·布林肯夫人回忆录。

碎的财政细节，按照人口比例分配税收收入。① 这种以人口规模为基础的分配方式，之后成为普鲁士所有关税协议的基础。魏泽马上接受了这项提议，并于 1819 年 10 月 25 日，签署了第一份加入普鲁士关税体系的协议，松德斯豪森的统治者借此"在不辱没自己主权的情况下"，使位于普鲁士的飞地服从普鲁士的关税法，并以人口数按比例获得相应的关税收入，大概每年 1.5 万塔勒。这个小盟国并没有进行任何相关的关税立法，只是简单地接受了普鲁士的商业协议和所有财政部决定进行的改动。其他方面，它的宗主权都受到了尊重，就连施瓦茨堡地区的关税巡视都由松德斯豪森官员独立承担。

627 　　维珀河谷欢腾起来。金特·卡尔深深感谢普王的慷慨，② 他现在终于能修建国家剧院了。从财政而言，松德斯豪森无疑分到了很大一杯羹。一贫如洗的图林根山地消费的殖民地产品远少于东部省份，却分得了很大一份关税收入。出于政治原因，普鲁士很愿意在金钱上有所牺牲。

　　普鲁士完全有理由期待，其他小邦将以松德斯豪森为例。在这份协议的前言中，普王再次宣布，他已经准备好同其他邦国统治者签订类似协议。鲁多尔施塔特已经开始谈判。霍夫曼也期待能迅速同布伦瑞克、魏玛和哥达达成协议，并开始提出超越飞地体系的原则。普鲁士即便放弃所有征服计划，其领土的分裂局面也会迫使它生出政治-经济野心。除了飞地，如果那些部分被包围的邻邦能服从普鲁士的关税法，普鲁士的关税体系才有可能艰难展开。比如说安哈尔特-伯恩堡，其领土只有一小段没有同普鲁士接壤，因此也被普鲁士谨慎地视为外国领土，那么普鲁士会因这种谨慎获得何种奖赏呢？答曰每月激增且有可能吞噬萨克森省所有关税收入的大笔走私。仅在 1819 年 10 月，就有 4,023 英担货物，大部分都是殖民地商品，进入毗邻巴伦施泰特的哈茨山中各小城，在那里彻底消失无踪。根据霍夫曼的看法，该地区必须马上纳入普鲁士关税体系。一旦同松德斯豪森的协议公之于众，这些小邻邦也

---

① 霍夫曼给马森的信，1819 年 10 月 10 日。

② 小冯·魏泽给霍夫堡的信，1819 年 11 月。

就不会再同自身的利益过不去了。[①]

结果令他失望。我们今天将关税条约视为理所应当,在当时仍是咄咄怪事。普鲁士和松德斯豪森的条约被公开时,所有宫廷义愤填膺。金特·卡尔不得不承受严重谴责,因为他无耻地牺牲了主权。许多原本打算效仿卡尔的小邻邦也纷纷撤出谈判。克腾公爵领导了对普鲁士的敌对,以小诸侯们的名义宣布:"我们不可能也不愿意臣服,因为臣服就等于背叛了对臣民、家族和荣誉的最神圣的责任",他还要求普鲁士让他处置一条延伸至萨克森边界的20英里宽的免税地带,以此保证安哈尔特家族自由接入世界贸易。普鲁士被激怒的小邻邦背后站着它忠诚的邦联盟友,奥地利,表面上温和无害,背地里使绊子。这些宫廷秘密决定在维也纳会议上团结一致,撤销普鲁士的关税法。它是德意志关税同盟的第一次尝试,只有将它从地球上抹去,邦联议会才能建立一个民族商业政策。整个德意志民族,除了普鲁士,都雀跃着加入了地方主义的狂欢。所有支持德意志统一的诗歌和演讲都被遗忘,只有普鲁士直接表示,它要为德意志人获得"一个共同祖国的各种利益"。

普鲁士政治家们希望,新法实施的最初几年中,能够争取一些德意志邦国支持统一政策。但是现在,普鲁士被迫进入防御。关税地区的维持和扩大,仍是此后多年中普鲁士的首要政治任务。尽管腓特烈·威廉国王在这场战役中取得了平静的胜利,仍要弥补在卡尔斯巴德犯下的错误,为新德意志竖起界石。这项德意志事业并不引人注目却又极其重要,需要极大的耐性,他是合适的人选。威廉三世为人公正,总是准备以正直仁慈之心接纳幡然醒悟的敌人,全身心投入他的事业,一步步将破碎的德意志一片片从德意志自己的愚蠢和外国阴谋结成的密网上剥离,为更伟大的时代铺平了道路。他提到自己父亲默默无闻的毕生事业时说:"橡果的力量要感谢覆盖它的橡树阴影。"在场之人肯定会流露出比腓特烈大帝更深的敬意。

(卷二终)

[①] 莱斯托克给伯恩斯托夫的信,1819 年 10 月 29 日;霍夫曼给伯恩斯托夫的信,1819 年 12 月 18 日。

附录 1. 阿恩特和弗雷德

（卷 2，第 612 页）

631   阿恩特在名著《与施泰因男爵同行》第 218 页说道："施泰因对弗雷德的愤怒有着非常特殊的原因。法国麾下所有德意志军队中，巴伐利亚和达姆施塔特军队在北德最为恶名昭著，他们军纪散漫、大肆劫掠。弗雷德不仅眼睁睁看着他的人如此这般，还亲自树立了最糟糕的榜样，理应受到谴责。施泰因将他抓了个现行。弗雷德曾驻守在西里西亚的厄尔斯（Oels），布伦瑞克公爵的城堡中。法国劫掠者以及苏尔特（Soult）、马塞纳（Masséna）之流的无耻行径之一，就是将主人招待他们用的银器（勺子和盘子）打包带走。弗雷德于是在厄尔斯也效仿此法，离开时将公爵的所有餐具装在了行李里。可怜的城堡管家无法阻止，又害怕担上照管公爵财产不力的责任，于是请求弗雷德留下一纸证明，讲明迫于战争压力，这些银器已经被征用。这位陆军元帅有些吃惊，但作为一个头脑简单的德意志人，他还是留下了这样一份证明。1813 年，这张纸落到了施泰因手里，于是在接下来的一年中，弗雷德不得不支付一大笔钱以作补偿。"

    这种叙述留下了这样的印象，即这件事建立在施泰因个人的信息之上，也就是说，这个信息就是直接证据。它不包含任何事先可证明不可能发生的因素，并且是由一个众所周知热爱真相的人写下的，这个人的持续到晚年的惊人记忆力同样众所周知。此外，在西里西亚，早在阿恩特这本书出版前很久，这个故事就被亲历法国侵略的老人们反复讲述。因此我们没有理由怀疑这个故事的真实性。

    阿恩特《与施泰因男爵同行》出现在那个中等国家自信爆棚的

692

时代,几年后,它们就会在 1866 年美因河战役中为这种自负付出代价。巴伐利亚政府并没有足够的自信将这段半个世纪的历史交给历史科学去评判,却敢以诽谤巴伐利亚军队的罪名起诉这本书的作者。我的许多读者都记得,这场审判在全德意志引发关注。阿恩特认为这场审判纯粹出于恶意,拒绝出席巴伐利亚法庭。1858 年 12 月,茨魏布吕肯巡回法庭判处阿恩特藐视法庭,监禁两个月。法庭必定会作出这种判决,因为任何人在事关荣誉的问题上,如果不能当庭提供证据,肯定被判诽谤罪。但对于这位历史学家而言,他并不受这种刑事诉讼形式的约束,因此该判决没有任何意义。

632

　　阿恩特认为自己的陈述具有不可侵犯的真实性,而且在审判后旷日持久的报刊论战中,他曾表达过,弗雷德的罪行很有可能发生在 1807 年 2 月末,因为根据最近的来自西里西亚的材料,当时巴伐利亚军队驻扎于奥莱希尼察。这种说法被一位巴伐利亚军官利用(很可能是埃哈德少校),证明他的英雄清白无辜(参见一本匿名出版的小册子,《论阿恩特对弗雷德的谴责》,慕尼黑,1860 年)。他指出,1807 年 2 月 23 日,弗雷德领导的小分队确实在穿越波兰途中驻扎奥莱希尼察,但此时弗雷德本人却仍在巴伐利亚养病。但这不足以驳倒阿恩特的观点,因为关于这起抢劫的确切日期,只有一些无法证明的说法,而且弗雷德仍然有可能在 1807 年晚些时候犯下这起罪行。已经确证的事实是,1807 年弗雷德两次出现在西里西亚。第一次是 3 月末他病愈回归军队;根据在布雷斯劳市图书馆发现的一部当代人的回忆录,3 月 26 日弗雷德就在布雷斯劳。《提尔斯特和约》签订后,直到 12 月 2 日,他和军队在西里西亚待了数月,而且由于法国及其盟友在和平占领期间的行径一如战时般狂妄,因此这起抢劫行为也很有可能发生在这一时期。所以,阿恩特并没有被埃哈德小册子中的错误论点误导,他认为自己杰出的记忆力值得信赖,于是在此后数版《与施泰因男爵同行》中都没有改动内容。阿恩特是我敬爱的老师,我很了解他,因此相信他肯定有非常合理的理由坚持如此不受待见的报告,因此我毫不迟疑地在《十九世纪德国史》中采信了这份报告。

　　后来巴伐利亚人海尔曼少将出版了一本弗雷德的传记,这部作品颇具价值，如果作者不是努力将一位杰出的雇佣兵与我们的民族英雄同日而语，比如沙恩霍斯特、布吕歇尔和格奈泽瑙，这本书必定会给人更为愉悦的印象。海尔曼少将详细叙述了他的英雄弗雷德生命中的这一片段，但没有提出任何新信息，只是重复了埃哈德的观点。他没有任何理由地断定，抢劫（如果有过的话）一定发生在2月23日和3月8日之间，于是弗雷德很轻松就有了不在场证据。海尔曼少将给阿恩特戴上了一大堆帽子，这明显不是科学论文的传统做法，却隐藏了两种说法之间的巨大差异。他将阿恩特描述成"一个粗心的老人"、"被偏见蒙住了双眼"、"顽固"、"完全倒向自己的政治阵营"等等，我只能说自己也被人这样"表扬"过，而且说得更直白。

最近我准备新版第一卷时，自然要重新检查所有需要特别史料考证的章节，其中就包括关于弗雷德的内容。海尔曼少将的书并没有提供足够的信息，我决定自己弄清楚他遗漏的部分，亲自去西里西亚调研。拜访了很多地方都徒劳无功后，我终于从布雷斯劳（感谢热心的档案馆馆长格林哈根先生）和奥莱希尼察获得了若干材料，它们几乎在所有重要问题上都与阿恩特的说法背离。任何公正的人都会明白，这位老人绝不可能如此坚定地相信一件他自己想象出的故事。如果我们相信人类心存善念的话，也应该相信阿恩特。海尔曼少将的书中记载的信件中，弗雷德表达了他对"魔鬼、傻瓜施泰因"的愤怒，如此之深的仇恨恐怕很难只用两人之间的政治敌对来解释。但是阿恩特怎么会犯这样的错误呢？难道弗雷德是在其他地方犯下抢劫罪，才让他获得了在西里西亚广泛传播的绰号"窃勺者"？还是说弗雷德完全被冤枉了，阿恩特弄混了对象？我不知道。我从慕尼黑得知，当时巴伐利亚军中还有一位中校也叫弗雷德，关于此人我们一无所知。如果是这样的话，对弗雷德的指控就必须被视为错误而排除。

我手头有一本已逝布伦瑞克公国官员的备忘录，他从1806年之后生活在奥莱希尼察的城堡。由于阿恩特的书出版后引发的笔战，这份备忘录被置于1858年7月的官方记录中。这份报告内容的真实性得到了同时提供证据的其他官员的支持，根据这份报告，1806年12月的几天中，热罗姆·拿破仑和勒菲弗将军曾以奥莱希尼察的城堡为司令部,此时布雷斯劳围攻战已经开始了,他们率领法国和巴伐利亚军队。在这几天中(也就是说,不是 1807 年 2 月),那位公爵的盘子和牲畜被偷了,但我们仍不知道是谁犯的事。所有报告一致谴责巴伐利亚军队的野蛮,但没人说得清谁是抢劫犯,法国军人还是巴伐利亚军人。至少可以肯定的是,弗雷德此时仍在巴伐利亚。这份备忘录随后给出了可能最明确的保证,即在那几天后,没有任何巴伐利亚将领继续驻留城堡。所以,阿恩特的说法彻底破产了。

阿恩特已经没机会向我们解释错误并澄清事实,这让我非常遗憾,但我能给弗雷德的传记作者又提供一条材料,给他的新版传记作出一点贡献,我还是多少有些高兴的。也许海尔曼少将现在会承认,我们这些普鲁士野蛮人终究比他想象的要好一些。他也许会温和地说,阿恩特"臭名昭著的谎言将被不断重复,这是对一切历史真相的蔑视,是对所有道德的嘲弄。"他肯定会原谅我曾反对他的观点,对阿恩特的谴责将不会再重复,因为它已经被证明毫无道理。但是只要没有更强大的证据反对阿恩特专断错误的论断,即这场抢劫必然发生在 1807 年 2 月,任何历史学家就有理由接受这种说法,因为它出现在我们这个时代最优秀、最值得信赖的作品中。各个邦国军队间的同袍之义已经抚平了拿破仑时代的伤痛,我们也不再担忧重回兄弟相残的时代。现在我们应该平静地思考那些永远逝去的日子,巴伐利亚人最终也将学会坦率地谈论莱茵联邦的罪恶,就像每个有理想的普鲁士人谈论 1806 年那样。但是在这个方面,很不幸,巴伐利亚人仍然很令人失望。不久之前,古斯塔夫·弗赖塔格在《预兆》的最后一卷中,以严格的历史事实标准描述了巴伐利亚人在西里西亚的行为,因此受到了巴伐利亚报纸的口诛笔伐。因此可以说,海尔曼也是凭借对巴伐利亚的热情获得了成功,但他是个勤奋的研究者,我也必须承认他的成功。如果他在研究西里西亚时代时,能少一些愤慨,多一些研究者的钻研精神,他完全有可能找到我所发现的证据,证明弗雷德没有参与在奥莱希尼察的抢劫。

附录 2. 布吕歇尔论列日叛乱

（卷 2，第 737 页）

陆军元帅布吕歇尔亲王写给萨克森腓特烈·奥古斯特国王的信

国王陛下，

陛下早前的行为已经给您的臣民，一个备受尊重的德意志种族，带来了巨大的灾难，您接下来的行为可能导致这个种族备受屈辱。

从腓特烈斯费尔德和布拉迪斯拉发组织起来的军队叛乱爆发了，就爆发在整个德意志民族反抗共同敌人的当口。叛乱者公然宣称，波拿巴是他们的保护者。我戎马 55 载，从未沾染同袍之血，第一次在我的军队中实施处决。

在随信奉上的文件中，①陛下可以明白我努力保全萨克森的名誉，但这是最后的尝试了。

如果没用，我将被迫以武力恢复秩序，在必要的情况下，拿掉全部萨克森军队，这么做我也很痛苦，但我问心无愧。

那些已经喷洒的鲜血，终有一天，需要负责的人将接受上帝的审判。在上帝面前，发出命令和允许发出命令，应该被视为一回事。

陛下也应该理解，一个 73 岁的老人除了说实话和说真话，也没有别的世俗愿望了。

因此，陛下一定会接受这封信。

列日司令部
1815 年 5 月 6 日

布吕歇尔

---

① 指的是布吕歇尔给萨克森军队的著名宣言，1815 年 5 月 6 日。

附录3 《特普利兹协议》

（卷2 第552页）

就像正文中陈述的那样，《特普利兹协议》中的若干句子一字不落地呈现在《若干谈判主要议题的共识》中，后者由梅特涅亲王提交卡尔斯巴德第一次会议（韦尔克-克吕贝尔复制，见《关于德意志民族法律地位的重要文件》，第185及后多页）。下面将给出协议全文，并在脚注中指出偏离《卡尔斯巴德协议》之处。

《奥普宫廷决定用以指导德意志邦联内部事务的若干原则》635

主要原则

（1）德意志邦联作为一个政治实体存在，其主要特征明确表述在邦联法案第1、2条。

德意志邦联作为一个完全意义上的欧洲组织，以及一个维护普遍安定和平的重要组织而存在，根据维也纳会议法令的规定，它享有确保每个欧洲国家存在的一般性保障。[①]

（2）奥地利和普鲁士都是独立的欧洲国家，由于拥有德意志土地，它们也是德意志邦联国家。由于第一重品质，以及作为维也纳会议各项工作和近年来所有政治谈判的主要参与者，它们被要求监管德意志邦联的政治存在，并依附于此。由于第二重品质，它们有责任直接关注邦联内部事务的适度发展和稳定建设。[②]

（3）只要德意志邦联存在，并必然作为一个欧洲政治组织存在，它内部就不能实施与其存在不兼容的任何原则（或者与之存在

[①] 这句话与《卡尔斯巴德协议》第1条一字不差。

[②] 《卡尔斯巴德协议》缺此条。

公然矛盾的任何原则)。①

(4)德意志邦联作为一个整体由邦联议会代表。

因此,邦联议会关乎邦联及其内在本质,而且鉴于邦联法案第1、2条,它代表德意志最高政治权威。邦联议会的合法决定必须被坚决执行,并视为邦联法律。②

上述原则的特殊情况说明

(5)经验表明,由于一些德意志政府缺乏信心,也由于若干同邦联计划相悖的附带理念,德意志邦联的纽带缺乏应有的牢固性。这种不幸的状态只能通过各宫廷的紧密团结得以弥补,而且奥地利和普鲁士宫廷决定(利用这个时机——革命党系统性行为威胁邦联存在且有可能摧毁所有德意志政府——缔结紧密团结)。③

(6)必须利用各主要德意志宫廷各部长出席的机会获得更为一致的共识。如果该行动取得了较好的初期效果,那么必定能通过德意志内阁会议完善此项共识,这次会议一定要尽早召开(特别是为了获得多数票,以及关于多数票尚未明确的问题,以获得尽可能具有限制性的决定——也是为积极的执行达成共识)。④

(7)⑤最迫切需要达成共识的问题如下:

A. 邦联法案第13条的观念修订

普鲁士决定在财政问题完全走上正轨之前,并不将该条按照其字面意思运用于本土,也就是说,普鲁士不会引入任何同国内地理和内部结构不相容的普遍全民代表制,但会赋予各省等级代表宪法,并希望从中产生一个由地方代表组成的中央委员会。

至于采取何种措施,促使那些在等级制名下已引入全民代表制的德意志国家,回归更符合邦联情况的事态,要等到相关政府提出方案。这些方案应该由两个宫廷权衡,在斟酌过所涉及问题的多个方面后,再决定是否采纳。

---

① 该条出现在《卡尔斯巴德协议》第2条,除了括号里的文字。
② 除了文字上无足轻重的改动,这段话构成《卡尔斯巴德协议》第3条。
③ 《卡尔斯巴德协议》缺此条,但括号里的句子构成该协议第4条,不过文字有些改动。
④ 该句组成了《卡尔斯巴德协议》第5条,除了括号里的句子。
⑤ 《卡尔斯巴德协议》缺少该条。

B. 关于邦联法案第 18 条的普遍安排

关于该附加提案的原则,两个宫廷观点一致,[①]它们将支持该提案以保证盟友普遍采纳并以邦联法律的形式实施。

邦联议会通过的这项法律,如果可能的话,必须在今年休会开始前实施。

作为实现目标(最大限度限制对人民的日常误导)的手段,德意志各政府必须彼此保证,任何声名狼藉的报纸编辑不能获得新的编辑岗位,还必须保证将普遍减少报纸的数量。

C. 关于大学、体操馆和学校的措施

为了最好地尊重科学和青年人的品德教育,应该组建一个委员会,其成员都来自拥有大学的德意志邦国,该委员会将制定一套深思熟虑的方案,以作出各种安排,最好地达成上述目的。这些安排不仅要处理学生方面的纪律问题,更要关注教师的纪律问题。

两个宫廷必须促使各邦国意识到,那些声名狼藉且卷入最近学生骚乱阴谋中的教授,必须被马上剥夺教席,被任何德意志大学解雇的人都不能在其他德意志国家的大学中谋得职位。斩草必须除根,因此这项措施也必须在中小学实施。

考虑到许多德意志政府都对普奥宫廷的精诚团结心怀偏见,普奥宫廷必须相互保证对当前协议永久保密,而且不仅要努力用此处阐释的原则指导自身行为,更要利用它们的联合力量,让这些原则在尽可能大的范围内运用,让德意志邦国都能同气连声。

怀揣以上目标,并为了尽最大力量实现它们,签字人共同起草了这份协议。

卡尔·奥古斯特冯·哈登贝格亲王

冯·梅特涅亲王

特普利兹,1819 年 8 月 1 日

---

① 所谓的附加项目指的是关于出版业决议的"基本方针",在卡尔斯巴德会议上提交(韦尔克,第 193 页)。

附录 4. 哈登贝格的宪法计划

普鲁士代议制宪法意见

（卷 2，第 592 页）

1815 年 5 月 22 日王室法令是工作方针。

我们只有自由的财产所有者。

宪法的最优基础是一部优秀的城乡章程，这是最迫切的需求。

根据该章程，各基层自行管理各自事务。

每个乡村地区在某个权威指导下选出一个代表。选举权资格：某个基督教派成员；拥有土地；合法年龄；名声清白。

地区代表在县里事前安排的地方开会，在县长管理下选出县议会的几位代表（具体数字稍后决定）。

县内各小镇都可以像乡村地区一样进行。

县内各庄园主，无论是否贵族，或者每个拥有一定规模土地的人，无论该土地是否曾是个庄园，都属于县特权等级，即合法选民，可以出现在县内小镇参与选举县议会代表。县议会代表必须从地主阶层中选出。每个被剥夺主权的贵族都有权出席县议会，无论亲自出席还是派代理人都可以。

县议会

县议会由县长主持，成员包括：

1. 定居在县内的被剥夺主权者；
2. 县地主代表；
3. 县内小城镇代表；
4. 县内乡村地区代表。

县议会必须根据发布给县长和其他县级官员的指令（根据修订

版),处理所有本地事务。

县议会将从第 2、3、4 组中选出规定数量的省议会代表。

省议会

省议会由省长主持,成员包括:

1. 省内被剥夺主权的贵族;

2. 省内红衣主教和主教,如果有的话;

3. 陛下必须进一步考虑大学是否有权出席省议会。如果仅仅作为教育机构,它们拥有的权利应当同高中和中小学一样小;但作为地主,它们似乎有权出席;

4. 县级市;

5. 地主代表;

6. 小城镇代表;

7. 乡村地区代表。

第 5、6、7 组代表人数必须根据该省被剥夺主权贵族、神职人员、大学和大城镇数量严格规定。

省议会需要处理的都是本省相关事宜,比如:省财政;税收评估;各类机构,比如济贫院、议院、精神病院和管教所;道路修建(国道除外);诸如此类。

各省的这些事务不必完全一致,都要符合各自需求。

涉及整个君主的法律和制度问题不在省议会的讨论范围内,只能在全国会议上讨论。但全国会议有可能咨询某个省议会的意见,或者省议会可以主动提醒全国会议注意它的意见。

各省究竟是按照已有的方式划分,还是在省长们之中重新划分,需要进一步讨论。但无论如何,考虑到省债务问题,前一种方案也许更合适。

省议会将为国家议会选出代表。

国家议会

省议会的各等级从自己成员中选出国家议会代表,但第一次国家议会只能从省议会中指定代表参加,因为国家议会必须先于省议会召开。

638

国家议会没有行政权,讨论涉及君主国整体上的一般性事务。

全国议会的代表人数必须尽可能有限制,仍需讨论的问题是,全国议会是单院制还是两院制。如果实施两院制,代表人数可能会过多,讨论过程也可能变得非常艰难。如果决定实施两院制,就必须确定上议院的人员组成。

县议会、省议会和国家议会的代表都根据自己的信念行事,不得受其选民的要求和命令所迫。

县议会和省议会必须至少一年召开一次。仍需进一步讨论的问题有:全国议会的召开频率,代表成员的任期,结束任期的成员能否再次当选,投票如何进行,如何裁定结果。

所有臣民,不计阶层和职业,只要属于上述类别,均有资格参加选举。

发起新法律的权利属于国王,还是属于全国议会制定立法提案的权力?

人人都可以向国王或任何国家官员提出立法建议,这些建议应该被复制或书写下来,次级官员应该让主管过目提案。

部长们根据国王的命令或者自行发起法律制定。如果国王陛下觉得合适,会让国家参议院讨论该提案,最终草案将由相应的部长提交国家议会,并由他详细阐释该立法提案的理由,但他不能在之后的讨论中说话。

639   如果议会赞成该提案,无论是照原样还是需要修改,之后都要重新呈交国王,只有得到国王批准,才能成为一部法律。国王可以随时表示完全赞同,或者提出进一步讨论的意见。

议会要如何拒绝一份立法提案,仍需讨论。

县议会和省议会在地方事务问题上具有行政权,国家议会没有行政权,决不能以任何形式插手行政事务。只有政府拥有行政权,但政府行政工作的年度报告应由各部长呈交全国会议,尤其是涉及财政问题的报告。

根据 1815 年 5 月 22 日法令,议会的权限将被扩大到立法范围,尤其是关于臣民个人、财产、新税收等方面权利的法律。外交事务、治安规章和军事问题不在议会权限之内,除非这些事务牵扯个人义务或财产问题。

所有公民在法律面前一律平等；基督教各教派平等，宽容并允许所有宗教行为；对国王和国家的义务平等；人人有权要求公平法律审判，有权要求他的案件在规定时间内被审理；法庭判决具有独立性，这也是普鲁士王国的悠久传统；人人有权提交请愿书，用得体的语言向国家和国王陈诉不满。以上所有都应被纳入宪法。

仍需讨论的问题有：各部长和国家官员的责任，出版自由及其滥用，公众教育，法庭诉讼和各种代表会议议程的公开。

必须采取所有必要步骤以确保稳固建立君主制原则，确保个人自由、安全与财产与该原则和谐一致，确保以这种方式实现自由与安全最好最持久地同秩序与活力相结合。因此必须维护的原则是：人民利益至高无上！

附录 5.哈登贝格论 1819 年政府危机

（卷 2,第 606 页）

众所周知,哈登贝格从 1805 到 1813 年间的日记是重要史料,最先被东克尔使用,后来又被兰克、奥肯、哈塞尔等人使用。之后的日记尽管仍是某些重要结论的专门史料,但却变得越来越破碎。首相的日记时常一连数月空白,或者在事后才有所记录(比如 1815 年 6 月 16 日写了利尼战役,6 月 18 日写了佳姻庄战役)。首相日记对 1819 年政府部门人员更迭不置一词。但在哈登贝格身后公开的文件中,有一页写于 1819 年圣诞节前后的材料,清楚表明了首相记得这次事件。下面是主要内容。

640 　　由于当年 1 月 11 日发布的内阁令与时代精神冲突,谴责了体操艺术和教育方法,政府部门形成了党派。

博延和拜梅。随后洪堡介入,无视我的友好警告。

该党派团结紧密,尤其在调查委员会和卡尔斯巴德法令的问题上。

洪堡为报告提出的方案。伯恩斯托夫的意见是：赞同博延和拜梅的意见。与摄政王的协议草案没有结论和报告。伯恩斯托夫也没有再被传唤。

这项计划影响了深层根基。该党派希望推翻并取代现任政府,很可能为此利用财政问题和税法。

安西永对卡尔斯巴德事务的观点。

非常严峻。是时候了。其他选项。政府官员、许多军官、教育机构,都被感染了。默克尔省长和舍恩省长。年轻人的堕落。

没有妥协的可能。艾勒特的观点。

批判已经公开化,风气堕落。只要看看革命党派的宣传册就够了,这成了共同话题。

在更大的危险中,我只有君王的信任。正因为我孤身一人,因此可以无所不为。历史重现。

国防部长走了。如果拜梅和洪堡留下来,这根本无济于事,这两人必须离职。

财政和税收计划。

学校体系改革(个别讨论)。默克尔被辞退。

皮尔基将接手军事教育机构。

下莱茵——比洛

萨克森——舍恩贝格

西里西亚——英格尔斯莱本

译后记

但丁在《神曲·地狱篇》开头处写道："在人生的中途，我发现我已经迷失了正路，走进了一座幽暗的森林。"

中年，的确是个尴尬而艰难的时期，青春的活力正在从身上溜走，重重的压力又山呼海啸般袭来，就好像真的走进了一座幽暗的森林：我知道所有的选择都有后果，可我不知道这些后果是什么，却依然要为它们负责。不过这句话并不适用于这本书。对于特赖奇克而言，19世纪德意志历史的终点——1871年统一，已经成了铁一般的事实。他所要做的，就是将德意志民族从一盘散沙到团结统一的历史叙述出来，就如同身处天国的但丁，将他一路的见闻对我们娓娓道来。

果真如此的话，这段我们早已知晓结局的德意志历史，一定会因为过早被"剧透"而失去众多读者，甚至失去书写的意义。历史的意义不只是结局，更是身处历史之中每个人的选择。1814到1819年间德意志大地上的人们，并不知道历史会往何处发展，他们就像身处黑暗森林的入口，靠着一点点星光，摸索向前。在无数个岔路口争吵、辩论、选择，携手共进或分道扬镳。他们身后留下了通往各个方向的凌乱脚印，形成一幅复杂混沌、变动不居的地图或迷宫，如果认为这幅地图只有一种解读方式，迷宫只有一条出路，这种想法也未免过于天真。选择感，恰恰是一部伟大的历史作品最重要的品质之一。如果说那种从开端直通结局、披荆斩棘式的历史作品，可以带给读者极大的确定性和酣畅淋漓的阅读体验，那么这种专注于选择感的、令人纠结而困惑的历史书写，则可以让读者体会到历史行进中的摩擦和撕扯、不安和焦躁。

但是这种选择感，在本卷中并非是特赖奇克刻意为之的，相反，他的目标就是以普鲁士治下的德意志统一为终点，心无旁骛地

706

直奔而去。但他在这一卷中对很多事件进行了精致入微的描述，比如第一章中的维也纳会议。正是利用这种海量的细节描绘，特赖奇克搭构出了一幅人物众多、情节曲折的历史图景。他之所以能完成这项工程，除了心目之中德意志统一的伟大历史蓝图，还有大量私人日记和官方档案。这些才是那种"选择感"真正的来源，正是透过这些活生生的历史材料，我们才可能看到历史人物所见所闻所想，看到历史的吊诡和偶然，才可能将作者编织的叙述之网撕开一个小口，去一窥黑森林中其他图景的可能。所以，这需要读者的耐性、谨慎和好奇。

历史是由选择构成的，同理，历史作品也是由历史学家的选择构成的。"吃鸡蛋而不必关注母鸡"的原则，并不适用于史学作品。因为读者和历史之间的第一层隔膜并非时空，而是历史学家的眼界。理解了这一点，我们就能明白为何特赖奇克贬斥魏玛宪法，而英译者则赞颂它为伟大尝试。破解之道自然不是简单地选边站，而是多找几只母鸡和几个鸡蛋，然后在这一次次观察和品尝中，逐渐形成自己对鸡蛋的独立判断和品位，不断拓宽心智的界限，才不辜负了自己和母鸡们的一番苦心。

本书的作者，特赖奇克，于 19 世纪 70 年代开始撰写这套巨著，生于 1834 年，逝世于 1896 年的他，此时正值人生的中途。五卷本的《十九世纪德国史》涵盖了从 19 世纪早期到 1848 年间的德意志历史，第二卷所述 1814 到 1819 年间事，似乎也正好落在这段历史的中段。作为译者的我，译稿付梓之日，也即将跨过不惑之年的门槛。特赖奇克选择了为德意志留下这部鸿篇巨著，德意志选择了走上邦联议会和宪法的道路，而我选择了耗费多年光阴将这部德语著作奉献给中国读者。我相信，我们所读的、所想的和所信的，让我们拥有了不同的人生。那么，选择了阅读这部"对非专业读者并不友好"的著作的读者们，希望这部书能成为你的黑暗森林中，头上的一点点星光，伴你走出人生的中途，就像《神曲·天国篇》末尾所言："忽然我的心被一道闪光照亮，在这道闪光中，它的愿望得以满足。"

李娟

2022 年 3 月 17 日于兰州

上海三联人文经典书库

已出书目

（上、下） 〔美〕亨利·富兰克弗特 著 郭子林 李 岩 李凤伟 译

15.《大学的兴起》 〔美〕查尔斯·哈斯金斯 著 梅义征 译

16.《阅读纸草，书写历史》 〔美〕罗杰·巴格诺尔 著 宋立宏 郑 阳 译

17.《秘史》 〔东罗马〕普罗柯比 著 吴舒屏 吕丽蓉 译

18.《论神性》 〔古罗马〕西塞罗 著 石敏敏 译

19.《护教篇》 〔古罗马〕德尔图良 著 涂世华 译

20.《宇宙与创造主：创造神学引论》 〔英〕大卫·弗格森 著 刘光耀 译

21.《世界主义与民族国家》 〔德〕弗里德里希·梅尼克 著 孟钟捷 译

22.《古代世界的终结》 〔法〕菲迪南·罗特 著 王春侠 曹明玉 译

23.《近代欧洲的生活与劳作（从 15—18 世纪）》 〔法〕G. 勒纳尔 G. 乌勒西 著 杨 军 译

24.《十二世纪文艺复兴》 〔美〕查尔斯·哈斯金斯 著 张 澜 刘 疆 译

25.《五十年伤痕：美国的冷战历史观与世界》（上、下） 〔美〕德瑞克·李波厄特 著 郭学堂 潘忠岐 孙小林 译

26.《欧洲文明的曙光》 〔英〕戈登·柴尔德 著 陈 淳 陈洪波 译

27.《考古学导论》 〔英〕戈登·柴尔德 著 安志敏 安家瑗 译

28.《历史发生了什么》 〔英〕戈登·柴尔德 著 李宁利 译

29.《人类创造了自身》 〔英〕戈登·柴尔德 著 安家瑗 余敬东 译

30.《历史的重建：考古材料的阐释》 〔英〕戈登·柴尔德 著 方 辉 方堃杨 译

31.《中国与大战：寻求新的国家认同与国际化》 〔美〕徐国琦 著 马建标 译

32.《罗马帝国主义》 ［美］腾尼·弗兰克 著 宫秀华 译

33.《追寻人类的过去》 ［美］路易斯·宾福德 著 陈胜前 译

34.《古代哲学史》 ［德］文德尔班 著 詹文杰 译

35.《自由精神哲学》 ［俄］尼古拉·别尔嘉耶夫 著 石衡潭 译

36.《波斯帝国史》 ［美］A.T.奥姆斯特德 著 李铁匠等 译

37.《战争的技艺》 ［意］尼科洛·马基雅维里 著 崔树义 译 冯克利 校

38.《民族主义:走向现代的五条道路》 ［美］里亚·格林菲尔德 著 王春华等 译 刘北成 校

39.《性格与文化:论东方与西方》 ［美］欧文·白璧德 著 孙宜学 译

40.《骑士制度》 ［英］埃德加·普雷斯蒂奇 编 林中泽 等译

41.《光荣属于希腊》 ［英］J.C.斯托巴特 著 史国荣 译

42.《伟大属于罗马》 ［英］J.C.斯托巴特 著 王三义 译

43.《图像学研究》 ［美］欧文·潘诺夫斯基 著 戚印平 范景中 译

44.《霍布斯与共和主义自由》 ［英］昆廷·斯金纳 著 管可秾 译

45.《爱之道与爱之力:道德转变的类型、因素与技术》 ［美］皮蒂里姆·A.索罗金 著 陈雪飞 译

46.《法国革命的思想起源》 ［法］达尼埃尔·莫尔内 著 黄艳红 译

47.《穆罕默德和查理曼》 ［比］亨利·皮朗 著 王晋新 译

48.《16世纪的不信教问题:拉伯雷的宗教》 ［法］吕西安·费弗尔 著 赖国栋 译

49.《大地与人类演进:地理学视野下的史学引论》 ［法］吕西安·费弗尔 著 高福进 等译

50.《法国文艺复兴时期的生活》 ［法］吕西安·费弗尔 著 施诚 译

51.《希腊化文明与犹太人》 ［以］维克多·切利科夫 著 石敏

敏　译

52.《古代东方的艺术与建筑》　[美]亨利·富兰克弗特　著　郝
海迪　袁指挥　译

53.《欧洲的宗教与虔诚:1215—1515》　[英]罗伯特·诺布尔·
斯旺森　著　龙秀清　张日元　译

54.《中世纪的思维:思想情感发展史》　[美]亨利·奥斯本·泰
勒　著　赵立行　周光发　译

55.《论成为人:神学人类学专论》　[美]雷·S.安德森　著　叶
汀　译

56.《自律的发明:近代道德哲学史》　[美]J.B.施尼温德　著
张志平　译

57.《城市人:环境及其影响》　[美]爱德华·克鲁帕特　著　陆
伟芳　译

58.《历史与信仰:个人的探询》　[英]科林·布朗　著　查常
平　译

59.《以色列的先知及其历史地位》　[英]威廉·史密斯　著　孙
增霖　译

60.《欧洲民族思想变迁:一部文化史》　[荷]叶普·列尔森普
著　周明圣　骆海辉　译

61.《有限性的悲剧:狄尔泰的生命释义学》　[荷]约斯·德·穆
尔　著　吕和应　译

62.《希腊史》　[古希腊]色诺芬　著　徐松岩　译注

63.《罗马经济史》　[美]腾尼·弗兰克　著　王桂玲　杨金
龙　译

64.《修辞学与文学讲义》　[英]亚当·斯密　著　朱卫红　译

65.《从宗教到哲学:西方思想起源研究》　[英]康福德　著　曾
琼　王　涛　译

66.《中世纪的人们》　[英]艾琳·帕瓦　著　苏圣捷　译

67.《世界戏剧史》　[美]G.布罗凯特　J.希尔蒂　著　周靖
波　译

68.《20世纪文化百科词典》　[俄]瓦季姆·鲁德涅夫　著　杨明

天　陈瑞静　译

69.《英语文学与圣经传统大词典》　［美］戴维·莱尔·杰弗里
（谢大卫）主编　刘光耀　章智源等　译

70.《刘松龄——旧耶稣会在京最后一位伟大的天文学家》　［美］
斯坦尼斯拉夫·叶茨尼克　著　周萍萍　译

71.《地理学》　［古希腊］斯特拉博　著　李铁匠　译

72.《马丁·路德的时运》　［法］吕西安·费弗尔　著　王永环
肖华峰　译

73.《希腊化文明》　［英］威廉·塔恩　著　陈　恒　倪华强　李
月　译

74.《优西比乌：生平、作品及声誉》　［美］麦克吉佛特　著　林中
泽　龚伟英　译

75.《马可·波罗与世界的发现》　［英］约翰·拉纳　著　姬庆
红译

76.《犹太人与现代资本主义》　［德］维尔纳·桑巴特　著　艾仁
贵　译

77.《早期基督教与希腊教化》　［德］瓦纳尔·耶格尔　著　吴晓
群　译

78.《希腊艺术史》　［美］F·B·塔贝尔　著　殷亚平　译

79.《比较文明研究的理论方法与个案》　［日］伊东俊太郎　梅棹
忠夫　江上波夫　著　周颂伦　李小白　吴　玲　译

80.《古典学术史：从公元前6世纪到中古末期》　［英］约翰·埃
德温·桑兹　著　赫海迪　译

81.《本笃会规评注》　［奥］米歇尔·普契卡　评注　杜海龙　译

82.《伯里克利：伟人考验下的雅典民主》　［法］　樊尚·阿祖
莱　著　方颂华　译

83.《旧世界的相遇：近代之前的跨文化联系与交流》　［美］
杰里·H.本特利　著　李大伟　陈冠堃　译　施诚　校

84.《词与物：人文科学的考古学》修订译本　［法］米歇尔·福
柯　著　莫伟民　译

85.《古希腊历史学家》　［英］约翰·伯里　著　张继华　译

86.《自我与历史的戏剧》 [美]莱因霍尔德·尼布尔 著 方永 译

87.《马基雅维里与文艺复兴》 [意]费代里科·沙博 著 陈玉聃 译

88.《追寻事实:历史解释的艺术》 [美]詹姆士 W.戴维森 著 [美]马克 H.利特尔著 刘子奎 译

89.《法西斯主义大众心理学》 [奥]威尔海姆·赖希 著 张峰 译

90.《视觉艺术的历史语法》 [奥地利]阿洛瓦·里格尔 著 刘景联 译

91.《基督教伦理学导论》 [德]弗里德里希·施莱尔马赫 著 刘平 译

92.《九章集》 [古罗马]普罗提诺 著 应明 崔封 译

93.《文艺复兴时期的历史意识》 [英]彼得·伯克 著 杨贤宗 高细媛 译

94.《启蒙与绝望:一部社会理论史》 [英]杰弗里·霍松 著 潘建雷 王旭辉 向辉 译

95.《曼多马著作集:芬兰学派马丁·路德新诠释》 [芬兰]曼多马 著 黄保罗 译

96.《拜占庭的成就:公元330—1453年之历史回顾》 [英]罗伯特·拜伦 著 周书垚 译

97.《自然史》 [古罗马]普林尼 著 李铁匠 译

98.《欧洲文艺复兴的人文主义和文化》 [美]查尔斯·G.纳尔特 著 黄毅翔 译

99.《阿莱科休斯传》 [古罗马]安娜·科穆宁娜 著 李秀玲 译

100.《论人、风俗、舆论和时代的特征》 [英]夏夫兹博里 著 董志刚 译

101.《中世纪和文艺复兴研究》 [美]T.E.蒙森 著 陈志坚 等译

102.《历史认识的时空》 [日]佐藤正幸 著 郭海良 译

译 张忠祥等 校译

120.《过去的诞生》 〔美〕扎卡里·赛尔·席夫曼 著 梅义
征 译

121.《历史与历史学家:理查德·威廉·索森选集》 〔英〕罗伯
特·J.巴特莱特 编著 李腾 译

122.《希腊数学史:从泰勒斯到欧几里得》 〔英〕托马斯·希思
著 秦传安 译

123.《希腊数学史:从阿利斯塔克到丢番图》 〔英〕托马斯·希思
著 秦传安 译

124.《古希腊寡头政治:特征与组织形式》 〔英〕伦纳德·惠布利
著 孙晶晶 李宏伟 翟思诺 译

125.《1914—1918年俄国的粮食市场及其调节》 〔苏〕尼古拉·
德米特里耶维奇·康德拉季耶夫 著 张广翔 钟建平 译

126.《中世纪的图书馆》 〔美〕詹姆斯·韦斯特福尔·汤普逊
著 张淑清 郑军 译

127.《耶稣时期的犹太世界》 〔法〕查尔斯·吉尼伯特 著 金
春岚 译

128.《古希腊智慧》 〔英〕理查德·利文斯顿 著 张艳 许
敏 译

129.《古人的读与写》 〔美〕威廉·哈里斯 著 崔国强 译

130.《心智、现代性与疯癫:文化对人类经验的影响》 〔美〕里
亚·格林菲尔德 著 祖国霞 柴晚锁 武田田 李晓燕
汤颖 译 吴泽映 校

131.《情感史导论》 〔德〕扬·普兰佩尔 著 李娟 译

欢迎广大读者垂询,垂询电话:021-22895559

图书在版编目（CIP）数据

十九世纪德国史.第二卷,组建德意志邦联/（德）
海因里希·冯·特赖奇克著;李娟译. —上海:上海
三联书店,2024.12—(上海三联人文经典书库).
ISBN 978-7-5426-8576-6

Ⅰ.K516.4

中国国家版本馆 CIP 数据核字第 2024ZE8316 号

十九世纪德国史（第二卷）：组建德意志邦联

著　　者 /［德］海因里希·冯·特赖奇克
译　　者 / 李　娟

责任编辑 / 徐建新
装帧设计 / 徐　徐
监　　制 / 姚　军
责任校对 / 王凌霄　张　瑞

出版发行 / 上海三联书店
　　　　　　（200041）中国上海市静安区威海路 755 号 30 楼
邮　　箱 / sdxsanlian@sina.com
联系电话 / 编辑部：021-22895517
　　　　　　发行部：021-22895559
印　　刷 / 上海展强印刷有限公司

版　　次 / 2024 年 12 月第 1 版
印　　次 / 2024 年 12 月第 1 次印刷
开　　本 / 655 mm×960 mm　1/16
字　　数 / 680 千字
印　　张 / 45.5
书　　号 / ISBN 978-7-5426-8576-6/K·792
定　　价 / 178.00 元

敬启读者,如发现本书有印装质量问题,请与印刷厂联系 021-66366565